Horst Groschopp

Dissidenten
Freidenkerei und Kultur in Deutschland

*„Äußerlich ist das deutsche Volk geeint,
innerlich aber zerrissener und gespaltener denn je. ...
Der Sammlung vorwärts drängender politischer Parteien ...
müßte vorausgehen die Sammlung
aller Vereinigungen für freiheitliche Kultur
zu gemeinsamem kulturpolitischem Wirken."*

Weimarer Kartell
aus dem Aufruf von 1909

Horst Groschopp

Dissidenten

Freidenkerei und Kultur in Deutschland

Dietz Verlag Berlin

Groschopp, Horst: Dissidenten. Freidenkerei und Kultur in Deutschland / Horst Groschopp. – Berlin : Dietz Verl. GmbH 1997. – 448 S.

ISBN 3-320-01936-8

© Dietz Verlag Berlin 1997
Schutzumschlag: Trialon, Berlin
Typografie: Brigitte Bachmann
Satz: dietz berlin
Druck und Bindearbeit: Druck- und Verlagsanstalt Wiener Verlag GmbH
Printed in Austria

Inhaltsverzeichnis

1. KAPITEL
Weimarer Kartell – Kulturbund freidenkerischer Dissidenten 9
Säkularität heute: online zu Gott 9
Dissidenten: Abtrünnige der staatlich gestützten Konfessionalität 14
Weimarer Kartell und deutsche Freidenkerei 20
Pfungst und Rössler – Organisatoren der Kartellbewegung 28
Trine und Diederichs – Prototypen der Produktion von Weltanschauung 33
Henning – Koran-Übersetzer, Redakteur und Geschäftsführer 39

2. KAPITEL
Freidenkerei – ein Kulturphänomen 42
Religion und Weltanschauung 42
Weltanschauung und Kultur 50
Kulturverständnis und Studium der Geschichte 54
Kulturauffassung und Freidenkerhistorie 62
Säkularisierung und Weltanschauungsvereine 66
Freidenkerische Kulturbewegung der Dissidenten 71

3. KAPITEL
Das Weimarer Kartell – Vorgeschichte und Anfang 76
Freidenker: „grobe Indifferentisten ... und dergleichen Leute" 76
Schleiermacher und Hegel: Säkularität als Faktum 79

„Lichtfreunde" und „Deutschkatholiken": soziale Bewegungen im Vormärz	82
Revolution 1848: „das Reich Gottes ... zur irdischen Erscheinung bringen"	91
Freireligiöser Verbund: Kirche für „Dissidenten"	94
Zivilstandsgesetzgebung und Kulturkampf	102
Freidenkerbund: von der philosophischen Idee zur sozialen Bewegung	108
Spannungen: bürgerliche gegen sozialdemokratische Freidenkerei	116
Moritz von Egidy: „Ernstes Wollen" zur religiösen Erneuerung	122
Deutsche Kulturgesellschaft: Ethik als Religion	126
Ethische Vereine: Ersatzgemeinden und akademische Klubs	135
Innovation „weltlicher Seelsorge" und Kulturarbeit	140
Christusmythe und Freidenkerei	144
Deutscher Glaube ans Germanische: die andere Alternative	151
Akademisches Reagieren auf sozialpolitische Fragen	155
Giordano Bruno-Bund: Verein der Übergänge	163
Kulturbund der Lebensreformer und Dissidenten	166
Lex Heinze und Zwang zur Kulturpolitik	175
Deutschland von Weimar aus erneuern	179
Gründung des Kartells „für freiheitliche Kultur"	181
Komitee Konfessionslos: Kirchenaustritt als „Massenstreik"	187
Bündnisse vor Ort: Kulturkartelle	192
Sozialdemokraten in der Freidenkerei	195
Religion als „Opium des Volks"	195
Zwischen Kirche als „Polizeistube" und „christlichem Sozialismus"	202
Proletarische Freidenker	206

4. KAPITEL
Dissidentische Kulturansichten **209**

Weltliche Schule und Moralunterricht: Lebenskunde statt Religion	209
Staatsbürgerkunde oder Moralunterricht	209
Freigeistiger Jugendunterricht für „Dissidentenkinder"	214
Verein für weltliche Ethik als Schulstoff	216
Lebenskunde als Schulfach und Sittenlehre	220
Forderungen und Kompromisse bis 1914	224

Bund für Mutterschutz: Neue Ethik und sexuelle Aufklärung 228
Mutterschutz wegen Rassenhygiene 228
Kontroversen um die „wahrhaft sittliche Ehe" 234
Eine Internationale für die „Hinaufpflanzung" der Menschheit 240
Monistenbund: Politisierung kultureller Ansichten 243
Haeckels Monisten zwischen Religion und Wissenschaft 243
Das Beispiel Haeckel: Entwicklungsgedanke und „Lebenswert" 246
Naturforscher, Monist und Theologe 246
Lösung der Welträtsel 253
Spartanische Auslese als Sozialprogramm 255
Die Ära Ostwald: Organisation der Geistesarbeiter 258
Monistische Lagerbildungen 264
Auslesephilosophie: Leistungsprinzip und organisierter Sozialdarwinismus 264
Schallmayer und Kammerer: Sozialpolitik auf biologischer Grundlage 269
Gerkan-Debatte über Euthanasie als aktive Sterbehilfe 273
Eugenik und germanophile Kulturtheorie 277
Glücksphilosophie: „Kulturbeherrschung" durch „Kulturwissenschaft" 283
„Menschenökonomie": Förderung von „Kulturkapital" 287
Euphorismus versus Rassenhygiene: Spaltung des Monismus 292
Frei-Geist-Sekten und freidenkerische Individualisten 299
Freimaurerbund Zur Aufgehenden Sonne: Bruderschaft der Freidenker 299
Mahābodhi-Gesellschaft: Buddhismus und Freidenkerei 302
Steiners Anthroposophie 308
Die Horneffers: „Persönliche Religion" und „neues Heidentum" 309

5. KAPITEL
Kultur als Prävention – Anfänge der „Soziokultur" **313**
„Soziokultur" und „Kulturarbeit" 313
„Kulturstaat" und „Kulturpflege" 321
Missionierung der Unterschichten: Beginn der Kulturpädagogik 325
Settlements und Klubs: „Universitäts-Ausdehnung" als Kulturhilfe 331
„Sittigung" des Volkes durch Erziehung zum Kunstgebrauch 337
Entdeckung der Jugendpflege als staatsbürgerliche Erziehung 342

Gegen „Hooligans" – für Kulturarbeit in Volkshäusern	347
Freidenkerische Künstler	354
„Kultur" als staatliche Veranstaltung	358
Keim der Subsidiarität: Vereine und Staat	362
Freidenker-Hochschule: Kulturwissenschaftliche Akademie	367
Volksbildner als Beruf: Kulturarbeit zwischen Dienst und Leistung	371

6. KAPITEL
Ausgang und Erbe der dissidentischen Kartellbewegung — 382

Angst vor den Massen – Sehnsucht nach Autorität	382
Kulturelle Hegemonie für die Idee der Toleranz: Großblock der Linken	386
Letzte Aktivitäten im Frieden und politisches Handeln im Krieg	390
Lebenskunde kontra Religionsunterricht: Ausgangslage 1918	396
Novemberrevolution: Adolph Hoffmann als „Ausmister"	398
Weimarer Verfassung: Ende der Staatskirche	403
„Völkische" und „sozialistische" Politisierung: Spaltung der Freidenkerei	407
Weltanschauung: „deutschgläubig"	407
Glaube an die „historische Mission"	415
Endstation Deutsche Bestattungskasse	419
Freidenkerei heute: Teil der soziokulturellen Normalität und Unbestimmtheit	424
Subjektiver Ausblick auf eine gemäßigte Belebung der Freidenkerei	428

Abriß der Organisationsgeschichte bis 1914   433

Personenregister   437

1. KAPITEL

Weimarer Kartell –
Kulturbund freidenkerischer Dissidenten

Säkularität heute: online zu Gott

Seit dem Ausgang des 19. Jahrhunderts beschleunigt sich die Entkirchlichung des Alltags in den Industrieländern, besonders in den großen Städten. Offenheit der gesellschaftlichen Regelkreise, Funktionalität der sozialen Welten, Anonymität bürokratisierter Institutionen, Heterogenität des Wertehorizonts, geduldete Vielfalt der Überzeugungen, Entwertung des Traditionellen, Herkömmlichen und Ethnischen, Distanz zu allen Bestrebungen von Vereinheitlichung der Lebensweise, sukzessiver Rückgang der Gesinnungskontrolle, zunehmende Kommerzialisierung der Bedürfnisbefriedigung und Politisierung des Ausgleichs von Interessenbeziehungen haben das Gewicht moralischer und gemeinschaftlicher Bindungen und damit befaßter Organisationen zurückgedrängt – eine Folgen davon ist die Inflation von Sinndeutungen. Religiöse Vielfalt ist in Mitteleuropa und Nordamerika kein Schreckensbild mehr.

Auch in Deutschland ging der Einfluß von Religionsgemeinschaften auf die Gesetzgebung zurück. Belege dafür bilden in der Gegenwart das gewandelte Ehe- und Sexualstrafrecht, die Gewährung des Schwangerschaftsabbruchs unter bestimmten Bedingungen oder auch der erlaubte Handel mit Verhütungsmitteln und Pornofilmen. Falsch parken wird stärker kontrolliert als Blasphemie. Die beiden großen Kirchen in Deutschland waren am Ende des 20. Jahrhunderts nicht in der Lage, den Buß- und Bettag als Feiertag zu retten.[1] Vor hundert Jahren noch hatten die großen Kirchen Einfluß bis in das alltägliche Sonntagsvormittagsgeschehen und die Polizei sicherte die „Sonntagsruhe" für den Kirchgang. Die Relikte dieser Regel lösen heute oft nur noch Heiterkeit aus: Selbst im weitgehend säkularen Berlin ist der angestrebte sonntägliche Brötchenverkauf abhängig von den Hauptgottesdienstzeiten und die Stadtverwaltung erteilt fleißig „Ausnahmegenehmigungen".

---

1 Die Nordelbische Kirche hat inzwischen 106 000 Unterschriften gesammelt, um ihn per Volksbegehren wieder einzuführen.

Blicke in die tägliche Presse, auf deren Markt die konfessionellen Zeitungen auf dem Rückzug sind[2], vermitteln Informationen über das Fortschreiten von Säkularität in unserer Gesellschaft: Es gibt öffentliche Gedankenspiele, Kirchen in Kneipen, Museen, Sozialwohnungen, Pizzerien, Büros oder Diskotheken umzuwandeln.[3] Im Winter sollten aus finanziellen und ökologischen Gründen wenig genutzte Gotteshäuser geschlossen und die Andachten in Gemeinderäumen abgehalten werden.[4] Die Mitgliedschaft in den Kirchen ist rückläufig, bei den Protestanten schneller als bei den Katholiken. Seit Wiedereinführung des Solidaritätszuschlages im Januar 1995 laufen den Kirchen die Mitglieder in den Dimensionen von Kleinstadtgrößen weg.[5] Wer heute die Kirche verläßt, dem mögen, je nach Bundesland, daraus durchaus noch Nachteile für die Karriere erwachsen. Das gilt besonders für hochkarätige „Dissidenten" wie Eugen Drewermann. Doch die Abkehr vom organisierten Christentum ist keine staatspolitische Sensation mehr.[6]

Die Entkirchlichung zeitigt soziale Folgen. Der Anteil kirchlicher Eheschließungen (in der alten Bundesrepublik) reduzierte sich von etwa achtzig Prozent noch Anfang der sechziger Jahre auf 55 Prozent in den Achtzigern. Langfristige Folgen hat dies in erster Linie für die Zahl der Taufen und damit für das künftige Kirchensteueraufkommen. Konfessionelle Schulen kommen den Kirchen zu teuer.[7] Beide großen Konfessionen sorgen sich um Arbeitsplätze für die künftigen Absolventen ihrer theologischen Studiengänge. Eine informierte Beobachterin solcher Veränderungen, Beatrice von Weizsäcker, malte unlängst das Bild eines „Sonntags in einem kleinen Ort im Osten Deutschlands. In dieser Woche will die Gemeinde einmal nicht auf den Gottesdienst verzichten, darum bestellte sie über eine Agentur einen

---

2 Vgl. Matthias Drobinski: Klein, unwichtig, grau? Die konfessionellen Zeitungen verlieren ihre Leser – der „heilige Rest" des Kirchenvolks ist zu klein geworden. In: Die Zeit, Nr. 7, Hamburg 16.2.1996, S.49 (im folgenden ZEIT). – Dafür erhielt der hessische Evangeliumsrundfunk (ERF) Ende 1995 eine eigene Antennenfrequenz und avancierte zum ersten größeren Religionssender in Deutschland. – Der erste private christliche Sender mit dem sinnigen Namen „Paradiso" erhielt eine frei gewordene UKW-Frequenz. Vgl. Katja Jacob u. Annette Walz: Sakro-Pop als Programm? Evangelisches Kirchenradio für Berlin: ein umstrittenes Projekt. In: Der Tagesspiegel, Berlin 8.7.1996, S.23 (im folgenden Tsp).
3 Vgl. Ekkehard Schwerk: Aus dem Kirchenschiff wird ein Wohnhaus. In: Tsp 13.8.1995, S.8. – Dirk Klauke: Pizzeria, Büro oder eine Disko in die Kirche? In: Tsp 24.11.1995, S.14. – Kneipe in der Kirche. In: Der Spiegel, Nr. 24, Hamburg 1996, S.76 (im folgenden SPIEGEL).
4 Vgl. Beatrice v. Weizsäcker: Keine Ehrfurcht vor der Schöpfung mehr. In: Tsp 1.4.95, S.5.
5 Vgl. Christian van Lessen: Eine Kleinstadt geht den Kirchen verloren. In: Tsp 6.1.1995, S.7. – Matthias Neumann: Petri Kahn auf der Sandbank. Beobachtungen auf einer Krisensitzung der Synodalen des Kirchenkreises Pinneberg. In: ZEIT Nr. 38, 15.09.1995, S.90.
6 Drewermann kann von seinen Buchauflagen leben und hat ein Theaterstück über Giordano Bruno geschrieben, das u. d. T. *An Euren Gott wird niemand mehr glauben* am 5. Oktober 1995 in der Berliner URANIA uraufgeführt wurde. Vgl. Robert v. Rimscha: Wo bleibt Eugen? In: Tsp 6.10.1995, S.3. – Diese Rezension rief ihrerseits einen kleinen Glaubensstreit unter Lesern hervor. Vgl. Tsp 22.10.1995, S.8.
7 Vgl. Kirche will ihre Schulen schließen. In: Tsp 15.10.1995, S.13.

Pfarrer, ganz nach ihrem Geschmack. Auch den Organisten, der kommen wird, kennt sie noch nicht, den mietete sie woanders. Die evangelische Kirche hat ihrer Finanznot nachgegeben und ihr Angebot eingestellt. Die Nachfrage bestimmt nun den Markt, auf Eigeninitiative gründet sich jetzt die Christenheit."[8] Diese Vorgänge provozieren die Frage: *Wozu noch Kirche?*[9] Sicher ist dieses Problem so alt wie das Christentum, doch setzen einige Ereignisse neue Akzente: Eineinhalb Millionen unzufriedene Katholiken sprachen sich in einem Kirchenvolksbegehren für eine Lockerung des Zölibats und für mehr Laienrechte aus. Das sogenannte *Kruzifix-Urteil* des Bundesverfassungsgerichts von 1995 löste eine Debatte über die Weltlichkeit der Schulen aus.[10] Die Kultivierung der „Jugendweihe" durch eine atheistische Mehrheit im Osten Deutschlands, trotz Untergang der DDR, vermittelt Gläubigen im Westen den Eindruck, hier müsse missioniert werden. Doch kein Vorkommnis erregt derzeit die Gemüter derart wie die gesetzliche Einführung von „Lebensgestaltung, Ethik und Religionskunde" (LER) als schulisches Regelfach im Land Brandenburg.[11] Schreiber von Leserbriefen überbieten sich mit Ratschlägen, das Projekt als „Kaderschmiede des Atheismus" zu denunzieren.[12] LER ist, trotz weich geklopfter Klauseln und nur zwanzig Prozent registrierter Christen im Land[13], mehr als nur umstritten: Vierzig Schüler und Eltern sowie die beiden Großkirchen reichten inzwischen Verfassungsklage dagegen ein.[14] Der Stimmen in der Presse sind nur wenige,

---

8 Beatrice v. Weizsäcker: Der Wunsch nach dem Rückzug in die alte Kirche. In: Tsp 28.1.1995, S.2.
9 Vgl. Reimer Gronemeyer: Wozu noch Kirche? Berlin 1995. – Weltweit legten zwischen 1965 und 1995 rund 80000 Priester ihr Amt nieder, so der Wiener Erzbischof Christoph Schönborn. Dies signalisiere eine Identitätskrise, hervorgerufen auch „durch die theologischen Diskussionen über die Frage, ob Jesus wirklich Priester gewollt habe". Vgl. 80000 Priester legten ihr Amt nieder. In: Tsp 29.12.1995, S.2. – Vgl. Beatrice v. Weizsäcker: Die Kirche im Abseits. In: Tsp 20.11.1995, S.6. – Diess.: Irgendwie angewärmt, aber noch heiß. Militärseelsorge, Religionsunterricht, Schulen: Die Kirche wirkt kraftlos. In: Tsp 6.11.1995, S.6.
10 Gerade einmal sechs Kreuze sind ein Jahr nach dem Richterspruch aus Klassenzimmern entfernt worden.
11 Vgl. Andrea Beyerlein: Klassen nicht mehr nach Konfessionen teilen. In: Tsp 3.1.1995, S.12. – Diess.: Stolpe lenkt im Religionsstreit ein. In: Tsp 10.2.1995, S.14. – Beschlossen: LER steht auf dem Stundenplan. Landtag beschloß mit SPD-Mehrheit das neue Schulgesetz. In: Tsp 29.3.1996, S.14. – LER zunächst an 44 Schulen. In: Tsp 24.4.1996, S.14.
12 Professor Rolf Geissler (Berlin-Lichterfelde) in Tsp 7./8.4.1996, S.6. – Professor Waldemar Broser (Berlin-Zehlendorf) gab zu bedenken, daß die „Bremer Klausel" im Grundgesetz (Art.7, Abs.3, Satz 1) für Berlin gar nicht gelten könne, da Berlin erst am 1. Oktober 1950 ein „Land" geworden sei. Vgl. Tsp 14.4.1996, S.11.
13 Vgl. Friedrich Schorlemmer: Der falsche Weg zur Re-Christianisierung. Religionsunterricht ist ein Besitzstand, der den Kirchen in der Praxis längst entglitten ist. In: Tsp 30.3.1996, S.8. – Die Befreiungsregel von staatlichem Unterricht, genannt „Befriedigungs-Klausel", ist nicht nur deshalb problematisch, weil sie einen Dispens von einem Pflichtfach darstellt. Sie gibt religiös orientierten Schulpflichtigen Privilegien, die sie (bisher) freidenkerischen verweigert.
14 Vgl. SPD-Basis besteht auf LER als Pflichtfach. In: Tsp 12.11.1995, S.16. – Beatrice v. Weizsäcker: Bischof Huber droht mit Klage gegen LER. Tsp 16.11.1995, S.4. – Diess.: Die

die hier den säkularen Rechtsstaat in Gefahr sehen.[15] Ähnliche Konflikte wie Brandenburg könnte Berlin erwarten. Hier kann „Lebenskunde" als Ersatz für den Religionsunterricht gewählt werden, der zudem freiwillig ist. „Lebenskunde" wird vom *Humanistischen Verband Deutschlands,* ehemals *Deutscher Freidenker-Verband,* angeboten. Dazu gibt es Vorbehalte, seit der *Deutsche Freidenker-Verband (Sitz Dortmund)* dieses Fach ebenfalls lehren möchte und dies, rein rechtlich nach einem Urteil des Oberverwaltungsgerichts Ende 1995, auch darf. Selbst die Einführung der islamischen Religionskunde als Schulfach ist nicht mehr tabu.[16]

Die Quellen, aus denen immer mehr Menschen religiöse bzw. weltanschauliche Orientierung schöpfen, liegen nicht mehr in den Heiligen Schriften, den Kirchen und ihren Vereinen als vielmehr in den Familien, in den häuslich genutzten Medien und in den kommunikativen Freizeitgruppen, denen man sich nach eigener Wahl anschließt. „Glauben" gerät dabei zu einem Erlebnis unter vielen. Was sich früher an Kulte band, ist heute kulturelle Offerte. Erbauung, Erhebung, Erschütterung und Trost sind als kommerzielle Dienstleistungen käuflich. Junge Leute geraten bei den Messen ihrer Popbands in eine ekstatische Verzückung, bei der vor 300/400 Jahren die Inquisition gerufen worden wäre. Die Kirchen versuchen in dieser Situation, sich dem Medienmarkt und der „Erlebnisgesellschaft" anzupassen. Schon gibt es Techno-Gottesdienste. Sie unterscheiden sich von anderen Happenings lediglich durch den Versuch, daran eine christliche Botschaft zu knüpfen. Moderne „Kreuzritter" bauen bewußt auf die begeisternde Wirkung der Popmusik.[17]

Die moderne Gesellschaft ist pluralistisch. Die Schulen, die Armee und andere Staatseinrichtungen sind nicht mehr auf einen bestimmten „Glauben" festgelegt, sieht man vom Bekenntnis zur verfassungsmäßigen Grundord-

---

Kirche meint: Lieber klagen als um Freiräume betteln. In: Tsp 18.11.1995, S.2. – Bischöfe drohen Brandenburg. Bei Abschaffung des Religionsunterrichts Klage angekündigt. In: Tsp 2.3.1996, S.4. – Ulrich Scharlack: Jetzt entscheiden die Richter. In: Tsp 9.4.1996, S.12. – Richard Schröder: Gut gemeint reicht nicht. In: Tsp 24.11.1995, S.6. – Beatrice v. Weizsäcker: Wer nicht dafür ist, muß dagegen sein. In: Tsp 14.8.1996, S.2.
15 Vgl. Michael Mayer: Das Abendland ist nicht christlich. In: Tsp 21.8.1996, S.19: „Es gibt theologische Argumente für den Laizismus ... Eine Religion, die des Staates meint sich bedienen zu müssen, um das, was sie ihren Glauben nennt, durchzusetzen, ist keine Religion, sondern Ideologie."
16 Vgl. Ekkehard Schwerk: Islamische Religionskunde im Stundenplan. In: Tsp 20.1.1995, S.7.
17 Vgl. Techno-Gottesdienste in katholischer Dorfkirche. In: Tsp 14.10.1995 S.24. – Techno-Mütter machen mit. „Crusade"-Riesenparty in Hamburger Kirche. In: Tsp 18.2.1996, S.26. – Lauter als ein Flugzeug durch das Gotteshaus. Techno-Party in der Schöneberger Luther-Kirche heftig umstritten. In: Tsp 29.2.1996, S.11. – Gegen Technoparty in Schöneberger Kirche. Kirchenleitung kontra Gemeinde. In: Tsp 4.3.1996, S.10. – Cay Dobberke: Die Gemeinde singt zum Wummern der Bässe. Toben für Christus: Drei Tage Rave 4 Christ in Berliner Kirchen. In: Tsp 3.6.1996, S.9.

nung ab, die in ihrem Bürger- und Menschenrechtskatalog gemeinsame Werte definiert. Das Grundgesetz relativiert den Stellenwert des religiösen Glaubens im gesellschaftlichen Leben zugunsten einer Rechtsauffassung, die „Existenz in einem umfassenden Sinne als gestaltbar" annimmt. Damit eröffnen sich für die Menschen „Möglichkeitsräume, die vorher durch kognitive Barrieren (Fatalismus, Schicksalsbegriff, Vorstellung von der Gottgegebenheit) verschlossen"[18] und durch staatliche Verankerung des christlichen Glaubens eingeschränkt blieben.

Allein die Bezeichnung „Mitglied", um eine „Seele" zu erfassen, wirft ein Schlaglicht auf den eingetretenen Wandel. Wie in jeder anderen Organisation, so fragen die Angehörigen der Kirchen nach handgreiflichen Gegenleistungen für ihr Engagement und die Verluste an Freizeit und Geld. Wie in anderen Bereichen, engagieren sich auch in der kirchlichen Arbeit immer weniger Menschen ehrenamtlich. Das verteuert die Dienstleistung und läßt die Verantwortlichen nach Effizienz, Spareffekten, Controlling, dezentraler Ressourcenverantwortung und „neuer Steuerung" fragen – wie jeder andere größere Verein von Karnickelzüchtern oder die Arbeiterwohlfahrt. Schon ist die Idee geboren, die Beziehungen zu Gott eventuell zu computerisieren und eine allgemein käufliche, einfache PC-Beicht-Software einzuführen.[19] Ein evangelischer Arbeitskreis „Kirche von morgen" schlug für Ostdeutschland ein „gestuftes kirchliches Mitgliedschaftsrecht" vor.[20] Ihm geht es um das gegenseitige Verrechnen von Diensten der Kirche und von Bürgeransprüchen; wohlgemerkt, nicht um Leistungen für Gläubige. Denjenigen, so ein anderer Vorschlag, die keine Kirchensteuern mehr zahlen, sollte die Beerdigung auf „organisationseigenen" Friedhöfen verweigert werden.[21] Dafür sei es „normal", wenn Pastoren „gesponsert" würden.[22]

Die Beispiele zeigen: Die Privatisierung des Glaubens ist ein gesellschaftlicher Tatbestand. Es kann „im Prinzip niemand an der Bekundung seines Glaubens gehindert, ... aber auch niemand zur Teilnahme an einem Kult gezwungen werden".[23] „Amerikanisierungen" in den letzten 150 Jahren brachten das Religiöse in eine Situation, wie Peter Sloterdijk zugespitzt ausdrückt, in der es mehr und mehr „metaphysisches Vitamin, mentale Diät,

---

18 Gerhard Schulze: Die Erlebnisgesellschaft. Kultursoziologie der Gegenwart. Frankfurt a. M. 1992, S.58.
19 Vgl. Heinrich Halbig: Online mit Jesus. In: Tsp 20.1.1995, S.28. – Auf dem Markt fehlt der CD-ROM allerdings die päpstliche Anerkennung der Absolution, wozu ein leibhaftiger Priester nötig ist. Vgl. Jost Müller: Sünden erfassen – Oh Herr, vergib mir – Klick. In: Tsp 14.8.1996, S.22.
20 Die Zukunft liegt in der Minderheitskirche. In: Tsp 27.1.1995, S.4.
21 Vgl. Sollen Nichtmitglieder künftig für kirchliche Leistungen zahlen? In: Tsp 5.1.95, S.1.
22 Vgl. Relaunch im Wohnpark. In: SPIEGEL Nr. 28, 1996, S.110.
23 Peter Sloterdijk: Der mystische Imperativ. Bemerkungen zum Formwandel des Religiösen in der Neuzeit. In: Mystische Zeugnisse aller Zeiten und Völker, ges. v. Martin Buber, hg. v. Peter Sloterdijk, 2. Aufl., München 1993, S.12.

Antidepressivum und Herztonikum, Faktor einer umfassenden Selbstmedikation und Selbstmission" geworden ist.[24] Demzufolge ist heute auch die organisierte Freidenkerei eine Rarität. Dabei wäre ohne sie die Säkularisierung nicht vorangekommen. Die vorliegende kulturhistorische Studie geht den Motiven, Organisationen und Aktionen der „Dissidenten" und der überzeugten Freidenker unter ihnen nach. Sie erörtert die Losungen, daß Religion Privatsache, Opium des Volkes und Kultur ihr Ersatz sei, und behandelt die Debatte über „Euthanasie", die nach den Publikationen von Peter Singer[25] neu entfacht ist. Das Buch will zeigen, wie sich freidenkerische Kulturauffassungen zwischen Vormärz und Novemberrevolution formten und politisches Handeln begründeten, wer die „Dissidenten" waren, was sie leitete und welche Institutionen und Werte sie vorschlugen, von denen dann einige in unsere Kultur und in das Rechtssystem unserer Gesellschaft eingingen.[26]

Dissidenten:
Abtrünnige der staatlich gestützten Konfessionalität

Die Kernfragen jeder Betrachtung der Freidenkerei sind die, von was das Denken eigentlich jeweils frei sein soll, wer dies fordert und welche Motive sie oder ihn dabei leiten. Was in der modernen deutschen Gesellschafts- und Geistesgeschichte jeweils unter freiem Denken verstanden wurde, unterlag historischen Wandlungen und führte zu immer breiter gefächerten sozialkulturellen Unternehmungen. Sie erfaßten seit Mitte des 18. Jahrhunderts zuerst einige philosophische Kritiker des Religiösen. An der Schwelle zum 20. Jahrhundert erreichte die Freidenkerei ihre klassische Phase, wurde von einer ebenso kritischen wie zu Reformen bereiten bürgerlichen Intelligenz getragen. Sie war Teil der, von Gerhard Kratzsch so genannten, „Gebildeten-

---

24 Sloterdijk: Imperativ, S.28.
25 Vgl. Peter Singer: Praktische Ethik. A. d. Engl. übers. v. Jean-Claude Wolf, Stuttgart 1984, S.108/09, 180 u.a. – Hans Schuh: Streiten für das Leben. Die Debatte um Euthanasie und Bioethiker Peter Singer geht weiter. In: ZEIT Nr. 19, 3.5.1996, S.35.
26 Vorstudien zum Buch vgl. Horst Groschopp: Den Deutschen eine neue Kultur. Kulturpolitische Forderungen und Tätigkeit des „Weimarer Kartells" von 1907-1914. In: Zwischen Konvention und Avantgarde. Doppelstadt Jena-Weimar. Hg. v. Jürgen John u. Volker Wahl, Weimar, Wien, Köln 1995, S.257-288. – Ders.: Prävention durch Kultur vor 1914. Zur Tradition eines aktuellen Konzepts. In: Mitteilungen aus der kulturwissenschaftlichen Forschung, Nr. 35, Berlin 1995, S.156-193 (im folgenden MKF). – Ders.: Lebenskunde – Zwischen Moralunterricht und Kulturtheorie. Zur Begriffs- und Konzeptdiskussion bis zur Novemberrevolution. In: Ders.u. Michael Schmidt: Lebenskunde – die vernachlässigte Alternative. Zwei Beiträge zur Geschichte eines Schulfaches. Dortmund 1995, S.7-22 (Zur Theorie und Praxis humanistischer Erziehung). – Ders.: Freidenker-Hochschule. Über den Versuch, um 1914 eine freie kulturwissenschaftliche Akademie zu gründen. In: MKF Nr. 37, Berlin 1996, S.242-255.

Reformbewegung".[27] In den Zwanzigern geriet die Freidenkerei schließlich zu einem Massenereignis und gehörte zur Arbeiterbewegung. In der Gegenwart hat sie sich auf einige wenige Projekte mit dieser Aufschrift reduziert – oder, wie die Situation auch interpretiert werden kann, sie treibt sich auf gedanklichen Feldern herum, die bisher außerhalb des öffentlichen Diskurses und der Organisationen mit diesem Namen liegen.

Die allgemeinste Definition der Freidenkerei stammt von Friedrich Nietzsche (1844-1900), der sie zu einem Zeitpunkt (1880/81) formulierte, als die *Brüsseler-Freidenker-Internationale* und der *Deutsche Freidenkerbund* entstanden. Interessanterweise verglich Nietzsche die Freidenker, denen „schon ein Ausdenken und Aussprechen von verbotenen Dingen ... Befriedigung giebt", mit den „Freithätern". Letztere seien gegenüber den Freidenkern in einem doppelten Nachteil, zum einen, „weil die Menschen sichtbarer an den Folgen von Thaten, als von Gedanken leiden"; und zum anderen, weil jene, „welche durch die That den Bann einer Sitte durchbrachen", stets als „schlechte Menschen", ja als Verbrecher gelten. Wenn aber das vorhandene Sittengesetz umgeworfen werde, so ändere sich die Haltung ihnen gegenüber. Die Geschichte, so schließt Nietzsche seine Sentenz in dem Buch *Morgenröthe*, „handelt fast nur von diesen schlechten Menschen, welche später gutgesprochen worden sind!"[28] Wenn man weiter davon ausgeht, daß freiem Tun in der Regel freies Denken vorausgeht, befaßt sich eine Geschichte der Freidenker mit demjenigen Menschentypus, der, noch einmal Nietzsche, „nicht wie alle Welt urtheilt".[29]

Wegen der christlichen Verfaßtheit des deutschen Gemeinwesens und der Definitionsmacht ihrer Kirchen mußte sich freies Denken und Handeln seit dem Ausgang des Mittelalters gegen diese Hegemonie richten, zumal weder Übertritt noch Austritt denkbar waren. Wer außerhalb der Kirche stand, verließ den Rechtsboden: Exkommunikation bedeutete die Reichsacht. Die Abweichler traten zunächst als traditionelle Häretiker auf und brachten, freie Religiosität erstrebend, die Reformation in Gang. Das beendete die Kultur der einen und einzigen Kirche. Der Augsburger Religionsfrieden von 1555 gestand erstmals Religionsfreiheit zu – den Landesherren und deren Familien. Damit entstand das sprachliche Problem, die andersgläubigen Christen zu benennen. 1573 wurde dafür erstmals der Ausdruck „Dissidenten" verwendet. Mit Anklang an die englischen „Andersdenken-

---

27 Vgl. Gerhard Kratzsch: Kunstwart und Dürerbund. Ein Beitrag zur Geschichte der Gebildeten im Zeitalter des Imperialismus. Göttingen 1969.
28 Friedrich Nietzsche: Gedanken über die moralischen Vorurtheile. Chemnitz 1881, zit. nach: Nietzsche Werke, Kritische Gesamtausgabe, hg. v. Giorgio Colli u. Mazzino Montinari. Fünfte Abt., Erster Bd., Berlin, New York 1971, S.28/29. - Auslassungen werden durch „..." gekennzeichnet.
29 Nietzsche: Gedanken, S.29.

den", die „Dissenters"[30], und dem lateinischen Wort „dissidio" (getrennt sein) entlehnt, bezeichnete das Wort im Frieden von Warschau (pax dissidentium) zunächst alle polnischen Nichtkatholiken (Lutheraner, Reformierte, Griechen, Armenier). Das galt nur für diejenigen „Getrennten" und „Außerkirchlichen", die eine anerkannte Kirche besaßen. Die Wiedertäufer, Sozinianer und Quäker blieben außen vor.[31]

Von dort kam der Ausdruck ins Rechtsverständnis der deutschen Territorialstaaten. Die weitere Praxis des Umgangs von Staat und Kirchen mit „Dissidenten" geht auf den Westfälischen Frieden von 1648 zurück, insbesondere auf sein eingeführtes Prinzip der zwei christlichen Konfessionen (plus Judenprivileg) und der drei Formen der Religionsausübung, der öffentlichen, der privaten und der häuslichen. „Dissidenten" nannte man nun die nächsten fast 300 Jahre, der Regel des Warschauer Friedens folgend, alle tolerierten Religionsgemeinschaften außerhalb der Konfessionalität (Landeskirchen) und des Judentums (Synagogengemeinschaften). Die Fürsten behielten das Recht, „abgespaltene" Gemeinschaften zu akzeptieren oder zu verbieten. Erlaubt wurden in der folgenden Zeit die Herrnhuter, die Altlutheraner, die Mennoniten und Baptisten, denen nach Brauch und Gesetz im 19. Jahrhundert gewisse Korporationsrechte zustanden. Weiter zählten darunter zu Beginn des 20. Jahrhunderts die Methodisten, Irvingianer (Apostolische Gemeinden), Quäker, Deutschkatholiken, Freireligiöse Gemeinden, die Hermannsburger Freikirche und die renitente Kirche Niederhessens. Diese hatten sich auf Basis der Vereinsgesetze gebildet, entbehrten aber der Rechtsfähigkeit. Sie alle mußten registriert sein und durften keine staatsfeindlichen Interessen verfolgen. Das Allgemeine Preußische Landrecht von 1794, andere deutsche Länder besaßen ähnliche Normen, erkannte das Recht auf Übertritt an, allerdings nicht den zum Judentum. Ein völliger Austritt, eine Abkehr von jeder kirchlichen oder kirchenähnlichen Organisation, war bis zur Weimarer Verfassung jedoch nie vorgesehen – auch nicht im Austrittsgesetz von 1873, in dem erstmals juristisch nicht nur „abgetrennte" religiöse Gemeinschaften als Dissidenten eingestuft wurden, sondern auch diejenigen (§16), die „noch [sic!] keiner vom Staate genehmigten Religionsgesellschaft angehören".[32]

---

30 Das betraf alle sich der Einführung des obligatorischen Gebetbuches von 1559 (Common Prayer Book) und den Glaubensartikeln von 1562 (bzw. 1571) widersetzenden Protestanten, die damit nicht der englischen Staatskirche angehörten, nach 1665 als Nonkonformisten galten, bis zum Toleranzedikt Wilhelm von Oraniens 1689 unterdrückt wurden und für die erst nach 1829 (Test-Eid für Beamte) allmählich die bürgerliche Gleichstellung begann.
31 Vgl. Josef v. Lukasiewicz: Geschichtliche Nachrichten über die Dissidenten in der Stadt Posen und die Reformation in Groß-Polen im 16. Und 17. Jahrhundert ... Darmstadt 1843. – O. Koniecki: Geschichte der Reformation in Polen. Breslau 1872.
32 Vgl. Gottfried-Martin Pfender: Kirchenaustritt und Kirchenaustrittsbewegung in Preußen. Jur. Diss., Breslau 1930, S.31.

Seit dem Aufkommen des Liberalismus hatten sich vor allem im späten Vormärz Forderungen nach voller Kultus- und Gesinnungsfreiheit und nach Neutralität des Staates in Religionsfragen vermehrt. Zu dieser Zeit traten erstmals in relevanter Zahl rationalistisch eingestellte Personen auf den Plan. Von diesen Freigeistern und Freidenkern zählten einige sogar die Freiheit von aller Religion zu den Menschenrechten. Sie beriefen sich auf die französische Revolution und dehnten, nach diesem und dem amerikanischen Vorbild, ihre Vorstellungen in eine Richtung aus, die Thomas Jefferson (1743-1826) „die Scheidewand zwischen Kirche und Staat" („wall of separation") nannte. Der erste Zusatz zur amerikanischen Verfassung, der auch die Meinungs-, Presse- und Versammlungsfreiheit regelt, schrieb diese Trennung fest: „Der Kongreß soll kein Gesetz erlassen, das eine Religion etabliert oder ihre freie Ausübung behindert."

In Deutschland war daran nicht zu denken. Wie noch genauer gezeigt wird, stellten bis zur Weimarer Reichsverfassung von 1919 das Kirchenaustrittsgesetz von 1873 und das Personenstandsgesetz von 1875 die äußersten Eingriffe in das Gefüge von Thron und Altar dar. Die Kirche war mit den in diesem „Kulturkampf" (1872-1887) getroffenen Entscheidungen weitgehend „Freiwilligkeitskirche geworden; denn weder Kirche noch Staat konnten den Einzelnen zum Bleiben in der Kirche zwingen."[33] Damit erhielt der Begriff des „Dissidenten" nicht nur eine größere Reichweite. Er wurde überhaupt erst üblich.[34] Unter ihn fielen nun viel mehr Menschen als früher, denn er erfaßte jetzt auch alle diejenigen, „welche aus der Landeskirche ausgetreten sind, ohne sich einer anderen Religionsgemeinschaft wieder anzuschließen."[35] Umgangssprachlich und politisch subsumierten sich darunter alle, die keine aktiven Christen oder Juden mehr waren, seien es Freidenker, Buddhisten oder Deutschgläubige – unabhängig davon, ob sie formal noch einer Konfession oder jüdischen Gemeinde zugehörten.

Eine eigenartige Situation entstand: Die ursprünglichen Dissidenten, allesamt gläubige Christen, setzten sich von den neuen Dissidenten ab und definierten ihren Glauben selbstbewußter. So wollten, zum Beispiel, die Methodisten keine „Abtrünnigen" sein. Daraufhin nahmen Freigeister den Begriff des Dissidenten positiv an und bekannten sich zu ihm. Doch bildeten sie ein Konglomerat von Personen und Ansichten, in dem eine Gruppe nach dem Erscheinen von Charles Darwins (1809-1882) Hauptwerk *Über die Entstehung der Arten durch natürliche Zuchtwahl* (deutsch 1860) begann, den Namen „Freidenker" allein auf sich zu beziehen, um ihre anti-

---

33 Pfender: Kirchenaustritt, S.32.
34 Das *Deutsche Wörterbuch von Jacob und Wilhelm Grimm* (Bd.2, Leipzig 1860, Sp.1192) nennt den Begriff noch nicht, sondern nur „dissenter".
35 August Pfannkuche: Staat und Kirche. Grundzüge eines kirchenpolitischen Programms für den entschiedenen Liberalismus. Berlin-Schöneberg 1912, S.94.

kirchliche und zum Teil antireligiöse Radikalität zu betonen. Aber auch religionslose Atheisten und ethische Humanisten, die Kulturelles an die Stelle von „Glauben" setzen wollten, nannten sich „Freidenker". Ihr Kontrast zu den anderen Dissidenten war allerdings kleiner als ihr gemeinsames Interesse gegenüber Staat und Kirchen, das sie zu „Freithätern" werden ließen. Wie in Preußens „Verfassungs"artikel 14 (von 1850) blieb auch in anderen deutschen Ländern vor den Andersdenkenden eine große Hürde aufgebaut: Die „Einrichtungen des Staates, welche mit der Religionsausübung in Zusammenhang stehen", unterlagen trotz deklarierter Religionsfreiheit der christlichen Lehre.[36] Besonders ärgerlich blieben die Pflichtigkeit des Religionsunterrichts und die Schwierigkeiten mit der Eidleistung.

In Deutschland gab es zu Beginn des ersten Weltkrieges weit mehr als eine viertel Million rechtlich definierte „Dissidenten", darunter etwa 80-100 000 „Konfessionslose". Zirka 20-25 000 von ihnen waren in freidenkerischen Vereinen „ersatzkirchlich" organisiert.[37] Aus den Selbstauskünften dieser Organisationen errechnen sich zwar 32 000 Mitglieder. Doch scheint aus zwei Gründen diese Zahl zu hoch. Es ist von mindestens 10-20 Prozent Doppel- bzw. Mehrfachmitgliedschaften auszugehen (3-6 000). Dann sind diejenigen Personen zu berücksichtigen, die ihrer Gesinnung folgten, ohne aus den Kirchen bzw. jüdischen Gemeinden auszutreten. Dissidenten konzentrierten sich vor allem im Rheinland und in Westfalen, in Hessen-Nassau, im Großherzogtum Hessen, in Baden, Württemberg, Hannover, in der Provinz und im Land Sachsen, in den Thüringischen Staaten und in Schlesien. In diesen Regionen gingen auch dissidentische Organisationen an die Öffentlichkeit. Obwohl dies in nahezu allen großen Städten der Fall war, traten bis zum ersten Weltkrieg Berlin, Bremen, Frankfurt am Main, Hamburg, Jena, München und Nürnberg sowie mit Abstrichen Breslau, Dresden, Düsseldorf, Leipzig und Stuttgart als Zentren hervor.

Der nicht hinnehmbare Druck, unter dem die Dissidenten standen, beförderte zu Beginn des 20. Jahrhunderts die Gründung des *Weimarer Kartells*, das sich als *Allgemeiner Deutscher Kulturbund* und in seiner Satzung als „Zusammenschluß selbständiger Gesellschaften" verstand.[38] Es war dies

---

36 Vgl. Christoph Link: Die Entwicklung des Verhältnisses von Staat und Kirche. In: Deutsche Verwaltungsgeschichte, Bd.3: Das Deutsche Reich bis zum Ende der Monarchie. Stuttgart 1984, S.534. – Das *Kruzifix-Urteil* des Bundesverfassungsgerichts von 1995 anerkennt diese kulturelle Tradition als staatsrechtlich relevanten Fakt: „Der christliche Glaube und die christlichen Kirchen sind dabei [bei der Errichtung der politischen Kultur der BRD, H.G.], wie immer man ihr Erbe beurteilen mag, von überragender Prägekraft gewesen. Die darauf zurückgehenden Denktraditionen, Sinnerfahrungen und Verhaltensmuster können dem Staat nicht gleichgültig sein."
37 Die größten Gruppen stellten die Monisten (6 750), die Freidenker (6 000), die proletarischen Freidenker (5 000) und die Mutterschützer (3 500). Die Anzahl der Freigemeindler betrug um die 50 000.
38 Satzungen des Weimarer Kartells. In: Handbuch der freigeistigen Bewegung Deutschlands, Österreichs und der Schweiz. Jahrbuch des Weimarer Kartells 1914. Hg. i. A. des

eine Zeit (1906-1908), in der ungewöhnlich viele Menschen (über 40 000) die Großkirchen verließen, in freireligiöse Gemeinden konvertierten oder (1908-1914) sogar konfessionslos wurden (die obigen 80-100 000).[39] Die Gründer des Kartells reagierten auf diese Entwicklung und trieben sie voran. Sie schlossen, unabhängig von politischen Überzeugungen und weltanschaulichen Unterschieden, ein Bündnis, das die Duldung der Dissidenten in deren rechtliche Anerkennung oder gar Gleichbehandlung überführen wollte. In gemeinsamer Gegnerschaft zur zeitgenössischen, in ihren Augen intoleranten, politisch staatsverhafteten und sozial reformunwilligen evangelischen wie katholischen Kirche vereint, band das *Weimarer Kartell* nicht nur freidenkerische, freigeistige, ethische, freigemeindliche und ihnen nahestehende Dissidenten, sondern auch einige Reformtheologen, Juden, Freimaurer, Buddhisten, Muslime – kurz: Freigeister und Konfessionsgegner verschiedenster Art. Als Kartell arbeiteten sie an einem pragmatischen Bündnis, wollten einen kulturellen Block schmieden und kulturpolitisch Einfluß gewinnen. Doch krankte die Unternehmung an inneren Widersprüchen. In der Novemberrevolution brachen diese Gegensätze offen auf, der Verbund zerfiel und machte anderen Platz.

Viele Rechte und Gewohnheiten der Dissidenten, die das Kartell festigen und erweitern wollte, resultierten aus den Reformen vom Anfang des 19. Jahrhunderts, die eine größere Gewissens- und Kultusfreiheit gestatteten, und aus der Einführung des *Bürgerlichen Gesetzbuches* (BGB) im Jahre 1900. Die im BGB gefundene Lösung – Artikel 84 des Einführungsgesetzes erklärte die Zulassung von Religionsgesellschaften zur Landessache – beförderte die vereinsmäßige Organisation von Religions- und Weltanschauungsgemeinschaften auf Reichs- und Landesebene, führte allerdings auch zu politischen Zuspitzungen, die dann im Revolutionswinter 1918/19 ausgefochten wurden. Am November 1920 erging ein neues Gesetz über den Austritt aus Religionsgesellschaften und am 15. Juli 1921 wurde die Religionsmündigkeit im Reich einheitlich geregelt. Damit wurde der Begriff des Dissidenten endgültig fraglich, weil er nur noch die meinte, die keiner Religionsgesellschaft angehörten. Nun war aber nicht jeder Konfessionslose „religionslos". Außerdem räumte der Staat den Kirchen weiter Zwangsrech-

---

Weimarer Kartells v. Max Henning. M. e. Übersichtskarte. Frankfurt a. M. 1914. – Vgl. O. Lempp: Weimarer Kartell. In: Die Religion in Geschichte und Gegenwart. Handwörterbuch für Theologie und Religionswissenschaft, 1. Aufl., 5.Bd., Tübingen 1913, Sp.1605 (im folgenden Handwörterbuch).
39 Vgl. die Tabellen bei Pfender: Kirchenaustritt, S.89/90. – Die Zahlen betreffen nur Austritte von Protestanten. – Vgl. Jochen-Christoph Kaiser: Sozialdemokratie und „praktische" Religionskritik. Das Beispiel der Kirchenaustrittsbewegung 1878-1914. In: Archiv für Sozialgeschichte, Bonn 22(1982), S.279: „1906, als in Preußen die Austritte aus der Landeskirche zu Sekten und Religionslosigkeit von 3 245 auf 13 674 anstiegen, eine viele erschreckende Zahl, die 1907 vorübergehend auf 10 601 abflachte, um 1908 auf 23 204 anzuwachsen." Siehe auch die Tabelle bei Kaiser, S.278.

te ein, die Religionslose wie Andersgläubige verunsicherten, etwa die Kirchensteuer.[40] Das machte das Wort untauglich für einen politischen Gebrauch in der Freidenkerei. Die Nationalsozialisten schafften es nach 1933 ab und führten die Allgemeinformel von der „Gottgläubigkeit" ein. In Abgrenzung davon und gegen die Etablierung des Sozialismus als staatlich verordneter Kulturanschauung im Ostblock, bekam der Begriff nach dem zweiten Weltkrieg und im Kalten Krieg eine neue Dimension, löste ihn von der Religion und bezieht ihn bis heute auf bürgerliche Freiheiten, die Menschenrechte und diejenigen „Andersdenkenden", die in Diktaturen dafür eintreten. Die Dissidenten der Gegenwart stehen in der Tradition jener Freidenker, aus deren Denken und Tun heraus die Bezeichnung einst entstand.

Weimarer Kartell und deutsche Freidenkerei

Das *Weimarer Kartell* war ein 1907 begründetes, überregionales Verbündnis. Einzelpersonen konnten dem Kartell nicht beitreten, sondern nur Vereine, Vereinigungen, Bünde, Ortsgruppen von Vereinen oder auch andere Kartelle. Seine vornehmlich kulturpolitische Tätigkeit wurde von einem ständigen Ausschuß koordiniert, der unregelmäßig tagte und im wesentlichen aus den Führern der tonangebenden Vereine bestand. Ein geschlossenes Handeln als Verband lag weder in der Absicht seiner Initiatoren, noch war es in dieser illusteren Versammlung von geistigen Individualisten und weltanschaulichen Gruppierungen durchsetzbar. Das *Weimarer Kartell* nahm sich vor, die „Selbständigkeit und Eigenart jedes einzelnen Vereins unangetastet" zu lassen. Jede Majorisierung sei per „Verfassung ausgeschlossen".[41] Als größte von 14 Organisationen gehörten zum Kartell die *Deutsche Gesellschaft für Ethische Kultur*, der *Deutsche Monistenbund*, der *Deutsche Bund für Mutterschutz*, der *Deutsche Bund für weltliche Schule und Moralunterricht* und der *Deutsche Freidenkerbund*. Der *Bund freier religiöser Gemeinden Deutschlands*, der *Zentralverband der proletarischen Freidenker Deutschlands*, der *Freimaurerbund Zur Aufgehenden Sonne* und einige andere galten als „verwandte" Einrichtungen.

Wegen der Selbständigkeitsregel fiel die Wahl des Zentrums bewußt pragmatisch aus. Zum Vorort sollte jeweils die Stadt bestimmt werden, in welcher der Vorsitzende und der erste Schriftführer wohnten. In den zwölf Jahren seiner Existenz war dies zuerst München, dann, in einer Interimszeit ohne Vorsitz, Berlin, und schließlich, seit Ende 1911, Frankfurt am Main. Von hier gingen dann auch einige fortwirkende Gesetzesinitiativen aus. Das

---

40 Die rechtliche Kompliziertheit, durchaus von aktuellem Wert, dargelegt bei Pfender: Kirchenaustritt, S.64/65.
41 Aufruf. In: Handbuch, S.23.

Kartell stellte drei Grundforderungen auf: „1. Freie Entwicklung des geistigen Lebens und Abwehr aller Unterdrückung. 2. Trennung von Schule und Kirche. 3. Vollständige Verweltlichung des Staates."[42] Über die Details wurde 1907 „sofort restlose Übereinkunft erzielt".[43] Sie blieben bis zum Ende des Kartells 1919 unverändert, obwohl man zunächst von mal zu mal entscheiden wollte, was „unter den ‚gemeinsamen Aufgaben' (§1) des Kartells verstanden werden soll".[44] Beim Gründungstreffen 1907 in Weimar, das dem Kartell den Namen gab, und auf der offiziellen Konstituierungsversammlung in Magdeburg 1909 verlangten die angeschlossenen Vereine:
„1. Schutz der Universitäten gegen jeden Eingriff in ihre Forschungs- und Lehrfreiheit ...
2. Aufhebung der theologischen Fakultäten und Einordnung des religionswissenschaftlichen Stoffes in die philosophischen Fakultäten.
3. Befreiung der Schulen und sämtlicher öffentlicher Unterrichtsanstalten ... von kirchlicher Bevormundung und Beeinflussung.
4. Schaffung selbständiger Unterrichtsministerien.
5. Befreiung der Kommunen von staatlichen Eingriffen, besonders bei Kulturfragen ...
6. Vereinfachung des Kirchen-Austritts und Regelung desselben ...
7. Befreiung der Dissidentenkinder vom konfessionellen Religionsunterricht.
8. Aufhebung des Zwanges zu einer religiösen Eidesformel.
9. Freiheit der Bestattungsformen (Feuerbestattung).
10. Bekämpfung der gesetzlichen, wirtschaftlichen und sittlichen Minderbewertung der Frau."[45]
Das war ein ziemlich radikales Programm, und das *Weimarer Kartell* kann als Initiator und Förderer einer kulturellen und politischen Neuorientierung in Deutschland gelten. Die Führer dieser Gruppe vermochten es, ihre Anhängerschaft, bei aller Vielfalt der geistigen Strömungen und organisatorischen Bereiche, in ein ebenso grundsätzliches wie umfassendes Konzept von Kulturarbeit und Kulturpolitik einzubinden. Dafür schuf das Kartell ein grobmaschiges Netzwerk für die Organisationen der Dissidenten. Sie durften, je nach Mitgliederzahl, bis fünf Vertrauenspersonen in den *Kartelltag* entsenden. Doch wurde auch diese Regel eher geschäftsmäßig gehandhabt. So bildete sich ein Kern von etwa einem Dutzend Personen, in deren Händen im wesentlichen die Geschicke der organisierten deutschen Freidenkerei bis zum ersten Weltkrieg lagen. Diese Prominenten besaßen in ihren Vereinen Autorität. Sie hielten nach dem Vertretungsprinzip den Ausschuß und

---

42 Die drei Grundforderungen des Weimarer Kartells. In: Handbuch, S.7.
43 Handbuch, S.23.
44 Satzungen, in: Handbuch, S.9.
45 Handbuch, S.23.

damit das Kartell am Leben. Das traf vor allem auf die drei Vorsitzenden zu, den Münchener Philosophen Dr. Max Rieß (gest. 1909) und die Frankfurter Unternehmer Dr. Arthur Pfungst (1864-1912) und Prof. Heinrich Rössler (1845-1924).

Als Geschäftsführer der Kartellbewegung (formal I. Schriftführer des Ausschusses) fungierte Max Henning (1861-1927), ein autodidaktischer Arabist und Religionsforscher. Er wurde zunächst vom Berliner Monisten Dr. Walther Vielhaber unterstützt, dann vom freireligiösen Prediger Wilhelm Klauke (1866-1917) und schließlich vom Lehrer Joseph Schiller – die zugleich als offizielle Redner des Kartells auftraten.[46] Den *Deutschen Monistenbund* vertrat nach 1911 der Leipziger Chemophysiker Prof. Wilhelm Ostwald (1853-1932). Dieser hielt auch den ständigen Kontakt zum kranken Ernst Haeckel (1834-1919), dem „deutschen Darwin", der seinerseits den bei ihm angestellten Biologen und Philosophen Dr. Heinrich Schmidt (1874-1935) zu verschiedenen Missionen aussandte. Für die Freidenker und die Freireligiösen gehörten der Breslauer Prediger Gustav Tschirn (1865-1931) und der Münchener Kaufmann Peter J. Schmal zum Ausschuß. Der freireligiöse Frankfurter Rechtsanwalt Dr. Ernst Hochstaedter (geb. 1872) war Kassenwart und juristischer Ratgeber. Dann hatten noch zwei Berliner Sitz und Stimme: für die Mutterschutz- und Frauenbewegung Dr. Helene Stöcker (1869-1943) und für eine Vielzahl von Vereinen, deren Vorständen er angehörte, der Charlottenburger Stadtrat, Dozent an der *Freien Hochschule Berlin* und Moralpädagoge Dr. Rudolph Penzig (1855 - nach 1934) – die Zentralfigur der deutschen Freidenkerei bis in die Weimarer Republik.

Die *Kartelltage* waren meist erweiterte Tagungen des Ausschusses. Abgesehen von der Weimarer Konferenz am 15./16. Dezember 1907 und der Magdeburger Gründungsversammlung am 8./9. Juni 1909, fanden die drei bis vier eher informellen Zusammenkünfte am Rande freidenkerischer Großereignisse statt, zu denen sich sowieso die Prominenz der deutschen Dissidenten traf, so zum *Internationalen Hamburger Monistenkongreß* 1911, zum 16. Freidenkerkongreß in München 1912 und zur 7. Hauptversammlung des *Deutschen Monistenbundes* in Düsseldorf 1913. Ursprünglich wollte der *Kartelltag*, dem alle Beschlüsse vorbehalten blieben, jährlich am Gründungsort Weimar tagen, vermochte dies aber aus Kostengründen und noch darzustellenden anderen Ursachen nicht durchzuhalten. Faktisch galten so die Entschließungen des Ausschusses als Beschlüsse, da es jedem angeschlossenen Verein ohnehin frei stand, diese zu akzeptieren oder nicht. Nie wieder kam man in Weimar zusammen.

---

46 Vgl. Personenregister. – Die Redner waren vom Ausschuß akzeptiert, dessen Position nach außen zu vertreten. Sie konnten auf geringe finanzielle Unterstützung zur Deckung ihrer Unkosten hoffen.

Über ihre jeweiligen Organisationen und durch ihre Publikationen in freidenkerischen Verlagen gehörten, wie bereits ausgeführt, etwa 20 000 Personen zur Kartellbewegung. Es war dies eine historische Handlungsgemeinschaft von „Intellektuellen", auf die der ältere Begriff des „Gebildeten" nur noch eingeschränkt zutraf. Nach Rudolf Vierhaus charakterisierte diese neue soziale Schicht „eine bestimmte Aktivität und eine spezifische Geisteshaltung..., die als theoriegeleitet, rational, kritisch und formal beschrieben werden kann"[47] und für die in diesem Fall noch die Eigenschaft „freidenkerisch" hinzuzufügen wäre. In einer bei den Studien zu diesem Buch entstandenen Aufstellung konnten mehr als 1 100 Personen aus dem Vorfeld und Umkreis der dissidentischen Bewegung namentlich ermittelt werden.[48] Das ist nur ein Bruchteil der Mitgliedschaft, aber sicher die Mehrzahl des aktiven Teils. Die Führerschaft im *Weimarer Kartell* besaßen Professoren, unterstützt von Privatdozenten und Assistenten. Der Einfluß akademischer Zirkel spiegelt sich wie in anderen Ortsgruppen auch in der des *Deutschen Monistenbundes* in Jena und Weimar. Sie setzten sich aus drei sozialen Gruppen zusammen, berufenen Wissenschaftlern (Geheime Räte), aufgeschlossenen, nach sozialer Betätigung suchenden Fabrikanten (Unternehmer, Privatiers, Rentiers) und Akademikern ohne feste Anstellung

---

47 Rudolf Vierhaus: Umrisse einer Sozialgeschichte der Gebildeten in Deutschland. In: Quellen und Forschungen aus italienischen Archiven und Bibliotheken, Tübingen 60(1980), S.417. – Vgl. Gangolf Hübinger: Die Intellektuellen im wilhelminischen Deutschland. Zum Forschungsstand. In: Intellektuelle im Deutschen Kaiserreich. Hg. v. Gangolf Hübinger u. Wolfgang J. Mommsen, Frankfurt a. M. 1993, S.199-210.
48 Davon zählen zu den bekanntesten der Schriftsteller Wilhelm Bölsche (1861-1939; Berlin; Monist), die Sozialdemokratin Lily Braun (1865-1916; Berlin; Ethikerin), der Direktor der Berliner Sternwarte Wilhelm August Foerster (1832-1921; Potsdam; Ethiker) und dessen Sohn, der Reformpädagoge Friedrich Wilhelm Foerster (1869-1965; Berlin und Zürich; Ethiker), der Ästhetiker Ernst August Georgy (Berlin; Monist), der Erziehungswissenschaftler Ludwig Gurlitt (1855-1931; Hamburg; Konfessionslosenbewegung), der Literaturprofessor Otto Harnack (Berlin; Ethiker; weltliche Schule), der Dozent für Kulturgeschichte und Kulturpolitik Karl Hesse (Berlin; Ethiker; weltliche Schule), der Mitbegründer der Sexualforschung Magnus Hirschfeld (1868-1935; Berlin), der Initiator der Deutschen Kulturpartei (1908-1911) Ernst Horneffer (1871-1954; München und Leipzig; Dozent des Münchener Kartells) und sein Bruder August Horneffer (München und Leipzig; Freimaurer), der Bankier Paul Jaffé (1852-1929; Berlin; Monist), die Pazifistin Lilli Jannasch (1872-nach 1937; Berlin; Ethikerin; weltliche Schule), der Nationalökonom Ignaz Jastrow (1865-1937; Berlin; Ethiker), der Anstaltsarzt Otto Juliusburger (geb. 1867; Berlin; Monist), der Psychiater Hans Kurella (Bonn; Monist), der Kulturhistoriker Otto Lehmann-Rußbüldt (1873-1964; Berlin; Konfessionslosenbewegung), der Rechtsanwalt Karl Liebknecht (1871-1919; Berlin; Konfessionslosenbewegung), die Feministin Grete Meisel-Heß (1879-1922; Berlin; Monistin; Mutterschutzbewegung), der Vorsitzende der *Gesellschaft für deutsche Erziehung* Arthur Schulz (Berlin; Monist), der Sozialpädagoge Franz Staudinger (Pseudonym: Sadi Gunter; 1849-1921; Darmstadt und Worms; Ethiker und Monist; Redner des Kartells), der „Erfinder" der Einheitsschule Johannes Tews (1860-1937; Berlin; Ethiker), der Soziologe Ferdinand Tönnies (Pseudonym: Normannus; 1855-1935; Kiel; Ethiker), der „Volksbühnen"-Gründer Bruno Wille (1860-1928; Berlin; Monisten-, Konfessionslosen und Freireligiösenbewegung), der Philosoph Theobald Ziegler (1846-1918; Straßburg und Frankfurt a. M.; Ethiker) und andere.

(Privatgelehrte, Privatdozenten). Das entsprach dem sozialen Strukturwandel der „Geistesarbeiter".[49]

Dominierten in der dissidentischen Bewegung im Vormärz bis in die Siebziger noch die Theologen und Laienprediger in ihren Gemeinden, so handelte es sich an der Jahrhundertwende um eine soziale Bewegung von akademisch gebildeten und aufstiegsorientierten Mittvierzigern vieler Intelligenzgruppen, die an der „Ueberfüllung in den gelehrten Berufen" litten.[50] Es engagierten sich aber auch Autodidakten und Studienabbrecher. Sie kreierten gemeinsam mit den im „Beförderungsstau" steckenden Akademikern ein kulturell und weltanschaulich aufgeladenes Betätigungsfeld, in dem sie teils Anerkennung, teils Anhänger, teils bezahlte Beschäftigung erhofften und fanden. Dabei kristallisierte sich ein Personenkreis von etwa hundert besonders kommunikativen Personen heraus, darunter fast die Hälfte Doktoren, die in mindestens zwei Vereinen hervortraten. Von den erfaßten Personen waren immerhin 15 Prozent weiblich, was auf den hohen Frauenanteil im *Deutschen Bund für Mutterschutz* zurückzuführen ist.

In der organisierten Anhängerschaft des Kartells, soweit ihr Handeln rekonstruierbar ist, gab es auch nach der Jahrhundertwende noch eine leichte Dominanz der Prediger, die sich aus allen christlichen Glaubensrichtungen rekrutierten, in der überwiegenden Mehrzahl allerdings ehemalige Protestanten waren. Das resultierte aus den damaligen sozialen Umschichtungen.[51] Als in den vierziger Jahren des 19. Jahrhunderts der Aufbau freigemeindlicher Zusammenschlüsse einsetzte, geriet ihr Tun allein schon deshalb zu einer eindrucksvollen politischen Aktion, weil dies die Zeit war, „in der der Pfarrer – zumindest auf dem Lande, wo 80 Prozent der Bevölkerung lebten – den größten Einfluß in seiner Berufsgeschichte hatte. Ein Drittel aller Akademiker waren Pfarrer. Und da die anderen, Juristen, Ärzte usw., sich in der Stadt massierten, war der Pfarrer auf dem Lande oft der einzig

---

49 Vgl. Friedrich Paulsen: Die deutschen Universitäten und das Universitätsstudium. Berlin 1902. – Alexander Busch: Die Geschichte des Privatdozenten: Eine soziologische Studie zur großbetrieblichen Entwicklung der deutschen Universitäten. In: Göttinger Abhandlungen zur Soziologie unter Einschluss ihrer Grenzgebiete, hg. v. Helmuth Plessner, 5.Bd., Stuttgart 1959. – Rüdiger Vom Bruch: Forschungen und Arbeiten zur politischen und Sozialgeschichte des deutschen Bildungsbürgertums im 19. und frühen 20. Jahrhundert mit besonderer Berücksichtigung der Hochschullehrerschaft. In: Jahrbuch der historischen Forschung in der Bundesrepublik Deutschland, Berichtsjahr 1982, München u.a. 1983, S.36-41. – Ders.: Universitätsreform als soziale Bewegung. Zur Nicht-Ordinarienfrage im späten deutschen Kaiserreich. In: Geschichte und Gesellschaft, Göttingen 10(1984)1, S.72-91.
50 Paul Ernst: Das gebildete Proletariat in Deutschland. In: Der sozialistische Akademiker, Berlin 2(1896)4, S.234 (im folgenden: DsA).
51 Vgl. Hartmut Kaelble: Sozialer Aufstieg in Deutschland 1850-1914. In: Vierteljahrschrift für Sozial- und Wirtschaftsgeschichte, Wiesbaden 60(1973)1, S.41-71.

Gebildete."[52] Diese Situation hatte sich fünfzig Jahre später für die Theologen dramatisch verschlechtert. Noch bis in die siebziger Jahre hinein gab zwar das Studium der Theologie für meist Volksschullehrer- und Beamtensöhne die Gewähr für einen geregelten sozialen Aufstieg. Aber durch „das Anwachsen der Theologiestudentenzahlen, die 1886 ihren Höhepunkt im 19. Jahrhundert erreichten, gewann die Frage der kirchlichen Integration des theologischen Nachwuchses zusätzliche Aktualität."[53] Man versuchte, das Anfang der Neunziger offenbar werdende Arbeitsmarktproblem durch „Verkirchlichung" der Kandidatenzeit und „Verlaufbahnung" des sowieso schon verbeamteten Berufslebens zu lösen, zumal sich ein „Rückzug der Theologen aus nichtkirchlichen Berufsfeldern" nicht mehr aufhalten ließ.[54] Diese Maßnahmen liefen jedoch auf verstärkte Auslese und Loyalitätsabforderung hinaus. Wer diesen Regelkreis verließ, war zwar frei, aber brotlos. „Freie" Pfarrer beförderten deshalb schon aus Existenzgründen die verschiedenen Formen der Freidenkerei und schufen in der Sozial- und Kulturarbeit neue Berufsfelder. Der besondere Hang zur Kulturarbeit verband sie mit den Bestrebungen des „Kulturprotestantismus", aus dessen Gedankenkreis viele Dissidenten kamen.[55]

Der Dominanz von Predigern folgte die der Schriftsteller, Redakteure und Dichter, worunter sich erneut verschiedene akademische Professionen verbargen: Nationalökonomen, Naturwissenschaftler, Lehrer, erneut Pfarrer und vor allem Philosophen und Kunstexperten. Nach den Schriftstellern bildeten die Ärzte (wegen ihres Übergewichts bei den Mutterschützern und Monisten) eine starke Gruppe, eine weitere die Juristen sowie die Bankiers und Fabrikanten. Die Zusammensetzung des dissidentischen Kartells zeigt, wie sehr sich insgesamt die gesellschaftlichen Aufstiege über Bildung vermehrten. Der dadurch eintretende Wandel in den sozialen Chancen und kulturellen Perspektiven deutet allerdings zugleich auf Anpassungsprobleme der Akademiker und ihren Wandel zur „Intelligenz". Den meisten von ihnen schien der Universitätsabschluß oder gar die Promotion ein Zertifikat zu sein, das den persönlichen Aufstieg garantiert. Das war aber immer weniger der Fall. Das führte die Betroffenen in Situationen der Konkurrenz und zu zeitweiligen Bündnissen, denen sie übergreifende und grundsätzliche Argu-

---

52 Wolfgang Marhold: Die soziale Stellung des Pfarrers. Eine sozialgeschichtlich und empirisch orientierte Skizze. In: Das evangelische Pfarrhaus. Eine Kultur- und Sozialgeschichte. Hg. v. Martin Greiffenhagen. Stuttgart, Zürich 1984, S.185.
53 Oliver Janz: Zwischen Amt und Profession: Die evangelische Pfarrerschaft im 19. Jahrhundert. In: Bürgerliche Berufe. Zur Sozialgeschichte der freien und akademischen Berufe im internationalen Vergleich. Acht Beiträge. M. e. Vorw. v. Jürgen Kocka, Göttingen 1988, S.180.
54 Janz: Amt, S.175; vgl. S.180, 194.
55 Vgl. Gangolf Hübinger: Kulturprotestantismus und Politik. Zum Verhältnis von Liberalismus und Protestantismus im wilhelminischen Deutschland. Tübingen 1994.

mente lieferten. Dieser hohe Anspruch kompensierte zwar nicht den erlittenen sozialen Prestigeverlust, machte ihn aber in Geist und Gemüt erträglich. Durch die „Inflationierung der Akademiker in zahlenmäßiger und inhaltlicher Hinsicht" verloren besonders „die traditionellen Akademiker relativ ..., sowohl durch Aufgabe eines spezifischen Bildungsethos wie sozial durch das Gesetz der großen Zahl".[56] Ärzte, Rechtsanwälte und Privatgelehrte gehörten zwar auch weiterhin noch in die gesellschaftlich hochgeachteten akademischen Kategorien. Doch hinter den Bezeichnungen Künstler, Schriftsteller und Prediger konnte sich inzwischen vielerlei verbergen: Wandmaler, Feuilletonzeichner, Kolportageliterat, Wanderlehrer, Redakteur, arbeitsloser Germanist oder Kunsthistoriker. Ein abgeschlossenes Studium stellte außerhalb des Staatsdienstes keine Einstiegsbedingung dar. Künstler oder Schriftsteller konnte auch sein, wer weder Kunst noch Literatur studiert hatte. „Gebrauchte man noch um 1880 die Bezeichnung Zeitungsschreiber und Doktor synonym, so überwogen bald die nichtakademischen Journalisten"[57] – die nach der Jahrhundertwende in etwa 4 000 Zeitungsredaktionen Lohn und Brot fanden. „Der ‚Kulturfaktor' Zeitung schien durch Lohnschreiber ohne hinreichendes Bildungswissen bedroht. ... Resultat solcher bildungsbürgerlicher Befürchtungen war die Professionalisierung und Akademisierung des Journalistenberufs.[58]

Auch andere Anstellungen waren schwieriger zu erlangen. Das spürten vor allem die Ingenieure, genauer, die Zivilingenieure außerhalb der Armee.[59] Sie nahmen trotz ihres sehr geringen prozentualen Anteils besonders im *Monistenbund* eine gewisse Sonderstellung ein. Als aufstrebender Berufszweig suchten viele Techniker intensiv nach weltanschaulicher Orientierung, oft nach einer Technologie zur Beherrschung der sozialen Zusammenhänge. Das verband sie mit den Nationalökonomen und dem Kommis. Für alle drei sozialen Gruppen eröffneten sich einige Chancen als „Privatbeamte" in der Industrie, im Handel und bei den Banken. Sie waren in die Wirtschaft integrierbar. Deshalb bejahten sie oft Markt, Gelderwerb und Leistung, und dies machte sie für sozialdarwinistische Ideen empfänglich.

---

56 Peter Lundgreen: Zur Konstituierung des „Bildungsbürgertums": Berufs- und Bildungsauslese der Akademiker in Preußen. In: Bildungsbürgertum im 19. Jahrhundert, Teil I: Bildungssystem und Professionalisierung in internationalen Vergleichen. Hg. v. Werner Conze u. Jürgen Kocka, Stuttgart 1985, S.87.
57 Rüdiger Vom Bruch: Gesellschaftliche Funktionen und politische Rollen des Bildungsbürgertums im wilhelminischen Reich. Zum Wandel von Milieu und politischer Kultur. In: Bildungsbürgertum im 19. Jahrhundert, Teil IV: Politischer Einfluß und gesellschaftliche Formation. Hg. v. Jürgen Kocka, Stuttgart 1989, S.156/57.
58 Gangolf Hübinger: „Journalist" und „Literat". Vom Bildungsbürger zum Intellektuellen. In: Intellektuelle, S.101.
59 Die Ingenieure setzten seit den Siebzigern erste eigene *Diplom*-Graduierungen durch und erreichten die Öffnung der Graduierungsnomenklatur zum „Verbandsexamen" der Ingenieure 1896, denen die Abschlüsse zum diplomierten Kaufmann, Land- bzw. Forstwirt folgten.

In weltanschaulichen Vereinigungen war eine ausgebildete kulturelle Kompetenz besonders gefragt und konnte zur bezahlten Tätigkeit führen. Kundig in der „seit den 1880er Jahren intensiv diskutierten Moderne in ihren philosophischen (Nietzsche!), künstlerischen, allgemein kulturkritischen und alltagsweltlichen (Lebensreform) Erscheinungsformen", standen dafür besonders diejenigen zur Verfügung, die sich „vielfach in ‚gemeinde'-ähnlichen Zirkeln mit ersatzreligiösen Heilsverkündungen zusammenfanden und sich gerne um modernistische Periodika gruppierten."[60] In den Dienst eines bekennenden Vereins zu treten, war ein höchst dynamischer Vorgang, der Einfühlungsvermögen, Anpassungsbereitschaft und Flexibilität im Denken abverlangte – aber auch eine eigentümliche, nahezu sektenartige Gemeinschaftsbindung an bestimmte Personen und Überzeugungen.

Die Bewerber begaben sich in einen Wettbewerb um die Gunst des Vorsitzenden oder engeren Führungsgruppe. Das ist am Beispiel der größten und aktivsten Gruppe des Kartells in Thüringen zu illustrieren. Die Jenaer Monisten führte Heinrich Schmidt. Seine Autorität leitete sich von der Aura um Ernst Haeckel her, der seinen „Glaubenskampf" organisatorisch auf Schmidt stützte, den Haeckel wiederum mit einer Anstellung und Karriere belohnte. Aber auch für andere ergaben sich Gelegenheiten. Die Jenaer hatten als erster Monistenverein mit einem freireligiösen Jugendunterricht begonnen: 1913 mit vierzig Teilnehmern, den ein Herr Cilian leitete, der auch dem örtlichen *Komitee Konfessionslos* vorstand, dem, in seinem Selbstverständnis, Streikverein gegen die Staatskirche. Um den Zusammenhalt untereinander zu befestigen, führten die Jenenser regelmäßig Sommersonnenwendfeiern auf der „Forst" durch. Die Wintersonnenwendfeiern fanden im kleinen Saal des Volkshauses statt (1913/14 mit etwa 150 Personen). Kurz vor Kriegsausbruch gab es in Jena den ersten monistischen Pfingstkurs, unter anderem mit Referaten von Magnus Hirschfeld über Sexualwissenschaft und Franz Staudinger über Genossenschaftskultur. Wie alle Ortsgruppen versammelten sich auch die Jenaer Monisten regelmäßig in Wirtshäusern. Dabei ging es standesgemäß zu. Die Nicht-Professoren fühlten sich empor gehoben. Das Jenaer Stammlokal war das *Hotel Fürstenhof*, in dessen Vereinszimmer sie tagten.[61] Diese Treffen waren Professorenstammtische[62] und Lobbyistenrunden zugleich. Große Versammlungen und nationale Kongresse führten die freigeistigen Gruppen oft im Jenaer Volkshaus durch, wo auch die Sozialdemokraten ihre Parteitage 1905, 1911 und 1913 abhielten und sich mit

---

60 Vom Bruch: Gesellschaftliche Funktionen, S.159.
61 Die Weimarer Ortsgruppe traf sich im *Restaurant Belvedere* und im Sommer 1912/13 jeden Mittwoch abend zwanglos im *Hotel Chemnitius*.
62 In Jena die Professoren Wilhelm Halbfass (1856- nach 1936), Otto Knopf (1856-1945; Astronom), Julius Schaxel (1887-1943; damals noch nicht Professor), Max Verworn (1863-1923; Physiologe) und Heinrich Ernst Ziegler (Zoologe; später Stuttgart).

ihren Symbolen den örtlichen Gepflogenheiten anpaßten: 1905 stand vor dem Rednerpult unter immergrünen Gewächsen die Büste von Karl Marx. Links und rechts auf der Bühne sahen die Köpfe von Lassalle und Liebknecht hervor, während das Bildnis Abbes an der einen Bühnenwand nach dem Saale zu hing.

Pfungst und Rössler – Organisatoren der Kartellbewegung

Das *Weimarer Kartell* wäre nicht entstanden und nicht über den Krieg gekommen ohne die Gruppe der Rentiers, aber auch die der aktiven Fabrikanten, zu der seine beiden Vorsitzenden zählten: Arthur Pfungst und nach dessen Ableben 1912 Heinrich Rössler. Beide bugsierten das mit Pilgern überladene und mit vielen Kapitänen ausgestattete Schiff der Freidenkerei an den Klippen der Bürokratie vorbei und durch die Untiefen weltanschaulicher Konkurrenz. Ihre Biographien bringen etwas Licht in das bisher unerforschte „gesellschaftliche Leben in den Häusern reichgewordener Wirtschaftsbürger, mit dem sich vielfach ein Mäzenatentum verband".[63] Pfungst war Inhaber der Frankfurter *Naxos-Union*, dem führenden deutschen Importeur und Produzenten von Schmirgel. Er verfocht, seinem Vater Julius Pfungst darin folgend, das Konzept einer konsequenten Fabrikgemeinschaft, weshalb er demonstrativ dem Arbeitgeberverband fernblieb. Schon der Vater von Pfungst hatte „Pläne für eine Stiftung zur Förderung der Kultur". Das war die „Vorstellung einer quasi ‚multikulturellen' Stiftung unter Einbeziehung aller Konfessionen, nicht allein der jüdischen, wie es ja nahe gelegen hätte".[64]

Als Kind hatte Pfungst den ersten Fröbelschen Kindergarten absolviert. Er war Erfinder und Betriebswirt, zudem ein vielseitiger Autodidakt, promovierter Naturwissenschaftler[65], Übersetzer, Publizist und Sponsor von Freibibliotheken, Lesehallen und Volkshäusern. In den zwanziger Jahren veröffentlichte seine Schwester und Erbin des Unternehmens, Marie Pfungst, in vier Büchern seine *Gesammelten Werke*.[66] Die besondere Vorliebe von Pfungst galt der indischen Kultur[67], insbesondere dem Buddhismus.

---

63 Friedrich Zunkel: Das Verhältnis des Unternehmertums zum Bildungsbürgertum zwischen Vormärz und Erstem Weltkrieg. In: Bildungsbürgertum im 19. Jahrhundert, Teil III: Lebensführung und ständische Vergesellschaftung. Hg. v. M. Rainer Lepsius, Stuttgart 1992, S.99.
64 Vgl. Dr. Arthur Pfungst-Stiftung 1918-1993. Festrede v. Herrn Dr. Rödel 1991. O.O., o.J., S.9.
65 Vgl. Arthur Pfungst: Über die Einwirkung der Nitroethane auf die Chlorhydrine mehrwertiger Alkohole. Doctor-Diss., Leipzig 1886.
66 Arthur Pfungst: Gesammelte Werke. Hg. i. Gem. m. Franz Angermann u. Emil Doctor v. Marie Pfungst. 3 Bde., Frankfurt a. M. 1926-1927. – Bd. 3 besteht aus zwei Halbbänden.
67 Vgl. Arthur Pfungst: Aus der indischen Kulturwelt (1904). In: Pfungst Werke, Bd.II, S.1-230. – T. W. Rhys Davids: Der Buddhismus. Eine Darstellung von dem Leben und der

So gehörte er zu den Vertrauten und Förderern des „deutschen Buddhisten" Theodor Schultze (1842-1898).[68] Die noch vorzustellende *Mahābodhi-Gesellschaft* sah in ihm ihren offiziellen Repräsentanten und würdigte ihn wiederholt in ihrer Zeitschrift *Mahābodhi-Blätter*.[69] In seinem Nachruf auf Arthur Pfungst schrieb dazu der Herausgeber des Schweizer freigeistigen Blattes *Ethische Umschau*, der Historiker Gustav Maier: „Darum hatte in den vornehmsten Kreisen buddhistischer Kultur sein Name einen ebenso guten Klang als in der Heimat. Die Priester von Birma beschenkten ihn zum Zeichen ihrer Verehrung mit einer dreihundert Jahre alten broncenen Buddha-Statuette."[70]

Folgt man seinen Biographen, so wollte Pfungst eine Weltanschauung in Deutschland einführen, die sich aus den Lehren des naturwissenschaftlich begründeten Monismus Ernst Haeckels und den Weisheiten und Regeln des Buddha zusammensetzen sollte. Dafür habe er in der von ihm mitbegründeten *Deutschen Gesellschaft für Ethische Kultur* und im *Weimarer Kartell* die Organisationen gesehen, „denen er seinen Geist einzuflößen und zu vererben wünschte".[71] Aus den veröffentlichten schriftlichen Hinterlassungen läßt sich eine besondere weltanschauliche Affinität zu Haeckel nicht ableiten. So bezweifelte Pfungst 1906, „ob mein indisch-monistisches Bekenntnis mit den Satzungen des Monistenbundes in Übereinstimmung ist. Auf Grund der neuen Formulierung der Thesen hoffe ich beitreten zu können."[72] Doch erledigte sich dies durch die Initiierung des nach innen neutraleren *Weimarer Kartells*. Haeckel und Pfungst verband das Bestreben, „die verschiedenen, vielfach divergierenden Richtungen des ‚Freien Gedankens' zusammen zu halten".[73]

Lehre Gautamas, des Buddha. Nach d. 17. Aufl. a. d. Engl. v. Arthur Pfungst. Neue Aufl., Leipzig 1919 (Reclam's Universal-Bibliothek, 3941-3942).
68 Vgl. Arthur Pfungst: Ein deutscher Buddhist (Oberpräsidialrat Theodor Schultze). Biographische Skizze (1899). In: Pfungst Werke Bd.II, S.231-288. – Theodor Schultze: Das Dhammapada. Eine Verssammlung, welche zu den Kanonischen Büchern der Buddhisten gehört. A. d. engl. Übers. v. Professor Max Müller in Oxford, Sacred Books of the East, vol. X, metrisch ins Deutsche übertragen, Leipzig 1885. – Ders.: Vedanta und Buddhismus als Fermente für eine künftige Regeneration des religiösen Bewußtseins innerhalb des europäischen Kulturkreises. Leipzig 1891.
69 Vgl. Mahābodhi-Blätter. Eine Zweimonatsschrift für Buddhismus. Hg. v. d. Mahābodhi-Gesellschaft (Deutscher Zweig) im Selbstverlag. Leipzig 1(1912/13)-4(1915/16) (im folgenden MB), besonders: Nachrichten aus der buddhistischen Welt. In: MB 1(November/Dezember 1912)4, S.62. – So erschienen Rezensionen zu folgenden Werken von Pfungst: In Yamas Reich. Eine Dichtung. Fragment. Frankfurt a. M. 1912. – Ein Bürger derer, die da kommen werden. Eine Sammlung v. Beiträgen aus der Halbmonatsschrift „Das freie Wort". Frankfurt a. M. 1913. – Mit Pfungst als Übersetzer: Edwin Arnold: Die Leuchte Asiens oder die grosse Entsagung. Frankfurt a. M. 1912.
70 Gustav Maier: Arthur Pfungst. In: Ethische Umschau, Zürich 16(1912)12, S.46.
71 Pfungst Werke, Bd.I, S.CXXIII.
72 Arthur Pfungst an Professor Ernst Haeckel, Jena, v. 4.3.1906. In: Pfungst Werke, Bd.III, 2. Hlbbd., S.203.
73 Professor Ernst Haeckel, Jena, an Arthur Pfungst v. 4.6.1906. In: Pfungst Werke, Bd.III/2, S.207.

Pfungst hatte schon seit Jahren den Aufbau einer kulturpolitischen Organisation auf Reichsebene gefordert und betrieben, die den Kultusministerien und der Sittenpolizei als den staatlichen Verwaltern religiös begründeter Werte und Normen in den Bundesländern entgegentreten sollte. Als Pfungst 1912 starb, würdigte der schon zitierte Nachruf gerade diese Leistung. „Viel haben ihm zu danken alle freigerichteten Bewegungen der jüngsten Gegenwart, in deren Dienst er sich stellte mit aufopfernder Begeisterung: die ethische Bewegung, die Volksbildungsbestrebungen, die Friedenspropaganda, der Monistenbund und andere mehr. Er erkannte die Notwendigkeit der Verbindung aller dieser Ausstrahlungen der Zeitrichtung, und er schuf ihnen für Deutschland einen Mittelpunkt im ‚Weimarer Kartell'."[74]

Im Jahre 1900, ein Jahr nach dem Tod seines Vaters, stiftete Pfungst der freigeistigen Bewegung den *Neuen Frankfurter Verlag*[75], der zu einer Zentrale freigeistiger Literatur in Deutschland wurde und die *Bibliothek der Aufklärung* herausgab. In dieser Reihe erschienen zwischen 1911 und 1914 zahlreiche philosophische und kirchenkritische Studien.[76] Daneben veröffentlichte der Verlag in den Jahren 1901/02 acht *Flugschriften*.[77] Vor allem finanzierte Pfungst seit 1907 die Zeitschrift *Das freie Wort* mit der Beilage *Der Dissident*, die der freireligiöse Prediger und Landtagsabgeordnete der *Demokratischen Partei* Carl Saenger (gest. 1901) im April 1901 zu verlegen

---

74 Vgl. Maier: Pfungst, S.46.
75 Vgl. Pfungst Werke, Bd.I, S.XX: Diesen Verlag gründete Pfungst „als eine Etappe im Kampf gegen Rom".
76 Vgl. Melquiades Alvarez: Der Prozess Ferrer vor der spanischen Kammer. Rede des spanischen Deputierten Alvarez am 29. und 30. III. 1911. Übers. v. Ewald Vogtherr. 1911. – Heinrich Münter: Das vatikanische Konzil. Ein Beitrag zur Aufklärung über die Praxis der päpstlichen Dogmenfabrikationen. 1911. – David Hume: Die Naturgeschichte der Religion. Übers. u. m. e. Abriss über die Geschichte des Deismus in England eingel. v. Alphons J. Sussnitzki. 1911. – P. Laskowski: Der Klosterprozess in Czenstochau. Ein Kulturbild aus dem 20. Jahrhundert. Auf Grund der Gerichtsverhandlungen dargestellt, mit einer Einführung und einem Nachwort versehen. 1912. – Heinrich Michelis: Richtlinien zur Entwicklungsgeschichte der Naturphilosophie im 19. Jahrhundert. 1912. – Jean Jacques Rousseau: Briefe an Christophe de Beaumont, Erzbischof von Paris. Übers. v. Emil Doctor. M. e. Einf. v. Friedrich Jodl. 1912. – Emil Dosenheimer: Die Ursachen des Verbrechens und ihre Bekämpfung. 1913. – Hugo Leo Gokel: Kirchliche Weltherrschaft und Nationale Freiheit. Eine grundsätzliche Untersuchung über das Wesen des Nationalismus und den Universalismus der römischen Kirche. 1914.
77 Vgl. Citramontanus: Der Katholizismus als Prinzip des Rückschritts. 1901. – C(aspar) Schieler: Mein Austritt aus der katholischen Kirche. Worte zur Aufklärung und Mahnung. 1901. – Ferdinand Tönnies: Politik und Moral. Eine Betrachtung. 1901. (Diese Schrift war Wilhelm Foerster gewidmet.) – Paul Wohlfeil: Der Kampf um die neusprachliche Unterrichtsmethode. Ein offenes Wort über den neusprachlichen Reformunterricht an unseren höheren Schulen. 1901. – Otto Hörth: Der Kampf um die Kongregationen in der französischen Deputiertenkammer ... 1901. – C. Schieler: Giordano Bruno, der Dichter-Philosoph und Märtyrer der Geistesfreiheit. Seine Lebensschicksale und seine Bedeutung, nach den Resultaten der neuesten Forschung dargestellt. 1901. – Emil Felden: Protestantische Kirchen in Deutschland. 1902. – Justus Vitalis: Die Bergpredigt. Übersichtliche Vergleichung mit verwandten Stellen der übrigen Evangelien und Kritik derselben vom modernen Standpunkt. Bearb. v. e. Nicht-Theologen. 1902.

begonnen hatte.[78] Ein Faltblatt vom Sommer des gleichen Jahres stellte das Verlagsprogramm vor und hob, sich auf *Das freie Wort* beziehend, ausdrücklich heraus, auf kirchlich-religiösem Gebiete wolle der Verlag: „Schärfste Stellungnahme gegen alle Bestrebungen der Kirche, sei es der katholischen oder der protestantischen, das Anrecht der einzelnen Persönlichkeit auf volle Glaubens- und Gewissensfreiheit zu beschränken und die Machtmittel des Staates als Schutzmittel für die Aufrechterhaltung ihrer Herrschaft und Lehre zu benutzen. Dagegen Befreiung der Seelen von dem Druck der Autorität des kirchlichen Dogmas zu selbständigem religiösem Leben; deshalb Trennung von Staat und Kirche, völlige Loslösung der Schule von der Kirche und Einführung eines von allen trennenden konfessionellen Voraussetzungen freien Moralunterrichts."[79] Bereits das erste Dutzend der ausgelieferten Hefte verhandelte gewichtige Fragen der deutschen und internationalen Kultur-, Innen- und Außenpolitik: Katholikentag und Papsttum, Missionierungen und Rassenprobleme, Islam und Buddhismus, Armenrecht und Zolltarif, Zustände in der Türkei, in England, Österreich und Frankreich. Dabei konnten Saenger und Pfungst namhafte Autoren gewinnen wie Wilhelm von Bode (Generaldirektor der Berliner Museen; 1845-1929), Arnold Dodel (Professor in Zürich; geb. 1843), Paul Ernst (Dichter; 1866-1933), Friedrich Wilhelm Foerster, Ludwig Gregorovius, Ignaz Jastrow, Leopold Katscher, Moritz Kronenberg, Cesare Lombroso (1835-1909), Max May, Georg Simmel (1858-1918), Ferdinand Tönnies und andere.

Pfungst war nicht nur ein erfolgreicher Unternehmer, sondern zugleich ein Sonderling, der selbst in Wirtschaftsverhandlungen eine Sanskrit-Grammatik aufschlug. Zudem teilte er die Wissenschaftsgläubigkeit seiner Zeit derart, daß er in seiner eigenen Personalpolitik graphologischen und physiognomischen Gutachten vertraute. Man kann diese Eigenheit von Pfungst auch so deuten, daß er nach einer Verwendbarkeit dieser Erkenntnisse außerhalb der Kriminalanthropologie suchte, die Cesare Lombroso (mit bürgerlichem Namen Ezechia Marco) in Turin gerade begründete. Vor allem aber fühlte sich Pfungst, wie viele seiner Mitstreiter, zum Dichter berufen. Unter dem Pseudonym Arthur Cornelius gab er 1886 seinen ersten Gedichtband heraus. Dem folgte zwischen 1892 und 1897 sein umfangreiches Epos *Laskaris*, mit den Teilen *Laskaris' Jugend*, *Der Alchimist* und *Philalethes*[80], die er als seine eigentliche geistige Hinterlassenschaft be-

---

78 Vgl. Das freie Wort. Frankfurter Halbmonatsschrift für Fortschritt auf allen Gebieten des geistigen Lebens, begr. v. Carl Saenger, hg. u. red. v. Max Henning. Frankfurt a. M. 1(1901)1 – 20(1920)12(Juli). Nebst Beiblatt: Der Dissident. Zentralorgan für die Interessen aller Dissidenten, 1(1905)1-? – Vgl. auch Das freie Wort und Probleme der Zeit. Eine Sammlung von Beiträgen bleibenden Werts aus den Jahren 1901-1908. Hg. v. Max Henning, Frankfurt a. M. 1908.
79 Neuer Frankfurter Verlag. Unser Programm. Faltblatt. 4 S., Frankfurt a. M. o.J. (1901). Deutsche Bücherei Leipzig. Buchmuseum. (Neuer Frankfurter Verlag im folgenden NFV).
80 Vgl. Arthur Pfungst: Laskaris. Eine Dichtung. In: Pfungst Werke, Bd.I, S.121-375.

griff.[81] Auf Pfungst, wie auf Wilhelm Bölsche, Johannes Unold (1860-1935), Bruno Wille und andere Mitstreiter, traf zu, was der evangelische Historiker Ernst Troeltsch (1865-1923) 1911 die Produktion einer „Poesie der Empfindsamkeit" genannt hat, die ein direktes Ergebnis der „Säkularisation des religiösen Gefühlsüberschwanges" sei: hymnisches Dichten als Ersatz für ausbleibende religiöse Mystik und fehlende Heilige[82] – worauf noch öfters zurückzukommen sein wird.

Wie Pfungst so lebte auch Rössler in Frankfurt am Main. Rössler war wie Pfungst begütert, zunächst unternehmerisch tätig und ebenfalls, wie man damals sagte, sozial eingestellt.[83] Stärker noch als Pfungst wirkte Rössler unmittelbar politisch, und zwar als Mitglied der *Deutschen Volkspartei* und als Mitinitiator des *Frankfurter Friedensvereins*, der *Deutschen Friedensgesellschaft* und des *Verbandes für Internationale Verständigung*. Er war gemeinsam mit dem Theologen und Begründer des modernen Liberalismus Friedrich Naumann (1860-1919) dafür, „dass man ... mit den Sozialdemokraten zusammen die Reaktion bekämpfen und überwinden müsse".[84] Rössler hatte in Freiberg an der berühmten Bergakademie Chemie und Metallurgie studiert, wurde 1868 in Göttingen promoviert und 1909 ehrenhalber zum Professor ernannt. Rössler arbeitete sich noch im hohen Alter in die physikalische Chemie Wilhelm Ostwalds ein[85], des damaligen Vorsitzenden des *Monistenbundes*. Bis 1901 stand er in der Nachfolge seines Vaters Friedrich Rössler, dem Begründer der *Deutschen Gold- und Silberscheideanstalt (Degussa)*, dem Unternehmen als Direktor vor.

Von 1874 bis 1908 (mit einer Unterbrechung von 1884-1888) war Rössler als Frankfurter Stadtverordneter in der Schulbehörde aktiv und noch danach Gesellschafter der *Gesellschaft für Wohlfahrtseinrichtungen*.[86] Maßgeblich trug er zur Gründung der Frankfurter Universität bei und hatte darin Erfolg, weil „wir überall – auch in der Oeffentlichkeit – versichern konnten, dass es keine theologische Fakultät geben sollte. ... Auch später haben wir alles getan, um zu verhüten, dass die Theologie hintenherum doch wieder eingeschmuggelt werde."[87] Dieser Einfluß wurde, trotz Dementi, auch vom *Physikalischen Verein* schon dadurch ausgeübt, daß bedeutende Stiftungen

---

81 Vgl. Rudolph Penzig: Gedächtnisrede, gehalten bei der Feuerbestattung Arthur Pfungsts in Heidelberg am 6. Oktober 1912. In: Pfungst Werke, Bd.III/2, S.427-434.
82 Ernst Troeltsch: Die Bedeutung des Protestantismus für die Entstehung der modernen Welt. Berlin, München 1911, S.49.
83 Vgl. Heinrich Roessler 1845-1924. Ein halbes Jahrhundert Degussa-Geschichte. Frankfurt a. M. 1984.
84 Heinrich Rössler: Nachtrag zu den Lebenserinnerungen (November 1912). Masch.schriftl., Archiv der Degussa, S.8.
85 Vgl. Rössler: Nachtrag, S.3.
86 Vgl. W. Boller: Heinrich Rössler. Sonderabdruck aus dem Jahresbericht des Physikalischen Vereins zu Frankfurt a. M. 1919-25. Frankfurt a. M. 1926, S.1-5.
87 Rössler: Nachtrag, S.5.

sonst nicht erfolgt wären. Die evangelische Seite war zum Schluß bereit, sogar eine religionswissenschaftliche Sektion zu akzeptieren.[88] Rössler folgte nach dem plötzlichen Tod von Pfungst diesem im Vorsitz des Kartells. Von wesentlichem Einfluß auf diese Bereitschaft zur Amtsübernahme war für Rössler der Besuch des *Internationalen Hamburger Monistenkongresses* 1911, „der uns mit seinen grossartigen Vorträgen von Ostwald, Arrhenius, Jodl, Löb u.s.w. mächtig ergriffen hat".[89] Hier habe er gemeinsam mit seiner Frau im 66. Lebensjahr beschlossen, aus der Kirche auszutreten, da auch der Standpunkt der liberalen Geistlichen sie nicht mehr befriedigt habe. Rösslers Konzilianz, seiner betont süddeutschen Demokratievorstellung, seiner Integrationskraft und sicher auch seinem Geld verdankt das Unternehmen seinen Bestand bis 1919. 1917 ergänzte Rössler seine Erinnerungen mit einem weiteren Zusatz. Er wolle „alles tun, ... um die Organisation über die Gefahren des Krieges hinaus zu bringen"[90], was ihm auch gelang.

Rössler wie auch Haeckel, Ostwald, Pfungst und andere haben mit ihrem privaten Vermögen zur Gründung und zum Bestand des Kartells beigetragen. Ursprünglich sollten die Kosten des Kartells aus freiwilligen Mitgliedsbeiträgen der einzelnen Vereine und Ortskartelle bestritten werden. Doch hatte schon die Satzung eine Instanz namens *Freunde des Weimarer Kartells* vorgesehen.[91] Sponsoren, wie man heute sagen würde, sollten als Gegenleistung für ihr Geld beratende Stimme erhalten. Eine per Satzung vorgesehene Liste ist zwar nicht überliefert, doch kann wohl davon ausgegangen werden, daß die meisten Finanziers als engagierte Freidenker bekannt waren.

Trine und Diederichs – Prototypen der Produktion von Weltanschauung

Der Bremer Pastor Albert Kalthoff (1850-1906), eine weitere wichtige Person in der deutschen Freidenkerei, beschrieb kurz vor seinem Tode nicht nur treffend den Wandel der Sozialdemokratie zu einer neuen Kirche.[92] Er charakterisierte rückblickend die Dissidenten als „Pfadfinder des neuen Men-

---

88 (Martin) R(ade): Frankfurt a. M. und die theologischen Fakultäten. In: Die Christliche Welt, Marburg 28(1914)2, Sp.38-42 (im folgenden CW). – Zur ursprünglichen Haltung vgl. Wilhelm Hunzinger u. Wilhelm Bornemann: Sollen die Universitäten Hamburg und Frankfurt a. M. keine Theologischen Fakultäten haben? In: CW 27(1913)9, Sp.201-205.
89 Rössler: Nachtrag, S.6. – Svante August Arrhenius (1859-1927) war Physikprofessor in Stockholm, Monist und persönlicher Freund Wilhelm Ostwalds. Auf den Philosophen Friedrich Jodl (1849-1914) wird noch gesondert eingegangen. Der Monist Jacques Loeb (1859-1924) arbeitete als Physiologieprofessor in New York.
90 Rössler: Nachtrag, 1917, S.13.
91 Vgl. Satzungen, in: Handbuch, S.9.
92 Vgl. Albert Kalthoff: Die Religion der Modernen. Jena, Leipzig 1905, S.303-310.

schen".⁹³ Sie hätten sich auf die Suche nach einer modernen Religion begeben, die „sich deutlich von der Religion der Vergangenheit abhebt. Sie ist ganz und gar untheoretisch, unkirchlich. Ihre Vertreter haben nicht ein theologisches Examen abgelegt und kein kirchliches Amt bekleidet, ... und was sie vertreten ist Laienreligion ... jenseits von Glauben und Unglauben ... aus dem Quell des eigenen Lebens geschöpft und aus der Tiefe des eigenen Gemütes geboren". Transporteure dieser „Poetenphilosophie"⁹⁴ waren nicht wissenschaftliche Gesellschaften, sondern Vereine und Verlage. Gerade die persönliche Überzeugung von Verlegern, umgesetzt in Geschäftsinteresse, bekam wesentlichen Anteil an der dissidentischen Selbstfindung und Organisation, so durch Stollberg in Gotha, Förstemann in Nordhausen und Schütz in Apolda. Rubenow, Schäfer und Plahn (alle Berlin) unterhielten freireligiöse Verlage. Der Mitbegründer des Monistenbundes Schwaner betrieb den germangläubigen Verlag *Volkserzieher* in Berlin. Walther Markgraf förderte von Breslau aus den deutschen Buddhismus. H. Molenar (*Positive Weltanschauung*) und Dr. Georg Hirth (*Jugend*)⁹⁵ betrieben von München, Otto Wigand, Richard Küster und Karl Rühle von Leipzig und die Brüder Suschinsky von Wien aus den Monismus. Walter Keller (*Frank'sche Verlagsbuchhandlung* Stuttgart) war ebenfalls Monist. Der Freireligiöse Franz Gustav Duncker (1822-1888) veröffentlichte in seinem Verlag 1859 Karl Marx' *Kritik der politischen Ökonomie*, mit dem berühmten Vorwort über die materialistische Geschichtsauffassung. Er schuf 1868 mit Max Hirsch (1832-1905) die sogenannten *Hirsch-Dunckerschen-Gewerkvereine*.

Eine aufklärerische Breitenwirksamkeit bis in Arbeiter- und Handwerkerschichten hinein gelang der von 1893 bis 1910 in Bamberg herausgegebenen Reihe *Volksschriften zur Umwälzung der Geister*, in der an die hundert Bücher und Broschüren zu freidenkerischen, mitunter auch kirchenkämpferischen Themen erschienen, manchmal mit Nachauflagen durch andere Verlage. Die Autoren drückten sich bewußt allgemeinverständlich aus und vereinfachten dabei oft ihre Antworten auf Religions-, Kirchen- und Wissenschaftsfragen. Oft trieb sie dabei die Suche nach einem neuen Glauben. Viele bekannten sich gerade deshalb zur Naturheil- bzw. Tierschutzbewegung. Von den Autoren der *Volksschriften* wurde der Rechtsanwalt und Sozialdemokrat Ludwig Frank (1874-1914) am bekanntesten, der als kriegsfreiwilliges Mitglied des Reichstages in seinem ersten Gefecht schon im

---

93 Kalthoff: Religion der Modernen, S.5,7.
94 Ebenda, S.79. – Vgl. Ders.: Modernes Christentum. Berlin 1906, S.42 (Moderne Zeitfragen, 13): „Aber während uns die Theologie im Stiche läßt, ... beginnt die Kunst, namentlich die Dichtung, ... das Christusproblem von seinen verschiedenen Seiten anzufassen". – Dies dann von ihm konzeptionell ausgebaut und mit kulturpädagogischem Impetus versehen, vgl. Ders.: Kunst und Volk. Vortr., geh. zur Eröffnung der Thätigkeit des Goethebundes in Bremen. Jahresbericht 1900/1901, hg. v. Vorstand des Goethebundes, Bremen 1901.
95 Hirth war auch Mitglied des Mutterschutzbundes.

September 1914 an der Westfront fiel. Einige von ihnen, etwa Ferdinand Heigl, der als Sachbuchautor und Bekenntnisliterat Erfolg hatte[96], engagierten sich in der ethischen Kulturbewegung. Andere, wie M. Dietze, suchten und fanden später Anschluß im Lager eines rassisch begründeten Deutschtums.[97]

Ein weiterer Schriftsteller, der im Umfeld der Kirchenaustrittspropaganda und des *Komitees Konfessionslos* aktiv wurde, war der Düsseldorfer Prediger und Monist Georg Kramer, der als Sozialdemokrat in den Zwanzigern für die „weltliche Schule" focht. Seine Reihe hieß *Volkstümliche Freidenkerschriften*. Er publizierte zwischen 1906 und 1918 dreißig Hefte bzw. Bücher. Die meisten stammten von ihm selbst. Sie behandelten Fragen der Kirchen- und Religionskritik, die Sünden der Päpste und der Inquisition, Bibelwiderlegungen, Entwicklungslehre, Menschwerdung und die Ursachen der Verbrechen. Die *Volkstümlichen Freidenkerschriften* und die *Volksschriften* bewegten sich finanziell wie organisatorisch zwischen Buchmarkt und Vereinsliteratur. Sie begaben sich in ungleiche Konkurrenz zu einer Fülle von kommerziell vertriebenen Werken der weltanschaulichen Gebrauchsliteratur.

Die Bindungskraft an die offiziellen kirchlichen Sinnangebote wurde um 1900 wohl durch nichts mehr untergraben als durch die im großen Stil verbreiteten Offerten psychologischer Kongresse und ihrer Flugschriften. Ein Großteil des entstehenden Buchmarktes lebte von den damals „sensationellen" Offenbarungen. Zu diesen Angeboten zählten die zahlreichen Schriften des Amerikaners Ralph Waldo Trine (geb. 1866). Er war Vorsitzender der *Human Education Society*, die der damals modischen *N.Th.-Bewegung*, der *New Thought Movement* zurechnete. Den Verein hatte der ehemalige Unitarier Ralph Waldo Emerson (1803-1882) in Boston gegründet und zur geistigen (scientologischen) Bewegung hochgepuscht. Der Kern der Lehre vom „Neuen Denken" war in ein Gemisch von pantheistischen, theistischen, mystischen und energetischen Behauptungen und Weissagungen eingebunden, die im Reklamestil vorgestellt wurden.[98] Die Idee bestand darin, eine transzendentale „Überseele" anzunehmen, derer man

---

96 Vgl. Ferdinand Heigl: Die Religion und Kultur Chinas. I. Teil: Die Reichsreligion von China. II. Teil: Die Kultur Chinas. Berlin, Jena 1900. – Ders.: Spaziergänge eines Atheisten. Ein Pfadweiser zur Erkenntnis der Wahrheit. Polemisches und Akademisches. Berlin 1889 (6. Aufl. 1893).
97 Vgl. M. Dietze: Die ethischen Grundlagen des Deutschtums in Philosophie und Dichtung. Charlottenburg 1913 (Norddeutsche Schriftensammlung, 1). – Ders.: Frauenfrage und Ernährung als Probleme der Rassenkultur. Charlottenburg 1913 (Norddeutsche Schriftensammlung, 4). – Weiter traten als Verfasser je mehrerer Schriften hervor: Julius M. Berger, Kuno Faust, Emil Fischer, A. Langer, P. Lener, P. A. Rüdt, W. Spurhen, Gustav Tschirn und Eugen Wolfsdorf.
98 Vgl. Ralph Waldo Trine: In Harmonie mit dem Unendlichen. Stuttgart 1905. – Ders.: Charakterbildung durch Gedankenkräfte. Einz. ber. Übers. a. d. Engl. v. Max Christlich [sic!]. Stuttgart 1906. – Ders.: Was alle Welt sucht. Stuttgart 1906. – Ders.: Auf dem Wege zur Wahrheit. Stuttgart 1909.

sich durch das Studium der antiken wie der östlichen Mystik und der Schriften von Fichte und Goethe nähern kann. Das verband sich mit praktischem Körper- und Seelentraining, mit Selbstschulung und Verinnerlichungsübungen. Die Schriften von Trine wurden zu Bestsellern, je Buch bis zu 100 000 Exemplaren verkauft und in christlichen Blättern durchaus begrüßt – als Wegzeigungen zurück zum rechten Glauben.[99]

Der reißende Absatz solcher Schriften, deren Auflagen freigeistige Bestseller hoch übertrafen, zeigt zumindest, daß auch für anspruchsvolle freidenkerische Bedürfnisse ein Markt bestand, den Pfungst mit nach seiner Ansicht ernsthafter Aufklärungsliteratur auszufüllen gedachte – in Konkurrenz besonders zum Verlag von Eugen Diederichs in Jena. Diederichs (1867-1930), Begründer des Begriffs „Neuromantik", war 1904 von Leipzig ins Thüringische umgesiedelt und pflegte, auch um das an Goethe und Schiller glaubende Jenaer Bürgertum zu reizen, nicht nur ein offenes Haus, sondern einen exzentrischen Klub von seltsamen Intellektuellen. „Als Präsident seines ‚Sera Zirkels' trug er Hosen aus Zebrafell und einen türkischen Turban. In dieser Atmosphäre wurden die Zusammenkünfte zu dionysischen Kultfeiern. Ein solches Verhalten ließ natürlich an der Ernsthaftigkeit seiner eigenen sozialen und philosophischen Ideen Zweifel aufkommen."[100] Seine Sonnenwendfeiern und Volkstänze färbten nachhaltig auf die ortsansässigen Freidenker ab. Doch war der Sera-Kreis zugleich eine „akademische Gruppierung, der so unterschiedliche Charaktere wie Wilhelm Flitner, Alfred Kurella und Rudolf Carnap angehörten."[101]

In Kontrast zu seinen mitunter skurrilen öffentlichen Auftritten vertrat Diederichs ein ernsthaftes und folgenreiches, zunächst theosophisch genanntes, dann, nach seiner Abkehr von einem vereinfachenden spiritistischen Geisterglauben, letztlich kosmologisches und kulturphilosophisches Konzept. Er „glaubte an die christliche Lehre von Eckhart und nicht an die der Bibel"[102] und führte seinen Erfolg als Verleger schlüssig auf das „Heraufkommen des Unterstroms des Irrationalen im Anlauf gegen die Herrschaft des Materialismus und Intellektualismus" zurück, das er bediente[103], um ei-

---

99 Vgl. Walther Hoffmann: Auf dem Wege zur Wahrheit von R. W. Trine. In: CW 23(1909)50, Sp.1202: „ ... wenn die vielgelesenen Schriften dieses Amerikaners einer tieferen Lebensauffassung vorarbeiten helfen, so sollen sie uns auch in Deutschland willkommen sein."
100 Georg L. Mosse: Ein Volk, ein Reich, ein Führer. Die völkischen Ursprünge des Nationalsozialismus. Königstein/Ts. 1979, S.63.
101 Gangolf Hübinger: Einleitung. Verlagsgeschichte als Kulturgeschichte. In: Versammlungsort moderner Geister. Der Eugen Diederichs Verlag – Aufbruch ins Jahrhundert der Extreme. Hg. v. Gangolf Hübinger, München 1996, S.12/13. – Carnap (1891-1970) wandte sich der philosophischen Logik zu, Flitner wurde Philosophie- und Pädagogikprofessor in Hamburg (1929-1957), Kurella (1895-1975) in den Sechzigern in der DDR Kulturchef der SED.
102 Mosse: Volk, S.69.
103 Der deutsche Buchhandel der Gegenwart in Selbstdarstellungen. Hg. v. G. Menz. Zweiter Bd., Heft 1: Eugen Diederichs. Leipzig 1927, S.19 (= Eugen Diederichs: Aus meinem Leben. Jena 1927).

ne eingeweihte Gemeinde zu begründen, die als Elite fähig wäre, die deutsche Nation kulturell über die Zivilisation hinauszuführen.[104] „Welche ‚Krankheiten' der modernen Kultur Diederichs auch diagnostizierte – immer empfahl er als Therapie ‚neue Religion' oder ‚neuen Mythos'. Nur wenn es den Menschen gelinge, die in den geschichtlichen Religionen verborgenen Sinnressourcen wieder zu erschließen, werde sich das Unheil kulturellen Verfalls abwenden lassen."[105]

Diederichs Verlagsphilosophie schloß demzufolge Freigeistiges ein. Er verstand darunter allerdings die subjektive Interpretation vorwissenschaftlicher Erfahrungen, sozialpsychologischer Stimmungen und idealer Sollsetzungen. „Ein von der Erdkraft ausgehendes Denken und ein verstärktes Interesse für okkulte Probleme waren die Parole", wie er in seinen Erinnerungen schrieb. „Schon um die Jahrhundertwende war an Stelle des bis dahin zugkräftigen Schlagwortes ‚Weltanschauung' das Wort ‚Kultur' getreten."[106] Im Bestreben, diesen Wandel zu befördern, hatte Diederichs viel mit den Dissidenten gemeinsam: „Gegen Staatsnähe, kirchlichen Traditionalismus und akademische Konvention setzte er auf Außenseiter, Querdenker und Innovationsagenten, die einen explorativen, experimentellen Zugriff auf das Religiöse wagten. Mehrfach erklärte er, daß die ‚Ketzer' die eigentlich kreativen Geister der Religionsgeschichte gewesen seien."[107]

Diederichs Verlag hatte mit Büchern von Ferdinand Avenarius (1856-1923; *Stimmen und Bilder*; *Wandern und Werden*, Neuausgabe), Hans Blum (*Die deutsche Revolution*) und Wilhelm Bölsche (*Liebesleben in der Natur*) seine ersten Gewinne erzielt und gab zum Zeitpunkt der dissidentischen Überlegungen, ein Kartell zu bilden, gerade unter der Autorschaft des Karlsruher Hartmann-Schülers Arthur Drews (1865-1935) die erste Gesamtdarstellung der monistischen Philosophie heraus.[108] Der Verlag beeinflußte das damalige Geistesleben nicht nur hinsichtlich einer monistischen Weltanschauung, die sich zwischen Naturwissenschaft, Philosophie und Religion begriff. Er prägte durch seine Publikationen nicht nur die damaligen Programme der Körperkultur, Reformpädagogik, Gartenstadt-, Jugend- und Volkshochschulbewegung sowie des Werkbundes.[109] Darüber hinaus trug Diederichs zur Verbreitung der Neuen Mystik bei. Es handelte sich dabei um

---

104 Vgl. Eugen Diederichs: Politik des Geistes. Jena 1920.
105 Friedrich Wilhelm Graf: Das Laboratorium der religiösen Moderne. Zur ‚Verlagsreligion' des Eugen Diederichs Verlags. In: Versammlungsort, S.243/44.
106 Eugen Diederichs: Zur Neuorientierung der deutschen Kultur nach dem Kriege. Richtlinien in Gestalt eines Bücher-Verzeichnisses. Jena 1915/16, S.38.
107 Graf: Laboratorium, S.247.
108 Vgl. Der Monismus. Dargestellt in Beiträgen seiner Vertreter, Bd.I: Systematisches; Bd.II: Historisches, hg. v. Arthur Drews. Jena 1908.
109 Vgl. Erich Viehöfer: Der Verleger als Organisator. Eugen Diederichs und die bürgerliche Reformbewegung der Jahrhundertwende. Frankfurt a. M. 1988.

ersatzreligiöse und gefühlsmäßige Reaktionen auf die fortschrittsgläubige Anschauungsweise der Moderne, die sich betont aufgeklärt und diesseitig gab, aber dem Gemüt, der Sinnlichkeit und der Erbauung zu wenig Raum ließ, um der Rationalität wenigstens kurzzeitig zu entfliehen. Nicht eintönige philosophische Lektüre war gefragt, sondern die Suche ging nach plastischen Glaubensbildern, geistigen Spielen mit der eigenen Existenz und derjenigen der Gesellschaft. Ernst Troeltsch schrieb über diese Neue Mystik, es handele sich dabei um die „von der Oeffentlichkeit wenig beachteten Unterströmungen des religiösen Lebens ... Sie haben sich vielfach mit Spiritismus und Theosophie heute verbündet" und kämen mit einem ästhetischen Einschlag des Platonismus daher, „den die Verchristlichung so gründlich beseitigt hatte, und den die moderne ästhetische Kultur in so viel differenzierterer Weise erneuert".[110]

Es charakterisiert das Kulturdenken in Deutschland bis zum ersten Weltkrieg, daß diese Bruchstelle mit einem ebenso transzendent begriffenen wie romantisch verklärten „nationalen Geist" zugeschüttet wurde, angereichert mit sozialdarwinistischen Erklärungsmustern, rassehygienischen Offenbarungen und primitivem Nietzscheanismus – an dessen Produktion sich Freidenker, besonders Monisten, aktiv beteiligten. „Eugen Diederichs richtete 1913 in seinen Verlagsräumen eine nationale Weihestätte ein, die ausschließlich dem Gedenken Lagardes und seiner Schriften gewidmet war. Diese zu jeglicher rationalen Argumentation unfähige, vagabundierende Mystik des Nationalen trug dazu bei, daß sich die deutsche Bildungsschicht immer stärker von den politischen Realitäten entfernte und sich einer vagen, antiegalitären und antidemokratischen Ideologie vom ‚besonderen deutschen Weg' verschrieb."[111]

Diederichs Weihestätte war der deutsche Beitrag und der geistige Mittelpunkt in der von Karl Lamprecht (1856-1915) konzipierten *Halle der Kultur* auf der Weltausstellung für Buchgewerbe 1914 in Leipzig. Der Diederichs'sche Kultraum folgte Paul de Lagardes rätselhaftem Spruch „Wir wollen Geborenes, um mit ihm zu leben, Du um Du. Wenn die Winde nur wehen wollten."[112] Nicht nur Diederichs Verlagsprogramm beförderte eine Mystik des

---

110 Ernst Troeltsch: Die Soziallehren der christlichen Kirchen und Gruppen. Tübingen 1912, S.926, 928 (Gesammelte Schriften, 1).
111 Wolfgang J. Mommsen: Bürgerliche Kultur und künstlerische Avantgarde. Kultur und Politik im deutschen Kaiserreich 1870 bis 1918. Frankfurt a. M., Berlin 1994, S.97.
112 Es handelt sich bei der Langfassung, die seit 1913 die Briefköpfe des Verlages zierte, um eine wesentliche Kürzung aus Lagardes *Deutscher Glaube*. Nach Viehöfer: Verleger, S.14: „Gäbe es wenigstens Verschworene unter uns, einen heimlich offenen Bund, der für das große Morgen sänne und schaffte und an den alle sich anschließen könnten, deren ausgesprochenem Sehnen er das Wort böte: Wir sind es müde, mit Geschaffenem und Gemachtem abgefunden zu werden. Wir wollen Geborenes, um mit ihm zu leben, du um du. Wenn die Winde nur wehen wollten." – Zwei Fotos der Halle, die übrigens auch mit einer Kniebank für Andachten ausgestattet war, finden sich in Diederichs: Zur Neuorientierung.

völkisch Nationalen.[113] Es bekam ein Pendant in verschiedenen volksbildnerischeren Unternehmungen, die ein System kultureller Arbeit an den Unterschichten beförderten. Erwachsenenbildung legitimierte sich in großen Teilen als nationaler Kulturdienst am Volke, um dieses für die nationale Idee zu gewinnen. Auch hier trug Diederichs dann zur geistigen Orientierung bei: „Eine Volkstumsbewegung muß uns zu einem bewußten Rassegefühl führen."[114]

Henning – Koran-Übersetzer, Redakteur und Geschäftsführer

Für diesen entstehenden Markt der Weltanschauungen und ihrer Verlage wollte Pfungst mit seinem *Neuen Frankfurter Verlag* ein seriöses und wissenschaftliches Angebot liefern. Zwar interessierte ihn besonders das Programm Diederichs, doch dessen Nationalismus lehnte er als mehrsprachiger Kosmopolit und Fabrikant allerdings ebenso ab, wie er als buddhistischer deutscher Jude jeden Rassismus verabscheute. Sein Verlag sollte den weltoffenen Standpunkt der Modernen verdeutlichen. Dafür gewann er zunächst Carl Saenger als Redakteur und Verlagsleiter, der aber schon im November 1901 verstarb. So übernahm der Islamist Max Henning alle anfallenden Arbeiten in den verschiedenen verlegerischen Unternehmungen von Arthur Pfungst. Er wurde Leiter des *Neuen Frankfurter Verlages* und damit rechte Hand von Pfungst und eigentlicher Organisator der Kartellbewegung. Beider Ziel war die Stiftung einer *Akademie des freien Gedankens* für die von Henning so genannte „soziale Kulturbewegung" der Freidenker in Deutschland.[115] Ihre vielfältigen internationalen Kontakte führten anfangs dazu, daß die Zeitschrift *Das freie Wort* im Ausland mehr gelesen wurde als im Lande selbst, wie Ignaz Jastrow in einem privaten Gutachten Pfungst informierte. Von den tausend Abonnenten lebte die Mehrzahl außerhalb Deutschlands.[116] Sie schätzten das Blatt als Zeugnis einer intellektuell anspruchsvollen und nonkonformistischen deutschen Geistesströmung.

Das lag nicht zuletzt am Wirken von Max Henning, der auch die gesamte Korrespondenz des *Weimarer Kartells* führte. Vom Anfang 1907 bis zum Ende des Kartells 1919 hielt er als dessen Geschäftsführer alle Fäden in der Hand. Er war deshalb 1914 in der Lage, das *Handbuch* der deutsprachi-

---

113 Vgl. Zur Deutschen Kultur, in Diederichs: Zur Neuorientierung, S.2-9, 26-31, 34-38, 47-53.
114 Eugen Diederichs: Die deutsche Kulturbewegung im Jahre 1913. Katalog. Jena 1913, zit. nach Diederichs: Zur Neuorientierung, S.52.
115 Max Henning: Geleitwort. In: Eine Akademie des freien Gedankens. Gesammelte Aufsätze, hg. i. A. des Weimarer Kartells v. Max Henning, Frankfurt a. M. 1916, S.4. – Siehe Kap. 5.
116 Vgl. Prof. Dr. Jastrow, Berlin, an Arthur Pfungst v. 17.5.1901. In: Pfungst Werke, Bd.III/2, S.238.

gen freigeistigen Bewegungen herauszugeben und über die Mitgliedsorganisationen des Kartells und ihre jeweiligen Absichten detailliert zu berichten. Zusätzlich enthält das *Handbuch* informative und umfangreiche Aufsätze sowie dokumentarische Zusammenfassungen über die Situation in den einzelnen deutschen Bundesländern zur Gewissensfreiheit (Emil Dosenheimer, geb. 1870, Amtsrichter in Ludwigshafen, Monist), über Dissidenten und Eidleistung (Dosenheimer), über Dissidenten und Religionsvergehen (Dosenheimer), zur Trennung von Kirche und Schule (Gustav Höft, geb. 1864, Volksschulrektor in Hamburg, Monist und Freimaurer) sowie von Staat und Kirche (Ludwig Wahrmund, geb. 1861, Kirchenjurist in Prag, Monist), über Kirchenaustritt, die Rechtslage des dissidentischen Religionsunterrichts und die Feuerbestattung (jeweils mehrere Autoren).

Hennings Leben kann als typisch gelten für die Mitgliederkategorie der Akademiker der zweiten Reihe[117], der Privatdozenten, Assistenten, freien Schriftsteller und Redakteure. Er war einer der am meisten gelesenen deutschen Übersetzer des *Koran*.[118] Das trug ihm aber keine akademischen Ehren ein.[119] Über ihn, wie über viele andere Akteure des Kartells in einer ähnlichen Lage, ist bisher wenig bekannt. Henning gehört wie diese zu denjenigen Akteuren der Geschichte, die in bestimmten Bereichen von großem Einfluß sind, aber deren Person im dunkeln bleibt. So waren bereits bei der Abfassung der *Gesammelten Werke* von Pfungst von dem umfangreichen Schriftwechsel zwischen ihm und Henning nach den Angaben der Herausgeber nur noch zwei kurze Arbeitsnotizen auffindbar.[120] Die Wieder-Herausgeberin des *Koran* in der oben angeführten Übersetzung Hennings,

---

117 Vgl. Ignaz Jastrow: Die Stellung der Privatdozenten. Berlin 1896. – Ders.: Kollegiengelder und Gebühren. In: Das akademische Deutschland, Bd. III: Die deutschen Hochschulen in ihren Beziehungen zur Gegenwartskultur. Hg. v. Michael Doebert, Otto Scheel, Wilhelm Schlink, Hans Sperl, Hans Bitter u. Paul Frank, Berlin 1930, S. 277-284. – Hugo Dingler: Das Privatdozententum. In: Ebd., S. 205-218.
118 Vgl. Der Koran. A. d. Arab. übertr. u. m. e. Einl. vers. v. Max Henning. Leipzig 1901 (Universal-Bibliothek, Nr. 4206-4210). Auf dieser Ausgabe basieren die Ausgaben (Philipp Reclam) Stuttgart 1960, 1991: Einl. u. Anm. von Annemarie Schimmel. – Weitere Schriften Hennings: Der „rothe Kaplan". Zum Gedenken an Heinrich V(olbert) Sauerland. Eine Auswahl seiner im „Freien Wort" pseudonym erschienenen Arbeiten, hg. u. eingel. v. Max Henning, Frankfurt a. M. 1910. – Der Teufel. Sein Mythos und seine Geschichte im Christentum. Hamburg 1921. – Zwar zeichnet die Titelseite des folgenden Buches eine „Mrs." M. Henning als Übersetzerin, doch rubrizieren es verschiedene Bibliotheken (so die Staatsbibliothek Preußischer Kulturbesitz Berlin) unter Max Henning: The Hymns of Zarathustra. Being a Translation of the Gathas together with Introduction and Commentary. By Jacques Duchesne-Guillemin. Translation from the French by Mrs. M. Henning. London 1952.
119 Vgl. Gustav Pfannmüller: Handbuch der Islam-Literatur. Berlin, Leipzig 1923, S. 218: „Eine lesbare und verständige Übersetzung ... Er (Henning, H.G.) ist aber ebensowenig wie Grigull (d.i. Theodor Friedrich Grigull, dessen Übersetzung im gleichen Jahr in der Bibliothek der Gesamt-Literatur erschien, H.G.) in das Geheimnis der Person Muhammeds eingedrungen. Immerhin genügen beide Übertragungen für Laien."
120 Vgl. Pfungst Werke, Bd. III/2, S. 216/17.

die bedeutende Islamistin Annemarie Schimmel, merkte noch 1960 in ihrem Vorwort an, „daß die Identität von ‚Max Henning' nicht völlig geklärt ist. Man vermutet hinter dem Pseudonym den Arabisten August Müller, der 1888 die deutsche Koranübersetzung von Friedrich Rückert veröffentlicht hatte".[121] Diese Unkenntnis noch Ende der fünfziger Jahre verblüfft, da von Henning auch die in Deutschland im gesamten 20. Jahrhundert am meisten verbreitete Übertragung der Geschichten aus *Tausendundeine Nacht* stammt.[122]

Henning kam aus Ruda-Koslonka, einem kleinen Ort in der preußischen Provinz Posen, wo er 1861 geboren wurde. Wie der Eintrag im Frankfurter Melderegister angibt, kam er über Breslau und München, wo er seine Frau kennenlernte, nach Frankfurt a. M., zog dort 1911 ins nahe Gökenheim und, vermutlich während des Krieges, nach Haldensleben im Anhaltinischen, wo er Mitte der zwanziger Jahre verstarb. Henning hatte drei Kinder und die Liste vermeldet unter der Rubrik Religion „evangelisch". In den achtziger Jahren studierte Henning vermutlich in Tübingen, denn er galt als „Schüler Pfleiderers".[123] Als Beruf gibt das Formular Schriftsteller und als Tätigkeit Redakteur beim *Neuen Frankfurter Verlag* an. Hier betreute Henning auch die *Bibliothek der Aufklärung* und editierte unter anderem die Gedichtsammlung des Breslauer freidenkerischen Dichters Friedrich von Sallet (1812-1843). Dieser bleibe im Gedächtnis der Menschheit als „ein spekulativer Monist entschwundener Tage". Mit seinem *Laienevangelium* (1842) sei Sallet zum „Verkünder eines neuen Evangeliums ... der Liebe" geworden.[124]

---

121 Annemarie Schimmel: Vorwort. In: Koran, S.5.
122 Vgl. Tausendundeine Nacht. Arabische Erzählungen. Übertr. v. Max Henning. Leipzig 1924 (Reclams Universal-Bibliothek). – Die schönsten Geschichten aus Tausendundeine Nacht (Alf laila wa laila). Übertr. v. Max Henning. Ausgew. u. Nachw. v. Wilhelm Fronemann. Leipzig 1926, 1938. – Auf dieser Ausgabe fußen die populären Ausgaben in beiden deutschen Staaten (Tausend und eine Nacht, Deutsche Buchgemeinschaft, Berlin u. Darmstadt 1957, 1965; Geschichten aus Tausendundeiner Nacht, Reclam's Universal-Bibliothek Nr. 89, Leipzig 1964).
123 Vgl. Professor Dr. A. Döring, Berlin (Vorsitzender der Deutschen Gesellschaft für ethische Kultur), an Arthur Pfungst v. 6.9.1903. In: Pfungst Werke, Bd.III/S.139. – Pfleiderer gehörte zur sogenannten *Jüngeren Tübinger Schule* der evangelischen Theologie, die sich seit den sechziger Jahren thematisch der Aufklärung und gegenständlich dem *Neuen Testament* und der Geschichte des frühen Christentums widmete.
124 Friedrich v. Sallet. Ausgew. Gedichte. M. e. Einf. hg. v. Max Henning, Frankfurt a. M., S.17, 3.

2. KAPITEL
Freidenkerei – ein Kulturphänomen

Religion und Weltanschauung

Bevor die Geschichte der freidenkerischen Kulturbewegung der Dissidenten erzählt wird, sind einige theoretische Voraussetzungen zu klären. Schon der Begriff „Religion", dessen vielschichtiger Gebrauch mit dem Hintersinn von „Kultur" bei Diederichs aufschien, ist freidenkerischen Ursprungs. Der Religionsbegriff verwies auf diejenige Weltdeutung und Anschauungsweise, die menschliche Einstellungen und Handlungen sowie das Natürliche auf Jenseitiges und Göttliches bezieht oder von dort ableitet.[1] Den gläubigen Menschen, so Georg Simmel, sind diese Erscheinungen und Sphären nicht anders erklärbar oder erscheinen ihnen als übermächtig und werden als existentielle Hoffnung oder Bedrohung erlebt. „Religion" ist hinsichtlich ihrer Inhalte „nichts anderes als eine gewisse Übertreibung empirischer Tatsachen".[2] Als Wert- und Normsystem konstituiert sie soziale Bindungen unter den gemeinsam Glaubenden. Dabei besteht das Problem jeder Betrachtung des Phänomens darin, daß der religiöse Mensch die „Dinge von vornherein so (erlebt), daß sie gar nicht anders sein können, als ihm die Güter gewähren, nach denen er als Religiöser begehrt".[3] Genau dies ist das Problem jeder Weltanschauung, so Max Scheler 1915, Wilhelm von Humboldts Ansicht über Weltanschauung betrachtend, daß „diejenigen, die sie haben, nichts zu wissen (brauchen). Genug, daß sich die Gegebenheit der Welt in ihr gliedert und akzentuiert."[4] Auch Mircea Eliade, der in allen Religionen der Welt ein einziges System zu erkennen meint, führt „alle diese Ideen, für die Menschen bereit waren, sich gegenseitig umzubringen", auf ein „unendlich komplexes System" zurück, dessen Bestandteile sich auseinander „ableiten lassen nach ganz bestimmten Mechanismen, denen außerhalb des menschlichen Bewußtseins keinerlei ‚Realität' entspricht."

---

1   Vgl. Falk Wagner: Religion. In: Wörterbuch des Christentums. Hg. v. Volker Drehsen, Hermann Häring, Karl-Josef Kuschel u. Helge Siemers in Zusammenarbeit mit Manfred Baumotte, Gütersloh 1988, S.1050-1055.
2   Georg Simmel: Die Religion. Frankfurt a. M. 1906, S.12.
3   Simmel: Religion, S.16.
4   Max Scheler: Vom Umsturz der Werte. Abhandlungen und Aufsätze. In: Max Scheler, Gesammelte Werke, Bd.3, 4. Aufl., Bern 1955, S.126.

Es sei unmöglich auf empirischem Wege zu ergründen, „ob Jesus Christus Gott-Vater gleichgestellt oder untergeordnet ist".[5]

„Religion" ist ein moderner Begriff. Er entstand in Europa als Produkt des Humanismus und der Aufklärung. Trotz einiger antiker Ansätze ist der Ausdruck „Ergebnis der intellektuellen Verarbeitung der Spaltungen und Konfessionalisierung im Christentum seit der Reformation. Er taucht erstmals anfangs des 16. Jahrhunderts (1517) in der deutschen Sprache bei den Humanisten und dann bei U. Zwingli und M. Luther auf."[6] Das Wort diente in der Folgezeit zur Definition all dessen, was Gläubige zunächst von Abtrünnigen, dann von Nicht-Christen und schließlich Atheisten unterscheidet – und zwar nicht nur in den Gedanken und Werten, sondern vor allem in den Mythen und heiligen Stätten, den Bekenntnissen und Kulten, den Gebeten und Festen.

Der katholische Gelehrte Julien Ries (geb. 1920) definierte 1993 Religion, indem er sich auf die Wissenschaften bezog, die sich mit ihr befassen. „Die Soziologen erkennen in der Religion drei wesentliche Elemente: ein Glaubenssystem, das Heilige und die Gemeinschaft. Die Psychologen unterstreichen drei weitere Aspekte: Das Streben nach Werten, die bewußte Abhängigkeit von einer Kraft, die diese Werte aufrechterhält, und das Verhalten des Menschen im Hinblick darauf, daß er sich dieser Werte versichern will, indem er Zuflucht nimmt zu dieser Kraft. Die historisch und phänomenologisch ausgerichtete Forschung wandte sich den verschiedenen Religionen, der Untersuchung des religiösen Phänomens, der religiösen Erfahrung und der Erfahrung des Sakralen zu. ... Diese *Erfahrung, die sich auf keine andere Erfahrung zurückführen läßt*, charakterisiert den Homo religiosus ...".[7] Die Reduktion des modernen Begriffs von Religion auf Erfahrung, erlaubt die wissenschaftliche Analyse des Kulturellen in Religionen und den Vergleich von „Weltanschauungen".

Um vom religiösen Denken abweichende Weltansicht wie weltliches Anschauen des Menschen angesichts der bürgerlichen Verhältnisse nach der französischen Revolution auszudrücken, ohne jedoch alle metaphysischen, idealistischen und mystischen Hintergründe völlig aufzugeben, entstand Ende des 18. Jahrhunderts in Deutschland, zunächst in der transzendentalen Philosophie, der Begriff „Weltanschauung". Dazu hat Helmut Günter Meier bereits 1967 einen bis heute weitgehend unbeachteten umfassenden Abriß vorgelegt.[8] Da-

---

5 Mircea Eliade, Ioan P. Culianu: Handbuch der Religionen. Unt. Mitw. v. H. S. Wieser. Frankfurt a. M. 1995, S.22.
6 Harald Homann: Religion. In: Wörterbuch der Religionssoziologie. Hg. v. Siegfried Rudolf Dunde, Gütersloh 1994, S.260.
7 Julien Ries: Ursprung der Religionen. M. e. Vorw. v. Fiorenzo Facchini, Augsburg 1993, S.7 (Hervorhebungen von mir, H.G.).
8 Vgl. Helmut Günter Meier: „Weltanschauung". Studien zu einer Geschichte und Theorie des Begriffs. Inaug.-Diss., Münster 1967. – Die Arbeit war noch zu Beginn der achtziger Jahre nur einem kleinen Kreis von Eingeweihten bekannt. Vgl. Werner Betz: Zur Geschichte des Wortes „Weltanschauung". In: Kursbuch der Weltanschauungen. Schriften der Carl

nach bildet sich „Weltanschauung" in der „Fachsprache der Philosophie aus, nicht aber in der Sprache der Dichtung oder etwa in der Alltagssprache".[9] Meier widerlegt Ansichten in vielen Wörterbüchern, deren Autoren voneinander abschrieben, denen zufolge Alexander von Humboldt mit seiner Kosmos-Theorie von 1845 der Schöpfer sein soll. Er zeigt zudem, daß dem Wort Entsprechungen in anderen Sprachen fehlen (mit einigen wenigen Ausnahmen in germanischen), was auf deutsche Sozialzustände verweist, die auch die hiesige Freidenkerei prägten.

„Weltanschauung", noch wörtlich genommen, wird von Immanuel Kant 1790 in seiner *Kritik der Urteilskraft* eingeführt, dann von Johann Gottlieb Fichte 1792 im *Versuch einer Kritik aller Offenbarung* übernommen, um erstmals eine Zusammenschau der Welt auszudrücken. Bei Georg Wilhelm Friedrich Hegel rückt das Wort (nach 1818) in den Rang einer philosophischen Kategorie, bezeichnenderweise in seiner Ästhetik, um Kunst mit Religion und Philosophie zu vergleichen. Er legt dabei eine Stufenfolge der Weltanschauungen fest, die in der Geschichte der Völker jeweils Verkörperungen des Zeitgeistes darstellen, die bis zu ihrer Integration in die Philosophie durchaus pluralistisch nebeneinander existieren.[10] Der Bezug auf die Künste und auf dort ventilierte Probleme wurde für die künftige Bestimmung von „Weltanschauung" auf dreifache Weise prägend. *Erstens* wurde der Begriff am Ende des Vormärz nahezu ein „Ausdruck der ästhetischen Kunstsprache", ein „Ersatzwort für Ästhetik".[11] Darin drückte sich der soziale Tatbestand aus, daß die geistigen Provokationen der Zeit nicht aus der Philosophie oder der Theologie, sondern aus den Künsten und von Laien außerhalb der etablierten Philosophie und Theologie kamen. Sie warfen neue Lebensfragen auf. Die Bindung von Welterklärungen an die Sprache der Künste und Künstler rückte das sinnenmäßige Erfassen der Welt in eine niedere, wenn auch akzeptierte Form der Erkenntnis. Zeitgleich wurde für Sinngebungen das Wort „Kultur" eingeführt und die „Reflexionskultur zu einem System" auf der Ebene „des gemeinen Menschenverstandes" erhoben.[12]

Friedrich von Siemens Stiftung. Hg. v. Anton Persl u. Armin Mohler, Bd.4, Frankfurt a. M., Berlin, Wien 1981, S.18-28. – Als wichtige Quelle zur Wortgeschichte vgl. Deutsches Wörterbuch von Jacob u. Wilhelm Grimm. Vierzehnter Bd., I. Abteilung, 1. Teil, bearb. v. Alfred Götze ... Leipzig 1955, Sp.1530-1538.
9   Meier: „Weltanschauung", S.73.
10   Meier beruft sich S.310 (Anm. 47) auf Hans-Georg Gadamer: Die Bedeutung der Philosophie für die neue Erziehung. Über die Ursprünglichkeit der Philosophie. Zwei Vorträge. Berlin 1948.
11   Meier verweist u.a. S.47 auf Wilhelm Hebenstreit: Wissenschaftlich-literarische Encyklopädie der Aesthetik. Ein etymologisch-kritisches Wörterbuch der ästhetischen Kunstsprache. Wien 1843.
12   Meier zit. S.69 Georg Wilhelm Friedrich Hegel: Glauben und Wissen oder die Reflexionsphilosophie der Subjektivität, in der Vollständigkeit ihrer Formen ... (1802). In: Sämtliche Werke, Jubiläumsausgabe, hg. v. H. Glockner, Bd.1, Stuttgart 1965, S.291.

Zweitens ist zuerst in den ästhetischen Äußerungen eine Möglichkeit realisiert, die künftig den Einsatz des Wortes „Weltanschauung" bestimmt, nämlich die Entdeckung, „dass das Individuelle des Individuums absolut gesetzt werden kann. Das vollzieht sich in der Subjektivierung von Meinungen, Neigungen und des eigenen Geschmacks."[13] Seitdem „kann Weltanschauung umschrieben werden als das theoretische Meinungsgefüge des Subjekts, erhoben auf den Begriff der endlichen Vernunft, in der Intention, mit seiner Hilfe die aus dem Ursprung der Individualität aufgebaute Weltansicht in eine Erkenntnis der darin gesetzten Welt zum Zwecke ihrer Bewältigung umzuwandeln. Weltanschauung ist ein subjektiver Systemversuch zur Weltbewältigung."[14] „Weltanschauungen", so Adorno rückblickend, entwarfen „Vorstellungen vom Wesen und vom Zusammenhang der Dinge, der Welt, des Menschen". Sie begannen im 19. Jahrhundert bisherige metaphysische Glaubensgefüge zu überlagern, aber weiterhin „dem subjektiven Bedürfnis nach Einheit, nach Erklärung, nach letzten Antworten" entgegenzukommen. Sie konstituierten Sphären „der zum System erhobenen Meinung"[15] und kolportierten auf vielfache Weise das „Versprechen, die geistige Welt und schließlich auch die reale eben doch aus dem Bewußtsein einzurichten".[16]

Drittens produzierten die Kunst- und Kulturdebatten und die obrigkeitlichen Versuche, sie zu zensurieren, eine gewisse intellektuelle Öffentlichkeit, in der sich zwischen Friedrich Wilhelm Klopstock (1795) und Heinrich Heine (1837) viele über „Weltanschauungen" äußerten. Der Diskurs ebnete die Wege, „auf denen das Wort der Philosophie seit etwa der Mitte des 19. Jahrhunderts in die Sprache der ‚Laienwelt' eindringt" und zu einem Modewort wird, das die spätere „Verflachung des Wortgebrauchs" vorbereitet.[17] Albert Kalthoffs Charakteristik von „Weltanschauung" als „Poetenphilosophie" trifft den Kern des Vorgangs[18], denn „Weltanschauung" geriet wegen ihres gleichzeitigen Bezugs auf die Künste und das Religiöse in einen unlösbaren Konflikt zwischen Metaphysik und Wissenschaft.

Zur Erinnerung, es war zunächst die ordinierte Philosophie, die sich der weltanschaulichen Phänomene und Ideen annahm, um sie in ihre Systeme einzuordnen. Doch außerhalb davon vollzog sich ein gewaltiger Vorgang der Subjektivierung von „Weltanschauungen", mit einer Eskalation nach 1880/90. Gebildete, Vereine, soziale Bewegungen und politische Parteien (Max Weber: „Gesinnungs-Parteien") okkupierten das Modewort. Sie rissen es nicht aus den Theoriegebäuden, sondern errichteten neue. Aus philosophischer Sicht

---

13   Meier: „Weltanschauung", S.67.
14   Meier: „Weltanschauung", S.70.
15   Theodor W. Adorno: Philosophische Terminologie. Zur Einleitung. Frankfurt a. M. 1989, S.118 (Studientexte Wissenschaft, 23).
16   Adorno: Terminologie, S.125.
17   Meier: „Weltanschauung", S.36.
18   Kalthoff: Religion der Modernen, S.79.

ergab sich daraus ein Sinken des Niveaus: „Alle bisherigen wort- und begriffsgeschichtlichen Arbeiten sind in der Auffassung einig, dass die Begriffsgeschichte von Weltanschauung eine Geschichte des Bedeutungsverfalls ... darstellt."[19] Die Ursachen dafür werden in den profanen Gegenständen, im fehlenden philosophischen Tiefgang und in der Beteiligung von Laien gesehen. „Weltanschauung" holt sich ihren Stoff quer Beet. Vor allem ist sie in dem verschwommen und vieldeutig, was sie gedanklich ausdrückt und systemisch bündelt. Kennzeichnend für Weltanschauungen sei, schrieb Armin Mohler in seiner Studie über den deutschen Kulturkonservatismus, „daß in ihr Denken, Fühlen, Wollen nicht mehr reinlich geschieden werden können ... Das Denken nimmt werkzeughafte Züge an: es scheint nur noch der Ausgestaltung von vornherein feststehender Leitbilder zu dienen. Und diese wiederum scheinen nur da zu sein, um innerhalb der Wirklichkeit bestimmte Ziele zu erreichen."[20] Mohler zitiert Gerhard Nebel, um diese Aussage zu bekräftigen: „Die Weltanschauung ...: ist ungläubig und ermangelt des Bezuges auf das Sein; und dann unternimmt sie es, einen Teil zum Ganzen, etwas Geschaffenes und Sekundäres zur letzten Ursache zu erheben, und beansprucht, in diesem Partiellen über die absolute Wahrheit als einen festen Besitz zu verfügen. Durch diese Bindung an irgendeinen besonderen Bereich ... lebt sie stark ... in ihrem Anderssein von anderen Weltanschauungen."[21] Diese Raffinesse kann Rasse, Klasse, Geschlecht oder sonstwas sein. Die Eigenheit des Weltanschaulichen, beliebig Grundfragen aufzuwerfen und die eigenen Antworten nicht verifizieren zu müssen, weil sich die Wahrheit von selbst aus der jeweiligen Hauptannahme ergibt („Die Juden sind unser Unglück" oder „Die Arbeiterklasse hat eine historische Mission"), erzeugte „den Mangel an geschlossener und bewußter Überzeugung des heutigen Menschen, mehr noch beweist ... den Zerfall einer einheitlichen Gesamtschau von Mensch und Welt".[22]

Die Sprengung der bis dahin vorherrschenden Weltsicht brachte alle Träger von „Weltanschauungen" in Gegensatz zu den Kirchen, insofern diese sich gezwungen sahen, ihr religiöses Glaubensgebäude sauber zu halten und vor Anfechtungen zu schützen. Da in den meisten „Weltanschauungen" sowieso viel theologisiert wurde, versuchte die Kirchenseite, den Begriff zu vereinnahmen, ihrer Sektenanalyse zuzuschlagen und bestimmte Sichtweisen in ihre Lehre einzubauen. Das mit der Kategorie „Weltanschauung" Transportierte schien ein bloßer Sammelname für verschiedene Anblicke des Daseins und deshalb in der Lage zu sein, das Weltliche abzubilden, das

---

19   Meier: „Weltanschauung", S.46.
20   Armin Mohler: Die Konservative Revolution in Deutschland 1918-1932. Ein Handbuch. 2., völlig neu bearb. u. erw. Fassung, Darmstadt 1972, S.17.
21   Gerhard Nebel: Tyrannis und Freiheit. Düsseldorf 1947, S.68; zit. nach Mohler: Revolution, S.17.
22   J. Klein: Weltanschauung. In: Handwörterbuch, 3. Aufl., 6.Bd., 1962, Sp.1605.

sowieso „lediglich Schauplatz für das Wirken von Menschen und [sic!] göttlichen Wesen" sei.[23] Aus diesem Anspruch gingen in den zwanziger Jahren katholische Weltanschauungsprofessuren hervor und leitete sich noch in den Fünfzigern in der Bundesrepublik das evangelische Begehren ab, ihre Theologie auch an philosophischen Fakultäten zu lehren. Die Anfänge dieses Vorhabens gingen auf den nach der Jahrhundertwende einsetzenden Umschlag der Innovations- in die Inflationszeit von „Weltanschauungen" zurück. Dieser Vorgang der beschleunigten Subjektivierung, in dem die Dissidenten eine maßgebliche Rolle spielten, führte zu zwei gegensätzlichen Verläufen im Gebrauch von „Weltanschauung", sowohl zur Konkretion als auch zur Deformation.

Erstens: Durch präzisere Fassungen des Begriffs kam er in die Lage, alle gedanklichen Entwürfe über die Welt als Ganzes, deren Ursprung, das Werden des Menschen und seine Perspektive in dieser Welt auszudrücken. Dies wurde zum Begriffsgebrauch bei Philosophen *und* Theologen. Letztere begaben sich dabei in die Tradition von Friedrich D. E. Schleiermacher (1768-1834), der darunter Ideen außerhalb religiöser Erklärungen faßte. Schleiermacher griff die Rede von der „Weltanschauung" auf und akzeptierte die individuelle Weltsicht des gläubigen Menschen. Gerade deshalb nahm das Wort bei ihm „die Funktion eines Gegenbegriffs zu der in den verschiedenen Glaubensweisen erfassbaren Gottesidee ein".[24] In diesem Verständnis als „Gesamtsicht von Gott, Welt und Menschen"[25] und als seelisch-geistige Grundhaltung und Einstellung[26] fand zu Beginn des 20. Jahrhunderts „Weltanschauung" Eingang in *Meyer's Konversationslexikon* von 1909 (Band 20) und von dort, mehr noch aber durch entsprechende Vereine, in die Sprache der Gebildeten. Von den Freidenkern haben die Wörterbücher von Rudolf Eisler (1873-1926) und Heinrich Schmidt den Begriff geprägt[27] – Eisler dabei mit Untertönen auf „Gesinnung" und der Neigung, aus subjektiver Perspektive Weltsichten auszubilden.

Die Gruppen der Freidenker nutzten den Begriff „Weltanschauung" in der Folge nicht nur, um ihre Gedanken vorzustellen, sondern um vor allem ihr Recht auf staatliche Anerkennung einer persönlichen Weltsicht anzumelden. In diesem bekennenden Sinne ging das Wort „weltanschaulich" 1919 in die Weimarer Verfassung und 1949 ins Grundgesetz der Bundesrepublik Deutschland ein. Seit dem ist „jede Lehre, welche das Weltganze

---

23 Vgl. Kalweit innerhalb des von mehreren Autoren verantworteten Stichworts „Welt und Weltanschauung" in: Handwörterbuch, Bd.5, 1913, Sp.1909.
24 Meier: „Weltanschauung", S.87.
25 F. Kirchner's Wörterbuch der philosophischen Grundbegriffe. 6. Aufl., Leipzig 1911, S.1093.
26 Grimmsches Wörterbuch, Sp.1536/37.
27 Vgl. Heinrich Schmidt: Philosophisches Wörterbuch. 2., umgearb. u. verm. Aufl., Leipzig 1916. – Rudolf Eislers Wörterbuch der Philosophischen Begriffe. Historisch-quellenmäßig bearb. v. R. Eisler, 2., völlig neu bearb. Aufl., Berlin 1904.

universell zu begreifen und die Stellung des Menschen in der Welt zu erkennen und zu bewerten sucht", eine Weltanschauung.[28] Juristen wie Politiker stehen unter dem Druck, „Weltanschauungsgemeinschaften" von religiösen unterscheiden zu müssen.[29] Das wiederum verschaffte dem Begriff der „Weltanschauung", trotz Überalterung und nationalsozialistischem Gebrauch, eine bis heute andauernde Existenz. Danach definieren sich solche Organisationen durch ihre Weltanschauungen, die als Gedankensysteme eine Gesamtsicht der Welt und der Stellung des Menschen in ihr anbieten. Ein dogmatisches Bekenntnis, wie sonst „im abendländischen Kulturkreis" und ihren Religionen üblich, ist nicht erforderlich. Es genügt „bei einer nichtreligiösen, rational und wissenschaftsorientierten Weltsicht" ein Grundstock gemeinsamer Auffassungen über den Sinn und die Bewältigung des menschlichen Lebens, der die „bewußte Abkehr von religiösen Glaubenssätzen" belegt.[30]

Zweitens: Zur Deformation des Wortes „Weltanschauung" kam es vor dem ersten Weltkrieg, als es das „System der Philosophie in den vor- und in einen metawissenschaftlichen Bereich" verließ.[31] Damit wurde „Weltanschauung" als Begriff in seinen Einzelbedeutungen verselbständigt, so daß Fritz Mauthner 1924 festhielt: „Der müßte schon ein ganz armseliger Tropf sein, wer heutzutage nicht seine eigene Weltanschauung hätte."[32] Das hatte zur Folge, daß das Wort in eine grundsätzliche philosophische Kritik geriet. Davon hat es sich nicht mehr erholt, zumal viele Dissidenten selbst ihre ureigene Kategorie diskreditierten und wie Religion behandelten. Das ist Gegenstand der kommenden Kapitel. Aber auch außerhalb dieser Bewegung wurde „Weltanschauung" zu einem „Sehnsuchtswort", gar zur Bezeichnung „auch der dümmsten Lebens- und Geschichtsphilosophie".[33] Victor Klemperer prägte den Ausdruck „Klüngelwort".[34] Er arbeitete heraus, daß der Begriff „Weltanschauung", wie er um die Jahrhundertwende und dann im Na-

---

28 Vgl. Gerhard Anschütz: Die Verfassung des Deutschen Reiches vom 11.8.1919. Bad Homburg 1960, S.649 (zuerst 1921). – Ebd. S.650: Dabei handele es sich per Definition um „irreligiöse oder doch religionsfreie Weltanschauungen". – Auch Grundgesetz Artikel 4, Abs. 1 enthält die Entgegensetzung seit Schleiermacher: „Die Freiheit des religiösen und weltanschaulichen Bekenntnisses sind unverletzlich." – Ähnlich Artikel 33, Abs. 3.
29 Vgl. Kurt Hutten: Zum Begriff der „Weltanschauungsgemeinschaft". In: Handbuch religiöse Gemeinschaften: Freikirchen, Sondergemeinschaften, Sekten, Weltanschauungen, missionierende Religionen des Ostens, Neureligionen, Psycho-Organisationen, für den VELKD-Arbeitskreis Religiöse Gemeinschaften ... hg. v. Horst Reller, Manfred Kießig, Helmut Tschoerner, 4. Aufl., Gütersloh 1993, S.942-944.
30 Vgl. Aktenzeichen: OVG 7 B 34.93/VG 3 A 893.92 v. 8.11.1995, S.8.
31 Meier: „Weltanschauung", S.50.
32 Fritz Mauthner: Wörterbuch der Philosophie. Neue Beiträge zu einer Kritik der Sprache. 2., verm. Aufl., Dritter Bd., Leipzig 1924, S.430. – Vgl. ebd., S.431: Ausschlaggebend für die Qualität einer Weltanschauung seien allein Sprachvorrat und Sprachgebrauch.
33 Meier zit. S.307 (Anm. 47) William Stern: Vorgedanken zur Weltanschauung. Leipzig 1915, S.3 u. S.45 Franz Dornseiff: Weltanschauung. Kurzgefasste Wortgeschichte. In: Die Wandlung 1(1945/46)12, S.1087.
34 Victor Klemperer: LTI. Notizbuch eines Philologen (1947). Leipzig 1970, S.177.

tionalsozialismus verstanden wurde, den genauen „Gegensatz zur Tätigkeit des Philosophierens" ausdrückte und in Tradition einer Opposition „gegen Dekadenz, Impressionismus, Skepsis und Zersetzung der Idee eines kontinuierlichen und damit verantwortlichen Ichs" stand.[35]

Die Kritik an diesem Denken und der „Schau des Mystikers"[36] bestimmte nach 1945 die Abrechnung mit dem Begriff der „Weltanschauung" wie ihn das Dritte Reich kultivierte. Dabei griffen Philosophen in der Bundesrepublik im wesentlichen Positionen wieder auf, die vor 1933 versuchten, den Begriff zu verorten, zu typologisieren, zu systematisieren und seinen Gebrauch zu entlarven.[37] Das führte zu einer nachwirkenden Abwertung des Einflusses vorwissenschaftlicher Bewußtseinselemente auf das Denken und Handeln von Menschen und zu einer Überbetonung der Philosophie als Spitze theoretischer Verallgemeinerung gegenüber denjenigen Elementen des Denkens und Wertens, die angeblich im Bodensatz dieser Pyramide des Geistes stattfinden.

Aus anderen Motiven hatte die philosophische Vergangenheitsbewältigung in der DDR das gleiche Ergebnis. Subjektive Ansätze in der Bestimmung von „Weltanschauung" wurden zurückgewiesen, der Niedergang des philosophischen Denkens beklagt – statt dessen die angeblich richtige Widerspiegelung des materiellen gesellschaftlichen Seins in der Weltanschauung des Marxismus-Leninismus als Erkenntnis- und Handlungslehre hervorgehoben.[38] Die Individuen mit ihren Ängsten, Gefühlen, Trieben, Träumen und Meinungen blieben außen vor. Aus vorrangig politischen Gründen unterblieb auch eine geschichtliche und kritische Einordnung des Verständnisses besonders von Friedrich Engels (Marxismus als „kommunistische Weltanschauung", „moderner Materialismus"), Wladimir Iljitsch Lenin (Gleichsetzung mit Ideologie) und Antonio Gramsci („absoluter Historismus", „Philosophie der Praxis") in den historischen Kontext. Die Verfasser des *Kritischen Wörterbuches des Marxismus* kommen zu einem Schluß, dem für die ost- wie westdeutsche Rezeption gleichermaßen zuge-

---

35 Klemperer: LTI, S.178, 177.
36 Klemperer: LTI, S.178.
37 Vgl. vor 1914 vor allem Rudolf Eucken: Die Lebensanschauungen der grossen Denker. Eine Entwickelungsgeschichte des Lebensproblems der Menschheit vonPlato bis zur Gegenwart. Leipzig 1890; Ders.: Der Kampf um einen geistigen Lebensinhalt. Neue Grundlegung einer Weltanschauung. Leipzig 1896. – Ludwig Busse: Die Weltanschauungen der großen Philosophen der Neuzeit. Leipzig 1901 (Aus Natur u. Geisteswelt, 56). – Erich Adickes: Charakter und Weltanschauung. Akademische Antrittsrede. Tübingen 1905; Ders.: Kant contra Haeckel. Für den Entwicklungsgedanken gegen naturwissenschaftlichen Dogmatismus. 2. Aufl., Berlin 1906 (1. Aufl. 1901). – Nach 1918 vgl. Karl Jaspers: Psychologie der Weltanschauung. Berlin 1919. – Max Scheler: Philosophische Weltanschauung. Gesammelte Aufsätze. Bonn 1929. – Wilhelm Dilthey: Weltanschauungslehre. Abhandlungen zur Philosophie der Philosophie. Hg. v. Bernhard Groethuysen, Leipzig 1931 (Gesammelte Schriften, 8).
38 Vgl. Werner Schuffenhauer: Weltanschauung. In: Philosophisches Wörterbuch. Hg. v. Georg Klaus u. Manfred Buhr, Bd.2, Leipzig 1976, S.1287-1289. – Dies ähnlich schon 1966 und in anderen Wörterbüchern der DDR.

stimmt werden kann: „Der Ausdruck ‚Weltanschauung' ist, wie man sieht, im weiten Feld zwischen ‚Ideologie', ‚Philosophie', ‚Wissenschaft' und (ethischer oder politischer) ‚Praxis' höchst unterschiedlich besetzt, ohne eine eigene Identität auszubilden. Man sollte ihm deshalb den Status eines theoretischen Begriffs nicht zugestehen."[39] So hatte Max Weber schon 1904 geurteilt, weil nach seiner Anschauung „‚Weltanschauungen' niemals Produkt fortschreitenden Erfahrungswissens sein können, und daß also die höchsten Ideale, die uns am mächtigsten bewegen, für alle Zeit nur im Kampf mit anderen Idealen sich auswirken, die anderen ebenso heilig sind, wie uns die unseren."[40]

Weltanschauung und Kultur

Die Ausblendung des Kulturellen aus der „Weltanschauung" wurde schon vor 1914 artikuliert. Sie wurde bei denjenigen Seiten von „Weltanschauung" prekär, die sich auf den Menschen, seine Wertvorstellungen und Perspektiven sowie seinen Platz in der Gesellschaft bezogen. Gerade in dieser Hinsicht öffnete sich die Diskussion und förderte eine zunehmende Beliebigkeit, ja sogar mystische Ansichten – gerade bei den Freigeistern. Das konstituierte ein eigentümliches geistiges Spannungsfeld. In diesem wurde es zunehmend unmöglich, die Einheit des wissenschaftlichen mit dem spekulativen Diskurs weiter zu pflegen, obwohl dies in der Freidenkerei weiter üblich blieb. Außerdem trat die Religionswissenschaft auf den Plan, die sich der sozialpsychologischen Besonderheiten fremder Völker widmete.[41] Daraus entstand die Frage nach der deutschen Wesensart und ihren kulturellen Merkmalen. Wer sich in der Folge dem Menschen als irdischem Wesen zuwenden und vom unbefangen wertenden Denken nicht loslassen wollte, wer sich empirischen Tatsachen des Lebens nicht verschloß und dennoch mystischen wie metaphysischen Bedürfnissen nachgeben wollte, dem eröffnete der entstehende kulturelle Bereich die Chance zur freien spielerischen Spekulation mit psychischen Besonderheiten, einmaligen Biographien, ästhetischen Sprachen und sozialen Theorien.

Die meisten Freigeister sahen in Kulturangeboten sowieso einen zeitgemäßen Ersatz für Gottesdienste. Für Bruno Wille war die monistische Weltanschauung weniger eine philosophische Konkurrenz zur Religion,

---

39 Kritisches Wörterbuch des Marxismus. Hg. v. Georges Labica u. Gérard Bensussan. Hg. der deutschen Fassung Wolfgang Fritz Haug, Bd.8, Hamburg 1989, S.1414.
40 Max Weber: Die „Objektivität" sozialwissenschaftlicher und sozialpolitischer Erkenntnis (1904). In: Max Weber, Gesammelte Aufsätze zur Wissenschaftslehre, Tübingen 1922, S.154.
41 Vgl. Leo Frobenius: Die Weltanschauung der Naturvölker. Weimar 1898 (Beiträge zur Volks- u. Völkerkunde, 6).

sondern vielmehr ein eindrucksvolles „Erlebnis der All-Einheit", das Gefühl und die Erfahrung der „Aussöhnung zwischen verständiger Wissenschaft und religiöser Sehnsucht". Das mystische Ereignis zu erleben und die Unteilbarkeit der materiellen und geistigen Welt zu spüren, sei gleichzusetzen mit der Erkenntnis, selbst „wahrer Christus" zu sein – schließlich sei dieser als „Idealmensch" aufzufassen, als „Edelkern aller Menschen": Das Weltgericht sei nichts anderes als das permanente Selbstgericht.[42] Dieses stelle sich nicht von selbst ein. Man müsse es zelebrieren. Dafür seien ästhetische Mittel am geeignetsten. Deshalb legten Wille und andere in den freireligiösen und freidenkerischen Vereinen großen Wert auf so genannte „Erbauungsabende" oder „Andachten" als „Nahrung der Seele", wie Wolfgang Kirchbach aus dem Berliner *Giordano Bruno-Bund* berichtet: Die dogmatischen Religionen seien den Freigeistern fremd geworden. Für sie sei die Bibel Literatur wie andere gute Schriften auch. Man lud den Kirchenchor der Kaiser Wilhelm-Gedächtniskirche (unter Leitung von Wilhelm Freudenberg) zu Aufführungen, rezitierte Schiller und Goethe – veranstaltete aber besonders Ausflüge (mit weihevollen Ansprachen im Walde) sowie Feste und Feiern: ein Pans- und Nymphenfest im Machnower Forst, ein Seefest am Müggelsee, Sonnenwendfeiern am Tegeler See (im Garten von E. Jacobsen), das alles jeweils mit Kostümierungen, Festspielen, Reigentänzen und, wie es hieß, „tiefsinnigem philosophischem Humor".[43]

Was hier über Freidenker berichtet wird, kann auch am Beispiel der Theaterpraxis oder des bürgerlichen wie proletarischen Vereinslebens erzählt werden. Mit dieser Praxis erfuhr im 19. Jahrhundert der Kulturbegriff als Ersatzwort für Religion eine weite Fassung und buntscheckige Illustration. Ihm blieb dabei in zweierlei Hinsicht und im Gegensatz zum Begriff der „Weltanschauung" ein hohes Maß an Offenheit, das ihn für die Diskurse (Wille: permanente Selbstgerichte) im 20. Jahrhundert tauglich machte; *erstens:* Trotz seiner Divergenz zu „Religion" schloß er Religiöses und Religiöse ein, gestattete sogar, daß sich die Kirchen kulturelle Programme zu geben vermochten; zweitens: Trotz mancher noch darzustellenden Versuche von Freidenkern, eine „Kulturwissenschaft" zu etablieren, stand „Kultur" bis in die zwanziger Jahre hinein außerhalb der Wissenschaft. Erst die Erfahrungen mit der „nationalsozialistischen Weltanschauung" und die Abgrenzung zur „wissenschaftlichen Weltanschauung des Marxismus-Leninismus" mit ihrer „Theorie und Praxis der Kulturrevolution" haben dann nach 1945,

---

42   Bruno Wille: Die Christus-Mythe als monistische Weltanschauung. Ein Wort zur Verständigung zwischen Religion und Wissenschaft. Berlin 1903, S.III, V, 52, 113, 118. – Unter den Gefühlsmonisten galt sein zweibändiges pantheistisches Bekenntnis-Buch als Erleuchtungsliteratur. Vgl. Ders.: Offenbarungen des Wacholderbaumes. Roman eines Allsehers. M. Zeichn. v. Fidus, Leipzig 1903.
43   Wolfgang Kirchbach: Ziele und Aufgaben des Giordano Bruno-Bundes. Schmargendorf bei Berlin 1905, S.5-7 (Flugschrift des Giordano Bruno-Bundes, 6; im folgenden FdGBB).

vor allem seit den Siebzigern, eine Inflation in der wissenschaftlichen Beschäftigung mit Kultur bewirkt, in beiden deutschen Staaten, die in der Tendenz den Begriff „Weltanschauung" marginalisierte und unmodern werden ließ. Was er meinte, ist der Kulturbegriff inzwischen in der Lage auszudrücken.

Die Anfänge dazu lassen sich anhand der Diskussionen über „Kultur" belegen, die mit den Säkularisierungen des späten 18. und denen des beginnenden 19. Jahrhunderts einsetzten und um 1900 einen Höhepunkt erreichten. Kontroversen über „Kultur" ermöglichten, was sich über „Religion" eben wegen der Konfessionalität und des „Bündnisses von Thron und Altar" verbot – grundsätzlicher Streit über den „Sinn" von Wirtschaft, Politik und Staat. Im kulturellen Denken ist kein Bereich der sozialen Wirklichkeit „aus der Bewertung als Errungenschaft ... prinzipiell ausgeschlossen".[44] *Zum einen* erschien das der Natur Hinzugefügte, wie man nahezu jedem Wörterbuch unter Berufung auf Samuel Pufendorf (1672) und Johann Christoph Adelung (1782) entnehmen kann, als ein neutraler Boden für Zieldebatten, ohne sich in theologischen Streit oder gar in Gegensatz zu institutionellbürokratischen Apparaten zu begeben. „Offen aber war ... die Kultur, und eigentlich nur sie. Darum war der Erwartungsdruck gegenüber der Sinnproduktion dieser Kultur so groß."[45] *Zum anderen* fehlte dem gesamten 19. Jahrhundert ein Begriff, der diejenigen sozialpsychologischen Seiten der Religion ausdrückte, die anthropologische Tatbestände des Menschseins sind, unabhängig von deren angenommener Bindung an ein höheres Wesen, ein geistiges Prinzip oder ein bestimmtes Gesellschaftssystem. „Kultur" wuchs in diese Rolle hinein. Die Definition des Stichwortes *Erscheinungswelt der Religion* im theologischen *Handwörterbuch* von 1910 liefert eine ziemlich exakte Umfangsbestimmung dessen, was dann später mit „Kultur" bedacht wurde und zu Feldern der „Kulturarbeit" avancierte.[46]

Wegen der kommunikativen Schwierigkeit, das „Religiöse" im Dasein der Menschen auszudrücken, ohne einer bestimmten Religion das Wort zu reden oder sich in kirchlichen Dogmen zu verfangen, stellte „Kultur" eine glückliche Erfindung dar und erfuhr von Beginn an eine starke weltanschauliche Aufladung, einen bis heute nachwirkenden Hang zum Bekenntnis. Das resultierte aus der deutschen Geschichte des Begriffes „Kultur". Wie Franz Rauhut 1951 nachwies, stellte „Cultur" zunächst „nämlich nichts Geringeres als eine Verweltlichung des Begriffs ‚Christentum'" dar. „War

---

44 Dietrich Mühlberg: Zur Diskussion des Kulturbegriffs. In: Weimarer Beiträge, Berlin 22(1976)1, S.16. – Vgl. ebd.: Das gilt „freilich nur, soweit sie in das zwecksetzende, wollende Verhalten der Menschen gedanklich oder praktisch einbezogen" ist. – Vgl. Isolde Dietrich u. Dietrich Mühlberg: Voraussetzungen und Schwierigkeiten beim Erforschen proletarischer Kulturauffassung. In: MKF Nr. 3(1978), S.7-36, besonders S.11-14.
45 Thomas Nipperdey: Religion im Umbruch. Deutschland 1870-1918. München 1988, S.152.
46 Vgl. Edvard Lehmann: Erscheinungswelt der Religion. In: Handwörterbuch. 2.Bd., 1910, Sp.497-577.

Bilden für die Mystiker die große religiöse Angelegenheit der Seele, so wurde *Bilden* im Zeitalter der Aufklärung zur großen weltlichen Angelegenheit der Seele."[47] Der Dichter Christoph Martin Wieland (1733-1813) habe als erster Deutscher in seinem Bildungsroman *Geschichte des Agathon* (1767/68) „Bildung der Jugend" als deren „Unterweisung" bezeichnet, damit den Bildungsbegriff verweltlicht und „Kultur" in einem weltanschaulichen Kontext verankert.[48] Matthias Luserke belegte neuerdings, wie sehr an der Wende zum 19. Jahrhundert „Kultur" zu einem Grundbegriff in deutschen Aufklärungstheorien wurde. Er zitiert einen Kernsatz des Historikers Johann Georg Schlosser (1739-1799; *Ueber die Kultur der Menschen*, 1776): „Kultur soll Ausarbeitung aller unsrer Kräfte zu unsrer Glückseligkeit seyn."[49] „Glück" und „Seeligkeit" werden seitdem, Wieland und Schlosser unbewußt folgend, als irdische Sache und Menschenwerk bestimmt. Die noch deutungsoffene „Kultur" erlaubte im Gegensatz zur bereits dogmatisierten „Religion" freies Denken über das Vollkommene, Schöpferische, Allmächtige, Unergründliche und Ewige. Sie war interpretierbar, und der Diskurs fand außerhalb des Kultischen statt.

Die Innovation eines säkularen Glücksbegriffs liegt, nach Eric (Erich) Voegelin, allerdings historisch weiter zurück. Er sah darin eine Angelegenheit der bürgerlichen Gesellschaft und einen europäischen Vorgang. Aus dem 20. Jahrhundert und der Zeit des Nationalsozialismus zurückblickend sah er im Werk Dantes (1265-1321) den Startpunkt eines epochalen geistigen Neubeginns. Schon bei ihm sieht er den Wandel in Richtung Säkularisierung an die Translation von „Religion" in „Kultur" gebunden. In dieser Tradition stünden später Voltaire, Comte, Hobbes, Marx (und seiner Meinung nach auch Hitler). „Mit Dantes Beschwörung des apollinischen Imperiums ist die Übertragung der mystischen Spekulation auf das Medium des irdischen Intellekts prinzipiell vollendet. ... Der schicksalhafte Schritt wurde getan, als das Reich des kreativen Intellekts in der Wissenschaft und Kunst als das Reich der göttlichen Gnade etabliert wurde; das Reich der Kultur wird zu einem Reich spiritueller Vollkommenheit geweiht."[50]

In der Rückschau zerriß zwar das Band zwischen Gott und Welt, Kirche und Staat, Religion und Kultur schon an den Folgen des Ganges von Heinrich IV. im Jahre 1077 nach Canossa. Die Renaissance gab im 15. und

---

47   Franz Rauhut: Die Herkunft der Worte und Begriffe „Kultur", „Civilisation" und „Bildung". Vortrag in der Universität Jena am 20. Juni 1951. In: Germanisch-Romanische Monatsschrift, Heidelberg 24, NF 3,(1953)2, S.83.
48   Rauhut: Herkunft, S.90. – Zum Wandel von „Religion" in „Kultur" innerhalb der Lyrik dieser Zeit vgl. Albrecht Schöne: Säkularisation als sprachbildende Kraft. Studien zur Dichtung deutscher Pfarrersöhne. Göttingen 1958.
49   Johann Georg Schlosser zit. bei Matthias Luserke: Kultur, Literatur, Medien. Aspekte einer verwickelten Beziehung. In: Literaturwissenschaft – Kulturwissenschaft. Positionen, Themen, Perspektiven. Hg. v. Renate Glaser u. Matthias Luserke, Opladen 1996, S.169; vgl. S.169-176.
50   Eric Voegelin: Das Volk Gottes. Sektenbewegungen und der Geist der Moderne. Hg., eingel. u. m. e. Essay v. Peter J. Opitz, München 1994, S.120/21.

16. Jahrhundert bürgerlichem Freiheitsdenken und humanistischen Ideen Raum. Auch brach das Christentum als Religion des Abendlandes schon in der Reformation und in den Glaubenskriegen des 16. und 17. Jahrhunderts auseinander. Doch erst an der Wende zum 19. Jahrhundert zerbrachen die 1648 im Westfälischer Frieden etablierten konfessionellen Strukturen im großen Stil, weil Massen von Menschen in den jetzt öffentlichen Streit einbezogen wurden. Nun zerfiel ein Zustand vollends, den Hartmut Böhme idealtypisch wie folgt kennzeichnete: „An den ‚heiligen Orten' werden auch die für eine Gesellschaft relevanten Wertformen erzeugt, rituell wiederholt und in den Teilnehmern des Kultus befestigt. Es gibt in der ‚Kultur' zunächst keine ausdifferenzierte Sphäre von Normen und Werten (Moral und Ethik), sondern diese sind in ihrer Geltungskraft unmittelbar im Göttlichen verankert. Auch Einrichtungen der Verwaltung und Lenkung (Herrschaft also) weisen keine eigenständige Sphäre auf. Die integrative Kraft von ‚Kultur' hängt vielmehr daran, daß jedwede Erscheinung theomorph verstanden wird."[51]

Nun verloren aber Staat und Gesellschaft ihre „göttliche Gestalt" nicht in einem plötzlichen Ruck, sondern in einem langen, noch immer andauernden Übergangsprozeß mit vielen Zwischenformen. Auf der Ebene der Gesellschaft führte dies zu der bei Voegelin angedeuteten Ersetzung der Religion durch Kultur. Auf der des Staates erleichterte der Terminus „Kulturstaat" den Abschied vom autokratischen Polizeistaat[52] des 17. und 18. und den Übergang zum demokratischen Rechtsstaat des 19. und 20. Jahrhunderts, beließ ihm aber noch allerlei Bekenntnisse abverlangende Elemente, wie noch gezeigt wird. In dem Maße wie „Kultur" als wertender Kategorie, die sich auf soziale Strukturen, gelebte Sittlichkeit und auf vorgebrachte Ideale bezog, Schritt für Schritt „Religion" darin ablöste, entfalteten sich als Konkurrenzunternehmen zur Theologie auch Wissenschaften von der Kultur.[53]

Kulturverständnis und Studium der Geschichte

Die Frage, welche sozialen Phänomene in einer Freidenkergeschichte „unter dem Gesichtspunkt ihrer Kulturbedeutung"[54] empirisch bedeutsam sind,

---

51 Hartmut Böhme: Vom Cultus zur Kultur(wissenschaft). Zur historischen Semantik des Kulturbegriffs. In: Literaturwissenschaft, S.59.
52 Vgl. Franz-Ludwig Knemeyer: Polizei. In: Geschichtliche Grundbegriffe. Historisches Lexikon zur politisch-sozialen Sprache in Deutschland, Bd.4, hg. v. Otto Brunner, Werner Conze, Reinhart Koselleck, Stuttgart 1978, S.875-897. – Hans Maier: Die ältere deutsche Staats- und Verwaltungslehre. München 1980. – Walther Hubatsch: Die Stein-Hardenbergschen Reformen. Darmstadt 1977. – Reinhart Koselleck: Preußen zwischen Reform und Revolution. Allgemeines Landrecht, Verwaltung und soziale Bewegung von 1791 bis 1848. Stuttgart 1967, 3. Aufl. 1981.
53 Vgl. Rüdiger Vom Bruch: Kulturstaat – Sinndeutung von oben? In: Kultur und Kulturwissenschaft um 1900. Krise der Moderne und Glaube an die Wissenschaft. Hg. v. Rüdiger Vom Bruch, Friedrich Wilhelm Graf u. Gangolf Hübinger, Stuttgart 1989, S.63-101.
54 Weber: „Objektivität", S.165.

hängt selbstredend vom eingesetzten Kulturbegriff ab. In seinem Versuch einer sozialgeschichtlichen Deutung der Begriffsgeschichte von „Bildung" und „Kultur" arbeitete der Germanist Georg Bollenbeck unlängst deren Ursprung und fortwirkenden Momente heraus. „Durch einen Zuwachs an Bedeutungsinhalt findet ‚Bildung' Anschluß an das Denken der deutschen Aufklärung, ohne daß ein offener Bruch mit der Religion stattfindet. ... Die poetische Vision aufgeklärter Religiosität und die Gefühlsmächtigkeit der Sprache faszinieren zunächst das Lesepublikum. Man liest den *Messias* wie ein Andachtsbuch."[55] Auch in der Folgezeit war die „Einstellung zur Kunst als einem Medium der ‚Bildung' ... quasi-religiös. Sie ist, wie es seit der Frühromantik heißt, Gegenstand von ‚Andacht' und ‚Weihe'. Die Museen, Theater und Konzertsäle sind die ‚ästhetischen Kirchen' ...".[56] Freigeister und Freidenker gingen auf diesem Weg in der ersten Reihe. Die Theologie entdeckte erst später, im Rahmen ihrer Pädagogik, die Künste als geeignete sinnliche Mittel zur Verbreitung der Christenlehre. So besetzten auch zuerst die „Kulturwissenschaften" diesen Gegenstand, indem sie sich dieser „Bildung" und „Kultur" widmeten und die Sicht darauf bis heute wesentlich kunst-, vor allem literaturwissenschaftlich prägen. Vielfach behandelten sie in der Folge Kultur wie Religion. Zwar schreiben die kulturwissenschaftlichen Autoren weniger über die „Offenbarung", berichten aber von Erfahrungen mit Bildern, Symbolen, Geschichten, Sagen, Hymnen und Legenden, über Helden, Heilige, Könige, Märtyrer, Herrscher und Götter.

Die „Kulturwissenschaften" folgen methodisch ihren Gegenständen. Sie analysieren und interpretieren nicht nur Märchen, sondern auch Mythen. Beide behandeln globale Themen. „Das Märchen allerdings beschränkt sich dabei auf die kleine soziale Gruppe, das Haus, die Familie. Der Mythos beansprucht immer universelle Gültigkeit, in ihm liegen historische Abstraktionen größerer Einheiten bewahrt. Das Märchen handelt von gut und böse, der Mythos von sinnvoll und sinnlos"[57] – also von Kultur. Kulturwissenschaft in dieser Tradition ist bis heute gezwungen, wo sie praktisch zu werden versucht, Hermeneutik zu betreiben, Auslegungen gegen andere zu stellen – oder gegen die Welt schlechthin, die Zivilisation oder die Gesellschaft. Und sie mutet sich und anderen zu, (Kultur-)Geschichte vorwiegend als Abfolge von Ideen, Mythen, Metaphern, Kunstwerken oder ausgefallenen Einfällen zu sehen und sie aus den schriftlichen und bildlichen Hinterlassungen abzulesen. Eric Voegelin bemerkte dazu: „Ohne Zweifel läßt sich eine Linie des literarischen Einflusses ziehen; aber wir würden den Bewe-

---

55 Georg Bollenbeck: Bildung und Kultur. Glanz und Elend eines deutschen Deutungsmusters. Frankfurt a. M., Leipzig 1994, S.105.
56 Bollenbeck: Bildung, S.214.
57 Vgl. Walter Beltz: Christus und die Christen. Mythologie der alten Kirchen. Berlin 1990, S.6.

gungen kaum gerecht, würden wir sie als ein Problem in der Literaturgeschichte behandeln."[58] Mit dem von Bollenbeck „deutsches Deutungsmuster" genannten kulturellen Schablonen des Denkens, Wertens und Handelns verband sich seit dem Ausgang des 18. Jahrhunderts eine folgenschwere „Abwertung des umfassenden Kulturbegriffs der Aufklärung": „Innerhalb weniger Jahre wertet die deutsche Intelligenz mit dem Ideal einer zweckfreien geistigen Bildung die Ökonomie und Nützlichkeit, die Berufserziehung und die Technik ab."[59] Das hatte eine tragische Folge. Theologisierende Kulturologie gilt seitdem häufig als Kulturwissenschaft.

Für Historiker und empirische Soziologen ist die gegenwärtig dominierende Gestalt des Kulturbegriffs problematisch. Sie läßt eine genauere soziale Bestimmtheit der jeweils handelnden Kultursubjekte vermissen. Es verschwimmen die empirischen Gegebenheiten im Gewirr mehrdimensionaler Deutungen zu sehr, um ihre jeweilige Tragweite für den Geschichtsverlauf wirklich zu ermessen. Kulturgeschichte ist seit den Versuchen Karl Lamprechts, sie zu objektivieren[60], eine anderen Historikern suspekte Beschäftigung, während sie theoretisierende Kulturwissenschaftler langweilt. Der Sozialhistoriker Jürgen Kocka warnte auf einer Podiumstagung am Rande des 39. Historikertages 1992 in Hannover die Geschichtswissenschaft vor einem „luftigen Kulturalismus". Dieser bilde eine „größere Gefahr als eine kulturferne Sozialgeschichte".[61] Dieser Hinweis bezog sich auf die von Winfried Schulze festgestellte verstärkte „Hinwendung zu erfahrungsgeschichtlichen Fragestellungen und Methoden".[62]

Der aktuelle Streit streift Urteile und Befunde, die außerhalb der Historikerzunft diskutiert werden. Namentlich kulturwissenschaftliche Arbeiten eröffnen neue Blickrichtungen. Sie werfen anschauliche und einprägsame Erklärungsmodelle in die Debatten, deren Stichhaltigkeit erst noch am sozialhistorischen Material zu prüfen wäre. So führte auf der gleichen Tagung Ute Daniel, gegen Kocka und unter Berufung auf Hartmut und Gernot Böhme[63], die folgenschwere Auslegung ein, „Vernunft" sei in der Aufklärungstradition der „ausgrenzende abendländische Rationalitätsbegriff" schlechthin.[64] Zwar will sie damit „die sinnstiftende, wertende und deutende

---

58   Voegelin: Volk Gottes, S.46.
59   Bollenbeck: Bildung, S.98, 99.
60   Vgl. Hans Schleier: Der Kulturhistoriker Karl Lamprecht, der „Methodenstreit" und die Folgen. In: Karl Lamprecht, Alternative zu Ranke, Schriften zur Theorie, Leipzig 1988, S.7-45.
61   Jürgen Kocka: Perspektiven für die Sozialgeschichte der neunziger Jahre. In: Sozialgeschichte, Alltagsgeschichte, Mikro-Historie. Eine Diskussion. Hg. v. Winfried Schulze, Göttingen: 1994, S.37 (Kleine Vandenhoeck-Reihe; 1569).
62   Winfried Schulze: Einleitung. In: Sozialgeschichte, S.12.
63   Vgl. Hartmut Böhme u. Gernot Böhme: Das Andere der Vernunft. Zur Entwicklung von Rationalitätsstrukturen am Beispiel Kants. Frankfurt a. M. 1985, S.13f.
64   Ute Daniel: Quo vadis, Sozialgeschichte? Kleines Plädoyer für eine hermeneutische Wende. In: Sozialgeschichte, S.59.

Tätigkeit der historischen Subjekte als konstitutives Element jeder sozialen Welt" ernster genommen wissen.[65] Doch läßt sie weitgehend offen, woher die Kriterien einer Evaluation der Befunde genommen werden sollen, wenn die zur „Vernunft" geronnene Erkenntnis selbst anzuzweifeln ist.

Für eine Studie über Freidenkerei ist solche Verunsicherung vorteilhaft. Man könnte sich unbeschwert und ohne Vorauswahl den Auslassungen ihrer Anhängerschaft hingeben, ohne einem überstrapazierten Vernunftbegriff folgen zu müssen. Die Analyse dissidentischer Äußerungen hat ja gerade, um im Bild zu bleiben, das reale Unrationale im sozialen Tun von Menschen zu ihrem ureigensten Gegenstand. Doch ergibt sich daraus auch Nachteiliges. Man kann an den Selbstdeutungen der Akteure kleben bleiben, an dem, was sie für wissenschaftlich, einflußreich oder neu hielten. Die einmalige Sicht des genialen Poeten, sein geschicktes Infragestellen zeitgenössischer Ideen und die Rezeption durch hundert Germanisten sagt wenig über die wahrscheinlich wirkliche Wirkung auf historische Verläufe der Kulturbildung. So führt kein Weg vorbei an der „Notwendigkeit zu weiteren Konzeptualisierungen des Kulturbegriffs" und an Studien „zu einer Geschichte des Bewußtseins und seiner Formen".[66] Um dabei „luftigen Kulturalismus" zu vermeiden, ist die Subjektbindung von Werten strikt zu beachten und die Wirksamkeit von Werken innerhalb geschichtsrelevanter Menschengruppen zu ergründen. Aber: Werke und Wertideen, wenn es ihnen denn glückt, sich aus der rein philosophischen Idee, dem begnadeten Geistesblitz oder dem zufälligen Gedanken zu lösen, um erfolgreich ins Leben hineingestellt zu werden, sind an menschliches Handeln gebunden. Erst im tätigen Verbund von Gleichgesinnten gewinnen Konzepte institutionelle Kraft und gesellschaftliches Gewicht. Den Nachgeborenen, so ist die Logik des Kulturellen, erscheint der Vorgang so, als habe diese oder jene Ansicht vom Leben siegen müssen; sonst wäre es ja anders gekommen. Doch wurden Ansichten erst „selbstverständlich", als sie „siegten". Andere blieben auf der Strecke und gelten gewöhnlich als „überwunden", als „Gott-sei-Dank-nicht-so-gekommen" oder gar „verrückt" – und davon ist die Freidenkerei voll.

Für den Forscher folgt daraus, so Friedhelm Neidhardt: „Die Kultursoziologie darf sich ... ihren konstitutiven Begriff nicht von den Gesellschaften buchstabieren lassen, die sie untersucht."[67] So sehr das Hineindenken in vergangene Werte und Strukturen Voraussetzung jeder Kulturgeschichte ist, erst die Kenntnis dessen, was daraus wurde, schärft den analytischen Blick. Doch genauso problematisch ist die unkritische Akzeptanz der Buchstaben der

---

65 Daniel: Quo vadis, S.60.
66 Wolfgang Hardtwig: Alltagsgeschichte heute. Eine kritische Bilanz. In: Sozialgeschichte, S.24/25.
67 Friedhelm Neidhardt: Kultur und Gesellschaft. Einige Anmerkungen zum Sonderheft. In: Kultur und Gesellschaft. Festschrift René König. Hg. v. Friedhelm Neidhardt, M. Rainer Lepsius u. Johannes Weiss. Opladen 1986, S.11.

Gesellschaft, aus der heraus man sich umsieht. Besonders hieraus ergeben sich für eine Kulturstudie der Freidenkerei etliche Gefahren. Blickt man nämlich auf die schriftlichen Hinterlassungen der Dissidenten, so sind sie ein Sammelsurium von persönlichen Erleuchtungen mit dem Anspruch auf Welttragweite. Selbst wo sie als Standpunkte von Organisationen daherkommen, sind sie oft nicht mehr als Vortäuschungen „offizieller" Verlautbarungen. Für die Wissenschafts- wie für Theoriegeschichte ist davon sicher der überwiegende Teil ebenso wertlos wie die freidenkerischen Organisationen für die Politikgeschichte der Haupt- und Staatsaktionen. Doch könnte sich für Kulturgeschichte das Gegenteil erweisen, weil erst die stete Wiederholung von Thesen aus wechselnden Podien und die Profanierung intellektueller Höhenflüge mit der Zeit Denkmodelle bildeten, die zu Handlungsmustern gerinnen, die suchende Massen und einflußreiche Eliten ernst nehmen, aufgreifen, propagieren und danach zu leben beginnen. Anders gewendet: Von der Geschichte der Philosophie oder der Politikgeschichte aus gesehen mag vieles in der Freidenkerei marginal, plump, einfältig, episodisch, apodiktisch, ignorant, theorielos, nicht auf der Höhe der Zeit oder sonst etwas gewesen sein. Aber sie war „kulturbildend" – und über diesen Umweg „politisch" und „theoretisch" wirksam.

Ein solches Herangehen an die Kulturgeschichte der Freidenkerei bedeutet allerdings den konzeptionellen Abschied von einer gesonderten „Kulturwelt" als apartem Gegenstand mit dem Anspruch, Kultur als Ganzes zu repräsentieren. Theodor W. Adorno kritisierte diese Einengung auf einen „kulturellen Bereich". Er machte mit einer scheinbar lapidaren Mitteilung darauf aufmerksam, daß sich der Kulturbegriff im 20. Jahrhundert aus einer eher wertenden, normativen Kategorie, die Ideale und Urteile *über* Zustände ausdrückt, also weltanschaulich angereichert ist, in eine Kategorie wandelte, die stärker strukturelle und institutionelle Tatsachen erfaßte und abbildete: Der Kulturbegriff verrate in der Gegenwart einen „administrativen Blick" und sei durch Verwaltungsanforderungen und Verwaltungshandeln geprägt. „Die Zusammenfassung von so viel Ungleichnamigem wie Philosophie und Religion, Wissenschaft und Kunst, Formen der Lebensführung und Sitten, schließlich dem objektiven Geist eines Zeitalters unter dem einzigen Wort Kultur verrät vorweg den administrativen Blick, der all das, von oben her, sammelt, einteilt, abwägt, organisiert." So komme in der Einrichtung von speziellen Verwaltungsressorts „Kultur" zum Ausdruck, daß im deutschen Sprachraum „Kultur" dennoch ein der ganzen Verwaltung entgegengesetzter Begriff geblieben ist, denn sonst wäre Kultur ja Teil aller Ressorts und bedürfte keines gesonderten Hortes seiner Pflege: „Gern assoziiert damit die gängige Meinung Persönlichkeit. Kultur sei die Manifestation reinen Menschenwesens, ohne Rücksicht auf Funktionszusammenhänge in der Gesellschaft."[68]

---

68 Theodor W. Adorno: Kultur und Verwaltung (1960). In: Gesammelte Schriften, Bd.8, Soziologische Schriften, Bd.I, Frankfurt a. M. 1972, S.122.

Zwar begegnet uns gerade in der Freidenkergeschichte unentwegt dieses abgehobene Verständnis von Kultur. Doch kann man sich dieses Drucks erwehren, indem das methodische Gehäuse dieses Denkens aufgebrochen wird. Dabei sind, René König folgend, jene diffusen Fiktionen zu vermeiden, welche die deutsche ontologisierte (aus sich selbst erklärte) Wesensbestimmung von Kultur auszeichnete und auch die freidenkerische Bewegung wesentlich prägte. Dieses Herangehen bestand und besteht noch heute wesentlich darin, daß es „die ganze Problematik einzig in epistemologische [erkenntnistheoretische, H.G.] Spekulation ausweichen und die konkrete Forschung vermeiden läßt".[69] Allerdings muß der Sammler empirischer Daten über die historische Freidenkerei akzeptieren, daß zeitgenössische Aussagen über Kulturfragen vor 1914 gar nichts anderes als spekulative Deduktionen sein konnten. Die damaligen Denkvoraussetzungen verhinderten weitgehend jede konkrete Forschung. Norbert Elias erinnerte sich, daß erst in den zwanziger Jahren Karl Mannheims „seinsbezogene" Einordnung von Ideen, „viel radikaler als Marx", das herkömmliche Kulturdenken durchbrach. „Eine lange, mächtige und respektierte Tradition ließ die Gedanken des einzelnen Menschen, seine oder ihre ‚Ideen' als autonome, völlig auf sich gestellte und so gleichsam freischwebende Gebilde erscheinen ... und weite, hochgeachtete Wissenschaftsbezirke wie etwa die der Geisteswissenschaften und die der Ideengeschichte dienten offensichtlich der Erforschung dieser freischwebenden Gedankengebilde."[70] Erst mit den Anfängen einer empirischen Kultursoziologie, die sicher vor 1914 liegen, aber erst später rezipiert wurden, konnte eine Denkstruktur durchbrochen werden, die Martin Heidegger rückblickend wie folgt beschrieb und die in freidenkerischen Kreisen dominierte: „Im 19. Jahrhundert wird die Rede von den Werten geläufig und das Denken in Werten üblich. ... Man spricht von Lebenswerten, von den Kulturwerten, von Ewigkeitswerten, von der Rangordnung der Werte, von den geistigen Werten, die man z. B. in der Antike zu finden glaubt. ... Man baut Systeme von Werten und verfolgt in der Ethik die Schichtungen von Werten. Sogar in der christlichen Theologie bestimmt man Gott ... als den höchsten Wert. Man hält die Wissenschaft für wertfrei und wirft die Wertungen auf die Seite der Weltanschauungen. Der Wert und das Werthafte wird zum positivistischen Ersatz für das Metaphysische."[71]

In der „Sinn"problematik liegt die eigentliche Crux des Kulturbegriffs. Woher weiß bzw. auf welche Weise lernt das individuelle oder kollektive

---

69 René König: Stichwort „Kultur". In: Ders., Soziologie. Fischer-Lexikon, Bd.10, Frankfurt a. M. 1975, S.162.
70 Norbert Elias: Notizen zum Lebenslauf. In: Macht und Zivilisation. Materialien zu Norbert Elias' Zivilisationstheorie 2, hg. v. Peter Gleichmann, Johan Goudsblom u. Hermann Korte, Frankfurt a. M. 1984, S.35.
71 Martin Heidegger: Nietzsches Wort „Gott ist tot". In: Ders., Holzwege. Frankfurt a. M. 1950, S.209/10.

Subjekt, was ihm dann Kultur ist, zumal sich jedes kulturelle Urteil auf eine soziale Struktur bezieht, in der diese Subjekte ihr Leben verbringen. Dazu muß die Analyse die Ebene der Theorien verlassen, um auf die „Summe der Selbstverständlichkeiten in einem Gesellschaftssystem"[72] zu stoßen, die Kultur nun einmal konstituiert. Denn Werte und Konzepte wirken nur durch das urteilende Handeln von Menschen in den Kommunikationen ihrer Zeit. „Wer Wert sagt, will geltend machen und durchsetzen. Tugenden übt man aus; Normen wendet man an; Befehle werden vollzogen; aber die Werte werden gesetzt und durchgesetzt: Wer ihre Geltung behauptet, muß sie geltend machen. Wer sagt, daß sie gelten, ohne daß ein Mensch sie geltend macht, will betrügen."[73]

In diesem Sinne war die historische Freidenkerei eine Kulturbewegung. Sie produzierte ein charakteristisches Netz von Symbolen und stellte „Werte" sichtbar in den sozialen Raum. Durch Eigentümlichkeiten in ihrem Habitus und in ihrer Sprache setzten Dissidenten Zeichen ihres Andersseins, wobei sich die Symbolik wandelte und nie von allen geteilt wurde. Das Auffällige, die Grenze zwischen freiem Denken und freiem Tun markierend, reichte von theoretischen Debatten über die Christusmythe bis zur provozierenden Barttracht. Als im Vormärz schon wegen öffentlichen Rauchens auf Berlins Straßen Polizei einschritt und dadurch Krawalle auslöste[74], mußte jede symbolische Insubordination von Amtspersonen – und Pfarrer galten als solche – Dissidenz bildlich markieren. Albert Kalthoff, der als Freireligiöser den Graben zwischen Priestern und Laien zuschütten wollte, trug deshalb in seiner frühen Pastorenzeit an der Berliner Markuskirche demonstrativ einen Vollbart. Die Bartlosigkeit des Geistlichen signalisierte nun einmal in abendländischen Breiten dessen Distanz zur Eitelkeit der Welt und zu den Laien. Kalthoff aber machte sich gemein und wurde geschaßt. Durch sein Äußeres stellte er sein Inneres zur Schau.

Kennungen dieser Art hat es in der Freidenkerei immer wieder gegeben. So kam mit der Jugendbewegung um die Jahrhundertwende eine Symbolik in die Freidenkerei, die dem „Jugendstil" huldigte und neue Zeichen einführte, die dann die zwanziger Jahre prägten: Anrede Du, Schillerkragen, Ablehnung der Rauch und Genußgifte, Gymnastik, Nacktkultur, Volkstanz, Volkslied, Übernahme germanischer Feierbräuche, Ausflüge in die Natur, Bildungsreisen und Gartenbau. Ob nun mit Vollbart oder mit Schillerkragen,

---

72 Peter R. Hofstätter: Einführung in die Sozialpsychologie. 2. Aufl., Stuttgart 1959, S.92.
73 Carl Schmitt: Die Tyrannei der Werte. In: Säkularisation und Utopie. Ebracher Studien. Ernst Forsthoff zum 65. Geburtstag. Stuttgart, Berlin, Köln, Mainz 1967, S.55.
74 Rauchen in der Öffentlichkeit war untersagt und das Verbot provozierte sogar kleinere Aufstände, bis hin zum Aufmarsch vor dem Berliner Schloß. Vgl. Manfred Gailus: Pöbelexzesse und Volkstumulte im Berliner Vormärz. In: Pöbelexzesse und Volkstumulte in Berlin. Zur Sozialgeschichte der Straße (1830-1980). Hg. v. Manfred Gailus. Berlin 1984, S.1-42. – Zum 19. März 1848 vor dem Schloß vgl. Werner von Siemens: Lebenserinnerungen. In: 1848. Der Vorkampf deutscher Einheit und Freiheit. Erinnerungen, Urkunden, Berichte, Briefe. Hg. v. Tim Klein, Ebenhausen, München, Leipzig 1914, S.197/98.

die organisierte Freidenkerei blieb stets ein Sammelort für ausgesprochene „Käuze" und „Brauseköpfe". Hier fanden „Lebensreformer aller Art, Vegetarier, Rohköstler, Sonnenbadfreunde, Tierschützer, Bodenreformer, Währungsumstürzler usw." eine Heimat und ein Betätigungsfeld, überhaupt alle, die „behaupteten ..., nur von ihrem Ausgangspunkte aus könne die Heilung der Gesellschaft erfolgen."[75]

Gehorchte die sich wandelnde Symbolik den Moden und Anti-Moden der Zeit und setzte die flexiblen Momente der dissidentischen Kultur, so konstituierten die Organisationen Kontinuität. Verlage verbreiteten in ihren Büchern, Broschüren, Flugblättern, Zeitungen und Zeitschriften die Weltanschauungen der Dissidenten. Hinter ihnen standen Institute der Theoriebildung. Die Vereine und das *Weimarer Kartell* vermittelten freie „Wanderlehrer", die als Prediger wirkten. Man setzte auf verschiedene Bildungsprogramme, nutzte dazu eigene Räumlichkeiten und bot Geselligkeit und Unterhaltung. Ein „Kulturleben" band die Mitgliedschaft und Sympathisanten an die Freidenkerei. Als gemeinschafts- und traditionsbildend erwiesen sich eigene Feste und Feiern, besonders die den Jahresablauf strukturierenden Sonnenwendfeiern. Aber auch für den persönlichen Kalender hielt man Angebote bereit, wie die Jugendweihe. Die Dissidenten schufen auf diese Weise Elemente und Vorstellungen einer anderen Lebensweise als sie die Mehrheit der Deutschen damals lebte.

Gerade durch das andere Leben, modern würde man von „Subkulturen" sprechen, wurden ihre Forderungen politisch, denn in Konzepten von „‚Kultur' als Praxis der Wahrnehmung und Bearbeitung von ‚Wirklichkeit'" geht es stets „um strategische Argumentationen, um die Definition von Werten, Symbolen, Bedeutungen, die dann ihrerseits zur Legitimation sozialen und politischen Handelns benutzt werden. Und solche ethischen, ästhetischen wie moralischen Legitimationsmuster sind ... wandelbar und gestaltbar".[76] „Kultur", so der Rechtswissenschaftler Dieter Grimm, sei letztlich ein vom Individuum aus gesehenes „überpersonales System von Interpretationen, Werten und Ausdrucksformen". Es stelle „bestimmte Deutungsmuster und Sinnentwürfe für die Welt und seine eigene Befindlichkeit in ihr zur Verfügung und vermittelt ihm damit zugleich Orientierungsweisen und Vorzugsregeln, auf die er in Kommunikations- und Entscheidungssituationen zurückgreifen kann."[77] Entscheidend ist dabei jedoch, welche „Inhalte" diese Struktur füllen, wann, warum und mit welchem Ergebnis sie in politi-

---

75 Rudolph Penzig: Apostata. Licht- und Schattenbilder aus meinem Leben. Berlin 1930, S.90.
76 Wolfgang Kaschuba: Kulturalismus: Kultur statt Gesellschaft? In: Geschichte und Gesellschaft, Göttingen 21(1995)1, S.87. – Vgl. Raymond Williams: Innovationen. Über den Prozeßcharakter von Literatur und Kultur. Frankfurt a. M. 1977.
77 Dieter Grimm: Recht und Staat in der bürgerlichen Gesellschaft. Frankfurt a. M. 1987, S.119.

sches Handeln „umschlugen" – und, wenn erfolgreich, uns heute geläufig, „normal", als eine Errungenschaft, eben „Kultur".

Als die Wilhelminische Gesellschaft zu Ende war und die Macht bei Kriegsende sozusagen auf der Straße lag, bewegte Max Weber (1864-1920) S. dieser Umschlag des Kulturellen. Seine kulturhistorische Skizze über Herrschaft als „Chance auf Gehorsam" und Verwaltung als deren Sicherung im Alltag ist noch immer einzigartig.[78] Eric Voegelin unterschied, um die Materialisierung von kulturellen Wunschbildern in Legitimationen von Herrschaft auszudrücken, „zwei Ebenen der westlichen Zivilisation", die obere „Ebene der öffentlichen Institutionen" und die „untere Ebene als die der Bewegungen, die sich in permanenter Revolte gegen die etablierten Institutionen befinden".[79] Solche „Bewegungen", Nietzsches Bild von den „schlechten Menschen" als „Freitäter" wäre hier angemessen, seien stets solche des Geistes und des Handelns. Bei genügendem Massendruck schlügen sie sich in „Institutionen" um, in Gesetze, Einrichtungen, Symbole, Personen, Normen usw. Dabei gelangen Menschen in die vordere Reihe, denen der politische Erfolg wichtiger ist als die ursprüngliche reine kulturelle Idee. Verleihen in bisher institutionell ausgeschlossenen Bewegungen die Massen ihren „Gefühlen und Ideen in einer Verhaltensphilosophie Ausdruck, die zwar diejenigen anspricht, die mit ihrem ‚Körper' an einer Gemeinschaft teilhaben, nicht aber mit ihrer ‚Seele' ..., dann erreicht das Phänomen des Apolitismus eine gesellschaftlich relevante Schicht. Bilden darüber hinaus solche Personen Gemeinschaften und werden in organisierter Form politisch aktiv, dann ist die Situation reif für eine Revolution."[80] Bereits vorher deuten sich neue Wir-Gruppen an, die sich im Fall des Falles in existentielle Freund-Feind-Felder splitten. Der dann einsetzende Bruch ist ein politischer und, Carl Schmitt hier folgend, die „stärkste und intensivste Unterscheidung und Gruppierung, (die) zu ihrer bewußtseinsmäßigen Rechtfertigung und Begründung alle möglichen andern Unterscheidungen hilfsweise heranzieht und verwertet".[81] Es wird sich zeigen, daß dies auch auf die Dissidenten zutraf, wobei deren Grundideen schließlich mehreren Lagern dienten.

Kulturauffassung und Freidenkerhistorie

Das kulturelle Moment in allen Religionen hat als einer der ersten der amerikanische Philosoph William James (1842-1910) betont. In seinem damals

---
78 Vgl. Max Weber: Die drei reinen Typen der legitimen Herrschaft. Eine soziologische Studie. In: Ders., Rationalisierung und entzauberte Welt, Schriften zu Geschichte und Soziologie, Leipzig 1989, S.224-237.
79 Voegelin: Volk Gottes, S.18.
80 Voegelin: Volk Gottes, S.19/20.
81 Carl Schmitt: Der Begriff des Politischen. Hamburg 1933, S.8/9.

sensationellen Buch über *Die religiöse Erfahrung*, 1907 in der deutschen Übersetzung des Breslauer Theologen Georg Wobbermin erschienen, führte James das Religiöse auf die psychologische Veranlagung bestimmter Menschen zurück, sich in ethische, physische und kultische Gefühle, Handlungen und Erfahrungen hineinzusteigern.[82] Hatte Schleiermacher hundert Jahre zuvor die „religiöse Erfahrung" noch weitgehend zwischen säkularer Philosophie und traditionellem Christentum angesiedelt und damit als Erkenntnis *und* Sinngebung definiert, so verhandelte James psychologische Vermutungen wie soziologische Tatsachen. „Religiöse Erfahrung" geriet ihm zur übertriebenen Handlung, mitunter sogar zum komischen Verhalten. Die Innovation von Weltanschauungen geschehe durch auffallend „nervöse" Individuen wie etwa Paulus, der „zweifellos einen epilepsieartigen, wenn nicht epileptischen Anfall" hatte.[83]

In Verbindung mit passenden theologischen und philosophischen Systemen, so James, entstünden im sozialen Verkehr „Erfahrungen", die den beteiligten Menschen als objektive Tatsachen erscheinen. Die modernen Menschen seien gezwungen, sich den Mechanismus des Funktionierens von Religiosität sehr pragmatisch anzueignen, weil sie sich im Gegensatz zu ihren vormodernen Vorfahren häufig wechselndem „Sinn" stellen müßten. Ohne diese Anpassungsbereitschaft würden sie seelisch instabil. Damit sei aber auch historisch erstmals die Möglichkeit gegeben, daß sich die Menschen der fünf allgemeinen Merkmale jeder Religion vergewissern lernen, um damit sachlich in ihrer persönlichen Lebensführung umzugehen: *Erstens* würden sie die ihnen sichtbare Welt als überindividuelles Universum erleben, so daß dieses sich ihnen als die Quelle von „Sinn" darstelle. Da sie *zweitens* mit diesem Außerindividuellen und *drittens* mit sich selbst in Harmonie leben möchten, träten sie *viertens* über Gebete und allerlei höhere Kommunikation mit dem Universum in Kontakt, bezögen von dort *fünftens* Lebenskraft und erwarteten Informationen. Bei den aktivsten Personen käme es bei diesen Kontaktversuchen zu zwei extremen Grundhandlungen, die einen verfallen in lyrische Begeisterung, die anderen neigen zum ethischen Heroismus.[84]

Mit seinen Thesen unterbreitete James eine Art Modell, „Sinn" als Kulturphänomen zu interpretieren, das sich aus der notwendigen Regelung der Beziehungen zwischen Individuen und Gesellschaft ergibt und das religiöse oder weltanschauliche Gestalt (mit all den Zwischenstufen) annehmen kann. Er suchte den Sinn vermittelnden Erfahrungszusammenhang der Menschen in der ganzen Breite ihrer Lebensäußerungen. An vielen, darunter

---

82 Vgl. William James: Die religiöse Erfahrung in ihrer Mannigfaltigkeit. Materialien und Studien zu einer Psychologie und Pathologie des religiösen Lebens. Leipzig 1907, S.27/28.
83 James: Erfahrung, S.11. – Jedes normale Gehirn könne ausrasten, meint der amerikanische Psychiater Ronald K. Siegel: Halluzinationen. Frankfurt a. M. 1995.
84 Vgl. James: Erfahrung, S.445/46.

auch bizarren Erklärungen der Religiosität, illustrierte James, daß kulturelle Vorstellungen nicht in einem irgendwie abgrenzbaren Bereich „wirksam" werden, sondern in allen Sphären des Lebens. Das sei so, weil die handelnden Individuen und Gruppen von einem gemeinsamen Vorrat an Ideen ausgehen müßten bzw. danach strebten.

Die Zurückführung des Religiösen auf Erfahrungen markiert eine bedeutsame Veränderung im Religionsverständnis genau in der Zeit, als die moderne Freidenkerei aufkam. Bis dahin galt die „Offenbarung" noch als entscheidendes Kriterium und man stritt ernsthaft über Wunder.[85] Deshalb versuchten die modernen Freidenker nicht nur, die „Offenbarung" zu widerlegen, sondern auch den religiösen Ideen wissenschaftlich zu begegnen. Sie verkannten dabei nicht nur, daß sie Äpfel mit Birnen verglichen, also mit „Wissen" gegen „Glauben" operierten. Sondern sie setzten oft selbst eine Erfahrung gegen eine andere. Im Rückblick lassen sich dabei zwei Grundrichtungen des freidenkerischen Reagierens ausmachen. Die eine sah im Recht auf individuelle religiöse Erfahrung die freidenkerische Perspektive. Sie überließ, frei nach Heinrich Heine, den Himmel den Engeln und den Spatzen bzw. stellte es frei, sich selbst einen Himmel zu denken. Die andere Richtung ging kategorischer ans Werk und wollte das Erfahrungspostulat relativieren oder gänzlich in Frage stellen. Diese freidenkerische Option bezweifelte, ob Erfahrung ausreichend sei, Leben zu begreifen. Erfahrung geriet in ihren Augen zur niederen Erkenntnis. In der Folge führte diese Auffassung, in dem sie sich mit einem linearen Fortschrittsgedanken verband, bei vielen Freidenkern zu einer Überhöhung des Wissenschaftlichen in seiner Bedeutung für das, was den Glaubenden „wahre Erfahrung" ist und allen Menschen in ihren jeweiligen Gemeinschaften als kulturelles Wertsystem erscheint.

Es ist ja gerade das Problem der kulturellen Erfahrung, daß „außerwissenschaftliche Ursachen für Unterschiede in der Kulturfassung viel gravierender sind" als wissenschaftliche Einflüsse auf sie.[86] Das Leben der Menschen ist immer eingeschlossen in die „Mythen, Interaktionsrituale, vage(n) Wertvorstellungen, Leerformeln, Attitüden und Prestigevermutungen"[87] ihrer Zeit. „Kulturen" sind nun einmal Systeme „kollektiver Sinnkonstruktionen, mit denen Menschen die Wirklichkeit definieren".[88] Max Weber faßte in diesem Sinne „Kultur" als „diejenigen Bestandteile der Wirklichkeit, welche durch jene [wertende, H.G.] Beziehung für uns bedeutsam werden, und nur

---

85 Was bis heute anhält, auch wenn sich die Untersuchungsmethoden und das rezeptive Umfeld geändert haben: Immer mal wieder untersuchen päpstliche Kommissionen weinende Madonnen.
86 Dietrich Mühlberg: Woher wir wissen, was Kultur ist. Gedanken zur geschichtlichen Ausbildung der aktuellen Kulturauffassung. Berlin 1983, S.8.
87 Neidhardt: Kultur, S.13.
88 Neidhardt: Kultur, S.11.

diese".[89] Er gab damit eine weitgehend „wertneutrale" Definition von „Kultur", die das Wertungsphänomen als das berücksichtigt, was konkrete Menschen unter ihren jeweiligen sozialen und persönlichen Umständen, in den Strukturen, in denen sie leben, für einen Wert halten und als Sinn annehmen.

Nach Max Weber bewerten Menschen die Bedingungen, Chancen und Resultate ihrer eigenen Entfaltung als lebendige soziale Wesen im Rahmen ihrer jeweiligen sozialen Gemeinschaften nach Vorstellungen, die sie vorfinden, ausbilden, akzeptieren oder ablehnen. Diese Bilder und Ideale sind historische Produkte der gesellschaftlichen Entwicklung und persönlichen Tätigkeit, außengeprägt und innenmodifiziert. Folgt man Webers Angebot, finden sich Auffassungen von Kultur nicht nur dort, wo sie sich selbst als solche definieren, sondern in allen Bereichen der Gesellschaft, in denen über Lebensumstände und Lebensmöglichkeiten verhandelt wird, in Kunst, Moral, Weltanschauung und auch in den denjenigen Feldern der Wissenschaft, die sich mit dem Menschen und dem Sinn des Lebens befassen.

Wer nach Kultur forscht, hat mit „Glaubens"elementen zu tun, an denen man selbst hängt, die anderen wichtig sind, die in einer Gemeinschaft als „normal", einzig richtig und allgemein gültig erscheinen, mitunter als „ewig" oder zumindest von langer Dauer.[90] Kulturen „leben" durch Gewißheiten. Sie sind räumliche, aber mehr noch zeitliche Einheiten von Ansichten. In ihnen teilen die Subjekte auch die Irrtümer. Das macht Kulturen „fundamentalistisch", nämlich grundsätzlich im Anspruch gegenüber anderen.[91] Darauf beruht auch das Kulturelle in der Freidenkerei, ihren Anhängern ein Bündel von selbstverständlichen Lebenswahrheiten zu sein. Wie andere Anhängerschaften ihren Bewegungsideen überzeugt folgten oder sich von all dem fern hielten, so waren auch die freidenkerischen Denk- und Wertstrukturen stark voreingenommene Stereotype. Sie konstituierten nicht zuletzt deshalb eine „Kultur"gemeinschaft, weil zu solchen Wir-Gruppenbildungen stets das Ausprägen von Ressentiments anderen gegenüber gehört, denn die „Vorurteilsstruktur ist dem Identitätsprozeß eigen".[92] Freidenker operierten ebenso wie ihre Gegner mit den Mitteln der Denunziation.

Heute gehören zeitweilig separierte „Kult(ur)"gemeinschaften wie Vereine, Fans, Freaks, Erlebnisgruppen und Sekten aller Art zum gewohnten Erscheinungsbild. Bedürfnisse, Antworten auf letzte universale Fragen zu finden, sind nur noch gering ausgeprägt. Als die Freidenkerei aufkam, war

---

89   Weber: „Objektivität", S.175.
90   Clifford Geertz: Common Sense als Kultursystem. In: Ders.: Dichte Beschreibung. Beiträge zum Verstehen kultureller Systeme, Frankfurt a. M. 1983, S.261-288.
91   Vgl. Christian Jäggi u. David J. Krieger: Fundamentalismus. Ein Phänomen der Gegenwart. Zürich 1991.
92   Detlev Ipsen: Regionale Identität. Überlegungen zum politischen Charakter einer psychosozialen Raumkategorie. In: Die Wiederkehr des Regionalen. Über neue Formen kultureller Identität. Hg. v. Rolf Lindner, Frankfurt a. M., New York 1994, S.232.

das Gegenteil der Fall. Dissidenten erstrebten eine „neue Religion", eine „neue Weltanschauung", einen „monistischen Glauben", einen „ethischen Katechismus", einen „weltlichen Kultus" oder gar eine „neue Kirche". Mangels eines passenden Ersatzbegriffs für „Religion", der Subjekte der Wertungen benennt und Strukturen bezeichnet, auf die sie sich beziehen, wuchs „Kultur" diese Rolle zu. Der Begriff implizierte wie „Religion" ein positives Urteil über soziale Vorgänge. Das Wort drückte Bekenntnis aus, ohne „Gott" ins Spiel bringen zu müssen. Gegenüber „Moral" und ihrer theoretischen Seite, der „Ethik", zeichnete sich „Kultur" vor allem durch seine Abhebung von der „Erfahrung" aus. „Kultur" konnte Distanzen zur „Gesellschaft", zur „Zivilisation", zur „Religion" und zum „Alltag" (zur Sphäre des Gewöhnlichen) ausdrücken, ohne den Bezug zum „Ideal" aufzugeben. Im Gegenteil, gerade wegen der Konnotation zur (klassischen deutschen) Kunst und Philosophie in einer Zeit halber Säkularisierungen, eignete sich „Kultur" zur Formation eines Neu-Glaubens, der zudem der nationalen Identitätsbildung nützte. „Die Pflege der Ideale", zitiert Bollenbeck Wilhelm II., „ist zugleich die größte Kulturarbeit ...".[93]

Säkularisierung und Weltanschauungsvereine

Die Suche nach neuen Erklärungen des menschlichen Seins zwischen Alltag und Kosmos fiel historisch zusammen mit einer Phase beschleunigter Verweltlichung sozialer Verhältnisse. Sie schuf „religionslose" Lebensbereiche und nabelte weite Felder des lebensweltlichen Alltags und der politischen Ordnung von den orientierenden Vorgaben der christlichen Kirchen ab. Das entsprach dem Zug der Moderne.[94] Gesellschaftliches entzog sich zunehmend monolithen Erklärungen und ebensolchen Ordnungsbemühungen. Das konnte, vermutete man lange Zeit, auch an der Kraftlosigkeit der alten Ideen liegen, nicht vorrangig am sozialen Wandel und dessen kulturellen Folgen – deshalb der enorme Aufwand, „Weltanschauungen" zu fabrizieren.

Die Freisetzung von Individuen aus persönlichen Abhängigkeiten, zu Beginn des 19. Jahrhunderts exemplarisch erlebt an der Aufhebung der Leibeigenschaft, der Überführung der Zünfte in Innungen und der Einführung einer weitgehenden Gewerbefreiheit, erzeugte „freie" Menschen. Deshalb beschrieb Hermann Lübbe Säkularisierung als „Entzug oder die Entlas-

---

93 Bollenbeck: Bildung, S.215. – Bollenbeck beruft sich auf P. Paret: Die Berliner Sezession. Moderne Kunst und ihre Feinde im kaiserlichen Deutschland. Berlin 1981, S.41.
94 Vgl. Hans-Ulrich Wehler: Modernisierungstheorie und Geschichte. Göttingen 1975. – Hans-Wolfgang Strätz, Hermann Zabel u. Werner Conze: Säkularisation, Säkularisierung. In: Geschichtliche Grundbegriffe. Historisches Lexikon zur politisch-sozialen Sprache in Deutschland. Hg. v. Otto Brunner, Werner Conze u. Reinhart Koselleck, Stuttgart 1984, S.789-829. – Jürgen Habermas: Der philosophische Diskurs der Moderne. Frankfurt a. M. 1985.

sung einer Sache, eines Territoriums oder einer Institution aus kirchlich-geistlicher Observanz und Herrschaft".[95] Niclas Luhmann sieht diesen Wandel als Ablösung vorwiegend moralischer Binde- und Sanktionskräfte in der Gesellschaft durch mehr und mehr „funktionale". Im Unterschied zu älteren Gemeinschaften beruhe in der Moderne „die primäre Innendifferenzierung ... auf Funktionen". Diese Veränderung erfasse der Begriff der Säkularisierung, der „die Rückwirkungen dieser Transformation auf das Religionssystem und auf seine gesellschaftliche Umwelt bezeichnet".[96] Wesentliches Indiz für Fortschritte auf diesem Gebiet lägen in der wachsenden Eigenverantwortung der Individuen für ihren Seelenhaushalt. „Säkularisierung können wir begreifen als die gesellschaftsstrukturelle Relevanz der Privatisierung religiösen Entscheidens."[97] Damit bezieht Luhmann die säkularen Umbrüche in der Gesellschaft auf persönliche Alltagszusammenhänge. „Durch Privatisierung gerät Religion in den gegen Arbeit abgegrenzten und dadurch bestimmten Bereich Freizeit. Hier unterliegt sie einer Art Greshamschen Gesetz der Freizeit: Geringwertigere Aktivitäten verdrängen höherwertige Aktivitäten, und, soweit dies zu deutlichen Prioritäten führt (Fußball, Fernsehen), verstärkt diese Wahrscheinlichkeit durch soziale Rückkopplung sich selbst."[98]

Die bei Luhmann erwähnte Ersatzaktivität für religiöses Verhalten (Fußball) kam um die Jahrhundertwende ebenso ins Blickfeld wie auch Presse, Rummel, Kino, Kolportageliteratur und andere Phänomene, die heute unter den Sammeltitel Massenkultur fallen. Nur riefen sie damals grundsätzliche weltanschauliche Abwehrreaktionen sowohl derjenigen hervor, die eine ordentliche Religionsausübung und damit die „Sitte" gefährdet sahen, als auch derjenigen, die das Ende kirchlicher Vorherrschaft im gesellschaftlichen Wertehaushalt erstrebten. Durch Vereine und durch staatliche Maßnahmen wurde versucht, die durch die Säkularisierung gerissenen Lücken im Wertehaushalt und in den Verhaltensweisen mit „Weltanschauung" und „Kultur" oder einer verbesserten „Religion" zu füllen, sei es aus ethischen, ästhetischen, sozialen oder politischen Erwägungen. Die Angebote der Dissidenten begleiteten und beförderten diesen Umbruch.

Bis zum Ausgang des Mittelalters waren Glaubens- weitgehend Kultangelegenheiten und damit Sache der Kirche gewesen. Mit der darauf folgenden sozialen Differenzierung in Fürsten und Adel, hohe und niedere Geistlichkeit, Bauern und Bürgertum, verbunden mit dem Wachstum freier Städte, bildeten sich die Stände, zu deren Aufgabe auch die Kult- und Kulturpflege gehörte. Bereits diese „stillen" Transformationen unterhöhlten das

---

95 Hermann Lübbe: Säkularisierung. Geschichte eines ideenpolitischen Begriffs. Freiburg, München 1965, S.24.
96 Niclas Luhmann: Funktion der Religion. Frankfurt a. M. 1977, S.229.
97 Luhmann: Funktion, S.232.
98 Luhmann: Funktion, S.239.

Monopol der Kirchen und der christlichen Religion, Sittengesetze vorzuschreiben – auch wenn sich die Kontroversen noch als Religionskämpfe darstellten. Dieser Konflikt erreichte mit dem Aufkommen aufklärerischer Ideen neue Inhalte und durch die einsetzende Industrialisierung eine neue soziale Qualität. Im 19. Jahrhundert wurde dann mit „der Trennung von Kirche und Staat ... die seit dem Mittelalter angelegte strukturelle Differenzierung manifest, doch blieben die sozialpsychologischen Konsequenzen noch so lange latent, als homogene konfessionelle Milieus als Residuen früherer Landeskirchlichkeit und als Produkt aktiver konfessioneller Bewegungen erhalten blieben".[99] An der Wende zum 20. Jahrhundert verloren nun viele dieser Milieus ihre bisherige Konsistenz.

Viele Gebildete um 1900 und auch die Anhängerschaft des *Weimarer Kartells* bewegte deshalb der Mangel einer einigenden Gesinnung der Deutschen. Das hat die Debatte über „Weltanschauung" und „Kultur" und die Gründung entsprechender Vereine stark beeinflußt. Die Akteure der Debatte unterschieden sich in ihren Annahmen und Folgerungen. Die einen suchten nach einer ganz neuen Weltanschauung, andere votierten für eine moderne Religiosität, manche wollten die antike Kultur reaktivieren, nur wenige sahen im Prinzip der Toleranz die Zukunft. Doch gemeinsam war ihnen die Annahme, das hergebrachte und gespaltene Christentum sei gegen Ende des 19. Jahrhunderts offensichtlich nicht mehr in der Lage, dem keimenden Sozialismus und dem reinen Kommerz Paroli zu bieten. Doch war die gesamte Bevölkerung durch religiöse, in aller Regel christliche Schulungen gegangen und hatte den Religionsunterricht besucht. Und der Staat rechtfertigte seine Einrichtungen und Handlungsweisen weiter in christlichem Vokabular. Der König war von „Gottes Gnaden" und die Gesetze in dessen Namen. Dieser Umstand führte dazu, daß die Ziele sozialer Bewegungen meist in der Sprache des Christentums oder eines betonten Anti-Christentums formuliert wurden.[100] Dies resultierte nicht zuletzt aus der christlich geprägten Redeweise in den akademischen Milieus, aus denen die geistigen Führer aller Richtungen stammten, genaugenommen auch die der Arbeiterbewegung.

Doch geriet die mit christlichem Vokabular begründete Politik mit der fortschreitenden Säkularisierung zunehmend in Konflikte. Die sozialen Bewegungen begannen, so Eric Voegelin 1938 rückblickend, „Gegenformeln zu den Geistreligionen und ihrer Weltansicht" auszubilden. In ihnen entstanden „die ‚wissenschaftlichen Weltanschauungen', der ‚wissenschaftliche Sozialismus', die ‚wissenschaftliche Rassenlehre', die ‚Welträtsel' werden

---

99 Franz-Xaver Kaufmann: Auf der Suche nach den Erben der Christenheit. In: Kultur und Gesellschaft. Verhandlungen des 24. Deutschen Soziologentages 1988. Hg. ... v. Max Haller, Hans-Joachim Hoffmann-Nowottny u. Wolfgang Zapf, Frankfurt a. M., New York 1989, S.282.
100 Vgl. Hans Maier: Politische Religionen. Die totalitären Regime und das Christentum. Freiburg, Basel, Wien 1995, S.29-35.

inventarisiert und gelöst. ... Indifferentismus, Laizismus und Atheismus werden die Merkmale des öffentlich verbindlichen Weltbildes."[101] Doch habe das Pendel ständig zurückgeschlagen und die Politik und ihre Sprache blieben in der Folge „durchweht von Erregungen der Religiosität".[102] Damit wurde die „Mythenbildung ... der rationalen Diskussion entzogen", die „Apokalypse auf den Boden wissenschaftlicher Diskussion" gestellt und damit „von ihren eigenen Voraussetzungen her aufgelöst".[103] Machtkämpfe würden seitdem zwar nicht mehr als Religionskämpfe, aber immerhin noch als Fehden „politischer Religionen" ausgetragen.[104] Dieser Übergang führte zu einem neuen Gesellschaftsverständnis, wonach „der Staat kein Bekenntnis hat".[105] Diese Erkenntnis war nicht neu, allerdings der Einbezug von Massen in den Streit und die These, daß Religion ohnehin Privatsache sei.

Was bis dahin noch als theologisches oder philosophisches Problem einzelner Häretiker oder Freigeister erscheinen konnte, wandelte sich auf zweifache Weise zu einer Massenangelegenheit: *zum einen* entstanden neue religiöse Richtungen in bis dahin ungeahnter Zahl, die durchaus außerchristliche Elemente adoptierten und sogar teilweise den Anspruch aufgaben, eine Kirche bilden zu wollen. Ihnen genügte mit der Zeit das Recht auf eine persönliche Weltsicht. Ausdruck dieses Vorgangs waren das Aufkommen und der Wandel des Begriffs der „Weltanschauung". *Zum anderen* schufen die neuen Ersatz- und Reformreligionen sowie die weltanschaulichen Gruppierungen, um wirklich Massen zu ergreifen, zahlreiche Vereine. In überschaubaren Gemeinschaften wollte man sich vor geistiger Isolation schützen und in die Geschicke der Welt eingreifen. Man mußte sich jedoch dabei in der Marktwirtschaft bewegen. Das erzeugte eigenartige Abhängigkeiten. Die Vereine wurden zu Klientel-Betrieben: Parteien, Gewerkschaften, Kirchengemeinden, Freidenkerorganisationen – Zusammenschlüsse verschiedenen Typs – standen vor dem gleichen Problem. Sie mußten „Eigenbetriebe" aufbauen und wie solche zu handeln – ohne den Anspruch aufzugeben, sich der Gesinnung wegen zu versammeln. Dies zwang zu einer widersprüchlichen Doppelstrategie: Je mehr und besser die „Eigenbetriebe" wirtschafteten, sei es in der Lebenshilfe, im Volkshaus oder im eigenen Verlag, desto mehr mußte an der weltanschaulichen Bindung der Mitgliedschaft gearbeitet und nach kulturellen Angeboten gesucht werden, den eigenen Laden attraktiv zu machen und ihn zusammen zu halten – zumal ja nicht alle Mitglieder

---

101 Eric Voegelin: Die politischen Religionen. Hg. u. m. e. Nachw. v. Peter J. Opitz, München 1993, S.50.
102 Voegelin: Religionen, S.63.
103 Voegelin: Religionen, S.53, 52.
104 Voegelin relativierte später den Gebrauch des Religionsbegriffs für diesen Zusammenhang. Vgl. Ders.: Autobiographische Reflexionen. München 1993, S.69.
105 Friedrich Paulsen: Das deutsche Bildungswesen in seiner geschichtlichen Entwickelung. M. e. Geleitw. v. M. Münch, Leipzig 1906, S.175.

in den Genuß der Früchte gewerblichen Fleißes kamen und die ethischen Enthusiasten bei den materiell Erfolgreicheren mehr Gesinnung anmahnten. Max Weber wies auf die eigentümlichen strukturellen Abhängigkeiten aller Vereine in Marktgesellschaften am Beispiel der USA hin, wo der Staat nicht einmal Statistiken über die Konfessionalität seiner Bürger erstellen darf. Amerikanische Religionsgemeinschaften seien als soziale Organisationen „ein voluntaristischer Verband". Sie würden lediglich der Idee nach religiös oder ethisch operieren. Man trete in sie wie in einen Verein aus freien Stücken ein, es sei denn, man findet „Kraft religiöser Bewährung Aufnahme". Diese Gesinnungsprobe sei „Qualifikationstest für die Persönlichkeit". Die Probe müsse man bestehen, wenn man Mitglied werden und im Leben weiterkommen wolle. Es kämen im allgemeinen „nur diejenigen ... geschäftlich hoch, welche ... Sekten (oder sektenartigen Konventikeln) angehörten."[106] Die davon ausgehenden Abhängigkeiten, die mitunter einen größeren psychischen und auch physischen Druck auf die angeschlossenen Menschen ausüben als die anonymen Herrschaftsbeziehungen staatlicher Art, hätten aber wegen der Konkurrenz untereinander und mehr noch aufgrund des inneren Konkurrenzdrucks bei ihren Mitgliedern, einen enormen Geschäftssinn erzeugt und patriarchalische sowie autoritäre Bindungen weitgehend gesprengt. Dies habe den modernen Individualismus, wie er besonders in Amerika zu beobachten sei, geradezu gezüchtet.[107]

Vergleichbare Vorgänge vollzogen sich in Deutschland, wobei hier der Staat eine Wächterfunktion behielt, sich als Kulturstaat definierte und ein Bekenntnis abforderte, in dem das offizielle „Christentum" zunehmend an die „Nation" gebunden wurde. Zu den religiösen bzw. weltanschaulichen Überzeugungen in den Gemeinden oder Vereinen, die rituell abzulegen waren, wurde die Haltung zur Nation zu einem „Qualifikationstest für die Persönlichkeit", dem sich in aller Regel niemand entziehen konnte. Dissidentische Weltanschauungsvereine standen wie ihr Umfeld noch nahezu völlig unter dem Trauma, eine übergreifende Einheit der Deutschen erhalten oder wiedererlangen zu müssen. Das verlieh allen sozialen Bewegungen eine besondere nationale Note; wie sich 1914 zeigte, auch der Sozialdemokratie. Diesen Zug der Zeit mit einem deutlichen inneren Schauer wahrnehmend, bemerkte der Bildungshistoriker und Förderer der ethischen Bewegung Friedrich Paulsen (1846-1908) eine „fortschreitende Nationalisierung auch des deutschen Volks. Kein Zweifel, daß das Nationale gegenüber dem Konfessionellen in Gesinnung und Leben mehr und mehr an Gewicht gewinnt". Der „Kultus des Vaterlandes" sei „an die Stelle des kirchlichen Kults getreten".[108]

---

106 Max Weber: Die protestantischen Sekten und der Geist des Kapitalismus. In: Gesammelte Aufsätze zur Religionssoziologie, Bd.I, 3. Aufl., Tübingen 1934, S.211.
107 Vgl. Weber: Sekten, S.235.
108 Paulsen: Bildungswesen, S.179, 180.

Freidenkerische Kulturbewegung der Dissidenten

Um die Geschichte der deutschen Dissidenten zu beschreiben, bieten sich in der vorliegenden Literatur zur Freidenkerei eine ganze Reihe von Bezeichnungen an. In den Fremd- und Selbstauskünften hießen sie oft gar nicht „freidenkerisch", sondern „nichtreligiös", „irreligiös", „unreligiös", „religionslos", „ungläubig", „nichtglaubend", „unkirchlich", „achristlich", „ersatzreligiös", „atheistisch", „weltlich", „monistisch", „freireligiös", „freigemeindlich", „konfessionslos", „gottlos", „anti-theistisch", „humanistisch", „naturwissenschaftlich", „marxistisch" oder eben „dissidentisch". Das hob stets bestimmte Aspekte ihres Daseins hervor. Die vorliegenden Publikationen zeigen zudem, daß die Sozialdemokratisierung der Freidenkerei in den zwanziger Jahren und die seitdem tradierte, aus der Arbeiterbewegung bezogene Begrifflichkeit, den Blick auf gemeinsame Wurzeln erst später unterschiedlicher Richtungen eher verstellt als öffnet.[109] Das belegen dort auffindbare Begriffe wie „idealistisch"/„materialistisch", „proletarisch"/„bürgerlich", „sozialistisch"/„kapitalistisch", „modern/vormodern" oder „liberal"/„konservativ". Damit ist die Vielfalt der Dissidenz nicht zu fassen, wenn auch durchaus einzelne Aspekte.

Im folgenden wird die nicht minder problematische Bezeichnung „freidenkerische Kulturbewegung der Dissidenten" gewählt. Eine Schwierigkeit der begrifflichen Fassung des freidenkerischen Moments liegt vor allem im Gebrauch des Religionsbegriffs, so daß mit gutem Grund für die Zeit bis zum Weltkrieg auch von einer „religiösen Erneuerungsbewegung der Dissidenten" gesprochen werden könnte. Der Mitbegründer des *Deutschen Freidenkerbundes* Ludwig Büchner (1824-1899) schrieb Ende 1894 in der Zeitung *Ethische Kultur*, dem Organ der *Deutschen Gesellschaft für Ethische Kultur*, der Freidenker habe sehr wohl Religion und auch einen Glauben. „Religion im richtigen oder in dem alten Ciceronianischen Sinne der relegere oder religere (wiederlesen, überdenken) hat auch der Freidenker, Konfession aber nicht. ... Der Freidenker glaubt (denn auch er hat einen Glauben), daß die Menschen verdienen, besser, weiser und glücklicher zu sein, als sie es bisher waren, und daß ihnen ein unbegrenzter Fortschritt auf dem Weg der Tugend, Weisheit und Glückseligkeit möglich ist."[110] Religiosität sollte erhalten bleiben, wenn auch „nicht in der Form eines Glaubens an das Übernatürliche und einer Verehrung" desselben, sondern „des Glaubens an Höheres und Besseres, welches über den jetzigen Zustand des

---

109 Vgl.. Freidenker. Geschichte und Gegenwart. Hg. v. Joachim Kahl u. Erich Wernig, Köln 1981.
110 Ludwig Büchner: Die Religion des Freidenkers. In: Ethische Kultur. Wochenschrift zur Verbreitung ethischer Bestrebungen. Berlin 2(1894)40, S.314; im folgenden EK. – Eine ähnliche Definition vgl. Ders.: Am Sterbelager des Jahrhunderts. Blicke eines freien Denkers aus der Zeit in die Zeit. Gießen 1900 (zuerst 1898), S.369/70.

Menschen und des Menschengeschlechts hinausgeht" und die „persönliche Mitwirkung" des einzelnen einschließt.[111] Mit der Zeit werde die „Religion der Humanität oder des Freidenkerthums die Religion der Kirche ablösen".[112]

Definitionen der Freidenker als „Nichtreligiöse", „Ungläubige" oder „Atheisten" können nach diesem Zitat keine naive Verwendung mehr finden. Selbst Büchner, lange Zeit *der* deutsche Freidenker, entzieht sich einer solchen Einordnung. Da hilft auch nicht viel weiter, daß wir heute wissen, daß es ihm und seinen Zeitgenossen an Begriffen mangelte, Kulturelles anders als mit Worten der Religion auszudrücken. Büchner möchte, daß die Freidenker nicht so kulturlos sind, ohne Ideale auszukommen oder gar alle Gotteshäuser niederbrennen zu wollen. Was in der Gesellschaft an Religion verlorengeht, soll vielmehr durch Aufklärung, Vernunft und Wissenschaft ausgeglichen werden, die als Elemente einer neuen Religion gelten. Da hierbei Staat und Kirchen Widerstand leisten, muß die Einheit von Thron, Altar und Aberglauben durch den oppositionellen und provozierenden Begriff der „Freidenkerei" konterkariert werden – Religion meint weiterhin das irgendwie Gemeinsame. Doch geben mit der Zeit besonders die marxistische und die naturwissenschaftliche Fraktion der ganzen Freidenkerei einen religionskritischen Anstrich, beginnen aber zugleich, sich selbst „glaubensmäßig" zu verlautbaren. Bis 1914 waren dabei die Haeckelianer und Gefühlsmonisten von größerem Einfluß als die Sozialisten. So suchten freireligiöse Prediger wie der zuerst in Magdeburg und dann in Düsseldorf wirkende Georg Kramer neue Gewißheit in der „Entwicklungslehre".[113] Eduard Aigner, Arzt in München, Schriftführer des *Monistenbundes*, in der Freidenkerbewegung bekannt durch seine Entlarvung der angeblichen Wunderheilungen von Lourdes in Frankreich[114], war Bewunderer und Förderer der Wünschelrutenforschung. Die übernatürliche Begabung der Rutengänger, mit Hilfe von Weidenstöcken wasserfühlig zu sein, glaubte er parapsychologisch, wie man es heute nennen würde, erklären zu können. „Das Zeitalter der Naturwissenschaften kann vor solchen Phänomenen nicht mehr haltmachen."[115]

---

111 Büchner: Religion, S.314.
112 Büchner: Sterbelager, S.154.
113 Vgl. Georg Kramer: Die Religion der Zukunft. E. Vortr., geh. am 24.I. u. am 14.II.1908 auf Veranlassung des deutschen Monistenbundes, Ortsgruppe Hamburg e.V. Brackwede 1908 (Flugschriften des Deutschen Monistenbundes, 11; im folgenden FdDMB).
114 Vgl. Eduard Aigner: Die Wahrheit über eine Wunderheilung von Lourdes. Eine ärztliche Studie zum goldenen Lourdesjubiläum 1908. M. e. Anh. v. Emil Dosenheimer: Eine Wunderheilung. Frankfurt a. M. 1908 (Bibliothek der Aufklärung).
115 Eduard Aigner: Der gegenwärtige Stand der Wünschelruten-Forschung. In: Graf Carl v. Klinckowstroem, Bibliographie der Wünschelrute, München 1911, S.5. – Noch heute gibt es eine stattliche Anhängerschaft der Rutengängerei. Das deutsche Forschungsministerium vergab sogar noch in den frühen Neunzigern dieses Jahrhunderts an zwei Münchener Physikprofessoren 400 000 DM für ein Forschungsprojekt. Es sollte das Wirken „unsichtbarer Kräfte" auf dafür prädestinierte Menschen nachweisen. – Vgl. SPIEGEL, Nr. 38, 1995, S.238/39.

Dies vor Augen, impliziert „freidenkerisch" bis in die zwanziger Jahre hinein die dissidentische Suche nach einer neuen „Weltanschauung", oftmals synonym verwendet mit den Begriffen „Religion" und „Kultur". Es ging um einen höheren Sinn, „an den man glauben kann", der Gewißheit gibt, Wege zeigt und mit neuen Institutionen den alten kirchlichen Kult ersetzt. Deshalb scheiden auch die Adjektive „weltlich" und „freigeistig" zur Beschreibung der dissidentischen Milieus aus, obwohl sich das *Weimarer Kartell* selbst Bund „freigeistiger Vereine" nannte. „Freigeistig" involvierte schon damals, und erst recht heute, große Nähe zu Esoterik, Gnostik und Mystik auf der einen und zum reinen Denken und zur theoretischen Abstraktion auf der anderen Seite. Das würde nun wieder Anhänger anderer dissidentischer Strömungen zu sehr vernachlässigen, denen es um ästhetische Sinnlichkeit, um eine neue Weltanschauung in ihrer Komplexität von Wissen, Fühlen und Wünschen, um das Beschreiben des Unbewußten oder um das Enträtseln der menschlichen Physis und Psyche ging.

Bliebe die Aufschrift „weltliche Kulturbewegung"; sie fällt als Leitbegriff schon deshalb aus, weil, was das Wort fixiert, schon in „Weltanschauung" enthalten ist und eine „weltliche Weltanschauung" ein Paradox wäre. Ein „weltlicher" Mensch, so könnte man höchstens vermuten, sucht nach rationalen Erklärungen auch dann noch, wenn sich ihm die Dinge der Welt in diesem Bestreben irrational entgegenstemmen. Aber selbst er oder sie muß sich im Verhalten zur äußeren Natur, zum Schicksal und zur umgebenden Menschenwelt, wie Simmel es ausdrückt, dann doch in einer bestimmten „Tonart" transponieren. Das 100prozentig rationale Wesen ist in der Natur des Menschen nicht vorgesehen. Die Bezeichnung „weltlich" für die Freidenkerei läßt in diesen sinnlich-geistigen Beziehungen zu wenig Raum für Interpretationen, Zufälle und Erfahrungen, obwohl sie die „Zurückführung der menschlichen Welt, der Verhältnisse, auf den Menschen selbst"[116] gestattet, wie es Karl Marx 1843/44 ausdrückte.

Die Titulierung als „freireligiöse" oder „freie religiöse" Bewegung wiederum würde nur die erste Phase der Dissidenz erfassen, sowohl historisch wie als persönlicher Erkenntnisweg. Die Worte beziehen sich auf die „Freireligiösen" und die „Freien Religiösen" als Vorkämpfer für Gewissensfreiheit und gegen Konfessionalität in Deutschland, die in erster Linie ein modernes Bekenntnis erstrebten und eine christliche Religion ohne kirchliche Dogmen. Viele von ihnen waren dabei auf dem Wege in die Freidenkerei, aber dort noch nicht angekommen, sei es aus Glaubensgründen, sei es aus Furcht vor den Folgen für die eigene Karriere. Julius Duboc (1829-

---

116 Karl Marx: Zur Judenfrage (1844). In: Karl Marx, Friedrich Engels: Werke, Bd.1, Berlin 1956, S. 370 (im folgenden MEW).

1903), Berliner Philosoph und Mitbegründer der ethischen Bewegung[117], resümierte gegen Ende des 19. Jahrhunderts diesen Entwicklungsgang, sich auf die Freireligiösen im Vormärz beziehend: „Denn wenn die Ronge, Albrecht, Baltzer, Uhlich, Hirsekorn, Wislicenus u.s.w. auch weniger das Essentielle jeglichen religiösen Glaubens befehdeten (wie es der Feuerbach'sche Standpunkt bedang), wenn sie statt dessen mehr auf Reinigung des ‚durch den Buchstaben der Bibel geknechteten Geists' ausgingen, so führte sie doch auch dieser Reinigungsprozeß, der schonender in der Form als im Wesen war, zu Ergebnissen, bei denen von der ehemaligen alten Kirche eigentlich nur noch die kahlen Wände stehen blieben."[118]

Böte sich noch der Name „humanistische Kulturbewegung" an. Das Adjektiv könnte sogar rein pragmatisch geeigneter sein als andere, weil sich einige Ortsgruppen der *Deutschen Gesellschaft für Ethische Kultur* umgangssprachlich *Humanistengemeinden* nannten und diese Vereine, wie wir noch sehen werden, eine konzeptionelle wie personelle Schlüsselrolle spielten. Doch auch bei der Titulierung „humanistisch" würde vor allem die Vorgeschichte der Dissidenten aufgerufen. In den Blick käme die Annahme, Fortsetzer eines aufklärenden Strebens in Richtung Humanismus seit der Renaissance zu sein. Die in der Frühen Neuzeit aufscheinende „Utopie einer aufgeklärten Gesellschaft implizierte die Entzauberung der Welt durch die Herrschaft der rationalen Vernunft", wie Richard van Dülmen anmerkt; aber: „Trotz kräftiger Säkularisation hatte sich in den unteren Ständen, beim einfachen Volk, nicht so viel geändert, wie allgemein vermutet wird. Die neue Ordnung ist nur in der Welt der bürgerlichen Elite erkennbar."[119] Von diesem frühen Humanismus für wenige wollten sich die aufklärenden Bestrebungen der modernen Freigeister, Freidenker und Freireligiösen durch die Hinwendung zum „Volk" unterscheiden. Wie schon in der volkserzieherischen Literatur des 18. und in der religiösen Gebrauchsliteratur des 19. Jahrhundert sahen auch Freidenker im „Volk" ein „Vehikel für die Projektion einer heilen Welt. Das ‚Volk' verkörperte das Ursprüngliche, Unmittelbare und Schlichte, ... nicht schon Fromme [noch nicht Freidenkerische, H.G.]. Durch ... Schriften sollte es von der ‚schlechten Volkslectüre' zurückgehalten und zur religiösen Umkehr angehalten werden."[120]

In der langen Geschichte der Dissidenten gab es verschiedene Denkrichtungen, denen keine „humanistische" Tendenz innewohnte, sogar Ten-

---

117 Duboc führte ein bewegtes Leben, wie viele Dissidenten. Er war Mathematiker und Physiker, dann von 1853-1857 Schafzüchter in Australien. Nach dem Bankrott versuchte er sich als Philosoph, freier Schriftsteller und Redakteur (zuletzt an der in Berlin erscheinenden *Nationalzeitung*).
118 Julius Duboc: Hundert Jahre Zeitgeist in Deutschland. Geschichte und Kritik. Leipzig 1889, S.64/65.
119 Richard van Dülmen: Kultur und Alltag in der Frühen Neuzeit. Dritter Bd.: Religion, Magie, Aufklärung. 16.-18. Jahrhundert. München 1994, S.9/10.
120 Kurt Nowak: Geschichte des Christentums in Deutschland. Religion, Politik und Gesellschaft vom Ende der Aufklärung bis zur Mitte des 20. Jahrhunderts. München 1995, S.105.

denzen, die unter „humanistisch" anderes dachten als die Achtung und den Schutz jedes einzelnen menschlichen Lebens. „Humanistisch" wurde in der dissidentischen Vergangenheit zu wenig eingesetzt, um ihm Exklusivität zu geben; dafür ist es gegenwärtig geradezu inflationär in Gebrauch.

Die Analyse der „Kulturbewegung der Dissidenten" als „freidenkerische" erlaubt den positiven Bezug auf diejenigen humanistischen Bestrebungen, in denen religiöse Menschen mit nicht- oder andersgläubigen gemeinsam wirkten, etwa in der Friedens- oder der Frauenbewegung. Als die *Deutsche Friedensgesellschaft*, die erste pazifistische Organisation in Deutschland, im November 1892 ihren Gründungsaufruf veröffentlichte, im gleichen Jahr, in dem die ethische Kulturgesellschaft entstand, trug der Text von Bertha von Suttner (1843-1914) und Alfred Hermann Fried (Nobelpreisträger, Monist, geb. 1864, Erfinder der Kunstsprache Esperanto[121]), 16 Unterschriften. Doch von diesen wenigen bedingungslosen Kriegsgegnern „waren sechs zugleich Mitglieder der ethischen Bewegung (unter ihnen auch der Vorsitzende ... [Wilhelm, H.G.] Foerster), vier waren zugleich Mitglieder der Bodenreformvereinigung ‚Allwohlbund', und die beiden Frauen kamen aus der bürgerlichen Frauenbewegung"[122], wobei davon Lina Morgenstern (1830-1909), eine der ersten deutschen Sozialhelferinnen, ebenfalls der Berliner ethischen Gesellschaft zurechnete.[123] Frieds *Handbuch der Friedensbewegung* von 1913 nannte im Personenverzeichnis noch Wilhelm Ostwald, Nobelpreisträger von 1909, damals Vorsitzender des *Deutschen Monistenbundes*, und Carl Ludwig Siemering (= Oskar Schwonder, geb. 1878), von Beruf Journalist, der von Breslau und von Königsberg aus ebenfalls in der ethischen Gesellschaft wirkte.[124]

---

121 Vgl. Alfred Hermann Fried: Lehrbuch der Internationalen Hilfssprache „Esperanto". Mit Wörterbuch in Esperanto-Deutsch und Deutsch-Esperanto. Berlin 1903.
122 Dieter Riesenberger: Geschichte der Friedensbewegung in Deutschland. Von den Anfängen bis 1933. Göttingen 1985, S.64.
123 Von 1860-1866 war Lina Morgenstern Vorsitzende vom *Frauenverein zur Beförderung der Fröbelschen Kindergärten* und danach vom *Verein Berliner Volksküchen*, der auch die Idee der Konsumgenossenschaften beförderte. Sie rief den ersten Arbeiterinnenverein ins Leben sowie den *Verein zur Rettung minorenner* [minderjähriger und unmündiger, H.G.] *Strafgefangener* und den *Verein zur Erziehung schulentlassener Mädchen für die Hauswirtschaft*. 1873 folgte ein *Hausfrauenverein*, der sich der Fortbildung und Vermittlung von Dienstmädchen widmete.
124 Vgl. Alfred Hermann Fried: Handbuch der Friedensbewegung. Zweiter Teil: Geschichte, Umfang und Organisation der Friedensbewegung (1912). 2. Aufl., Berlin u. Leipzig 1913, S.385, 405/06. – Erster Teil: Grundlagen, Inhalt und Ziele der Friedensbewegung (1904). 2. Aufl., Leipzig 1911.

3. KAPITEL

Das Weimarer Kartell –
Vorgeschichte und Anfang

[handschriftliche Notiz: vgl. Klinge - Göhre S.224]

Freidenker: „grobe Indifferentisten ... und dergleichen Leute"

Der Begriff „Freidenker", zunächst in der Schreibweise „Freydenker", ist wesentlich älter als die moderne Bewegung gleichen Namens.[1] Reiner Wild hebt in seiner Studie über die Anfänge einen besonderen historischen Umstand hervor. Dieser gab der deutschen Freidenkerei von Beginn an ein grundsätzliches Gepräge, das bis in die Weltanschauungskämpfe des 20. Jahrhunderts fortwirkte. Die Konfessionalität der nationalen Zustände habe eine konfessionellem Denken verhaftete Intelligenz produziert. Im protestantischen Milieu sei dabei ein gegen alles Katholische gerichteter Freiheitsbegriff dominant geworden, der allerdings selbst konfessionell gebunden blieb. Für die freidenkerischen Strömungen hatte dies vor allem zur Folge, daß von „einer kontinuierlichen oder gar breiten Entwicklung nicht gesprochen werden kann; vielmehr sind es immer wieder Einzelpersonen, die als Freidenker auftreten".[2] Das Spektrum ihrer Ideen ist breit gefächert. Deshalb, so Wild, könne der Definition des 1759 erschienen *Freydenker-Lexicon* von Johann Anton Trinius zugestimmt werden, es handle sich hier um „Atheisten, Naturalisten, Deisten, grobe Indifferentisten, Sceptiker und dergleichen Leute".[3] Wegen ihrer geistigen Ruhelosigkeit seien sie zu Außenseitern gestempelt und, Luthers Interpretation von „frei" fortsetzend, als Religionsverächter gebrandmarkt worden.[4] Das ihnen durch Berufsverbote und Ausweisungen aufgezwungene Wanderleben wurde ihnen als sozialer Makel vorgeworfen. Sie gelten seitdem als halt- und ruhelos – im Denken wie im Lebenswandel.[5] Doch gerade diese Unstetigkeit und Unsicherheit des Daseins bewirkte, „daß die freidenkerische Tradition eine wesentliche

---

1 Vgl. Kurt Hutten: Freidenker. In: Handwörterbuch, 2.Bd., 1958, S.1094-1096.
2 Reiner Wild: Freidenker in Deutschland. In: Zeitschrift für Historische Forschung, Berlin 6(1979), S.262.
3 Trinius zit. bei Wild: Freidenker, S.254/55.
4 Vgl. Wild: Freidenker, S.256.
5 Vgl. ebenda, S.259.

Strömung innerhalb der Aufklärung war, von nicht gering einzuschätzendem, häufig ‚unterirdischem' Einfluß auf die Entfaltung des neuzeitlichen Denkens ..."⁶ An Leib und Leben bedroht, konnten die so um ihre Existenz ringenden Freidenker nur mit Erörterungen antworten, die selbst grundsätzlich, lebensweltlich und umfassend waren.

Das Wort „Freidenker" kommt aus dem Englischen. Der „Philosoph und Naturwissenschaftler William Molyneux (1656-1698) bezeichnete in einem Brief an J. Locke am 6. April 1697 den Verfasser des um eine vernunftgemäße, widerspruchsfreie Erklärung des Christentums bemühten Buches *Christianity not mysterious*, John Toland (1670-1722 ...), als einen ‚candid freethinker' ... Es kam zur Gründung einer kurzlebigen Wochenschrift *The Free-Thinker* (... um 1711), die das Ziel verfolgte, den Unterschied zwischen Religion und Aberglauben in das Bewußtsein der Öffentlichkeit zu rücken."⁷ Toland übernahm die Bezeichnung als Ehrentitel.⁸ John Anthony Collins, ein Schüler von John Locke (1632-1704), führte schließlich 1713 in seinem Werk *A Discource of Freethinking, occasioned by the Rise and Growth of a Sect call'd Freethinkers* den Begriff ein und brachte ihn von Beginn an mit einer sektenhaften Gemeinschaft in Verbindung, die Verstandesübungen pflegt. Freies Denken zeichne sich seitdem dadurch aus, wie Gawlick Collins interpretiert, daß es „sich durch die Evidenz der Sache und nicht durch eine Autorität bestimmen läßt".⁹

1715 fand die erste wörtliche Übertragung ins Deutsche statt, und zwar bei Gottfried Wilhelm Leibniz (1646-1716).¹⁰ 1734 versuchte dann Johann Ernst Philippi in Göttingen eine Zeitschrift unter dem Titel *Der Freidenker* herauszugeben. Ebensowenig erfolgreich war der gleichnamige Versuch von Johann Anton Janson von Waasberghe 1741/42 in Danzig. Gotthold Ephraim Lessing (1729-1781) nannte ein frühes Lustspiel 1749 *Der Freygeist*, ein Begriff, der bis zum Anfang des 20. Jahrhunderts eine synonyme Selbstbezeichnung der Freidenker darstellte. In Frankreich nannte man diese Richtung libres penseurs, esprit forts oder auch libertans, weshalb man in Deutschland diese zügellosen Philosophen und atheistischen Denker „Libertinisten" taufte, der Liederlichkeit und der wüsten Freigeisterei zieh.

Wahrscheinlich setzte sich die Bezeichnung „Freidenker" aus zwei Gründen durch. *Zum einen* gestattete der Begriff „Freidenker" ein deutliches

---

6 Wild: Freidenker, S.254.
7 Joachim Mehlhausen: Freidenker. In: Theologische Realenzyklopädie. Hg. v. Gerhard Krause u. Gerhard Müller, Bd.XI, Berlin u. New York 1983, S.489.
8 Vgl. Konrad Algermissen: Freidenker. In: Lexikon für Theologie und Kirche. 2., völlig neu bearb. Aufl., hg. v. Josef Höfer u. Karl Rahner, 4.Bd., Freiburg 1960, S.318.
9 G. Gawlick: Freidenker. In: Historisches Wörterbuch der Philosophie. Hg. v. Joachim Ritter, Bd.2, Darmstadt 1972, Sp.1062.
10 Vgl. Mehlhausen: Freidenker, S.490.

Absetzen von der bis auf die frühchristlich-antike Gnosis zurückreichende Traditionslinie der Frei-Geist-Sekten-Bewegungen des „aktiven Mystizismus des 13. Jahrhunderts", wie Eric Voegelin anmerkt.[11] Es seien dies Ortliebianer, Beghinisten, Parakleten und Anhänger von Meister Eckhart (1260-1327) und Personen um Hieronymus Bosch (1450-1516) gewesen. „Der Freie Geist wandelt sich zum Libertinismus in der doppelten Bedeutung von Freiem Denken und Zügellosigkeit. ... Die wahren Nachfolger der Sektierer ... sind die verschiedensten deistischen, unitarischen, arianischen und schließlich atheistischen Gruppierungen des 17. und 18. Jahrhunderts."[12] Die modernen Freidenker der zweiten Hälfte des 19. Jahrhunderts wollten sich von dieser religiösen Richtung lösen.

Zum anderen wird sich der Ausdruck „Freidenker" wegen der leichteren wörtlichen Übersetzung von „freethinker" aus dem Englischen durchgesetzt haben. Die Translation erfolgte wahrscheinlich zuerst in entsprechenden Zeitschriften, die englisches und amerikanisches Gedankengut ins Deutsche übertrugen, oft sogar rück-übersetzten, da viele amerikanische Freidenker deutsche Emigranten waren.[13] Und als dann in den Achtzigern eine Organisation diesen Namen verwendete, bürgerte sich die Bezeichnung „Freidenker" ein. Viele von ihnen behielten aber wegen ihrer philosophischen Kritik vom Boden der Aufklärung aus[14] oder auch wegen ihrer oft sogar zur Schau gestellten großen Nähe zu einem aktiven Mystizismus die Benennung „Freigeist" bei. Andere sahen sich als Monisten.

Der Begriff des Monismus, der Einheitslehre, geht auf Christian Wolf (1679-1754) zurück, der ihn 1721 in der zweiten Auflage seines Buches *Vernünftige Gedanken von den Kräften des menschlichen Verstandes und ihrem richtigen Gebrauche in Erkenntnis der Wahrheit* einführte.[15] Er bezeichnet seitdem Weltanschauungen und philosophische Systeme, die sich von dualistischen bzw. pluralistischen unterscheiden. „Das Wort Dualismus wurde im Jahre 1700 gebildet, um damit die iranische Lehre von den zwei Geistern zu charakterisieren. Später entdeckten die Gelehrten, daß die dualistischen Mythen weltweit verbreitet sind ... bis hin zu den ‚großen Religio-

---

11 Voegelin: Volk Gottes, S.79.
12 Voegelin: Volk Gottes, S.98.
13 Vgl. Der Freidenker. A. d. Engl. Übers. v. Georg Wolfgang Franz Panzer. Nürnberg 1780. – Der Freidenker. Monatsschrift für Volksaufklärung, Religion, Wissenschaft und Kunst. Offizielles Organ der Universellen Freidenker-Assoziation New York, ed. by Friedrich Leiss, Bd.1-4 (1871-1875). – Der Freidenker. Zeitschrift für freies Menschenthum ... Milwaukee 1(April 1872) - 71(Oct. 1942).
14 Dies belegt vor allem das Literaturverzeichnis von Karl Becker: Freigeistige Bibliographie. Ein Verzeichnis freigeistiger, humanistischer und religionskritischer Literatur. Stuttgart 1974. – Die Mehrzahl der Titel bezieht sich auf die Diskussion nach dem ersten Weltkrieg.
15 Vgl. Horst Hillermann: Zur Begriffsgeschichte von „Monismus". In: Archiv für Begriffsgeschichte, Bonn 20(1976)2, S.214-235.

nen' wie Buddhismus, Christentum" usw.[16] Seit Haeckels und Ostwalds *Deutschem Monistenbund* wird Monismus weitgehend mit deren naturwissenschaftlicher Denkrichtung gleichgesetzt, obwohl es noch eine zweite, sich wiederum in verschiedene Schulen teilende Strömung gab, den „konkreten Monismus". Er war idealistisch ausgerichtet und modellierte ein den Bewegungsgesetzen innewohnendes Prinzip des einheitlichen Weltganzen. Kern jedes Monismus ist die Zurückführung der Totalität auf ein einziges Erklärungsprinzip: bei Haeckel die „kosmische Einheit" und bei Ostwald die „Energie".

Schleiermacher und Hegel: Säkularität als Faktum

Die geistige Verarbeitung der Wende hin zu mehr Säkularität in Staat und Gesellschaft nahm nach der französischen Revolution 1789/94 in Deutschland ihren Ausgang in der evangelischen Theologie. Zu Beginn des 19. Jahrhunderts führte Schleiermacher den soziallastigen Begriff der „Erfahrung" in die Theologie ein. Er legte einen Entwurf erneuerter christlicher Weltsicht vor und begründete die für unseren Gegenstand folgenreiche „protestantische Kulturtheologie" (Albrecht Ritschl, 1822-1889; Adolf von Harnack,1851-1930).[17] Seine Ideen öffneten zugleich, das Gegenteil wollend, einer freireligiösen und schließlich freidenkerischen Lehre Tür und Tor. Schleiermacher entstammte einer schlesischen Feldpredigerfamilie. Deren häufige Ortswechsel brachten ihn früh in Berührung mit vielen volkstümlichen Glaubensvarianten, die ihn bei den Herrnhutern innere Ruhe finden ließen. Nach schweren persönlichen Krisen riß er sich dann aber von den Verinnerlichungsübungen des Halleschen Pietismus los und begab sich bewußt in weltliche Zusammenhänge. 1796 wurde Schleiermacher Prediger an der Berliner Charité. Er widmete sich menschlichen Leiden ebenso wie er zahlreiche Freundschaften zur hiesigen Intelligenz pflegte, besonders zu den berühmten Salons und zu den Romantikern. Schließlich wurde Schleiermacher Professor in Halle, verliebte sich in eine verheiratete Frau, die aber letztlich bei ihrem Mann blieb, und kehrte 1807 nach Berlin zurück.

Schleiermachers Thesen spiegelten die enormen Veränderungen seiner Zeit, die „Fürstenrevolution" von 1803 (Säkularisation kirchlicher Reichsgü-

---

16 Eliade, Culianu: Handbuch, S.167.
17 Vgl. Friedrich Wilhelm Kantzenbach: Protestantische Geisteskultur und Konfessionalismus im 19. Jahrhundert. In: Probleme des Konfessionalismus in Deutschland seit 1800. Hg. v. Anton Rauscher, Paderborn, München, Wien, Zürich 1984, S.19-21.

ter[18]) und die preußischen Reformen nach 1806/07. In seiner Schrift *Über die Religion* hatte er 1799 seine Gedanken über eine neue gemeinschaftliche Moral gebündelt, die vom Primat sittlicher Individualität ausgingen.[19] „Mit höchster intellektueller und emotionaler Kraft grenzte sich Schleiermacher von den herrschenden Christentümern ab: von einem bloß noch vernünftig-moralischen Christentum und von einer metaphysisch verstiegenen Kirchenlehre. Religion war ‚Anschauung und Gefühl', Innewerden des Unendlichen in Furcht und Staunen."[20] Mit seiner Definition von Religion als „Sinn und Geschmack fürs Undenkliche", seiner Konzentration auf Lebens-, statt auf Kirchengemeinschaft, seiner Betonung des individuellen religiösen Erlebnisses, seiner Idee vom „Höchsten Gut", in die 1803 seine Morallehre mündete, richtete sich Schleiermacher zwar bewußt gegen die Tendenz der Aufklärung, alle Erscheinungen in der Welt natürlich erklären zu wollen. Doch verwarf er in gleichem Atemzug jegliche Zwangsbindung von Kirche und Staat. Seine Auffassung von der „religiösen Erfahrung" lief auf die von ihm so genannte direkte „schlechthinnige Abhängigkeit" des gläubigen Menschen von Gott hinaus. Danach, so folgerte er, könne der Staat die unmittelbare Bindung der Menschen an Gott nur stören.

Der Staat erhielt von ihm 1814, nach der Völkerschlacht bei Leipzig und vor Beginn der Restauration, zwar einen „Beruf zur Erziehung" seiner Untertanen. Doch sollte er sonst auf deren christliches Engagement als Individuen bauen und sie verantwortungsvoll wirken lassen.[21] In dieser Konstruktion mußte der Mensch nicht mehr an Gott zweifeln, wenn er mit dem Staat, dessen Verwaltung, seinen eigenen familiären Beziehungen oder mit sich selbst unzufrieden war. Schleiermacher tat noch ein weiteres: Jesus selbst verwandelte sich bei ihm in eine historisch vorbildliche Person, in einen Gegenstand von Ethik und ein Produkt von Kultur. Schleiermacher vollzog einen großen Schwenk hin zu einem lebensbezogenen Humanismus, der Schillers Idealismus, Goethes Pantheismus und besonders Immanuel Kants Philosophie der Ethik einkalkulierte, der in seinem kategorischen Imperativ dem irdischen Individuum Vertrauen schenkte. Dabei wandte sich Schleiermacher in erster Linie an die Gebildeten. In ihren Reihen sah er Verächter der Religion.

Die Konfiskation bis dahin heiliger Güter im Jahre 1803 durch deutsche Fürsten profanierte Klöster, Kunstwerke und Bibliotheken. In bisher

---

18 Vgl. dazu vom katholischen Standpunkt, den Vorgang vor allem als Kulturverlust deutend: Säkularisation und Säkularisierung im 19. Jahrhundert. Hg. v. Albrecht Langner, München, Paderborn, Wien 1978.
19 Vgl. Friedrich Schleiermacher: Über die Religion. Reden an die Gebildeten unter ihren Verächtern. Zum Hundertjahr-Gedächtniß ihres ersten Erscheinens ... Göttingen 1899.
20 Nowak: Christentum, S.43.
21 Vgl. Friedrich Schleiermacher: Über den Beruf des Staates zur Erziehung (1814). In: Pädagogische Schriften, hg. v. Erich Weniger, 2.Bd., Düsseldorf, München 1957, S.153-169.

konfessionell monolithen Territorialstaaten lebten nun Katholiken und Protestanten gleichermaßen. Große Teile der bisherigen Fürsorge wurden, als Ausgleich für verweltlichtes Kirchengut, staatlich alimentiert. Verwaltungstechnische Schritte, die religiösen und schulischen Angelegenheiten neu zu regeln, führten 1817 zur Einrichtung des preußischen Kultusministeriums. Diese Neuerung vor Augen, gebrauchte der Berliner Philosoph Hegel zwischen 1817 und 1830 in seinen *Vorlesungen über die Geschichte der Philosophie* den Begriff der „Säkularisation". Sein Schüler, der Rechtswissenschaftler und Philosophiehistoriker Carl Ludwig Michelet, interpretierte die entsprechende Passage seines Lehrers 1843 als „Verweltlichung des Christentums". Der wahre christliche Staat sei derjenige, in dem das Christentum nicht bloße Religion bleibe, sondern Maßstab werde.[22] Damit war aber, wie der Sozialhistoriker Werner Conze feststellt, dem dieser Hinweis auf Hegel und Michelet entnommen ist, ein Säkularisierungsbegriff in die deutsche Sprache eingeführt, der die Kultur des Weltlichen „nicht notwendig ... in ausschließendem Gegensatz zu ‚Christentum' und ‚Kirche'" definierte, wie es die französische Aufklärung und die Verstaatlichung des Bildungswesens in der Revolution vorgeführt hatten. Daraus erwuchsen dann allerdings, wie Conze weiter ausführt, alle künftigen Halbheiten der Säkularisierung und deren zögerliches Voranschreiten in Deutschland. Ein Resultat war, daß erst „gegen Ende des 19. Jahrhunderts die Hemmungen gegenüber der geschichtsphilosophischen Verwendung des Wortes ‚Säkularisation' abnahmen und die Säkularisierungs-Debatte in Gang kam"[23] – nicht zuletzt provoziert durch dissidentische Bewegungen. Sie hoben die „irreduktible Vielfalt und wachsende schiedsrichterliche Ohnmacht im Blick auf das Wahre und das Falsche in der Religion"[24] ins öffentliche Bewußtsein und spitzten die nach Schleiermacher festgefahrene Diskussion auf zwei Extreme zu; einerseits sahen sie in der Religion den anzuerkennenden mystischen Gegensatz zur zwangsläufig rationaler werdenden Welt, andererseits kehrten sie sich davon ab und wandten sich einer Vergottung des Menschen zu. Bereiteten die ersten moderne Kulte des sektenhaften Entrückens aus einer sie bedrückenden Wirklichkeit vor, so die anderen den Boden zur Aufnahme der freidenkerischen Ideen von Feuerbach über Darwin bis Marx.

---

22 Vgl. Carl Ludwig Michelet: Entwicklungsgeschichte der neuesten deutschen Philosophie mit besonderer Rücksicht auf den gegenwärtigen Kampf Schellings mit der Hegelschen Schule. Berlin 1843, S.305/06.
23 Werner Conze: Einfügung in den Artikel Säkularisation, Säkularisierung (Hans Wolfgang Strätz, Hermann Zabel). In: Geschichtliche Grundbegriffe. Historisches Lexikon zur politisch-sozialen Sprache in Deutschland, Bd.5. Hg. v. Otto Brunner, Werner Conze u. Reinhart Koselleck, Stuttgart 1984, S.791.
24 Nowak: Christentum, S.102.

„Lichtfreunde" und „Deutschkatholiken": soziale Bewegungen im Vormärz

Die Geschichte der „Dissidenten" spiegelt die Nachwehen christlicher Häresien des frühbürgerlichen Zeitalters in ihrem Übergang zu freigemeindlicher Bürgerorganisation im Vormärz.[25] Die Anfänge der freien Gemeinden liegen bei den Täufern. Die erste entstand 1525 durch Balthasar Hubmaier in Waldshut in der Schweiz unter dem Einfluß von Ulrich Zwingli (1484-1531). Ausgangspunkt war bezeichnenderweise eine soziale Forderung, die Kommunalisierung des Zehnten. Aus verschiedenen reformatorischen Bestrebungen entstanden in der Folgezeit die Mennoniten, die Presbyter, die Puritaner, die Baptisten, die Quäker, die Zinzendorfer Brüder-Unität und die Methodisten als westeuropäische und nordamerikanische religiöse Bewegungen. Da sich diese freien Gemeinden in der Regel auf die Bibel beriefen, standen sie der Freidenkerei, aber auch schon den Freireligiösen des 19. Jahrhunderts fern.

Wegen der staatlich sanktionierten Dominanz der Konfessionen kam es in Deutschland bis zur Gründung der *Vereinigung Evangelischer Freikirchen* 1926 nicht zu großen freikirchlichen Vereinigungen, sondern „nur" zu verschiedenen „Sekten". Das aus dem Lateinischen stammende Wort Sekte signalisierte Abtrünnigkeit vom Hauptstrom. Es ließ die Möglichkeit einer Rückkehr durch Einsicht in einen Glaubensirrtum offen. Daraus leitete sich zwar die Chance von freien Gemeinden ab, organisatorisch selbständig zu werden, aber ebenso der Zwang, sich gegenüber dem Hauptstrom verorten zu müssen. Dies trug zum Fundamentalismus bei, der später auch die deutsche Freidenkerbewegung auszeichnete.

Die Anerkennung als „Dissident" und die damit verbundene Duldung war immer politisch durchzusetzen. Die fürstlichen Territorialstaaten und späteren deutschen Bundesländer ließen freie Gemeinden nicht widerstandslos zu. Das unterschied die deutschen Freireligiösen formal und inhaltlich von der in England entstandenen „Freikirche". Freikirchliche Bestrebungen innerhalb der evangelischen Kirche stützten sich in ihrer Argumentation vor allem auf das *Neue Testament*. Sie verfolgten das Ziel einer selbständigen Gemeindebildung auf freiwilliger Basis und wollten dabei meist den geistlichen Stand reduzieren oder gar abschaffen und den Laien größeres Gewicht verschaffen. Die Bewegung nahm in England im 17. Jahrhundert insofern ihren Anfang, als sie sich erstmals in großem Stil gegen eine Staatskirche, in diesem Fall die Anglikanische, richtete.

Aufgrund dieser oppositionellen Haltung fand die freikirchliche Idee auch in Deutschland Anhänger. Doch sah sich die englische „Freikirche" als

---

25 Vgl. Religion ohne Kirche. Die Bewegung der Freireligiösen. Ein Handbuch. Hg. v. Friedrich Heyer, unt. Mitarb. v. Volker Pitzer, Stuttgart 1977, S.13-46.

Denomination, als besondere Benennung eines christlichen Zweiges (noch dazu eines ethnisch beschränkten) am Baum der Kirche – und wurde auch so gesehen. Hinzu kam ein Problem, das bei den deutschen Territorialfürsten Irritationen auslöste, weil unklar war, was dies für das ungeeinte Deutschland bedeuten könnte. In Schottland hatten nämlich 1843 an die 200 Pfarrer unter der Leitung von Thomas Chalmers (1780-1847) die *Church of Scotland* verlassen und die *Free Church* gegründet. In Deutschland dominierten bereits Landeskirchen, die im Bunde mit dem Staat freien evangelischen und katholischen Gemeinden keine Chance zur Entfaltung ließen, weil sie diese als Spalter ansahen, die auf nationale Verbindungen drängen könnten. Zwar gab es in Preußen und einigen anderen deutschen evangelischen Territorialstaaten bereits die *Altlutheraner*, die *Evangelisch-Lutherische Kirche*, als staatsunabhängige und allein auf Willensbekundung beruhende religiöse Gemeinschaft. Sie hatte sich diesen Status und die damit verbundenen Korporationsrechte jedoch erst nach mehr als einem Jahrzehnt scharfer Unterdrückung in den dreißiger Jahren erobern müssen – als religiös-politische Gegenbewegung zu den Reformen nach 1806/17.

Ein Streitpunkt war die Staatsunabhängigkeit. Doch die *Altlutheraner* verband aber kein Gedanke mit der Freigeisterei, im Gegenteil. Sie meinten, ihre christliche Lehre nur mittels Selbstorganisation gegen Aufklärung und Liberalismus sichern zu können. Den staatsverbundenen Evangelischen und erst recht den Katholischen war damit klar, daß es sich hier nur um eine „Sekte" handeln konnte, das heißt um einen abgetrennten Zweig. Einer solchen Sicht folgten logischerweise die landeskirchlichen Verfassungen. Gesetze, Behörden und Ämter drückten allen Abtrünnigen den Stempel „Dissident" auf, egal ob sie sich selbst als Rechtgläubige oder Atheisten begriffen. Die Ideen der „Freikirche" und der freien Gemeinden erhielten in dieser Konstellation eine enorme politische Aufladung.[26] Der Umgang mit den Altlutheranern schärfte den Blick des Staates auf alle Andersdenkenden und stellte viele von ihnen zwischen Vormärz und Novemberrevolution in die dissidentische Schmuddelecke, obwohl sie gläubige Christen bleiben wollten. Auf seiten der zu Reformen bereiten (meist evangelischen) Theologen, die aus kirchlicher Warte über ein neues Verhältnis zum Staat nachdachten, kam zur gleichen Zeit die Idee einer stärker von den Territorialstaaten und den Landesbehörden unabhängigen „Volkskirche" auf.

Die freien Gemeinden bestanden im Unterschied zu den konfessionellen auf der Selbstentscheidung der Individuen in der Wahl des Glaubens, der reifliche Überlegung und Bildung vorangehen sollte. Sie lehnten die Mitgliedschaft allein auf der Basis von Geburt und Landeszugehörigkeit ab.

---

26   Vgl. noch Jahre später Eduard Simons: Freikirche, Volkskirche, Landeskirche. Vorträge auf dem evangelischen theologischen Ferienkurs zu Bonn im August 1895. Freiburg 1895.

Das stiftete Differenz, denn den Konfessionen wuchs der Nachwuchs per Abkunft und Gesetz automatisch zu. In dieser Lage begaben sich alle Bemühungen um freie Gemeinden oder gar für Freidenkerei offenen Auges in Gegensatz zum Staat und zu den christlichen Großkirchen. Die deutsche freireligiöse Bewegung entstand dabei aus dem Zusammenwachsen von zwei zunächst noch getrennten Lagern, dem der *Lichtfreunde* und dem der *Deutschkatholiken*.

In den evangelischen Landeskirchen, und hier besonders in der preußischen Provinz Sachsen, bildete sich seit 1840 die Bewegung der *Protestantischen Freunde*, so genannt seit September 1841. „Dabei war den Urhebern dieses Namens sicher bewußt, daß den Behörden und Zensoren [seit 1821, H.G.] zur Pflicht gemacht war, darauf zu achten, daß die Bezeichnung ‚protestantisch' als anstößig zu vermeiden und dafür ‚evangelisch' zu gebrauchen war."[27] Umgangssprachlich bekannt wurde die kleine Gruppe von zunächst 16 Pfarrern unter dem Namen *Lichtfreunde*. Das hing mit dem häufigen Gebrauch von „Licht" zusammen, das sie in die „finsteren" Ansichten der Pietisten bringen wollten.[28] Die Reformer traten gegen den dogmatischen Kurs ihrer Landeskirchen auf und riefen einen Zusammenhalt unter Gleichgesinnten ins Leben. Mit der Zeit und unter staatlichem Druck verselbständigte sich diese Gruppe mit ihren Anhängern zu einer sozialen Bewegung. Sie artikulierte eine Vielzahl gesellschaftlicher Probleme in theologischen Begriffen. Schon aus diesem Grunde fanden die *Lichtfreunde* auch in der Folgezeit zu keiner geschlossenen Plattform.

Den Anstoß zur Sonderung lieferte ein innerkirchlicher Disziplinarakt gegen den „rationalistischen" Magdeburger Pfarrer Wilhelm Franz Sintenis (1794-1859). Er erhielt einen Verweis, weil er die „Verbreitung eines sentimentalen Christusbildes" kritisierte. Er hatte die „Anbetung Christi als Aberglauben verworfen" und Jesus damit als Mensch und nicht als Gott qualifiziert. Die Initiative zu einem solidarischen Akt mit Sintenis ging von Leberecht Uhlich (1799-1872) aus.[29] Am 29. Juni 1841 in Gnadau bei Schönebeck, zwischen Magdeburg und Dessau gelegen, und am 20. September des gleichen Jahres in Halle an der Saale, hielten die *Lichtfreunde* Versammlungen ab. In neun Punkten votierten sie für ein einfaches evangelisches, in der Tendenz aber christlich-rationalistisches Glaubensbekenntnis. Sie stellten dabei Kapitel 17, Vers 3 aus dem Evangelium des Johannes in den Mittelpunkt, nach dem allein Gott ein Gott sei und dieser Jesus als ei-

---

27 Jörn Brederlow: „Lichtfreunde" und „Freie Gemeinden". Religiöser Protest und Freiheitsbewegung im Vormärz und in der Revolution von 1848/49. München, Wien 1976, S.27 (Studien zur modernen Geschichte, 20).
28 Vgl. Brederlow: „Lichtfreunde", S.29.
29 Brederlow: „Lichtfreunde", S.26.

nen Erdenmenschen gesandt habe, nicht als Gott.[30] Sie folgerten, alle Religion könne mit Vernunft geprüft werden. Jede religiöse Richtung, wenn sie Gott anerkenne, sei rechtens und dürfte nicht der Ketzerei bezichtigt werden. Aus diesen Thesen leiteten *Lichtfreunde* auch ein Ideal der Pfarrertätigkeit ab. Sie müßten das Christentum vorleben, wie sie es verstünden. Nur dadurch und durch ihr Wissen seien sie aus dem Heer der Gläubigen herausgehoben. Sie hätten keine besondere Macht gegenüber den Menschen und keinen Vorzug vor Gott. Jeder Laie könne in diese Rolle hineinwachsen und kirchliche Funktionen übernehmen.

Besonders in der Provinz und im Land Sachsen, im Anhaltinischen, in der Mark Brandenburg, in Westfalen, in Schlesien, um Braunschweig und im Badischen sammelte die neue Richtung einige Anhänger, darunter vor allem Volksschullehrer, einige Handwerker und Arbeiter. Ein Jahr später in Halle trafen sich bereits 56 Theologen und Laienprediger, 1842 im Frühjahr in Leipzig 200-300, dann im Herbst in Köthen (zwischen Halle und Magdeburg gelegen) 150, aber im Frühjahr 1844 immerhin schon 600 und dann im Herbst 800. War die Unternehmung anfangs lediglich ein überregionaler theologischer Gesprächskreis von Berufstheologen, der seine neueren Ansichten in diese oder jene Predigt eingehen ließ, so bekam ihre Kommunikation mit der Zeit festere Strukturen und eine Organisation, die etwas Kirche und Klub, etwas Verein und Bewegung war und die zunehmend theologisierende Amateure einbezog.

Auf der Frühjahrstagung am 29. Mai 1844 hielt der Hallenser Pastor und Junghegelianer Gustav Adolf Wislicenus (1803-1875) in der dortigen Neumarktskirche einen Vortrag, den er unter dem Titel *Ob Schrift? Ob Geist?*[31] publizierte. Damit begann er, die Öffentlichkeit zu mobilisieren und hatte für die Obrigkeit das Maß des politisch Erträglichen überschritten. Sie leitete seine Suspendierung ein, die am 26. Juli 1845 wirksam wurde. Dem folgte dann im April 1846 die Entlassung. Zuvor, am 15. Mai 1845, gelang Wislicenus aus Anlaß der neunten Tagung der *Lichtfreunde* in Köthen eine öffentliche Versammlung von etwa 2-3 000 Anhängern, darunter Besucher aus England und Nordamerika.

Die freireligiöse Strömung hatte inzwischen mehrere Zentren ausgebildet. Außer dem Schwerpunkt im Anhaltinischen gab es inzwischen andere unter Führung des Königsberger Divisionspfarrers Julius Rupp (1809-1884),

---

30 Vgl. Die Heilige Schrift. Das Neue Testament. Das Evangelium des Johannes. Kapitel 17, Vers 3: „... daß sie dich, der du allein wahrer Gott bist, und den du gesandt hast, Jesus Christus, erkennen".
31 Vgl. Gustav Adolf Wislicenus: Ob Schrift? Ob Geist? Verantwortung gegen meine Ankläger. 2. Aufl., Leipzig 1845. – Zu den Vorgängen in Halle vgl. Rudolf Haym: Aus meinem Leben. Erinnerungen a. d. Nachl. hg., Berlin 1902.

der ausgesprochen programmatisch auftrat[32], bzw. unter der des Breslauer Konsistorialrats Professor David Schulz, der 1845 etwa 6 000 Anhänger zu einer Veranstaltung auf dem dortigen Schießwerder mobilisierte. Rupp und Schulz wurden wegen ihrer freigeistigen Anschauungen nach dem Muster Wislicenus 1845 bzw. 1847 die Ämter genommen. Ihnen folgten die Pastoren Eduard Baltzer (1814-1887; Nordhausen) und Leberecht Uhlich (Pömmelte nahe Schönebeck, ab 1845 in Magdeburg). *Uhlichs Bekenntnisse* waren zu dieser Zeit eine ungemein populäre Schrift, die zudem die Kirchenbehörden herausforderte.[33] Hinzu stießen Gemeinden in Eisleben, Wittenberg, Frankfurt/Oder, Görlitz, Hirschberg, Halberstadt, Marburg und Neumarkt in Schlesien. Im Juli 1847 kam es zum Verbot der *Lichtfreunde*. Der Bruder von Wislicenus, Adolf Timotheus Wislicenus (gest.1883), Pfarrer in Bedra, schied daraufhin freiwillig aus dem Kirchendienst aus.

Äußerer Anlaß für die Gründung der *Deutschkatholiken* war die Ausstellung des sogenannten Heiligen Rockes durch Bischof Arnoldi in Trier. Die ungenähte Tunica von Jesus Christus soll nach dem Zeugnis des Johannes (NT, 19. Kap., 23. u. 24. Vers, dem einzigen Beleg in der Bibel), von den Kriegsknechten verlost worden sein. Um diesen Rock ranken sich viele Legenden.[34] Nach einer lange Zeit offiziellen Lesart der katholischen Kirche soll die Mutter von Kaiser Konstantin I., die Kaiserin Helena, im Jahre 326 die Tunica neben dem Kreuz Jesu in Jerusalem gefunden und befohlen haben, den Heiligen Rock nach Trier zu bringen, zusammen mit dem Schleier Marias, einem Nagel des Kreuzes und einem Stück von dessen Holz. Dort ist jedoch erst ab Anfang des 12. Jahrhunderts von einem solchen Tuch die Rede, denn die erste Ausstellung in Trier fand am 1. Mai 1196 anläßlich des Kreuzzuges statt. Danach, so verlautet, sei der Rock in den Altar des neuen Ostchores eingemauert worden. Die nächste Vorstellung gab es aus Anlaß des Reichstages 1512, weitere folgten, wobei das Kleidungsstück inzwischen mehrfach nachgebessert und ausgeschmückt wurde. Der Trierer Rock, insgesamt kam man auf etwa zwanzig Röcke weltweit, geriet schließlich mit den Napoleonischen Eroberungen in allerlei Kriegswirren. Er wurde ver-

---

32 Vgl. Julius Rupp: Über den christlichen Staat. Königsberg 1842. – Ders.: Die Symbole oder Gottes Wort. Leipzig 1846. – Gedenkblatt über die Hundertjahrfeier für Julius Rupp vom 13.-15. August 1909, hg. v. der freien evangelischen Gemeinde zu Königsberg, Leipzig 1909. – Nebenbei: Rupp war der Großvater von Käthe Kollwitz.
33 Vgl. (Leberecht Uhlich): Uhlichs Bekenntnisse. Mit Bezug auf die protestantischen Freunde und auf erfahrene Angriffe. (Leipzig 1845) Braunschweig 1846. – Leberecht Uhlich in Magdeburg. Sein Leben von ihm selbst beschrieben. 2. Aufl., Gera 1872.
34 Die erste umfassende Rock-Geschichte vgl. Johann Gildemeister u. Heinrich v. Sybel: Der Heilige Rock zu Trier und die zwanzig anderen Heiligen Ungenähten Röcke. Eine historische Untersuchung. Düsseldorf 1844. – Diess.: Der Heilige Rock zu Trier ... Nachträge der zweiten Ausgabe. Düsseldorf 1844. – Diess.: Der Heilige Rock zu Trier ... Zweiter Theil: Advocaten des Trierer Rockes. Drei Hefte. Düsseldorf 1845.

steckt, 1810 feierlich zurückgeholt und schließlich 1844 mit Pomp erneut ausgestellt und als Wunderreliquie bis 1891 verehrt, wo ihn, trotz unentwickelter Verkehrsnetze, allein 1844 fast zwei Millionen Pilger besuchten und 280 000 Mark opferten.[35] Als besonders pikant an der Inszenierung von 1844 erwies sich das auslösende Ereignis: Ausgerechnet einer Großnichte des Kölner Erzbischofs geschah das Wunder, beim Anblick des Rockes von einer Kniegeschwulst geheilt zu werden.

Mit der Trierer Rockausstellung „versuchte die katholische Kirche mit unzeitgemäßen religiösen Mitteln und mit Unterstützung der preußisch-protestantischen Administration, revolutionäres Potential in die Bahnen religiöser und sozialpolitischer Ruhe und Ordnung zu lenken und sich ihres konservativen Einflusses auf die Massen zu versichern ... Deswegen konnte die religiöse Oppositionsbewegung ..., die sich im Namen eines zeitgemäßen praktischen Christentums zu politischer Freiheit und Brüderlichkeit, zu ‚Demokratie‘, zu ‚Sozialismus‘, zur deutschen Nation und zur Aufhebung der konfessionellen Spaltung als ‚im Wesen unserer Religion begründet‘ bekannte, mit breiter Zustimmung rechnen."[36] Kern dieser Oppositionsbewegung, aus Protest gegen diese Anbetung im Sommer und Frühherbst 1844 entstanden, war die Gemeinschaft der sogenannten *Deutschkatholiken* unter Vikar Johannes Czerski (1813-1893) und Kaplan Johannes Ronge (1813-1887). Ihr offizieller Name lautete seit 1847 bis 1862 *christkatholisch* und danach *freireligiös*.

Die Gemeindegründungen stellten in erster Linie religiös motivierte und christlich legitimierte soziale Protestaktionen dar, denn ihre Zentren lagen in den Industriegegenden Schlesiens, Sachsens und im Rheinland, die von einer großen Krise betroffen waren, die schließlich auch den Schlesischen Weberaufstand 1844 provozierten. Doch signalisierte die Bewegung der *Deutschkatholiken* auch die aufklärerisch-organisatorische Konsequenz der junghegelianischen Schriften. Der Rock bildete nur den Anlaß, wie Czerskis Maßregelung wegen Bruch des Zölibats nur das persönliche Motiv. Kern des Streits war das Recht der Gemeinde gegenüber der Zentrale in Rom. Gegenstand bildeten deshalb Fragen der göttlichen Gewalt in Gestalt des weltlichen Papstes, Probleme der Heiligenverehrung und der Fastenregeln.

Am 1. Oktober 1844 veröffentlichte Johannes Ronge, damals katholischer Priester in Laurahütte (Schlesien), einen offenen Brief an Bischof Arnoldi in Trier.[37] Im gleichen Monat rief der Domvikar Czerski (unterstützt

---

35 Vgl. Friedrich Jaskowski: Verlauf und Fiasko des Trierer Schauspiels im Jahre 1891. Saarbrücken 1891. – Ders.: Der Trierer Rock und seine Patienten vom Jahre 1891. Eine Antwort auf Bischof Korum's „Wunder und göttliche Gnadenerweise". Saarbrücken 1894.
36 Annette Kuhn: Deutschkatholiken. In: Theologische Realenzyklopädie. Hg. v. Gerhard Krause u. Gerhard Müller, Bd.VIII, Berlin, New York 1981, S.560. – Vgl. ebd., S.561.
37 Vgl. Gustav Tschirn: Johannes Ronges Brief an Bischof Arnoldi von Trier. Frankfurt a. M. 1908 (Bibliothek der Aufklärung).

von Carl Saenger) in Schneidemühl bei Posen eine *Christlich-apostolisch-katholische Gemeinde* ins Leben, deren zwölf erste Mitglieder am 25. Januar 1845 das *Schneidemühler Bekenntnis* unterschrieben. Ronge begründete in Breslau zu Beginn des Jahres 1845 eine *Deutsch-Katholische Gemeinde* (mit Naturforscher Gottfried Daniel Nees von Esenbeck sowie den Predigern Theodor Hofferichter und Ewald Vogtherr). Robert Blum (1807-1848), Franz Rauch (Prediger)[38] und Emil Adolph Roßmäßler (1806-1876), damals bekannt als Naturforscher und Schriftsteller, in Leipzig eine weitere *Deutsch-Katholische Gemeinde* sowie der Referendar Mauritius Müller und der promovierte Redakteur A. Dethier in Berlin eine *Christkatholische Gemeinde*.[39] Am 15. Februar erreichten die bis dahin gebildeten Gruppen unter sich die „Zustimmung zu einem ‚zwischen dem apostolischen [Czerski, H.G.] und dem Breslauer [Ronge, H.G.] vermittelnden Bekenntnisse'" und verabschiedeten eine „Eingabe an den König um die Genehmigung eines eigenen Cultus".[40]

Im März 1845, zum Osterfest, tagte in Leipzig eine Kirchenversammlung, die der Arzt und Stenographielehrer Franz Jakob Wigard (Dresden) und der Redakteur und Theatersekretär Robert Blum leiteten und zu der Czerski und Ronge hinzustießen. Letztere kamen geradewegs aus Berlin, wo sie demonstrativ in der Leipziger Straße 15 beim Zimmermann Fleischinger Quartier nahmen, dem Haus, in dem der berühmte Nikolaus Ludwig Graf von Zinzendorf (1700-1760), der Begründer der Herrnhuter *Brüder-Unität*, etwa hundert Jahre früher Andachtsübungen abhielt. Am 30. März fand unter Leitung von Czerski und Ronge im großen Saal des Gymnasiums zum Grauen Kloster ein Gottesdienst mit anschließend mehreren (Wieder-)-Taufakten statt. Vierzehn Tage vorher hatte Robert Brauner (1816-1885) sein Amt als freier Gemeindeprediger angetreten. Auf Vermittlung von Kultusminister Eichhorn war Ronge sogar dem preußischen Thronfolger

---

38 Nach der Revolution zeitweise in Berlin.
39 Weitere folgten in Dresden (Prediger Vincenz Balitzki, der dann nach Danzig ging), Braunschweig (Selenka), Elberfeld (Prediger Licht, der 1847 starb), Kreuznach (Prediger B. Leist), Mainz (Schriftsteller Eduard Duller, der später die Gemeinde in Darmstadt gründete), Groß Glogau (Prediger Bäthig und Rechtsanwalt v. Rottenburg, der nach Glasgow ging und später Monist wurde), General v. Foller und Prediger Schell, der in München aktiv wurde), Wohlau (Justizrat Göppert), Strigau (Prediger Ruprecht und Wander), Löwenberg (Prediger Franz Schmidt), Reichenbach (Prediger Vorwerk und H. Loose, der dann, als Aktiver des Pfälzer Aufstands und nach Haft auf dem Hohenasperg, in die USA auswandern mußte). Weiter traten bei den Deutschkatholiken hervor: Rudolf Dowiat und Johannes Scherr. Vgl. Adolf Harndt: 75 Jahre Geschichte der Freireligiösen Gemeinde Berlin 1845-1920. Berlin 1920, S.10-12. – Adolf Timotheus Wislicenus: Die freireligiöse Bewegung. Berlin 1870. – Ders.: Die freie religiöse Bewegung in Deutschland und die freireligiöse Gemeinde in Berlin. Geschichtlicher Ueberblick zur Feier des 25jährigen Bestehens der Gemeinde. Hg. zum Besten der Jubiläums-Stiftung „Volksdank", Berlin 1870, S.10-14.
40 Bruno Wille: Die Freireligiöse Gemeinde zu Berlin. Geschichtlicher Rückblick. Zur Erinnerung an die fünfzigjährige Jubelfeier (1845-1895) i. A. der Gemeinde verfaßt, Berlin 1895, S.9.

vorgestellt worden. Sie erblickten in den Gemeinden der *Deutschkatholiken* unter Johannes Ronge zunächst mögliche Zeichen für das Weiterwirken bzw. Wiederaufleben der Reformation und sondierten die eventuellen politischen Vorteile für Preußen. Als sich aber bei den *Deutschkatholiken* ein Zusammengehen mit den protestantischen Freigemeindlern abzeichnete, entschied sich die preußische Regierung am 8. Juli 1845 gegen sie.

So wuchs die deutschkatholische Bewegung zu einer oppositionellen Kraft gegen Rom und gegen die preußischen Verhältnisse. Sie bezeichnete ihre März-Tagung 1845 demonstrativ als ihr erstes Konzil. Das politische Programm stützte sich wesentlich auf Ronge, der seinerseits auf Ideen des katholischen Theologieprofessors Anton Theiner über das Urchristentum zurückgriff und diese radikalisierte.[41] Aufgrund der vorrevolutionären Gärungen wuchs die Bewegung zunächst rasch an. Sie erreichte 1847 etwa 250 Gemeinden mit fast 100 000 Mitgliedern bei 88 Predigern.[42] „Was sehr zur Förderung der Bewegung beitrug, waren die Rundreisen Ronges, der meistens von jubelnden Volksmassen, Deputationen, Magistraten, auch protestantischen Geistlichen und hohen Staatsbeamten empfangen und wie ein Reformator gefeiert, allerdings auch zuweilen von fanatischen Katholiken mit wüsten Gewaltthätigkeiten verfolgt wurde."[43] Um Ronge entfaltete sich ein regelrechter Personenkult: Sein Bild prangte auf Pfeifenköpfen, Tabaksbeuteln und Taschentüchern.[44]

Die ungeheure Resonanz ermunterte 1847 zu einer als zweites Konzil bezeichneten weiteren nationalen Versammlung, diesmal in Berlin, wo die Gemeinde ihre Mitgliederzahl mit über 2 500 angab und im gleichen Jahr einen eigenen Friedhof (von Gutsbesitzer Griebenow) erhielt und einweihen konnte (heute Pappelallee 15). Die Bildung deutschkatholischer Gemeinden, vor allem aber die Entlassung der protestantischen Pfarrer in den Jahren 1845 und 1846, hatte eine unbeabsichtigte staatsrechtliche Folge. Um nämlich die Pastoren, die zunächst die Kirche von innen heraus reformieren wollten, aus ihren Ämtern zu entfernen, in die sie nach landeskirchlichem Recht auf Lebenszeit berufen waren, führte König Friedrich Wilhelm IV. am 30. März 1847 den gerichtlich sanktionierten Kirchenaustritt ein – und zwar über den Weg des Ausschlusses aus der konfessionellen (evangelischen)

---

41   Vgl. Anton Theiner: Die katholische Kirche Schlesiens. Altenburg 1826. – Johannes Ronge: An meine Glaubensgenossen und Mitbürger. Altenburg 1845. – Ders.: Das Wesen der christlichen Kirche. Hamburg 1847.
42   Vgl. Dietrich Bronder: Die Geschichte des Bundes Freireligiöser Gemeinden bis 1945. In: Die freireligiöse Bewegung. Wesen und Auftrag. Als Gemeinschaftsarbeit hg. v. Bund Freireligiöser Gemeinden Deutschlands, Freie Religionsgemeinschaft (anläßlich seiner 100-Jahrfeier 1859-1959), Mainz 1959, S.68.
43   Wille: Gemeinde zu Berlin, S.7.
44   Vgl. Wilhelm Zimmermann: Die deutsche Revolution. 2. Aufl., Karlsruhe 1851, S.24/25.

Landeskirche, ausgedehnt auch auf Katholiken. „Diejenigen, welche in ihrem Gewissen mit dem Glauben und Bekenntnisse ihrer Kirche nicht in Übereinstimmung zu bleiben vermögen und sich demzufolge zu einer besonderen Religionsgesellschaft vereinigen, oder einer solchen sich anschließen, genießen hiernach nicht nur volle Freiheit des Austritts, sondern bleiben auch, in soweit ihre Vereinigung vom Staate genehmigt ist [sic!], im Genuß ihrer bürgerlichen Rechte und Ehren."[45]

Der König von Preußen reagierte damit auf die Etablierung regulärer freier protestantischer Gemeinden in Königsberg (Januar 1846: 500 „Seelen"; Rupp, Dr. Detroit, Herrendörfer, Ender), Halle (Oktober 1846), Marburg (Anfang 1847: Prof. Bayrhoffer), Hamburg (Anfang 1847: Dr. Kleinpaul) und in Nordhausen (Januar 1847: 500; Eduard Baltzer). Die in historisch kurzer Frist und in größerer Anzahl erfolgenden Aus- und Übertritte forderten den Staat heraus. Er mußte, praktisch durch die Hintertür, das Prinzip der freien Religionswahl gestatten.

Zwei in weiser Voraussicht eingebaute Fußangeln schrieben allerdings den minderen Status der freien Gemeinden fest. Sie hatten keinen „Antheil an den verfassungsmäßigen Rechten der Kirche, aus welcher sie ausgetreten sind". Damit verloren die Priester und Pfarrer Hab und Gut und alle Versorgungsrechte. Und die „zur Feier ihrer Religionshandlungen bestellten Personen" blieben „von der Befugniß ausgeschlossen, auf bürgerliche Rechtsverhältnisse sich beziehende Amtshandlungen ... mit zivilrechtlicher Wirkung vorzunehmen"[46] – kurz, es war ihnen verboten, Geburten, Heiraten und Sterbefälle zu registrieren.

Dennoch konnten nach dem März-Edikt von 1847 freie Gemeinden legal entstehen, was sie auch weidlich nutzten. Es folgten Magdeburg (November 1847: 7 000) und Halberstadt (Juni 1847: 300; A. T. Wislicenus, F. W. Wenig, Karl Schilling). Die 1844 in Wismar unter dem Advokaten Düberg entstandene freie evangelische Gemeinde trat zum Deutschkatholizismus über. Im Oktober und November 1847 kam es zu zahlreichen Kirchenaustritten, verbunden mit Neugründungen: im September in Nordhausen der *Verein Freier Gemeinden* (mit Düberg, Baltzer und Priester Horarik aus Ungarn), in Halle die *Vereinigte Freie Christliche Gemeinde* (mit dem Prediger Bernhard Martin Giese), am 30. November die *Freie Christliche Gemeinde* in Magdeburg (mit Uhlich), die sogar am 13. Januar 1848 die An-

---

45 Patent König Friedrich Wilhelms IV. betreffend die Bildung neuer Religionsgemeinschaften vom 30. März 1847. Zit. nach Ernst Rudolf Huber u. Wolfgang Huber: Staat und Kirche im 19. und 20. Jahrhundert. Dokumente zur Geschichte des deutschen Staatskirchenrechts. Bd.I: Staat und Kirche vom Ausgang des alten Reichs bis zum Vorabend der bürgerlichen Revolution, Berlin 1973, S.454/455.
46 Huber, Huber: Staat und Kirche, Bd.I, S.455.

erkennung als „staatlich geduldete Religionsgemeinschaft" erhielt.[47] (Bayern hatte die Deutschkatholiken am 30. Juli 1847 als „Dissenter-Sekte" verboten.) Die Bestimmungen erlaubten auch den Atheismus, doch durfte der sich noch nicht öffentlich artikulieren. Nichtgläubige galten zwar ebenfalls als „Dissidenten", mußten aber durch die gesetzliche Verfügung vom März 1847 das Sonderrecht der (selbstredend behördlich zu registrierenden) Religionslosigkeit für sich in Anspruch nehmen. Doch wer wollte schon religionslos sein?

Revolution 1848: „das Reich Gottes ... zur irdischen Erscheinung bringen"

Der für den Regierungsbezirk Magdeburg zuständige Polizeidirektor Kamptz merkte Anfang 1848 in einem Rapport an, die Mehrzahl der *Lichtfreunde* gehöre gleichzeitig zu einem Sparverein.[48] Die *Lichtfreunde* wie auch die *Deutschkatholiken* verließen zu dieser Zeit die rein theologische und seelsorgerische Ebene ihres Wirkens und wandten sich der praktischen Lebenshilfe und sozialen Theoriebildung zu und wurden zu einer sozialpolitischen Kraft. Sie wollten nun nicht mehr nur „Licht" ins Dunkle bringen und den Glauben reformieren, sondern handfeste und sehr irdische soziale Angebote für ihre tausendfache Anhängerschaft bereitstellen. Die freien Gemeinden griffen dabei auf sozialpolitische Ideen in ihrem Umfeld zurück, wie die der „Assoziation"[49], worunter sowohl Sparvereine und Hilfskassen, Arbeiter- und Volksklubs, Turnvereine und Suppenküchen – ja selbst Rauchergemeinschaften verstanden wurden. In ihren Grundsätzen der freien Kirche (1847) boten die *Deutschkatholiken* ein geschlossenes sozialpolitisches Programm, das in erster Linie für Arbeiter interessant war: öffentliches Schulwesen, Industrie-Unterricht, „Zeit zur Erholung und Körperpflege", Armenärzte, Armenkassen, Turn- und Badeanstalten.[50]

---

47 Brederlow: „Lichtfreunde", S.62.
48 Vgl. Brederlow: „Lichtfreunde", S.62.
49 Vgl. Gerhard Huck: Arbeiterkonsumvereine und Verbraucherorganisation. In: Fabrik, Familie, Feierabend. Beiträge zur Sozialgeschichte des Alltags im Industriezeitalter. Hg. v. Jürgen Reulecke u. Wolfhard Weber, Wuppertal 1978, S.217-219. – Frolinde Balser: Sozial-Demokratie 1848/49-1863. Die erste deutsche Arbeiterorganisation „Allgemeine Arbeiterverbrüderung" nach der Revolution. Textband. Stuttgart 1962. – Franz Hermann Schulze-Delitzsch: Die arbeitenden Klassen und das Assoziationswesen in Deutschland, Leipzig 1858. – Karl Birker: Die deutschen Arbeiterbildungsvereine 1840-1870. Berlin 1973. – Lothar Schneider: Der Arbeiterhaushalt im 18. und 19. Jahrhundert, dargest. a. Bsp. d. Heim- und Fabrikarbeiters. Göttingen 1966, S.144-148.
50 Vgl. Friedrich Wilhelm Graf: Die Politisierung des religiösen Bewußtseins. Die bürgerlichen Religionsparteien im deutschen Vormärz: Das Beispiel des Deutschkatholizismus. Stuttgart, Bad Cannstadt 1978, S.213-231 (Neuzeit im Aufbau, 5).

In der Revolution 1848/49 wurden führende Freireligiöse zu Wortführern demokratischer Vereine und Klubs.[51] Uhlich wurde im März 1848 in Magdeburg in die Rolle eines Volksführers gedrängt, G. A. Wislicenus in Halle, sein Bruder in Halberstadt, Baltzer in Nordhausen, Hofferichter in Breslau usw. Vor allem die *Deutschkatholiken* Ronge und Blum stellten sich in die vordere Reihe. Ihre „freisinnige" Leipziger Richtung hatte 1846 gegen Müller und Czerski die Oberhand gewonnen, die in erster Linie eine theologische Brücke zwischen Katholiken und Protestanten bauen wollten. Im Revolutionsjahr 1848 zählte „Ronges Bewegung", wie sie inzwischen genannt wurde, an die 100 000 Anhänger in 259 Gemeinden (was, rein statistisch gesehen, 386 Personen je Verein bedeutete). Sie gehörte zum äußersten linken Flügel der *Deutschkatholiken* und wollte „das Reich Gottes, das die Vorzeit in ein jenseitiges Leben verlegte, zur irdischen Erscheinung bringen" durch einen Sozialismus ohne Gewalt („Cultus der Liebe") und eine Demokratie der Tat in ihren Gemeinden („Religion ist rechtes Leben").[52] Blum wurde, inzwischen dem *Bund der Kommunisten* angehörend, am 9. November 1848 bei Wien füsiliert.[53]

Nach der Revolution ebbte die Bewegung ab und sank nach Angaben von Ferdinand Kampe bis Ende der fünfziger Jahre auf ungefähr hundert Gemeinden, davon zehn freiprotestantische, mit zusammen etwa dreißig Predigern. Vor allem die soziale Zusammensetzung erfuhr durch den Rückzug von Beamten, Juristen und höheren Bürgerschichten einen radikalen Wandel. „Die intelligenteren Volksschichten hatten zwischen dem Prediger und dem Gros der Gemeinde ein vermittelndes Band gebildet, auf Beide häufig bestimmenden Einfluß geübt ... Nach ihrem Rücktritte kam mehr das unmittelbare Bedürfniß der Masse zum Worte, Predigt und Wochenpresse dadurch in Verfall."[54] Ronge selbst, der als führender Achtundvierziger nach England emigrieren mußte, gründete 1863 nach seiner Rückkehr einen

---

51 Vgl. Brederlow: „Lichtfreunde", S.85-96.
52 Der Provincialvorstand der christkatholischen Gemeinden Schlesiens den deutschen Mitbürgern. Berlin, den 15. September 1849. In: Friedrich Ferdinand Kampe: Das Wesen des Deutschkatholicismus, mit besonderer Rücksicht auf sein Verhältniß zur Politik. Tübingen 1850, S.321, 322, 325.
53 Vgl. Robert Blum: Briefe und Dokumente. Hg. v. Siegfried Schmidt. Leipzig 1981. – Friedrich Engels: Revolution und Konterrevolution in Deutschland (1851/52). In: MEW, Bd.8, Berlin 1960, S.73/74, 83, 302. – Das im wesentlichen von Karl Marx verfaßte *Kommunistische Manifest* richtete sich zu Beginn der Revolution an in solchen Zirkeln aktive Arbeiter und Bürger. Es war deshalb in seiner von Friedrich Engels stammenden Urschrift noch als ein „Glaubensbekenntnis" und in der Form eines Katechismus abgefaßt. Vgl. MEW, Bd.4, Berlin 1959, S.640, Anm. 237.
54 Friedrich Ferdinand Kampe: Geschichte der religiösen Bewegung der neuern Zeit. Vierter Bd.: Geschichte des Deutschkatholicismus und freien Protestantismus in Deutschland und Nordamerika von 1848-1858, Leipzig 1860, S.371.

gesonderten religiösen Reformverein, der auch Juden aufnahm. Sein Schicksal glich dem vieler Demokraten. *Einerseits* waren die deutschkatholischen und freireligösen Achtundvierziger Drangsalierung und Berufsverboten ausgesetzt. Baltzer wurde des Hochverrats angeklagt, zwar später freigesprochen, aber finanziell nahezu ruiniert. Uhlich wurde mit Geldstrafen belegt. A. T. Wislicenus erhielt eine Gefängnisstrafe, wie auch Adolph Douai (1819-1888). Dieser radikale Demokrat und spätere Sozialist, ein gebürtiger Franzose und deshalb als Theologe in Deutschland ohne Pfarrstelle, hatte in Altenburg eine private Schule betrieben, sich für die *Lichtfreunde* im Thüringischen eingesetzt, einen *Vaterlands- und Arbeiterverein* betrieben und war in den Fünfzigern in die USA emigriert.[55]

Andererseits gelang es trotz der 1849 einsetzenden Reaktionszeit, demokratische und auch sozialistische Ideale gerade in freien religiösen Gemeinden zu tradieren. Als die *Lichtfreunde* in Sachsen 1850 verboten wurden, „überführten" Douai und andere diese mit großem Geschick in den geduldeten *Deutschkatholizismus*.[56] Die neuen Umstände erforderten allerdings, das soziale Programm zurückzustecken und wieder verstärkt theologisch zu argumentieren, was die Behörden wiederum veranlaßte, auf die Einhaltung des rechten Glaubens zu achten und die freireligiöse Bewegung zu schikanieren. Nichtsdestotrotz waren es in den frühen Sechzigern dann wieder alte Achtundvierziger, die Arbeiterbildungsvereine schufen, aus denen dann die Sozialdemokratie wuchs; so der Freidenker Ludwig Büchner, der Deutschkatholik Adolf Roßmäßler und der Freireligiöse Leberecht Uhlich.[57]

---

55 Vgl. Adolf Douai: Land und Leute der Union. Berlin 1864.
56 Vgl. Brederlow: „Lichtfreunde", S.88/89, 105/106. – Douai mußte 1852 in die USA emigrieren, wo er als Journalist unter dem Namen Adolf Dovai lebte, die dortige Arbeiterbewegung mit begründete und Redakteur bedeutender sozialistischer Blätter war, so *New Yorker Volkszeitung* (1878-1888) und auch zeitweilig für den deutschen *Vorwärts* schrieb. Vgl. Das andere Amerika. Geschichte, Kunst und Kultur der amerikanischen Arbeiterbewegung. Katalogbuch zur Ausstellung ... Berlin 1983, S.122. – Vor dem Sozialistengesetz in der deutschen Sozialdemokratie populär v.a. die Schrift von Adolf Douai: ABC des Wissens für die Denkenden. Seperat-Abdruck aus dem „Volksstaat". Leipzig 1875.
57 Vgl. August Bebel: Aus meinem Leben. Erster Teil, Berlin 1946, S.56, 155. – Ludwig Büchner: Meine Begegnung mit Ferdinand Lassalle. Berlin 1894. – Emil Adolf Roßmäßler: Ein Wort an die deutschen Arbeiter. Berlin 1863. – Wolfgang Schmierer: Von der Arbeiterbildung zur Arbeiterpolitik. Die Anfänge der Arbeiterbewegung in Württemberg 1862/63-1878. Hannover 1970. – Vgl. Günter Kolbe: Demokratische Opposition in religiösem Gewande und antikirchliche Bewegung im Königreich Sachsen. Zur Geschichte der deutschkatholischen und freien Gemeinden sowie freireligiösen Vereinigungen von den 40er Jahren des 19. Jahrhunderts bis um 1900 unter besonderer Berücksichtigung ihres Verhältnisses zur kleinbürgerlich-demokratischen und Arbeiterbewegung. Phil. Diss., Leipzig 1964.

Freireligiöser Verbund: Kirche für „Dissidenten"

Deutschkatholiken und *Lichtfreunde* wurden vornehmlich als das angesehen, was sie auch waren – frühe liberaldemokratische und deshalb politische Strömungen. Sie wurden beide unterdrückt. Am 24. Januar 1850 stellte eine Verordnung fest, „daß den Vereinen der frei-christlichen oder deutschkatholischen Glaubensgenossen der Charakter einer gesetzlich anerkannten Religionsgenossenschaft nicht beigelegt werden könne, ,indem es diesen Genossenschaften an jedem feststehenden, nicht blos verneinenden Inhalt fehle und die bisherige Entwicklung keine Bürgschaft biete, daß sie vornämlich auf religiösem Bedürfniß beruhen'."[58] Dem Verbot versuchten die Freireligiösen durch Gründung einer interkonfessionellen Bewegung zu entgehen, die aber vor allem Bayern, Österreich und Preußen verhinderten.

Als am 23. Mai 1850 in Leipzig eine *Religionsgemeinschaft freier Gemeinden* ins Leben gerufen werden sollte, stützte sie ihr Tun ausdrücklich auf die Kirchenartikel der sogenannten revidierten Verfassungsurkunde vom 31. Januar 1850, die eine Reihe von Rechtsverbesserungen enthielt. „Die bereits bestehende individuelle Bekenntnisfreiheit wurde um die religiöse Vereinigungsfreiheit und um die kollektive Bekenntnis-(Kultus-)freiheit erweitert." Hierfür sprach der Gesetzgeber sogar Garantien aus, allerdings mit den Zusatz: „Es ist dem Staatsbürger nicht gestattet, dem Gott, an den er glaubt, mehr zu gehorchen als dem Staatsgesetz."[59] Diese Gefahr sahen die Behörden bei der Gründung der freien Religionsgemeinschaft. Deshalb löste Polizei die Versammlung auf und verhinderte ihre Fortsetzung im benachbarten Köthen gewaltsam, dem Ort, an dem Wislicenus schon fünf Jahre zuvor seine große Kundgebung abgehalten hatte.

Im gleichen Jahr gab es in Deutschland und Österreich immerhin noch 312 freie Gemeinden mit etwa 150 000 Mitgliedern.[60] Doch bis 1852 wurden über zwanzig solcher Gemeinden wegen des Verstoßes gegen das Vereinsgesetz vom 11. März 1850 aufgelöst, darunter die große in Königsberg mit nahezu 12 000 Mitgliedern, von denen viele in die USA auswanderten. Das Verbot nahm den Geistlichen dieser Gemeinden Lohn und Brot. „Viele Prediger müssen nebenher eine bürgerliche Existenz gründen: Sachse/Magdeburg arbeitet als Mühlenbesitzer, Hofferichter/Breslau als Kaufmann, Ender/Königsberg als Handelsgärtner, Vogtherr/Waldenburg als Fabrikant."[61]

Auf Berlin hatten die Behörden einen besonderen Blick. Brauner kehrte, auf die Verfassungsurkunde vertrauend, Anfang November 1851 in die

---

58 Kampe: Wesen, S.6.
59 Nach Link: Entwicklung, S.532.
60 Vgl. Wille: Gemeinde zu Berlin, S.17, Anm.
61 Bronder: Geschichte, S.71.

preußische Metropole zurück und zeigte dies pflichtgemäß dem Polizeipräsidenten von Hinkeldey an. „Für Brauner's nicht zu ertödtenden Eifer legt es ein rühmliches Zeugniß ab", so A. T. Wislicenus rückblickend, „daß er in dieser Zeit steter Unruhe und Noth eine Zeitschrift zur Wahrung des Rechtes der deutschkatholischen Sache gründete. Ende des Jahres 1851 erschienen die Probenummern des ‚Dissidenten'."[62] Brauner legte das Schwergewicht seines Wirkens auf die neueren wissenschaftlichen Ergebnisse in Natur und Geistesleben und vernachlässigte dabei auffallend die Wünsche vor allem älterer Gemeindemitglieder nach Erhebung und Erbauung, was zu erheblichen Konflikten führte und 1852 zu seiner erneuten Ausweisung beitrug. Weitere Prediger waren Carl Erdmann (1817-1853), dann mehrere, die gleich ausgewiesen wurden, schließlich Dr. Hetzer (zwischen 1858 und 1860), der sich anschließend in Stettin, Leipzig, Dresden und in anderen Orten niederließ. 1859 erfolgte der Aufbau des ersten freigemeindlichen Kindergartens in Berlin. Eine der letzten noch lebenden Schülerinnen von Friedrich Fröbel (1782-1852), Emilie Wolfgang aus Gotha, leitete ihn, bis er 1863 der Konkurrenz billigerer Angebote erlag.

In anderen Gemeinden hatten die Prediger ähnliche Schicksale. Einige konnten auf „ihre" Fabrikanten bauen, wie der Sprengel in Jauer (Schlesien) auf F. A. Müller. Als freireligiöser Prediger allein konnte niemand mehr existieren. So versuchten sie sich als freie Gelehrte, Redakteure oder Wanderredner. Doch fehlten dazu bis zum Pressegesetz von 1874 elementare Voraussetzungen: Zeitungsmarkt und Publikationsfreiheit. So wurde Wislicenus 1853 wegen einer eigenwilligen, aber gefälligen Bibelinterpretation[63] zu einer zweijährigen Gefängnisstrafe verurteilt, der er sich Anfang 1854 durch Flucht nach Nordamerika entzog. Während der mit ihm geflohene Friedrich Schünemann-Pott in den USA verblieb, von Philadelphia aus freie Gemeinden initiierte und ihren Zusammenschluß leitete, kehrte Wislicenus bereits 1855 nach Europa zurück und wohnte seitdem in Zürich. Sein Reisebericht fand ziemliche Beachtung. *Zum einen* kratzte er am Selbstbild der Freireligiösen. Sie meinten, weltweit an der Spitze der christlichen Erneuerer zu stehen. Nun mußten sie über Amerika lesen, „daß die religiöse Befreiung hier schon viel weiter gediehen ist, als ich glaubte". *Zum anderen* prophezeite Wislicenus die Zukunft freier Pfarrer, „daß diese Leute viel herumreisen und Vorträge halten, ... auch über religiöse, sittliche und soziale Zustände." Sie bekämen dafür Honorare, kein Gehalt.[64]

---

62 Wislicenus: Bewegung, S.21.
63 Vgl. Gustav Adolf Wislicenus: Die Bibel. Für denkende Leser betrachtet. 2 Bde, 2. Aufl., Leipzig 1863, 1864. – Ders.: Entweder – Oder. Glaube oder Wissenschaft. In Bezug auf den Berliner Kirchenstreit und die päpstlichen Allokutionen. Zürich 1868.
64 Gustav Adolf Wislicenus. Aus Amerika. 1. Heft: Meine Reise nach Amerika, ihr Anlaß und ihr Verlauf. Leipzig 1854, S.8, 95/96.

Die freien Prediger sammelten Erfahrungen in der persönlichen Krisenbewältigung und erwarben soziale Sachkenntnis. Das unterschied sie zunehmend von denjenigen Theologen, die ausschließlich in ihrem Kirchenamt aufgingen, machte sie lebenskundiger und für ein gänzlich unpolitisches Dasein untauglich. Samt und sonders führten sie in den fünfziger und sechziger Jahren ein abenteuerliches Leben, von dem Wislicenus in seinem historischen Rückblick von 1870 sehr nüchtern berichtet[65] und abschließend feststellt: „Die zur Beschönigung ... [der kirchlichen und staatlichen Maßnahmen, H.G.] ... behaupten, die damalige Bewegung sei sehr bald in religionslosen Radicalismus ausgeartet und habe deßhalb niedergehalten werden müssen, mögen sich doch sagen, daß gerade die Unterdrückungsversuche es waren, welche die religiöse Befreiung in schärfere Bahnen drängte. ... Hätte man den Gemeinden überall Kirchen gewährt, ... so würden sie ... lange Zeit genug gehabt haben."[66]

In einer Zeit, in der Volksglaube kein abstrakter Begriff war, sondern Kultur vorgab, brachten die Freigemeinden Irritationen in den Alltag, stellten traditionelle Sinnzusammenhänge infrage, griffen obrigkeitlich gesetzte Legitimationen an und konstituierten intellektuelle Gesprächskreise. Noch im gesamten 19. Jahrhundert war „Religion ... ein ‚Vehikel der sozialen Ungleichheit'. Mit höherer Bildung und Qualifikation stieg dabei ganz offenkundig auch die freilich insgesamt sehr gering ausgeprägte Neigung, sich einer christlichen Sekte anzuschließen."[67] Ihrer Umwelt erschienen die freireligiösen Akademiker, Kaufleute und Handwerker entweder als weltfremde Sonderlinge, die ihre Probleme mit sich und der Welt in komplizierten theologischen Interpretationen austrugen oder als friedenstörende Aufwiegler. Dieser Eindruck wurde durch den Umstand verstärkt, daß jede freireligiöse Gemeinde, ihren Führern jeweils folgend, eigene Spezialansichten in den Mittelpunkt stellte. Das galt, wie jedes Neue, den Zeitgenossen als nervende Marotte, wenn nicht gar als Ausdruck kranker Gehirne.

Eduard Baltzer etwa wurde ja nicht nur wegen seiner philosophischen Gegenüberstellung von alter und neuer Weltanschauung attackiert[68], sondern weil er die Apostel für sein Konzept einer „natürlichen Lebensweise" reklamierte, zahlreiche vegetarische Kochbücher vertrieb und sich als Turner hervortat.[69]

---

65 Vgl. Wislicenus: Bewegung, S.20-35.
66 Wislicenus: Bewegung, S.36.
67 Gerhard A. Ritter u. Klaus Tenfelde: Arbeiter im Deutschen Kaiserreich 1871 bis 1914. Bonn 1992, S.749/50; Zitat im Zitat: Günter Kehrer: „Vor Gott sind alle Menschen gleich". Soziale Gleichheit, soziale Ungleichheit und die Religionen. Düsseldorf 1983, S.23.
68 Vgl. Eduard Baltzer: Alte und neue Welt-Anschauung. Vorträge. Sammlung 1-4. Nordhausen 1850-1859.
69 Vgl. Eduard Baltzer: Die natürliche Lebensweise. Vier Teile. Nordhausen 1867-1911. – Ders.: Vegetarisches Kochbuch für Freunde der natürlichen Lebensweise, mit einem Vor- u.

Baltzer griff zudem offensiv frühreformatorische Ideen eines „allgemeinen Priestertums" auf, die nach den Bauernkriegen 1524/25 nur noch von den Täufern verfolgt worden waren.[70] Baltzers Zeitgenossen erschien dies als Zumutung. Nur wenige sahen darin ein demokratisches Regelwerk zur Emanzipation der Laien in einer neuen freigemeindlichen Kirche, sondern einen Angriff auf eine von Gott gewollte Ordnung. Dementsprechend fielen die Reaktionen aus. Anfang der Fünfziger wurde Baltzer von einer Volksmenge in Ellrich fast erschlagen. Er entkam schwerverletzt.

In einer solchen angeheizten, nachrevolutionären Atmosphäre hatten Polizei und Militär keine Begründungsnot, in Wohnungen einzudringen, in denen Freireligiöse ihre Versammlungen abhielten. Viele Mitglieder verließen deshalb die freien Gemeinden wieder, weil sie Nachteile fürchteten, so Beamte, deren Dienstordnung die Beteiligung verbot, so Handwerker und Händler, deren Aufträge zurückgingen; hinzu kamen zahlreiche Denunziationen. Um 1858 bestanden dennoch rund 300 deutschkatholische und etwa 80 freie protestantische Gemeinden. Beide Richtungen besaßen inzwischen auch Eigentum an Kirchen, Schulen und Horten. Sie hatten Arbeitsnachweise, Pflegevereine und Darlehenskassen begründet. Die praktischen Hilfen, mit denen die Gemeinden auf soziale Nöte reagierten, belegen, daß sich die Freireligiösen nach 1848/49 verändert hatten. Sie waren keine christlichsektenhafte Strömung mehr, sondern eine soziale Bewegung mit umfassendem Kulturanspruch. Ihr Gemeindeleben zeigte das Neue: ein helfendes Netzwerk, das den Mitgliedern lebensweltlichen Halt bietet und mehr als Weltanschauungsbund denn als Kirche wirkt.

Nach den Mißerfolgen von 1850/52 unternahmen die Freireligiösen Ende der Fünfziger erneut den Versuch, eine Art Vereinskirche zu gründen. Dafür sprachen auch ganz prosaische Gründe, wie Kostenteilung bei der Indienstnahme von Predigern. Jedenfalls wuchs aus einem Bündel von Motiven der *Bund freier religiöser Gemeinden Deutschlands*, der zunächst den Namen *Bund freireligiöser Gemeinden* trug. Die Änderung legte eine stärkere Betonung auf „freie Gemeinde" statt auf „freie Religion". Der Bund war ein Zweckbündnis und wurde zur Mutterorganisation der freidenkerischen Kulturbewegung der Dissidenten. Er konstituierte den ersten nationalen Zusammenschluß freier religiöser Gemeinden, die als Ausgangspunkt für weitergehende überregionale Organisationsformen dienten. Aus ihm gründeten sich später Weltanschauungsgemeinden aus, die bewußt auf ein religiöses Fundament, zumindest auf ein traditionell christlich-konfessionelles, christlich-sektiererisches oder jüdisches Bekenntnis verzichteten.

Nachwort. Nordhausen 1873 (1908: 16. Aufl.: 60000 Expl. bis dahin). – Ders.: Erinnerungen. Bilder aus meinem Leben. Hg. v. G. Selß, Frankfurt a. M. 1907. – Brederlow: „Lichtfreunde", S.68.
70   Vgl. Hans-Jürgen Goertz: Die Täufer. Geschichte und Deutung. Berlin 1988.

Der Bund bildete auch die größte Gruppe innerhalb des gesamten deutschen Freigemeindetums. Er kann mit seiner Forderung nach Religions- und Glaubensfreiheit, wenn auch teilweise ungewollt, als Vorkämpfer für die Freiheit von Nichtgläubigen gelten. „Der Mensch ist nur für das Diesseits geschaffen. Das ist allgemeiner Kanon. ... Was man bietet, ist Weltanschauung, nicht Religion. Das ist ein großer Unterschied."[71] Deshalb, so der Theologieprofessor Paul Drews 1901, werden sich die „freireligiösen Gemeinden ... zu freidenkerischen Vereinen ... weiter entwickeln".[72] In diesen freien Gemeinden öffne sich „der Mund für Empfindungen ..., die sonst unausgesprochen bleiben, die aber beachtet sein wollen".[73] Drews bezog sein Urteil auf den freien religiösen Flügel der freien Gemeinden in Ostpreußen (mit dem Zentrum in Königsberg), aber auch (unausgesprochen) auf Uhlich in Magdeburg[74], H. Sachse in Aschersleben und Baltzer in Nordhausen[75], nicht auf den freidenkerischen (Nürnberg, Berlin, Stettin, Leipzig, Chemnitz).

Ursprünglich verstand sich der Bund als eine Allianz derjenigen dissidentischen Katholiken und Protestanten, die, in ihrem Vorgehen gegen intolerante Tendenzen in ihren jeweiligen Mutterkirchen gescheitert, in freien Vereinen neue religiöse Gemeinschaften begründeten, um zu solidarischem Handeln zu finden. Auf katholischer Seite war die Neugründung des Jesuitenordens ausschlaggebend, auf protestantischer Seite die Stärkung der preußisch-staatsverbundenen Orthodoxie in der sogenannten Erweckungsbewegung. Beide Dissidentengruppen verband ein auf den christlichen Glauben bezogenes demokratisches Bewußtsein, das auf ihre Theologie wie auf ihre Dichtkunst ausstrahlte.[76] Der *Bund freier religiöser Gemeinden Deutschlands* wurde am 17. Juni 1859 in Gotha gegründet und erfaßte zu Beginn 53 Gemeinden, eine Zahl, die bis 1862 auf 110 und 1874 auf 155 stieg, aber bis zur Jahrhundertwende wieder auf fünfzig sank. Die Organisation zählte zunächst etwa 40 000 „Seelen". Hinzu kamen einige weitere Zu-

---

71 Paul Drews: Die freien religiösen Gemeinden der Gegenwart. In: Zeitschrift für Theologie und Kirche. Tübingen, Leipzig 11(1901), S.504, 506.
72 Drews: Gemeinden, S.526.
73 Drews: Gemeinden, S.484.
74 Vgl. Leberecht Uhlich: Handbüchlein der freien Religion. Magdeburg 1859. – (Leberecht Uhlich:) Sonntagsbuch. Beiträge zur Religion der Zukunft, ausgew. aus den acht bisherigen Jahrgängen seines Sonntagsblattes, von Uhlich in Magdeburg. Gotha 1859. – (Leberecht Uhlich:) Glaube und Vernunft. Nebeneinanderstellung von Alt und Neu, Gebunden und Frei in der Religion durch Uhlich in Magdeburg. 3. Aufl., Gotha 1872 (zuerst Magdeburg 1865). – In Gotha (bei Stollberg) gab Uhlich ein *Sonntagsblatt* heraus.
75 Eduard Baltzer: Das Leben Jesu. Nordhausen 1860. – Ders.: Relgionsphilosophie. Nordhausen 1869. – Von Nordhausen schickte Baltzer die bei Förstemann herausgegebenen *Bundesblätter* ins Land. – Baltzer wurde Stadtverordneter und in vielen Vereinen aktiv.
76 Vgl. Wider Pfaffen und Jesuiten! Wider Mucker und Pietisten! Eine Anthologie aus der Blütezeit der politischen Dichtkunst in Deutschland 1830-1850. Hg. v. Politicus, Frankfurt a. M. 1914 (Bibliothek der Aufklärung).

sammenschlüsse: die *Freiprotestanten Rheinhessens*, der *Verband der deutschkatholischen und freireligiösen Gemeinden Süddeutschlands* (seit 1845), der für traditionell glaubende Christen offen blieb und sich nur wenig freidenkerisch formte (Prediger war hier Dr. Karl Weiß, 1869-1955), der eher marginale *Ostdeutsche Verband freier religiöser Gemeinden* (Königsberg, Danzig, Tilsit); der *Provinzialverband freireligiöser Gemeinden Schlesiens* (Breslau, Görlitz, bis 1900 Liegnitz und einige andere); die später in Sachsen ebenfalls vereinigten Deutschkatholiken; die freireligiösen Stiftungen in Offenbach und Gotha. Die gesamte Bewegung bestand aus rund hundert Gemeinden und 50 000 „Seelen", bei nur etwa 18 000 zahlenden Mitgliedern, was in etwa auf die angeschlossenen Familien schließen läßt (Haushaltsvorstände). Von Anfang an war die Bewegung territorial und geistig zu zersplittert[77], verschiedenen Ländern zugehörig und zu klein, um den Großkirchen nach der Revolution von 1848/49 noch Konkurrenz zu sein.

Die Gemeinden versuchten, ihre besondere christliche Glaubenshaltung in eigenen Kultvarianten auszudrücken und so die neue Lehre im Alltag ihrer Anhänger zu verfestigen und ihren Anhängern etwas für das Gemüt zu bieten.[78] Das ging den Rationalisten unter ihnen zu weit. In ihren Augen hingen den freien Gemeinden „doch noch überall die Eierschalen ihrer kirchlichen Herkunft an. ... Diese Halbheit und dieser Drang darüber hinauszukommen begegnet uns ..., wenn wir den Kultus ins Auge fassen."[79] Aus dieser Spannung zwischen Kultgegnern und -befürwortern resultierten Versuche, eine neue Fest- und Feierkultur zu etablieren. In Abgrenzungen zum Gottesdienst veranstalteten sie „je nach ihren Kräften Sonntagserbauungen und Festfeiern durch angestellte Prediger; die Vorträge werden von Harmonium- oder Orgelspiel, auch von Gemeinde- und Chorgesängen umrahmt. Nach Wunsch der Mitglieder halten Prediger Ansprachen zur Begrüßung und Aufnahme Neugeborener, zur Eheschließung, zur Beerdigung Verstorbener. Ein Hauptfeld der Tätigkeit liegt in der Veranstaltung freiheitlichen Religionsunterrichts für die schulpflichtigen Kinder, dessen Abschluß die außerordentlich eindrucksvolle und allgemein beliebte ‚Jugendweihe' ist."[80]

---

77 Vgl. Wilhelm Hieronymi: Grundgedanken und Unterscheidungslehren der freireligiösen Gemeinden. Ein Verständigungsversuch. 3. Aufl. (1.Aufl. 1872), Frankfurt a. M. 1881. – Caspar Schieler: Religiöse Vorstellungen von sonst und jetzt oder Der Kirchenglaube im Lichte der modernen Wissenschaft, zugleich Versuch einer Aussöhnung der Religion mit unserer Zeit. Königsberg 1900.
78 Vgl. Georg Weigelt: Das Gemüth in seinem Verhältniss zum Christenthum und zur Humanität. Hamburg 1852.
79 Drews: Gemeinden, S.517.
80 Handbuch, S.132. – Vgl. Drews: Gemeinden, S.522: Die „Konfirmation oder Jugendweihe ... schließt den Religionsunterricht ab". – Ebd., S.523: „Vielfach wird freilich bei den Erbauungen gar nicht gesungen". In Ostpreußen gab es eine „Kultuskommission". Ihre Auf-

Die Jugendweihe war keine Erfindung der Freireligiösen oder gar der sozialdemokratischen Freidenker, aber diese haben sie kultiviert. Sie wuchs in den Zeiten der Aufklärung unter selbstbewußten Bürgern in Reaktion auf die inhaltliche Entleerung der Taufe. Begriff und Praxis dieser Mündigkeitsfeier sind „innerhalb der evangelischen Kirche entstanden: ihre Konfirmation ist zur Jugendweihe geworden".[81] Die Deutschkatholiken und Lichtfreunde griffen diese Form auf und gestalteten sie entsprechend ihren Bedürfnissen seit den Fünfzigern aus. Sie sollte ein wahrer Abschluß der Einführung jeder neuen Generation in eine vernünftige Christenlehre sein. In der folgenden Zeit wechselte die Benennung. „Die Feier wird ‚Firmung', ‚Confirmation', ‚Einführung in die Gemeinde', ‚Kindereinführung' oder ‚feierliche Einsegnung' genannt. Aber auch andere Ausdrücke kommen vor: ‚der selbständige Eintritt, der durch Unterricht vorbereiteten Jugend in die Gemeinde', ‚Ablegung des Glaubensbekenntnisses' oder ‚Bestätigung des Glaubensbekenntnisses bei erlangter Verstandsreife' und die für etliche freireligiöse Verfassungen bezeichnende Ausdrucksweise ‚Wir weihen durch die Konfirmation die Herangewachsenen zu mündigen, stimmberechtigten Mitgliedern unserer Gemeinschaft'."[82]

Mit der Zeit kamen immer mehr freidenkerische Elemente in die freireligiösen „Konfirmations"stunden hinein. Dies lieferte erneut den Stoff für Richtungskämpfe. Wie immer in solch kleinen weltanschaulichen Unternehmungen bekamen einzelne Prediger als Führer Einfluß, die sich auch in regionalen Sonderungen ausdrückten. So leitete Julius Rupp die ostdeutschen Gemeinden auf den sogenannten Königsberger Weg, eine streng christliche Tendenz, vermengt mit Bruchstücken aus der Philosophie Kants. Gustav Tschirn verfolgte dagegen in Breslau und Umgebung eine, wie man damals sagte, „naturalistische" Anschauung. Sie orientierte sich am Materialismus und der Religionskritik Ludwig Feuerbachs.[83] In dessen Denkrich-

---

gabe war die Auswahl von Gedichten aus der dreibändigen Sammlung „Stimmen der Freiheit".
81 Bo Hallberg: Die Jugendweihe. Zur deutschen Jugendweihetradition. Göttingen 1978, S.57.
82 Hallberg: Jugendweihe, S.75/76.
83 Zu den philosophischen Positionen Feuerbachs vgl. Hans Jörg Sandkühler: Materialismus. In: Enzyklopädie zur bürgerlichen Philosophie im 19. Und 20. Jahrhundert. Hg. v. Manfred Buhr, Köln, Leipzig 1988, S.157-218. – Religionskritik von der Aufklärung bis zur Gegenwart. Autoren-Lexikon von Adorno bis Wittgenstein. Freiburg 1979 (Herderbücherei, 716). – Zu Gustav Tschirn vgl. Ders.: Freidenker-Katechismus. Kurzgefasste Summa dessen, was der Freidenker und Freireligiöse wissen muss. Bamberg 1902. – Dagegen vgl. die folgenden Schriften aus der *Zentralstelle des Volksvereins für das katholische Deutschland* von Franz Meffert: Das Freidenkertum und seine Forderungen. 4 Nummern der apologetischen Volksbibliothek. Zusammengestellt für die Kolportage. (Leichenbeerdigung – Leichenverbrennung. Die christliche Volksschule. Die Simultanschule. Trennung von Staat und Kirche.)

tung führte Tschirn seine Gemeinden. Das brachte viele von ihnen konsequenterweise in die organisierte Freigeisterei und ihn selbst 1901 auf dem Wiesbadener Kongreß an die Spitze der deutschen Freidenkerbewegung. Die Mitglieder in diesen Gemeinden, aber zunehmend auch aufgeschlossene Gläubige an den Rändern der Großkirchen, gerieten in das Kraftfeld der öffentlich geführten Debatten über einen zeitgemäßen Glauben. Viele überdachten ihre bisherigen Anschauungen. Einige von ihnen traten schließlich an die Seite der freidenkerischen Dissidenten.

Heinrich Rössler schildert im Nachtrag zu seinen Erinnerungen die Stimmung unter denjenigen gebildeten Laien um die Jahrhundertwende, die seit Jahren mit ihrer Glaubensgemeinschaft unzufrieden waren und daraus endlich Konsequenzen ziehen wollten. „Immer haben wir das Unaufrichtige, was darin liegt, dass wir doch noch in der Kirche geblieben sind, peinlich empfunden, aber wir hatten uns bisher gesagt, dass der Austritt für uns allein eine zwecklose Demonstration wäre ... *Das* ist nun anders geworden, seit die Simultanschulen unterdrückt sind, der Irrlehren-Paragraph eingeführt ist und die Gewissensfreiheit neuerdings wieder unterdrückt wird. Heute muss ... die Pflicht jedes Freidenkenden sein, die Wahrheit zu bekennen und mit zu kämpfen. *Das* können wir aber nicht, wenn wir in der Kirche bleiben, aus der man die liberalen Geistlichen hinausdrängt, und in der die Orthodoxen voraussichtlich noch lange die Herrschaft führen werden, die die von uns bezahlten Steuern zum Kampf gegen uns selbst benutzt. Unter den Gebildeten, besonders unter den Naturwissenschaftlern, stehen ja heute sehr viele auf unserem Standpunkt, aber die meisten sind zu bequem oder auch nicht unabhängig genug und müssen Rücksichten auf staatlichen Zwang oder auf gesellschaftliche Vorurteile nehmen. Bei uns ist das nicht der Fall."[84]

Wie Rössler zögerten viele ihre Entscheidung hinaus, nicht zuletzt aus Rücksichtnahme auf Familie und Karriere. Aus den gleichen Gründen kam es nie zu der erhofften und groß angelegten freigemeindlichen Volkskirche. Zersplitterung und Entpolitisierung erlaubten es Preußen unter Wilhelm I., 1858 die strenge Verfolgung einzustellen und ein Jahr später den *Bund freier Gemeinden Deutschlands* zu dulden. Nach der Reichseinigung 1866/71 lernten die Gemeinden, die unterschiedlichen Gesetzgebungen in Deutschland zu nutzen. Sie verlegten zum Beispiel ihren Rechtssitz ins Hessische Offenbach und erzwangen so ihren Eintrag in ein deutsches Vereinsregister, was sich allerdings dann wieder bei der Errichtung von Stiftungen am Heimatort negativ auswirken konnte. Doch fehlte in der Folgezeit der große Anreiz, sich solchen freien Unternehmungen anzuschließen und die konfessio-

---

Mönchen Gladbach 1913 (zuerst 1909). – Ders.: Freidenker-Schlagworte. Kritisch geprüft. Mönchen Gladbach 1909.
84 Rössler, Nachtrag, S.6/7.

nellen Kirchen zu verlassen. So sank die Zahl der freien Gläubigen auf 20 000 um 1885, bis sie dann nach 1892 noch einmal auf 50 000 anstieg. Der zahlenmäßige Rückgang verschärfte und personalisierte nach innen den Streit um die „soziale Frage" und die richtige weltanschauliche Haltung in einer industriellen Situation. „Recht zufrieden war ... damals keiner der Beteiligten ...; die Ansichten in den verschiedenen Gemeinden gingen ... soweit auseinander, daß ein Zusammenarbeiten fast niemals zu erreichen war und auch feste, einheitliche Grundsätze nicht zu vereinbaren waren."[85]

Im Ergebnis gewannen die Freidenker innerhalb der Freireligiösen zunehmend an Einfluß, bis ihre eigene Organisation, der *Deutsche Freidenkerbund*, stark genug war, ihnen auch einen politischen Klub zu bieten. Die Berliner freie Gemeinde war hierbei besonders aktiv, weshalb ihr bis 1919 die rechtliche Anerkennung versagt blieb. Sie unterbreitete der Bundesversammlung 1868 neun ethisch und nicht mehr religiös begründete Thesen mit den Kernbegriffen freie Selbstbestimmung der Religion, äußere Freiheit gegenüber jeder Kirchengewalt, innere Freiheit hinsichtlich göttlicher Offenbarungen, Anerkennung eines allgemeinen sittlichen Ideals („des Vollkommen-Guten"), Hingebung an die sittliche Macht, Versittlichung der Religion („Streben nach religiös-sittlicher Selbständigkeit und Thatkraft"), „Einigung der Bekenner aller Religionen", Verwerfung von Verdummung und Verfolgung sowie „Beseligung der Einzelnen und des Ganzen".[86] Damit war das Thema einer „ethischen Religion" als irdische Antwort auf die „soziale Frage" berührt. Der Bund in seiner Gesamtheit konnte sich mit den Thesen nicht so recht anfreunden. „Aus diesen Gründen ist unsere Berliner Gemeinde vor einigen Jahren aus dem noch bestehenden Bund wieder ausgetreten."[87] Deshalb begann die ethische Kulturbewegung in Berlin, als die einschneidenden Folgen des „Kulturkampfes" sichtbar wurden.

Zivilstandsgesetzgebung und Kulturkampf

Nach der Reichseinigung 1866/71 schien der preußischen Führung die „Nation" von innen bedroht, durch katholisch motivierten staatlichen Eigensinn, aber durch die Sozialdemokratie. Lag der Beginn der Auseinandersetzungen im „Kulturkampf"[88] noch in den politischen und militärischen

---

85 Harndt: 75 Jahre, S.28.
86 Wille: Gemeinde zu Berlin, S.25/26.
87 Harndt: 75 Jahre, S.28.
88 Vgl. Georg Franz: Kulturkampf. Staat und katholische Kirche in Mitteleuropa von der Säkularisation bis zum Abschluß des preußischen Kulturkampfes. München 1954. – Winfried Becker: Der Kulturkampf als europäisches und als deutsches Phänomen. In: Historisches

Konstellationen des preußischen Krieges gegen Frankreich und im Überlebenskampf des Kirchenstaates gegen die italienische Staatseinigung begründet, so markierte sein Verlauf deutlich innere Schwierigkeiten der Reichseinigung. Die Frage war, ob es zu einem irgendwie kulturell begründeten deutschen Nationalstaat unter preußischer Vorherrschaft kommen und welche Rolle ein mehr oder minder gemäßigter Protestantismus als mögliche Staatsideologie spielen könnte. Die Suche nach einer bindenden und motivierenden Weltanschauung für alle Deutschen resultierte auch aus nötigen geistigen Abgrenzungen zum katholischen Österreich-Ungarn, aber besonders zu ethnischen Minderheiten im Lande sowie zu den Polen und Tschechen.

Die ideologische Durchsetzung der preußischen Hegemonie war mit einem von Rudolf Virchow (1821-1902) am 17.1.1873 in einem liberalen Wahlaufruf so bezeichneten „Kulturkampf" verbunden. Gruppierungen, die sich der kleindeutschen Lösung der Reichseinigung widersetzten, gerieten unter Verdacht, unzuverlässig zu sein. Da die gegen den deutschen Taumel gerichtete „antiliberale Volksbewegung zugleich eine katholische Bewegung war, erhöhte die liberale Bereitschaft, den Kulturkampf als einen inneren Präventivkrieg gegen die ‚ultramontane Antimodernität' zu führen."[89] Am 3. und 4. August 1872 verabschiedete eine eigens deshalb einberufene Konferenz im Berliner Kultusministerium unter Leitung des Ministers Falk gesetzliche Regelungen zum Verhältnis von Staat und Kirche.[90] Die Versammlung bejahte damit die politisch zu entscheidende Frage, „ob der Staat gegen die katholische Kirche vorgehen solle".[91] Die Gegenstände der Auseinandersetzung betrafen die staatliche Genehmigung geistlicher Erlasse, die Besetzung von Kirchenämtern, die Seminarien, die Prozessionen und Missionen, geistliche Orden und Genossenschaften, die kirchliche Disziplinargewalt, den Amtsmißbrauch und das Kirchenvermögen. Sie reichten demzufolge weit über das Personenstandswesen hinaus, obwohl sich einer der Hauptstreitpunkte direkt aus dem staatlichen Registermonopol ableitete. Er berührte das Problem der (meist protestantisch-katholischen) Mischehen.

Eine weitere Schwierigkeit ergab sich aus der Notwendigkeit, die Zahl und den Termin von Feiertagen reichseinheitlich festzulegen. Besonders die Industrie drängte auf einen verbindlichen, den vorherigen katholischen Besitzstand reduzierenden Beschluß. Weitere hart umstrittene Streitfragen lei-

---

Jahrbuch, München, Freiburg 101(1981), S.422-446. – Erich Schmidt-Volkmar: Der Kulturkampf in Deutschland 1871-1890. Göttingen 1962.
89 Dieter Langewiesche: Liberalismus in Deutschland. Frankfurt a. M. 1988, S.182f.
90 Vgl. Sitzungsprotokoll einer Konferenz zur Erörterung der Frage über die gesetzliche Regelung der Verhältnisse des Staats zur Kirche. In: Die Vorgeschichte des Kulturkampfes. Quellenveröffentlichungen aus dem Deutschen Zentralarchiv. Bearb. v. Adelheid Constabel, m. e. Einl. v. Fritz Hartung, Berlin 1956, S.287-296.
91 Fritz Hartung: Einleitung. In: Vorgeschichte, S.12.

teten sich aus den entsprechenden Sondergesetzen ab, mit denen Preußen im Reich seinen Standpunkt im „Kulturkampf" exekutierte: 1872 wurde in Deutschland der Jesuitenorden verboten. Schließlich bestand der Staat auf einer eigenen Theologenprüfung, auf der Einsetzung und Besoldung von Militärseelsorgern und auf Besteuerung bzw. Verbot des Verbringens von Kirchengeldern nach Rom. Mit Gesetz vom 14. Mai 1873 kam es zu einer Erleichterung des Kirchenaustritts, vor allem war kein Übertritt in eine andere Religionsgemeinschaft mehr erforderlich.

Die Preußische Regierung hatte 1871 den „Kulturkampf" durch die Schließung der katholischen Abteilung im Kultusministerium eingeleitet. Damit verlor diese Kirche ihren staatlichen Gesprächspartner. Zugleich nahm die Regierung die Altkatholiken gegen Rom und die Folgen des Fuldaer Hirtenbriefs in Schutz und gestand solchen Gemeinden Mitnutzungsrechte an protestantischen Kirchen zu. Die Altkatholiken hatten sich im Herbst 1871 unter dem führenden Theologen Ignaz von Döllinger und weiteren knapp einem Dutzend Kirchenlehrern entschlossen, auf die Bildung eines eigenen Kirchenwesens hinzuarbeiten. Sie reagierten damit auf die im Sommer 1870 erfolgte Erklärung des Vatikans, nicht allein die Gesamtkirche sei unfehlbar, sondern auch der Papst selbst. Vor allem aber provozierte die altkatholische Kirche in Deutschland durch ihre demokratische Synodal- und Gemeindeverfassung, mit dem Grundsatz der Wählbarkeit von Pfarrern, wenn auch noch auf Lebenszeit. Freidenker und Freireligiöse griffen in der Folge solche Forderungen auf. Sie benutzen aber vor allem die Kritik der 1. altkatholischen Synode von 1874 am katholischen Kultus, teils um sie religionsreformerisch umzusetzen (das wollte nur eine Minderheit); teils (eine Mehrheit unter den Freidenkern und Freireligiösen) um deren Argumente grundsätzlich antikirchlich zu wenden.

Die von der Synode eingeführten Veränderungen betrafen die Ächtung von Wallfahrten, Umzügen, Ablässen sowie Heiligen- und Bilderverehrungen, aber auch neue Fasten- und Abstinenzgebote. Damit inszenierten die Altkatholiken eine übergreifende Debatte unter allen Gläubigen über den Sinn und das Brauchtum christlichen Lebens in einer modernen Welt. Sie setzten zugleich die Zahl der Feiertage herab, führten eine muttersprachliche Liturgie ein und leugneten die Lehre von der unbefleckten Empfängnis der Maria. Als dann 1878 auch noch der Beichtzwang und das Zölibat, die Ehelosigkeit der Priester[92], abgeschafft wurden, war der Bruch mit dem Vatikan irreparabel geworden. Zu diesem Zeitpunkt befand sich der „Kulturkampf" auf seinem Höhepunkt. Er war ja zugleich ein Versuch der evangelischen Kirche, in Deutschland mehr Einfluß zu gewinnen. Doch bald

---

92 Das Zölibat war ein beliebter Gegenstand der Kritik am Katholizismus. Vgl. Ferdinand Heigl: Das Cölibat. Gedanken und Thatsachen. Berlin 1902.

hatte sich die Utopie einer Deutschen Katholischen Nationalkirche erledigt, denn nur etwa hundert Gemeinden mit höchstens 50 000 Gläubigen folgten der altkatholischen Abkehr von Rom. Döllinger selbst vollzog diesen Schritt nicht.[93]

Ein weiteres Zeichen für den Versuch, katholisch verfaßte förderale wie ideologische Sonderpositionen zurückzudrängen, setzte die Einführung des „Kulturexamens" per Dekret der Maigesetze von 1873. Geistliche waren nur dann in ihre Ämter zu berufen, wenn sie eine Extraprüfung in Philosophie, Geschichte und Deutsche Literatur erfolgreich absolviert hatten. Zwar nahm die preußische Seite bereits 1886 im sogenannten ersten Friedensgesetz diese Maßnahme zurück, schon weil sie am passiven Widerstand scheiterte. Doch war hier die Probe das eigentliche Ereignis.

Besonders die neuen Regelungen der staatlichen Zivilstandsgesetzgebung von 1875 schnitten tief in das bis dahin kirchengemeindlich definierte Netz sozialer Beziehungen. Es waren bis dahin in der Regel die Kirchenbücher gewesen, welche Geburt, Verheiratung und Tod in den jeweiligen Gemeinden registrierten. Eine erste Ausnahme von der Regel war 1847 in Preußen eingeführt worden. Sie wurde nach dem erlaubten Kirchenaustritt vom 30. März 1847 nötig. Friedrich Wilhelm IV. verordnete die bürgerliche Beglaubigung der Geburts-, Heirats- und Sterbefälle von denjenigen Angehörigen geduldeter, wie es hieß, „Religionsübungen", deren Gemeinschaften eine solche Befugnis nicht zugestanden wurde. Deren Angaben waren von gerichtlichen Registern zu führen. Der Beschluß von 1847 entzog den Kirchen zunächst für einen kleinen Teil der Landeskinder das Personenstandswesen und nach 1892 auch die damit verbundenen Einnahmen, indem er die Registratur der Dissidenten einer zivilrechtlichen Stelle in der Berliner Klosterstraße zuordnete.

Das Reichspersonenstandsgesetz vom 6.2.1875 führte die obligatorische Zivilehe ein. Das Reich verordnete die Trennung des bürgerlichen Standesregisters von den Kirchenbüchern. Kulturell gesehen wurde eine Norm allgemein gesetzt, die bisher nur für Abtrünnige galt. Eine Folge war, daß kirchliche Trauungen zurückgingen, vorzugsweise in protestantischen Milieus. Beiden Kirchen wurde verordnet (Paragraph 67), daß ihre Geistlichen, bevor sie die religiöse Feier durchführen, sich vergewissern, „daß die Ehe vor dem Standesbeamten geschlossen" wurde. Außerdem wurde ihnen verboten (Paragraph 76), sich in rechtliche Familienangelegenheiten einzumischen: „In streitigen Ehe- und Verlöbnißsachen sind die bürgerlichen Gerichte ausschließlich zuständig. Eine geistliche oder eine durch die Zuge-

---

93 Vgl. Oskar Köhler: Ignaz v. Döllinger (1799-1890). In: Zeitgeschichte in Lebensbildern. Aus dem deutschen Katholizismus des 19. u. 20. Jahrhunderts. Hg. v. Jürgen Aretz, Rudolf Morsey u. Anton Rauscher, Bd.4, Mainz 1980, S.37-50.

hörigkeit zu einem Glaubensbekenntniß bedingte Gerichtsbarkeit findet nicht statt."[94]

Frankreich hatte ein solches Verfahren schon 1792 verfügt und zugleich die allgemeine Schulpflicht eingeführt, gekoppelt an die Einsetzung des Staats als oberstem Erzieher. England führte 1836 die bürgerlichen Standesregister ein. Das Rheinland, wo ja während der Napoleonischen Besetzung der Code civil galt, Frankfurt a. M., Hamburg, Baden und schließlich 1874 Preußen gingen dem Reich ebenfalls voran. Bayern, Sachsen, Württemberg, Oldenburg und Sachsen-Weimar hatten ihre besonderen Regeln zunächst in das Reich hinübergerettet. Bismarck beseitigte sie nun 1875. 1877 fegte schließlich das Gerichtsverfassungsgesetz (§ 15, Abs. III) auch die letzten Überbleibsel geistlicher Gerichtsbarkeit hinweg. Dagegen wandte sich besonders Bayern, das seine Übergangsformen halten wollte.

Nach den neuen Normen konnte nun im Prinzip ohne allen Aufhebens und ohne Zutun oder Segen der Kirche eine Ehe geschlossen werden. Für katholische Bevölkerungsteile ergab sich daraus die Möglichkeit, ohne ausdrücklichen Dispens einen anderschristlichen oder gar andersgläubigen Partner zu heiraten. Zwar wurde schon seit Mitte des 18. Jahrhunderts in einem solchen Falle vom Nichtkatholiken nicht mehr verlangt, er oder (meist) sie möge abschwören. Zwei Voraussetzungen einer solchen Lebensgemeinschaft blieben allerdings weiter bestehen: Man erwartete zum einen die katholische Erziehung der Nachkommen und bestand zum anderen auf der Dispenserteilung und der damit verbundenen Sanktionierung der Ehe durch die Kirche. Heirat vor einem nichtkatholischen Pfarrer zog die Exkommunikation nach sich. Die Kontrolle dieser Regel war aber an das Kirchenbuch gebunden, in das nun der Eintrag freiwillig werden sollte. Zudem resultierte aus der bereits 1871 eingeführten Staatsschule, daß auch die Frage des Religionsunterrichts ein Stück privatisiert wurde. Doch stellte das Problem des Religionsunterrichts sowieso nur eine Unterfrage der Schulaufsicht dar. Gerade diese wollte sich die katholische Kirche in ihren Gegenden nicht aus der Hand nehmen lassen.

Das Zivilstandsgesetz griff die Sanktionskraft der Kirchen gegenüber ihren Mitgliedern direkt an. „Vor allem die Pfarrer oder Priester waren die obrigkeitlichen Personen, die den allermeisten zwar nicht werktäglich, vielen aber doch mindestens sonntags und in jedem Fall im Jahresrhythmus der Kirchenfeste oder bei Familienereignissen vor Augen traten. Die katholischen wie die protestantischen Gemeindepfarrer hatten die Aufsicht über die Volksschulen: Die Schulkinder, aber auch ihre Eltern mußten sich mit den

---

94 Reichsgesetz über die Beurkundung des Personenstandes und die Eheschließung von 6. Februar 1875. Zit. nach Huber, Huber: Staat und Kirche, Bd. II: Staat und Kirche im Zeitalter des Hochkonstitutionalismus und des Kulturkampfes 1848-1890, Berlin 1976, S.631.

Vorstellungen arrangieren, die die beamtenähnlich angestellten Geistlichen ‚vor Ort' über öffentliche wie private Lebensführung hatten."[95] Nun verloren die Gemeindepfarrer den Nimbus einer Amtsperson, weshalb besonders die öffentlichen Auseinandersetzungen um die Zivilehe auch nach dem „Kulturkampf" andauerten. Die Dissidenten stimmten in dieser Frage mehrheitlich mit Paul Graf von Hoensbroech überein: „Es gibt nur eine Ehe" – und das meinte die staatlich geschlossene. Wer noch eine „äußerlichkirchliche" Feier wünsche, könne diese ja privat anschließen.[96]

Da Geburten und Sterbefälle nicht mehr beim Pfarrer oder Pastor anzuzeigen waren, reduzierte dies deren seelsorgerischen Einfluß erheblich und erklärte ihn zur Freiwilligkeit. Pastor Paul Göhre (1864-1928) berichtete 1909, sich auf Berlin beziehend, daß inzwischen ein Achtel der Neugeborenen nicht mehr getauft werde. Ein Drittel der Ehen getaufter Christen und nahezu die Hälfte der Toten bliebe inzwischen ohne kirchliche Einsegnung.[97] Dennoch hielt sich zwischen 1870 und 1914 die Nachfrage nach Taufen, Konfirmationen, kirchlichen Trauungen und Begräbnissen konstant, um so auffälliger gerieten die Ausnahmen. Das zeugt von hoher Verankerung des Religiösen in der Kultur. In Ermangelung anderer Möglichkeiten und wegen der moralischen Einbindung der Familien in die Kerngemeinden nutzten die Menschen besonders die feierlichen kirchlichen Angebote, doch „geht die Beteiligung am regelmäßigen Kultus (Gottesdienst, Abendmahl) immer mehr zurück".[98]

Seit Anfang der Achtziger suchten ein neuer Papst und ein neuer preußischer Kultusminister nach einem Ausgleich ihrer Interessen, vor allem, weil Bismarcks Schutzzollpolitik und seine Sozialistengesetze die Unterstützung des Zentrums und der katholischen Arbeitervereine benötigten. Als dann 1886 ein erstes sogenanntes Friedensgesetz und 1891 die Aufhebung einer Reihe von „Kulturkampf"-Gesetzen folgte, war in Deutschland die rechtliche Trennung von Kirche und Staat weitgehend durchgesetzt, nicht aber die „Neutralität" des Staates in Glaubensdingen. Dennoch: Die Schulaufsicht blieb staatlich, der Kanzelparagraph (das Politikverbot in der Kirche) in Kraft, der Kirchenaustritt erleichtert, die Zivilehe eingeführt und das Jesuitenverbot erhalten, bis es 1904 durch die Wiedereinreisegenehmi-

---

95 Alf Lüdtke: Lebenswelten und Alltagswissen. In: Handbuch der deutschen Bildungsgeschichte, Bd.IV: 1870-1918: Von der Reichsgründung bis zum Ende des ersten Weltkrieges, hg. v. Christa Berg, München 1991, S.73.
96 Paul Graf v. Hoensbroech: Die Civilehe. Berlin 1896, S.22/23. – Der Autor, einem Wertchristentum weiterhin verpflichtet, begründete seine Position wie folgt (S.10): Das „verderbliche Staatskirchenthum" habe die Religion degradiert und „dadurch Verwirrung und falsche Vorstellungen über Ehe und Eheschließung erzeugt".
97 Vgl. Paul Göhre: Die neueste Kirchenaustrittsbewegung aus den Landeskirchen in Deutschland. Jena 1909.
98 Janz: Amt, S.186.

gung gelockert wurde. Vor allem hatten beide großen Konfessionen in Deutschland parallel zur Ablösung des althergebrachten Zehnten und der Einführung allgemeiner staatlicher Steuern die Abgabe von regelmäßigen Kirchensteuern als Geldumlage in den Kirchengemeinden rechtlich durchgesetzt und zu einem bleibenden Kapitel kultureller Verantwortung der weltlichen gegenüber der geistlichen Macht gemacht. Die Regeln der Kirchensteuern richteten sich nach dem schon 1835 im Rheinland geltenden Verfahren. Dem folgten: Hessen 1875, Württemberg 1887, Baden 1888, Bayern 1892. Aus der freiwilligen Opfergabe in Naturalform war eine geldliche Pflichtabführung für bestimmte Leistungen geworden, die von den Mitgliedern der jeweiligen Kirche zu erbringen waren.[99]

Am Ende des „Kulturkampfes" zeigte sich, daß die Abwehr der preußisch-protestantischen Attacken die katholischen Gläubigen enger zusammenrücken ließ und sie in der Mehrzahl ihrer Kirche verbunden blieben. Die Masse hielt an den heiligen Bräuchen und erlernten Dogmen fest.[100] Das ermunterte den konservativen katholischen Klerus, die „Modernisten" in den eigenen Reihen wieder zurückzudrängen. Die innere Reinigung der katholischen Kirche schritt in dem Maße voran (1910: Antimodernisteneid), wie sie es verstand, sich Ideen des ehemaligen Bischofs von Mainz und Reichtagsabgeordneten des Zentrums, Wilhelm Freiherr von Ketteler (1811-1877; im Reichstag 1871-1873), zu öffnen und sich sozialpolitisch zu modernisieren (1890: *Volksverein für das katholische Deutschland*). Ende der achtziger Jahre war der „Kulturkampf" vorbei. Die beiden großen Konfessionen mußten realisieren, daß sie ihre politischen Positionen im weltlicher werdenden Staat nicht gefestigt und ihre sozialen Netze beschädigt hatten. Das bedingte ihre innere Konsolidierung als konfessionelle Kirchen und eine Politik gegenüber dem Staat, diesem nicht weiter nachzugeben.[101] Das forderte die entschiedenen Dissidenten heraus, die sich 1880/81 auf dem Höhepunkt des Kulturkampfes eine nationale und internationale Organisation gaben.

Freidenkerbund: von der philosophischen Idee zur sozialen Bewegung

Die Gründungsgeschichte des *Deutschen Freidenkerbundes* nahm ihren Ausgang in den freien Gemeinden und bekam in den frühen Sechzigern ei-

---

99 Eine staatlicherseits eingetriebene Kirchensteuer wie heute in der Bundesrepublik war das noch nicht.
100 Vgl. Wilfried Loth: Katholiken im Kaiserreich. Der politische Katholizismus in der Krise des Wilhelminischen Deutschlands. Düsseldorf 1984, S.20.
101 Vgl. Link: Entwicklung, S.558/59.

nen enormen Schub. 1859 erschien das grundlegende Werk von Charles Darwin über den *Ursprung der Arten*. In ihm widerlegte er nicht nur die Illusion göttlicher Urheberschaft am Menschendasein, sondern er verwies auf den gemeinsamen Stammbaum aller Lebewesen, insbesondere den von Affen und Menschen, noch dazu aller Rassen und Klassen. Darwin erschütterte mit den Thesen zur Deszendenztheorie das Weltbild seiner Zeitgenossen, weil er erstmals, wie Hedwig Conrad-Martius (1888-1966) feststellte, „die exaktwissenschaftliche Begründungsart auch für die gesamte Gestaltung der lebendigen Natur gefunden zu haben" schien.[102] Die Botschaft, Gesellschaft sei biologisch und historisch hausgemacht, wäre noch akzeptabel gewesen. Doch Darwin erklärte den ganzen Vorgang als Glücksfall. „Denn jeder spezifische Typus der lebendigen Natur, auf welcher Stufe der Besonderheit (Rasse, Art, Gattung, Familie, Klasse, Stamm) oder welcher Stufe stammesgeschichtlicher Entwicklung immer befindlich, sollte nunmehr nichts anderes mehr als das Ergebnis einer zufälligen Neu-Auswürfelung zufällig vorhanden gewesener ‚Variationen' durch Selection im struggle for life sein."[103] Das entzog jedem höheren „Wert" die Existenzgrundlage und verlagerte dessen Fabrikation in die Menschen selbst. Nur sie geben ihrem Sein einen „Sinn", so hieß die Konsequenz. Das stellte die bis dahin geglaubte Welt auf den Kopf. Alle Mythen aller Religionen, etwa die von der Erschaffung der Welt und der Menschen, entlarvte Darwin indirekt als Erfindungen. Die bisher gedachte Ordnung der Dinge zerbrach an der Idee der „geistlosen" natürlichen Auslese. Dieser Überfall auf die traditionelle Weltsicht und die Institutionen der Sinnproduktion brachte logischerweise zuerst die Darwinisten in Vorteil und verschaffte ihnen einen strategischen Vorsprung, das von ihnen angerichtete Chaos „sinnvoll" neu zu ordnen.

Die meisten Freidenker wurden auf der Stelle zu Darwinisten.[104] Die Kenntnis Darwinscher Befunde verschaffte nämlich eine Zeitlang auch dem geringsten Autodidakten eine hervorgehobene Position selbst gegenüber berühmten Philosophen und Theologen, ja sogar verglichen mit dem Papst und dessen Kardinälen. Diese zunächst geahnte und dann tatsächliche Überlegenheit verband sich mit zwei Schlüssen aus Darwins Theorie. *Erstens* fühlten die Freidenker, wie ihnen eine große Kraft aus der Konsequenz zuwuchs, Gesellschaft sei nach „wissenschaftlichen" Entwürfen steuerbar, die auf der Entwicklungslehre beruhen. *Zweitens* sei Gesellschaft sogar verbesserbar, wenn man die Mechanismen der natürlichen Auslese gezielt anwende. Unsägliches Leid könne man so vermeiden.

---

102 Hedwig Conrad-Martius: Utopien der Menschenzüchtung. Der Sozialdarwinismus und seine Folgen. I. A. des Instituts für Zeitgeschichte, München 1955, S.22.
103 Conrad-Martius: Utopien, S.44/45.
104 Zum Einfluß Darwins auf das Geistesleben seiner Zeit vgl. Fritz Bolle: Darwinismus und Zeitgeist. In: Zeitschrift für Religions- und Geistesgeschichte, Marburg 14(1962)2, S.143-178.

Für beide Thesen stehen in Deutschland am Anfang die Namen Ludwig Büchner und Ernst Haeckel. Deren Angriff ging gut organisiert vonstatten. Sie schufen sich mit dem Freidenker- und dann dem Monistenbund Vereine, in denen der Darwinismus als eine philosophische Lehre erst entstand, die sich gegen theologische Grundsätze richtete. So vereinfacht die Interpretation in der Regel war, sie stand einsam in der Landschaft und hatte die empirisch konstatierbare Wahrheit an ihrer Seite. Aber sie spiegelte auch das Unbehagen der Freidenker gegenüber der Schwere ihrer Erkenntnis. Nach hinten in der Geschichte war alles irgendwie Zufall und nach vorn offen – auch das Ende. So setzte die Suche nach „Gesetzmäßigkeiten" in Natur und Gesellschaft ein. Ganz entgegen seinen eigenen Intentionen erschien Darwin nun immer öfters als derjenige, so beim Monisten Konrad Guenther (Universitätsdozent in Freiburg), der „das Leben der Pflanzen und Tiere und damit auch des Menschen in das gesetzmäßige Weben des Weltalls eingeordnet" hat.[105] Das klang beruhigender als das Orakel von Oswald Koehler (Cannstadt), einem der Sozialdemokratie verbundenen Darwinisten. Der stieß mit seiner gegen jede Religion gerichteten These auf großes Unverständnis, „daß die Welt keinen Zweck" hat und „nicht eigentlich für uns da ist".[106] Die „ewige Wiederholung des Weltkreislaufes" habe, so sein spekulativer Schluß, Kulturen schon „vor der Existenz unserer Erdenwelt" produziert, die allerdings „keinerlei merkbaren Einfluß auf unsere Entwicklung" ausübten.[107] Und: „Die Erziehung der Menschen hat ihre Grenzen in deren natürlicher Anlage."[108]

Da kam die Annahme, in der Natur selber läge ein Zweck verborgen, den der Mensch erkennen und anwenden könne für einen höheren, von ihm selbst gesetzten „Sinn", dem Bedürfnis von Menschen schon eher entgegen, die sich der Religion versagten, denen aber Darwin zu weit ging. Ausgerechnet der wichtigste deutsche Verkünder des Darwinismus pflegte diese Deutung und trug dazu bei, sie als Gewißheit bei Millionen Menschen zu verankern. Am 19. September 1863 begann Haeckels Ruhm als „deutscher Darwin". Er hielt auf der *38. Versammlung Deutscher Naturforscher und Ärzte* in Stettin seinen ersten großen Darwin-Vortrag.[109] Die Bezeichnung

---

105 Konrad Guenther: Darwin und sein Werk. Vortrag, gehalten vor den Vereinen: Deutsche Gesellschaft für ethische Kultur, Freireligiöse Gemeinde und Freidenker-Vereinigung zu Frankfurt am Main am 11. Februar 1909, dem Vorabende von Darwins 100. Geburtstag. Flugblatt. Stadtarchiv Frankfurt a. M. S3/P22.377.
106 Oswald Koehler: Weltschöpfung und Weltuntergang. Die Entwicklung von Himmel und Erde auf Grund der Naturwissenschaften populär dargestellt. Stuttgart 1887 (zit. nach 3. Neubearb., 8. Aufl. 1902), S.425, 430 (Internationale Bibliothek, 3; im folgenden IB).
107 Koehler: Weltschöpfung, S.425.
108 Oswald Koehler: Die wahre Natur des Menschen und der soziale Fortschritt. Berlin 1895, S.346.
109 Vgl. Ernst Haeckel: Über die Entwicklungstheorie Darwins. Öffentlicher Vortrag am 19. September 1863 in der Versammlung Deutscher Naturforscher und Aerzte zu Stettin. In:

„deutscher Darwin" stammte von Ludwig Büchner.[110] Haeckel verdiente sich diesen Ruf, weil er die Lehre vom Ursprung der Arten in der Interpretation von Darwins „Bulldogge" Thomas Henry Huxley (1825-1895), so dieser in einem Brief an Haeckel[111], nach Deutschland einführte, und zwar in der freidenkerischen Lesart Ludwig Büchners, dessen Rezension von 1860 er kannte. Der von beiden begonnene geistige Feldzug gegen die alte Schöpfungslehre und die Theologen und Pädagogen, die sie weiter vertraten, veränderte die Freidenkerei gründlich. Haeckel „proletarisierte" das bisher eher elitäre und philosophische Freidenkertum, wie Fritz Mauthner in seiner *Geschichte des Atheismus* anmerkt. Als Haeckel und Büchner „zu Worte kamen, trotz politischer und kirchlicher Reaktion ohne rechte Gefahr für Leib und Leben, da hatte auch schon der vierte Stand lesen gelernt und stürzte sich, pfaffenfeindlich geworden, auf jede Wissensquelle, auch wenn sie noch so trübe war". Haeckel sei durch und durch „proletarisch, im guten wie auch im bösen Sinne des Wortes. Daß Gott ein gasförmiges Säugetier sei, gefiel, war aber nicht einmal ein gut geprägter Witz, weil das Wort nur den Gott des Pöbels traf, nicht den Gott des Pantheismus und – der Kirche."[112]

Der deutsch-französische Krieg 1870/71 verschob zunächst die Gründung eines *Internationalen Freidenkerbundes* um ein Jahrzehnt.[113] Der dann 1880 in Brüssel konstituierte Bund sah sich als „Vereinigung aller rationalistischen Gesellschaften der Welt".[114] Wohin die Freidenkerei führen sollte, blieb zunächst unbestimmt, weil auch der *Deutsche Freidenkerbund* nur unter vielen Kompromissen und vor allem nur ohne konkrete Festlegungen zustande kam. Er gründete sich am 10. April 1881 in Frankfurt a. M. mit zunächst etwa 700 Mitgliedern. Zur Gründungsversammlung fand sich fast das gesamte deutsche freigeistige Milieu zusammen bzw. zeichnete den

---

Ders.: Der Kampf um den Entwicklungsgedanken, Ausgew. kleinere Schriften u. Reden, hg. v. Georg Uschmann, Leipzig1967, S.15-46. – Zu Haeckels einsetzendem Streit mit Rudolf Virchow vgl. Pat Shipman: Die Evolution des Rassismus. Gebrauch und Mißbrauch von Wissenschaft. Frankfurt a. M. 1995.
110 Vgl. Ludwig Büchner: Fremdes und Eigenes aus dem geistigen Leben der Gegenwart. Leipzig 1890, S.376: „Vortrefflich kennzeichnet der deutsche Darwin, Professor Häckel", die Deszendenztheorie.
111 Vgl. Georg Uschmann u. Ilse Jahn: Der Briefwechsel zwischen Thomas Henry Huxley und Ernst Haeckel. In: Wissenschaftliche Zeitschrift der Friedrich-Schiller-Universität Jena, Mathematisch-Naturwissenschaftliche Reihe, Jena 9(1959/60)1, S.7-33.
112 Mauthner: Atheismus, 4.Bd., 1923, S.230/31.
113 Auch *Brüsseler-Freidenker-Internationale* genannt.
114 Satzungen des internationalen Freidenker-Bundes. In: Menschentum, Gotha 9(1880), S.157f.; zit. nach Jochen-Christoph Kaiser: Arbeiterbewegung und organisierte Religionskritik. Proletarische Freidenkerverbände in Kaiserreich und Weimarer Republik. Stuttgart 1981, S.82 (Industrielle Welt, 32).

Aufruf, so unter anderen Max Nordau (1849-1923)[115], Carl Scholl[116] und August Specht[117]. Allen Prominenten voran stand Otto von Corvin (1812-1886), dessen Schrift *Pfaffenspiegel* zwischen 1845 und 1885 in Millionenauflage erschien.[118] Sein Leben spiegelt die Freidenkerei bis zu diesem Zeitpunkt. Corvin war Offizier gewesen und in den Dreißigern mit dem freigeistigen Dichter Friedrich von Sallet in einem Regiment. Corvin wurde 1835 mit seiner *Anweisung zur Erlernung der Schwimmkunst* und als Schwimmkünstler berühmt, aber auch mit seiner Erfindung der Corvinelli, einer galvanischen Metallverzierung. In der Revolution gehörte er zur Badischen Revolutionsarmee und mußte ins Exil. Hier betrieb er kulturhistorische Studien. Sein *Pfaffenspiegel* erregte in der Ausgabe von 1868 großes Aufsehen, obwohl er schon vorher unter dem Titel *Historische Denkmale des christlichen Fanatismus* erschienen war.

Auch der erste Vorstand des Freidenkerbundes zeigte das bunte Bild der damaligen deutschen Freidenkerei.[119] Den Vorsitz bekam Ludwig Büchner. Er galt als ein „Vulgärmaterialist", dessen Buch *Kraft und Stoff* von 1855 lange Zeit als die wichtigste Grundlegung einer nichtidealistischen Weltanschauung galt und bis 1904 über zwanzig Auflagen erreichte.[120] Gestützt auf damalige naturwissenschaftliche Erkenntnisse, bestand Büchner auf dem entwicklungsgeschichtlichen Gewordensein von Weltall, Erde und Mensch. Er war ein enorm populärer Autor, konzentrierte sich in seiner Polemik gegen christliche Dogmen auf grundlegende Fragen und vermied Fachtermini weitgehend. Nach Bekanntwerden der Darwin-

---

115 Nordau, mit ursprünglichem Namen Südfeld, war promovierter Arzt und Jurist aus dem ungarischen Pest, ein Freund des Kriminalanthropologen Lombroso. Doch lebte er als Dichter und spekulativer Schriftsteller, der seine freidenkerischen Thesen immer mehr mit rassistischen verband, damit nicht nur sehr populär wurde, sondern als der eigentliche Propagandist der Rassendegeneration durch übertriebene Kultur und fremde genetische Einflüsse angesehen werden kann. Vgl. Max Nordau: Die conventionellen Lügen der Kulturmenschheit. 12. Aufl., Leipzig 1886 (zuerst 1884). – Ders.: Entartung. 2 Bände. Berlin 1898.
116 Vgl. Carl Scholl: Das Wesen des Deutschkatholizismus oder die Versöhnung des Glaubens mit der Wissenschaft. Mannheim 1846. – Ders.: An der Grenzscheide zweier Welten. Ein Wegweiser in die Zukunft für alle, insbesondere für Fürsten und Staatsmänner. Bamberg 1893.
117 Vgl. Karl August Specht: Freidenkertum und Geistescultur. Vortr. geh. ... am 19. Oktober 1889 in der freireligiösen Gemeinde zu Berlin. Berlin 1890.
118 Vgl. Otto v. Corvin: Pfaffenspiegel. Historische Denkmale des Fanatismus in der römisch-katholischen Kirche (Rudolstädter Ausgabe). Berlin-Schöneberg 1885.
119 Vgl. Kaiser: Arbeiterbewegung, S.84.
120 Vgl. Ludwig Büchner: Kraft und Stoff, oder Grundzüge der natürlichen Weltordnung. Nebst einer darauf gebauten Moral oder Sittenlehre. 19. Aufl., Leipzig 1898. – Der ursprüngliche Titel lautete (Darmstadt 1855): Dr. Büchner's Kraft und Stoff oder die Kunst Gold zu machen aus Nichts. Auch ein Zeichen unsrer Zeit, beleuchtet und gewürdigt von einem Freunde der Naturwissenschaft und Wahrheit.

schen Erkenntnisse reiste Büchner als eine Art naturphilosophischer Wanderprediger durch Deutschland. 1874 erlebte er in den USA einen Triumph mit über hundert Veranstaltungen in mehr als dreißig Städten. Mit Gründung des Bundes, der sich als eine Sektion des *Internationalen Freidenkerbundes* verstand, wurde sein Auftreten politischer, lehnte sich an die junge Arbeiterbewegung an und forderte besonders einen naturwissenschaftlichen Unterricht in einem von den Kirchen getrennten Schulwesen.

Als Büchners Stellvertreter wählte die Versammlung den Prediger Carl Voigt aus Offenbach und zum Schriftführer (bis 1892 im Amt) Dr. Carl August Specht (1845-1909), naturwissenschaftlicher Schriftsteller und Verleger aus Gotha. Beisitzer wurde der Redakteur Dr. Albert Friedrich Benno Dulk aus Untertürkheim. Er lebte wenig später in Eßlingen bei Stuttgart wie ein Eremit in einem Waldhaus, das er zu seinen Wanderpredigten in freien Gemeinden, Dichterlesungen und Bildungsabenden in sozialdemokratischen Arbeitervereinen verließ.[121] Kein Wunder, daß er in der bürgerlichen Welt als verrückter Außenseiter, gefährlicher Demagoge und Kinderschreck galt. Der Sozialdemokratie hatte er in deren Zeitung *Vorwärts* kurz vor der ersten (noch erfolglosen) Beratung des Sozialistengesetzes empfohlen, in der „erregenden Massenagitation" solle die Partei den Sozialismus als „Weltanschauung anstelle der absterbenden christlichen" kämpferisch predigen.[122] Aus der freireligiösen Bewegung kamen Sachse (Magdeburg) und Scholl (Nürnberg) in den Vorstand. Weiter gehörten dazu der ehemalige Hauptmann von Ehrenberg (Schlüchtern), der Gutsbesitzer Geisel (Oberingelheim), der Rentier Husemann (Detmold), die Berliner Ärzte Löwenthal und Schläger, der Sprachlehrer Oppenheim und Emil Stiebel (beide Frankfurt a. M.), Ingenieur Schneeberger (Wien) und Bankier Ulrich (Stuttgart). Zu den führenden Freidenkern zählten der Schriftsteller Wilhelm Bölsche, der Verleger Adolph Hoffmann sowie der Prediger Georg Welker[123] (Wiesbaden), der Münchener Kaufmann Peter J. Schmal und nach 1893 Rudolph Penzig.

Als Prototyp für einen Dissidenten, der sich vom naiven Zweifler am Christentum zu einem konsequenten Freidenker entwickelte und schließlich sogar mit eigenen „Denkfrüchten" in die geistigen Kämpfe seiner Zeit eingriff, wurde in der Gründungszeit des Bundes immer wieder der

---

121 Vgl. Albert Dulk: Der Irrgang des Lebens Jesu. In geschichtlicher Auffassung dargestellt. Erster Teil: Die historischen Wurzeln und die galiläische Blüte. Zweiter Teil: Der Messiasgang und die Erhebung ans Kreuz. M. e. Vorw. v. Robert Schweichel. Stuttgart 1884, 1885. – Albert Dulk's Sämmtliche Dramen. Erste Gesamtausgabe. Drei Bände. Hg. v. Ernst Ziel. Stuttgart 1893, 1893, 1894. – Bruno Wille: Albert Dulk. In: DsA 2(1896)7, S.427-432.
122 Albert Dulk: Religion. In: Vorwärts, Leipzig 3(19. Mai 1978)58, zit. nach Ludger Hölscher: Weltgericht oder Revolution. Protestantische und sozialistische Zukunftsvorstellungen im deutschen Kaiserreich, Stuttgart 1989, S.181, Anm. 133.
123 Vgl. Georg Welker: Freireligiöse Predigten. Bd.1, Wiesbaden 1901.

„Naturfreund" und „Bauernphilosoph" Konrad Deubler (1815-1883) angeführt. Anfang der Fünfziger mußte er wegen seiner Anschauungen für mehrere Jahre ins Gefängnis. Aus seinem kleinen österreichischen Bergdorf Coisern unterhielt der gelernte Müller einen regen Briefwechsel mit Ludwig Feuerbach (1804-1872), Ernst Haeckel und anderen. Kein geringerer als Arnold Dodel (1843-1908; Professor in Zürich) wurde sein Nachlaßverwalter.[124] Im Vorwort schreibt Dodel, und definiert damit das Spektrum der damaligen Freidenkerei, das Buch sei „für Monisten, Freidenker, Positivisten und Freireligiöse, für verschämte und für offenkundige Atheisten, Materialisten – Buddhisten und Mohammedaner, für Juden und Heiden und für – Christen der Neuzeit".[125] Zu den damals populären Freidenkern gehörte auch der freireligiöse Prediger a.D. Carl Scholl (1820 - nach 1900) in Nürnberg. Er trat als unermüdlicher Bekämpfer der „römischen Anmaßung" hervor. Insbesondere war er ein öffentlich wirksamer Verfechter des Rechts der Freidenker und Freireligiösen auf einen eigenständigen juristischen Status als „Nichtgläubige". So wandte er sich vehement gegen seine statistische Rubrizierung unter irgendeine Gläubigkeit oder gar Konfession.[126]

Das Bundesorgan der Freidenker hieß wie das amerikanische Pendant beziehungsreich *Menschenthum*, erschien bereits seit 1872 als *Blätter für freies religiöses Leben der Menschheit* (unter der Redaktion von Fritz Schütz aus Apolda), und verstand sich ab 1878 als *Sonntagsblatt für Freidenker* und seit 1895 als *Organ für deutsches Freidenkerthum* (bis zum 41. Jahrgang 1912).[127] Es wurde von Specht und Büchner (bis zu dessen Tod 1899) gemeinsam herausgegeben. 1910 übernahm der aus Fürth stammende Prediger und Dichter Eugen Wolfsdorf (1867-1920er) in Gotha die Redaktion, der auch bei den Freireligiösen sowie im *Monistenbund* aktiv war und später in Berlin wirkte.

In den Anfangszeiten des Bundes war für die Mitglieder noch kein Kirchenaustritt zwingend vorgeschrieben. Darüber kam es in der Folgezeit zu heftigen Kontroversen.[128] Gegen eine schnelle und radikale Entscheidung sprachen mehrere Gründe, vor allem die ungeklärte rechtliche Lage der Kinder solcher Dissidenten. Aber auch ganz pragmatische Ursachen schoben einen Trennungsstrich hinaus. Noch war die Klientel zu klein, um all den

---

124 Vgl. Arnold Dodel: Konrad Deubler der monistische Philosoph im Bauernkittel. Sein Entwicklungsgang vom einfältigen Glauben zum klaren Erkennen. Nach authentischen Quellen ... Stuttgart 1909 (Volksausgabe).
125 Arnold Dodel: Vorwort. In: Ders.: Konrad Deubler, S.VII.
126 Vgl. Carl Scholl: Die große Lüge im religiösen Leben der Gegenwart. Letzter Mahnruf eines Achtzigjährigen. 2. Aufl., Bamberg 1900.
127 Kurzzeitige Verlagsorte waren Apolda (1872) und Nürnberg (1912), sonst meist Gotha.
128 Vgl. Georg Schneider: Farbe bekennen! Ein Beitrag zur Frage des Kirchenaustritts. Bamberg 1894.

vielen freidenkerischen Predigern, die den Bund mit gegründet hatten, außerhalb der freien religiösen und deutschkatholischen Gemeinden ein Auskommen zu sichern. Sie waren sowieso auf Nebenverdienst angewiesen. Anfang der Neunziger spitzten sich die Auseinandersetzungen über die Kirchenmitgliedschaft im Bund zu. In diesem Streit trat eine stärker kirchenfeindliche Richtung auf, die schließlich eine Mehrheit bekam. Dabei trat der ehemalige Rabbiner Jakob Stern (1843-1911), der in Stuttgart als Redakteur arbeitete, mit kräftigen Anwürfen gegen „halbes Freidenkertum" hervor.[129] Der Konflikt um die Kirchenmitgliedschaft verwob sich mit der Frage, wie man zur Sozialdemokratie stehen sollte. Carl August Specht legte sich in seiner Zeitschrift *Menschenthum* gegen sie fest. 1892/93 gründete die Mehrheit ein eigenes Bundesorgan, das zunächst *Correspondenzblatt* und ab 1895 *Der Freidenker* hieß, mit den beiden Dichtern Friedrich Wilhelm Gerling und Bruno Wille als Redakteuren. Das Blatt erschien ab 1894 bis Sommer 1924.[130] Zur Zeit der Kartellbewegung betrug die Auflage um die 5 500.

Wille hatte sich 1881-1883 in Bonn in ein Theologiestudium eingeschrieben, das er allerdings abbrach, um Philosophie, dann Naturwissenschaft und Mathematik zu studieren. Zunächst lebte er allerdings auf Kosten seines Bruders (ab 1883 in Berlin). Zwischen 1886 und 1888, dem Jahr seiner Promotion in Kiel (mit einer Arbeit über Hobbes), trieb es ihn nach Rumänien, durch Sinai und Kleinasien. Dann wurde Wille bis 1891 kurzzeitig Politiker (bei den rebellischen sozialdemokratischen „Jungen"). Er verfaßte neben Romanen und Gedichten auch ein freireligiöses *Lehrbuch*, in dessen Gesangsteil er bekannten Chorälen freidenkerische Texte unterschob.[131] Zudem legte Wille jährlich einen eigenen *Freidenker-Kalender* auf. Ihm gelang es Dank seiner organisatorischen, redaktionellen, schriftstellerischen und

---

129 Vgl. Jakob Stern: Halbes und ganzes Freidenkerthum. Stuttgart 1890. – Vgl. auch seine Publikation im sozialdemokratischen Verlag *Dietz* in Stuttgart: Die Religion der Zukunft. 3., gründl. neu bearb. u. verm. Aufl. 1889 und Ders.: Einfluß der sozialen Zustände auf alle Zweige des Kulturlebens. Stuttgart 1889.
130 Vgl. Correspondenzblatt des Deutschen Freidenker-Bundes. Köln 1(1892/93) - 2(1893/94); Der Freidenker. Zeitschrift des Deutschen Freidenkerbundes und seiner Zweigvereine. Köln 3(1895) - 22(1914); ab 1898 hg. i. A. des Deutschen Freidenkerbundes; ab 1911 ... und des deutsch-schweizerischen Freidenkerbundes; Berlin (1896/97), Wiesbaden (1898), Berlin 1899-1906), München und Leipzig (ab 1907; unter verschiedenen Untertiteln bis 9(1933). – Bis 1921 war Bruno Wille Redakteur bzw. ab 1920 Herausgeber, mit einem Interregnum 1898 (J. Hoch); zeitweilig waren auch der Prediger Vogtherr (1859-1923), der aus Breslau kam, in Berlin und Bonnet in Zürich Redakteure.
131 Bruno Wille: Lehrbuch für den Jugendunterricht freier Gemeinden. I. A. der freireligiösen Gemeinde zu Berlin. Teil 1: Lieder und Sprüche. Teil 2: Moralische Geschichten und Fabeln, Kulturbilder, alte und neue Weltanschauung. Berlin 1891, 1892. – Teil 1 in 2., veränd. Aufl., Berlin 1900 (bei Adolph Hoffmann).

lehrenden Tätigkeit, in der Freidenkerbewegung eine halbwegs bürgerliche Existenz aufzubauen. Den Grundstein dafür legte er als freier Prediger.[132]

Spannungen: bürgerliche gegen sozialdemokratische Freidenkerei

1869 veröffentlichte der ehemalige Junghegelianer Arnold Ruge (1802-1880) sein Alterswerk, das schon im Titel ironisch auf Schleiermacher anspielte: *Reden über Religion*.[133] Aus dem raschen Wandel des Sozialen und dem Vormarsch der Vernunft schloß Ruge auf ein Ende aller Religionen. Damit erhielten die Freidenker unter den Freireligiösen ein weiteres Argument, das zudem den Anreiz lieferte, sich dem Werk von Karl Marx (1818-1883) zu öffnen, der von London aus die Sozialdemokratie beeinflußte und dessen erster Band seiner Kapitalanalyse 1867 erschien. Der Hang, sich Marx' Ideen aufzuschließen, entsprang nicht zuletzt den inneren freireligiösen und freidenkerischen Diskursen, weil sich frühe sozialistische Theoretiker in den weltanschaulichen Grundsatzstreit und in den „Kulturkampf" einmischten, indem sie ihre noch sektenhafte Ideologie wie eine neue Glaubenslehre vortrugen. Viele dieser sozialistischen Missionare wurden Mitte der Siebziger zwar von außeruniversitären Freigeistern mit Aufmerksamkeit bedacht, aber von Professoren in aller Regel nicht zur Kenntnis genommen.

Zu diesen Außenseitern gehörte der Lohgerber und „Arbeiterphilosoph" Joseph Dietzgen, der trotz seines für damalige Verhältnisse bemerkenswerten Buches von 1869 über *Das Wesen der menschlichen Kopfarbeit* in der Gelehrtenwelt unbekannt blieb. In einer 1916 veröffentlichten Studie über Dietzgen stellte der sozialdemokratische Redakteur Adolf Hepner (1846-1923), bekannt aus dem Hochverratsprozeß von 1872 gegen ihn, August Bebel und Wilhelm Liebknecht, ernüchternd fest: „Bis vor fünf Jahren war der bloße Name Josef Dietzgen an den Universitäten nur sehr wenig bekannt."[134] Um so bekannter wurde Dietzgen in der Arbeiterbewegung, weil

---

132 Vgl. Bruno Wille: Der Tod. Vortrag gehalten ... am 23. November 1888 (Todtenfest) in der freireligiösen Gemeinde zu Berlin. Berlin 1889. – Ders.: Die sittliche Erziehung. Vortrag gehalten ... am 19. Januar 1890 in der freireligiösen Gemeinde zu Berlin. Berlin 1890. – Ders: Das Leben ohne Gott. Vortrag gehalten ... am 9. März 1890 in der freireligiösen Gemeinde zu Berlin. Berlin 1890.
133 Vgl. Arnold Ruge: Reden über Religion, ihr Entstehen und Vergehen. An die Gebildeten unter ihren Verehrern. Berlin 1869.
134 Adolf Hepner: Josef Dietzgens Philosophische Lehren. Mit einem Porträt. Stuttgart 1916; zit. nach der 2. Aufl. Stuttgart und Berlin 1922, S.17, Anm. (IB, 58). – Vgl. Gerhard Huck: Joseph Dietzgen (1828-1888). Ein Beitrag zur Ideengeschichte des Sozialismus im 19. Jahrhundert. Stuttgart 1979.

diese ihn als Möglichkeit vorzeigte, wozu Arbeiter geistig fähig sind. Als Theoretiker im sozialistischen Umfeld wurde er auch von der staatlichen Zensur registriert: „vulgärer Materialist", „Dilettant", „Klassenverhetzer" und „Religionsverunglimpfer". Er war 1869 aus St. Petersburg nach Deutschland zurückgekehrt und publizierte danach einige Schriften, mit denen er in politische Schwierigkeiten geriet. Seine Verhaftung erfolgte 1878.

So sehr bereits bis Mitte der Siebziger im Reich gegen die Sozialdemokratie vorgegangen wurde und die Regierung Bismarck Anti-Sozialistengesetze vorbereitete, im Kampf um die ideologische Vorherrschaft bei der inneren Gestaltung des Reiches saß die Sozialdemokratie noch in den Startlöchern, so sehr sich einige ihrer Theoretiker auch mühten, den Sozialismus als neue Religion anzupreisen und sogar die Person des Jesus in ihrem Sinne umzudeuten[135] Dietzgen griff religiöse Themen und damals dogmatisierte Glaubensfragen bewußt auf. 1882 kam in Bonn des öfteren ein Student zu Besuch, der spätere Freidenker Bruno Wille, den Dietzgen zum Sozialismus bekehrte.[136] 1884 wanderte er in die USA aus.

Auf dem Höhepunkt des „Kulturkampfes" veröffentlichte Dietzgen sogenannte *Kanzelreden*, in denen er sowohl von der „Lehre unserer sozialdemokratischen Kirche" als auch von der antireligiösen Sozialdemokratie sprach. Mit einem ironischen Unterton bestimmte er den ersehnten Heiland als die „bewußte, planmäßige Organisation der sozialen Arbeit". Humanität, die auf Demokratie und wissenschaftlicher Erkenntnis der ökonomischen Gemeinschaft beruhe, werde die Religion ablösen.[137] „Wer das phantastische, das religiöse System der Welterklärung absetzen will, der muß doch wieder ein System, diesmal ein rationelles, an die Stelle setzen. Und das vermag nur die Sozialdemokratie."[138] Dietzgens Vorstellungen entsprachen nicht nur vielen Wunschbildern, die damals Arbeiter motivierten, sich trotz politischer Ausgrenzung der Sozialdemokratie zuzuwenden. Sie kamen besonders denjenigen von ihnen entgegen, die sich freireligiös orientierten.

Ein Blick in die freien Gemeinden und die noch junge organisierte Freidenkerei zeigt recht heterogene Versammlungen, in denen der Wunsch nach entsprechenden Theorien wuchs. In diesem Rahmen setzten in den Sechzigern auch die ersten Konflikte zwischen bürgerlichen und sozialde-

---

135 Vgl. Helmuth Rolfes: Jesus und das Proletariat. Die Jesustradition der Arbeiterbewegung und des Marxismus und ihre Funktion für die Bestimmung des Subjekts der Emanzipation. Düsseldorf 1982.
136 Vgl. Bruno Wille: Das Bruno Wille-Buch. Hg. v. seinen Freunden nebst e. Einl. „Mein Werk und Leben". Dresden 1923, S.16 (Schöpferische Mystik). – Ders.: Der Arbeiterphilosoph Josef Dietzgen. In: DsA 2(1896)4, 206-215.
137 Joseph Dietzgen: Die Religion der Sozial-Demokratie. Kanzelreden. 4., verm. Aufl., Leipzig 1877, S.14, 11, 17, 26. – Vgl. Hepner: Dietzgens Lehren, S.38-58.
138 Dietzgen: Religion, S.38.

mokratischen Freidenkern und Freireligiösen ein – schon weil immer neue Varianten entstanden. Joseph Wiesenthal unterhielt in Breslau einen freidenkerischen *Verein Freier Gedanke*. Ewald Vogtherr war in den Fünfzigern nach Wernigerode und in den Siebzigern schließlich nach Berlin übergesiedelt, wo er gemeinsam mit Hofferichter und Sachse 1876 einen *Verein zur Pflege des religiösen Lebens* betrieb. Er hatte bei den Freireligiösen die Funktion eines Kassierers, hielt etliche Vorträge[139], gehörte zudem dem Bundesausschuß der Freidenker an und saß als Sozialdemokrat für den 3. Berliner Wahlkreis ab 1898 im Deutschen Reichstag. Mit Tschirn gab Vogtherr ab 1892 in Mannheim als *Freireligiöse Zeitschrift* das Bundesblatt *Die Geistesfreiheit* heraus, die es auf dreißig Jahrgänge brachte.[140]

Eine besondere Rolle in der gesamten Freidenkerbewegung und bei deren Sozialdemokratisierung spielte der universale Autodidakt Adolph Hoffmann (1858-1930), der 1873 zur *Freireligiösen Gemeinde Berlin* fand, 1893 deren Zweiter und 1913 ihr Erster Vorsitzender wurde. Seine Biographie war schon zu diesem Zeitpunkt außergewöhnlich, denn Hoffmann hatte sich als verwaistes uneheliches Kind als Schiffsjunge, Holzfäller, Korbmachergehilfe, Laufbursche, Kunstmaler und Vergolder durchgeschlagen und vom Hausierer zum Kolporteur mit Büchern und Zeitschriften hochgearbeitet. 1876 trat Hoffmann in die Sozialdemokratie ein, wurde 1884 aus Preußen ausgewiesen[141], betrieb zunächst in Halle ein Zigarrengeschäft, gründete aber kurze Zeit später (bis 1893 in Zeitz angesiedelt) seinen später so genannten *A. Hoffmann Verlag Berlin O*. Hier erschienen in der Folge an die zweihundert Titel, davon etwa ein Fünftel eigene[142]: Theaterstücke, Couplets, Parodien, Bilderbücher, Anekdoten, Witze und eben auch freidenkerische und politische Literatur – nach dem Urteil von Clara Zetkin – das meiste im „Schlager"-Stil.[143] Hoffmann gehörte als Stadtverordneter in Berlin (1900-1929), als Abgeordneter im Preußischen Landtag (1908-1919) und im Reichstag (1904-1906) stets zum linken Flügel der Sozialdemokratie. Von der Berliner Gemeinde der Freireligiösen und sei-

---

139 Darunter vgl. E(wald) Vogtherr: Christlicher und vorchristlicher Geisterglaube. Vortrag gehalten ... am 2. Dezember 1888 in der freireligiösen Gemeinde. Berlin 1889. – Davon einiges später gedanklich ausgebaut in Ders.: Menschendienst statt Götzendienst. Eine Anregung zu neuem freidenkerischem Wirken mit Hilfe sozialer Moral. Frankfurt a. M. (NFV).
140 Danach erschien sie als Organ des *Bundes Freireligiöser Gemeinden Deutschlands* auch in den Zwanzigern und nach 1945.
141 Vgl. Adolph „Hoffmann's Erzählungen". Gesammelte ernste und heitere Erinnerungen aus sozialistengesetzlicher Zeit. Berlin o.J.
142 Vgl. Gernot Bandur: Zehn-Gebote-Hoffmann. Adolph Hoffmann, eine sozialistischer Verleger und treuer Vorkämpfer der deutschen Arbeiterklasse. In: Börsenblatt des deutschen Buchhandels, Leipzig 150(1983)30, S.595-597.
143 Vgl. Clara Zetkin am 5. Oktober 1897 in: Protokoll über die Verhandlungen des Parteitages der Sozialdemokratischen Partei Deutschlands. Abgehalten zu Hamburg vom 3. bis 9. Oktober 1897. Berlin 1897, S.101.

nem antikirchlichen Buch *Die Zehn Gebote und die besitzende Klasse* von 1904 ging sein Ruf als „Zehn-Gebote-Hoffmann" aus.[144]

Alle freidenkerischen Organisationen beschäftigten sich damals mit nicht-christlichen Moralnormen, so daß verschiedene Fassungen neuer „Zehn Gebote" in Vorschlag kamen. Von protestantischer Seite war schon Mitte der neunziger Jahre ein Wettbewerb für einen modernen Arbeiterkatechismus ausgelobt worden, um den politischen Ansprüchen der Sozialdemokratie zu begegnen.[145] Daran hatte sich schlitzohrig auch der Freidenker Richard Calwer (Pseudonym: Paul Kempe) beteiligt, späterer sozialdemokratischer Handels-, Verkehrs- und Gewerkschaftsexperte. Sein eingesandter Glaubensleitfaden war eine sozialdemokratische Bekenntnisschrift.[146] Auch der politisch ganz gegenteilig denkende Monist Johannes Unold hatte solche Moralbefehle formuliert, in diesem Falle monistische.[147] Das führte zu einer längeren Diskussion, an der sich auch Ostwald mit Formulierungen beteiligte.[148] Obwohl Hoffmann die zehn Gebote aus seiner radikalen Position heraus nur kritisiert hatte, eilte ihm der Ruf voraus, neue Gebote formuliert zu haben. Das stimmte insofern, als seine Attacken darauf hinausliefen, das Parteiprogramm der Sozialdemokratie als geistige Richtschnur und deren Statut als Verhaltenskodex anzuerkennen. Dieser Interpretation folgten eine ganze Reihe Berliner Freireligiöse und brachte sie dazu, wieder aus dem *Bund freier Gemeinden* auszutreten und eine stärker freidenkerische Richtung zu befördern.

Hoffmann wurde vor allem von denjenigen Freireligiösen unterstützt, die in der Sozialdemokratie ihre geistige und politische Heimat fanden und wichtige Funktionen bekleideten. Dazu rechnete vor allem Vogtherr.[149] Weiter gehörten zu diesem Kreis der ehemalige Tabakarbeiter Wilhelm Ha-

---

144 Adolph Hoffmann: Die zehn Gebote und die besitzende Klasse. Nach dem gleichnamigen Vortrage m. e. Geleitbrief v. Clara Zetkin ... Berlin 1904.
145 Zur Verweltlichung der Glaubenslehren im 18. und 19. Jahrhundert und zu deren Frage-Antwort-Spielen vgl. Politische Katechismen. Volney. Kleist. Heß. Hg. v. Karl Markus Michel, Frankfurt a. M. 1966.
146 Vgl. Richard Calwer: Arbeiter-Katechismus. Eine sozialdemokratische Antwort auf das Preis-Ausschreiben des Pfarrers Weber zur Anfertigung eines Arbeiter-Katechismus für evangelische Arbeiter. Berlin 1896.
147 Vgl. Johannes Unold: Die zehn Gebote des Monismus. (Auf Grund der Erfahrungen aus Natur und Geschichte). In: Der Monismus 6(1911)58, S.210-212.
148 Von dieser Diskussion kann angenommen werden, daß sie breite Wirkung zeigte und in ihren Konsequenzen viele Jahre später „praktisch" wurde. Unter direkter Berufung auf Hoffmann führte Walter Ulbricht durch einen SED-Parteitagsbeschluß von 1958 die „10 Gebote der sozialistischen Moral und Ethik" in der DDR ein. – Vgl. Walter Ulbricht: Der Kampf um den Frieden, für den Sieg des Sozialismus, für die nationale Wiedergeburt Deutschlands als friedliebender, demokratischer Staat. In: Protokoll ... V. Parteitag der Sozialistischen Einheitspartei Deutschlands ..., Bd.I, Berlin 1959, S.148-182.
149 Vgl. Ewald Vogtherr: Moderne Ketzergerichte. Ein Schul- und Ideenkampf der Freireligiösen Gemeinde Berlin. Berlin 1891.

senclever (1837-1889), Carl Demmler aus Geyer im Erzgebirge, der Leipziger Zigarrenmacher Friedrich Wilhelm Fritzsche (1825-1905), der Nürnberger Redakteur Anton Memminger, die Schuhmacher Julius Vahlteich (1839-1915; Dresden, Chemnitz; ab 1881 USA) und Theodor Metzner (1830-1862; Berlin) und nicht zuletzt Wilhelm Liebknecht (1826-1900). Zu den frühen radikalen und sozialdemokratischen Freidenkern zählte Johann Most (1846-1906), der vom Buchbinder zum Redakteur avanciert war. Vor dem Sozialistengesetz saß er als einer der wenigen Sozialdemokraten im Reichstag. Zu dessen Beginn erwarb sich Most als Redakteur der *Freiheit* sogar den Ruf eines Anarchisten, flog aus der Partei und wanderte in die USA aus, wo er ebenfalls freidenkerisch tätig wurde.[150]

Das Schicksal der Schneiderin Agnes Wabnitz (1842-1894), die zur Begründerin der Arbeiterinnenbewegung gehörte, dafür ins Gefängnis ging und ihre Nähmaschine in eine Pfandleihe brachte, erhob sie in den Augen der Freireligiösen zur Märtyrerin. Auch die Berliner Gewerkschafterin Emma Ihrer (1857-1911) war freireligiös. In den großstädtischen freireligiösen Vereinigungen kam es zu einer raschen Veränderung der sozialen Struktur, wie der schon vorn zitierte Theologe Paul Drews kurz nach der Jahrhundertwende hervorhob: „Seit etwa 1890 und noch früher ist die Arbeiterschaft das bei weitem überwiegende Element in vielen Gemeinden, namentlich in Sachsen und in Norddeutschland; auch die Nürnberger Gemeinde besteht wohl fast nur aus Arbeitern."[151] Deren Hinwendung zur Sozialdemokratie signalisierte das Versagen der Kirchen vor den sozialen Problemen des proletarischen Daseins. Nur auf diesem Hintergrund ist die zunehmende Akzeptanz des Marxismus als Weltanschauung erklärbar.[152]

Dieser Wandel hinterließ auch bei den Bürgerlichen unter den Freireligiösen nachhaltige Wirkung und beförderte deren stärker philanthropisches Denken aus dem Wunsch heraus, die Klassenspaltung nicht ausarten zu lassen. Das zeigte sich insbesondere in Berlin, wo die sozialen Konflikte eskalierten, bei Albert Gehrke (1840-1911; Professor), Waldeck Manasse (gest. 1923), Bernhard Naunyn (1839-1925; Arzt; Professor an der Charité, später in Straßburg; 1904 emeritiert; in Berlin zeitweise 2. Bürgermeister), Hein-

---

150 Vgl. Johann Most: Die Gottespest und die Religionsseuche (1883). 12. Aufl. New York 1887 (IB, 3). – Rudolf Rocker: Johann Most. Das Leben eines Rebellen. Berlin 1924. – Rokker war vor dem ersten Weltkrieg der bekannteste deutsche Anarchist. – Zu Most vgl. Kaiser: Sozialdemokratie und „praktische" Religionskritik, S.267-274.
151 Drews: Gemeinden, S.489/90.
152 Vgl. Heinz-Horst Schrey: Der marxistische Atheismus. In: Libertas christiana. Friedrich Delekat zum 65. Geburtstag. In Gem. m. Ernst Wolf bes. v. Walter Matthias, München 1957, S.171/72: „Darin hat der Marxismus seine weltgeschichtliche Aufgabe bis zum heutigen Tage, daß er auf Mißstände aufmerksam macht, die von den Christen nicht gesehen oder gar mitveranlaßt worden sind und über die sie schweigen."

rich Roller (1839-1916; Schriftsteller; Erfinder der nach ihm benannten Kurzschrift), Titus Voelkel (Pseudonym: S. E. Verus; Schriftsteller), Karl Weisse (manchmal Weise; 1844-1912) und vor allem der Charlottenburger Stadtrat Rudolph Penzig.[153] Penzig gehörte in den Neunzigern sowohl dem *Bund Freireligiöser Gemeinden* an als auch der am 16. September 1887 vom freireligiösen Prediger Georg Siegfried Schäfer (1833-1904) gegründeten *Berliner Humanistengemeinde*, einer Abspaltung bürgerlicher Mitglieder aus der dortigen *Freireligiösen Gemeinde*, die zur Keimzelle der *Deutschen Gesellschaft für Ethische Kultur* wurde. Schäfer war ausgebildeter Lehrer, zeitweilig Schulrektor, Mitarbeiter der *Allgemeinen Rechtsschutz-Vereine zu Berlin* und dann besoldeter Jugendlehrer und Sprecher der Gemeinde. Er löste hierin 1867 A. T. Wislicenus als „Redner" ab[154], der dieses Amt seit 1861 ausübte. Schäfer wurde 1887 wegen seiner positiven Haltung zur Sozialdemokratie vom Vorstand geschaßt, weigerte sich aber, seine Stellung aufzugeben. Die Mehrheit der Gemeinde wollte wegen der unsicheren Rechtsverhältnisse[155] keinen Konflikt mit der Polizei riskieren. Sie schreckte vor einer weiteren Politisierung ihres Vereins zurück und verzichtete deshalb auf eine prinzipielle Debatte mit Schäfer, aber auch mit der zunehmenden Zahl ihrer sozialdemokratischen Mitglieder. Daraufhin trat eine radikalliberale Minderheit von etwa zweihundert Personen aus und gründete die *Berliner Humanistengemeinde* mit Schäfer als ihrem Lehrer und Sprecher.[156] Sie ließ sich als Verein registrieren und bot ihren Mitgliedern und Sympathisanten, darunter zahlreichen Angehörigen der freien Gemeinde, populäre Vorträge und wissenschaftliche Debatten „ohne zu ‚andächteln'".[157] Eine Folge der Trennung war, daß die verbleibenden unpolitischen

---

153 Penzig war von 1898-1920 in dieser unbezahlten Funktion. Erst nach dem dritten Wahlgang wurde er von der Regierung bestätigt, nachdem sich Franz v. Liszt für ihn eingesetzt und Oberbürgermeister Schustehrus versichert hatte, ihn nur für das Fortbildungs- und Fachschulwesen zu verwenden. Weil er Dissident war, sollte er von der Schuldeputation, in die ihn die Charlottenburger entsandten, ferngehalten werden.
154 Vgl. G(eorg) S(iegfried) Schäfer: Die Grundsätze der freireligiösen Gemeinde Berlin, mit Erläuterungen, als Grundlegung für die „Vernunftgemäßen Lebensbetrachtungen etc." Berlin 1885; zuvor u. d. T. Die Grundsätze der freireligiösen Gemeinde. Als Entwurf der allgemeinen öffentlichen Kritik, insbesondere der freireligiösen Gemeinde zu Berlin übergeben. Berlin 1870.
155 Vgl. Hermann .Heimerich: Die Rechtsverhältnisse der freireligiösen Gemeinden in Preußen. Frankfurt a. M. (NFV) 1910; als juristische Dissertation verteidigt in Würzburg am 3.2.1911.
156 Vgl. G(eorg) S(iegfried) Schäfer: Die Grundsätze der humanistischen Gemeinde Berlin, Leipziger Straße 135. M. Erläuterungen. Berlin 1891.
157 Rudolph Penzig: Ohne Kirche. Eine Lebensführung auf eigenem Wege. M. e. Geleitw. v. Wilhelm Bölsche. Jena 1907, S.239. – Vgl. Alfred Paris: Das Glaubensbekenntnis des Humanisten. Ein Evangelium unseres Zeitgeistes. Berlin 1893. – Bis Ende der zwanziger Jahre gehörte zu Penzigs „Amtsführung ... außer den 14täglichen Predigten auch die Vornahme der sogenannten Kultushandlungen (Namensfest statt Taufe, Jugendlehre mit nachfolgender

Freireligiösen nun gegenüber den sozialdemokratischen Mitgliedern in die Minderheit gerieten, weshalb viele von ihnen das Feld räumten. In den Veranstaltungen der *Humanistengemeinde* wurden verschiedene weltanschauliche Themen in einem Kreis vorgetragen, der „meist aus sogenannten kleinen Leuten, Handwerkern, Kaufleuten, aber auch einer nicht ganz kleinen Anzahl akademisch gebildeter Hörer"[158] bestand. Die Sitzungen fanden an jedem ersten und dritten Sonntag in der Aula der Friedrich Werderschen Oberrealschule statt (im Sommer um 10.30 Uhr, im Winter um 18.00 Uhr).[159] Die Gemeinde richtete eine Freibibliothek ein und begann, über ihre Vereinsgrenzen hinaus, Kindern Unterricht in Religionsgeschichte und Sittenlehre zu geben. Den Vorsitz der Gemeinde hatte seit „1899 nach einigen Gastvorträgen"[160] Penzig inne, dann Reinhold Müller, der, gemeinsam mit Penzig, die *Humanistengemeinde* im *Deutschen Freidenkerbund* vertrat und dem freireligiösen Verbund ebenfalls angehörte. Penzig wirkte seit den Neunzigern für ein liberales Freidenkertum und gehörte seit der Jahrhundertwende und einer (erfolglosen) Reichstagskandidatur 1903 zum linken Flügel der Fortschrittspartei. Hoffmanns und Penzigs überregionales Wirken beeinflußte in Berlin eine neue Generation von Freireligiösen und Freidenkern, von denen besonders die Familien der Brüder Harndt zu nennen sind. Adolf Harndt (1874-1932) wurde nach 1900 Geschäftsführer der Gemeinde und Leiter des Berliner Kulturkartells.

Moritz von Egidy:
„Ernstes Wollen" zur religiösen Erneuerung

Protestanten waren die eigentlichen Verlierer des „Kulturkampfes". Sie hatten ihn in dem Glauben unterstützt, eine neue reformatorische Welle kündi-

---

Jugendweihe [Konfirmation], Trauung und Begräbnis bzw. Einäscherung". Vgl. Penzig: Apostata, S.93/94.
158 Penzig: Ohne Kirche, S.239.
159 Vgl. Rudolph Penzig: Laien-Predigten von neuem Menschentum. Sonntagsvorträge, gehalten in der humanistischen Gemeinde zu Berlin. Berlin-Schlachtensee (bei Wilhelm Schwaner!) 1906-1912, 10 Hefte: 1. Sorgen und Hoffnungen beim Jahreswechsel. 2. Das Recht auf Muße. 3. Das Evangelium des Kindes. 4. Vom Hoffen und Harren. 5. Die ethische Menschengemeinde. 6. Was will die humanistische Gemeinde? 7. Lebendige Gedanken eines Toten (M. v. Egidy). 8. Natürliche Erlösungsreligion. 9. Freies Christentum und religiöser Fortschritt. 10. Das kommende Heil der Menschheit (Zur Feier des 25jährigen Bestehens der Humanistischen Gemeinde in Berlin am 16. September 1912). – Weitere Themen sind Penzig: Ohne Kirche, S.239/40 zu entnehmen: Die Predigt Zarathustras. Urväterglaube und Urväterweisheit. Vom Chaos zum Kosmos. Zur Ethik der Arbeit. Aus Rückerts Weisheit des Brahmanen. Heiligt der Zweck die Mittel? Das Vaterunser. Kindererziehung gleich Selbsterziehung.
160 Penzig: Apostata, S.93.

ge sich an. Während der katholische Kirchenapparat in seinem Verhältnis zum Staat einige Rückzieher machen mußte, wurde seine innere Organisation gefestigt. Anders die protestantischen Landeskirchen; sie traf jede weitere Entkirchlichung des Staates besonders empfindlich, gab es doch in ihren Reihen zahlreiche Denker, die in der Entstaatlichung der Kirche und in der Erneuerung der Theologie eine Chance sahen, den Glauben stärker an den Einzelmenschen zu binden und ihn dadurch zukunftsfähig zu machen.

In der Folgezeit widmeten sich verschiedene protestantische Kreise verstärkt den möglichen Folgen einer weiteren Säkularisierung des Staates. Die Motive und Ziele dafür waren allerdings verschieden. Die einen wollten zwischen Staat und Kirchen vermitteln, andere zu einer weniger dogmatischen Kirche finden. So beförderte Albrecht Ritschl eine Ethisierung der christlichen Lehre. Adolf von Harnack versuchte, sie den Individualisierungen anzupassen, die das moderne Leben zunehmend prägten. Für einen möglichen politischen Erfolg der Forderungen des Kartells sprach das Aufkommen einer liberalen Reformgruppe in der protestantischen Kirche um E. Foerster, König, Pfannkuche und andere. Deren Ziele glichen denen im *Weimarer Kartell*: Herstellung der „Rechtsfähigkeit für dissidentische Gemeinden", „Strafbestimmungen für Beeinträchtigung der Religionsfreiheit durch Behörden, Religionsgemeinschaften und einzelne", „Trennung von Verwaltung und Rechtsprechung in den vom Staate privilegierten Kirchen", „Beseitigung des Zwanges zur Teilnahme am konfessionellen Religionsunterricht in Staatsschulen", „Beseitigung der geistlichen Schulaufsicht", „Kommunalisierung der Friedhöfe", „Änderung des Eidesformel"und „Erleichterung des Verfahrens beim Austritt aus den Kirchen".[161]

Erich Foerster und August Pfannkuche befürworten die „Entkirchlichung" des Staates, weil sie dem Christentum auf deutschem Boden nur eine Weiterexistenz zutrauten, wenn es sich deutlicher national festmache.[162] Eine solche Verankerung des Christentums wurde besonders von Karl König betrieben, der Pfarrer in Bremen war und der später zu den nationalsozialistischen *Deutschen Christen* gehörte.[163] Pastor Foersters Vorschläge betrafen die „Entkirchlichung des Staates und Entstaatlichung der Religionsgesellschaften", die „vollständige Neutralität des Staates gegenüber dem religiösen Leben des Volkes".[164] Zur Religionsfreiheit gehöre auch

---

161 Pfannkuche: Staat und Kirche, S.128.
162 Vgl. Erich Foerster: Entwurf eines Gesetzes betreffend die Religionsfreiheit im Preussischen Staate, mit einer Einleitung und Begründung. Tübingen 1911. – August Pfannkuche: Gegen den Religionsschutz durch das Strafgesetz (§ 166). Vortrag, gehalten auf dem Pfarrertage in Hannover. Halle 1907. – Ders.: Staat und Kirche. Grundsätze eines kirchenpolitischen Programms für den entschiedenen Liberalismus. Berlin-Schöneberg 1912.
163 Vgl. Karl König: Staat und Kirche. Der deutsche Weg zur Zukunft. Jena 1912.
164 Foerster: Entwurf, S.41.

die Freiheit des einzelnen Staatsbürgers, sich religiöse „Ueberzeugungen welcher Art immer, auch irreligiöse ... zu bilden, anzuerkennen, zu wechseln und einzeln oder in Gemeinschaft mit anderen zu pflegen, ohne daß ihm hieraus irgendwelche staatsbürgerliche Vor- und Nachteile erwachsen". Paragraph 1 sah vor, die „Bekleidung öffentlicher Aemter ist vom religiösen Bekenntnisse unabhängig".[165] Die meisten dieser Argumente erreichten eine breitere Öffentlichkeit. Sie wurden logischerweise vor allem unter den Dissidenten Gesprächsstoff, drangen aber auch in den Beamtenapparat ein, selbst in den des Militärs. Zu den bedeutendsten „Eroberungen" der Freidenker rechnete Rittmeister Kurt von Tepper-Laski (1850-1931), ein angesehener Rennreiter. In Leipzig bekannte sich nach 1900 der Offizier Friedrich Hempelmann (geb. 1878; später Zoologe und Privatdozent) zum Monismus, in München der Oberstleutnant von Olivier. Korvettenkapitän a.D. von Koppelow stand in Berlin dem *Komitee Konfessionslos* vor.

Eine erste Bresche für ein nationales Christentum ohne Dogmen und für eine Zusammenarbeit mit Dissidenten schlug in Preußen 1890 der sächsische Oberstleutnant der Husaren Christoph Moritz von Egidy (1847-1898), der zu dieser Zeit in Großenhain Dienst tat und ein ebenso großer wie demonstrativer Kaiserverehrer war. Auch wenn sich in der Folge rationalistische Freidenker, deutschgläubige Christen und völkische Verehrer germanischer Helden auf ihn beriefen – Egidy selbst blieb zeitlebens ein bekennender Christ und die „Form, in der er sich mit der sozialen Frage befasste, blieb noch lange die des religiösen Propheten".[166] Ihm schwebte eine Religion ohne Kirchenlehren vor. Er verband seine Vorstellungen mit einem gehörigen Maß ethischer Schwärmerei. „Sein eigentlicher Beitrag zum mystischen Denken, den die völkische Bewegung [später, H.G.] übernahm, war die These, daß der Erziehung eine Kardinalrolle zukäme, indem sie der Jugend ethisch-religiöses Denken vermitteln müsse." Bei allem völkischem Hintergrund, dem von Egidy erlag, und entgegen späteren gegenteiligen Vereinnahmungen – er war Pazifist. „Vielleicht sah er im Volk die einzig verbleibende politische Struktur, die ein Funktionieren der Theorien von der Gleichheit des Menschen in einer ethischen Gesellschaft ermöglichte, denn für ihn waren wenige Alternativen übriggeblieben, nachdem er Industrialisierung, Verstädterung, moderne Wissenschaft und die von der Modernität geforderten ethischen Werte verworfen hatte."[167]

Von Egidy tauschte ganz spektakulär seine Militärkarriere gegen ein letztlich fruchtloses Leben als Prediger und dann erfolgloses Dasein als Politiker. Er warb auf vielen Veranstaltungen vor allem vor Honoratioren für

---

165 Foerster: Entwurf, S.9, 36.
166 Bixiou: M. v. Egidy, ein neuer Prophet. Heitere Gedanken. In: DsA 2(1896)5, S.299.
167 Mosse: Volk, S.57, 58.

eine Wiedergeburt der reinen Religion der Nächstenliebe. Seine Lehre, zuerst 1890 als *Ernste Gedanken* in einer Auflage von 50 000 Exemplaren vertrieben, gipfelte in dem Aufruf, Glaubenssachen wieder als öffentliche Angelegenheiten zu behandeln.[168] Wunder und Kirchen seien von den Menschen gemacht. Sie könnten also von ihnen „eine von Grund auf veränderte Gestaltung" erhalten.[169]

Es war aber weniger seine Proklamation, ein im Leben wurzelndes Christentum wieder zu errichten, die Aufsehen erregte; auch nicht unbedingt sein Appell, Religion nicht nach dem Buchstaben, sondern nach dem Geist zu leben, um ein „wahrer deutscher Christ zu sein".[170] Die eigentliche Sensation stellte sein Organisationsaufruf dar, dem am 19./20. Mai 1891 fast 200 Männer ins Berliner Architektenhaus folgten, um von Egidy zu hören, der dort vier Forderungen erhob: nur das „angewandte Christentum" solle noch einen Wert besitzen; man solle sich in vielen kleinen Kreisen von Bekennern außerhalb der Kirchen zusammenschließen; der Bekenntniszwang gehöre abgeschafft; alle Kirchen und Religionsgemeinschaften sollen sich in einem neuen nationalen Christentum vereinigen.[171] Zunächst wollte von Egidy ohne jede Organisation auskommen. Gründete dann aber 1893 mit Hilfe des Professors Lehmann-Hohenberg die *Vereinigung zur Verbreitung von Egidy'scher Gedanken* mit der Zeitschrift *Versöhnung* (1894).

Mit seinen emphatischen Losungen traf von Egidy das Bedürfnis vieler nationalliberal gesinnter Erneuerer des Christentums, aber auch von Anhängern eines deutschen Glaubens.[172] Er sprach sogar konservative Kreise an, denen ein deutscher Nationalismus auf christlicher Basis und eine Art Ständeparlament angenehm war. Auch vor Anarchisten hielt er in Berlin Vorträge und fand sie sympathisch. Allerdings argumentierte von Egidy zu sehr als Prediger einer neuen Heilslehre, um dauerhaft Anhänger an sich binden zu können. Mit den Demokraten verdarb er es sich, als er die Presse abschaffen wollte. Den Staat griff er an, „der ein beliebiges Bekenntnis schützt, ein andres nicht" – und dies, da in der Gesellschaft eine Individualisierung, ja „Atomisierung des Religiösen" stattfinde. So geriet von Egidy zwischen alle Stühle, doch verschafften ihm sein Mut, etwa als Zeuge im sogenannten

---

168 Christoph Moritz v. Egidy: Ernste Gedanken. Leipzig 1890, S.45.
169 Egidy: Gedanken, S.10, 31.
170 Vgl. Moritz v. Egidy: Ernstes Wollen. Berlin 1891, S.48. – Ders.: Weiteres zu den „Ernsten Gedanken". Berlin 1891. – Ders.: Zum Ausbau der Ernsten Gedanken. 2. Berlin 1891. – Ders.: Zum Ausbau der Ernsten Gedanken. 3-8. Berlin 1891.
171 Vgl. Moritz v. Egidy: Bericht über die Pfingstversammlung. Berlin 1891, S.11, 17/18, 26, 28.
172 Vgl. dazu die theologische Kritik von (Wilhelm) Bousset: Moritz v. Egidy. In: CW 9(1895)16, Sp.364-369; 17, Sp. 387-392; Sp.392: Wir bedürfen keiner Verkündigung, „daß Christ und deutscher Bürger Korrelatbegriffe sind".

Maiprozeß 1894 gegen angebliche sozialdemokratische Ausschreitungen am 18. März in Erinnerung an die Märzgefallenen von 1848, und sein engagiertes Eintreten für die ethische Bewegung in Berlin einiges Ansehen. Dieses reichte allerdings nicht, um ihn 1898 anstelle eines Sozialdemokraten für den Wahlkreis Düsseldorf 2-Elberfeld in den Reichstag zu entsenden. Dagegen sprachen seine unpräzisen sozialpolitischen Vorstellungen, seine schon erwähnte ausgesprochene Nibelungentreue zum Deutschen Kaiser, seine für christliche Wähler krusen Erneuerungsgedanken und sein ferner Wohnort Potsdam.[173] Doch hatte von Egidy für Seinesgleichen den Boden für ethische Bürgervereine bereitet als Sammelbecken für alle Dissidenten, die nach einer Alternative zu den Großkirchen, den Freireligiösen, den Freidenkern und vor allem zu den Sozialdemokraten suchten.

Deutsche Kulturgesellschaft: Ethik als Religion

Die Bismarcksche Sozialgesetzgebung und das Ende von Kulturkampf und Sozialistengesetzen gab besonders Bildungsvereinen einen neuen Anstoß. In dieser Situation wurden bürgerliche Schichten „von einer starken sozialreformerischen Bewegung erfaßt ..., welche sich jedoch als vorübergehend erweisen sollte".[174] Deutliches Beispiel für den anfänglichen Eifer war nach dem Machtantritt Wilhelms II. 1888 auch das Bestreben, christliche Werte verstärkt außerhalb der Kirchen zu verbreiten und zur moralischen Erziehung des Volkes zu nutzen. Fragestellungen Wicherns und der *Inneren Mission* wurden dabei wieder aufgegriffen, es sollte deren Einrichtungen aber mehr Nachdruck verschafft werden.

Einen auf weltliche Zusammenhänge orientierenden Protestantismus betrieb insbesondere Martin Rade (1857-1940), der 1890 den *Christlich-Sozialen Kongreß* mit ins Leben rief und der seit 1886/87 die Zeitschrift *Die Christliche Welt* herausgab. Dieses Blatt hatte im Bildungsbürgertum einigen Einfluß, denn es griff auch soziale Themen und solche freigeistiger Strömungen kritisch auf und verwies, den Ideen Rades folgend, auf materielle Voraussetzungen für ein christliches Leben. „Man soll das Dogma vom Beruf einstweilen beiseitestellen und vorurteilslos, gründlich und methodisch die Lebensbedingungen der heutigen Gesellschaft daraufhin untersuchen, inwieweit sie für ein Leben nach dem christlichen Sittengebot den

---

173 Vgl. M. v. Egidy. Sein Leben und Wirken. Unt. Mitw. d. Familie v. Egidy u. unt. Mitarbeiterschaft v. Arthur Mülberger, sowie einiger Freunde ... hg. v. Heinrich Driesmans. 2 Bde, Dresden u. Leipzig 1900. – Moritz v. Egidy: Jugendblätter. mit einer einleitenden Biographie v. C. L. A. Pretzel, Berlin u. Karlsbad 1904.
174 Mommsen: Bürgerliche Kultur, S.46.

günstigen oder ungünstigen Boden hergeben."[175] Diesen Wunsch trug der Deutsche Kaiser nicht mit, obwohl er große Sympathie für die Ansichten und das Vorgehen des Gründers empfand, des Hofpredigers Adolph Stoekker. Dieser trat sehr populistisch und antisemitisch auf und hatte mit Adolph Wagner (1835-1917), dem Nationalökonomen und Rektor der Berliner Universität, einen konservativen, aber Reformen offenen Wirtschaftswissenschaftler an seiner Seite.[176]

Zu neuen Bedingungen sozialen und politischen Handelns trug auch die Gewerbeordnungsnovelle von 1891 bei, die sogenannte *Lex Berlepsch*. Sie erlaubte gewerkschaftliche Kooperationen und beschränkte die Sonntagsarbeit. Die Sozialdemokratie ging an den Aufbau eigener Kulturorganisationen.[177] Im November 1891 kam es zur Errichtung der *Centralstelle für Arbeiter-Wohlfahrtseinrichtungen*, die auf soziale Reformen und Sozialarbeit gerichtete Staats-, Vereins- und Privatinitiativen bündeln wollte: Auf Anhieb verbanden sich 16 Vereine, 10 Städte, 38 Firmen und einige Ministerien. Im April 1892 hatte auf deren Initiative in Berlin der erste deutsche Freizeitkongreß stattgefunden, auf dem der katholische Theologe Franz Hitze ein an der Familie orientiertes Programm sozialer und kultureller Arbeit vorstellte und der Wirtschaftsstatistiker und Leiter des als vorbildlich geltenden Dresdner Vereins *Volkswohl*, Victor Böhmert, eines, das sich auf Vereine, Betriebe und Kommunen stützte. Die daraus hervorgehenden Formeln hießen „Häuslichkeit" bzw. „Veredelung der Volkserholung".[178]

---

175 Martin Rade: Religion und Moral. Gießen 1898, S.14/15.
176 Vgl. Gottfried Kretzschmar: Der Evangelisch-Soziale Kongreß. Der deutsche Protestantismus und die soziale Frage. Stuttgart 1972. – Der Berliner Antisemitismusstreit. Hg. v. Walter Boehlich, Frankfurt a. M. 1988.
177 Vgl. Werner Kaden: Die Entwicklung der Arbeitersängerbewegung im Gau Chemnitz des deutschen Arbeitersängerbundes von den Anfängen bis 1933. Zwickau 1966. – Günther Roth: Die kulturellen Bestrebungen der Sozialdemokratie im Kaiserlichen Deutschland. In: Moderne deutsche Sozialgeschichte. Hg. v. Hans-Ulrich Wehler. Köln, Berlin 1966, S.342-365. – Beiträge zur Kulturgeschichte der deutschen Arbeiterbewegung 1848-1918. Hg. v. Peter v. Rüden unter Mitw. v. Gerhard Beier, Knut Hickethier, Kurt Koszyk, Dieter Schwarzenau u. Hans-Josef Steinberg, Frankfurt a. M., Wien, Zürich 1979. – Dieter Langewiesche. Klaus Schönhoven: Arbeiterbibliotheken und Arbeiterlektüre im Wilhelminischen Deutschland. In: Archiv für Sozialgeschichte, Bonn-Bad Godesberg 16(1976), S.135-204. – Literatur und proletarische Kultur. Beiträge zur Kulturgeschichte der deutschen Arbeiterklasse im 19. Jahrhundert. V. e. Autorenkoll. u. Ltg. v. Dietrich Mühlberg u. Rainer Rosenberg, Berlin 1983. – Horst Groschopp: Zwischen Bierabend und Bildungsverein. Zur Kulturarbeit in der deutschen Arbeiterbewegung vor 1914. Berlin 1985.
178 Vgl. Eckart Pankoke: Von „guter Policey" zu „socialer Politik". „Wohlfahrt", „Glückseligkeit" und „Freiheit" als Wertbindungen aktiver Sozialstaatlichkeit. In: Christoph Sachße u. Florian Tennstedt, Soziale Sicherheit und soziale Disziplinierung. Frankfurt a. M. 1986, S.148-177. – Jürgen Reulecke: „Veredelung der Volkserholung" und „edle Geselligkeit". Sozialreformerische Bestrebungen zur Gestaltung der arbeitsfreien Zeit im Kaiserreich. In: Sozialgeschichte der Freizeit. Wuppertal 1980, S.141-160. – Dietrich Mühlberg: „Die

In zahlreichen Publikationen des Jahres 1892 wurde eine sozialpolitische Öffnung erörtert.[179] Die freireligiöse Gemeinde in Berlin entfaltete eine rege Propaganda.[180] Die Zeit schien für neue Reformen reif und eine neue moralische Orientierung nötig zu haben. Ein Verbund von Staats- und Schulreformern sollte dieses Vorhaben unterstützen, zumal gegenteilige Tendenzen sich im 1892 vorstellten Volksschulgesetzentwurf andeuteten, der eine stärkere Konfessionalisierung der Schulaufsicht vorsah.[181] Aber auch im städtischen Alltag deutete vieles auf Rückentwicklungen hin, so in Berlin. Hier begann 1892 ein sich über Jahre hinziehender Rechtsstreit zwischen der Stadt und den ortsansässigen protestantischen Kirchen. Der Magistrat weigerte sich, die Kosten für Kirchenneubauten zu übernehmen. Zunächst hatte es den Anschein, als käme es darüber zu einem Kulturkampf, doch ging die Berliner Stadtregierung erfolgreich den Gerichtsweg und hatte 1903/04 Erfolg.[182]

Die Idee zu einem ethischen Verein, der über solchem Streit erhaben sein sollte, lag in der Luft. Zwei angelsächsische Vorbilder wiesen den Weg. In England hatte die *West London Ethical Society* unter der Leitung von Henry Sidgewick, Professor für Moralphilosophie in Cambridge, zu arbeiten begonnen. In Amerika verfolgte der aus Deutschland stammende Felix Adler (1851-1933) ähnliche Ziele. Im Hessischen Alzey in einem Rabbinerhaushalt geboren, wanderte Adler mit seinen Eltern in die USA aus, lebte in New York und lehrte an der dortigen Columbia Universität Sozialethik. Bereits 1875 hatte er in New York eine Gesellschaft für ethische Kultur ins Leben gerufen, für die er seit 1876 sonntägliche Vorträge hielt (nachmittags; für die einen gedacht als Gottesdienstersatz und für andere als dessen Ergänzung). Adlers gute Kontakte nach Berlin, vor allem zu Philosophieprofessor Georg von Gizycki (gest. 1895), führten schließlich zu einem ähnlichen Verein in Deutschland.

Freistunden sollen ideale Speise geben" oder die bürgerliche Unterwerfung der Arbeiterfreizeit. In: MKF Nr. 22, Berlin 1987, S.19-27. – Vgl. 5.Kap.
179 Vgl. Julius Wolf: Sozialismus und kapitalistische Gesellschaftsordnung. Kritische Würdigung beider als Grundlegung einer Sozialpolitik. Stuttgart 1892.
180 Vgl. Titus Voelkel: Lehren wir nicht Positives? Vortrag am 29. Juni 1890 in der freireligiösen Gemeinde zu Berlin. Berlin 1890. – Hedwig Henrich-Wilhelmi: Der Begriff der Gotteslästerung. Vortrag ... Bericht über Verhaftung, Steckbrief und Verurtheilung von Frau Henrich-Wilhelmi. Berlin 1891. – Dies.: Ist Religion Privatsache? Berlin 1892. – Bruno Wille: Religiöse Knechtschaft. Eine Schrift zur Erinnerung an die Jugendfeier der Freireligiösen Gemeinde zu Berlin ... 1892. Berlin 1892. – Wilhelm Bölsche: Freireligiöse Neujahrsgedanken. Festvortrag, geh. 1892 i. d. Freireligiösen Gemeinde zu Berlin. Berlin 1893.
181 Vgl. Titus Voelkel: Sollen die Dissidentenkinder gezwungen werden, am Schulreligionsunterricht teilzunehmen? Beleuchtung der Frage durch Bibelskizzen. Sr. Exc. Hern. Bosse, Hrn v. Zedlitz und Hrn Hübler gewidmet, Vier Hefte (3 erschienen), Berlin 1892.
182 Vgl. Laurenz Demps: Kommunale Selbstverwaltung und städtische Kulturpolitik in der Geschichte Berlins. In: MKF 34, S.98/99.

Gizycki hatte die Philosophie der „ethischen Religion" William Mackintire Salters in Deutsche übersetzt.[183] Danach sollte eine erneuerte Ethik „das Erforschen des Ideals, – dessen, was sein sollte" übernehmen. Das verpflichte den Ethiker zur Unzufriedenheit mit den Zuständen und erzeuge bei ihm „eine ernste, vielleicht wird man sagen eine strenge Gemütsart", denn ethische Ideen seien „nicht zu unserer Unterhaltung da". Wer die Religion verloren habe, brauche neuen Stoff zur inneren Erhebung und als geistiges Mittel gegen das egoistische „Streben nach Behagen und Genuß für sich und die Familie".[184] Zugleich habe sich die neue Ethik mit einer vorbildlichen persönlichen Lebensführung und Bereitschaft zur sozialen Lebenshilfe zu verbinden, denn der Alltag proletarischer Unterschichten zeige, „daß das Haus, die Schule, die Kirche ihnen in sittlicher Hinsicht wenig oder nichts" mehr geben. Fragt man sie über ihre neuen positiven Erziehungsinstitute aus, so heben sie „ihre Beteiligung am gewerkschaftlichen und politischen Leben" hervor. Dieses habe „ihren Geist und Charakter erzogen, sie sittlich emporgehoben ... Diese Erziehung der Massen ... wird für die Zukunft der menschlichen Gesellschaft von den segensreichsten Folgen sein."[185]

Die Kultur tragenden Oberschichten an ihre Pflichten erinnern und den sozialdemokratisch bestimmten Einrichtungen nicht die Ethik der Zukunft überlassen, das waren für Gizycki zwei wesentliche Motive, eine Moralgesellschaft nach amerikanischem Muster zu gründen. Sie sollte (nach Salter) daran arbeiten, die „Ideale des Lebens aus der höheren Ordnung der Welt" zu nehmen. Dabei sei es egal, welchen Namen man der neuen ethischen Religion gebe. „Das ist sicherlich nicht Atheismus; und doch ist es eben so wenig Theismus." Hauptsache es erweitere den Geist und befriedige die Seele, dann wäre „viel erreicht gegen dogmatische Theologie und spekulative Philosophie".[186] Gizycki folgte dieser Leitidee und lud Adler zu einem Besuch ein. Dessen Berliner Vorträge 1892 initiierten dann eine besondere deutsche Gesellschaft für ethische Erneuerung. Im März hielt er einen Vortrag über ethische Gesellschaften in den USA. Einen Monat später tagte eine Versammlung, um auch in Deutschland eine solche „Genossenschaft des inneren Lebens" zu gründen, die einen „Kultus des sittlichen Maßes und der Mitempfindung" gegen kurzsichtigen Egoismus sozialer und nationaler Lebenskreise setzen sollte. Die „Duldung aller religiösen Vorstellungen" bedinge

---

183 Vgl. William Mackintire Salter: Die ethische Lebensansicht. A. d. engl. Manuskript übers. v. Georg v. Gizycki. Berlin 1894. – Ders.: Die Religion der Moral. Vorträge, geh. in der Gesellschaft für moralische Kultur in Chicago. Übers. v. Georg v. Gizycki, Leipzig u. Berlin 1885.
184 Salter: Lebensansicht, S. 8/9, 13, 21.
185 Georg v. Gizycki: Vorlesungen über soziale Ethik. Aus seinem Nachlaß. Hg. v. Lily v. Gizycki, 2.Aufl., Berlin 1895, S.31/32.
186 Salter: Lebensansicht, S.356.

allerdings die entschiedene „Ausbreitung eines kulturgeschichtlichen, philosophischen und psychologischen Verständnisses der sittlichen Fragen".[187] Die Berliner Versammlung setzte ein Komitee ein. Am 7. Mai des gleichen Jahres sprach Adler erneut auf einer öffentlichen Versammlung im Victoria-Lyceum zu Berlin. Keine „schöngeistige Vereinigung" solle man ins Leben rufen, sondern sich „auf die sittlichen Gesetze stützen" in einer „Zeit innerer und äußerer Zerfahrenheit, in einer Zeit der Zwietracht, des Glaubens-, Klassen- und Racenhasses, in einer Zeit voll materieller Gesinnung und auflösender Tendenzen".[188] Praktisch empfahl Adler, Sozialarbeit nach dem englischen Muster der Toynbee-Hall anzubieten[189], wie sie Stanton Coit, ein Schüler Gizyckis, in London praktizierte. Bereits am 3. Juli sprach Adler erneut und hob diesmal die Notwendigkeit hervor, die „Arbeiterfrage" anzuerkennen.

Die Gründungsversammlung wurde maßgeblich von Georg von Gizycki und Lily Kretzschmann vorbereitet. Lily Kretzschmann, bekannter unter ihrem späteren Namen Lily Braun, stammte aus einer an Tradition reichen, aber in ihrer Jugendzeit urplötzlich verarmten adligen Generalsfamilie. Sie war Urenkelin von Jérôme Bonaparte. Zu dieser Zeit lebte und arbeitete sie im Hause des Nationalökonomen und Philosophen Georg von Gizycki, den sie 1893 heiratete. Dieser war an den Rollstuhl gefesselt und verstarb bereits zwei Jahre später. Gizycki, ein „Krüppel, ein völlig Gelähmter, dem es selbst an rechter Pflege und an äußerem Behagen gebrach, ... war glücklich! ein Mann, der nur einen Glauben kannte: den an die Menschheit."[190] Beide arbeiteten einen Plan „in allen Einzelheiten aus: Mitglieder der verschiedensten religiösen und politischen Richtungen sollten den ersten Aufruf zur Gründung der Ethischen Gesellschaft unterzeichnen. Ihr Zweck sollte sein, einen neutralen Boden zu schaffen, auf dem alle Menschen ihre Gedanken freimütig über alle brennenden Fragen der Gegenwart auszutauschen vermöchten."[191]

Wesentlichen Einfluß auf das Freidenkertum Gizyckis übte Bruno Wille aus. Dessen Mutter bat den bekannten Professor und Menschenfreund Gizycki, ihrem Sohn einige linke politische Flausen auszureden, die von Dietzgen herrührten. Nach „mehreren Gesprächen und Studien erklärte [Gizycki, H.G.], nun sei er selber Sozialist".[192] So sehr Wille seinen Einfluß später

---

187 Die ethische Bewegung in Deutschland. Vorbereitende Mitteilungen eines Kreises gleichgesinnter Männer und Frauen zu Berlin. 2., verm. Aufl. (Sommer 1892). Berlin 1892, S.5/6.
188 Felix Adler: Rede, gehalten in einer Versammlung im Victoria-Lyceum zu Berlin am 7. Mai 1892, in: Die ethische Bewegung, S.20, 18, 15.
189 Vgl. Kapitel 5.
190 Julie Vogelstein: Lily Braun. Ein Lebensbild. Vorwort zu Lily Braun, Memoiren einer Sozialistin, Berlin-Grunewald 1923, S.XXX (Lily Braun, Gesammelte Werke, Erster Bd.).
191 Braun, Memoiren I, S.431.
192 Wille-Buch, S.17.

überzeichnet haben mag[193], der Vorgang belegt zweierlei: zum einen die Tragweite persönlicher Kontakte für die ganze dissidentische Bewegung; zum anderen, daß schon zaghafte philanthropische Anwandlungen den Zeitgenossen als Sozialismus galten. Die unmittelbare Organisation der Gründungsversammlung legte Gizycki in die Hände von Martin Keibel (gest. 1919), einen Schüler von Ernst Laas und promovierten Philosophen[194], der später den ethischen Jugendunterricht übertragen bekam. Er hatte die Unterschriften von dreißig namhaften Personen des öffentlichen Lebens eingeholt und am 1. Oktober 1892 Einladungsbriefe, aber auch Presseinformationen an etwa neunzig Zeitungen verschickt: Denn die „Beteiligung an der Versammlung wird nur gegen Vorweisung von Eintrittskarten gestattet sein".[195] Den Aufruf unterstützten unter anderem Oberst a.D. Hugo von Gizycki[196], die Berliner Fabrikbesitzer Leopold Bernhard und Ernst Matterne, der Marburger Philosoph Hermann Cohen (1842-1918), der Reichstagsabgeordnete Paul Langerhans (1820-1909) und die „Friedens"baronin Bertha von Suttner. Aus England erschien als Abgesandter der *West London Ethical Society* Stanton Coit.

Am 18. Oktober 1892 saßen, in der Rekonstruktion Penzigs, an die vierzig Personen zusammen, die Mehrzahl aus Berlin, ein Übergewicht an Doktoren, mindestens zehn Professoren und immerhin auch sechs Frauen.[197]

---

193 Vgl. Wille-Buch, S.20: „In der ‚Allgemeinde', die mich [sic!] als ihren Führer betrachtet, sehe ich eine Keimzelle der Weltreligion, die nach dem Bankerott moderner Zivilisation die Völker bekehren wird zur wahren Kultur."
194 Vgl. Martin Keibel: Werth und Ursprung der philosophischen Transcendenz. Eine Studie zur Einleitung in die Erkenntnißtheorie. Straßburg, Phil.Diss. 1886; Berlin 1886.
195 Die Einladung zur ethischen Versammlung. In: Mitteilungen der deutschen Gesellschaft für ethische Kultur. Hg. v. Georg v. Gizycki. Berlin 1(1892)1, S.3. – Die *Mitteilungen der deutschen Gesellschaft für ethische Kultur* erschienen in 1(1892) bis 3(1895)3; daran schlossen sich die von Wilhelm Foerster herausgegebenen *Mitteilungen der deutschen Gesellschaft für ethische Kultur. Neue Folge* an: (1896)1-10 (beide im folgenden: Mitteilungen).
196 Er und Dr. Paul v. Gizycki arbeiteten in der Berliner Abteilung mit.
197 Vgl. Rudolph Penzig: Die ethische Bewegung in Deutschland. Eine Festgabe der Deutschen Gesellschaft für ethische Kultur zum fünfzigjährigen Jubiläum der amerikanischen Muttergesellschaft. Berlin 1926, S.3/4: Ernst Abbe (1840-1905; Fabrikant aus Jena), Hanna Bieber-Böhm (gest. 1910) und ihr Mann Richard Bieber (gest. nach 1926; Jurist, Verleger und Vorsitzender der Berliner Abteilung seit ihrer Gründung), Lily Braun (damals v. Gizykki), August Döring, Friedrich Wilhelm Foerster, Georg v. Gizycki, v. Gordon (gest. 1926; Rechtsanwalt), Harald Höffding (Philosophieprofessor in Kopenhagen), Laura Jacoby (gest. nach 1926), Paul Jaffé, Ignaz Jastrow, Friedrich Jodl, Keibel, S. Kristeller (gest. 1900; Arzt), Moritz Kronenberg, Albert Levy (gest. 1922) und seine Frau Elsbeth Levy (gest. nach 1926), Felix Liebermann (gest. 1925), Gustav Maier (gest. 1923; Historiker), Waldeck Manasse (gest. 1923; freireligiöser Prediger), Bruno Meyer (gest. 1913), Bona Peiser (Archivarin und Bibliothekarin der Kulturgesellschaft), Rudolph Penzig, Arthur Pfungst, Hugo Rheinhold (gest. 1900; Bildhauer), Rothe (gest. nach 1926; Rechtsanwalt), Carl Saenger (gest. 1901; Prediger, Politiker, Redakteur), Jeannette Schwerin (geb. Aberbanell; 1852-1899; Sozialarbei-

Einen Tag später, insgesamt dauerte die Konferenz vier Tage (18.10.-21.10.), kam die *Deutsche Gesellschaft für Ethische Kultur* tatsächlich zustande und Wilhelm Foerster hielt eine die Öffentlichkeit erregende Einleitungsrede.[198] Zugleich konnten die ersten 200 Mitglieder und am Schlußtag bereits 242 gezählt werden. Der Verein schöpfte seine Legitimation ausdrücklich aus den Leitgedanken Immanuel Kants über „ethische Gesellschaften" in dessen Schrift von 1793 *Die Religion innerhalb der Grenzen der bloßen Vernunft* – danach waren das diejenigen, die außerhalb von Glaubenssätzen und Kultbräuchen „die Gesinnung eines guten Lebenswandels" als den wahren Gottesdienst ansehen und sich zu diesem Zwecke organisieren.

Die Versicherung bei Kant war mehr als eine konzeptionelle Anleihe. Es handelte sich hierbei um den ersten politischen Kompromiß im neu gegründeten Verein und um eine Abgrenzung von zwei unvereinbaren Positionen. Von Egidy trug gegen Coit („Er als deutscher Mann lasse sich nicht die Bedeutung vorschreiben, welche er dem Worte 'Christentum' zu geben habe"[199]) energisch sein nationales „Banner des einigen Christentums" vor.[200] Die Mehrheit wies den Einwurf von Egidy zurück. Darauf folgte die Distanz zu anwesenden Sozialdemokraten. Carl Grünberg aus Sachsen bemängelte die zu abstrakt „verheißene Beteiligung an der Hebung der Lebenslage der ärmeren Volksschichten". Petersdorf aus Berlin war das ganze Konzept zu sehr „von oben her" gedacht: „Den Hungernden werde man diese Kultur nie beibringen. Ohne die Umänderung der Gesellschaftsordnung bleibe alles Flickwerk."[201] „Stadtverordneter Vogtherr wiederholte, daß es der ethischen Gesellschaft nicht gelingen werde, die Kirchen zu ethisieren."[202] Sogar ein anwesender Radikaler, ein Herr Günther, nutzte die Ansammlung, um gegen das Staatswesen zu opponieren: Er wünschte, daß die „ganze heutige Gesellschaft bald zum Teufel geht! Ich bin Anarchist!"[203] Spätestens mit diesem Einwurf war für öffentliche Aufmerksamkeit gesorgt.

---

terin: Aus einem jüdischen Arzthaushalt, studierte als Autodidaktin Geschichte, Literatur und Nationalökonomie; in der ethischen Kulturgesellschaft sah sie ein Instrument zur Reorganisation der gesamten Armenpflege und gründete zu diesem Zweck Mädchen- und Frauengruppen für soziale Hilfsarbeit), Hans Simon, Franz Staudinger, Albert Stern (gest. nach 1926; Kaufmann), Herrmann Stern (gest. 1905; Justizrat), Johannes Tews (damals noch Lehrer), Ferdinand Tönnies und Walter Friedrich Wislicenus (gest. 1905; Astronom aus Straßburg).
198 Vgl. Wilhelm Foerster: Lebenserinnerungen und Lebenshoffnungen. Berlin 1911, S.225-228. – Ein Garten der Erinnerung. Sieben Kapitel von und über Karl Foerster. Hg. v. Eva Foerster u. Gerhard Rostin, 3. Aufl., Berlin 1992, S.50/51.
199 Egidy in: Mitteilungen 1(1892)1, S.7.
200 Egidy in: Mitteilungen 1(1892)1, S.5.
201 Grünberg, Petersdorf in: Mitteilungen 1(1892)1, S.6. – Ähnlich Otto Köhn ebd., S.11.
202 Ewald Vogtherr in: Mitteilungen 1(1892)1, S.23.
203 Vgl. Mitteilungen 1(1892)1, S12.

Dem ersten Vorstand gehörten an: Wilhelm Foerster und Hugo von Gizycki (als 1. bzw. 2. Vorsitzender)[204], Martin Keibel, Paula Ebel (beide Schriftführer), Hugo Rheinhold (Kassierer, Bildhauer), alle Berlin, sowie als Beisitzer Senator Brons (Emden), Hermann Cohen (Marburg), S. Kristeller (Berlin, Arzt), M. Maaß (Breslau, Rektor), Frida Merz (Augsburg), Carl Retzlaff (Berlin), Ferdinand Tönnies (Kiel), Theobald Ziegler (Straßburg), Zimmermann (Mühlhausen, Arzt). Der Bankier Heinrich Schwerin und der Schulamtskandidat Rudolf Nerlich (beide Berlin) wurden Revisoren. Ein zehnter Beisitzer „soll im Wege der Zuwahl durch ein Mitglied der Arbeiterklasse [sic!] ausgefüllt werden".[205] Das geschah ein Jahr später in Gestalt des Schriftsetzers Groß (Berlin).[206] Arbeitsfähige örtliche Abteilungen entstanden sofort nach der Berliner Gründung in Breslau (113 Mitglieder), Frankfurt a. M. (96), Freiburg (80), Königsberg (66), Magdeburg, München, Spandau (bei Berlin), Straßburg und ein bis zwei Jahre später in Karlsruhe (53), Jena (33) und Wien.

Die *Deutsche Gesellschaft für Ethische Kultur* war ein „Versuch zur Bildung einer geistigen Ersatzheimat für diejenige deutsche Intelligenz, die wegen ihres politischen, sozialen und weltanschaulichen Progressivismus sich in das Bismarcksche Reich geistig nicht zu integrieren vermochte und ihre Zukunftsgewißheit nicht auf die Größe des neuen Deutschland, vielmehr auf den unaufhaltsamen Fortschritt der Naturwissenschaften, den man sich mit ethischem Fortschritt gekoppelt dachte, gründete".[207] Die Gesellschaft verfolgte das Ziel, „die Menschheit in ihrem sittlichen Streben zu einigen, ohne nach ihrem religiösen Bekenntnis zu fragen".[208] „Wir wollen es einmal versuchen", schrieb Ferdinand Tönnies, „aus der Ethik selber eine Religion zu machen, aus ihr ganz allein."[209] Doch mit dieser These konstituierte Tönnies nur eine Richtung der ethischen Bewegung, nicht einmal die dominierende. Während nach Gizyckis Tod im Frühjahr 1895 die sozialethischen Gesellschaftskritiker in den Hintergrund rückten (und die Rechtsanwälte Stephan Gerhard und Ernst Harmening an Einfluß verloren), traten andere Bekenner hervor: praktische Sozialarbeiter (wie Albert Levy und Jeannette

---

204 Vorsitzende der ethischen Gesellschaft waren Wilhelm Foerster (bis 1896 und dann wieder von 1903-1910), August Döring (1896-1903) und Rudolph Penzig (ab 1910).
205 Mitteilungen 1(1892)1, S.14. – Es traten, von einigen wenigen in Süddeutschland abgesehen, fast keine Arbeiter in die ethische Gesellschaft ein.
206 Vgl. Der Frankfurter Gesellschaftstag. In: Mitteilungen 2(1893)1, S.10. – Da sich die Anwesenden stets mit allen Titeln anredeten („Herr Geheimrat", „Frau Kommerzienrat", „Herr Sanitätsrat" usw.) mußte dies auch auf anwesende Arbeiter angewendet werden, woraus dann „Herr Mechaniker Karl Eisenschmidt", „Herr Schlosser Karl Bluhm" etc. wurde.
207 Friedrich Heyer: Verwandte Gruppen. In: Religion ohne Kirche, S.176.
208 Handbuch, S.35.
209 Ferdinand Tönnies: Ethische Cultur und ihr Geleite. I: Nietzsche-Narren, II: Wölfe in Fuchspelzen. Berlin 1893, S.17. – Vgl. Hugo Rheinhold: Was uns eint. Berlin 1895.

Schwerin), Anhänger einer „Kunst dem Volke" (Bruno Meyer, Hugo Rheinhold), Kirchengegner und Bekämpfer jeden Aberglaubens (Wilhelm Schäfer, Rudolph Penzig, Arthur Pfungst), pazifistische Kosmopoliten (Wilhelm und Friedrich Wilhelm Foerster, Friedrich Jodl) sowie Enthusiasten einer gemeinschaftsdienlichen Kulturarbeit (Gustav Maier, Johannes Tews).[210]

Mit ihrer teilweise prominenten Anhängerschaft spielte die ethische Gesellschaft zweifellos eine zentrale Rolle in der gemäßigten Fortsetzung liberaler Ziele des Kulturkampfes. Eben weil die Unternehmung solche bekannten Ethiker an sich zu binden vermochte wie den Gymnasialdirektor August Döring (1834-1912), die Philosophen Julius Duboc und Richard von Schubert-Soldern (1852-1935)[211], wuchs ihr eine Mittlerfunktion in der freigeistigen Bewegung zu. Der Begriff „ethische Kultur" stammt wohl von Duboc. Er benutzte ihn 1875 in seiner Schrift *Leben ohne Gott*. Er beschrieb darin die geistige Situation von Intellektuellen „zwischen zwei Welten", einer religiösen und einer atheistischen, die aber noch theistisch geprägt sei.[212]

Die *Deutsche Gesellschaft für Ethische Kultur* stellte erstmals im größeren Stil eine überregionale Verbindung zwischen sozial eingestellten Akademikern und ebenso reformerisch überzeugten Fabrikanten her, die ihrerseits als Sponsoren auftraten. Tönnies[213], selbst Leiter der Abteilung Kiel der ethischen Gesellschaft, betrachtete die Kulturgesellschaft (in einem Brief an Friedrich Paulsen) „als ein Supplement zur Sozialdemokratie". Er mußte allerdings konstatieren, daß die Öffentlichkeit eher kritisch reagierte, „teils mit einem häßlichen Gelächter, teils verleumderischer Bosheit". Seiner Karriere schadete Tönnies die Mitgliedschaft, denn ein Gutachten an den Kultusminister aus Kiel gegen seine Berufung in ein Ordinariat an der Universität vermerkte ausdrücklich, ihm fehle „die nötige Reife in theologischen Fragen".[214]

Bereits auf den Abendsitzungen der Gründungsveranstaltung im Oktober 1892 wurden die noch sehr allgemeinen Ziele der ethischen Gesellschaft diskutiert: „Hebung der Jugenderziehung" (Referat: Keibel), „Pflege von weihevollen Wirkungen der Wissenschaft und der Kunst auf die weitesten Kreise des Volks" (ohne Referat), „die litterarische und publizistische Bet-

---

210 Vgl. Penzig: Aposta, S.88.
211 Vgl. Richard v. Schubert-Soldern: Grundlagen zu einer Ethik. Leipzig 1887. – Ders.: Die menschliche Erziehung. Versuch einer theoretischen Grundlegung der Pädagogik. Tübingen 1905, S.172/73: „Die Moral, die soziale (menschliche) Moral kann nicht aus dem Gottesbegriff heraus entwickelt werden, weil dieser ein negativer Begriff ist, der nichts Neues enthält. Wir haben sie aus dem Zusammenleben der Menschen und ihrem Glücksbedürfnis entwickelt."
212 Vgl. Julius Duboc: Das Leben ohne Gott. Untersuchungen über den ethischen Gehalt des Atheismus. Hannover 1875.
213 Vgl. Ferdinand Tönnies: Gemeinschaft und Gesellschaft. Leipzig 1887.
214 Die Angaben sind folgender Literatur entnommen: Eduard Georg Jacoby: Die moderne Gesellschaft im sozialwissenschaftlichem Denken von Ferdinand Tönnies. Eine biographische Einführung. Stuttgart 1971, S.100, 100, 102.

hätigung" und „Bethätigung gegenüber den Übelständen der gesellschaftlichen und wirtschaftlichen Verhältnisse" (beide W. Foerster). Mit der Zeit wuchs daraus ein praktisches Programm. Danach erstrebte die Gesellschaft öffentliche Diskussionen über moralische Fragen und wollte sich der Jugenderziehung und der Erwachsenenbildung widmen. Mit literarischen Mitteln unternahm sie eine ethische Propaganda und äußerte sich in der Folgezeit ausführlich zur Freimaurerei, zur Frauenbewegung, zu Friedensbestrebungen, zur Alkoholabstinenz und gegen den Antisemitismus. Das Vereinsleben sollte aus verschiedenen Geselligkeiten bestehen, worunter im damaligen Verständnis eher Diskussionen als Feste und Feiern verstanden wurden. Zu diesen Debatten sollten Vertreter anderer Nationen hinzugezogen werden.

In der Folge fanden viele Gebildete in die ethische Kulturgesellschaft, die an ihren persönlichen religiösen Vorstellungen festhalten wollten, diese allerdings als kulturelle Ideen bzw. moralische Normengebäude verstanden. Zwar bescheinigte Julius Duboc diesen der Religion weiter verbundenen Mitgliedern, sie nähmen teil am „Ersatz jedes Dogmas durch Ethik". Das sei in der Konsequenz „ethischer Atheismus" und man möge das bitte zugeben.[215] Doch bildete es in Deutschland einen existentiellen Unterschied, in akademischen Moralvereinen sozusagen privat gegen Übertreibungen der Kirchen zu polemisieren oder einen solchen Standpunkt öffentlich bekannt zu geben. Diese Grenze überschritt in den Augen seiner Umgebung besonders der Vorsitzende des Vereins, der Astronom Wilhelm Julius Foerster. Deshalb wurde er selbst von ehemaligen guten Freunden geschnitten (etwa vom Maler Adolph Menzel). Ihn ereilte sogar eine Disziplinaruntersuchung wegen Atheismus und Anarchismus. So ist zu verstehen, daß Ernst Haeckel, der als radikaler freidenkerischer Monist auf der Gründungsversammlung in Berlin anwesend gewesen sein soll, erst recht Erstaunen auslöste und mit seinen Programmideen eine Abfuhr erlitt.[216]

Ethische Vereine: Ersatzgemeinden und akademische Klubs

Die Gründung ethischer Vereine fiel in die Hochzeit der neukantianischen Philosophie: Hermann Cohen (1842-1918; *Kants Begründung der Ethik*,

---

215 Julius Duboc: Hundert Jahre Zeitgeist in Deutschland. Zweiter Teil: Eine Umschau an des Jahrhunderts Wende. Leipzig 1893.
216 In den Mitteilungen 1(1892)ff ist nichts dergleichen vermerkt. – Vgl. dagegen Gunnar Porikus: „Beseligender Zusammenklang". Die Beziehungen zwischen Wilhelm, Friedrich Wilhelm und Karl Foerster. In: 3 x Foerster. Beiträge zu Leben und Werk von Wilhelm Foerster, Friedrich Wilhelm Foerster und Karl Foerster. Hg. i. A. des URANIA-Vereins „Wilhelm Foerster" Potsdam e.V. v. Mathias Iven, Milow 1995, S.25/26.

1877), Friedrich Albert Lange (1828-1875; *Geschichte des Materialismus*, 1866), Paul Natorp (1854-1924; *Sozialpädagogik*, 1899) und Rudolf Stammler (1856-1936; *Wirtschaft und Recht nach der materialistischen Geschichtsauffassung*, 1896). Die Anhängerschaft der ethischen Vereine bewegten praktische Bedürfnisse. Das lenkte ihre Blickrichtung auf alltägliche moralische Bewußtseins- und Verhaltensfragen. Die von ihnen gewünschte Ethisierung aller Bereiche des gesellschaftlichen und privaten Lebens reflektierte das Schwinden moralischer und gemeinschaftlicher Bindungen, das Auseinanderfallen von Lebenswelten sowie die Anonymisierung staatlicher und unternehmerischer Apparate. Besonders die zunehmende Heterogenität des im Lebensalltag vorfindlichen Wertekanons erregte die Gemüter der Ethiker. In Reaktion auf die Individualisierungstendenzen der Moderne wollten sie bewahrenswerte Restbestände des Gemeinschaftlichen in die neue Zeit hinüberretten. Dieses Erbe sah die der ethische Bewegung vor allem in, wie sie meinten, erprobten moralischen Standards auf der Basis des Humanen im Christentum. Religion nahmen sie überhaupt als Sittenkodex. Ihr Konzept lief darauf hinaus, den niederhaltenden Druck überkommener Moral- und Gesinnungsnormen zu lockern und die Moral selbst wie deren gesellschaftliche Institutionen ethischen Prüfsteinen zu unterwerfen. Diese Kriterien sollten dann herhalten, Barrieren gegen eine Dominanz der reinen Ware-Geld-Beziehungen, aber auch gegen jede kulturelle Vermassung zu errichten. Die ethische Elite machte sich daran, wie es in den entsprechenden Schriften hieß, von „kompetenter Seite" moralische „Gesetze" und „Prinzipien" wissenschaftlich zu formulieren, um „ethische Kultur" respektive „ethischen Humanismus" zu befördern. Es ging dabei sowohl um Fürsten- wie auch um Volkserziehung. Die ethische Gesellschaft wolle, so Tönnies, „die Wahrheiten der Ethik" feststellen und so lehren, „wie die Wahrheiten der Astronomie und anderer Naturwissenschaften".[217]

Modernität war besonders in den Großstädten vorangeschritten, und besonders Berlin galt als ein neues Babylon. „Die Atrophie der individuellen durch die Hypertrophie der objektiven Kultur ist ein Grund des grimmigen Hasses, den die Prediger des äußersten Individualismus, Nietzsche voran, gegen die Großstädte hegen, aber auch ein Grund, weshalb sie gerade in den Großstädten so leidenschaftlich geliebt sind, grade dem Großstädter als die Verkünder und Erlöser seiner unbefriedigtsten Sehnsucht erscheinen."[218] An Gemeinschaft orientierte Gegensteuerungen wider eine „übertriebene" In-

---

217 Ferdinand Tönnies: Die ethische Bewegung. In: Die Umschau. Übersicht über die Fortschritte ... Frankfurt a. M. 3(1899)43, S.843.
218 Georg Simmel: Die Großstädte und das Geistesleben. In: Die Großstadt. Vorträge und Aufsätze zur Städteausstellung von Karl Bücher u.a. Gehe-Stiftung zu Dresden, Winter 1902-1903. Hg. v. Theodor Petermann, Dresden 1903, S.204 (Jahrbuch der Gehe-Stiftung zu Dresden, 9).

dividualität gingen von diesem Heimweh aus. Die ethische Kulturgesellschaft gedachte, den unaufhaltsamen Zug der Moderne zu bremsen und ihn umzusteuern. Ihre Mitglieder erschraken über dessen Schnelligkeit, besonders aber über seine Konstruktion. Sie begehrten auf gegen „die reine Sachlichkeit in der Behandlung von Menschen und Dingen, in der sich eine formale Gerechtigkeit oft mit rücksichtsloser Härte paart", und sie wollten sich nicht damit abfinden, daß der „Widerstand des Subjekts, in einem gesellschaftlich-technischen Mechanismus nivelliert und verbraucht zu werden", erdrückt wird.[219]

Die Formen, in denen sich die Moderne in den großstädtischen Metropolen äußerte (in den Begriffen von Simmel: „unbarmherzige Sachlichkeit", „genaueste Pünktlichkeit", „Blasiertheit" – „Abstumpfung gegen die Unterschiede der Dinge" – „gegenseitige Fremdheit und Abstoßung" usw.[220]), erschienen den Anhängern der *Deutschen Gesellschaft für Ethische Kultur* als Krise religiöser Bindungen *und* daraus folgender moralische Verirrungen. Dagegen beabsichtigten sie massiv anzugehen und nahmen sich vor, alle kulturellen Aktivitäten außerhalb der Betriebe, des Staates, der Kirchen und der Sozialdemokratie zu bündeln und ihnen ein gemeinsames Konzept auf ethischer Basis zu geben, um das Loch zunehmender Religionslosigkeit zu stopfen. „Unter ‚ethischer Kultur' sollen alle Bestrebungen verstanden werden, die auf die Veredlung der Gesinnung und die Förderung und Stärkung des Charakters gerichtet sind." Dabei fußten die ethischen Gesellschaften auf der Überzeugung, „daß die Pflege hochherziger Gesinnung und edlen Charakters weder an eine bestimmte philosophische Weltanschauung noch an ein religiöses Glaubensbekenntnis gebunden ist". Nicht „die Weltanschauung des Menschen, sondern seine praktische Lebensführung" solle das Kriterium sein, ihn zu beurteilen.[221] Man wolle „den entnervenden und verweichlichenden Einflüssen, welche die unethische Kultur massenhaft ausübt, energisch ... begegnen. Die ethische Idee macht alle Bestrebungen gegen den Missbrauch geistiger Getränke, gegen geschlechtliche Unsittlichkeit u.s.w., von sich abhängig, indem sie diesen die einheitliche Basis einer vernünftigen Denkungsart zu geben sucht."[222]

Das war ein ehrgeiziges Vorhaben. Auf den Versammlungen der Ethiker verkündeten einige Redner sogar das Ende der kirchlichen Macht. Diesem Kehraus müsse man mit einer allgemein verbindlichen neue sozialen Sittlichkeit begegnen und auf einen Zustand hinarbeiten, in dem die Menschen zwar das Recht auf eine individuelle Moral haben dürfen – aber nur auf Basis „wissenschaftlich" gesetzter Vorgaben. Das schien nicht nur ein

---

219 Simmel: Großstädte, S.189, 187.
220 Simmel: Großstädte, S.190, 191, 193, 195.
221 Wilhelm Börner: Die ethische Bewegung. Leipzig 1912, S.2 (Kultur und Fortschritt, 411; im folgenden KuF).
222 Tönnies: Bewegung, S.844.

zukunftsträchtiges Konzept zu sein. Durch den beabsichtigten Ersatz des Christentum als Staatsreligion durch Ethik hätten sich auch neue Berufs- und Beschäftigungsfelder aufgetan. So kam es zu einem relativ raschen Mitgliederanstieg: November 1892: 552; Dezember: 700; Januar 1893: 1 445. Besonders in einigen Großstädten bildeten sich Gruppen zwischen zwanzig und dreihundert Personen. An der Spitze lag dabei Berlin mit zeitweise über 2 000 Anhängern, was sicher die Besucherzahl der öffentlichen Veranstaltungen ausmachte. Auf dem zweiten Gesellschaftstag 1894 in Berlin teilte Foerster mit, der Verein habe insgesamt 1 611 Mitglieder.[223]

Die Prominenz der Gründungsmitglieder forderte die Gegnerschaft zu Stellungnahmen heraus. So betonte der spätere Begründer der Anthroposophie Rudolf Steiner (1861-1925) in Maximilian Hardens *Zukunft*, es seien hier ehrenwerte Männer versammelt. Sie litten aber an einer „rückständigen Lebensauffassung". Nach Nietzsche könne es nur noch eine ganz neue Weltanschauung geben. „Den Gebildeten jetzt alte Kulturüberbleibsel als ewiges sittliches Gut der Menschheit hinzustellen, heißt sie abstumpfen für die Empfindung der Gährungserscheinungen der Zeit".[224] Dem entgegnete ganz entrüstet und mit politischen Argumenten Paul Barth, daß eine ethische, über Religion und Politik stehende Bewegung nötig sei, um die Sozialdemokratie und ihre materialistische Geschichtstheorie zu bekämpfen; deren Herrschaft brächte „einfach Tod, Untergang!"[225]

Zum anfänglichen Erfolg der ethischen Bewegung trug auch eine sofort stark geförderte Publikationstätigkeit bei[226], so nach 1893 die Herausgabe der Halbmonatsschrift *Ethische Kultur*, die zunächst den programmatischen Untertitel trug: *Wochenschrift zur Verbreitung ethischer Bestrebungen*. Die Zeitschrift wurde von Georg von Gizycki begründet und, bis zu seinem Tode, von ihm (und seiner Frau Lily) redigiert. Wegen der abnehmenden Arbeitsfähigkeit Gizyckis übernahm kurzzeitig der Verleger und Finanzier der Zeitschrift Ferdinand Dümmler selbst die Herausgabe, doch starb er ebenfalls 1895. Seine Frau versuchte daraufhin mit Mühe, sein Werk fortzusetzen und gewann Friedrich Wilhelm Foerster für die Herausgabe. Nach dessen Flucht in die Schweiz 1897 übertrug ein inzwischen eingesetztes geschäftsführendes Konsortium, das den vom Verein unabhängigen *Verlag*

---

223 Vgl. Deutsche Gesellschaft für ethische Kultur. Der Gesellschaftstag in Berlin. In: EK 2(1894)42, S.335. – Später stellte Penzig: Apostata, S.95 ironisch fest: „Mitglied war, wer sich dazu bekannte und den Minimalbeitrag jahrelang schuldig blieb."
224 Rudolf Steiner: Eine Gesellschaft für ethische Kultur. In: Die Zukunft, Berlin 1(1892)1, S.216, 219.
225 Paul Barth: Nochmals die ethische Kultur. In: Die Zukunft, Berlin 1(1892)6, S.258-265.
226 Zum Schriftgut bis 1894 vgl. Einführung in die Grundgedanken der ethischen Bewegung. Zur Ausbreitung des Wirkens der Deutschen Gesellschaft für ethische Kultur zus.gest. v. Friedrich Wilhelm Foerster, Berlin 1894.

für ethische Kultur leitete, die Redaktion ab Sommer 1897 an Moritz Kronenberg, einen promovierten Philosophen, und an Rudolph Penzig. Der Untertitel propagierte nun *ethisch-soziale Reformen*.[227] Der Verlag veröffentlichte Bücher, Flugschriften und Tagungsberichte, und der Verein richtete 1893 einen bescheidenen Agitationsfonds ein, nach Penzig jährlich um die 1500 Mark, und schickte engagierte Wanderredner übers Land. Mit diesem Geld konnten zumindest die Reisekosten der fünf ständigen Redner halbwegs gedeckt werden: F. W. Foerster (bis 1897), Kronenberg, Staudinger, W. F. Wislicenus und Penzig.

Einige Künstler fühlten sich der ethischen Bewegung ebenfalls verbunden, gehörten teilweise zu den führenden Personen. Sie vermißten in der zunehmend bürokratisierten und rationalen Umwelt die Empfänglichkeit für das Schöne. Personeller Anschluß kam vor allem an den Friedrichshagener Dichterkreis zustande, der auf soziale Probleme verwies und zugleich eine neue Sinnlichkeit für die Kräfte der Natur erzeugte. Zu dem Zirkel um die Gebrüder Heinrich (1855-1906) und Julius Hart (1859-1930) gehörten der Anarchist Gustav Landauer (1870-1919), dessen Thesen über den „Austritt aus dem Kapitalismus" ethische Sozialisten und Siedler faszinierten[228], die Gebrüder Bernhard und Paul Kampffmeyer (1864-1945), beide Enthusiasten der Gartenstadtbewegung, letzterer Sozialdemokrat, der Künstler Hugo Höppner, genannt Fidus (1868-1948)[229], Willy Pastor, später bekannt als Erich Mühsam (1878-1934), die Lyrikerin Else Lasker-Schüler (1876-1945), der Verfasser des Stückes *Sozialisten* Peter Hille (1854-1904) und deren Freunde Bölsche und Wille, die sich zur ethischen Bewegung bekannten, die Kontakte zum Künstlerkreis pflegten und vielbeschäftigte Wanderredner des *Weimarer Kartells* wurden. Bölsche und Wille faszinierte die Möglichkeit einer freigeistigen Verinnerlichung. Auch die Dichtungen von Pfungst und Unold atmeten einen mitunter geradezu esoterischen Geist wie ihn auch die Sonntagspredigten des Chemikers Ostwald ausstrahlten.

Das Interesse der Lyriker und Belletristen, Maler und Schauspieler in der ethischen Gesellschaft richtete sich naturgemäß auf deren Fest- und Feierkultur. Besonders in den Neunzigern war hier die Nähe zu den Freireligiösen noch besonders groß. Nach dem Urteil des radikalen Freidenkers Otto

---

227 Vgl. Penzig: Bewegung, S.15/16. – Aus der Wochenschrift wurde 1903 eine Halbmonatsschrift (dafür erschien bis 1918 die Beilage *Kinderland*. Von 1908 bis 1921 gab es noch die Beilage *Weltliche Schule* dazu. 1917 mußte auf monatliches Erscheinen umgestellt werden. Die Zeitschrift erschien bis Jahrgang 44(1936), zuletzt mit dem Untertitel *Monatsblatt für ethisch-soziale Neugestaltung*. Die Gesellschaft selbst wurde 1937 aufgelöst.
228 Vgl. Wolf Kalz: Gustav Landauer. Kultursozialist und Anarchist. Meisenheim am Glan 1967 (Schriften zur politischen Wissenschaft, 6).
229 Vgl. Janos Frecot, Johann Friedrich Geist, Diethart Kerbs: Fidus 1868-1948. Zur ästhetischen Praxis bürgerlicher Fluchtbewegungen. München 1972.

Rühle, bekam man es hier mit einem „undefinierbaren Gefühlsnebel" zu tun, der in diesen Gemeinden geherrscht habe, gespeist durch eine „sektiererische Alchemie aus philosophischen, naturwissenschaftlichen und religiösen Ingredienzien". Es habe „eine pantheistische Mystik im merkwürdigen Gemisch mit utilitaristischer Moral" dominiert.[230] Dagegen wandten sich ethische Rigoristen, die jeden Ritus als veraltet und religiös ablehnten.

Speziell über weltliche Sonntagsfeiern entbrannte in der ethischen Gesellschaft großer Streit. Die eine Richtung meinte, viele Gläubige hielten lediglich deshalb an der Kirchenmitgliedschaft fest, weil viele Kulte noch in den Alltag integriert seien. Für diese Beobachtung sprach, daß zwar „nur eine Minderheit der Kirchenzugehörigen praktizierte", die Kirche jedoch weiterhin „bei den durch allgemeine Sitte und bürgerliches Ansehen begründeten Haupthandlungen (Taufe, Heirat, Begräbnis) fast allgemein in Anspruch genommen" wurde.[231] Dies vor Augen, sprach sich die Gruppe für eigene „weltliche" Kulte aus. Die andere Richtung nahm an, die Bejahung kultischer Elemente sei generell religionsbedingt und sie auszuüben helfe letztlich nur den Kirchen. „Man fürchtete Schwarmgeisterei, wollte wohl auch vermeiden, den Kirchen gegenüber die ethische Gemeinschaft als Religionsersatz gelten zu lassen, wies schüchterne Versuche, die auf die Abgeklärtheit etwa des reformierten neujüdischen Kultus (Kristeller) oder auf das schöne Ritual des Freimaurerordens (Gustav Maier) hinwiesen, ab und unterstützte nicht eben die von Penzig in der ‚humanistischen Gemeinde' über zwei Jahrzehnte durch gehaltenen ethischen Sonntagsvorträge."[232] Der Konflikt zwischen Befürwortern und Gegnern eigener Kulte produzierte über die Zeit einen praktischen Kompromiß: die Einführung professioneller Sozialhilfe, unabhängig von den weltanschaulichen respektive religiösen Hintergründen, und von „Kulturarbeit", die ihre Sinngebungen ebenfalls zwischen Religion und Weltanschauung anlegte, sich aber auf die Inszenierung ästhetischer Erlebnisse stützte, nicht auf die kirchlicher Kulte.

Innovation „weltlicher Seelsorge" und Kulturarbeit

Alle Aktivitäten des ethischen Vereins wurden im Berliner Büro der Gesellschaft erfaßt und koordiniert, das sich bis 1899 im Langenbeckhaus in Mitte (Ziegelstraße 10/11), dann Unter den Linden 16 (Hof, Quergebäude) befand, wo erstmals die Auskunftsstelle für Wohlfahrtseinrichtungen und das Büro

---

230 Otto Rühle: Illustrierte Kultur- und Sittengeschichte des Proletariats (1930). Bd.2. Gießen 1977, S.101.
231 Werner Conze: Religion und Kirche. In: Handbuch der deutschen Wirtschafts- und Sozialgeschichte. Hg. v. Hermann Aubin u. Wolfgang Zorn, Bd.2, Stuttgart 1971, S.668.
232 Penzig: Bewegung, S.15. – Vgl. Friedrich Ernst: Freidenker-Brevier. Bamberg 1895.

Platz fanden und auch Versammlungssäle vorhanden waren. Als dieser Ort zu teuer wurde, zog die Gesellschaft 1908 mit all ihrer Ausstattung in den Spreepalast (SO 27, Rungestraße 27), wo sie auch ihre Lesehalle eröffnete. Dort setzte die *Deutsche Gesellschaft für Ethische Kultur* eine Zentrale für private Fürsorge ein. Die Berliner, und andere Ortsgruppen orientierten sich daran, teilten ihre Vereinsarbeit in drei Funktionsbereiche ein: einen pädagogischen, der von Tews geleitet wurde und zu dem Döring und die freireligiöse Lehrerin M. Blum gehörten; einen für ethische Bildung, von Bruno Meyer geleitet, mit Penzig und anderen; und einen sozialen, dem Hermann Abraham vorstand. Neben Berlin war die von Pfungst in enger Zusammenarbeit mit Carl Saenger geleitete Abteilung in Frankfurt a. M., in der noch Eugen Elkan, Elias Hené und Max Henning hervortraten, von überregionaler Ausstrahlung. Die ethische Gesellschaft richtete nach Berlin auch in Breslau eine Auskunftsstelle für Wohlfahrtspflege und Rechtsprobleme ein und gründete zuerst in Freiburg eine *Allgemeine Volksbibliothek*, dann in Frankfurt a. M. (1894) und Berlin (1895). Es folgten in Breslau, Jena, Wiesbaden, Mühlhausen und Magdeburg freie Volkslesehallen bzw. Volksbibliotheken. In Breslau bot der Verein in Volksschulen ein warmes „Schüler-Frühstück" an und unterhielt eine Einrichtung für den „Arbeitslosenschutz".

Mit diesen praktischen Aktivitäten wuchs die Konzeption der „weltlichen Seelsorge". Sie ist nach der Jahrhundertwende begrifflich und konzeptionell wesentlich von Wilhelm Börner (1882-1951) geprägt worden. Er hatte in Wien bei Jacob Minor Germanistik und bei Friedrich Jodl Philosophie studiert und begeisterte sich für Jodls Moraltheorie. Börner trat schon als zwanzigjähriger Student im Jahre 1902 der ethischen Gesellschaft bei, wurde nach dem Studium angestellter Sekretär des *Wiener Volksbildungsvereins*, beteiligte sich an dessen Kampagne gegen die „Schundliteratur"[233] und trat für „Volksheime" ein. Er machte den „Amerikanismus in seinen erschreckend mannigfachen Formen" für den wachsenden Egoismus der Menschen verantwortlich. Die Menschen würden von den Kirchen entfremdet. Es fehle ihnen dadurch „in der Regel jede Instanz zur Seelsorge".[234] An deren Stelle würden allmählich neue „Seelsorge-Gemeinschaften" treten, wie die modernen Freimaurer, der 1776 gegründete *Illuminaten-Orden* und besonders die 1887 in Berlin ins Leben gerufene *Humanistische Gemeinde*, der inzwischen weitere ethische Gesellschaften gefolgt seien. Letztere hätten drei Ziele: „1. eine Kulturgemeinde statt einer Kultusgemeinde, 2. eine ethi-

---

233 Vgl. Wilhelm Börner: Die Schundliteratur und ihre Bekämpfung. Referat, erstattet am VII. Ordentlichen Delegiertentag des „Zentralverbandes der deutsch-österreichischen Volksbildungsvereine" in Wien am 29. März 1908. Wien 1908.
234 Wilhelm Börner: Weltliche Seelsorge. Grundlegende und kritische Betrachtungen. Leipzig 1912, S.50.

sche statt einer Bekenntnisgemeinde, 3. eine humanistische statt einer religiösen Gemeinde."[235]

Börner kam über die Diskussion negativ empfundener Individualisierungen zur Sozial- und Kulturarbeit, die er mit dem Begriff der „weltlichen Seelsorge" erfaßte. Ursprünglich meinte er noch sehr naiv und abstrakt, man müsse den Menschen „etwas geben ... eine Seelenkultur, eine ethische Kultur"[236], denn sie „verarmen innerlich".[237] Sie würden an der Übermacht der „Außen-Kultur" leiden und an einer Sucht zum Sich-ausleben-wollen. Naturwissenschaft, Technik und Industrie erzeugten „Naturalisierung und Rationalisierung ... der Lebensauffassung".[238] Das führe dazu, daß sich die unbefriedigende Seelenlage mit der sozialen Frage vermische. Da deren Lösung aber die „würdevolle, gerechte, sozialgesinnte Persönlichkeit"[239] voraussetze, die sie erst zu erzeugen vorgebe, habe in diesem Widerspruch die aktive ethische Lebenshilfe am individuellen Menschen eine Vermittlungsaufgabe. Börner drehte die These der Sozialreformer um und meinte, gesellschaftlichen Verbesserungen müsse die Seelenarbeit am Menschen vorausgehen. Diese gedankliche Konstruktion, die sich so ähnlich auch bei anderen Ethikern findet, gab sozial engagierten Freigeistern ein Motiv, sich der Sozial- und Kulturarbeit zuzuwenden: den fähigen Menschen für die Lösung der sozialen Probleme zu erziehen.

Börner lenkte in seiner Aufzählung moderner „Seelsorge-Gesellschaften" den Blick nicht nur auf die ethischen Kulturgemeinden. Er verwies auch auf die ebenfalls seit 1892 bestehende *Comenius-Gesellschaft*[240], die manche Freigeister gern im Kartell gesehen hätten, weil ihnen Ludwig Kellers Menschenbild, das diese Gesellschaft dominierte, zusagte. In der rückschauenden Betrachtung kommt diesem Verein eine wichtige kommunikative Rolle innerhalb der freigeistigen Bewegung zu. Ihr spiritus rector und Hauptautor Ludwig Keller (gest. 1915), Archivar am Staatsarchiv in Berlin, vertrat einen ziemlich allgemeinen, aber radikalen Humanitätsbegriff. Humanität sei diejenige „Geistesrichtung, die sich auf der Allweisheit ... aufbaut ..., wonach eine große Harmonie das All erfaßt". Daraus leite sich die „Lehre von dem unendlichen Wert der Menschenseele" ab, in der „Menschendienst" als „Gottesdienst" begriffen werden könne und die es

---

235 Börner: Seelsorge, S.56.
236 Börner: Seelsorge, S.68. – Im Mai 1928 gründete Börner, seit 1921 hauptberuflicher Angestellter der Wiener *Ethischen Gemeinde*, bei der städtischen Rettungsgesellschaft die *Beratungsstelle für Lebensmüde*.
237 Wilhelm Börner: Zeitgemäße Lebensfragen. Frankfurt a. M. 1909, S.7.
238 Vgl. Börner: Lebensfragen, S.5.
239 Börner: Lebensfragen, S.13.
240 Vgl. Vorträge und Aufsätze aus der Comenius-Gesellschaft. Leipzig (später Berlin u. Jena) 1893ff; im folgenden CG.

gestatte, daß sich die Menschen in gegenseitiger Liebe und Achtung begegnen.[241] Dazu wäre ein institutionelles Gefüge hilfreich, das erzieherische Aufgaben auf diesem Wege löse. Keller dachte dabei nicht nur an seine *Comenius-Gesellschaft*, sondern auch an die Freimaurerbewegung.[242]

In der ethischen Kulturbewegung griffen die Berliner Max Apel und Karl Hesse, beide Dozenten an der *Freien Hochschule* in Berlin-Halensee, ersterer für Philosophie, letzterer für Kulturpolitik und Kulturgeschichte, Kellers allgemeinen und deshalb vielseitig interpretierbaren Humanitätsbegriff auf. Da Hesse zugleich an der *Berliner Gewerbe-Akademie* als Philosophiedozent wirkte und in freien Bildungszirkeln als Experte für wissenschaftliche Kulturpolitik auftrat, hatte seine Übersetzung besonderes Gewicht. Hesse brachte seine Deutung besonders in die Debatten über staatsbürgerliche Erziehung der Jugend und über einen weltlichen Moralunterricht ein. Dabei verband er sein negatives Urteil über die gegenwärtige Kultur der sachlich-materiellen „Verirrung" nicht nur mit einer allgemeinen Aufforderung, „in erster Linie Kulturkritiker" zu erziehen.[243] Hesse leitete aus den von ihm festgestellten ethischen Defiziten auch die Notwendigkeit ab, das Heil der Menschheit in der Expansion deutschen Kulturdenkens über die ganze Welt zu suchen.

Die Versammlungen der ethischen Gemeinden fanden in aller Regel einmal monatlich an Sonntagnachmittagen statt, damit sie keine Konkurrenz zu den Gottesdiensten darstellten, aber mit einem Nachmittagsspaziergang der Familie verbunden werden konnten. Das besaß eine Zeitlang tatsächlich eine gewisse Attraktivität, zumal man nach kurzen Einleitungen eher den Disput pflegte und sich so von der Predigt abhob. Im Gegensatz zu den freireligiösen Gemeinden und den Freidenkern stellten die ethischen Gesellschaften bewußt keine festen Redner oder Prediger ein. Man wollte die Bewegung nicht „in die konventikelmäßige Enge einer Sekte zusammenschrumpfen ... lassen".[244] Mit der Zeit wirkte sich aber genau dies negativ aus. Viele suchten Kirchenersatz, fanden ihn aber nicht. Auch waren der

---

241 Ludwig Keller: Die Idee der Humanität und die Comenius-Gesellschaft. Ein Rückblick am Schlusse des 15. Gesellschaftsjahres. Berlin 1907, zit. nach der 4. Aufl., Jena 1909, S.3/4 (CG, Jg. 17, H.7). – Der gleiche Vortrag mit dem Untertitel ... und die Erziehung des Menschengeschlechts ..., gehalten in der Versammlung des Vereins deutscher Freimaurer am 21. September 1907 zu Magdeburg. Leipzig 1908.
242 Vgl. Ludwig Keller: Die geistigen Grundlagen der Freimaurerei und das öffentliche Leben. Gekrönte Preisarbeit. Jena 1911. – Vgl. Viehöfer: Verleger, S.55-57.
243 Karl Hesse: Kulturideale und Volkserziehung. Vortrag, gehalten am 26. Februar 1908 in Berlin. Jena 1908, S.23 (CG, Jg. 15, H.5). – Hesse war damals Generalsekretär der *Comenius-Gesellschaft*.
244 August Döring: Der Inhalt der sittlichen Forderung. Vortrag, gehalten in der Monatsversammlung der Abteilung Berlin der Deutschen Gesellschaft für Ethische Kultur am 5. Mai 1893. Berlin 1893, S.4.

wissenschaftliche Vortrag und das akademische Streitgespräch immer weniger dazu angetan, alle anwesenden Doktoren und Professoren und vor allem deren Ehefrauen zu unterhalten.

Der kulturelle Betrieb unterschied sich nur noch wenig von einem ganz normalen Vereinsleben – mit einem wesentlichen Unterschied: Es wurden sozial-ethische und Bildungsfragen verhandelt, man wandte sich ihnen praktisch zu und suchte den Kontakt zu aufgeschlossenen Beamten und Abgeordneten, mit deren Hilfe mehr Moral in die Politik kommen sollte. In dieser Absicht näherten sich prominente Ethiker dem „Kathedersozialismus". Dessen Programm faßte Adolph Wagner, Nationalökonom und Rektor der Berliner Universität, Ende Januar 1895 auf einem studentischen Ehrenkommers für ihn und Gustav Schmoller (1838-1917) prägnant zusammen: „Was früher die Einheitsfrage war, ist heute die soziale Frage." An der „Erbitterung" in den aktuellen sozialen Auseinandersetzungen tragen die „sozialdemokratischen Führer, wie die Fabrikanten" Schuld. „Freiheit der Wissenschaft und soziale Reform! Hoch das soziale Königtum!"[245]

Christusmythe und Freidenkerei

Das konfessionelle Gegeneinander im „Kulturkampf", das Vordringen sozialdemokratischer Ansichten und die agitatorischen Erfolge dissidentischer Vereine veränderten das institutionelle Gefüge der „Sinn"debatten. Die größte Veränderung bestand in mehr Öffentlichkeit. Das Vortragen unterschiedlicher Weltanschauungen war nicht zuletzt das Resultat eines härteren Konkurrenzkampfes im akademischen Milieu, wie umgekehrt diese Rivalität solche Fehden erst erzwang. Helmuth Plessner (1892-1985) sah in diesem Wettbewerb „die Tendenz zur Entlarvung" wachsen. Der „Halt der Offenbarung (ist) verlorengegangen ... Alle Kritik an der Offenbarung geht in der Weise zu Werke, daß sie geschichtliche Umstände und menschliche Urheber an die Stelle des göttlichen Urhebers setzt und die Quelle der anfänglichen Täuschung im Menschen sucht. Jeder neue Entlarvungsversuch gräbt in der gleichen Richtung nach einer noch ursprünglicheren Täuschungsquelle, verdächtigt jedes Gesicht als Maske und fahndet hinter allen Masken nach dem wahren Gesicht."[246]

---

245 Dr. Wendland: Anderer Wind – anderes Wetter. In: Akademische Blätter, Verbands-Organ der Vereine Deutscher Studenten. Berlin 9(16.2.1895)22, S.276.
246 Helmuth Plessner: Die verspätete Nation. Über die politische Verführbarkeit des bürgerlichen Geistes (1935/1959). In: Ders.: Gesammelte Schriften, Bd.VI, Stuttgart 1982, S.118.

Der Trend zur Enthüllung beschleunigte sich in dem Maße, wie sich Akademiker außerhalb der philosophischen und theologischen Zünfte einmischten und „Weltanschauungen" auf dem freien Markt anboten. Einerseits war dies Ausdruck des Spiels um neue Forschungs- und damit Berufungsgebiete. Andererseits äußerte sich darin der standesgemäße Anspruch, „Werte und Verhaltensorientierungen zu repräsentieren, denen eine gesamtgesellschaftliche Bedeutung" zukommen sollte.[247] „Bildungswissen" wurde in dieser Situation zu einer „Kategorie, die sich im Zuge der Säkularisation stärker verselbständigt und die zugleich Heils- und Erfahrungswissen und das leistungsbezogene Funktionswissen abweist".[248] Dabei überlagerten sich auf den Wettbewerbsfeldern „Bildungswissen" und „Heils- und Erfahrungswissen". Erst die Kenntnis neuester Glaubensauslegungen verlieh in diesen Diskursen kulturelles Prestige. Das betraf mehr und mehr die Christusfigur selbst, in der sich die Identität von Kirche und Christentum begründet. Diese Zentralität verführte seit dem Vormärz dazu, sozialpolitische Positionen an diesem Symbol festzumachen, zumal die „Entdeckung der Eschatologie ... das Lieblingskind der Liberalen des 19. Jahrhunderts (zerstörte): das Leben Jesu".[249]

1864 erschien die deutsche Übersetzung der Jesus-Biographie von Ernest (Ernst) Renan, einem französischen Islamisten und Judäisten. Darin wurde der christliche (ewige, tolerante, menschliche) Jesus (auch rassisch) vom historisch und jüdischen Christus unterschieden. Das Werk erlebte bis in die neunziger Jahre über hundert Auflagen, darunter viele illustrierte und solche in populären Reihen wie *Reclam's Universal-Bibliothek, Meyers Volksbüchern* und anderen.[250] Schon David Friedrich Strauß (1808-1874) hatte 1835/36 in seinen Studien *Das Leben Jesu*[251] spätere Deutungen vorgezeichnet. Jesus sei keine historische Person, sondern die Verkörperung des menschlichen Wesens, der Gattung Mensch. Das lief im Umkehrschluß

---

247 M. Rainer Lepsius: Das Bildungsbürgertum als ständische Vergesellschaftung. In: Bildungsbürgertum, Teil III, S.10.
248 Lepsius: Bildungsbürgertum, S.13. – Lepsius beruft sich hier auf Max Scheler: Die Wissensformen und die Gesellschaft. Bern, München 1960.
249 Nipperdey: Religion, S.74. – Vgl. Eliade, Culianu: Handbuch, S.202: „Wenn die Existenz Jesu heute auch ganz allgemein anerkannt ist, so wirft sie doch immer wieder zahlreiche historische Probleme auf", da sich in den „Quellen jener Zeit ... so gut wie keinerlei Hinweise" finden lassen.
250 Vgl. Ernst Renan: Das Leben Jesu. Volks-Ausgabe. Berlin 1864.
251 Vgl. David Friedrich Strauß: Das Leben Jesu. Kritisch bearb., 2 Bde., Tübingen 1835, 1836 (Nachdruck der Wissenschaftlichen Buchgesellschaft, Darmstadt 1969). – Vgl. Theobald Ziegler: David Friedrich Strauß. Erster Teil: 1808-1839. Mit einem Jugendbild. Zweiter Teil: 1839-1874. Mit einem Bild aus seinem 58. Lebensjahr. Straßburg 1908. – Wilhelm Hieronymi: Dr. David Strauß und die religiöse Bewegung der Gegenwart. Vom Glauben zum Denken, vom Denken zum Handeln. Eine kritische Studie. Wiesbaden 1873.

darauf hinaus, in jedem Menschen zugleich eine Gottheit zu sehen.[252] Strauß hatte sich zu Beginn des Kulturkampfes mit einem programmatischen Buch erneut zu Wort gemeldet und einen neuen „Glauben an das Universum" gefordert. Die Glaubenslücke der dem Rationalismus geopferten Offenbarung wollte er durch Botschaften aus den Werken Lessings, Goethes und Schillers schließen und durch ein metaphysisches Gemisch aus hegelianischem Weltgeist, monistischem Naturverständnis und darwinistischem Entwicklungsgesetz ersetzen.[253]

Nach dem Beginn archäologischer Forschungen in Palästina und vorbereitet durch neuere theologische Werke (vor allem aus der Schule um Albrecht Ritschl) kamen verschiedene Christologien auf den Markt, die das personifizierte Ideal der Christenheit den neuen sozialen Tatsachen anzupassen versuchten. Daraus wuchsen auch Jesusbilder im Handwerker- und Bürgermilieu: Jesus als berufsstolzer Zimmermann, an dem ein Unrecht begangen wird; als pflichtbewußter und tugendhafter Bürger; als Heros der Unterschichten. Friedrich Naumann setzte 1894 einen Markstein, indem er Jesus demonstrativ als *Volksmann* vorstellte. „Er soll uns wie ein Zeitgenosse sein."[254] Naumann eröffnete mit seiner Schrift eine Publikationsreihe, die den programmatischen Titel *Göttinger Arbeiterbibliothek* trug. Mit dieser Serie wollte er der parallel erscheinenden sozialdemokratischen *Berliner Arbeiterbibliothek* Max Schippels (1859-1928) begegnen, die sich ebenfalls sozialen und weltanschaulichen Aufklärungsthemen widmete.[255]

Diese Vereinnahmungen begleiteten die wissenschaftliche Demontage des Leitbilds der Christenheit, ein Vorgang, an dem sich die Freidenker wesentlich beteiligten, ja sich gerade daran in der Öffentlichkeit profilierten, wie Gustav Tschirn.[256] Das in den Neunzigern aufflammende Interesse an

---

252 Hieran schlossen 1845/46 Karl Marx und Friedrich Engels ihre erste größere philosophische Studie, die allerdings bis 1932 unveröffentlicht blieb. Vgl. Karl Marx, Friedrich Engels: Deutsche Ideologie. Kritik der neuesten deutschen Philosophie in ihren Repräsentanten Feuerbach, B. Bauer und Stirner, und des deutschen Sozialismus in seinen verschiedenen Propheten. In: MEW, Bd.3, Berlin 1958, S.9-530.
253 Vgl. David Friedrich Strauß: Der alte und der neue Glaube. Ein Bekenntnis. Leipzig 1872.
254 Vgl. Friedrich Naumann: Jesus als Volksmann. Göttingen 1894 (Göttinger Arbeiterbibliothek, 1,1), zit. nach Friedrich Naumann Werke, Erster Bd.: Religiöse Schriften. Hg. v. Walter Uhsadel, Köln u. Opladen 1964, S.372.
255 Aus der *Berliner Arbeiter-Bibliothek* wären zu nennen: Gerhard Krause: Zur Naturgeschichte der antisemitischen Bewegung in Deutschland (1890, 2,2). – Ders.: Die Arbeiterbewegung im Lichte der materialistischen Geschichtsauffassung (1891, 2,13) – Paul Kampffmeyer: Ist der Sozialismus mit der menschlichen Natur vereinbar? (1891, 3,1). – *Göttinger Arbeiterbibliothek:* Gottfried Riehm: Schöpfung und Entstehung der Welt (1896, 1,8). – Ders.: Darwinismus und Christentum (1896, 1,9).
256 Vgl. Gustav Tschirn: Die Bibel nur Menschenwerk. Unter Berücksichtigung der theologischen Entgegnungen. 2. Aufl., Breslau 1894, S.31 über Jesus: „Diesen Menschen ... Feind

der Person Jesu unterschied sich von dem im Vormärz erheblich. Anders als in der ersten großen Debatte über das Christusproblem in den dreißiger und vierziger Jahren, die von den Junghegelianern Strauß und Bruno Bauer (1809-1882) ausging, erreichte der zwischen 1899[257] und 1902 ausgelöste Streit über den Menschen und das Werk des Jesu erstmals eine breite Masse und über die christlichen wie sozialdemokratischen Arbeiterzeitungen auch einfache Leute. Selbst der sozialdemokratische Verlag *Vorwärts* gab eine populärwissenschaftliche Reihe unter dem Titel *Aufklärungsschriften über das Christentum* heraus, in der sich besonders Eugen Losinsky hervortat und vier damals ungemein populäre, weil auch sehr einfach und agitatorisch geschriebene Bücher veröffentlichte.[258] Der Autor legte sich mit keinem geringeren Theologen als dem liberalen Theologen Karl Gustav Adolf Harnack (1851-1930; 1914 geadelt) an und versuchte zugleich, sich marxistisch von Nietzsche abzugrenzen. So platt seine Argumentation auch war, so mischte er sich doch wirkungsvoll in die Debatte über den Christusmythos ein, die den Zeitgenossen als aufsehenerregende Enthüllungsgeschichte erschien.

Der Sensationscharakter der Debatte lag auch im Schicksal derjenigen begründet, die sich hier mutig weit hervorwagten. Einer von denen, die große Popularität gewannen, war Albert Kalthoff, der sich in allen Etappen der öffentlichen Verhandlung über Jesus eifrig beteiligte. Kalthoff war Zeit seines Lebens wegen seiner stets sehr freien Interpretation der Christenlehre mit seinen Kirchenoberen wie auch vielen Gemeindemitgliedern aneinandergeraten, ungeachtet der Folgen, die dies für sein bürgerliches Leben zeitigte. 1874 promovierte Kalthoff an der Universität Halle mit einer Schrift über die metaphysischen Grundlagen der Moral. 1879 gründete er den *Protestantischen Reformverein*. In Vorträgen schied er den historischen vom idealen Jesus der Kirchengeschichte und gestand jedem ehrlichen Christen zu, selbst „Gottmenschheit" zu werden.[259] Erneut wurde Kalthoff entlassen. Nach Pfarramtstätigkeiten in Rheinfelden bei Basel und in Bremen nahm er Anfang der Neunziger seine Vereinsgründungen wieder auf, widmete sich

---

des Priester- und Pharisäertums, des Dogmen- und Formelglaubens, den mutigen Volksfreund ... nehme ich mir gern zum Vorbilde." – Siehe auch Ders.: Hat Christus überhaupt gelebt? Vortrag. Bamberg 1903.
257 Vgl. Paul Kempe (=Richard Calwer): Christus und die Sozialdemokratie. Für die ländliche Bevölkerung. 9. Aufl., Braunschweig 1899 (1. Aufl. 1893).
258 Vgl. Eugen Losinsky: Waren die Urchristen wirklich Sozialisten? Berlin 1901. – Ders.: Das wahre Christentum als Feind von Kunst und Wissenschaft. Berlin 1901. – Ders.: Was haben die Armen dem Christenthum zu verdanken? Berlin 1902. – Ders.: War Jesus Gott, Mensch oder Uebermensch? Berlin 1904. – Alle Ausgaben tragen den Untertitel: An den Werken der Schriftsteller des XIX. Jahrhunderts dargelegt.
259 Vgl. Albert Kalthoff: Das Leben Jesu. Reden (geh. im Protestantischen Reform-Verein zu Berlin). Berlin 1880, S.169-174.

der Arbeiterfrage und publizierte zu verschiedenen Kulturproblemen der Zeit sowie über Schleiermacher, Goethe und Nietzsche.

1902 erschien Kalthoffs Schrift *Das Christusproblem*.[260] In ihr bestritt er nun auch die historische Existenz des Jesu und entwickelte eine sowohl sozialtheologische als auch massenpsychologische Erklärung des Christentums aus der Römischen Kaiserzeit. Daraus folgerte Kalthoff, daß die sozialen Probleme der Gegenwart eine neue, wie er meinte, monistisch-ethische Weltanschauung benötigen würden, denn es sei „der Fundamentalirrtum der liberalen Theologie", daß sie zwar das Dogma vom Gott-Menschen aufgebe, dieses aber als Held-Jesus wiederaufleben lasse. Diese „Unterschiebung eines modern-liberalen Menschenbildes unter einen ganz anders gearteten Begriff" mache aus dem zeitlosen Mythos Jesus eine historische Person.[261] Der wirkliche Mensch Jesus müsse dann aber auch folgerichtig geschichtlich und nicht theologisch beleuchtet werden. Wenn man dies allerdings tue, verliere Christus seine Vorbildfunktion für die Jetztzeit, auch wenn man das Gegenteil heute noch so sehr beschwöre.[262] Dem historischen Jesu entspreche in einer erneuerten Religion der säkularisierte Christus als sozialweltliches Menschenbild, genauso wie aus dem vorchristlichen Opfertag der jüdische Sabbat geworden sei, aus diesem der Sonntag als Tag des christlichen Gottesdienstes und daraus wieder der moderne Feiertag als Ruhepunkt und Zeit zur geistigen Erholung.[263] Ähnliches gelte für die Kirche und die religiösen Bräuche. Angesichts solcher Ideen wurde Kalthoff zu einem Helden und „Apostel" der organisierten Freidenkerbewegung und im Januar 1906 sogar zum ersten Vorsitzenden des *Deutschen Monistenbundes* gewählt. Jedoch starb er schon drei Monate später am 11. Mai 1906. Hatte Dietzgen eine neue sozialdemokratische Religion prophezeit, so Kalthoff eine von Dogmen befreite. Sie war freidenkerisch, weil sie jedes Jenseits leugnete, blieb aber religiös, indem sie den Menschen ein Recht auf Glauben zubilligte und solche Sinngebung für sozial notwendig hielt.[264]

Vor dem gleichen Problem, den historischen vom idealen Jesusbild zu unterscheiden, stand Friedrich Naumann. Hatte er soeben noch Christus als *Volksmann* gewürdigt, so nahm er nun diesen aktuellen Bezug zurück. Er tat dies nicht in erster Linie wegen Kalthoffs logischer Argumentation, sondern aufgrund eigener Anschauung Palästinas. Er sah dort ein anderes Volk als

---

260 Vgl. Albert Kalthoff: Das Christusproblem. Grundlinien zu einer Sozialtheologie. 2. Aufl., Leipzig 1903.
261 Kalthoff: Christusproblem, S.25, 27.
262 Vgl. Kalthoff: Christusproblem, S.88, 146-152.
263 Vgl. Kalthoff: Christusproblem, S.152-153. – Der neue Christus als Kultivator des rohen Kommunismus vgl. S.92.
264 Vgl. Albert Kalthoff: Zukunftsideale. Nachgelassene Predigten mit einer Lebensskizze v. Friedrich Steudel. Jena 1907.

seines und bekam dadurch ein historisches und ethnisches Bewußtsein von „Volk". Das ließ ihn auch die Bibeltexte anders lesen. Bis dahin trieb Naumann das „Bedürfnis, unseren Heiland sozial zu verstehen"[265] und als Vorbild zu erhalten. Doch nun bezweifelte er als politischer Mensch mit einem wachen Blick auf mentale Stimmungen und weltanschauliche Fragen, ob Jesus „unser Kulturideal" überhaupt haben konnte. „Es blieb nichts übrig, als unsere Klassenkämpfe eben moderne Kämpfe zu nennen und es fand sich keine Möglichkeit, Jesus zum besonderen Verfechter der Klasse der Lohnarbeiter oder der Wirtschaftspartei des Industrialismus zu machen."[266] Heute habe man andere Lebensziele.

In der Diskrepanz zwischen gewachsener kultureller Deutung des Jesu und den neuen Wünschen des Volkes sah Naumann einen schweren Konflikt der Christen in der modernen Gesellschaft keimen. „Also entweder man wagt es staatslos sein zu wollen, man wirft sich der Anarchie freiwillig in die Arme, oder man entschließt sich, neben [sic!] seinem religiösen Bekenntnis ein politisches Bekenntnis zu haben."[267] In der Konsequenz folgte aus dem Denken Naumanns nicht nur die Möglichkeit eines ethischen, wirtschaftlichen, kulturellen oder sonstwie verankerten Bekenntnisses neben dem religiösen. Religion wurde damit überhaupt zur „Privatsache" erklärt und der freien Wahl anheimgestellt. Damit konnte die völlige Demontage des Jesu Christi außerhalb kirchlicher Räume und durch Laien beginnen. Ein öffentliches Interesse daran war hergestellt und legitim, wenn selbst ein solcher Bekenner wie Naumann zweifelte.

Diese Aufmerksamkeit nutzte vor allem Arthur Drews. Er ging allerdings wieder einige geistige Schritte hinter Dietzgen, Kalthoff und Naumann zurück, traf aber den Nerv eines an Enthüllungen interessierten Publikums. Er stellte zunächst eine, wie er meinte, neue Weltanschauung vor. Seine geschlossene Philosophie des Monismus sah er an die Stelle jeder Religion treten. Nachdem Drews diese Theorie des systematischen und historischen Monismus 1908 vorgelegt hatte, griff er 1909 mit seinem Buch über *Die Christusmythe* in die Debatte über den Platz von Jesus in der Christenlehre ein und zwang die offizielle Theologie zu Stellungnahmen, deren Reigen Heinrich Weinel eröffnete.[268] Die moderne Theologie hatte Drews mit der

---

265 Friedrich Naumann: Briefe über Religion. Buchschmuck v. Felix Schulze, 2. Aufl., Berlin-Schöneberg 1903, Nr. XVI, S.50.
266 Naumann: Briefe über Religion, Nr. XVIII, S.57/58.
267 Naumann: Briefe über Religion, Nr. XXIV, S.75/76.
268 Vgl. Heinrich Weinel: Ist das „liberale" Jesusbild widerlegt? Eine Antwort an seine „positiven" und seine radikalen Gegner mit besonderer Berücksichtigung auf A. Drews, Die Christusmythe. Tübingen 1910. – Vgl. Heinrich Holtzmann: Paulus als Zeuge wider die Christusmythe v. Arthur Drews. In: CW 24(1910)7, Sp.151-160. – Martin Rade: Verschiedenes. In: CW 24(1910)18, Sp.427/28 behandelt Äußerungen zur Christusmythe v. Drews,

These provoziert, daß „ein historischer Jesus, wie die Evangelien ihn schildern und wie er in den Köpfen der liberalen Theologen heute lebt, überhaupt nicht existiert", sondern ein „Erzeugnis des religiösen ‚Massengeistes' darstellt".[269] Schließlich kam es zu einer grundsätzlichen Debatte, in der drei Theologen Drews ausdrücklich beistanden und dessen Thesen aus unterschiedlichen Blickwinkeln unterstrichen: Ernst Krieck[270], Samuel Lublinski[271] und Friedrich Steudel. Letzterer versuchte darüber hinaus, zwischen Religiösen und den Freidenkern zu schlichten. „Wir, die wir an keinen historischen Jesus glauben", so betonte er, „reißen nicht nieder, sondern bauen auf."[272]

Die gedankliche Konstruktion von Drews ähnelte der Kalthoffs. Er unterschied das soziale Ideal, das Reich Gottes als erlöste Menschheit, vom individuellen Ideal, dem höchst persönlichen Christusbild. Diese geistigen Spannungen und religiösen Erneuerungen halte die alte Kirche nicht mehr aus. Die Gläubigen müßten deshalb „in eine Organisation von Gemeinschaften" überführt werden, „deren Einheit in dem von starken religiösen Einzelpersönlichkeiten geförderten Willen zum kulturellen Fortschritt zu finden" sei. Und weil im *Deutsche Monistenbund* schöpferischer Geist lebe, wäre er eine solche zukunftsfähige Vereinigung.[273] Drews erhielt naturgemäß von den Dissidenten viel positive Resonanz, zumal er in deren Organisationen hervortrat. Er war zunächst in Karlsruhe an der höheren Töchterschule angestellt, dann nach 1903 Philosophieprofessor an der dortigen Technischen Hochschule. Im Rahmen seiner von ihm „konkreter Monismus" genannten Anschauung vertrat er eine Variante pantheistischer Metaphysik, eingekleidet in einen „idealistischen Monismus".[274] Vor und nach dem Erscheinen seiner beiden Hauptwerke entfaltete Drews eine professionelle Kampagne für seine Person und sein Werk. Drews zog als Vortragsredner durchs Land, schrieb in Zeitungen, gab Interviews, veranstaltete Kongresse, so Ende Ja-

---

Hans Ostwald, Julius Burggraf („Deutsches Christentum"), Viktor Kühn, Heinrich Weinel u. Ernst Horneffer.
269 Vgl. Arthur Drews: Die Christusmythe. Jena 1909, S.176. – Siehe auch Teil 2, Ders.: Die Zeugnisse für die Geschichtlichkeit Jesu. Jena1911.
270 Vgl. Ernst Krieck: Die neueste Orthodoxie und das Christusproblem. Eine Rückantwort an Weinel, nebst einigen Bemerkungen zu Jülicher, Bornemann, Beth u. v. Soden. Jena 1910. – Ders.: Persönlichkeit und Kultur. Kritische Grundlegung der Kulturphilosophie. Heidelberg 1910.
271 Vgl. Samuel Lublinski: Das werdende Dogma vom Leben Jesu. Jena 1910. – Ders.: Die Entstehung des Christentums aus der antiken Kultur. Jena 1910.
272 Friedrich Steudel: Im Kampf um die Christusmythe. Eine Auseinandersetzung insbesondere mit J. Weiß, P.W. Schmidt, A. Harnack, Chwalson. Jena 1910, S.78.
273 Friedrich Steudel: Die Religion im Lichte monistischer Weltanschauung. 2. Aufl., Berlin 1908, S.52 (Bremer Flugschriften aus dem Geisteskampf der Gegenwart, 1).
274 Drews: Christusmythe, S.189. – Vgl. Ders.: Die Religion als Selbstbewußtsein Gottes. Eine philosophische Untersuchung über das Wesen der Religion. Jena 1905.

nuar/ Anfang Februar 1910 das öffentliche *Berliner Religionsgespräch*.[275] Mußte Kalthoff noch von Gemeinde zu Gemeinde eilen und, wenn sie es erlaubte, den Gläubigen von der Kanzel predigen, entfalte Drews seine Agitation mit Hilfe der organisatorischen Basis der freien Gemeinden, des *Monistenbundes* und des *Weimarer Kartells*. Drews gehörte zu den Wissenschaftlern an der Wende zum 20. Jahrhundert, die ihre Theorien zugleich in politische Aktionsprogramme und soziale Bewegung umzusetzen trachteten und sich deshalb nicht scheuten, ihre Thesen vor einfachen Leuten zu entwickeln und ihnen akademische Reden zu halten. Diese Absicht hielt er ein Leben lang durch. 1917 sah er die Wende des Krieges und einen großen Umschwung kommen, den er als den Auftakt zu einer breiten freireligiösen Erneuerungsbewegung begriff.[276]

Sensible Beobachter dieser Debatten wie Friedrich Paulsen hielten denn auch als wesentlichen Grundzug der neunziger Jahre fest: „Im öffentlichen Leben ist das abgelaufene Jahrhundert zweifellos charakterisiert durch die Abtragung alter Autoritätsverhältnisse auf allen Gebieten und das Vordringen eines nivellierenden und demokratisierenden Individualismus. Nirgends ist die Sache sichtbarer als im Gebiete des kirchlich-religiösen Lebens. ... Gegenwärtig ist die Abwendung der Masse von dieser Weltanschauung vollendet, mit Stolz stellt sie sich auf die Vernunft oder die Wissenschaft, die dem Glauben definitiv ein Ende gemacht habe, die ‚Welträtsel' sind ihr Evangelium. Die Mehrzahl der Gebildeten steht innerlich kaum viel anders; auf jeden Fall ist ihre Religion, wenn sie solche haben, unkirchlich."[277]

Deutscher Glaube ans Germanische: die andere Alternative

Die Naumannsche Idee vom *Jesus als Volksmann* legte noch eine andere Interpretation nahe. Wenn der historische Jesus ein Mann des Nahen Ostens war, könnten dann nicht die alten Germanen einen eigenen Jesus gehabt haben oder eine ähnliche Heiligenfigur von diesem Rang? So begannen in und außerhalb der protestantischen Kirche wie der Freidenkerbewegung ernsthafte Forscher und spekulierende Schwärmer nach der Germanen-Mytho-

---

275 Hat Jesus gelebt? Reden, gehalten auf dem Berliner Religionsgespräch des Deutschen Monistenbundes am 31.I. und 1.II.1910 im zoologischen Garten über „Die Christusmythe" v. Arthur Drews, Hermann v. Soden, Friedrich Steudel, Georg Hollmann, Max Fischer, Friedrich Lipsius, Hans Francke, Theodor Kappstein u. Max Maurenbrecher, Berlin u. Leipzig 1910.
276 Vgl. Arthur Drews: Freie Religion. Vorschläge zur Weiterführung des Reformationsgedankens. Jena 1917.
277 Paulsen: Erziehung, S.7/8.

logie zu suchen, besonders nach Helden, die, da die historische Jesusfigur dem Christusbild des Glaubens nicht mehr entsprach, als Ersatzheilige an dessen Stelle treten könnten und sollten. Die Kultivierung des vermeintlich Germanischen löste bei den großen Kirchen weniger Aufregung aus als die freidenkerischen Abgrenzungen vom Christentum, wohl weil sich das Völkische auf der Ebene des Glaubens verhandeln ließ, das Freidenkerische sich hingegen anschickte, das Religiöse zu verlassen. Der Kult um das Germanische, der schon in den Kriegen gegen Napoleon und im Vormärz einige Ansätze zeigte, begann in der Zeit der deutschen Reichseinigung 1866/71 Produzenten und Bedarf zu finden. Besonders der Roman von Felix Dahn (1834-1912), Geschichtsprofessor in Königsberg, *Ein Kampf um Rom* (1867)[278], tat hier einige Wirkung, ergänzt durch den von Hermann Löns (1866-1914), *Der Wehrwolf*, und den von Hermann Burtes 1912, *Wiltfeber, der ewige Deutsche*. Der Protestant Dahn wurde nicht nur wegen seiner teils wissenschaftlichen, teils belletristischen Bücher bekannt[279], sondern auch durch die öffentliche Stellungnahme der katholischen Kirche gegen ihn, die ihn, wie er selbst meinte unberechtigt, der Pflege des Wotan-Kultes bezichtigte.[280]

Auf der Ebene zwischen Kunst und Wissenschaft, stark okkultisch geprägt, bewegten sich auch die Veröffentlichungen des Wiener Privatgelehrten Guido von List (1848-1919). 1891 erschien sein spekulatives Werk über die *Deutsch-mythologischen Landschaftsbilder*. 1908 publizierte er sein Buch über das *Geheimnis der Runen*, die angebliche Geheimsprache der Germanen, die Kala. Die Wirkung dieser Phantasien fiel deshalb so nachdrücklich aus, weil die interessierte Leserschaft zugleich anderswo mit ernsthaften germanistischen Studien konfrontiert wurde. In diesen Schriften waren die Autoren oft ebenfalls auf der Suche nach dem kulturell Germanischen, in dem das Schöpferische den Deutschen zufiel, die sich von den Indern wie den Menschen der römischen Antike und erst recht den Asiaten unterschieden.[281] Die theologische Kritik an der germanophilen Literatur, so gering sie gegenüber der am Sozialismus und der Freidenkerei ausfiel, hob diese dennoch in den Rang „oppositioneller" Werke und gestattete, eine umfangreiche *Guido-List-Bücherei* erfolgreich aufzulegen.[282]

---

278 Vgl. Felix Dahn: Ein Kampf um Rom. Historischer Roman. 4 Bände, Leipzig 1876-1878.
279 Vgl. Felix Dahn: Die Könige der Germanen. Das Wesen des ältesten Königthums der germanischen Stämme und seine Geschichte bis auf die Feudalzeit. Nach den Quellen dargestellt. 12 Bände. München, Würzburg, Leipzig 1861-1909. – Ders: Die Germanen. Volkstümliche Darstellungen aus Geschichte, Recht Wirtschaft und Kultur. Leipzig 1905.
280 Vgl. Mosse: Volk, S.81.
281 So bei Gustaf Kossinna (Pseudonym: Mannus): Zeitschrift für Vorgeschichte. Organ der Deutschen Gesellschaft für Vorgeschichte. Würzburg 1909ff.
282 Darin unter anderem von Guido v. List: Die Rita der Ario-Germanen. Wien 1908 (Reihe 1, Nr. 3). – Ders.: Die Religion der Ario-Germanen. Berlin-Lichterfelde 1910 (1, 7).

Die nationale Erneuerungsbewegung in der religiösen Welt ordnete sich hier ein und wurde besonders durch den *Volkserzieher*-Kreis[283] um Wilhelm Schwaner betrieben, der Friedrich Nietzsche für seine Ziele reklamierte, sich aber in erster Linie auf Moritz von Egidy berief, in dem nahezu alle Dissidenten einen Märtyrer sahen.[284] Schwaner hatte den *Deutschen Monistenbund* mit begründet.[285] Für die nachfolgende deutsche Geschichte des Nationalsozialismus und dessen Kulturanschauung bedeutsam wurde die geistige Verbindung von Schwaners Ideen mit rassistischem Gedankengut, das allerdings noch einige Zeit davon isoliert blieb. Diesen Sog verstärkten die *Deutschen Schriften* von Paul de Lagarde (Pseudonym für Paul Anton Bötticher, 1827-1891)[286], der von Hause aus Orientalist und Religionswissenschaftler war, sich aber auch bildungspolitisch äußerte. Wirkung entfaltete er allerdings erst nach seinem Tode und beeinflußte insbesondere den Hauptschriftleiter der *Täglichen Rundschau*, den Journalisten Friedrich Lange. Dessen Idee einer genuinen Entwicklung vom Christentum zum Deutschtum[287] schlug sich organisatorisch im *Deutschbund* (gegründet im Mai 1894) nieder, orientierte aber auch seine Vorstandsarbeit im Krupp'schen Förderausschuß vaterländischer Arbeitervereine. Eine weitere Richtung des Nachdenkens über eine rassisch bestimmte germanische Kultur in

---

Ders.: Das Geheimnis der Runen. 2. Aufl., Wien 1912 (1,1). – Ders.: Ein Grundzug germanischer Weltanschauung. O.O., o.J. (Wien 1913; 1,11).
283 Vgl. Der Volkserzieher. Organ (später: Blatt) für Familie, Schule und öffentliches Leben. Redakteur: Wilhelm Schwaner. Berlin-Schlachtensee 1897-1940. – Rudolph Penzigs Erinnerungsschrift an Moritz v. Egidy, einem Wegbereiter der ethischen Bewegung, erschien im *Volkserzieher*-Verlag, der einen deutschnationalen Germanenkult pflegte. Die Broschüre trug im Signum ein Hakenkreuz. Vgl. Rudolph Penzig: Moritz v. Egidy. Lebendige Gedanken eines Toten. Berlin-Schlachtensee 1909.
284 Vgl. Handbuch, S.13. – Penzig: Egidy.
285 Vgl. Schulmeister, Volkserzieher, Selbsterzieher. Züge und Briefe aus dem Leben und den Schriften eines deutschen Volkslehrers. M. Bildern u. Beitr. Moritz v. Egidys, Friedrich Nietzsches, Peter Roseggers, sowie einiger Freunde u. Mitarb. des „Volkserziehers", Berlin 1903. – Wilhelm Schwaner: Germanen-Bibel. Aus heiligen Schriften germanischer Völker. Berlin 1904. – An der 2. Aufl. von 1905 beteiligte sich Eugen Heinrich Schmitt, der mit Schwaner im *Giordano Bruno-Bund* bekann wurde.
286 Vgl. Paul de Lagarde: Deutsche Schriften. Gesamtausgabe letzter Hand. Göttingen 1886. – Vgl. Joachim Petzold: Die Demagogie des Hitlerfaschismus. Die politische Funktion der Naziideologie auf dem Wege zur faschistischen Diktatur. Berlin 1982, S.13-17. – Vgl. auch verschiedene Verweise auf den Anfang des Jahrhunderts bei Stefanie v. Schnurbein: Religion als Kulturkritik. Neugermanisches Heidentum im 20. Jahrhundert. Heidelberg 1992, S.223-306.
287 Vgl. Friedrich Lange: Reines Deutschtum. Grundzüge einer nationalen Weltanschauung. Berlin 1894 (erschienen bei Duncker). – Ders.: Deutsche Worte. Blüten und Früchte deutschnationaler Weltanschauung. Weihe- und Hermannsfest-Reden an den Deutschbund und Nachweis über Wesen und Wirken des Bundes seit 1884. Berlin 1907. – Arthur Bonus: Deutsche Weihnacht. Spiel und Lied aus alter Zeit. Mit einer Einführung. München 1909.

der Moderne fand sich in Heinrich Driesmans Forum *Deutsche Kultur* zusammen.[288] Ebenfalls bereits in den Neunzigern war unter der Führung von Theodor Fritsch eine *Deutsche Erneuerungsgemeinde* entstanden. Der spätere Schöpfer des Harzer Bergtheaters (1907) Ernst Wachler forderte in seinem 1900 veröffentlichten Mahnruf *Über die Zukunft des deutschen Glaubens* die Beseitigung des Christentums und dessen Ersetzung durch eine deutsche Weltanschauung. Wachlers Idee einer Waldbühne[289] und seine völkischen Stücke *Hohenstaufen* und *Walpurgis* entsprangen keinem in erster Linie künstlerischem Konzept, sondern einem sozialen Modell. Er wollte den „Thing" wiederbeleben, die germanische Ratstätte – nur in moderner Form. Sein Kunstprogramm besaß zugleich ein eindeutig politisches Ziel in Richtung auf eine aggressive und nationalistische Idee vom Vaterland.[290]

1908 rief der Maler Ludwig Fahrenkrog in Schwaners Reihe *Der Volkserzieher* zur Sammlung aller Deutschgesinnten auf. Dem folgten 1911, beide in Bremen gegründet, die *Deutschreligiöse Gemeinschaft* (später umbenannt in *Germanische Glaubensgemeinschaft*) und, geleitet von Ernst Hunkel, der wegen seines rassistischen Arierkultes berüchtigte *Deutsche Orden*. Diese Bruderschaft war vom Postdirektor O. S. Richter einberufen worden und besaß einen inneren Zirkel besonders vertrauenswürdiger Mitglieder, der sich *Deutschreligiöse Gemeinschaft* nannte und aus dem nach dem Kriege die *Deutschgläubige Gemeinschaft* herauswuchs.

Alle diese Versuche, ein auf „Blut" und „Rasse" basierendes Kulturbild der Deutschen zu begründen, wurden von Julius Langbehn (1851-1907) beeinflußt. Langbehn hatte Kunst und Archäologie studiert und war ein egozentrischer Rechthaber. Er baute seine Kulturtheorie an der Hell-Dunkel-Malerei Rembrandts auf und setzte dabei seine ästhetischen und rassistischen Ansichten gegen die Wissenschaft und Vernunft schlechthin. Sein 1890 anonym erschienenes Bekenntnisbuch *Rembrandt als Erzieher* versah Langbehn mit der Signatur „Von einem Deutschen".[291] Es erlebte in kurzer Zeit fast vierzig Auflagen. „Dem ‚Großdeutschland' Lagardes stellte er die ‚niederdeutsche Rasse' exklusiv entgegen. Auch ‚Wotanskult' (F. Dahn, E. Wildenbruch), die Opern und theoretischen Schriften R. Wagners, vor allem aber die rassistischen Weltanschauungslehren Gobinaues und seiner Gefolgsleute – in Deutschland Ludwig Schemann, Housten Stewart Chamberlain (1855-1927), Ludwig Woltmann u.a. – sowie der seit den 70er Jah-

---

288 Vgl. Deutsche Kultur. „Ernstes Wollen" (7. Jahrgang) und „Wartburgstimmen" (3. Jahrgang). Hg. v. Heinrich Driesmans, Berlin 1905-1908.
289 Vgl. Ernst Wachler: Die Freilichtbühne. Betrachtungen über das Problem des Volkstheaters unter freiem Himmel. Leipzig 1909.
290 Vgl. Ernst Wachler: Sommerspiele auf vaterländischer Grundlage. Berlin 1910 (Vaterländischer Schriftenverband, Flugschriften, 7).
291 (Julius Langbehn): Rembrandt als Erzieher. Von einem Deutschen. Leipzig 1890.

ren rasant erstarkende Antisemitismus haben am Ende des 19. Jh. den völkisch-rassistischen Lebensstrom gespeist, aus dem die deutschgläubige Bewegung sich dann zu formieren vermochte."[292] Eine Schlüsselrolle nahm dabei der Münchener Professor an der städtischen Handelsschule Johannes Unold ein. Unold hatte zunächst Theologie, dann Philosophie und Geschichte studiert. Nach sechs Jahren Aufenthalt in einer deutschen Kolonie in Chile besaß Unold ein festes Kulturbild über das *Deutschtum*[293] und veröffentlichte seine erste größere Arbeit, die ihn zu einem Urheber der „Lebenskunde" als Ersatz für den Religionsunterricht werden ließ, wie noch genauer gezeigt wird. Unold war vor dem Kriege zeitweise Zweiter Vorsitzender und dann kurzzeitig Vorsitzender des *Deutschen Monistenbundes* und in dieser Funktion direkter Vorgänger des berühmten Leipziger Chemikers Wilhelm Ostwald.

Akademisches Reagieren auf sozialpolitische Fragen

Die Debatten um die *Christusmythe* und die Konjunktur germanischer Mythen wiesen die ethische Kulturgesellschaft in ihre Grenzen. Sie zeigte sich nach 1900 als unfähig, ordnend, orientierend oder gar hegemonierend in gesellschaftliche Grundsatzdebatten einzugreifen, wie sie es sich ein Jahrzehnt früher vorgenommen hatte. Es zeigte sich auch, daß man es in den Fragen von Sittlichkeit und Religion mit Massen zu tun bekam, die mit akademischen Diskursen nicht zu beeinflussen waren. Die Möglichkeit, Ethik als Religionsersatz einzuführen, wie es Tönnies optimistisch gefordert hatte, schien der akademischen Anhängerschaft allerdings noch nicht gänzlich widerlegt. Die ethischen Gesellschaften reagierten auf die sich „entzaubernde" Lage mit einem pädagogischen Programm. Sie erkannten in den „Massen" in erster Linie Erziehungsobjekte. Deshalb entfalteten sie eine entsprechende Kulturarbeit und konzentrierten sich auf Felder, die ihren vorwiegend akademischen Professionen entsprachen. Ihre jüngeren, im Aufstieg gebremsten Jahrgänge versuchten, durch Vorträge, Publikationen und Semina-

---

292 Kurt Nowak: Deutschgläubige Bewegungen. In: Realenzyklopädie, S.555. – Vgl. Ludwig Schemann: Gobineau und die deutsche Kultur. Leipzig 1910. – Ders.: Meine Erinnerungen an Richard Wagner. Stuttgart 1902. – Housten Stewart Chamberlain: Die Grundlage des neunzehnten Jahrhunderts, Volksausgabe in zwei Hälften, 6. Aufl., München 1906 (zuerst 1899 erschienen). – Ludwig Woltmann: Die Deutschen und die Renaissance in Italien. Mit über 100 Bildnissen. Eisenach, Leipzig 1905 (Woltmann sah in der italienischen Renaissance ein Verdienst der arischen Rasse).
293 Vgl. Johannes Unold: Das Deutschtum in Chile. München 1900 (Der Kampf um das Deutschtum, 13).

re, als Redakteure, Schriftsteller oder Wanderlehrer, die Universität sozusagen auszudehnen. Sie nannten ihre Aktivitäten deshalb wörtlich „Universitäts-Ausdehnung".[294] Die ethischen Gesellschaften blieben Diskutierklubs und Lobbyzirkel derjenigen Philosophen, die Ethik wie eine Wissenschaft behandeln wollten. Dabei gelang es ihnen in der Mehrzahl nicht, sich sozialen Problemen empirisch zu widmen. Ihr Schwerpunkt lag auf der philosophischen Idealbildung. Punkt 5 der *Leitsätze* vom Oktober 1901 formulierte, man wolle eine allgemein wirksame und unbedingt gültige Sittlichkeitslehre ausarbeiten und einführen. Diese solle auf der Natürlichkeit des menschlichen Zusammenlebens und auf Vernunft und Wissenschaft basieren. Dieses Anliegen war vielfältig interpretierbar.

Seit Mitte der neunziger Jahre verflog die Gründungseuphorie in der *Deutschen Gesellschaft für Ethische Kultur*. Hinzu kamen Revisionen am ursprünglichen Konzept. Der *Berliner Gesellschaftstag* 1894 lehnte eine Stellungnahme zum Achtstundentag ausdrücklich ab, weil dies „das Schlagwort einer Partei" sei. Die Beratung sprach sehr allgemein für die Verkürzung der Arbeitszeit, die Beschränkung der Nachtarbeit, die Einrichtung von Arbeitsnachweisen, Arbeitsämtern und Statistiken zur sozialen Lage des Volkes.[295] Die sozialreformerischen Ansätze rückten danach zugunsten philosophischer Moraldebatten und praktischer Kulturarbeit in den Hintergrund: ethischer Jugendunterricht, ethische Prüfung der Jugendliteratur, volkstümliche Darbietungen von Kunst und Wissenschaft, Rechtsauskunftsstellen, Kurse zu Rechtsfragen ... Das relativierte die klaren sozialpolitischen Aussagen Gizyckis, die sein Vermächtnis darstellten. In seinen *Vorlesungen* hatte dieser bereits vor Vereinsgründung und unter Berufung auf Felix Adler den Achtstundentag, die Verstaatlichung der Industrie (damit aus Lohnarbeitern Beamte werden können), die Abschaffung rassischer Vorrechte und die Aufhebung der Männerherrschaft gefordert.[296]

Die Mitgliedschaft halbierte sich. Das hatte verschiedene Gründe. Mit wenigen Ausnahmen blieb die Bewegung auf Preußen beschränkt, zumindest von dort dominiert. Auch erwies es sich in der *Deutschen Gesellschaft* als unmöglich, allen akademischen Sonderwünschen nach dieser oder jener moralischen Ansicht in einer Art Oberorganisation gerecht zu werden. Seit 1895/96, mit einer kurzzeitigen Belebungsphase während der die Gründungszeit des *Weimarer Kartells*, verließen kontinuierlich weitere Einzelmitglieder und ethische Vereine den nationalen Verbund oder schlossen sich ihm gar nicht erst an. Die Erwägungen dazu waren sicher verschiedene, doch kam ein Verständnis von Mitgliedschaft hinzu, das diese erschwerte. Es verlangte

---

294 Vgl. 5.Kap.
295 Gesellschaftstag in Berlin 1894, S.336.
296 Vgl. v. Gizycki: Vorlesungen, S.34, 57, 64, 84.

von jedem zunächst „Selbstverbesserung", wobei weitgehend offen blieb, wozu dazu ein Verein nötig sei. Zudem schlich sich mit der Zeit ein gewisser moralischer Rigorismus ein, der Selbstkontrolle verlangte und einforderte. Ein streng praktizierter und kontrollierter Ehrbegriff mündete in den Zwang, innerhalb und außerhalb des Vereins angestrengt auf Kontenance zu achten. Denn, so las man bei Tönnies, „Ehre ist, was die Herren von den Knechten unterscheidet".[297] Und da niemand Knecht sein wollte, mußte eine Lösung des Problems gefunden werden. Sie lag darin, den Kontrast zwischen unten und oben als einen geistigen und damit aufhebbaren zu sehen. Das Konzept schloß Arbeiter als Subjekte aus, was zu erreichen man sich aber anschickte. Wer Arbeiter auf seine Höhe heben wollte, mußte Vorbild sein. Deshalb, so Gymnasialdirektor Döring, verbreiten sich in den ethischen Gesellschaften nicht die „groben, deprimierenden und entkräftenden Exzesse der Sinnenlust".[298] Es wurde vielmehr Moralkontrolle geübt und eine strenge Ethik stilisiert, die den wahren Bildungsbürger aus dem Heer der sogenannten rein materialistisch denkenden „Massen" herausheben sollte. Auf die Dauer wurden solche Bräuche für viele zu anstrengend.

Ein weiterer Grund für den Mitgliederschwund war die Überalterung der ursprünglichen Führerschaft, oft alte Achtundvierziger. Dazu addierte sich der Konkurrenzdruck von seiten kirchlicher, sozialdemokratischer und ähnlich gelagerter Weltanschauungsvereine, besonders der Freidenker, der Freireligiösen und nach 1906 der Monisten. Daran knüpfte sich Ämterhäufung. Gerade dieser letzte Umstand legte den Kartellgedanken schon aus zeitökonomischen Erwägungen nahe, und es waren führende Ethiker wie Penzig und Pfungst, die schließlich den Kartellgedanken ins Spiel brachten. Die wichtigsten Theoretiker der ethischen Gesellschaften schrieben sowieso für mehrere dissidentische Vereine. Dabei vermochte es besonders Friedrich Jodl, den Diskussionen eine philosophische Richtung zu geben und die Mitglieder verschiedener Vereine an seinem ethischen Modell vom Kulturstaat zu interessieren.[299]

Jodl, in München geboren, hatte zunächst an der dortigen Universität Philosophie und Geschichte studiert und danach seine akademische Karriere als Lehrer an der Kriegsakademie, ebenfalls in München, begonnen. 1885 wurde er Ordinarius für Philosophie an der Prager Universität und 1896 Professor an der Universität Wien. Seine Ethik als Wissenschaft von den

---

297 Tönnies: Ethische Cultur, S.9.
298 Döring: Inhalt, S.12.
299 Vgl. Friedrich Jodl: Die Culturgeschichtsschreibung, ihre Entwicklung und ihr Problem. Halle 1878. – Ders.: J. G. Fichte als Sozialpolitiker. In: Vom Lebenswege. Ges. Vortr. u. Aufs. i. zwei Bänden. Bd.1, Hg. v. Wilhelm Börner, Stuttgart u. Berlin 1916, S.164ff. – Ders.: Das neunzehnte Jahrhundert. Eine Säkularbetrachtung. In: Ebd., Bd.2, Stuttgart, Berlin 1917, S.678ff.

„Regeln vernunftgemäßer Lebensgestaltung"[300] hielt er dem religiösen Glauben entgegen, der in der modernen Zeit nur zu Zwietracht führe. Wissenschaft könne dagegen einigend wirken. Jodl setzte seine Moraltheorie auch in Kontrast zum Ökonomismus, das hieß zum Markt und zum Leistungsprinzip. Das war sehr populär, weil Jodl den Egoismus allgemein angriff, ohne den Kapitalismus in dessen konkret historischer Form zu verurteilen. Er konnte sich als Reformer präsentieren, ohne daß sein Programm in die Niederungen sozialer Kämpfe hinabstieg. Die ethische Wissenschaft unterscheide sich von der hergebrachten Moralphilosophie durch die Möglichkeit ihrer Popularisierung: Sie sei verständlich und von jedem begreifbar. Sie unterscheide sich aber auch von bisherigen Programmen der Sittlichkeit, denn sie untersuche die Fragen der praktischen Lebensführung philosophisch. Die moderne Ethik münde sowohl in einem humanistischen Ideal von der Persönlichkeit, das durch Willen, Charakter und Wohlfahrt gekennzeichnet sei, als auch in einem übergreifenden Gesellschaftsziel. Das höhere Streben richte sich auf Gemeinschaft, die Einheit aller Deutschen. Es fordere von den Oberschichten das Ende der Genußsucht, der Ausschweifungen, der Geldgier, der Gleichgültigkeit, des Nichtstuns und der Schwelgerei. Während den Bessergestellten mehr ethische Pflichten abzuverlangen seien, müsse man den unteren Schichten mehr soziale Rechte einräumen und gegen zerreibende Arbeit angehen. Zugleich sei ein weiteres Absinken zu verhindern durch konsequentes Vorgehen gegen Stumpfsinn, Brutalität und Alkoholismus.

Jodls relativ einfache gedankliche Konstruktion war mit weihevollen Formeln gespickt wie „Technik der Gestaltung eines vollkommenen und glückseligen Menschenthums".[301] Hier lag aufbauende und sinnstiftende Literatur parat, mit einem wissenschaftlichen Etikett versehen. Aber nicht nur dieses erhebende Angebot machte Jodl zu einem beliebten Referenten auf vielen freidenkerischen Tagungen und ihn einflußreicher als jedes vorliegende philosophische Lexikon zugibt. Älter als Foerster und nahezu allein im katholischen Wien wuchs Jodl berechtigt der Ruf eines aufrechten und gütigen Philosophen und sozial engagierten Redners zu, der Naturwissenschaftlern, Ingenieuren, Juristen und Ärzten in klaren und einfachen Worten ethische Grundsätze vermitteln konnte, die der christlichen Terminologie nicht bedurften. Viel von diesem Charisma resultierte aus der simplen Tatsache, daß er sich als erster ordentlicher Professor der Geisteswissenschaften zum Monismus bekannte und wagte, diesen mit der ethischen Bewegung zu verbinden.

---

300 Vgl. im folgenden Friedrich Jodl: Über das Wesen und die Aufgabe der Ethischen Gesellschaft (1894). In: Ders.: Vom Lebenswege, Bd.2, S.218-245. – Ders.: Was heißt ethische Kultur? (1894). In: Ebd., S.172-194. – Ders.: Wesen und Ziele der ethischen Bewegung in Deutschland (1893, Fassung von 1908). In: Ebd., S.195-217.
301 Jodl: Was heißt ethische Kultur, S.173.

Einen bemerkenswerten Höhepunkt brachten die von Freunden der ethischen Kultur in Zürich organisierten *Ethisch-sozialwissenschaftlichen Vortragskurse* zwischen dem 25. August und 11. September 1896. Zu den zwölf Rednern zählten immerhin Staudinger, Emil Reich (Pädagoge in Wien), von Egidy, W. Foerster, Penzig, Tönnies sowie, mit den meisten Zuhörern (ca. 150), Sombart und Jastrow.[302] Die Reihe eröffnete der Kopenhagener Philosophieprofessor Harald Höffding mit einer Rede über die *Ethische Prinzipienlehre*. Er verwahrte sich darin ausdrücklich gegen den Vorwurf, die ethische Bewegung wolle nur die unteren Volksschichten sittlich heben. Es sei vielmehr „traurig, zu sehen, wie leer und niedrig oft das ist, womit die sogenannten gebildeten und höheren Klassen ihre reichliche und oft unverdiente Muße erfüllen."[303] Auch deren Lebensstile erfordern die „Entwickelung solcher Formen der höheren Kultur, welche zwar mehr als Arbeit für die bloße Existenz sind, aber doch mit der persönlichen Entwickelung innig zusammenhängen".[304]

Auf dem anschließenden Kongreß des Schweizerischen *Ethischen Bundes* (23 Teilnehmer, davon 3 Frauen) kam es zu zwei wichtigen Weichenstellungen für die gesamte ethische Bewegung. Zum einen war August Bebel eingeladen, zum anderen trug Wilhelm Foerster die Idee einer „ethischen Akademie" vor, aus der später der noch vorzustellende Plan einer *Freidenker-Hochschule* wuchs.[305] Bebel erhielt über eine Stunde Redezeit, in der er seinen Standpunkt vortrug und sich und seine Partei von der „Humanitätsduselei" der Ethiker abgrenzte, wie später von Penzig kolportiert wurde. In den Berichten über die Tagung fehlt dieser Begriff. Aber auch so war Bebels Haltung für die ethische Gesellschaft ernüchternd. Für die Befreiung der Arbeiterklasse sei die Tätigkeit des Vereins „belanglos". Wer sich als Akademiker der Arbeitersache anschließen wolle, müsse sich zur Verstaatlichung der Produktionsmittel bekennen. Als die Arbeiter während des Sozialistengesetzes verfolgt worden seien, hätten die Gelehrten geschwiegen. Tönnies opponierte, mahnte Antworten auf ethische Fragen ein und verwies

---

302 Vgl. Ethisch-sozialwissenschaftliche Vortragskurse. In: Akademische Rundschau, Leipzig 1(1896)9, S.151. – Schultze: Volkshochschulen, S.68.
303 Harald Höffding: Ethische Principienlehre. Bern 1896, S.62/63 (Ethisch-socialwissenschaftliche Vortragskurse, veranstaltet von den ethischen Gesellschaften in Deutschland, Österreich und der Schweiz, hg. v. der Schweizerischen Gesellschaft für ethische Kultur, Züricher Reden, Bd.I). – Ursprünglich waren im ganzen etwa 33 Hefte in Aussicht genommen, erschienen sind Texte von Penzig (Die ersten Moralunterweisungen der Kinder, 1896), Egidy (Ueber Erziehung, 1896), Sombart (Socialismus und sociale Bewegung im 19. Jahrhundert, 1897), Reich (Volkstümliche Universitätsbewegung, 1897), Staudinger (Beiträge zur Volkspädagogik, 1897) und Tönnies (Ueber die Grundthatsachen des socialen Lebens, 1897).
304 Höffding: Principienlehre, S.63.
305 Vgl. W.C.: Kongreß des ethischen Bundes in Zürich. In: Akademische Rundschau, Leipzig 1(1896)14, S.231.

auf die positiven Signale des ebenfalls anwesenden Robert Seidel (1850-1933), 1869 Mitbegründer der Bebelschen (Eisenacher) Richtung, nun in der Schweiz lebend. Bebel antwortete, in Deutschland hätten sie mit Seidel vorher ein „letztes Wörtlein" geredet, und er wäre in Zürich anders aufgetreten. Der Sozialdemokrat Hermann Greulich (Zürich) versuchte daraufhin zu schlichten. Man könne sich vielleicht in der Abwehr reaktionärer Gelüste einig werden – doch das Tischtuch war zerschnitten.[306]

Zweifellos war der Besuch des Sozialistenführers ein bedeutendes Ereignis für die Haltung der Arbeiterbewegung zu ethischen Bürgervereinen. Seidels Position blieb zunächst in der Minderheit. Er hatte als erster Sozialdemokrat Mitte der Neunziger positiv auf die ethische Bewegung reagiert. Ihm gab die Zeitschrift *Ethische Kultur* sogar das Wort, sicher, weil er sich von der Haltung der deutschen Partei abhob.[307] Die gesamte Arbeiterbewegung erschien ihm nur sinnvoll, wenn „sie sittlichend auf die Massen" wirkt. Man müsse sich dieser bürgerlichen Strömung zuwenden, „weil uns der sociale und politische Verteidigungskampf nicht erlaubt, auch diese Kulturarbeit zu thun"[308] – was darauf hinauslief, diese den Bürgerlichen zu überlassen.

Die Definitionsmacht der Kulturgesellschaft in ethischen Fragen machte in der Folge keinen Bogen um die Sozialdemokratie und deren Akademiker. Der sogenannte Revisionismus ist ohne diese Debatten nicht denkbar. Eduard Bernsteins (1850-1932) Buch über die *Voraussetzungen des Sozialismus*[309], das 1899 die sogenannte Revisionismusdebatte einleitete, deckte sich in vielen Aussagen mit Ideen und Vorschlägen der ethischen Kulturgesellschaft. So schrieb Theobald Ziegler in seiner Grundsatzschrift über die Haltung der Ethiker zur „sozialen Frage": „Überwindung des egoistischen Individualismus durch den sittlichen Sozialismus, das ist das Ziel."[310] In der dissidentischen Bewegung tätige Sozialdemokraten wie Eduard David (1863-1930; Berlin), Heinrich Peus (1862-1937; Dessau), Clara Bohm-Schuch (1879-1936) oder Lily Braun stellten allerdings ihrerseits die weitgehende Politikabstinenz der Ethiker immer wieder in Frage.

Die strikte politische Neutralität trug zum Abflauen der ethischen Bewegung ihren Teil bei. Erst das *Weimarer Kartell* griff einige frühe sozialliberale Forderungen hinsichtlich der Armenpflege, des Sanitätswesens, der Justiz, der kommunalen Selbstverwaltung, der Landwirtschaft, des freien Vereinswesens und der Demokratisierung der Gesellschaft wieder auf, die

---

306 Vgl. Mitteilungen 1[4](1896)8, S.31/32.
307 Vgl. Robert Seidel: Sozialdemokratie und ethische Bewegung. In: EK 4(1896)40, S.313-315; 41, S.325-326.
308 Seidel: Sozialdemokratie 1897, S.11,12.
309 Vgl. Eduard Bernstein: Die Voraussetzungen des Sozialismus und die Aufgaben der Sozialdemokratie. Stuttgart 1899.
310 Theobald Ziegler: Die soziale Frage eine sittliche Frage. Leipzig 1899, S.25.

1894 von Ignaz Jastrow formuliert worden waren.[311] Wie andere Mitbegründer der ethischen Bewegung hielt Jastrow eine kulturelle Sollsetzung ökonomischen Handelns generell für möglich.[312] Er legte sich deshalb auch auf ein Konzept staatlich alimentierter Kulturarbeit fest. Auch in Wissenschaft und Kunst, so Jastrow, müßten die Reformer einen „frischen Wind wehen ... lassen", denn die „Pflege der Kunst geht an den Massen des Volkes spurlos vorüber ... Wenn der Staat erhebliche Summen für den Kunstgeschmack kleiner Kreise aufwendet, so ist es nicht unbillig, zu verlangen, daß er irgendwelche Aufwendungen auch für die Bildung des Kunstgeschmacks der größten Kreise machen soll."[313]

Das Bestreben, bei zurückgehender Mitgliederzahl es allen Getreuen recht zu machen, beeinflußte 1903 die Stellungnahme zu den Religionsgemeinschaften, die zwar auf dem kleinsten gemeinsamen Nenner erfolgte, aber immerhin die Verweltlichung von Staat und Schule, die Einführung eines Moralunterrichts und einen Nationalismus ohne Überhebung forderte. Man einigte sich zudem auf weltanschauliche Neutralität, behauptete allerdings den Führungsanspruch des eigenen Vereins, der schon verloren war. Gerade die weltanschauliche Unentschiedenheit behinderte in den eigenen Reihen jede festere Organisationsstruktur. Das führte an den Rändern zu personellen Abspaltungen und schließlich zu Ausgründungen. Gingen einige den Weg in die Freidenkerei, wie Penzig und Pfungst, so andere zurück in die Religion, wie 1904 Friedrich Wilhelm Foerster. Er kündigte wegen unüberbrückbarer weltanschaulicher Differenzen seine Mitarbeit an der Zeitschrift *Ethische Kultur*. Foerster neigte immer stärker zu den *Bekennern der Lehre Jesu* und damit zum Katholizismus, ohne sich jedoch kirchlich zu binden.[314] Außerdem schien ihm die ethische Bewegung immer weniger prinzipiell für die „Bildung höherer Formen der sittlichen Gemeinschaft" einzutreten, dafür aber im Sumpf der praktischen Projekte zu versinken. Diese dürften nur Mittel der Erziehung sein, nicht Selbstzweck, nicht Sozialarbeit und gar nicht bloße Unterhaltung.[315] Nach Foersters Ausscheiden übernahm Penzig bis in die dreißiger Jahre die Herausgeberschaft und die Redaktion der Zeitschrift *Ethische Kultur*. Er erweiterte das Blatt bis 1920

---

311 Vgl. Ignaz Jastrow: „Sozialliberal". Die Aufgaben des Liberalismus in Preußen. 2. Aufl., Berlin 1894. – Ders: Sozialpolitik und Verwaltungswissenschaft. Aufsätze und Abhandlungen. Bd.I: Arbeitsmarkt und Arbeitsnachweis. Gewerbegerichte und Einigungsämter. Berlin 1902.
312 Vgl. Ignaz Jastrow: Sein und Sollen oder die Frage nach der wissenschaftlichen Berechtigung praktischer Nationalökonomie. Berlin 1914. – Vgl. Jastrow. Bibliographie. Verzeichnis sämtlicher Schriften, hg. v. Walter Taeuber, Berlin 1929.
313 Jastrow: „Sozialliberal", S.17/18.
314 Vgl. Foerster: Lebenserinnerungen, S.303.
315 Friedrich Wilhelm Foerster: Die Bedeutung der Züricher Tage für die ethische Bewegung. In: EK 4(1896)45, S.359.

zunächst durch die Monatsbeilage *Kinderland* (eine Sammlung belehrender Texte) und ab 1907 durch die Vierteljahresbeilage *Weltliche Schule*, den *Mitteilungen des Deutschen Bundes für weltliche Schule und Moralunterricht*.

1914 zählte die ethische Gesellschaft schließlich um die 850 Mitglieder in acht Ortsgruppen, die wiederum oft nur ein regionales Zentrum darstellten. Penzig nannte später eine Zahl von nie mehr als 2 000 Personen in zwölf Abteilungen[316], womit er sicher übertrieb, indem er vielleicht regelmäßige Veranstaltungsbesucher mitrechnete. Wie dem auch gewesen sein mag, mit 2000 eingeschriebenen Anhängern war der Verein nicht zur ursprünglich beabsichtigten Massenorganisation der ethischen Sozialreformer angewachsen. Er hatte nicht einmal die eine Million Mitglieder der Sozialdemokratie.

Mit dem Weltkrieg brachen schließlich zwei Streitthemen offen aus, die bis dahin weitgehend unter der Oberfläche schwelten, die Haltung zur Friedens- und die zur Rassenfrage. Pazifisten in der ethischen Bewegung blieben in der Minderheit. Sie richteten den Tenor ihrer kritischen Argumentation auf die „kulturfeindliche Übertreibung der Sicherheitsmaßregeln gegen fremde Gewalttat", hielten aber an der kolonialistischen Absicht fest, daß die „Zivilisierung der wilden Stämme und die richtige Leitung der Völker mit rückständiger Kultur" eine selbstverständliche ethische Aufgabe sei.[317] Mit dieser Position gestaltete die Kulturgesellschaft auch ihre internationale Tätigkeit. Sie ergriff hier sogar das Zepter, um 1893 in Eisenach den *Internationalen Bund Ethischer Gemeinschaften* ins Leben zu rufen. Er erhielt 1896 den Status einer regulären Organisation mit Gustav Spiller als Generalsekretär und Sitz in London. Weitere ethische Gesellschaften gab es in England (1887: Stanton Coit, John Lovejoy Elliot, Walter L. Sheldon, Parcival Chubb) Frankreich (1892: Paul Desjardins, Alfred Moulet, F. Buisson), Österreich (1894: Friedrich Jodl, Wilhelm Börner), Italien (1894), Japan (1895) und in der Schweiz (1896: deutsch; 1899: französisch). Meist handelte es sich hier ebenfalls weitgehend um akademische Diskussionszirkel. Diese debattierten 1893[318] und 1906 in Eisenach über Moralunterricht und dann noch einmal 1908 in London zum gleichen Thema auf einem großen Kongreß, an dem fast 2000 Personen teilnahmen, die ihre nationalen Vereine und 22 Regierungen vertraten. 1912, auf einem dritten Kongreß zu die-

---

316 Vgl. Penzig: Bewegung, S.7. – Vgl. die Verweise auf Penzig in Walter Eckstein: Die ethische Bewegung in Amerika. (Die ethische Bewegung außerhalb der Vereinigten Staaten von Nordamerika.) Hamburg 1949, S.11.
317 August Döring: Die Ziele der ethischen Bewegung in Deutschland. In: EK 18(1910)1, S.2.
318 Vgl. Ethische Hoffnungen und Ausblicke. Die Eisenacher Zusammenkunft zur Förderung und Ausbreitung der ethischen Bewegung v. 5.-15. Aug. 1893. Abdruck sämtl. 14 Vorträge u. Besprechungen, zusammengest. v. G. Meyer. Berlin 1893.

sem Thema in Haag, wurde schließlich die Einführung einer Moralpädagogik beschlossen.[319]

1911 organisierte der *Internationale Bund* den ersten weltweiten Rassenkongreß, der vom 26. bis 29. Juli in London unter der mehrdeutigen Losung von der „Anerkennung der Rassen" stattfand. Aus fünfzig Nationen kamen Delegationen, um ihre Gleichheit als Menschen zu dokumentieren.[320] Das lief im Verständnis der Mehrheit und der Zeit auf eine rechtliche Gleichheit bei kulturell ungleicher Bewertung hinaus. Alles Politische und Wissenschaftliche wurde tunlichst ausgeblendet. Dabei verblieb die ethische Gesellschaft auch hier weitgehend innerhalb des damaligen Kulturmusters. Toleranz bezog sich auf Weltanschauungen, meinte nicht soziale Anerkennung der Rassengleichheit. Über biologische und anthropologische Ursachen der Rassenbildung wußte man zu wenig. Und vielleicht lag doch mehr als nur ein Kern Wahrheit in den neueren Meldungen von Ammon bis Ziegler über Rassenkunde?

Giordano Bruno-Bund: Verein der Übergänge

Den Gründern des *Giordano Bruno-Bundes* war um 1900 die ethische Kulturgesellschaft zu sehr in Sozialarbeit, akademische Diskurse und unverbindliche Moraldebatten verstrickt, vor allem zu müde geworden, um noch innovierend zu sein. Der Bund sah sich in der Tradition von Egidys. Er entstand in Berlin zu Anfang des Jahrhunderts am Tage der Gedenkfeier zur Erinnerung an den Tod Brunos auf dem Scheiterhaufen in Rom als eine Versammlung von Intellektuellen. Im ersten Jahr trennte sich eine kleine Gruppe ab und nannte sich *Giordano Bruno-Vereinigung*. Die im Bund verbleibende Mehrheit wählte Bruno Wille zum Vorsitzenden, der 1904 oder 1905 von Wolfgang Kirchbach abgelöst wurde. Zum Vorstand gehörten Martha Asmus, Wilhelm Bölsche (zwei Schriftsteller), Adolf Lasson (Philosoph und Bruno-Übersetzer), Max Martersteig (Dramaturg), Rudolph Penzig (Pädagoge) und Rudolf Steiner („Kunstschriftsteller", damals noch Haeckelianer). Das „Geschäftsamt" befand sich im *Verlag Renaissance* von Otto Lehmann in Berlin-Schmargendorf (Helgolandstraße 1). Seinem Selbstverständnis nach wollte der Verein eine „Hochburg aller freien, starken und geistigadeligen Bestrebungen ... gegen alles Dunkelmännertum" sein.[321]

---

319 Einem weiteren Kongreß zur Moralpädagogik 1921 in Luzern blieb die DGEK wegen des inzwischen großen Einflusses kirchlicher Kreise fern.
320 Für Deutschland amtierte Tönnies als Kongreßsekretär. Vgl. Jacoby: Tönnies, S.163/64.
321 Vgl. Eugen Heinrich Schmitt: Religion und Kultur. Schmargendorf bei Berlin 1904, Umschlag (FdGBB, 1). – Der Vereins- und Verlagsort Schmargendorf bei Berlin läßt darauf

Der *Bruno-Bund* wirkte als ein kurzlebiger Verein der politischen Gegensätze und der weltanschaulichen Übergänge. Die Mitglieder trafen sich in ihrer geistigen Unzufriedenheit und in dem Wunsch, neue Weltsichten zu finden, ihre Bedürfnisse nach Mystik und Metaphysik zu befriedigen und darüber zu diskutieren. Dieser Verein ist geradezu ein Symbol für die „Pluralisierung der sozialen Lebenswelt" in der Moderne, denn er versammelte in sich „eine Vielzahl religiöser Wahlmöglichkeiten". Wie jedes Verlangen, so suchte sich auch das Bestreben Bahn, das individuelle Leiden am „metaphysischen Heimatverlust" und an der „Privatisierung der Religion" gemeinschaftlich intellektuell zu überwinden.[322] So entstand der Verein aus dem Wunsch nach Bestätigung und Kommunikation und pendelte zwischen religiösen und freidenkerischen Angeboten. Jede engere Bindung der so zusammengewürfelten Gruppe mußte enden, wenn die heterogenen Ansichten aufeinanderprallten und Streit darüber aufkam, was denn der Ersatz für das Kultische und „Übersinnliche" sein sollte, was denn Pflege und Ausbau „einer monistischen Weltanschauung, d. h. einer Einheitsweltanschauung", basierend auf Brunos Monadenlehre.[323] Akademische Streiter, die sie waren, gingen sie in dieser Lage nach 1908 lieber jeder seinen eigenen Weg, da der ausschließliche Bezug auf Bruno als Märtyrer zur Wahrung der Einheit nicht ausreichte.

Doch das Berliner Kulturleben hat der *Giordano Bruno-Bund* belebt, wie Anfang der Neunziger die ethische Gesellschaft. Er führte von 1901 bis 1905 im Berliner Bürgersaal des Rathauses jährlich neun kostenfreie aufklärerische Veranstaltungen mit deutlich antikatholischer Tendenz durch (mit 200-400 Besuchern bei Vorträgen und 50-100 bei öffentlichen Diskussionen). Den größten Zuspruch fand Bölsches Rede von 1901 über Goethes Weltanschauung im Beethovensaal mit über tausend Gästen. Die meisten Ansprachen hielt Wille selbst. Die Veranstaltungen waren stets Höhepunkte des Berliner geistigen Lebens, denn es äußerten sich umstrittene Denker, wie der Maler Fidus, der Schriftsteller Carl Hauptmann sowie die Theologen Steiner, Kalthoff und Pfleiderer. Einige Reden erschienen als *Flugschriften*.[324]

Ins politische Gespräch kam der Bund durch sein öffentliches Eintreten für Tolstoi, der damals der „Gotteslästerung" bezichtigt und gegen dessen deutsche

---

schließen, daß sich im Bund viele nationalliberale Freidenker versammelten, denn viele Deutschgläubige waren hier wohnhaft oder gaben dort ihre Schriften in Druck.
322 Peter L. Berger: Das Unbehagen in der Modernität. Frankfurt a. M., New York 1987, S.72-74.
323 Kirchbach: Ziele und Aufgaben, S.3.
324 Vgl. Schmitt: Religion und Kultur (1). – Bruno Wille: Auferstehung. Ideen über den Sinn des Lebens. Nach einem Vortrag zur Osterfeier des Giordano Bruno-Bundes Frühling 1904 im Beethovensaal zu Berlin. 1904 (2). – Ludwig Kuhlenbeck: Giordano Bruno in seiner Bedeutung für die Philosophie und Kultur der Zukunft. 1904 (3). – Graf Paul v. Hoensbroech: Das Schulprogramm des Ultramontanismus. 1904 (4/5). – Kirchbach: Ziele und Aufgaben, 1905 (6). – Themen und weitere Redner vgl. bei Kirchbach, S.13-16.

Übersetzer und Verleger gerichtlich vorgegangen wurde. Man wandte sich aber auch gegen „seelenhungrige Religionssekten", wie den Buddhismus in der Lesart von Frau Blavatsky, unterstützte aber ausdrücklich Arthur Pfungst und Max Müller.[325] Das rasche Ende des Vereins resultierte aus den mit der Zeit unvereinbaren Gegensätzen zwischen den vier aktivsten Mitgliedern, zwischen dem sich als freidenkerischer Kultursozialist verstehenden Bruno Wille und dem deutschnationalen Monarchisten Graf Paul von Hoensbroech, die der Philosoph Eugen Heinrich Schmitt konzeptionell nicht zu schlichten vermochte[326], zumal der Jurist Ludwig Kuhlenbeck (geb. 1857), Professor in Lausanne, der auch unter dem Pseudonym Ludwig Wilhelm publizierte, mit seinen Auslassungen über Rassen die Widersprüche im Bund zuspitzte.

Der 1852 geborene Hoensbroech war seinem Bekenntnis nach „gottgläubig". Seine hervorgehobene Rolle in der Kartellbewegung resultierte aus seinem 1878 vollzogenen und, wegen des „Kulturkampfes", mit viel Spektakel begleiteten Schritt, nach 14 Jahren aus dem Jesuitenorden aus- und zunächst (1895) in die evangelische Landeskirche Preußens einzutreten.[327] Nach der Jahrhundertwende öffnete sich Hoensbroech den Freidenkerbestrebungen, exponierte sich mit kulturellen Argumenten als Kronzeuge einer antikatholischen Kampagne[328], engagierte sich im *Bruno-Bund*, setzte sich danach für den Mutterschutzbund ein und verhandelte wohl die ganze Zeit konspirativ mit Priestern, um sie auf seinen Weg zu ziehen. Doch scheiterten diese Versuche meist an der fehlenden materiellen Absicherung der Dissidenten nach ihrem möglichen Austritt aus dem Apparat der katholischen Kirche.[329]

Kuhlenbeck hatte die Werke Brunos ins Deutsche übersetzt, herausgegeben und für den Verein eine Kurzfassung geschrieben.[330] Ursprünglich Rechtsanwalt in Jena hatte er als Experte für Urheberrecht an der Arbeit zum BGB teilgenommen.[331] Kuhlenbeck war alldeutsch gesinnt und ein durch und durch politischer Mensch, der seine Überzeugungen stets propagandistisch geschickt zu verbreiten wußte. Das schloß ein, daß er dem deut-

---

325 Kirchbach: Ziele und Aufgaben, S.11, 21.
326 Vgl. Eugen Heinrich Schmitt: Der Idealstaat. Berlin 1904 (Kulturprobleme der Gegenwart, 8).
327 Vgl. Paul Graf v. Hoensbroech: Mein Austritt aus dem Jesuitenorden (Aus: Preußische Jahrbücher). Berlin 1893. – Walther Köhler: Der Jesuitenorden und Graf Hoenbroech. In: CW 28(1914)1, Sp.15-17.
328 Vgl. Paul Graf v. Hoensbroech: Das Papstthum in seiner sozial-kulturellen Wirksamkeit. 2 Bde, Leipzig 1900, 1902.
329 Vgl. Graf v. Hoensbroech, Großlichterfelde, an Arthur Pfungst v. 23.10.1902. In: Pfungst Werke, Bd.III/2, S.218/19.
330 Vgl. Ludwig Kuhlenbeck: Giordano Bruno in seiner Bedeutung für die Philosophie und Kultur der Zukunft. Schmargendorf bei Berlin 1904 (FdGBB, 3).
331 Vgl. Ludwig Kuhlenbeck: Urheberrecht. Leipzig 1901.

schen Expansionsstreben eine rassistische Begründung gab.[332] Kuhlenbeck zog schließlich im Namen der „Rassentheorie", die rein weltlich sei, gegen jene zu Felde, die an dem „kosmopolitischen oder universalistischen Standpunkte" festhielten, der die „Gleichwertigkeit aller Menschen ohne Unterschied der Rasse" behauptete, gegen jene „Irrlehre von der politischen Bedeutungslosigkeit des Blutes, der Abstammung und der Rasse". Er forderte ein „Evangelium der Rasse", die Bestimmung des „Rassewertes" einer jeden Nation (wobei ihm die „Arier" von vornherein das „Salz der Welt" waren). Und er drängte auf eine gezielte Unterstützung des Staates nicht nur für die „rasseerhaltenden, sondern auch die rassebildenden Faktoren".[333]

Ein ganz anderer Typ Mensch war, an seinen Schriften geurteilt, der aus Budapest stammende Philosoph Schmitt. Er erscheint als feinsinniger, wenn nicht mitunter gar weltfremder Freigeist und Kulturhistoriker. Mit seiner Schrift über *Die Kulturbedingungen der christlichen Dogmen und unsere Zeit* (1901) nahm er wesentlichen Einfluß auf die Debatte über die „Christusmythe". Nach dem Einschlafen des *Giordano Bruno-Bundes* schloß sich Schmitt der *Gemeinschaft der Gnostiker* an[334] – nicht nur wegen seiner theoretischen Arbeit und religiösen Gefühle, sondern weil ihm „der Kampf um die Welt ein Kampf um die Weltanschauung" war. Darin löste sich für ihn Politik auf, und Religion konnte nie „Privatsache" werden.[335] Das Politische aber, wie es real stattfand, lehnte Schmitt ab. Wie für ihn, so blieb auch für Hoensbroech, Kuhlenbeck und Wille der *Bruno-Bund* eine Episode, jedoch eine markante – eben weil seine Mitglieder anschließend unterschiedliche Wege gingen, aber durch den gemeinsamen Gegensatz zu den großen Konfessionen über das *Weimarer Kartell* einander verbunden blieben.

Kulturbund der Lebensreformer und Dissidenten

Um die Jahrhundertwende entstand die soziale Bewegung der Lebensreformer.[336] Die meisten ihrer Anhänger kamen aus bürgerlichen Schichten. Sie

---

332 Vgl. Ludwig Kuhlenbeck: Das Evangelium der Rasse. Prenzlau 1905, besonders S.29-31, 45, 69 (Ernstes Wollen, 2).
333 Ludwig Kuhlenbeck: Rasse und Volkstum. Vortrag über politische Ergebnisse der modernen Rassenforschung, gehalten an dem Alldeutschen Verbandstage zu Worm am 17. Juni 1905. München 1905, S.1/2, 3, 28, 11-14, (Flugschriften des Alldeutschen Verbandes, 23).
334 Vgl. Eugen Heinrich Schmitt: Die Gnosis. Grundlagen der Weltanschauung einer edleren Kultur. 2 Bände, Leipzig 1903, 1907. – Ders.: Was ist Gnosis? Berlin 1912 (Flugschriften der Gemeinschaft der Gnostiker, 2). – Siehe dazu Peter Christoph Martens: Geheime Gesellschaften in alter und neuer Zeit. Leipzig 1923, S.64. – Vgl. Graf: Laboratorium, S.269/70.
335 Schmitt: Religion und Kultur, S.11.
336 Vgl. Wolfgang R. Krabbe: Gesellschaftsveränderung durch Lebensreform. Strukturmerkmale einer sozialreformerischen Bewegung im Deutschland der Industrialisierungsperi-

gehörten zu derjenigen Generation, die als Kinder die Reichseinigung und den Gründerkrach, die Herrschaft des Geldes im nationalen Rahmen und zugleich das Ende des Kapitalismus der freien Konkurrenz erlebten: den raschen Übergang zu organisierten Formen des Kapitalismus mit großen Konzernen und staatlichen Eingriffen, mit rasanten Monopolisierungen und internationalen Ausdehnungen des Marktes. Dieser Fortschritt unterwarf immer neue Bereiche des Alltags seinem Reglement. Er zwang neue soziale Gruppen in die Proletarisierung, setzte sie zumindest dieser Gefahr aus. Die Veränderungen trafen das Kleinbürgertum hart. Die bisher noch behauptete Privilegierung von Händlern und Handwerkern vor Ort durch Kundennähe und persönlichen Kontakt ging zurück. Große Warenhäuser drängten ins Geschäft. Handwerker verloren ihre Kleinbetriebe, weil große Fabriken die Massenproduktion von Konsumgütern aufnahmen. Vieles, was bisher repariert wurde, kauften die Leute nun neu. Kleinen Fabrikanten liefen die Fachkräfte weg, weil die Großbetriebe mehr Lohn zahlen konnten und bessere Sozialleistungen boten. Wachsende Aktiengesellschaften verdienten am Massenwohnungsbau, Brauereikonzerne am Biermarkt und an der Kneipendichte. Zigarettenfabriken erzielten enorme Profite aus dem steigenden Tabakverbrauch. Der schnelle, in Papier gewickelte Genuß siegte über die betuliche Zigarre und die Pflege erfordernde Pfeife.

Es begann die industrielle Nutzung der Natur. Die gewerbsmäßige Jagd bedrohte die Tierwelt und der steigende Holzverbrauch die Wälder. Wildhegung und gezielte Aufforstung trieben die Forstwirtschaft zu einem Zeitpunkt voran, da auch die Landwirtschaften durch Kalidünger und Dresch- und andere Maschinen intensiver betrieben und erste größere Luft- und Gewässerschäden sichtbar wurden. Die beginnende Industrialisierung der Land- und Forstwirtschaft setzte in den dörflichen Gebieten arbeitslose Bevölkerung frei und trieb sie in die größer werdenden Städte, während in den Industriesiedlungen Erholungsmöglichkeiten fehlten, aber zugleich „industriemäßige" Orte der Entspannung und des Ausgleichs gebaut wurden, vor allem Spiel- und Sportplätze.

Der medizinische Dienst erklomm eine neue Stufe. Er machte sich daran, Pest, Cholera und Tuberkulose auszurotten und den Kampf mit bisher unbekannten Zivilisationskrankheiten aufzunehmen. Dazu gehörte beson-

---

ode. Göttingen 1974. – Klaus Bergmann: Agrarromantik und Großstadtfeindschaft. Meisenheim am Glan 1970. – Vgl. Ulrich Linse: Die Lebensreformbewegung. In: Archiv für Sozialgeschichte, Bonn – Bad Godesberg 17(1977), S.538: Sichtbar wird bei allen drei Studien der Aspekt „der Verwerfungen von traditionellen Bindungen und offener Modernität in der deutschen Gesellschaft" von dem Ralf Dahrendorf gesprochen hatte... Es wäre aber falsch, Dahrendorfs Gegenüberstellung vom „unmodernen Menschen in der modernen Welt" als Fazit der Untersuchungen zu sehen." – Ulrich Linse: Ökopax und Anarchie. Eine Geschichte der ökologischen Bewegungen in Deutschland. München 1986.

ders die „Nervosität". Viel bedeutsamer war jedoch, daß die fortschrittsgläubige Medizin auf präventive und therapierende Mittel setzte, die ihrerseits wieder Eingriffe in die Natur erforderten, sei es durch Tierversuche, sei es durch Impfungen, sei es durch operative Eingriffe. Die Arzneimittelproduktion setzte zu einem Zeitpunkt ein, da chemische Erzeugnisse sowieso schon den Alltag eroberten durch den Aufschwung der Waschmittelproduktion, die Herstellung von Gummireifen und vieler Produkte mehr, die den Markt überschwemmten, Nahrungsmittel konservierten und neue Stoffe für die Konfektionskleidung erfanden. Hinzu kamen ein enormer Verbrauch von Kartoffeln für die Haushalte, aber besonders für den industriellen Sprit. Alkohol aus Kartoffeln und Korn für private Zwecke ergänzten diese Produktpalette und der Staat, der die Schnapsakzise kassierte, sah sich mit Alkoholkranken und deren sozialem Elend konfrontiert. Ebenso stieg der Zuckerkonsum, was wiederum in bisher nicht bekanntem Maße, wie man erkannte, die Zähne schädigte.

Das Leben nach der Uhr bestimmte den Tag, die Woche, das Jahr, die Arbeit, die Freizeit, die Behördengänge und den Armeedienst. Reklame veränderte das Äußere der Städte. Verkehrsregeln normierten die Gänge durch die Landschaft. Der Zwang, für dieses und jenes Bescheinigungen haben zu müssen, vergrößerte die Bürokratie. Zum neuen Kulturbild zählte aber auch der Kontrast zwischen demonstrativ zur Schau gestelltem Luxus auf der einen Seite, überall Amüsierbetriebe, Schauwettkämpfe, Sport als Zauberwort, Fußball und Zuschauermassen, reiche Presselandschaft usw., aber auf der anderen Seite Armut, Verelendung und Kampf ums tägliche Brot. Die Allmacht des Geldes in allen Lebensbereichen wies zudem gymnasialen und universitären Lebensplänen nur den Platz der Utopie zu. Die Lehren aus dem Religionsunterricht und die Erfordernisse des täglichen Konkurrenzkampfes drifteten auseinander. Mehr noch: Gegenüber den offiziell verkündeten Werten erschien die wirkliche Welt als Entartung und Verfall der Sitten. All das, was die Industrie hervorbrachte, drängte das, was eben noch als das Natürliche, das Wahre und Echte begriffen wurde, in den Hintergrund. Dazu kam die trübe Aussicht, nicht mehr in die Oberschichten aufrücken zu können, sondern vielleicht ein Leben führen zu müssen, das den eigenen Standard nicht mehr groß vom dem des aufgestiegenen Proleten unterschied.

In dieser sozialkulturellen Situation entstanden einige sozialkulturelle Bestrebungen, die sich unter den programmatischen Begriff der „Lebensreform" subsumierten: Bodenreform, Gartenstadt- und Siedlungsbewegung, Wohnungsreform, Gymnastik und Sport, Impfgegnertum und Naturheilverfahren, Kleidungsreform, Körperpflege, Nacktkultur, Sexualaufklärung, Anti-Raucher-Kampagnen, Antivivisektion, also Gegnerschaft zum Einsatz lebender Tiere für wissenschaftliche Zwecke, und Tierschutz. Dieses Konglomerat der verschiedenartigsten Ideen drängte auf Vernetzung durch einen

„Kulturbund" oder gar eine „Kulturpartei". Der Gedanke zu einer geistigen Leitung ging von Freidenkern in der ethischen Bewegung aus, besonders von Penzig und Pfungst. Signale in diese Richtung gab es auch aus dem *Bund freier religiöser Gemeinden* und dem *Freidenkerbund*. Dabei spielten auch politische Überlegungen eine Rolle. Im Jahre 1903 war der Vorstoß gescheitert, eine weltanschaulich offenere National-Soziale Bewegung aus drei damals noch sehr verschiedenen Strömungen zu schaffen (Nationalismus, Sozialismus, Liberalismus).[337] Zum Zeitpunkt der Kartellgründung versuchte gerade der „Bülowblock" von 1907/09 mit den Konservativen, der Reichspartei, den National- und den Linksliberalen eine gemäßigte Reformpolitik durchzusetzen (Enteignungsgesetz, Reichsvereinsgesetz, Reichsfinanzreform).

An diesen Zug, der aber ab Mitte 1909 aus dem Gleis fuhr, wollten sich Dissidenten mit ihren Forderungen anhängen und dabei zugleich eine Politik durchsetzen, bei der wissenschaftlich begründete Einsichten in den Mittelpunkt rücken sollten, nicht Propaganda, wie sie damals aufkam.[338] Den Vormarsch von Reklame in der Politik führten viele Intellektuelle auf ihren schwindenden Einfluß zurück. Sie wurden Opfer der „Abkoppelung eines professionell organisierten Wissenschaftsbetriebs von einer gleichfalls professioneller durchorganisierten parteipolitischen Willensbildung". Das führte zu einer „Verdrängung von Hochschullehrern aus dem Reichstag"[339] – und zu dem Wunsch engagierter Dissidenten, über Kulturpolitik wieder Einfluß zu gewinnen. Nur durch Zusammenarbeit konnten Hilfsfonds für Gemaßregelte eingerichtet, überhaupt ein „gemeinsames Heim ... mit gemeinsamer Bibliothek, Zeitschriftensaal und Versammlungsräumen" finanziert werden. Gedacht war an die Errichtung freidenkerischer Volkshäuser, in denen sich Rechtsauskunftsstellen befinden sollten, an eine Zeitungskorrespondenz, ein Jahrbuch für die gesamte Lebensreformbewegung, eine Flugschriftenzentrale und ein statistisches Büro. Das alles sollte „die Einigkeit aller Freien auf kulturellem Boden" sichern.[340]

Die Konzentration auf Kulturpolitik war kein Ausweichen vor anderen Politikfeldern. Sie galt vielmehr als Kernbereich und Orientierungslieferant. Das entsprach einer allgemeinen Auffassung, denn es herrschte damals „eine nachgerade inflationäre modische Verwendung des Wortes ‚Kultur' in der gesamten gebildeten Öffentlichkeit ..., die teilweise von sektiererhaften Außenseitern gefördert, aber auch von renommierten Wissenschaftlern wie Al-

---

337 Vgl. Dieter Düding: Der Nationalsoziale Verein 1896-1903. Der gescheiterte Versuch einer parteipolitischen Synthese von Nationalismus, Sozialismus und Liberalismus. München, Wien 1972.
338 Vgl. E. E. Herman Schmidt: Organisation und Propaganda in der Politik. In: Die Reklame, ihre Kunst und Wissenschaft. Hg. v. Paul Ruben, Berlin 1913, S.13f.
339 Vom Bruch: Funktionen, S.149.
340 Vgl. Handbuch, S.24.

fred Weber, Lamprecht und Breysig getragen wurde und sich in einer Fülle von Organisationen, Zeitschriften und teilweise recht vagen Strömungen dokumentierte, in denen idealistische Aufbruchstimmungen, Flucht-nach-vorn-Bestrebungen angesichts der politischen Blockierungen, der durchgreifenden Organisation fast sämtlicher gesellschaftlicher Teilbereiche, der vielfach beklagten Verflachung und Entgeistigung des öffentlichen Lebens und der als Stagnation empfundenen inneren wie äußeren Situation des Deutschen Reiches zum Ausdruck kamen".[341]

Den Startschuß für einen Kulturbund der Dissidenten gab Anfang Juni 1906 Arthur Pfungst mit einem Artikel in *Das freie Wort*. Er trug die Überschrift *Der Zusammenschluß der freien Geister*. Zuvor hatte Pfungst Haeckel geschrieben, der „psychologische Moment (sei) gekommen, um einen Bund der Bünde zu schaffen".[342] Er schlug vor, „daß sich sämtliche Gruppen, die den herrschenden Religionsgemeinschaften ablehnend gegenüberstehen", sich „zu einem großen Bunde mit zentralem Ausschuß" vereinigen.[343] Einen wesentlichen Grund dafür sah Pfungst darin, „daß sich die freidenkerischen Elemente innerhalb der Sozialdemokratie einer mächtigen Zentralstelle" nicht würden verschließen können. In der Perspektive müßte man sogar an einen „Weltbund" denken. Doch sei schon eine nationale Einigung schwierig. „Die freien Denker sind in der Regel, im Gegensatz zu den Hordenmenschen, die die Kirchen um sich sammeln, scharf ausgeprägte Individualitäten."[344]

Die Wortmeldung von Pfungst erschien rechtzeitig vor dem Stettiner Freidenkerkongreß im gleichen Jahr, so daß sie dort ein Thema sein konnte und anschließend verschiedene Aktivitäten bewirkte. Von diesen ist der Aufruf Klaukes an die deutschen Freidenker hervorzuheben, sich unverzüglich zu vereinigen.[345] Unmittelbar darauf, Anfang 1907, rief in Berlin Walther Vielhaber einen *Allgemeinen Deutschen Kulturbund* ins Leben. Vielhaber wollte aber einen Verband von entschiedenen Lebensreformern. Boden- und Wohnungsreformer, Guttempler, Vegetarier, Alt- und Reformkatholiken, Freidenker und Freireligiöse, selbst die Bundesgenossenschaft des protestantisch-kirchlichen Liberalismus, sollten für dieses weltanschauliche Zweckbündnis gewonnen werden. Vielhaber beabsichtigte mehr als nur eine lockere ideologische Allianz. Er suchte nach einer Gemeinschaft von

---

341 Rüdiger Vom Bruch: Wissenschaft, Politik und öffentliche Meinung. Gelehrtenpolitik im Wilhelminischen Deutschland (1890-1914). Husum 1980, S.30, Anm. 69a (Historische Studien, 435).
342 Pfungst an Haeckel v. 4.3.1906, S.204 (siehe vorn).
343 Arthur Pfungst: Der Zusammenschluß der freien Geister. In: Das freie Wort, Frankfurt a. M. 6(1906)5; zit. nach Pfungst Werke, Bd.III/1, S.23.
344 Pfungst: Zusammenschluß, S.26, 27.
345 Vgl. Wilhelm Klauke: Freidenker Deutschlands! Vereinigt Euch! Über Notwendigkeit und Art dieser Organisation. Frankfurt a. M. 1907.

Gleichgesinnten, die kulturelle Antworten auf Fragen der Zeit vorleben sollten. Das hieß für ihn *Kulturbund* und diejenigen, die sich zu einer kulturellen Kritik der allgemeinen Zustände durchrangen und sich bereit fanden, in den Bewußtseinsveränderungen und Bedürfnisverlagerungen der Allgemeinheit voranzugehen, nannte Vielhaber „Jungdeutsche" – in deutlicher Abgrenzung zum österreichischen *Neudeutschen Kulturbund*, in dem sich unter Führung des radikalen Alkoholgegners und Reichenberger Stadtarztes Gustav Rösler die volksdeutsche Anschlußbewegung ans Wilhelminische Reich formierte.[346] Sicher überschätzte Vielhaber die Zahl der Lebensreformer. Er vermutete hier ein größeres, ja massenhaft zu organisierendes Potential. Was sich in der Lebensreform äußerte, war jedoch in der Mehrzahl individualistisch, in keinen Kulturbund zu pressen und oftmals ganz und gar nicht dissidentisch.

Mit der Lebensreform entstanden allerdings viele neue Felder der Kulturarbeit, in denen Vielhaber künftige intellektuelle Berufsfelder für Freidenker vermutete. Darüber berichtete sofort ein zeitgenössischer Beobachter an die *Christliche Welt*: „Von Dr. Vielhaber, der gleichzeitig angestellter Geschäftsführer der Berliner Ortsgruppe des ‚Deutschen Monistenbundes' ist, wurde ein ‚Jungdeutscher Kulturbund' gegründet, der nach seinem ‚Programm' ‚im innigsten Zusammenhang mit den wissenschaftlichen Organisationen und Einrichtungen unserer Hochschulen zunächst die junge Generation für die moderne Kulturarbeit sammeln und zu schulen versuchen' will. Also eine Art ‚Freie Hochschule und Arbeitsstelle', die keine Politik treibt. ... Bisher scheint außer der Zentralstelle in Berlin nur in München eine Ortsgruppe ... zustande gekommen zu sein."[347] Bei dieser Ortsgruppe handelte es sich um den im Frühsommer 1907 von Max Rieß gegründeten *Jungdeutschen Kulturbund München*. Dieser sollte vor allem Studenten ansprechen. Erneut berichtete *Die Christliche Welt* über dieses Ereignis. Der Autor Johannes Kübel bedauert, daß Leute wie Rieß, die „klassisch und philosophisch durchbildet" sind, solche Wege gehen. Es seien dies leider gerade die „suchenden Geister, die Gebildeten, die wir so sehnlichst unserer Kirche erhalten möchten".[348] Leute wie Rieß seien „lebhaft animiert gegen die Indifferenz und Tatenlosigkeit des sogenannten Liberalismus". Sie hätten „es satt, die Kirche immer nur mit der Negation zu

---

346 Vgl. Gustav Rösler: Der Neudeutsche Kulturbund in Österreich. Reichenberg 1910 (Neudeutsche Volksschriften). – Ders.: Deutsche Tüchtigkeits-Bestrebungen. E. Vortrag. Reichenberg 1906.
347 Lehmann-Hohenberg: Vom Allgemeinen Deutschen Kulturbund. In: CW 21(1907)45, Sp.1098-1099. – Lehmann-Hohenberg gehörte zum *Volkserzieher*-Kreis um Wilhelm Schwaner.
348 Johannes Kübel: Jungdeutscher Kulturbund. Aus München. In: CW 21(1907)36, Sp.872, 874.

bekämpfen" und wollten für eine neue Idee die „Massen unseres Volkes ... gewinnen".[349] Sie gingen dabei sehr geschickt und einfühlsam vor.

Rieß hatte 1890 in Berlin mit einer Studie über den Straßburger Franziskanermönch und scharfen Zeit- wie Reformationskritiker Thomas Murner promoviert (1475-1537; 1512: *Narrenbeschwörung*), über Fichtes Haltung zur Religion ein Buch geschrieben und sich danach in verschiedenen freireligiösen und freidenkerischen Zirkeln bewegt.[350] Er und seine Anhänger wollten, daß sich Studenten und Professoren „dem öffentlichen Leben wieder zuwenden". Dabei hatte Rieß einen theoretischen und zugleich ganz praktischen Blickwinkel. Er dachte sehr wohl an eine neue Weltanschauung, die an „die Stelle des Glaubensbekenntnisses ... das Willensbekenntnis" setzt.[351] Doch um das zu erreichen, schlug Rieß vor, Bildung, Musik, Poesie und sogar Sonntagsfeiern ideenreich zu nutzen: Individueller freier Wille als Produkt von Gemeinschaft fördernder Kulturarbeit.[352] Rieß kam aus einem geistigen Umfeld, das sich während des „Kulturkampfes" gebildet hatte. Lebenslauf wie Gesinnung prädestinierten ihn, weitere öffentlich bekannte Abtrünnige aus den Großkirchen für diesen Kulturbund zu gewinnen, vor allem Jatho und Wahrmund.

Jathos Predigten erregten die dissidentischen Gemüter, galten sie ihnen doch als Belege für den Siegeszug der „persönlichen Religion".[353] Karl Jatho (1851-1913) trat nicht erst ins Rampenlicht, als er 1911 seines Amtes als evangelischer Pfarrer enthoben wurde und danach als freier Redner und Prediger durch die Lande zog. Der Konflikt zwischen ihm und seiner Kirche schwelte, seit er 1891 in Köln eine Stelle bekam. Zuvor war er sogar Sozialdemokrat gewesen, ohne gemaßregelt zu werden. Doch fanden in der Gründungszeit des Kartells seine pantheistischen, zum Mystischen neigenden Gedanken und seine Ideen von der menschlichen Selbsterlösung immer mehr Zuhörer, so daß gegen ihn, als einzigem Theologen überhaupt, „das preußische Irrlehregesetz zur Anwendung kam ... Das Verfahren war von einer großen Zahl öffentlicher Kundgebungen und Stellungnahmen begleitet."[354]

---

349 Kübel: Kulturbund, Sp.872.
350 Vgl. Max Rieß: Quellenstudien zu Thomas Murner's satirisch-didactischen Dichtungen. 1. Teil, Inaug.-Diss., Phil.-Fak., 8. Aug. 1890, Berlin 1890. – Ders.: J. Gottlieb Fichte. Evangelium der Freiheit. Jena 1905.
351 Kübel: Kulturbund, Sp.872.
352 Der Gründungsaufruf des Kartells nannte als unterzeichnendes Mitglied den *Jungdeutschen Kulturbund*. – Vgl. Handbuch, S.22.
353 Vgl. Karl Jatho: Persönliche Religion. Predigten ... Kirchenjahr 1904/05. Nach dem Stenogr. gedr., 3. Aufl., Köln 1911. – Ders.: Die vier letzten Saalpredigten Jatho's. Köln 1913. – Max Maurenbrecher: Dürfen wir monistische Frömmigkeit in christlichen Hüllen verschleiern. E. Vortrag. Leipzig 1911.
354 Ernst Rudolf Huber u. Wolfgang Huber: Der Fall Jatho. In: Huber, Huber: Staat und Kirche, Bd.III, S.759/60.

Aber auch die katholische Seite produzierte in der Kartellgründungszeit ihre „Dissidenten". Ludwig Wahrmunds Lebenslauf ist typisch für katholische Intellektuelle, die sich nach langen inneren Seelenkämpfen und negativen Sanktionen ihrer Kirche, sich dann schließlich in den Dienst der freidenkerischen Bewegung stellten, weil dies als letzter Ausweg übrig blieb. Zunächst galt Wahrmund als besonders klerikal, war Privatdozent in Wien, dann Kirchenrechtsprofessor in Czerno und seit 1897 in Innsbruck. 1906 trat er mit einer Studie zum Eherecht an eine breitere Öffentlichkeit. Darin forderte Wahrmund eine konsequentere Trennung von Kirche und Staat gerade auf diesem Gebiet. Scheidungen sollten erleichtert und legale Formen des Geschlechtsverkehrs erweitert werden.[355] Einiges Aufsehen erregte er 1908 mit einem von ihm keineswegs provokatorisch gemeinten Vortrag über *Katholische Weltanschauung*.[356] Die Broschüre wurde in Wien beschlagnahmt. Der Nuntius des Papstes in Wien Cranito di Belmonte verlangte Wahrmunds Maßregelung. Doch die Studenten waren für ihn, weshalb man ihn lediglich nach Prag versetzte. Die Angelegenheit Wahrmund wurde zu einem Präzendenzfall zum Thema Lehrfreiheit an einer Katholisch-Theologischen Fakultät, dessen Akten er 1909 ausbreitete[357], während das Ministerium ihn seinerseits 1910 durch Veröffentlichung eines Abkommens mit ihm zu diskreditieren suchte.

Der „Fall Wahrmund" war in eine breite Diskussion über den „Amerikanismus" eingebettet, zu der sich die Kartellgründer positionierten. Das Wort kam in den achtziger Jahren auf. Es war ein Kampfbegriff, der Neuerungen hin zu mehr Staatsferne pejorativ begleitete, den aber auch die Dissidenten nicht positiv zu besetzen vermochten. In ihren Reihen dachten dazu viel zu viele „national". Aus dem katholischen Lager kommend bezeichnete der Terminus ursprünglich den nach 1875 aufkommenden „Modernismus" der amerikanischen Reformkatholiken um den Deutschamerikaner Isaak Thomas Hecker. Dieser lebte in New York und war Mitbegründer und erster Syperior der *Congregation of Missionary Priests of St. Paul the Apostle*. Ausgehend von der ethnischen und religiösen Vielfalt in Nordamerika mahnte er eine größere Offenheit gegenüber anderen christlichen Strömungen und das Recht auf persönliche Ausformung des Glaubens an.[358] Als „Erfinder" des Begriffs von der „Amerikanisierung" gilt der Rek-

---

355 Vgl. Ludwig Wahrmund: Ehe und Eherecht. Leipzig 1906 (Aus Natur und Geisteswelt, 115).
356 Vgl. Ludwig Wahrmund: Katholische Weltanschauung und freie Wissenschaft. Vortrag. München 1908.
357 Vgl. Ludwig Wahrmund: Lehrfreiheit? Akten und Erläuterungen zum Fall Wahrmund. München 1909.
358 Vgl. (Isaak Thomas Hecker): Die Kirche, betrachtet mit Rücksicht auf die gegenwärtigen Streitfragen und Bedürfnisse unserer Zeit. V. e. Amerikaner. Autor. Übers. a. d. Engl., Freiburg 1875.

tor des amerikanischen Kollegs in Rom O'Connell, der 1897 auf dem Freiburger internationalen Kongreß katholischer Gelehrter die Ideen Heckers vortrug. Er wollte, im Gegensatz zum Vatikan, geistige Zugeständnisse an den Methodismus machen, um Protestanten in den USA leichter zum Katholizismus zurückzuführen. Deshalb bezweckte er auch eine Anerkennung der romanischen gegenüber den germanischen „Rasse"besonderheiten des Glaubens. Nach der raschen Unterwerfung seiner Anhänger 1899 unter Papst Leo XIII. weitete sich die Bandbreite des Begriffs „Amerikanismus". Er markierte nun den Export amerikanischer Kultur nach Europa. Von da an ist der Begriff auch auf massenkulturelle Phänomene übertragen worden.[359]

Alles Amerikanische erhielt in diesem Kontext seit den 1890er Jahren eine andere Wertigkeit – und brachte die *Deutsche Gesellschaft für Ethische Kultur* zu Beginn fast in Verruf, wie der Streit von Egidys mit Coit andeutete. Bisher hatte man Amerika als ein auswärtiges Europa wahrgenommen. „Jacob Burckhardt sprach von den USA als einem ‚Vorexperiment der europäischen Zukunft im Großen', und Leopold von Ranke weigerte sich, Europa und Amerika überhaupt als einen Gegensatz zu betrachten, indem er feststellte, es finde ‚jenseits lediglich eine Entwicklung diesseitigen Lebens statt: in der Tat gehen uns New York und Lima näher an als Kiew und Smolensk.'"[360] Zu diesen Wahrnehmungen gehörte auch die moderne Entstaatlichung der sinngebenden Einrichtungen, verbunden mit weltanschaulicher Pluralität. „Das neue Zeitalter erfüllten nicht nur die Kämpfe innerhalb der Konfessionen, zwischen den Konfessionen und zwischen Kirche und Staat, sondern ebenso die Kämpfe zwischen den großen Ideenrichtungen, die unter dem Namen ‚Weltanschauung' ihren rigoros-militanten Charakter erhielten."[361]

Den Nährboden für einen dissidentischen Kulturbund in Deutschland bereiteten auch französische Entwicklungen. In Reaktion auf die Dreyfus-Affäre erreichten in Frankreich Waldeck-Rousseau, Combes und Briand weitere deutliche Fortschritte in der Trennung von Kirche und Staat. Die juristischen und fiskalischen Schritte faszinierten deutsche Dissidenten: die Umwandlung der Kirchen in Kultusgesellschaften mit einem starken Laienelement; die freiwillige Kultussteuer; die (nach dem Gesetz vom 2.1.1907) Einziehung der Kirchengüter zu Wohlfahrtszwecken, wenn sich keine Kultusgemeinde gebildet hatte; die Anmeldepflichtigkeit von Kir-

---

359 Vgl. Kaspar Maase: „Antiamerikanismus ist lächerlich, vor allem aber dumm". Amerikanisierung von unten, Arbeiterjugendkultur und kulturelle Hegemonie in der Bundesrepublik der fünfziger Jahre. In: MKF 16(1993)33, S.132-152.
360 Vgl. Wolf Lepenies: Der falsche Freistoß auf dem Football-Feld. Amerika und Europa: ein schwieriges Verhältnis im Zeichen der weltweiten Orientierungskrise. In: Tsp, Sonntagsbeilage, Berlin 29. Mai 1994.
361 Ernst Rudolf Huber: Kulturverfassung, Kulturkrise, Kulturkonflikt (1974). In: Ders., Bewahrung und Wandlung, S.357.

chenversammlungen außerhalb von Gottesdiensten – kurz, die weltlich bürgerliche Freiheit in allen gesellschaftlichen Bereichen, in die der Staat hineinwirkte. Wovon lebt die Kirche, fragte die Frauenrechtlerin Käthe Schirmacher (1864-1930; Dr. phil.) in ihrem Bericht über die Folgen der Gesetze von 1905: „Von der Hand in den Mund und gleich dem Vogel auf dem Ast." Aber sie benannte auch die Vorteile für die katholische Kirche, die das Gesetz zwar ablehnte, sich aber in ihr Schicksal fügte: Es wählen „nur noch überzeugte Leute die unsichere, magere Laufbahn des ... Geistlichen in Frankreich".[362]

Lex Heinze und Zwang zur Kulturpolitik

Unter den Dissidenten herrschte nach 1905 sowohl Aufbruchstimmung als auch Depression – ob staatstreu oder oppositionell, sie blieben Außenseiter. Je kräftiger die Lebensreformer unter ihnen auftraten, ihre neue Einstellung zum menschlichen Körper demonstrierten, Gymnastik, Naturheilverfahren, Kleidungsreform, Körperpflege, Sport, Nacktkultur und Sexualaufklärung praktizierten, provozierten sie das öffentliche Bewußtsein über das, was gute Sitte ist, was intim zu bleiben hat und welche Tabus bestehen bleiben. Schon seit geraumer Zeit hatte sich die allgemeine Peinlichkeitsschwelle gehoben, während die Ekelschwelle sank[363] – aber nicht bei allen Mitgliedern der Gesellschaft und schon gar nicht in allen Regionen gleichzeitig. Damit staute sich kultureller Konfliktstoff, der besonders die Polizeibehörden zu beschäftigen begann. Schließlich war es deren Aufgabe, auf die Einhaltung sittlicher Grundregeln zu achten und das öffentlich als Kultur Anerkannte zu schützen. Kultur war damals ziemlich rigoros die „Summe der Selbstverständlichkeiten in einem Gesellschaftssystem"[364] und die „Kulturpolizei" hatte noch genügend Macht, „Maßregeln gegen unmittelbare Anreizung zur Unsittlichkeit" zu erlassen und für die „Entfernung schädlicher Beispiele" zu sorgen.[365] Unter „Kulturpolizei" verstand man damals sowohl

---

362 Käthe Schirmacher: Die Trennung von Staat und Kirchen in Frankreich. Leipzig 1908, S.14 (KuF, 142).
363 Vgl. Norbert Elias: Über den Prozeß der Zivilisation. Soziogenetische und psychogenetische Untersuchungen. Erster Bd.: Wandlungen des Verhaltens in den weltlichen Oberschichten des Abendlandes. Zweiter Bd.: Wandlungen der Gesellschaft. Entwurf zu einer Theorie der Zivilisation. Frankfurt a. M. 1977 (Erstausgabe 1939). – Hans Peter Dreitzel: Peinliche Situationen. In: Soziologie: Entdeckungen im Alltäglichen. Hans Paul Bahrd, Festschrift zu seinem 65. Geburtstag, hg. v. Martin Baethge u. Wolfgang Essbach, Frankfurt a. M., New York 1983, S.148-173. – Wolfgang Schivelbusch: Das Paradies, der Geschmack und die Vernunft. Eine Geschichte der Genußmittel. München, Wien 1980.
364 Hofstätter: Einführung, S.92.
365 Medicus: Kulturpolizei. In: Deutsches Staats-Wörterbuch. In Verbindung mit deutschen Gelehrten Hg. v. Bluntschli u. Brater, Bd.6, Stuttgart, Leipzig 1861, S.157.

die öffentlichen Einrichtungen der Bildung und der „Kulturpflege" als auch die Sinngebungen, die der Sittenverwaltung zugrunde lagen. Selbstverständlich war die „Kulturpolizei" ein Hilfsorgan der Kirchen in allen Fragen der „sittlich-religiösen Bildung". Denn durch nichts fördere „der Staat die öffentliche Sittlichkeit mehr als durch den Schutz, den er der Kirche angedeihen läßt".[366] Auch als sich die Verwaltung zunehmend säkularisierte, blieb ihr nicht nur der Respekt vor den kirchlichen Instanzen erhalten. Sie reagierte nervös, wenn ihr die Gestaltung der öffentlichen Sittlichkeit aus den Händen glitt. Besonders durfte sie es nicht dulden, wenn zum bedauerlichen Verfall der Sitten die künstlerische und publizistische Zurschaustellung der „Sittenlosigkeit" und die „Anreizung" dazu hinzutraten. Hier mußte die Zensur einschreiten, obwohl die vergangenen Jahre deren Einfluß beschnitten hatten.

Rechtsstaatliche Fortschritte hatten in den Siebzigern den „Intelligenzzwang" aufgehoben, wie das staatliche Inseratenmonopol hieß.[367] Doch nach wie vor unterlag aber jede öffentliche Äußerung der Kontrolle. Das mußte die Widersprüche in all jenen Bereichen zuspitzen, in denen man über Kultur und Moral öffentlich verhandelte. Als 1892 der *Verein Berliner Künstler* 55 Werke des damals 29jährigen, völlig unbekannten norwegischen Malers Edvard Munch (1863-1944) ausstellte, wurde die Ausstellung von den kulturpolizeilichen Instanzen als Skandal gesehen, vom Akademiedirektor Anton von Werner als Nichtkunst bewertet und polizeilich geschlossen. Mit solchen Aktionen warfen politische Obrigkeit und etablierte Künstlerschaft den Modernen den Fehdehandschuh hin. Der einsetzende Streit über Geist und Macht führte zu einer tiefen Spaltung innerhalb der akademischen und künstlerischen Intelligenz. Ausdruck und Gegenstand dieses Ringens bildete die *Lex Heinze*, eine Gesetzesvorlage, die nach einer kulturpolitischen Institution rief, die den Kampf gegen lebensreformerische, freidenkerische, künstlerisch außergewöhnliche und „sittenlose" Erscheinungen führen sollte.[368] Wie kein zweiter Vorgang gibt die Geschichte der *Lex Heinze* Einblick in die damalige geistige Verfassung der politischen Klasse. Sie war ein Versuch, die Freiheit der Künste und des Geistes mit der Begründung zu beschneiden, sie verdürbe die Ordnung, befördere das Verbrechen und gefährde so den Staat. Über Jahre hinweg stand dieses Gesetz im Raum. Es

---

366 Medicus: Kulturpolizei, S.157.
367 Vgl. Emil Löbl: Kultur und Presse. Leipzig 1903, S.88/89. – Ludwig Munzinger: Die Entwicklung des Inseratenwesens in den deutschen Zeitungen. Heidelberg 1902. – Horst Groschopp: Unterhaltung und Propaganda in der deutschen Arbeiterbewegung bis 1933. In: Weimarer Beiträge, Berlin 33(1987)7, S.1115-1118. – Dieses Monopol war 1850 für Preußen und mit dem Pressegesetz vom 7. Mai 1874 für das Reich aufgehoben worden.
368 Vgl. R. J. V. Lenman: Art, Society, and the Law in Wilhelmine Germany: The Lex Heinze. In: Oxford German Studies 8(1973), S.86-113.

entzündete sich an ihm ein kunst- und gesellschaftspolitischer Richtungskampf.

Den Anlaß für konservatives Vorgehen gegen zu große Freizügigkeit im Kunstbetrieb lieferten im Herbst 1891 sogenannte Enthüllungen über die unsittlichen Berliner Zustände anläßlich eines Mordprozesses gegen den angeklagten Zuhälter Heinze und seine Frau, eine Prostituierte. Die Befürworter eines raschen Eingreifens in die ihrer Meinung nach verlotterten Kulturzustände besonders in den großen Städten bündelten mehrere Argumente zu einer geistigen Front gegen journalistische, religiöse und künstlerische Freiheiten. Da war *erstens* das Scheitern der Sozialistengesetze, *zweitens* die Abneigung eher ländlicher Gebiete gegen alles Großstädtische, *drittens* konnten von der Peripherie her Ressentiments gegen die Hauptstadt Berlin mobilisiert werden und *viertens* empörte sich geschulter Kunstverstand an gängigem Kitsch, der sich gut verkaufen ließ. Massenkulturelle Offerten reichten über traditionelle Kunstformen hinaus, eroberten sich feste Plätze im Alltag der Leute und wurden zu einem Gegenstand der Kritik an der zeitgenössischen Kultur. Denn was hier geschah, regelte der Markt, nicht professoraler Kunstverstand. Vor allem aber bot sich mit der *Lex Heinze* denjenigen Kreisen im Regierungs- und Staatsapparat eine Chance, die gerade auf die außenpolitische Neuorientierung Deutschlands hinwirkten. Durch Verschärfung der Strafgesetze sollte politischer Spielraum gewonnen werden, um gegen intellektuelle Reformer und Kirchenkritiker vorzugehen. Besonders der Kaiser wollte klarstellen, daß nach dem Sturz Bismarcks und mit dem „neuen Kurs" keine Verweichlichung der deutschen Innenpolitik einsetzen würde.

Bereits am 27. Oktober 1891 kündigte Wilhelm II., gerade drei Jahre im Amt, höchstpersönlich eine schärfere Anwendung der Strafgesetze auf Zuhälterei und Prostitution an und versprach die Revision des Strafgesetzbuches. Im Februar 1892 brachte daraufhin der Reichskanzler Leo Caprivi (1831-1899) einen entsprechenden Gesetzentwurf ein, ohne daß es zu einer Verabschiedung kam. Es waren dann christliche Politiker des Zentrums, die 1899 einen Gesetzentwurf einbrachten und während dessen zweiter Lesung am 25. Januar 1900 weitere Verschärfungen vorschlugen. Dies leitete eine große öffentliche Moraldebatte ein. In ihr erschien der Streit so, als ob sich Bewahrer christlicher Tugenden, versammelt in beiden großen Kirchen, und Feinde jeder christlich bestimmten Sittlichkeit, voran Dissidenten, Freimaurer und Sozialdemokraten, unversöhnlich gegenüberstünden. Juristisch waren verschärfte Strafen wegen Kuppelei, Bestrafung der Ausstellung unzüchtiger Bilder und Schriften und von Gegenständen zu unsittlichem Gebrauch sowie ein 18-Jahre-Schutzalter vorgesehen. Die Entwürfe gingen glatt durch die erste Lesung. Leidenschaftlich gestritten wurde aber um den sogenannten Kunst- und Theaterparagraph 184a, der darauf hinauslief, eine

Strafbarkeit für die Verbreitung von unzüchtigen Kunstwerken einzuführen. Namentlich war die Rede von theatralischen Vorstellungen, Singspielen, Gesangs- und deklamatorischen Vorträgen, Schaustellungen und „ähnlichen Aufführungen". Der dehnbare Kernbegriff für das strafbare Vergehen lautete „gröbliche Verletzung des Scham- und Sittlichkeitsgefühls". Das konnte vieles heißen und war gewollt subjektiv gefaßt.

Zunächst wurde diese Passage der *Lex Heinze* mit großer Mehrheit angenommen. Das zwang Schriftsteller und Künstler zu einem organisatorischen Gegenschritt und zur Gründung des *Goethebundes zum Schutz freier Kunst und Wissenschaft*, der bis zu 10 000 Mitglieder erreichte. Zu ihnen zählten Reinhold Begas, Friedrich Dernburg, Otto Ernst, Ludwig Fulda, Max Halbe, Paul Heyse, Franz von Lenbach, Max Liebermann, Theodor Mommsen, Hermann Sudermann, Ernst von Wildenbruch und andere. Am 12. März 1900 empfingen der Reichskanzler und der zuständige Staatssekretär eine Delegation von Gesetzesgegnern. Im Reichstag kam es zu tumultartigen Debatten. Schließlich mußte die *Lex Heinze* als Paket am 22. Mai fallengelassen werden. Sie wurde aber dann doch als Antrag Hompesch ohne den Kunst- und Theaterparagraphen gegen den Freisinn und die Sozialdemokratie akzeptiert.

In der Folgezeit kam es immer wieder zu Vorstößen im Reichstag, die *Lex Heinze* doch noch vollständig durchzusetzen, so etwa am 12. Mai 1905. Die Diskussion über Moral und Ethik wurde weiter fast ausschließlich unter christlichem Vorzeichen geführt, so daß die Freigeister in der Öffentlichkeit regelrecht als Gehilfen der Sittenverderber erschienen. Als dann schließlich nach seiner letzten großen Tagung Anfang Dezember 1911 in Berlin, auf der über die Schule der Zukunft beraten wurde, der *Goethebund* seine bisher sowieso eher sporadische Tätigkeit einstellte, wurde das *Weimarer Kartell* so ziemlich zur letzten relevanten linksliberalen Kulturorganisation gegen die Konservativen. Deshalb sahen seine Anhänger in der Debatte über die *Lex Heinze* einen grundsätzlichen politischen Richtungsstreit, der lediglich im Kostüm einer Kollision von Kunstansichten daherkam. Sie wollten zu dessen weltanschaulichem Angelpunkt vordringen – zur Freiheit für das öffentliche Denken überhaupt. Die Debatte um die *Lex Heinze* zeitigte 1912 dann doch noch einen bedeutenden institutionellen Erfolg für die Befürworter strengerer christlicher Moralnormen: In Berlin nahm die Zentralpolizeistelle zur Bekämpfung unzüchtiger Bilder, Schriften und Inserate ihren Dienst auf. Sie erstellte regelmäßig Listen „aufreizender" Literatur, Kunst und Werbung. Seine Hinweise erhielt dieses Amt von vielen um die Sittlichkeit besorgten Bürgern und Vereinen.

Deutschland von Weimar aus erneuern

Im Denken der Gebildeten in Deutschland besaß Weimar eine geradezu mythische Bedeutung. Es war ein mit Geistesgeschichte durchtränkter Ort, den viele Sammlungsbewegungen frequentierten, um ihrem Wollen eine Weihe zu geben. Karl Lamprecht, der Begründer des Leipziger Instituts für Kultur- und Universalgeschichte, veröffentlichte Anfang 1906 einen kleinen Aufsatz in Ferdinand Avenarius' ästhetischer Halbmonatsschrift *Der Kunstwart*. Unter der Überschrift *Weimar und Jena* würdigte er diese beiden Städte und begann seine Abhandlung mit einer kulturgeographischen Ortsbestimmung. „Wer heute von Berlin und den Kolonialgebieten rechts der Elbe den alten Heerweg nach den zentralen Gegenden des deutschen Mutterlandes über das alte Durchgangstor des Hörseltales bei Eisenach nimmt ... (der findet westlich der letzten) Kultursiedlung des Hermundurenstammes ... südwärts nach Jena, westwärts nach Weimar" in die Gegend der Dichter und Denker und des Mäzenatentums.[369] Das Lamprecht-Zitat zeugt vom alltäglichen Wissen über germanische und slawische Siedlungen. Thüringen rechnete sich zum deutschen Kernland und bildete zugleich östliches Grenzgebiet. In diesem Landstrich überschnitten sich katholische und protestantische Kulturkreise. Hier siedelten allerlei Sekten. Aber auch die modernsten Produktions- und Forschungsmethoden wurden gerade heimisch.

Damals waren Vorstellungen von sich vererbenden kulturellen Unterschieden zwischen den deutschen Kern- und den später hinzugekommenen Randländern noch gegenwärtig. Diese Ansicht verwob sich mit dem Bewußtsein, daß sich das Reich aus kulturell höher entwickelten südwestlichen Regionen und niedrigeren nördöstlichen zusammensetzt. Besonders das Millennium der deutschen Ostexpansion über Elbe und Saale hinaus lieferte viel intellektuellen Gesprächsstoff. Zudem war Helmuth Plessners Feststellung von 1935 damals ein Gemeinplatz: „Östlich der Elbe liegt Kolonisationsgebiet. Der relativ junge Boden ist kulturell nicht anziehend, nicht aufspeichernd wie das Gebiet innerhalb der Karolingischen Reichsgrenze. Deutschland tendiert geistig nach Westen, seine Achse ist der Rhein, während seine politischen Möglichkeiten nach Osten weisen. ... An diesem Auseinandertreten politischer und kultureller Blickrichtung leidet Deutschland."[370] Darunter litt auch die deutsche Freidenkerei. Sie besaß in den westlichen katholischen Regionen nur wenige Stützpunkte. Ihre geistigen Achsen liefen von Frankfurt a. M. nach Breslau in der Waagerechten und

---

369 Karl Lamprecht: Weimar und Jena. In: Der Kunstwart, Halbmonatsschau für Ausdruckskultur auf allen Lebensgebieten, hg. v. Ferdinand Avenarius, München 20(1906)3, S.118/119 (im folgenden KW).
370 Plessner: Nation, S.61.

von München nach Berlin in der Senkrechten. Beide Linien schnitten sich im Gebiet zwischen Gotha, Jena und Weimar. Die Gegend lag ziemlich genau in Deutschlands Mitte. So bekam Weimar den Vorzug vor Berlin, Frankfurt a. M., München oder Breslau.

Die Wahl Weimars hing auch mit der im Dreieck Jena-Weimar-Gotha vorfindlichen Duldsamkeit gegenüber den Dissidenten zusammen. Ein liberaleres thüringisches Regiment erlaubte es den weltlichen Ethikern und freireligiösen Predigern, sich Mitte Dezember 1907 öffentlich zu versammeln und eine nationale Verbindung ins Leben zu rufen. Besonders Gotha war ein traditioneller Ort der freireligiösen Bewegung. Hier fand 1859 deren erster nationaler Kongreß statt (weitere 1862, 1865, 1875). In Gotha hatte 1878 das erste Krematorium Deutschlands seinen Betrieb aufgenommen. Als erste Stadt im Großherzogtum Sachsen-Weimar-Eisenach erhielt Jena 1898 die Bauerlaubnis für ein Krematorium, genauer: der Jenaer Feuerbestattungsverein. Hinzu kam, daß die Thüringischen Staaten zwar nach der Reichseinigung 1866/71 nicht so widerständig gegen das vordringende Preußentum auftraten wie das benachbarte Bayern. Doch man erlebte wie die Süddeutschen die Einheit als das Allgemeinsetzen fremder Regeln gegen regionales Herkommen und örtliche Gepflogenheiten, als das Aufstülpen einer fremden kulturellen Ordnung, die zudem aus dem ehemaligen Kolonialgebiet und aus der Metropole Berlin kam. Doch man war gezwungen, sich auf die deutsche Einheit unter preußischer Vorherrschaft einzustellen und versuchte, aus der Not eine Tugend zu machen. Das geschah durch das Anmelden eines aus Geschichte, Kunst und Wissenschaft abgeleiteten Anspruchs, wenigstens kulturell für ganz Deutschland zu sprechen.

Die Jenaer Monisten nährten diesen Ruf. Weimar, die „ewigkeitsbegnadete Stadt der Städte"[371], war in ihren Augen der Ausgangspunkt einer Erneuerung deutscher Kultur. Hatte nicht der in Jena residierende „deutsche Darwin" und „freidenkerische Gegenpapst", das Haupt der naturwissenschaftlich orientierten Freidenker Ernst Haeckel, immer wieder seine geistige Nähe zum Pantheismus Goethes betont? „Seine" Ortsgruppe des *Deutschen Monistenbundes*, geleitet vom Privatgelehrten Carl Heinrich Thiele (geb. 1869), wirkte über die Stadt hinaus und bildete die Keimzelle der späteren Ortsgruppen Weimar, Gotha, Eisenach und Erfurt. Sie wandte sich offensiv gegen die geistigen Widersacher der Entwicklungslehre und der Freidenkerei. Ihre Agitation richteten die Monisten Thüringens vornehmlich gegen die religionsphilosophische Denkschule um Rudolf Eucken (1846-

---

[371] Bornstein: Von der Arbeit der Ortsgruppen. In: Monistisches Jahrhundert. Zeitschrift für wissenschaftliche Weltanschauung und Weltgestaltung. Leipzig 2(1913/14), S.973 (im folgenden MJ).

1926) an der Jenaer Universität[372], aus der ein *Eucken-Bund* hervorging. Eucken vertrat eine sehr elitäre Kulturphilosophie, in der die denkende Persönlichkeit als Teil einer überweltlichen Geistesmacht erschien. Praktisch folgte daraus die Umsetzung einer besonderen Bildungsreligion. Und genau dagegen wandten sich die Monisten und dann das *Weimarer Kartell*, eben weil Eucken sein Modell allein christlich bestimmte. Sie wollten statt dessen eine „wissenschaftliche Ethik an die Stelle der traditionellen Offenbarungsethik" setzen. „Was wir Monisten also anstreben und zu verwirklichen entschlossen sind, ist die Ausgestaltung einer neuen, vollkommen einheitlichen Kultur."[373] Die prominente Gegnerschaft adelte die Monisten Thüringens zum „Elitekörper im Monismus", wie sie sich selbst sahen.[374]

Jena war eines der zwölf Zentren der *Deutschen Gesellschaft für Ethische Kultur*, mit dem Rechtsanwalt Ernst Harmening als aktivem Mitglied. Der Verein hieß hier *Freie ethische Gesellschaft*, gehörte zu den ersten Mitgliedern des Kartells und wurde nach dem Tode ihres Gründers und Gönners 1905 im Jahre 1911 umbenannt in *Kulturgesellschaft Ernst Abbe*. Das hier und mit Einschränkungen in Weimar ansässige, mit der Jenaer Optischen Industrie, besonders aber mit Abbes Sozialprogramm verbundene Gelehrtenbürgertum, kommunizierte seit längerem mit Gleichgesinnten im Deutschen Reich sowie in Wien und in Prag. Die 1906 noch kleine Gruppe von nicht viel mehr als einem Dutzend naturwissenschaftlicher Akademiker und mit den Naturwissenschaften verbundener Philosophen hatte zunächst die Absicht, den von ihnen gekürten *Monistenbund* und damit Jena zum Sammelbecken frei denkender Geister zu machen. Als das nicht gelang, wurde nach einer übergreifenden, nicht auf den Monismus Haeckels beschränkten Organisation gesucht und schließlich diese Hoffnung in das *Weimarer Kartell* projiziert.

Gründung des Kartells „für freiheitliche Kultur"

Der Abbruch des Kulturkampfes, die Wahlerfolge der Sozialdemokratie von 1890 (1,5 Mio. Stimmen) und 1903 (3 Mio. Stimmen) sowie die zunehmend erfolgreichen Aktivitäten der Kirchen, mit evangelischer Vereinsarbeit und katholischen Volksmissionen in das weltliche Umfeld hinein zu wirken[375],

---

372 Vgl. Rudolf Eucken: Die Lebensanschauungen großer Denker. Leipzig 1890. – Ders.: Einführung in eine Philosophie des Geisteslebens. Leipzig 1908.
373 Ostwald: Kulturziel, S.36, 37. – Vgl. Ders.: Monistische Sonntagspredigten. Leipzig 1912. – Uniformität der Kultur galt nicht als Makel.
374 Eger (Jena) im Bericht von Bornstein über die zweite Versammlung der Sächsisch-Thüringischen Ortsgruppen in Jena vom 12.2.1914 im MJ.
375 Vgl. Nipperdey: Religion, S.21, 82-84.

bildeten wesentliche Motive, die in den Neunzigern zur ethischen Bewegung und 1907 zum *Weimarer Kartell* führten. Zwar setzte die Gründung des *Bundes freier religiöser Gemeinden in Deutschland* 1859 bzw. die Einrichtung des *Deutschen Freidenkerbundes* 1881 den eigentlichen organisatorischen Beginn. Doch stützte sich das spätere Kartell personell und konzeptionell sehr stark auf die *Deutsche Gesellschaft für Ethische Kultur*, bei allen Einflüssen anderer freidenkerischer und freireligiöser Verbände. So berief sich das Kartell in seinen Selbstdarstellungen eben nicht vorrangig auf „Materialisten" wie Ludwig Feuerbach, Ludwig Büchner, Karl Vogt (1817-1895; Zoologe in Gießen und Bern), Jakob Moleschott (1822-1893), Gustav Theodor Fechner (1801-1887; monistischer Psychophysiker in Leipzig) und Richard Semon (1859-1918; Anatomieprofessor in München; Monistenbund). Es bekam durch seine Gründer eine stark ethische Färbung und stand eher in der Tradition solch moralisch argumentierender religiöser Bekenner wie Moritz von Egidy, philosophisch geschulter Reformer wie Georg von Gizycki oder pädagogischer Erneuerer wie Friedrich Wilhelm Foerster. Es kam den führenden Vertretern des Kartells in ihrer Mehrzahl auf ethische Argumente an, aber sie wollten konsequenter als die Kulturgesellschaft auf eine strikte von Staat und Kirche hinarbeiten.

Dem geplanten „Bund der Bünde" fehlte noch jede organisatorische Gestalt. Einigen Initiatoren schwebte ein eher lockerer Verbund von freidenkenden Gelehrten vor, der mit einem Minimum an Verwaltung auskam, eine Auffassung, die sich so ähnlich durchsetzte. Andere wünschten sich einen regelrechten Orden nach dem Vorbild der Freimaurer. Sie blieben in der Minderheit. Im Herbst 1907 trafen sich in Jena drei führende Repräsentanten der deutschen freigeistigen Strömungen. Als Einlader zur Tagung fungierte Heinrich Schmidt, damals Generalsekretär des *Monistenbundes*. Er war Haeckels Assistent und leitete dessen Büro, später das Archiv und schließlich das Museum, die beide noch heute existieren. Schmidt, in den Zwanzigern zum Professor berufen, wirkte als Haeckels Zeremonienmeister, führte dessen Verteidigungs- wie Huldigungskampagnen und gab die Gedenkbände heraus.[376] Er schrieb an einem Wörterbuch, das neben dem des Wiener Philosophen und Soziologen Rudolf Eisler zu den wichtigsten theoretischen Resultaten der Monisten gehört.[377] Der Breslauer Prediger Gustav Tschirn vertrat den *Bund Freireligiöser Gemeinden* und den *Deutschen Freidenkerbund*. Der *Bund Freireligiöser Gemeinden* trat dem Kartell nicht bei, „„da der religiöse Charakter der Bundesgemeinden sie nicht zu Kämpfen

---

376 Vgl. Der Deutsche Monistenbund im Preußischen Herrenhause (Reinke kontra Haeckel). Hg. v. Heinrich Schmidt, Jena 1907 (FdDMB). – Was wir Ernst Haeckel verdanken. Ein Buch der Verehrung und Dankbarkeit. I.A. des Deutschen Monistenbundes hg. v. Heinrich Schmidt, 2 Bde., Leipzig 1914.
377 Vgl. Schmidt: Wörterbuch. – Rudolf Eislers Wörterbuch.

geeignet machte, die auf politischem Gebiet ausgefochten werden', wie der spätere Bundesvorsitzende Carl Peter 1934 rückschauend sagte."[378] Doch waren die Freireligiösen personell stets präsent. Wie Tschirn, so besetzte auch der freireligiöse Rechtsanwalt Ernst Hochstaedter einen Vorstandsposten.

Die dritte Person war der Berliner Stadtrat und Prediger der dortigen *Humanisten-Gemeinde* Rudolph Penzig. Er kam für die *Deutsche Gesellschaft für Ethische Kultur*. Inzwischen besaß dieser Verein verschiedene Lebenshilfe- und Propagandavereine. Darunter fielen eine Zentrale für private Fürsorge, Rechtsauskunftsstellen, Auskunftsstellen für Wohlfahrtspflege und verschiedene Vereine zur Errichtung von Lesehallen und Volksbibliotheken. Penzig selbst war an der von Max Hirsch geleiteten Berliner *Humboldt-Akademie*, einer der ersten deutschen Volkshochschulen, als Dozent tätig. Er hatte mit Bruno Wille, Wilhelm Bölsche und Rudolf Steiner die *Freie Hochschule* ins Leben gerufen.[379] Penzig war seit seiner Tätigkeit als Privatlehrer an der Erziehungsanstalt in Schnepfendorf/ Thüringen von Basedowschen Ideen geprägt. Man hatte ihn dort genommen, obwohl er sich als Dissident bekannte. Als er jedoch wenig später, am 5.1.1878, demonstrativ aus der evangelischen Landeskirche austrat, wurde er entlassen. Nach einer an Entbehrungen reichen Zeit als Privatlehrer in Dresden, promovierte Penzig 1879 über Arthur Schopenhauer[380] und hätte fast den Titel nicht bekommen, weil er den nötigen Doktoreid „So wahr mir Gott helfe" erst nicht sprechen wollte, was er aber dann doch in einem Nebenzimmer mit genügend Sinn für die Realitäten tat. Danach verschlug es ihn als Lehrer ins Baltikum, wo ihn die Russifizierungspolitik nach dem Tode Alexanders II. 1889 vertrieb. Er reiste danach in die Schweiz. Eine eigene Privatschule für Schwererziehbare ging dort pleite. Penzig widmete sich weiter der Kinderpädagogik und hier besonders der Erwachsenenaufklärung über „Kinderfragen".[381] Als er stellungslos und seine Familie fast mittellos war, kaufte sich Penzig im Juli 1893 vom letzten Geld eine Fahrkarte nach Berlin, um bei der ethischen Kulturgesellschaft vorzusprechen. Nach Vorträgen über Tolstoi und über das Christentum stellte ihn Wilhelm Foerster als Sekretär ein.[382] Dieser Lebenslauf, typisch für einen bekennenden Dissidenten, hat

---

378 Vgl. Dietrich Bronder: Freireligiöse Bewegung und Politik. In: Die freireligiöse Bewegung, S.267.
379 Aus deren Vereinigung ging 1915 die *Humboldt-Hochschule* hervor.
380 Vgl. Rudolph Penzig: Arthur Schopenhauer und die menschliche Willensfreiheit. Halle-Wittenberg, Phil. Diss. vom 29. März 1879.
381 Vgl. Rudolph Penzig: Ernste Antworten auf Kinderfragen. Ausgew. Kapitel aus einer praktischen Pädagogik fürs Haus. Berlin 1897 (4., erw. Aufl. 1910).
382 Vgl. Penzig: Apostata.

Penzig einen entscheidenden Einfluß auf die Freidenkerei, ja auf das deutsche Kulturleben verschafft.[383]

Als 1907 die Schrift von Rudolph Penzig *Ohne Kirche* erschien, eine Zusammenfassung seiner Reden in der Humanistengemeinde, blieb sie außerhalb der dissidentischen Milieus zunächst relativ unbeachtet, obwohl Penzig schon sehr konkrete Vorschläge zur Namens- und Jugendweihe, zu Ehebundfeiern, zur weltlichen Seelsorge, zur Einführung des allgemeinen Priestertums und zur Sterbebegleitung unterbreitete.[384] Nachdem aber das Kartell gegründet war und rührig wurde, beschäftigte sich *Die Christliche Welt* 1910 ausführlich mit Penzigs Programm: „Man schickt sich an, das Erbe der zerfallenden Religionen anzutreten" und sage sogar voraus, daß „in einigen hundert Jahren ... in verlassenen Kirchen unseres Vaterlandes die Ortsgruppen der ethischen Menschheitsgemeinde ihre Feste feiern werden".[385] Zwar erkannte der kirchliche Kritiker die eklektische Grundlegung von Penzigs neuer Weltanschauung und ihren lebensweltlichen Umwidmungen christlichen Brauchtums. Er sah „ein ziemlich loses Gefüge von populärphilosophischen Betrachtungen, kulturpädagogischen Erörterungen und ethischen Predigten". Das alles sei „eine vulgäre Form des halbidealistischen Monismus ..., zu der Entwicklungslehre, stoische Philosophie und ‚spinozistische Ewigkeitsschau' ihren Beitrag liefern".[386] Dem „Bund der Bünde" boten Penzigs Thesen jedoch eine theoretische Grundlegung.

Tschirn, Penzig und Schmidt, sehr verschieden in Herkunft und politischen Ansichten, kamen zusammen, um die deutschen freidenkerischen, freireligiösen, freigeistigen, ethischen und monistischen Gruppen zu vereinen. Sie wählten die Struktur eines Kartells, um den angeschlossenen Einzelvereinen volle Freiheit zu lassen. Die Dreiergruppe dachte sich die Allianz als Kulturbund, genauer noch, als „Bund von Persönlichkeiten", wie Wilhelm Breitenbach rückblickend schrieb.[387] Ein „Bund von Persönlichkei-

---

383 Es ist schon erstaunlich, wie wenig die historische Literatur über Penzig hergibt. Selbst in Freidenkergeschichten kommt er nicht vor, obwohl er 1. Beisitzer des Kartells war sowie 1. Vorsitzender der Kulturgesellschaft, sich als 1. Vorsitzender für die weltliche Schule einsetzte, im Vorstand des Bundes freireligiöser Gemeinden saß, die Berliner Humanistengemeinde führte, im Bundesausschuß der Freidenker wirkte, dem Berliner Kulturkartell vorstand, im Monistenbund Einfluß hatte und im Bruno-Bund Vorträge hielt.
384 Vgl. Penzig: Ohne Kirche.
385 Rudolf Günther: Ohne Kirche. In: CW 24(1910)36, S.842, 846. – Die Wirklichkeit überbietet die Prognose Penzigs. Vgl. Eberhard Löblich: Die Kirche als Treffpunkt für Vereins- und Familienfeiern. Kirchenbautag: Geld für Sanierungen fehlt – neue Nutzungskonzepte. In: Tsp 23.09.96, S.4.
386 Günther: Ohne Kirche, S.842.
387 Wilhelm Breitenbach: Die Gründung und erste Entwickelung des deutschen Monistenbundes. Brackwede 1913, S.17, 36. – Willy Breitenbach (geb.1856), promovierter Biologe, betrieb in Brackwede bei Hamburg einen Verlag und arbeitete darin als Redakteur. Er gehörte dem Bundesausschuß des *Deutschen Freidenkerbundes* an, leitete nebenher den *Humboldt-*

ten" schien am ehesten in einem Verbündnis von selbständigen Verbänden machbar. Gerade in einer demokratischen Zusammenarbeit verschiedener weltanschaulicher Strömungen sahen die Gründer des Kartells die Erfolgsgarantie für „eine neue Kulturbewegung ... strikt auf dem Boden der Wissenschaft ... an Stelle der alten kirchlichen Jenseitsreligion".[388] Auch die Gewerkschaften und die sozialdemokratischen Kulturorganisationen gründeten nach 1905/06 für ihre Zwecke Ortskartelle, die deren kulturelle Arbeit koordinieren sollten. Die freigeistigen Organisationen hatten an Orten, an denen sie mehrfach vertreten waren, bereits *Kulturkartelle* gebildet, so in Groß-Berlin, Frankfurt a. M. und München. Für Kartelle sprach außerdem, daß sie damals als die kommende nationalökonomische Organisationsform galten, den selbstsüchtigen Kapitalismus der freien Konkurrenz zu beenden.

Das *Weimarer Kartell* wurde 1907 von Penzig, Tschirn und Schmidt in Weimar vereinbart und auf der *Weimarer Konferenz* am 15./16. Dezember 1907 beschlossen. Die Tagung von 1907 wählte einen Fünferausschuß, der am 10. Juni 1908 in Frankfurt a. M. anläßlich des dort stattfindenden Freidenkerkongresses tagte und die eigentliche Gründungsversammlung vorbereitete. Zu diesem Fünfergremium gehörten Rudolph Penzig (Berlin), Peter Schmal (München), Gustav Tschirn (Breslau), Walther Vielhaber (Berlin) und Max Rieß (München). Letzterer sollte das Kartell führen, weshalb der Vorort nach München vergeben wurde. Haeckel und Pfungst, den beiden Lenkern des Zusammenschlusses, war klar, „daß an der Spitze dieses Ausschusses ein energischer Praesident ..., ein erfahrener reifer Mann von starkem Charakter" stehen müßte, „der vielseitig gebildet und tolerant ist".[389] Haeckel lehnte offiziell aus Altersgründen ab. Pfungst gab an, zu häufig im Ausland zu sein. So fiel die Wahl auf den Privatgelehrten Max Rieß. Da Rieß auch in reformorientierten Kirchenkreisen wegen seiner Ernsthaftigkeit und Dialogbereitschaft einiges Ansehen genoß, wurden von seiten der Kartellgründer große Erwartungen in seine Tätigkeit als Vorsitzender gesetzt. Energisch leitete er die erste Ausschußsitzung. „Sie befaßte sich vornehmlich mit dem Gedanken der Ausdehnung des Kartells über möglichst weite Kreise und dem Entwurf eines Aufrufs an die Öffentlichkeit sowie der Verfassungsfrage und der Finanzierung des Weimarer Kartells."[390]

Die Unterstützung aus den Reihen der Dissidenten war zunächst groß. „In wenigen Wochen hatten die Mitglieder unserer Ortsgruppe [des Moni-

---

Bund für naturwissenschaftliche Weltanschauung und gehörte mit seiner *Ortsgruppe Hamburg des Deutschen Monistenbundes* zu den Wegbereitern des Kartells.
388 Handbuch, S.29/30.
389 Haeckel an Pfungst v. 4.6.1906 (siehe vorn).
390 Handbuch, S.21.

stenbundes in München, H.G.] 1 500 M. ‚für das Kartell' gezeichnet".[391] Rieß starb jedoch schon im September des gleichen Jahres. Sein Tod schob die offizielle Konstituierung hinaus, die schließlich am 8. und 9. Juni 1909 in Magdeburg stattfand. Satzung wie Einzelforderungen lagen aber schon seit dem 16. Dezember 1907 im wesentlichen fertig vor. Sie wurden in Magdeburg ebenso einstimmig angenommen wie ein Aufruf, der die Einheit der Deutschen, die „geschlossene Macht der in ihrem geistigen Einheitsstreben geeinten Bürger", einforderte. „Das ordnungslose Gewimmel so vieler einzelner einander bekämpfender und sich gegeneinander abschließender Sonderfähnlein bleibt erfolglos." Die wirkliche Einheit sei nur auf der Basis geistiger Freiheit möglich. Deshalb bedürfe es der „Sammlung aller Vereinigungen für freiheitliche Kultur zu gemeinsamem kulturpolitischem Wirken" vorangehen.[392]

Nahezu alle freigeistigen Vereine hatten irgendwann einmal den Anspruch geäußert, die gesamte Freidenkerei als „Bund der Bünde" vertreten zu wollen und zu können. Daraus folgte bei der Gründung des *Weimarer Kartells* die Schwierigkeit, eine Reihenfolge festlegen zu müssen. Die ordentlichen Mitglieder wurden, wie es hieß, nach „historischem Gesichtspunkt" offiziell gegliedert. Wegen „der ganz besonderen Verdienste Dr. Penzigs um den Zusammenschluß"[393], rückte die *Deutsche Gesellschaft für Ethische Kultur* an die erste Stelle, dann kamen der *Deutsche Monistenbund* und der *Deutsche Freidenkerbund*, weiter folgten der *Bund für weltliche Schule und Moralunterricht*, der *Bund für persönliche Religion, Kassel*, das *Kartell der freiheitlichen Vereine, München, Berliner Kartell* und *Bund für Mutterschutz*; schließlich, nach 1909 beigetreten, die *Ortsgruppe Hamburg des Deutschen Monistenbundes*, das *Kartell der freigeistigen Vereine Frankfurt a. M.*, das *Komitee Konfessionslos*, der *Humboldt-Bund für naturwissenschaftliche Weltanschauung*, der *Internationale Orden für Ethik und Kultur (Deutscher Zweig)* und der *Euphoristen-Orden*. Die Liste nennt auch „verwandte" Organisationen, das *Freigemeindetum*, den *Zentralverband proletarischer Freidenker Deutschlands*, den *Freimaurerbund Zur Aufgehenden Sonne*, den *Bund der Konfessionslosen* und den *Deutschen Zweig* der *Mahābodhi-Gesellschaft*.

Von denen, die das Kartell 1907 aus der Taufe hoben, wurden zwei Jahre später die *Freie ethische Gesellschaft Jena* und der *Jungdeutsche Kulturbund* im *Aufruf* von 1909 zwar noch erwähnt, in späteren Verlautbarungen

---

391 5 Jahre deutscher Monistenbund. Bericht über die Entwicklung der Ortsgruppe München des deutschen Monistenbundes in den Jahren 1906-1911 von Eduard Aigner. München, Leipzig 1911 (FdDMB, 27), S.23.
392 Aufruf, Handbuch, S.22.
393 Handbuch, S.25. – Den maßgeblichen Einfluß auf die Gründung des Kartell sieht Gangolf Hübinger bei den Freireligiösen. Vgl. Hübinger: Kulturprotestantismus, S.275-279.

aber nicht mehr. Der *Jungdeutsche Kulturbund* verzichtete mit Gründung des Kartells auf seine ursprüngliche Absicht, sich selbst als „Bund der Bünde" zu profilieren. Er beschränkte sich nach dem Tode seines Gründers Rieß auf die Münchener Geschicke und wurde im dortigen Ortskartell aktiv. Die Jenaer Ethiker wandelten sich zur Ortsgruppe der *Deutschen Gesellschaft für Ethische Kultur*. Einzig der *Giordano Bruno-Bund*, ebenfalls Gründungsmitglied, löste sich gänzlich auf. Den kühnen Verheißungen des Aufrufs und des Anfangs trat Rudolph Penzig bereits Anfang Januar 1910 auf dem zehnten Gesellschaftstag der *Deutschen Gesellschaft für Ethische Kultur* in Berlin kräftig entgegen. Er kritisierte die Vollmundigkeit, mit der man Erwartungen wecke, wo doch noch jede wirkliche organisatorische Kraft fehle. „Noch stehe nichts da als die Form; mit einem solchen Schema sei aber nichts auszurichten."[394]

Komitee Konfessionslos:
Kirchenaustritt als „Massenstreik"

Die erste größere Aktion, die das *Weimarer Kartell* bekannt machte, war die Unterstützung des *Komitees Konfessionslos*. Es übernahm die nationale Koordination seiner Agitation. Seit dem 14. Mai 1873 war der Austritt aus der Kirche gesetzlich so geregelt, daß er vor einer staatlichen Behörde ohne Beisein eines Pfarrers erklärt werden konnte, allerdings mit einer Deliberationsfrist („Überlegungszeit") von drei Monaten.[395] Die Religionslosen unter den Dissidenten mußten sich nicht neu weltanschaulich binden, obwohl der Gesetzestext eigentlich das Gegenteil vorsah. Der Konfessionswechsel selbst war, bei allen Schwierigkeiten, weniger kompliziert. Vor allem war er ziemlich selten. Zwischen 1894 und 1904 traten etwa 10 000 Protestanten zum katholischen Glauben über und etwa 76 000 gingen den Weg in umgekehrter Richtung. Während bis 1905 um die 4 000 Austritte aus den evangelischen Landeskirchen jährlich zu verzeichnen waren, verdrei- bis vervierfachte sich die jährliche Austrittsquote bis Kriegsbeginn – gemessen an der Gesamtzahl der Gläubigen jedoch noch immer geringe Zahlen.[396] Problematischer gestaltete sich die „allgemeine Kirchenmüdigkeit, auch die des libe-

---

394 Notiz. In: EK 18(1910)5, S.38.
395 Die Ausnahme bildete hier Württemberg, wo eine pfarramtliche Bescheinigung mitzubringen war. – Diese Frist wurde in der Weimarer Republik auf vier Wochen reduziert, eine Regel, die auch in der Bundesrepublik bis zum 8.2.1977 galt.
396 Vgl. P. Zieger: Kirchenaustrittsbewegung in Deutschland. In: Handwörterbuch, Bd.3, 1959, Sp.1344. – Nipperdey: Religion, S.118-123. – Noch 1932 gehörten nur zwei Millionen Deutsche keiner christlichen Religionsgemeinschaft an, das entsprach nicht einmal vier Prozent der Bevölkerung.

ralen Bürgertums und der Gebildeten, und die Herausbildung des ‚gutprotestantischen Karfreitagschristen', bei dem sich der Kontakt zur Kirche auf den jährlichen Kirchenbesuch am Karfreitag beschränkt". Dieses Verhalten stand in bitterem „Kontrast zu der verfassungsmäßigen Stellung der Landeskirchen, wo landesherrlicher Summepiskopat und geistliche Schulaufsicht ... der Kirche noch eine gewichtige soziale Bedeutung sicherten. Deshalb sind auch die Kirchenaustrittszahlen kein brauchbarer Index der Kirchlichkeit."[397]

Das offiziell geschönte Bild wollten die Dissidenten zerstören. Wesentlich auf Aktivitäten des *Deutschen Freidenkerbundes* ging die 1909 in Berlin angeregte und ein Jahr später dort auch erfolgte Gründung des *Komitees Konfessionslos* zurück, das aus der schon 1905 breit gestarteten Kirchenaustrittsbewegung herauswuchs, Rechtsauskünfte gab, vor allem aber propagandistisch wirkte. Hier gelang eine Zusammenarbeit von bürgerlichen und sozialistischen Freidenkern, vor allem durch das Renommee des Generalsekretärs der Organisation, des Kulturhistorikers Otto Lehmann-Rußbüldt.[398] Das *Komitee Konfessionslos* band bedeutende Wissenschaftler an seine Agitation, wie Ernst Haeckel, Wilhelm Ostwald, Arthur Drews und Ludwig Gurlitt (der später in den Hintergrund trat). Daneben wirkten bekannte linke Politiker wie Adolph Hoffmann, Karl Liebknecht, Ewald Vogtherr und Georg Zepler. In fast allen größeren Städten übernahmen prominente Dissidenten die Führung.[399]

Das *Weimarer Kartell* kam auch deshalb durch die Aktivitäten des Komitees ins öffentliche Bewußtsein, weil Lehmann-Rußbüldt wesentliche Forderungen übernahm, als Gründe anführte, die Kirchen zu verlassen und sie dadurch überhaupt erst bekannt machte: Feuerbestattung, weltliche Eidleistung, Lehrfreiheit, Bekenntnisfreiheit, Anerkennung freier Gemeinschaften und deren Religionsunterricht. Dem *Komitee Konfessionslos* lag als Leitgedanke die Idee vom „Massenstreik" zugrunde, die nach dem ersten

---

397 Manfred Schick: Kulturprotestantismus und soziale Frage. Versuche zur Begründung der Sozialethik, vornehmlich in der Zeit von der Gründung des Evangelisch-sozialen Kongresses bis zum Ausbruch des 1. Weltkrieges (1890-1914). Tübingen 1970, S.12/13.
398 Er hatte sich erstmals 1901 mit einer inhaltlich ziemlich konfusen Flugschrift in der Freidenkerei zu Wort gemeldet. Vgl. Otto Lehmann-Rußbüldt: Weckruf an Deutschlands junge Geister. Schmargendorf-Berlin 1901.
399 So in Berlin Dr. Konrad Eckold, in Cannstadt (für den Stuttgarter Raum) der Monist A. Georgi (Geometer), in Schweinfurth der Freidenker G. Wilhelm Hoffmann, in Nürnberg Heinrich Jaschke, ein Freidenker, in Magdeburg der monistische Schriftsteller Hermann Mangelsdorf, in Chemnitz Richard Röber vom Mutterschutzbund und Ortsvorsitzender der Monisten, in Königsberg Max Rudat, in Dortmund Rechtsanwalt Dr. L. Schücking (Monist und Ethiker) und in Rostock war Fräulein E. Glede, von Beruf Kauf„mann", im Ort Ob„mann". Ihr Mann, Wilhelm Glede, führte für Rostock und Mecklenburg den Monistenbund. – Den Vorsitz im *Freidenkerbund Österreichs* und des dortigen *Komitees Konfessionslos* hatte L. Wutschel inne.

großen belgischen Ausstand 1893, aber besonders seit dem Kampf gegen das preußische Dreiklassen-Wahlrecht 1910 die Politik bewegte. Gedacht war zunächst an „Tausende Austrittserklärungen der Gebildeten, Lehrer und Beamten" als „elegante Revolution von Nerven und Tinte"[400]: „Um die kulturtötende Macht der Kirche zu brechen, gibt es nur ein wirksames Mittel: den zivilrechtlichen Austritt aus den vom Staate geschützten Religionsgesellschaften."[401]

Im Komitee einflußreiche Sozialdemokraten setzten rasch eine Ausdehnung auf die Arbeiter durch. Die hatten handfeste finanzielle Gründe, den Kirchen den Rücken zu kehren. Die Kirchensteuer war auf zwanzig Prozent der Steuerschuld heraufgesetzt und aus Kostengründen die Ratenzahlung abgeschafft worden. Die Finanzämter bekamen zudem die Erlaubnis, in die Lohnlisten der Arbeitgeber Einsicht zu nehmen und die Kirchenämter zu informieren. Das führte über die Jahre hinweg bei mehreren tausend Arbeitern zur Steuerpflichtigkeit gegenüber den Kirchen. Die Aufnahme von Proletariern in die Austrittsbewegung gab einem tiefen Einschnitt ins Kulturverständnis der Gebildeten Ausdruck, sollte doch bis dahin in den Augen vieler dem Volke die Religion erhalten bleiben. Nun hieß die Losung „Massenstreik gegen die Staatskirche". Die Bewegung bekam eine radikale Dimension, die selbst reformbereite Theologen, die jeden Schritt aufmerksam verfolgten und genau die Zahlen der Austritte registrierten, erschreckte.[402] Sie forderten nun ihrerseits eine Extrasteuer für Konfessionslose, da diese sich an den gemeinnützigen Leistungen der Kirche bereichern würden.[403]

Die Haltung der Dissidenten zu einem Leben ohne Kirche war nicht einheitlich. Die Mitglieder des etwa 200 Personen umfassenden *Bundes für persönliche Religion* (Kassel), 1901 entstanden, pflegten eine private religiöse Erbauung auf familiärer Basis. Den Bund leitete der Arzt Hermann Hadlich, der auch den Anschluß an das *Weimarer Kartell* herstellte. In Berlin entstand eine *Armee des Einen*, eine monistische Vereinigung, die aus einem anarchistischem und theosophischem Verständnis heraus die geistige Elite für sich gewinnen wollte. Ihr Publikationsorgan nannte sie 1912/13 *Der gerade Weg*. Sie sollte eine *Zeitschrift für alle Menschen* sein. Im Titel

---

400 Otto Lehmann-Russbüldt: Die Trennung von Kirche und Staat erzwungen durch Austritt aus der Landeskirche. 2. Aufl., Berlin 1911, S.15. – Der Verlag Lehmann in Schmargendorf trat offiziell als *Verlag des Comite Confessionslos* auf.
401 Lehmann-Rußbüldt: Trennung, S.15. – Vgl. Otto Lehmann-Rußbüldt: Der geistige Befreiungskrieg durch Kirchenaustritt. 3. u. 4. Aufl. v. „Trennung von Kirche und Staat, erzwungen durch Kirchenaustritt". Berlin 1913 (u. NFV).
402 Vgl. Magnus Kirchner: Der organisierte Kirchenaustritt. In: CW 28(1914)8, Sp.183-187; 9, Sp.203-208; 14, Sp.318-321; 15, Sp.346-349; 17, Sp.395-398; 18, Sp.414-416; 20, 471-474.
403 Vgl. Adolf Mayer: Steuerbegünstigung der Konfessionslosen. In: CW 28(1914)4, Sp.87-89.

war der Vorwurf enthalten, das wichtigste Blatt der Bewegung, *Der Weg*, sei auf die schiefe Bahn gekommen. Die Kritik richtete sich an den Sozialdemokraten Georg Zepler, der das vom ihm 1909 gegründete Journal *Der Demokrat*, das sich als *Zeitschrift für freiheitliche Politik und Literatur* verstand, Anfang September 1911 in *Der Weg* umbenannte, wobei im Untertitel aus „Literatur" „Kultur" wurde.[404] Schon seit Februar erschienen darin die *Mitteilungen des Komitees Konfessionslos, erstattet vom Schriftführer Otto Lehmann-Russbüldt*. Jeder Lieferung wurde der gleiche Aufruf vorangestellt: „Das Komitee ‚Konfessionslos' will den 200 000 [im November 1912: 220 000, H.G.] Dissidenten und Konfessionslosen Deutschlands die volle Geltung ihrer bürgerlichen Rechte erkämpfen helfen. Wer mit dem Dogma der Kirche verfallen ist, ihr aber noch äußerlich angehört, wende sich an das Komitee." Sein Tun nennt das Komitee ausdrücklich „Kulturpolitik" und requirierte damit den Begriff für die Konfessionslosen, wie *Die Christliche Welt* kritisch feststellte.[405] Der Arzt Georg Zepler war ein ungemein rühriger Kempe in diesem Streit. Er rief 1913 in Berlin den *Bund der Konfessionslosen* ins Leben, der dem *Weimarer Kartell* nicht beitrat.[406] Zepler leitete dessen Arbeit und führte im *Komitee Konfessionslos* die Kasse.[407] Neben Zepler betrieb vor allem der Verleger Friedrich Ernst Schulz das Hauptanliegen dieses Bundes, nämlich die politische Organisation aller Konfessionslosen und konsequenten Kirchengegner.

Rückblickend stellte der Berliner Pfarrer Bruno Violet 1914 fest, daß das *Komitee Konfessionslos* und der *Deutsche Monistenbund* in der Kirchenaustrittsfrage neue Maßstäbe setzten. Die ethische Kulturgesellschaft unter Penzig und den Foersters sei „viel zu vornehm individualistisch, um an einer eigentlichen Austrittsbewegung der Massen Geschmack finden zu können".[408] Erst „seit 1906 überwiegen ... die Austritte ... zur vollen Religionslosigkeit".[409] Bei seiner Gründung verwies das Komitee auf die offizielle Statistik mit etwa 250 000 „Dissidenten". Denen standen allerdings noch immer 40 Millionen Mitglieder allein in den evangelischen Landeskirchen

---

404 Vgl. Der Weg. Freiheitliche Zeitschrift für Politik und Kultur. Hg. u. Schriftl.: Georg Zepler, Charlottenburg 4(1912) – 6(1914).
405 Vgl. Magnus Kirchner: Vom Komitee „Konfessionslos". In: CW 26(1912)48, Sp.1146-1152.
406 1920 änderte die Organisation ihren Namen in *Bund der Atheisten*.
407 Mitte der neunziger Jahre warnte Zepler die Sozialdemokratie vor dem „taktischen Fehler", in das freidenkerische „rücksichtslose und unbedachte Ankämpfen gegen jeden Glauben" einzustimmen. „Jedenfalls ist der Atheismus für die Sozialdemokratie ein Werth von sehr schwankendem Kurs." – Vgl. Georg Zepler: Atheismus, Christentum, Sozialdemokratie. In: DsA 2(1896)2, S.90.
408 Bruno Violet: Die Kirchenaustrittsbewegung. Berlin 1914, S.3. – Die Schrift erschien in 95 000 Exemplaren.
409 Violet: Kirchenaustrittsbewegung, S.5, Anm.

gegenüber. Zwar gelangen in Berlin am 28. Oktober 1912 und in einigen anderen Großstädten spektakuläre „Massenaustritte", doch kam es zu keiner massenhaften Flucht aus der Kirchenmitgliedschaft. Das Amtsgericht Berlin-Mitte – so Violet – habe 1913 an die 9 000 Austritte verzeichnet, davon nur 300 Katholiken, aber auch 60 Juden. Vor allem traten nur wenige Enthusiasten in das Komitee ein, so daß diesem das Geld ausging.

Der „Massenstreik gegen die Staatskirche", von Wilhelm Ostwald und Karl Liebknecht am 28.10.1913 auf einer Kundgebung in der Berliner Hasenheide noch einmal öffentlich bekräftigt, war bereits vor dem Kriegsausbruch gescheitert. Zwar legte das Komitee am 18. Mai 1913 eine Statistik zum Kirchenbesuch in Berlin vor und konnte den enorm rückläufigen Kirchgang belegen[410], doch sahen viele passive oder ungläubig gewordene Christen keine zwingenden Gründe, nun gleich organisierter „Dissident" zu werden und den staatlichen Behörden negativ aufzufallen. Inwiefern die zunehmenden Kirchenaustritte zwischen 1906 und 1915 überhaupt auf Agitationen des *Komitees Konfessionslos* beruhen, ist bis heute umstritten und nur aus unzureichenden Zahlenvergleichen zu schließen. Sicher ist Violets Schuldzuweisung an den „Terrorismus" der Sozialdemokratie übertrieben. Doch sah er darin nicht den einzigen Grund für die zunehmende „Unkirchlichkeit". In der modernen „Oberflächenkultur" gäbe es zu viele überfüllte Renn- und Flugplätze, aber fatalerweise leere Kirchen.[411]

Der eigentliche soziale und politische Effekt des Komitees lag weniger in den Kündigungen der Kirchenmitgliedschaft. Es wurde vielmehr „freidenkerisches Wirken für die meisten Zeitgenossen zum erstenmal öffentlich"[412] – und zwar als sozialdemokratische Unternehmung. Die Gegenpropaganda beharrte auf der sozialistischen Unterwanderung. Tatsächlich setzten sich mit der Zeit prominente Sozialdemokraten wie Hoffmann, Peus und Vogtherr an die Spitze. Ganz Linke, wie der Rechtsanwalt Karl Liebknecht und der Redakteur Walter Oehme, sahen im Komitee sowieso nur eine Agitationstruppe für ihre sozialistischen Ziele.[413] Mit ihrer Haltung provozierten sie zwei folgenreiche politische Entscheidungen, die eine in der Sozialdemokratie, die andere bei Reformtheologen. Urheber war der christliche Sozialdemokrat Paul Göhre. Er meinte 1908 in einem Aufsatz über *Religiöse Werte im Sozialismus*[414], daß

---

410 Vgl. Handbuch, S.19.
411 Vgl. Violet: Kirchenaustrittsbewegung, S.14-17, 29/30.
412 Kaiser: Arbeiterbewegung, S.30.
413 Vgl. Walter Oehme: Die Verleugnung des Erfurter Programms durch die Sozialdemokratie in der Frage des Kirchenaustritts. Frankfurt a. M. 1913 (NFV). – Vgl. Kaiser: Arbeiterbewegung, S.31, 35f. – Vgl. Karl Liebknecht: Heraus aus der preußischen Staatskirche! In: Ges. Reden u. Schriften. Bd.VI, Berlin 1965, S.397.
414 Vgl. Paul Göhre: Religiöse Werte im Sozialismus. In: Dokumente des Fortschritts, Internationale Revue. Berlin 1(1907/08)4.

es ihm lieber sei, alle Religionslosen würden die Kirche verlassen, dafür alle religiösen Sozialisten in der Kirche aktiv werden. Damit versprach er den Christen in der Sozialdemokratie eine geistige Heimat, die sie in der Folge annahmen. Darüber kam es 1914 zu einem Streit mit Martin Rade, denn Göhres Aufforderung an die religiösen Sozialisten erforderte umgekehrt eine positive Einstellung der Kirche zu ihnen.[415] Bis dahin bekam in der Kirche Probleme, wer sich sozialdemokratisch betätigte. Rade deutete eine Öffnung an: „Hat die Liebknechtsche Losung zur Folge, daß die Religionslosen austreten, dann wollen wir Liebknecht danken. ... Gott kanns auch ohne sie machen."[416]

Bündnisse vor Ort: Kulturkartelle

In drei deutschen Großstädten, in München, Berlin und Frankfurt a. M., gründeten Dissidenten örtliche Organisationen des *Weimarer Kartells*. Sie bildeten regionale Zusammenschlüsse nach dem Muster der Zentrale. In München und Frankfurt a. M. gelang es sogar, die freireligiösen Gemeinden einzubeziehen, obwohl deren Dachorganisationen dem großen Kartell nicht angehörten. Als erste der örtlichen Organisationen des *Weimarer Kartells* entstand im Juni 1907, auf Vorschlag von Max Rieß, das *Kartell der freiheitlichen Vereine in München*, zu dem (Stand 1914) die Monisten (Vorsitz: Unold), Ethiker (Vorsitz: Ohr), Freireligiösen (Vorsitz: Cramer) und Jungdeutschen (Vorsitz: C. Reichard) gehörten und in dem besonders Ernst Horneffer und Max Maurenbrecher (1874-1930) hervortraten. Es wurde von dem zunächst freireligiösen und dann freidenkerischen Dissidenten Justus Cramer geleitet. Der aus Mannheim stammende Prediger und Monist Maurenbrecher, damals kurzzeitig Sozialdemokrat, war aus dem nationalsozialen Lager zu den Freireligiösen gestoßen und spielte später eine Schlüsselrolle in der frühen kulturellen Positionsbestimmung des Nationalsozialismus.[417] Geschäftsführer des Münchner Kartells war der Bankier Max Krämer, der aus der ethischen Bewegung kam. Höhepunkt für München war der „Kulturtag" am 14. März 1907, an dem auch süddeutsche und österreichische Gesinnungsfreunde teilnahmen.[418] So sehr der Kirchenaustritt bei dieser Veranstaltung im Vordergrund stand, wichtiger war die Selbstdarstellung der freiheitlichen Vereine als Glieder einer großen Kulturbewegung der

---
415 (Paul) Göhre: Meine „Losung" zur Kirchenaustrittsbewegung, 2. In: CW 28(1914)5, S.110-112.
416 (Martin) R(ade): Göhres Losung. In: CW 28 (1914)10, S.227. – Vorher anders in: Ders.: Die Liebknechtsche Losung. In: CW 27(1913)46, Sp.1087-1089.
417 Vgl. 6. Kap.
418 Vgl. Ernst Horneffer: Stehen wir vor einem neuen Kulturkampf? Rede, geh. i. e. Volksversammlung im Münchener Kindl-Keller am 14.III.1910, Leipzig 1910.

Dissidenten. „Die dem Kartell angehörenden Vereine wollen nicht den alten übelberüchtigten Kulturkampf der 70er Jahre erneuern. Sie wollten den großen Schöpfungen der Kirche ihren eigenen schaffenden Ernst entgegensetzen. Auf ihrer Fahne stehe geschrieben ... ‚Kulturarbeit‘!"[419] Der Kulturtag beendete eine zweitägige Konferenz, aus der das *Süddeutsche Kartell* hervorging, das sich in einer öffentlichen Versammlung über Moralunterricht vorstellte.[420]

Das Münchner Ortskartell erreichte eine Mitgliederzahl von 1100 Personen. Weil die Münchener in der Weinstraße 81 im Stadtzentrum ein eigenes Kartellheim unterhielten (erst betrieben sie ein etwas außerhalb gelegenes Büro), glückte ihnen sogar die Einrichtung einer eigenen Bibliothek, die Abhaltung *Freier wissenschaftlicher Kurse* (noch auf Initiative von Max Rieß), die Veranstaltung von Diskussionsabenden, die Durchführung eines konfessionslosen Jugendunterrichts[421] sowie von „Sonntagsfeiern für freie Menschen" (alle vierzehn Tage, nach den Berichten gut besucht). Schon über zwei Jahre veranstalte das Münchener Kartell, schrieb Julie Ohr, die Frau des Münchener Vorsitzenden der ethischen Gesellschaft Dr. Wilhelm Ohr[422], regelmäßig gesellige Sonntagnachmittage, zu denen „nette, anständige Menschen" kämen. Angestellte, Schneiderinnen, Putzmacherinnen, Kinderfräulein und Hausdamen fänden sich zum Häkeln und Plaudern im Konferenzraum zusammen. „Wir konnten unsere Dienstboten nicht in einer unfeinen Gegend mit Wirtshäusern und Tanzböden versammeln."[423] Für diese Sonntagsvorträge war Ernst Horneffer zuständig.[424] Sie wurden mit Musik unterlegt und Horneffer hielt gewöhnlich die Ansprache. Die Feiern blieben ein ewiger Streitpunkt. „Wie sehr dieser in München an der Hand praktischer Erfahrungen sich kundgebende Mangel [an Angeboten für das Gemüts- und Gefühlsleben, H.G.] damals in allen deutschen Monistenkreisen von sich reden machte, zeigt die Tatsache, daß die ‚Kultfrage‘ in den

---

419 5 Jahre deutscher Monistenbund, S.21.
420 Vgl. 5 Jahre deutscher Monistenbund, S.38.
421 Vgl. Ernst Horneffer: Konfessionsloser Moralunterricht der freireligiösen Gemeinde in München. Jena 1911.
422 Wilhelm Ohr unterstützte Max Rieß und versuchte mit Hilfe von dessen *Jungdeutschem Kulturbund München* Einfluß in der Studentenschaft zu erlangen. Seiner Wirkung auf die spätere *Freideutsche Jugend* wäre nachzugehen. Vgl. Wilhelm Ohr: Vom Kampf der Jugend. München 1911. – Ders.: Zur Erneuerung des deutschen Studententums. München 1908. – Marie Ohr war in Pirmasens für den Mutterschutzbund tätig. Dr. Hermann Ohr war in Heppenheim Obmann des *Komitees Konfessionslos* und von dort aus für den *Verband deutschkatholischer und freireligiöser Gemeinden* tätig. Vgl. Hermann Ohr: Zur Sammlung in freireligiösen Gemeinden. Frankfurt a. M. 1912 (NFV).
423 Julie Ohr: Wie verschaffen wir unseren Dienstboten einen vergnügten Sonntagnachmittag? In: EK 20(1912)22, S.173/174.
424 Vgl. Ernst Horneffer: Das Kartell der Freiheitlichen Vereine zu München. Bericht 1908-1911. München 1912, S.2. – Vgl. 4.Kap.

Blättern des Deutschen Monistenbundes in der ganzen folgenden Zeit eine ständige Rubrik bildete."[425]

Ähnlich funktionierte das *Kartell der freigeistigen Vereine Frankfurt a. M.*, das im Dezember 1909 aus dem gemeinsamen Bedürfnis entstand, das Handeln der freigeistigen Ortsvereine praktisch zu koordinieren. Deshalb delegierten die kartellierenden drei Gemeinschaften je ein Vorstandsmitglied in einen gemeinsamen Rat, in dem sie sich die Arbeit teilten: in einen Bereich „Ordnung des Vortragswesens"; einen Sektor, der sich „um bedeutendere Veranstaltungen" wie „Sonnwendfeiern größern Stils, Gedenkfeiern zu Ehren freiheitlicher Geistesheroen u. dgl." kümmerte; und in ein Aufgabengebiet, das gemeinsames Auftreten „bei gegebenen Anlässen" zu organisieren hatte.[426] Die Leitung der etwa 3 800 Einzelmitglieder am Ort übernahmen Ernst Hochstaedter für die *Deutsch-katholische (freireligiöse) Gemeinde*, Ernst Homberger für die *Freidenker Vereinigung (Mitglied des Deutschen Monistenbundes)* und Max Henning für die *Deutsche Gesellschaft für ethische Kultur*.

Die größte örtliche Organisation stellte das *Kultur-Kartell Groß-Berlin*, jedoch nur zahlenmäßig. Dem am 12. Mai 1909 gegründeten Unternehmen gehörten dreißig Vereine an. Es handelte sich dabei aber eher um den Leserkreis für ein Informationsblatt, das, außer ständig die Satzung zu publizieren, lediglich Wochen- bzw. Monatsprogramme veröffentlichte. Denn alle angeschlossenen Vereine waren eifersüchtig darauf bedacht, ihre Eigenständigkeit zu sichern. So hatten sich auch nur drei Organisationen kartellieren lassen: die *Deutsche Gesellschaft für Ethische Kultur, Abteilung Berlin*; der *Deutsche Bund für weltliche Schule und Moralunterricht*; der *Deutsche Monistenbund, Ortsgruppe Berlin*. Die ersten beiden führte Penzig, der auch den Vorsitz im *Kultur-Kartell Groß-Berlin* wahrnahm. Als Schriftführer fungierte Karl Hesse. Beide waren zwar führende Freidenker, fanden aber nicht das Ohr der Linken. Diese sammelten sich bei den Berliner Freireligiösen um Adolph Hoffmann. So blieb das *Kultur-Kartell Groß-Berlin* eine Informationsbörse und versäumte seine Potenz zu einem Kristallisationspunkt der hauptstädtischen Freidenkerei. Es konnte diese Funktion nicht wahrnehmen, weil in Berlin die Sozialdemokratisierung der Freidenkerei bereits weit fortgeschritten war und bürgerliche Kräfte in den Hintergrund drängten.

---

425 5 Jahre deutscher Monistenbund, S.30. – Vgl. Blätter des Deutschen Monistenbundes. München 3(1908)-5(1909). – Die Rubrik „Kultfrage" wird unter Ostwald in den MJ umbenannt in „Monistische Kulturarbeit", woraus dieser Begriff eine entsprechende Konnotation tradierte.
426 Handbuch, S.97/98.

Sozialdemokraten in der Freidenkerei

Religion als „Opium des Volks"

Gegen Ende der neunziger Jahre kam es in den freireligiösen Gemeinden zu einem sozialen Übergewicht von Gesellen und Industriearbeitern, von denen viele Sozialdemokraten waren. Etwa ein Jahrzehnt später legte die Tätigkeit des *Komitees Konfessionslos* den gewachsenen Einfluß auf dissidentische Organisationen offen. Mit diesen Vorgängen gerieten die Kirchenpolitik der SPD und das religiöse Denken ihrer Mitglieder stärker als vorher ins Blickfeld der bürgerlichen Freigeister wie kirchlicher Amtsträger. Dabei wurden mit großen Vorbehalten die materialistischen Denkansätze zur Kenntnis genommen und kritisiert. Über diesen Umweg gelangten schließlich Äußerungen von Marx und Engels über Religion, soweit sie damals überhaupt zugänglich waren, in die freidenkerische Kulturbewegung der Dissidenten.

Die sozialdemokratische Rezeption des Marxschen Denken über Religion wurde vor allem von der marxistischen Distanz zur spekulativen Philosophie und einer überbetonten Erkenntnistheorie geprägt. Als theoretische Folge ergab sich daraus ein Ausbau des „historischen Materialismus" und politisch die Übernahme der These vom weltanschaulich neutralen Staat. Dabei stützte sich das sozialdemokratische Freidenkertum weitgehend auf Marx' Begründung der Religion als „Opium des Volks". Es dominierte indes die falsch kolportierte Lesart, bei der Religion handle es sich um „Opium für das Volk". Diese Version implizierte, daß die Kirchen geistige Unterdrückungseinrichtungen sind, die mit Religion bewußt das Volk verdummen, um die Macht von Thron, Altar und Kapital zu sichern. Die Kirche stehe „im Dienste des Unternehmerthums"[427], schrieb Richard Calwer. Aber auch die moderne Freimaurerei sah man in der Regel nur als ein Mittel der Bourgeoisie im organisierten Kampf gegen die Sozialdemokratie, wie Johannes Sassenbach Mitte der Neunziger vorgab, immerhin der führende Bildungs- und Kulturexperte der deutschen Gewerkschaftsbewegung.[428]

---

427 Vgl. Richard Calwer: Die Kirche im Dienste des Unternehmerthums. Eine Streitschrift gegen den christlich-sozialen Arbeiterfang. Berlin 1899, S.32. – Calwers anklagende Schrift richtete sich gegen den Sieger im Wettbewerb um eine christliche Lehrsatzsammlung für Arbeiter (vgl. Calwer: Arbeiter-Katechismus), den der Pfarrer E. Gräbenteich in Hohenkirchen gewonnen hatte. – Vgl. E. Gräbenteich: Arbeiter-Katechismus für deutsche evangelische Arbeiter. Preisgekrönte Schrift. Mönchengladbach 1898. – Calwer war einer der wichtigsten sozialdemokratischen Parteitheoretiker. Vgl. Ders.: Einführung in den Socialismus. Leipzig 1896. – Ders.: Das sozialdemokratische Programm. Jena 1914.
428 Vgl. Johannes Sassenbach: Die Freimaurerei. Ihre Geschichte, Thätigkeit und innere Einrichtung. Berlin 1898 (8. Aufl. 1909). – Ders.: Die heilige Inquisition. Ein Beitrag zur Geschichte der christlichen Religion. Berlin 1893.

Marx meinte dagegen gerade nicht, die Herrschenden würden das Volk absichtlich mit Religion wie mit Alkohol oder Opium trunken machen. Mit dem Bild vom „Opium des Volks" griff Marx in einen philosophischen und sozialen Streit seiner Zeit ein, in dem der Spruch von den Junghegelianern geprägt wurde, denen er zu dieser Zeit angehörte.[429] Sie richteten ihre grundsätzliche Kritik, Religion sei ein Narkotikum, gegen den späteren Hofprediger von Friedrich Wilhelm IV. (seit 1853) Friedrich Wilhelm Krummacher (geb. 1796). Er repräsentierte den sogenannten Wuppertaler Spätpietismus und versuchte in den Vierzigern mit „narkotischen Predigten" (so Goethe schon 1828) gegen den „gottlosen Aufkläricht", wie er wiederholt betonte, herzuziehen, um neue Gläubigkeit zu erwecken. Bereits Friedrich Engels berichtete 1839 in seinen *Briefen aus dem Wuppertal* von der Religion und dem Branntwein als den gängigen Rauschmitteln. Das Adjektiv „opiumartig" kam dann 1841 erstmals bei Bruno Bauer vor, während Moses Heß 1843 von Opium, Religion und Branntwein in einem Atemzuge sprach.[430]

Die Konjunktur des Wortes „Opium" hing ursächlich mit den damals breit diskutierten sozialen Vorgängen in China und England zusammen. Damals kam in Europa mit dem Schlafmohn ein neues Rauschmittel in Gebrauch, und zwar im Zuge des ersten Opiumkrieges der Engländer in China 1841-1843. Er wurde mit dem sogenannten Zusatzprotokoll beendet. Ein zweiter Krieg folgte 1856-1860. In Deutschland, wo bisher der Vergleich mit einer einheimischen Droge überwog (Religion wirke wie Alkohol), verstärkte der Bezug auf das neue geheimnisvolle Wundermittel die agitatorische Wirkung, zumal der Stoff in England gerade Mode wurde. Dabei spielte schon eine Rolle, daß man ihn absichtlich verabreichte – im Krieg wie in der Medizin. Marx gebrauchte das Opium-Bild eher in einem umgekehrten Sinn. Eine Kultur löse sich auf und das Volk greife in auswegloser Lage selbst nach Rauschmitteln. Religion sei „Opium des Volks" in einem mehrfachen Sinne: „Protestation gegen das wirkliche Elend" („Kritik des Jammertales"), „Seufzer der bedrängten Kreatur", „Gemüt einer herzlosen Welt", „Geist geistloser Zustände", illusorisches Glück des Volkes. Er benutzte dann noch weitere Begriffe, um Religion als ideologisches und historisches Phänomen zu würdigen wie die „allgemeine Theorie dieser Welt, ihr enzyklopädisches Kompendium, ihr spiritualistischer Point-d'honneur [Ehrenpunkt, H.G.], ihr Enthusiasmus, ihre moralische Sanktion, ihre feier-

---

429 Die Ausführungen zur Geschichte der Losung stützen sich auf Reinhard Seeger: Herkunft und Bedeutung des Schlagwortes „Die Religion ist Opium für das Volk". Halle 1935 (Theologische Arbeiten zur Bibel-, Kirchen- und Geistesgeschichte, 3). Seeger transportiert das falsche Zitat ebenso unkritisch wie neuerdings Oswald Eggenberger: Die Kirchen, Sondergruppen und religiösen Vereinigungen. E. Handbuch, 5. Aufl., Zürich 1990, S.209.
430 Vgl. Seeger: Herkunft, S.27, 32, 38-41.

liche Ergänzung, ihr allgemeiner Trost- und Rechtfertigungsgrund". Sie sei „geistiges Aroma", „Selbstbewußtsein" und „Selbstgefühl", „phantastische Verwirklichung des menschlichen Wesens" sowie „Heiligenschein".[431]

Alle diese Bezeichnungen verdeutlichen kulturelle Fragestellungen, denen Marx auf der Spur war und die in der späteren Diskussion gerade in der Freidenkerbewegung nicht wieder in dieser Breite aufgegriffen wurden, mit Ausnahme von Otto Rühle in den zwanziger Jahren, der, nach einer Ergänzung des ökonomischen Marxismus suchend, auf Ellen Key (1849-1929), Franz Müller-Lyer und andere kulturphilosophische Gedanken der Dissidenten zurückgriff. Rühle trat aber erst seit der Revolutionszeit 1918/19 als Mitbegründer der KPD und ganz links außen stehender Freidenker führend hervor. Vor 1914 war er als sozialdemokratischer Bildungspolitiker und Wanderredner sowie in sächsischen Freidenkerzirkeln aktiv, so mit Vorträgen über geschlechtliche Erziehung der Kinder.[432] Doch war auch Rühles Sicht genauso einseitig wie die von den ausschließlich naturwissenschaftlich argumentierenden Freidenkern. Beide Richtungen boten historische Enthüllungen über das Christentum im Verbund mit deduktiven Utopien an. Soziologisch-empirische Befunde standen dagegen ebensowenig hoch im Kurs wie völkerkundliche oder vergleichende Religionsuntersuchungen. So ist schon auffällig, wie wenig Resonanz die damaligen religionsethnologischen Studien von Friedrich Ratzel (1844-1904)[433] oder die Kulturkreistheorie von Leo Frobenius (1873-1938)[434] in den freigeistigen Diskursen fanden, obwohl sie Thesen anboten, wie religiöse Deutungssysteme entstehen, wie relativ selbständig lebensbezogene Wertmuster fortleben und wie sich Kultur als geistige, symbolische und alltagsverhaftete Selbst- und Fremddefinition bildet.

Innerhalb der Sozialdemokratie interessierte vor 1914 die Freidenkerei weniger als kulturpolitisch-antikirchliche Bewegung, denn als Sammelbekken von Leuten, die sich den gleichen theoretischen Fragen zuwandten, die eigentlich vom Marxismus zu lösen wären und deren Klärung der deutschen

---

431 Karl Marx: Zur Kritik der Hegelschen Rechtsphilosophie (1844). In: MEW Bd.1, Berlin 1956, S.378/79.
432 Vgl. Horst Groschopp: Utopie vom „neuen Menschen". Eine biographisch-bibliographische Studie über Otto Rühle als Kulturwissenschaftler. In: Weimarer Beiträge, Berlin 33(1987)12, S.1953-1970. – Ders.: Otto Rühle. Zum Arbeiterbild in der ultralinken deutschen Arbeiterbewegung der zwanziger Jahre. In: Arbeiter im 20. Jahrhundert. Hg. v. Klaus Tenfelde, Stuttgart 1990, S.301-322. – Erwin Dorn u. Horst Groschopp: Otto Rühle: Leben und Werk. In: MKF Nr. 30, Berlin 1992, S.282-320.
433 Vgl. Friedrich Ratzel: Völkerkunde. 2 Bände, Leipzig 1886. – Ratzel gilt darüber hinaus als Begründer der modernen Lebensraumtheorie, der Heimatkunde und der politischen Geographie.
434 Vgl. Leo Frobenius: Der Ursprung der Kultur. 1.Bd.: Der Ursprung der afrikanischen Kulturen. Berlin 1898. – Ders.: Die Weltanschauung der Naturvölker. Weimar 1898 (Beiträge zur Volks- und Völkerkunde, 6).

Arbeiterpartei vom Schicksal der Geschichte auferlegt schien. Ihre führenden Köpfe packten das Religionsproblem, die Haltung zum Christentum, zum Darwinismus, zum ethischen Sozialismus usw. vor allem als erkenntnistheoretisches und historisches Phänomen[435], nicht als soziologisches oder kulturelles, schon gar nicht politisches Feld – denn Religion würde sowieso bald „absterben". Sie rückten in ihren Arbeiten demzufolge den Beweis in den Mittelpunkt, daß der „historische Materialismus" als Methode in der Lage sei, die Entstehung des Christentums zu deuten. Die Theoretiker der Arbeiterbewegung ergänzten dabei die vorliegenden religionswissenschaftlichen und historischen Befunde der bürgerlichen Fachwelt vor allem mit sozialökonomischen Erwägungen. Sie erklärten den Mißbrauch des Christentums und der Theologie als Machtfaktoren in den Klassenkämpfen der Vergangenheit, hoben aber auch hervor, in direkter Anknüpfung an die aktuellen Debatten über die *Christusmythe* und unter Berufung auf Friedrich Engels[436], daß in der Geschichte des Christentums Vorläufer des neueren Sozialismus ebenso zu finden seien wie das Christentum das Beispiel einer geschichtsmächtigen Bewegung gäbe, auf das der Sozialismus folge. So sind die Schriften von Franz Mehring[437] und Karl Kautsky[438] zur Geschichte des Christentum durchaus auf der wissenschaftlichen Höhe der Zeit, sehr informiert, grundsätzlich und lehrreich. Die meisten sozialdemokratischen Theoretiker und Politiker sparten aktuelle Folgerungen für eine sozialdemokratische Kirchenpolitik weitgehend aus. Der ganze Komplex Kirche-Religion-Staat-Arbeiterschaft schien ihnen historisch wie theoretisch grundsätzlich durch den Marxismus erledigt und als Kulturproblem nicht weiter bedeutsam. Das Christentum wie jede andere Religion sei auf Dauer nicht mehr in der Lage, die Massen zu ergreifen. Dazu sei nur noch der wissenschaftlich begründete Sozialismus fähig. Diese selbstgewisse Grundposition sonderte trotz personeller und (weniger stark) weltanschaulicher Öffnung der Partei nahezu alle Vorschläge aus, der Sozialdemokratie eine stärker kulturelle Begründung zu geben.

---

435 Vgl. Franz Lütgenau: Natürliche und Soziale Religion. Berlin 1894 (IB, 19). – Bei der wohlwollenden Besprechung dieses Buches in der *Christlichen Welt* hob der Rezensent hervor, daß dieses Werk „die Anschauungen des größten Teils der führenden Sozialdemokraten wiedergibt". Vgl. CW 9(1895)15, Sp.351. – Siehe dazu Hans-Josef Steinberg: Sozialismus und deutsche Sozialdemokratie. Zur Ideologie der Partei vor dem I. Weltkrieg. Hannover 1967, S.43-59, 96-106.
436 Vgl. Friedrich Engels: Zur Geschichte des Urchristentums. In: MEW Bd.22, Berlin 1963, S.447-473 (zuerst 1894 in: Die Neue Zeit; im folgenden NZ).
437 Vgl. Franz Mehring: Moderne Evangelienkritik; Der Ursprung des Christentums; Christentum und Sozialdemokratie; Proletariat und Religion; Kirche und Sozialdemokratie. In: Ders., Gesammelte Schriften, Bd.13, Berlin 1961, S.249-269; 270-286; 443-448; 449-452; 453-456.
438 Vgl. Karl Kautsky: Der Ursprung des Christentums. Eine historische Untersuchung. Berlin 1908. – Ders.: Vorläufer des neueren Sozialismus. 2. Aufl., Stuttgart 1909.

Diese Haltung hatte ihre eigene Geschichte. Gegen Ende des Sozialistengesetzes und nach seinem Auslaufen 1890 kam es zu einer Diskussion zwischen Bruno Wille, der damals der Partei angehörte, und einem anonymen Kontrahenten „§" in der *Sächsischen Arbeiterzeitung*. Wille meinte, ein Sozialdemokrat müsse „nicht blos auf dem Gebiete der Nationalökonomie und Politik, sondern noch auf anderen Geistesgebieten seine Eigenart" zeigen. So könne „kein richtiger Genosse sein, wer die Romane der Marlitt liebt und dergleichen Bürgerspeise" oder wer nicht die Kirche als „Herrschaftsmittel der oberen Klassen" abstreift.[439] Die Gegenposition brachte zwei Argumente vor, die in der Folge in verschiedenen Variationen herangezogen wurden. *Erstens* sei die Religion „für die Arbeiter überhaupt schon eine längst überwundene Sache" und *zweitens* seien die Arbeiter „politisch völlig unaufgeklärt".[440] Aus diesen zwei Gründen solle sich die Partei nicht verzetteln, denn, jetzt folgt ein auch künftig beliebtes Argument gegen die Akademiker in der Sozialdemokratie, auf „jeden Fall ... wird durch philosophische Tifteleien die frische Energie und Thatkraft gelähmt". Mit „demselben Recht, mit dem man sie [die Arbeiterklasse, H.G.] zum Anschluß an die ‚Freireligiösen' auffordert, kann man von ihr auch verlangen, daß sie sich für Homöopathie, Wasserkuren, Thierschutzvereine, Vegetarianismus, Friedensliga, Stirpikultur, internationale Skatgesetzgebung und ähnlich schöne Sachen begeistert. Wir sind eine politisch-soziale Partei und haben als solche unsere Pflicht zu thun, und weiter nichts."[441]

Als zehn Jahre später der Arzt und Philosoph Ludwig Woltmann (1871-1907), der schon als Student in Freiburg der dortigen Abteilung der ethischen Kulturgesellschaft beigetreten war und 1894 Vorträge über Marx' Geschichtstheorie hielt, allen Ernstes forderte, die Sozialdemokratie solle, um wirklich eine „soziale Volksbewegung" zu werden, sich selbst zur Trägerin des religiösen Fortschritts erklären, erfuhr auch diese Position eine Abfuhr. Woltmanns Kernmitteilung, das rein wissenschaftliche Programm der Arbeiterbewegung sei zu rein politisch und deshalb zu kalt[442], blieb allerdings weitgehend unerörtert. Damit verwies Woltmann auf das Fehlen einer Kul-

---

439 Bruno Wille: Universale Sozialdemokratie. In: SAZ Nr. 86, 1890. Zit. nach: Die Sozialdemokratie und die freien Gemeinden, Seperat-Abdruck aus der „Sächsischen Arbeiterzeitung", hg. v. der Ethischen Gesellschaft Berlin, Berlin 1890, S.17, 19. – Eine der ersten sozialdemokratischen Äußerungen zu den freien Gemeinden stammte aus der Feder eines schweizerischen Sozialdemokraten, vgl. Hermann Greulich: Die freien religiösen Gemeinden und die Social-Demokratie. Heidelberg 1877.
440 §: Die freien Gemeinden. In: SAZ Nr. 80, 1890. Zit. nach: Die Sozialdemokratie und die freien Gemeinden, S.12.
441 §: Die Sozialdemokratie und die freien Gemeinden. In: SAZ Nr. 74, 1890. Zit. nach: Die Sozialdemokratie und die freien Gemeinden, S.5, 3.
442 Vgl. Ludwig Woltmann: Die Stellung der Sozialdemokratie zur Religion. Eisenach, Leipzig 1902, S.31/32 (zuerst Eisenach, Coburg 1901).

turtheorie und sozialistischen Kulturauffassung. Er reduzierte das Problem aber auf deren populäre, massenwirksame Seite und arbeitete in seiner Dissertation 1896 die angeblich genetische Seite der Ethik[443] und in späteren Schriften die biologische Basis des Sozialismus heraus.[444] Als noch problematischer erwies sich Woltmanns Vorschlag, wie diese Lücke zu schließen wäre, nämlich durch Verschmelzung von Darwinismus und Sozialismus[445] (woraus dann sein Schwenk zum Rassismus folgte).

Der zeitweise Einfluß solcher Ansichten in der Sozialdemokratie erklärt sich unter anderem daraus, daß sich nur wenige in der Partei, voran die sozialdemokratischen Freidenker, der „Sinn"-Problematik annahmen, diese aber entweder einseitig als Religionskritik abhandelten oder zeitgenössischen Modephilosophien anhingen. Daraus wuchsen dann in aller Regel eklektizistische und appellative Vereinfachungen der Glaubensproblematik, die nicht zuletzt gerade wegen dieser Banalitäten populär wurden. Auch Arbeiter sollten die schwierige Materie verstehen. Ein Beispiel dafür ist das Werk des promovierten Philosophen, Düsseldorfer Oberlehrers und dortigen Freigemeindlers Rudolf Peters. Im sozialdemokratischen *Dietz-Verlag* publizierte er 1896 ein umfangreiches philosophisches Opus mit dem Titel *Der Glaube an die Menschheit*. Anhand vieler gelehrter, nichtsdestotrotz subjektivistischer Verweise auf nahezu alle bekannten großen Denker in der Geschichte, wollte er die Sozialdemokratie von dem Vorwurf freisprechen, sie habe keinen Idealismus. Dabei verwies er zwar berechtigt auf eine fehlende Reverenz des damaligen Marxismus gegenüber dem menschlichen Seelenleben, behauptete aber einfach, er hätte eine Theorie dafür. So führte Peters den Leser in einem insgesamt bildreichen Text durch die wissenschaftliche Naturerkenntnis Darwins und den geschichtlich begründeten Sozialismus von Marx. Im Schlußkapitel fabulierte er dann über das Ende der Religion. Unter der bezeichnenden Überschrift *Die Aussöhnung des Gemüthes mit* (der selbstredend ewigen) *Wahrheit* schrieb er: „Die neue Weltanschauung würgt, zerstäubt, vergast die alte."[446]

Eine Art Schlußwort im Sinne des marxistischen Mehrheitsflügels in der Sozialdemokratie zu dieser Debatte schrieb 1906 der Parteitheoretiker

---

443 Darauf beruht Ludwig Woltmann: System des moralischen Bewußtseins mit besonderer Darlegung des Verhältnisses der kritischen Philosophie zu Darwinismus und Sozialismus. Düsseldorf 1898.
444 Ludwig Woltmann: Der historische Materialismus. Darstellung und Kritik der Marxistischen Weltanschauung. Düsseldorf 1900.
445 Vgl. Woltmann: Darwinsche Theorie, S.33. – Woltmann versuchte damals, sich der Sozialdemokratie als Philosoph von Format zu empfehlen. Deshalb auch in der Argumentation seine ausdrückliche Berufung auf einen anonymen, seine Position teilenden Artikel im Volksstaat (Nr. 31, 1873; vgl. ebd., S.32/33).
446 Rudolf Peters: Der Glaube an die Menschheit. Naturwissenschaftlich, psychologisch und geschichtlich begründet. Stuttgart 1896, S.274 (IB, 25).

Karl Kautsky. Die materialistische Geschichtsauffassung habe „das sittliche Ideal als richtungsgebenden Faktor der sozialen Entwicklung völlig depossediert [vertrieben, H.G.] und hat uns gelehrt, unsere gesellschaftlichen Ziele ausschließlich aus der Erkenntnis der gegebenen materiellen Grundlagen abzuleiten". Die marxistischen Ideale, so Kautsky, formulieren „Ausblicke auf Zustände, die kommen müssen, die notwendig sind".[447] Diese Haltung erschien zwar freidenkerisch, war aber selbst „gläubig", nicht nur hinsichtlich des kontinuierlichen Fortschritts hin zum Sozialismus. Kautsky führte vielmehr wieder ein, was er glaubte, „depossediert" zu haben – das durchzusetzende Ideal. Daß er dabei das Problem gänzlich aussparte, wie die Menschen zu ihren Bildern von der Zukunft kommen, belegt die damaligen kulturtheoretischen Schwächen der Marxisten (die sie mit Nichtmarxisten teilten).

Auch in ihrer Forderung nach einem weltanschaulich neutralen Staat griff die Sozialdemokratie im wesentlichen auf frühe radikal-demokratische Position von Karl Marx und des *Bundes der Kommunisten* (1847-1852) zurück. In frühen Schriften hatte Marx erklärt: „Dieser Staat, diese Sozietät produzieren die Religion, ein verkehrtes Weltbewußtsein, weil sie eine verkehrte Welt sind." Damit verkehre sich dieses Bewußtsein und sei „falsch". Marx folgerte allerdings daraus keinen Religionskampf; dies ganz im Gegensatz zu vielen seiner späteren freidenkerischen Apologeten. Er richtete vielmehr zwei Forderungen auf, die sich durchaus im *Weimarer Kartell* finden lassen, die erste als der Wunsch einer Minderheit, die zweite als das Ziel des Zusammenschlusses. *Erstens* müsse man „die Kritik der Religion in die Kritik des Rechts, die Kritik der Theologie in die Kritik der Politik"[448] verwandeln; und *zweitens* sei allein „der atheistische Staat, der demokratische Staat, der Staat, der die Religion unter die übrigen Elemente der bürgerlichen Gesellschaft verweist".[449]

Aus der im Vormärz vorgetragenen Idee, nur der säkulare Staat könne demokratisch sein, folgte die Forderung des Kommunistenbundes nach völliger „Trennung der Kirche vom Staate. Die Geistlichen aller Konfessionen werden lediglich von ihrer freiwilligen Gemeinde besoldet."[450] Die sozialdemokratische Freidenkerbewegung übernahm diese Forderung, schon weil Wilhelm Liebknecht aus dieser Tradition stammte. Sie entwickelte daraus zwei theoretische Haltungen, der entsprechende Praxen folgten. Die eine setzte auf Aufklärung, Wissenschaft und Erkenntnis. Sie glaubte, Religion

---

447 Karl Kautsky: Ethik und materialistische Geschichtsauffassung. E. Versuch. Stuttgart 1906, S.140, 144.
448 Marx: Zur Kritik, S.378, 379.
449 Marx: Judenfrage, S.357.
450 Karl Marx, Friedrich Engels: Forderungen der Kommunistischen Partei in Deutschland. In: MEW, Bd.5, Berlin 1959, S.4.

als „falsches Bewußtsein" beseitigen zu können. Ihr Programm war auf Schulung und Belehrung der Mitglieder und der Anhängerschaft gerichtet. Es erklärte Religion zur „Privatsache", vernachlässigte allerdings in der Regel den kulturellen Zusammenhang, das Eingebundensein von „Sinn" in die Institutionen des Alltags wie des Fest- und Feierkalenders. Die andere Praxis war mit dieser langfristigen Strategie nicht einverstanden. Sie hatte wiederholt auf Parteitagen vergeblich einen stärkeren Kirchenkampf gefordert. Die proletarische Freidenkerbewegung wollte eine mehr oder minder radikale Beseitigung der Kirchen – sofort oder in einer künftigen Gesellschaft.

Beide „Fraktionen" sahen gleichermaßen und einseitig allein im entfremdeten Milieu, im sozialen Elend der Leute, den Hang der Menschen zur Religion begründet. Sie zogen daraus den Schluß: neues Sein bringe neues Bewußtsein. Dementsprechend war 1918/19 ihre Politik in der Religionsfrage zwar einheitlich auf Veränderung der Lebensbedingungen orientiert, wenn auch höchst unterschiedlich bei den einzelnen Schritten und Maßnahmen. Die Ursachen dafür lagen in der unentschiedenen Haltung der Sozialdemokratie zur Freidenkerei. Sie wollte zwar die weitere Verweltlichung des Staates, scheute aber vor den Konsequenzen zurück, schon um es sich nicht mit den gläubigen Christen in ihren eigenen Reihen, bei den Wählern und bei gewählten sozialdemokratischen Abgeordneten zu verderben.

Zwischen Kirche als „Polizeistube" und „christlichem Sozialismus"

Das Eisenacher Programm von 1869 enthielt die Forderung: „Trennung der Kirche vom Staat und Trennung der Schule von der Kirche."[451] Die deutsche Sozialdemokratie hat jedoch vor dem ersten Weltkrieg das Problem Staat und Kirche auf keinem ihrer Parteitage angemessen behandelt. Der letzte diesbezügliche Antrag scheiterte sang- und klanglos 1913. Lediglich die preußische Landtagsfraktion wurde aufgefordert, „darauf hinzuwirken, daß der Austritt aus der Landeskirche kostenfrei ist".[452] Die Sozialdemokratie übernahm in ihre Organisation bestimmte Weihe- und Kultformen als Riten[453], hielt aber im großen und ganzen an einer Position fest, die Hermann

---

451 Programm der Sozialdemokratischen Arbeiterpartei (Eisenacher Programm). In: Revolutionäre deutsche Parteiprogramme. Vom Kommunistischen Manifest zum Programm des Sozialismus. Hg. v. Lothar Berthold u. Ernst Diehl, Berlin 1967, S.46.
452 Handbuch der sozialdemokratischen Parteitage von 1910 bis 1913. München (1917), Leipzig 1974, S.650. – Vgl. Handbuch der sozialdemokratischen Parteitage von 1863 bis 1909. Bearb. v. Wilhelm Schröder, München 1910, S.491-495.
453 Vgl. Heiner Grote: Sozialdemokratie und Religion. Eine Dokumentation für die Jahre 1863 bis 1875. Tübingen 1968. – Zum sogenannten sozialdemokratischen Atheismus vgl. Wilhelm Ilgenstein: Die religiöse Gedankenwelt der Sozialdemokratie. Eine aktenmäßige

Wendel zu einem Zeitpunkt zusammenfaßte, als Freidenker, Freireligiöse und Monisten mit ihren Konzepten die Partei bedrängten. „Die Frage, wie sich das klassenbewußte Proletariat zur Religion verhält, ist also leicht [sic!] beantwortet: es verhält sich überhaupt nicht zu ihr, es hat nichts mit ihr zu schaffen. Anders ist es mit der Kirche. ... Die Kirche ist im Klassenstaat eine Polizeistube neben anderen Polizeistuben".[454]

Die Sozialdemokratie befürwortete aus dieser Position heraus die politische Auseinandersetzung mit den Kirchen und gab ihren Freidenkern darin Rückhalt. Aber sie verweigerte sich in ihrer Mehrheit kulturkämpferischen Strategien und erklärte die religiösen Überzeugungen zur „Privatsache". Diese Formel findet sich programmpolitisch zuerst in den Gothaer Entschließungen von 1875. Sie wurde dann in Erfurt 1891 wie folgt präzisiert: „Abschaffung aller Aufwendungen aus öffentlichen Mitteln zu kirchlichen und religiösen Zwecken. Die kirchlichen und religiösen Gemeinschaften sind als private Vereinigungen zu betrachten, welche ihre Angelegenheiten vollkommen selbständig ordnen."[455] Dieser Auffassung war man auch im *Weimarer Kartell*.

Mit einer aus der Entschließung von 1891 folgenden politischen Strategie, das Prinzip der „Privatsache" gesetzlich in Gang zu bringen, tat sich die Sozialdemokratie schwer. Das lag *zum einen* an der festen Grundüberzeugung vieler Sozialdemokraten, der Sozialismus sei die neue „Religion des Menschenthums", setze sich als Weltanschauung mit der Zeit durch[456] und verdränge die alten Religionen; *zum anderen* am übermächtigen christlichen Umfeld, in dem die Sozialdemokratie wirkte. Jede Politik, die das ignorierte, setzte sich bei der Polizei wie bei vielen Wählern dem Vorwurf aus, eine kulturkämpferische Kraft zu sein und die geistigen Grundlagen zerstören zu wollen, auf denen die abendländische Kultur beruhe. Dafür war der Sozialdemokratie ihr wirtschaftliches und soziales Programm viel zu

---

Beleuchtung der Stellung der Sozialdemokratie zu Christentum und Kirche. Berlin 1914, erschienen in der Vaterländischen Verlagsanstalt.
454 Hermann Wendel: Sozialdemokratie und antikirchliche Propaganda. 2. Aufl., Leipzig 1911, S.26. – Vgl. Hartmann Wunderer: Freidenkertum und Arbeiterbewegung. In: Internationale Wissenschaftliche Korrespondenz zur Geschichte der deutschen Arbeiterbewegung, Berlin 16(1980)1, S.14. – Ernst Adam: Die Stellung der deutschen Sozialdemokratie zu Religion und Kirche (bis 1914). Inaug.-Diss., Frankfurt a. M. 1930.
455 Programm der Sozialdemokratischen Partei Deutschlands (Erfurter Programm). In: Parteiprogramme, S.85. – Ein anderer Punkt ergänzt: „Weltlichkeit der Schule".
456 Wilhelm Liebknecht. In: Protokoll über die Verhandlungen des Parteitages der Sozialdemokratischen Partei Deutschlands. Abgeh. zu Halle a.S. v. 12. bis 18. Oktober 1890. Berlin 1890, S.202. – Vgl. Eröffnungsrede von August Dreesbach in: Protokoll über die Verhandlungen des Parteitages der Sozialdemokratischen Partei Deutschlands. Abgeh. zu Mannheim v. 23. bis 29. September 1906. Berlin 1906, S.149: Sozialismus als „Evangelium der Menschwerdung".

wichtig, um sich in einem Religionskrieg zu verzetteln.[457] Viele sozialdemokratische Führer blieben Mitglieder ihrer jeweiligen Landeskirchen und hielten in ihren Familien an religiösen Bräuchen fest.[458]

Außerdem befand sich in ihren Reihen inzwischen eine kleine, aber einflußreiche Anzahl protestantischer Pfarrer[459], deren Bildung oft weit über die der anderen Parteiintellektuellen hinausragte. Davon waren Richard Calwer, Theodor Fricke, Heinrich Peus und Georg Welker zur Freidenkerei konvertiert. Paul Ernst (1866-1933) gehörte nur kurzzeitig zur Sozialdemokratie. Er wurde wegen seiner Zugehörigkeit zur linken Opposition der „Jungen" 1891 ausgeschlossen. Danach schlug er sich als Dramatiker, Literaturkritiker und Journalist durchs Leben und wechselte mit der Zeit auf die extreme rechte politische Seite. Max Maurenbrecher blieb stets ein Suchender, seine Zeit in der SPD kurz. Paul Göhre, Rudolf Todt und Theodor Georg von Wächter bemühten sich um eine theologische Begründung ihrer Hinwendung zum Sozialismus und um christliche Zusätze zum Parteiprogramm. Christoph Friedrich Blumhardt der Jüngere (1842-1919) wurde gemeinsam mit dem Schweizer Leonhard Ragaz sogar zu einem Mitbegründer des religiösen Sozialismus.[460] Blumhardt begann in den Neunzigern führenden Sozialdemokraten in dem von ihm geleiteten und von seinem Vater begründeten-pietistischen Erweckungszentrum in Bad Boll ein Forum zu geben. Als er 1899 selbst in die Partei eintrat, wurde er aus dem kirchlichen Dienst entlassen, schaffte aber von 1900-1906 seine Wahl in den Württemberger Landtag.[461]

Einen ähnlichen Weg ging Wilhelm Hohoff, einer der wenigen katholischen Theologen in der Sozialdemokratie. Er gewann durch einen publizier-

---

457 Die damalige Haltung der Sozialdemokratie ist wohl am ehesten zu begreifen, wenn sie zu heutigen Streitpunkten in Beziehung gesetzt wird. Noch 1995 bezeichnete der evangelische Bischof der Berlin-Brandenburgischen Landeskirche Huber, bezugnehmend auf das Kruzifix-Urteil des Bundesverfassungsgerichtes vom 10.8.1995, die Haltung, „Religion und Glaube sind Privatsache" als eine extreme Position, die „zum Anheizen" der Stimmungen beitrage. – Vgl. „Christliche Überzeugungen machen ein Land nicht christlich". In: Tsp 20.8.95, S.4.
458 So anhand ihrer Autobiographien, vgl. Jochen Loreck: Wie man früher Sozialdemokrat wurde. Das Kommunikationsverhalten in der deutschen Arbeiterbewegung und die Konzeption der sozialistischen Parteipublizistik durch August Bebel. Bonn-Bad Godesberg 1978, S.147-158.
459 Vgl. Karl Vorländer: Sozialdemokratische Pfarrer. In: Archiv für Sozialwissenschaft und Sozialpolitik, Nr. 30, Tübingen 1910, S.455-513. – Ernst Adam: Die Stellung der deutschen Sozialdemokratie in Religion und Kirche (bis 1914). Frankfurt a. M. 1930. – Joachim Brenning: Christentum und Sozialdemokratie. Paul Göhre: Fabrikarbeiter – Pfarrer – Sozialdemokrat. Eine sozialethisch-historische Untersuchung. Diss., Marburg 1980, S.137-176.
460 Vgl. Siegfried Heimann u. Franz Walter: Religiöse Sozialisten und Freidenker in der Weimarer Republik. Bonn 1993, S.134f.
461 Vgl. Klaus-Jürgen Meier: Christoph Blumhardt. Christ – Sozialist – Theologe. Bern 1979.

ten Briefwechsel mit August Bebel große Popularität. Hohoff reagierte spontan auf einen Artikel Bebels im *Volksstaat* (Nr. 114 vom 27.11.1873) und wies die Äußerungen von Bebel brüsk als eine Beleidigung aller ehrlichen katholischen Christen zurück. Dieser antwortete darauf im Februar 1874: Höhere Kulturstufen würden keine Religion mehr benötigen. Priester aller christlichen Konfessionen hätten stets „Krieg und Massenmord" ihren Segen gegeben. „Das Christenthum ist freiheits- und kulturfeindlich", weil es sich mit den Oberschichten verbündet habe. Das Gute im Christentum gehöre nicht den Kirchen, sondern allen Menschen. Es gäbe keinen christlichen Sozialismus, denn „Christenthum und Sozialismus stehen sich gegenüber wie Feuer und Wasser."[462] In der Folgezeit duldete und nutzte aber die Sozialdemokratie christlich-sozialistische Positionen, die sich nicht zuletzt durch Hohoffs späteres Wirken und seine Argumentation entfalteten, nach dem die Kirche nur den „im schlechten Sinne des Wortes revolutionären, atheistischen, antichristlichen" Sozialismus verdamme, nicht aber jeden Sozialismus.[463]

Die Masse der sozialdemokratischen Mitglieder gehörte zu den Kirchenfernen. Die Mehrzahl ihrer Wählerschaft mag ebenfalls nicht zu den eifrigsten Kirchgängern gezählt haben, aber Freidenker waren nur die wenigsten.[464] Besonders viele Stimmen konnten sie der Sozialdemokratie mit ihrem exklusiven Gehabe und ihrem mitunter rechthaberischem Aufklärungsdrang auch nicht zuführen, zumal die meisten Freidenker Akademiker waren und ihnen erst nach dem Kriege „einfache" Arbeiter in größerem Umfange zuströmten. Vorher kam hinzu, daß die freidenkerische Prominenz in der Partei als Literatenzirkel galt, dessen naturalistische Auffassungen (etwa die von Bruno Wille) 1896 auf einem Parteitag diskutiert und für die sozialdemokratische Unterhaltungspresse, speziell die Beilage *Neue Welt* zum *Vorwärts*, verworfen wurden.[465] 1906, im Jahr des freidenkerischen Aufschwungs, wurde diese Haltung im Prinzip unterstrichen und jede eigene Kulturanstrengung der Parteiarbeit untergeordnet.[466]

Wegen des marxistischen Programms der Partei hatten es Freidenker in der Sozialdemokratie nicht übermäßig schwer, überhaupt zu Wort zu kommen. Doch in der praktischen Politik zählte mit der Zeit mehr, daß jeder für

---

462 Christenthum und Sozialismus. Eine religiöse Polemik zwischen Herrn Kaplan Hohoff in Hüffe und A(ugust) Bebel (dem Verfasser der Schrift: Die parlamentarische Thätigkeit ... (Leipzig 1875, Dresden 1890). Berlin 1901, S.11,13,16.
463 Wilhelm Hohoff: Die Bedeutung der Marxschen Kapitalkritik. Eine Apologie des Christentums vom Standpunkte der Volkswirtschaftslehre und Rechtswissenschaft. Paderborn 1908, S.128.
464 Vgl. Ritter, Tenfelde: Arbeiter, S.747-780. – Nipperdey: Religion, S.134-136. – Hölscher: Weltgericht, S.135-198.
465 Vgl. Protokoll über die Verhandlungen des Parteitages der Sozialdemokratischen Partei Deutschlands. Abgeh. zu Gotha v. 11. bis 16. Oktober 1896. Berlin 1896, S.80-94, 110.
466 Vgl. Protokoll 1906, S.122, 145, 357/58.

die Partei gewonnene Pfarrer den Einstieg in die christliche Wählerschaft erleichterte, während alle radikalen freidenkerischen Reden das Gegenteil bewirkten.[467] Besonders Paul Göhre entfaltete eine große Wirksamkeit und warb für sein Ideal der Solidarität aus Nächstenliebe. Göhre war von 1891 bis 1894 immerhin Generalsekretär im *Evangelisch-sozialen Kongreß* und Anhänger Friedrich Naumanns gewesen. 1900 trat er in die Sozialdemokratie ein und verteidigte diesen Schritt öffentlich.[468] Schließlich trat er aus der Landeskirche aus, blieb aber bekennender Christ. 1903 eroberte Göhre einen Reichstagswahlkreis, gab das Mandat aber nach einem Streit mit Bebel wieder zurück, gehörte dann aber dem Parlament von 1910 bis 1918 an.

Proletarische Freidenker

Schon die Benutzung des Begriffs „Massenstreik" in der Kirchenaustrittsbewegung ließ auf einen verstärkten Einfluß sozialdemokratischer Freidenker schließen. „Seit den 1880er Jahren waren etwa 40 Arbeiterfreidenkervereine entstanden, die sich an den Deutschen Freidenkerbund anlehnten, d.h. die Bundeszeitschrift und andere von dort empfohlene Publikationen lasen, sich ihm in organisatorischer Hinsicht jedoch nicht anschlossen."[469] Auf den Kongressen des *Deutschen Freidenkerbundes* 1904, 1908 und 1910 wurde die Haltung zur Arbeiterschaft und zu deren Stimmrecht im Verband zu einer Streitfrage. Teile der sozialistischen Mitgliedschaft bestanden auf einer stärkeren Offensive gegen die Kirchen. Zwölf oppositionelle Freidenkervereine, von denen allein neun aus Sachsen und Thüringen kamen, gründeten am 6. September 1908 in Eisenach den *Zentralverband proletarischer Freidenker*, der sich ab 1911 in *Zentralverband proletarischer Freidenker Deutschlands* umbenannte.

Von großem Einfluß auf die freidenkerische Kulturbewegung der Dissidenten, besonders auf deren proletarische Variante, war der Dichter und Redakteur Konrad Beißwanger (1869-1934), der neben Studien zu natürlichen Welterklärungen, in denen er sich als Darwinist bekannte und einer Sammlung von Werken der Arbeiterdichter, auch eine Geschichte der Freidenkerbewegung hinterließ.[470] Die weiteste Verbreitung fand sein kleiner *Pfaffenspiegel*, eine Corvin-Adaption.[471] Beißwanger war seit 1895 Verwal-

---

467 Vgl. hierzu die Einflußnahme Georg v. Vollmars bereits auf das Erfurter Parteiprogramm von 1891, in Ritter, Tenfelde: Arbeiter, S.766/67.
468 Vgl. Paul Göhre: Wie ein Pfarrer Sozialdemokrat wurde. Berlin 1909.
469 Kaiser: Arbeiterbewegung, S.19.
470 Konrad Beißwanger: 50 Jahre Freidenkertum. Der Aufstieg einer Kulturbewegung. Nürnberg 1930. – Ders.: Stimmen der Freiheit. Blütenlese der hervorragendsten Schöpfungen unserer Arbeiter- und Volksdichter. 3. Aufl., Nürnberg 1902. – Ders.: Von der Amöbe zum Menschen. Eine Wanderung durch Jahrmilionen. Nürnberg 1907.
471 Konrad Beißwanger: Der kleine Pfaffenspiegel. Bd.1: Heiligengeschichten, Reliquienüberfluß und Kirchennot. Nürnberg 1909.

tungsleiter im *Bund freier religiöser Gemeinden*, in dieser Funktion viel in Deutschland herumgekommen und mit den Problemen der freigeistigen und freidenkerischen Vereine vertraut. Darauf versuchte er, eine Karriere zu bauen und betrieb ab 1904 einen eigenen Verlag mit dem Namen *Literarisches Bureau Nürnberg*.[472] In diesem Verlag erschienen die Zeitschrift *Der Atheist* (mit ihm als Schriftleiter) und zahlreiche antikirchliche Broschüren und Bücher.[473] Schon im Titel der 1905 gegründeten Zeitschrift kam Programmatisches zum Ausdruck: Gottlosigkeit, nicht nur freies Denken sollte das Ziel sein.

Der Atheist avancierte wegen dieser kompromißlosen Haltung zum Organ des *Zentralverbandes*.[474] Er zählte vor Kriegsausbruch 5-6 000 Mitglieder in 93 Ortsgruppen; an Mitgliedern so stark wie der *Deutsche Freidenkerbund*, aber in der Zahl der „Gemeinden" sogar inzwischen größer (*Freidenkerbund*: 60 Gemeinden).[475]

Der erste Vorsitzende der proletarischen Freidenker wurde Theodor Fricke und damit Hamburg Vorort. Er hatte Theologie studiert, was er verschwieg.[476] Vor dem Kriege redigierte Fricke die Zeitschrift *Erlösung* und beteiligte sich zeitweilig an überseeischen Siedlungsprojekten. Als Vorsitzender wurde er abgelöst von Bernhard Menke (1876-1929; Hannover, dann Dresden). Der ehemalige Lithograph hatte in der Arbeiterbewegung eine bezahlte Stelle als Arbeitersekretär und konnte seinen politischen Ambitionen nachgehen. Den von ihm geleiteten Freidenkerverein definierte er im letzten Statut vor dem Kriege als „Vereinigung klassenbewußter, sozialdemokratisch denkender Proletarier".[477] Menke wurde von Paul David abgelöst, der ebenfalls aus der sächsischen Hochburg des Verbandes in Dresden-Cotta stammte.

Ein Schwergewicht der Arbeit des *Zentralverbandes* lag auf der antireligiösen Propaganda in seinen Hauptorten Eisenach, Nürnberg, Hamburg und Kamen, erst später in Berlin, wo die *Freireligiöse Gemeinde* unter dem Einfluß von Adolph Hoffmann eine starke linke Tendenz monopolisierte. Außerdem bestand in der deutschen Hauptstadt, parallel zum *Zentralverband* und zur *Freireligiösen Gemeinde*, seit 1905 der *Verein der Freidenker für Feuerbestattung*, eine weitere sozialdemokratische Gründung, die sich

---

472 Vgl. Kaiser: Arbeiterbewegung, S.99, 102.
473 So 1912 die Schrift des freidenkerischen Dichters A. Langer: Haben die Päpste „Hauptsünden" begangen?
474 Vgl. Der Atheist. Illustrierte Wochenschrift für Volksaufklärung. Nürnberg 1(1905) - 23(1927); danach mit anderen Untertiteln Wien (bis 1931), dann Prag (bis 1933).
475 Vgl. Kaiser: Arbeiterbewegung, S.106 mit Handbuch, S.62 u. S.146 (4900 proletarische Freidenker, aber 6300 Abonnenten von Der Atheist).
476 Vgl. Kaiser: Arbeiterbewegung, S.96.
477 Vgl. Bernhard Menke: Zur Kirchenaustrittsbewegung. In: NZ 32(1913/14)I, S.664f. – Vgl. Frank Heidenreich: Arbeiterkulturbewegung und Sozialdemokratie in Sachsen vor 1933. Weimar, Köln, Wien 1995, S.123-125.

sowohl der antikirchlichen Agitation widmete als auch eine Sterbekasse unterhielt. Während der Verein vor dem Krieg etwas über 700 Mitglieder umfaßte, stieg seine Anhängerschaft bis 1924 auf an die 400 000.[478] Obwohl viele proletarische Freidenker der SPD angehörten, war der Verband keine Parteigründung und keine ihrer offiziellen Vorfeldorganisationen zudem verblieben viele Sozialdemokraten im Freidenkerbund.

Aus der proletarischen Freidenkerei stammten zwei einflußreiche sozialdemokratische Kulturpolitiker: Konrad Haenisch (1876-1925) und Victor Noack (geb.1878). Haenisch kam aus bürgerlichem Hause, hatte schon als Gymnasiast Sympathien für die Sozialdemokratie gezeigt und sich freidenkerisch betätigt. Deshalb verbannten ihn seine Eltern in eine Anstalt für geistig Kranke, aus der er floh. Danach war er Laufbursche, bis ihn das elterliche Erbe instand setzte, an der Universität Leipzig Gasthörer zu sein und ein Leben als Journalist zu beginnen, mit guten Kontakten zunächst zu den Linken (Paul Lensch, Rosa Luxemburg, Franz Mehring, Karl Radek, Leo Trotzki) und dann, nach Kriegsbeginn, zu den Rechten in der Partei (besonders Eduard David und Heinrich Cunow). Haenisch verband eine lebenslange Freundschaft mit Alexander Helphand (Parvus; 1869-1924). Zur Kulturarbeit kam er durch seine Tätigkeit an der *Berliner Arbeiterbildungsschule* und als Leiter der sozialdemokratischen Flugblattzentrale (1911-1915).[479] Noack kam über die Freidenkerei und die Arbeitersängerbewegung zur Sozialdemokratie, verfaßte einige viel beachtete Schriften zu Wohnungs- und Kulturfragen[480] und vertrat die Berufsinteressen von Musikern.

---

478 Zur proletarischen Freidenkerbewegung außer bei Kaiser: Arbeiterbewegung vgl. v.a. Wunderer: Freidenkertum, S.1-33. – Ders.: Die Freidenker. In: Die Arbeiter. Lebensformen, Alltag und Kultur von der Frühindustrialisierung bis zum „Wirtschaftswunder", hg. v. Wolfgang Ruppert, München 1986, S.335-340.
479 Vgl. Konrad Haenisch: Schillers Leben und Werke. Entwurf für einen Vortrag mit 48 Lichtbildern. Berlin 1913. – Ders.: Schiller und die Arbeiter. Anhang: 1. Schiller-Chronik, 2. Zur Schiller-Literatur. Dresden 1912. – Ders.: Was lesen die Arbeiter? In: NZ 18(1899-1900)49, II, S.691-696. – Zur Geschichte des Zeitungswesens. Entwurf für einen Vortrag mit 43 Lichtbildern. Berlin 1913.
480 Vgl. Victor Noack: Der Deutsche Arbeitersängerbund. Eine Materialsammlung des Bundes-Vorstandes. Berlin 1911. – Ders.: Der Kino. Etwas über sein Wesen und seine Bedeutung. Gautzsch b. Leipzig 1913 (KuF, 487/88). – Ders.: Was ein Berliner Musikant erlebte. Berlin 1906 (Großstadt-Dokumente, 19). – Ders.: Schlafstelle und Chambre garnir „Ledigenheime". Ein Stück großstädtischen Wohnelends. Gautzsch b. Leipzig 1912 (KuF, 422/24).

4. KAPITEL
Dissidentische Kulturansichten

Weltliche Schule und Moralunterricht: Lebenskunde statt Religion

Staatsbürgerkunde oder Moralunterricht

Unter der Herrschaft des Direktoriums in Frankreich (1795/99) unternahm man erstmals den Versuch, der heranwachsenden Jugend eine religionslose, rein auf den zeitgenössischen Stand der Wissenschaft gegründete Morallehre anzubieten. Seitdem ist dieses Ansinnen in der Welt. Von da an datiert der Streit, ob der weltliche Staat Religionsunterricht an seinen Schulen einrichten, bezahlen, fördern, dulden oder abschaffen soll. In Deutschland begann darüber in den Neunzigern eine rege Debatte. Sie verlief in zwei Richtungen. Die eine wollte den Religionsunterricht beibehalten und in den Schulen nur zusätzlich eine „Bürgerkunde" einführen, wie der Berliner Professor Giese am Sophien-Realgymnasium.[1] Man dachte sich dieses Fach als Staatsbürgerbelehrung. Letztlich ging es um die Erziehung zur Einsicht in die bestehende Ordnung und die Weisheit der Regierung.[2]

Die andere Richtung stellte auch den Religionsunterricht in Frage und beabsichtigte, diesen entweder durch einen Moralunterricht zu ersetzen oder zumindest zu ergänzen. Zu den Befürwortern einer stärker ethischen statt religiösen Belehrung zählte das Mitglied der Berliner Humanistengemeinde, der Rechtsanwalt Stephan Gerhard. Er meinte, es bedürfe künftig einer staatstreuen ethischen Grundeinstellung, um die Jugend über die „Unrichtigkeit der sozialdemokratischen Lehren aufzuklären". Er schrieb dazu in der Zeitschrift *Ethische Kultur*: Die Schuljugend müsse „statt zu blinder Unterordnung zu freiwilligem Gehorsam" erzogen werden. Das sei nur zu erreichen, wenn „ein ethischer Unterricht eingeführt und daß auf dessen höheren Stufen die Notwendigkeit und die segensreiche Wirkung menschlicher (staatlicher) Organisation erörtert wird, während der Unterricht in Bürgerkunde dem Schüler lediglich die thatsächlichen Einrichtungen und Gesetze

---

1 Vgl. August Giese: Deutsche Bürgerkunde. Einführung in die allgemeine Staatslehre. Leipzig 1893.
2 Vgl. August Messer: Das Problem der staatsbürgerlichen Erziehung, historisch und systematisch behandelt. Leipzig 1912.

unseres Vaterlandes vorführt. Der ethisch gebildete Schüler mag dann als Erwachsener seine Kritik getrost an Letzteren üben."[3]

Kritik am Konzept der Staatsbürgerkunde kam vor allem aus den Reihen der *Deutschen Gesellschaft für Ethische Kultur*. Sie löste eine bis heute andauernde Kontroverse über einen gesonderten Ersatz-Religions- oder Moralunterricht aus, bei der es auch um ein gesondertes Fach „Lebenskunde" ging. Die Diskussion begann mit dem Erscheinen der deutschen Übersetzung des Buches von Felix Adler über den *Moral-Unterricht der Kinder*.[4] Nachdem dieser bereits 1892 in Berlin über ethische Kultur Vorträge gehalten hatte, druckte im Januar 1893 die Zeitschrift *Ethische Kultur* das Einleitungskapitel in ihrem ersten Jahrgang. Adler befürwortete das Prinzip eines konfessionsfreien, ethisch begründeten, wenn auch auf der christlichen Glaubenslehre aufbauenden Moralunterrrichts. Dieser sei „weder religionslos noch religionsfeindlich", sondern beruhe „auf rein erzieherischer Grundlage, mit welcher die religiöse Richtung des Erziehers garnichts zu thun hat".[5]

Auf das Buch Adlers eingehend, hielt am 14. Oktober 1894 Walter Friedrich Wislicenus, Professor für Astrophysik in Straßburg, auf dem Gesellschaftstag der ethischen Bewegung in Berlin eine Rede zum Thema *Religion, Schule und Moral*. Darin gab er die Marschrichtung vor, welche die ethische Bewegung in Deutschland in dieser Frage dann einschlug. „Man müsse verlangen, daß der konfessionelle Religionsunterricht außerhalb der Schule von den Geistlichen der betreffenden Konfessionen erteilt werde ... Auch solle die Geistlichkeit mit der Übertragung des Religionsunterrichtes in ihre Hände zufrieden sein, denn in der Schule wäre derselbe nicht immer in richtigen Händen. Aber statt des Religionsunterrichtes solle der Staat in jeder Schule einen unabhängigen Moralunterricht einrichten, weil er einmal den Moralunterricht unter steter Kontrole [sic!] haben muß, ... weil ferner der Moralunterricht den erzieherischen Einfluß der Schule ungemein stärke", und weil, wenn sich der Staat mit dem außerschulischen Religionsunterricht begnügen würde, die Geistlichen anderweitig versuchen würden, die Schulen unter ihre Leitung zu bekommen. Dagegen lägen die Vorteile der vorgeschlagenen Regelung offen auf der Hand, weil „erstens jeder Gewissenszwang aufgehoben wäre; zweitens werde jemand, der der Religion entsage, doch die Moralgebote heilig halten, wenn sie nicht auf dem Glauben begründet sind, und drittens werde der Kampf der Konfessionen viel von seiner Schärfe verlieren, weil die moralische Verdächtigung der Anders-

---

3   Stephan Gerhard: Bücherbesprechung. In: EK 2(1894)44, S.351.
4   Felix Adler: Der Moral-Unterricht der Kinder. Berlin 1894.
5   Felix Adler: Das Problem eines konfessionslosen Moralunterrichts. In: EK 1(1893)4, S.27.

gläubigen fortfalle".[6] Die Kulturgesellschaft solle damit beginnen, ein volkstümliches Moralbuch für diesen Unterricht ausarbeiten zu lassen.

Daß der Vorschlag eines Schulfaches, das rein ethisch begründete Verhaltensregeln vermitteln sollte, aus Amerika importiert werden mußte, lag an dem in Deutschland herrschenden Zwang zum Besuch des Religionsunterrichts. Nur zögerlich und nur in freidenkerischen Zirkeln setzte sich der Gedanke durch, solche Belehrungen gingen den Staat nichts an, seien innere kirchliche oder gar Privatsache. So berichtete der Hannoveraner Monist Adolf Rese noch 1911 sehr erstaunt über eine persönliche Erfahrung. Es gebe religiöse Handlungen wie die Taufe, denen man sich nicht entziehen könne, weil man bei Schulaufnahmen einen entsprechenden Schein vorlegen müsse. Nicht gefragt werde aber nach dem Konfirmandenschein. Dies erlaube die Jugendweihe als „häusliche Einsegnung".[7] Selbstverständlich war seit dem Zivilstandsgesetz von 1875 die Taufe keine staatlich gesetzte Pflicht mehr. Doch hatte die Nicht-Taufe den Kirchenaustritt der Eltern zur Voraussetzung – mit vielen unwägbaren Folgen und klaren Karrierenachteilen für die Dissidentenkinder. Wenn schon die „Erlaubnis" zur Jugendweihe unbekannt blieb, dann erst recht die schwierige Prozedur der Befreiung vom konfessionellen Religionsunterricht. Die Substitution des Religions- durch einen Moralunterricht lag für Andersdenkende im Bereich der Utopie und galt für die Schulbehörden als Angriff auf die Grundlagen der staatlichen Erziehungspolitik. Schließlich legte in deren Augen die Christenlehre das Fundament für die Sittlichkeit der Gesellschaft. Dennoch stellte das Zivilstandsgesetz faktisch die pflichtige Christenlehre in Frage. Die Kirchen beider Konfessionen wollten deren Abschaffung verhindern und setzen dazu all ihre Macht ein. So blieb die Taufe unmittelbare Voraussetzung für einen späteren Aufstieg zumindest im Staatsdienst. Erst mit der Novemberrevolution wurden Juden und „Dissidenten" verbeamtungsfähig und der Zwang zum Besuch des konfessionellen Religionsunterrichts wurde gelockert.

Seit dem Westfälischen Frieden von 1648 gehörte ein unzweideutiges Bekenntnis zu einer Glaubensgemeinschaft zu den Grundtatsachen des Lebens. Religionslosigkeit war nicht vorgesehen. Mit der Taufe verband sich die „Vererbung" der Mitgliedschaft in einer anerkannten Glaubensgemeinschaft. Zwar gab es hierüber grundsätzlichen theologischen Streit, doch führten kirchliche Interessen und familiäre Bedürfnisse zu institutionellen Festlegungen, nach denen die evangelische Konfirmation das kirchliche „Bürgerrecht" im 14. Lebensjahr verlieh und die katholische Firmung im

---

6 Gesellschaftstag in Berlin 1894, S.336. – Als Broschüre konnte der Text nicht nachgewiesen werden.
7 Adolf Rese: Notiz. In: Der Monismus. Zeitschrift für einheitliche Weltanschauung und Kulturpolitik. Blätter des Deutschen Monistenbundes. Hg. v. Heinrich Koerler u. Johannes Unold. München 6(1911)57, S.126.

12. Lebensjahr einen ähnlichen Stellenwert bekam. Als Familienfest belebte die katholische Kirche nach 1910 (Dekret von Papst Pius X. „Quam singulari") allerdings die Erstkommunion, ein der Firmung am „Weißen Sonntag" (1. Sonntag nach Ostern) vorausgehendes rituelles Mahl, auf das sich das Kind bildend vorbereitet und in die Kirche einbringt.

Die Forderung nach einem allgemeinen Moralunterricht stellte das Legitimationsmodell der schulischen Unterweisung in Religionsfragen zur Disposition, das aus der Kindstaufe resultierte. Diese fand ja nur unter der ausdrücklichen Garantie statt, daß ihr ein Taufunterricht folgt. Ohne Einführung in die Christenlehre reduzierte sich die Taufe auf einen Kult, der die Konfessionalität festschrieb. Bei einem beliebigen Moralunterricht, so der richtige Schluß, wären die Taufe und das religiöse Bekenntnis als staatlich bedeutsame Akte an ihrem Ende gewesen.[8] Die Kirchen hätten den Religionsunterricht an sich ziehen und aus den Schulen herauslösen müssen, um aus juristischen Christen gläubige zu machen. Tatsächlich gab es in der evangelischen Kirche eine solche Strömung, die sich nicht durchsetzen konnte, aber partiell mit dem *Weimarer Kartell* koalierte. Als nämlich die Zahl der „Dissidenten" stieg, entwickelte sich ein kulturpolitischer Entscheidungsdruck an der Frage, wie weit der Staat berechtigt sei, konfessionelle Lehrinhalte vorzugeben oder auch nur zu sanktionieren. Aber besonders weigerten sich die Konfessionslosen, ihren Kindern religiöse Belehrungen in einer ihnen fremd gewordenen Glaubensrichtung aufzwingen zu lassen.

Das amerikanische Beispiel vermittelte die Erfahrung, daß eine verstärkte ethische Unterweisung durchaus die Bindungen an die Nation bewahren und befördern kann. Doch widersprach eine offene Duldung aller Religionen und Weltanschauungen an den Schulen dem deutschen Kulturempfinden. Sollten gar Moslime und Buddhisten mitten in Europa ihre Kulte frei ausüben, öffentlich zelebrieren und ihre Kinder in den Schulen unterweisen dürfen? Die meisten deutschen „Amerikanisten" sahen im Pluralismus der Religionen und Weltanschauungen eine Gefahr. Deshalb sprachen sie sich für eine ethische Moralunterweisung aus, die auf gemeinsamen Werten beruhen sollte. Finanzielle Erwägungen, wie sie in den USA eine Rolle spielten, wurden ausgeklammert, so die, ob es nicht eine Frage der Gerechtigkeit gegenüber den Steuerzahlern sei, unterschiedliche Überzeugungen zu achten und nicht „Geld dafür zu zahlen, daß der Jugend die Lehren einer anderen religiösen Sekte eingeprägt" werden.[9]

In Deutschland wuchsen die Begründungen für einen speziellen Moralunterricht *zum einen* aus der schwindenden Überzeugungskraft der Sinndeutungen von oben, aber *zum anderen* aus dem offensichtlichen Mangel an

---

8   Das trat ja nach 1918/19 weitgehend ein und machte auch den christlichen Inhalt aller Bildung sowie das bisherige Schulaufsichtsverfahren endgültig zweifelhaft.
9   Adler: Das Problem, S.27.

Wissen über soziale Tatbestände des Lebens. Zumindest fehlte es an Korrekturen inzwischen widerlegter Mythen, etwa über die Abstammung des Menschen, die in den Schulen immer noch in Kontrast zu wissenschaftlichen Erkenntnissen stand. Seit den preußischen Reformen 1806/17 war zwar das Schulwesen Staatssache, doch die Folgen dieses Wandels für eine moderne sittliche Unterweisung der Kinder wurden erst gegen Ende des Jahrhunderts Gegenstand der Schulreform, als die schnelle Industrialisierung eine Erweiterung der Allgemeinbildung einforderte. Damit rückte die Frage nach vorn, welche inhaltliche Ausrichtung der Stoff haben sollte und wer die Schulaufsicht ausübt. Über Realienfächer wie Mathematik, Physik und Chemie konnten schlecht Pfarrer und Pastoren befinden, geschweige denn über Biologie. Die Verfechter eines Moralunterrichts hatten allerdings auch Angst, die Gesellschaft könnte sich auflösen, wenn man den Folgen der Individualisierung nicht durch Gemeinschaft fördernde ethische Normen ausgleicht. Im Gegensatz zu den Kirchenvertretern nahmen sie an, ein ethischer Moralunterricht wäre zeitgemäßer, denn er würde wissenschaftliche Befunde stärker beachten und besser auf Stimmungen im Volk reagieren.

Die Ideen zu einem Moralunterricht schälten sich allmählich aus einer Diskussion, die zu Beginn ihre drei Gegenstände noch vermengte: *Erstens* ging es um den christlichen, freireligiösen, freidenkerischen, monistischen usw. Jugendunterricht in den entsprechenden Gemeinden, vor allem in Vorbereitung auf die Jugendweihe. *Zweitens* wurde die ideologische Orientierung allen Schulstoffs verhandelt, also die religiöse, ethische und staatsbürgerliche Grundlegung der Fächer. *Drittens* bildete die Verbesserung des Religionsunterrichts selbst ein Thema, genauer: das Ende der Moralpredigt zugunsten des Einfließens wirklicher Lebenstatsachen in eine stärker diskursive Moralvermittlung durch aufgelockerte Lehrmethoden. Wie sehr diese Ebenen der Debatte miteinander verwoben waren zeigt die vom Wortführer des *Deutschen Bundes für weltliche Schule und Moralunterricht* Penzig mehrfach vorgetragene Idee, den künftigen Ersatz-Religionsunterricht (Moralunterricht) mit einer „bürgerlichen Jugendaufnahme" in die „soziale Gemeinschaft" als staatlich organisiertes „allgemeines jährliches Fest" im 16. Lebensjahr zu begehen und diese Feier von allem kirchlichem Drumherum zu befreien. Parallel dazu sollte der Gesetzgeber die „Arbeits- und Strafmündigkeit [bisher 12. Lebensjahr, H.G.] mit der Eidesmündigkeitserklärung ... verschmelzen" und perspektivisch „mit der Schulentlassung in engstem Zusammenhang" bringen. Von jedem Bekenntnis oder Gelöbnis wäre selbstredend abzusehen, denn im modernen Staat regiere das „Bekenntnis zur Bekenntnislosigkeit" und Religion sei „die allerpersönlichste und allerindividuellste Sache der Welt".[10]

---

10 Rudolph Penzig: Zum Kulturkampf um die Schule. Ein Mahnwort an Denkende. Berlin 1905, S.137, 136, 138, 142.

Freigeistiger Jugendunterricht für „Dissidentenkinder"

Einen nichtkonfessionellen Jugendunterricht hatten zuerst die nach 1844 entstandenen freireligiösen Gemeinden erstritten. Sie erreichten 1847, wie vorn dargestellt, über den Umweg der zwangsweisen Dissidenz den erlaubten Kirchenaustritt. Ihre ersten Prediger wurden hinausgeworfen und gehörten in der Folge mit ihren Anhängern einer staatlich nicht anerkannten Religionsgemeinschaft an. Sie galten demzufolge als „konfessionslos". Ihr Rechtszustand lag in der Schwebe, doch wurden sie seit 1858 polizeilich geduldet. Für die „Dissidentenkinder" galt in Preußen seit der Entscheidung des Kultusministers Bethmann-Hollweg von 1859 gewohnheitsmäßig die Befreiung vom schulischen Konfessionsunterricht, wenn ein ausgebildeter Prediger sie nachweislich in die Christenlehre einführte. Der Unterricht durfte nicht gegen staatliche Gesetze und sittliche Gebote verstoßen – eine weit auslegbare Grenzziehung.

Nach dem erleichterten Kirchenaustritt 1873 und der 1876 eingeführten staatlichen Aufsicht über den religiösen Unterricht entstand über die Jahre das Problem, wie mit denjenigen Kindern zu verfahren wäre, deren Eltern keinerlei Kirchenorganisation angehören oder keiner anerkannten. Sie hatten den staatlichen Unterricht zu besuchen. Da zugleich die Zahl der freireligiösen Gemeindemitglieder 1885 auf etwa 20 000 zurückging, glaubte die preußische Regierung eine günstige Gelegenheit zu haben, gegen die Freiheiten dieser Minderheit vorgehen zu können. Kultusminister von Zedlitz forderte, „daß das Kind während des religionsunmündigen Alters nicht ohne Unterricht in der Religion gelassen wird".[11] Er stellte am 16. Januar 1892 den staatlichen Religionszwang gegenüber Dissidentenkinder dahingehend klar, „daß der Vater eines schulpflichtigen Kindes selbst dann, wenn er für seine Person einer staatlich anerkannten Religionsgesellschaft nicht angehört, gleichwohl verpflichtet ist, das Kind an dem Religionsunterrichte in der öffentlichen Volksschule Theil nehmen zu lassen, sofern er nicht den Nachweis erbringt, daß für den religiösen Unterricht des Kindes anderweit nach behördlichem Ermessen ... in ausreichender Weise gesorgt ist. ... Der Ersatzunterricht ist wie jeder Privatunterricht von der Schulaufsicht zu beaufsichtigen."[12]

Lediglich für die höheren Schulen, für die eine Besuchspflicht ja nicht bestand, führte Bosse, der Nachfolger von Zedlitz', ein Jahr später eine Erleichterung ein, behielt sich aber für jeden Einzelfall die Entscheidung vor. Damit setzte er für Dissidentenkinder, die höhere Schulen besuchten, einen Bremsklotz hinsichtlich späterer Karrieren im Staatsdienst. Und er setzte für

---

11 Erlaß des preußischen Kultusministers v. Zedlitz, betreffend den Religionsunterricht der Kinder der sogenannten Dissidenten vom 16. Januar 1892. Zit. nach Huber u. Huber: Staat und Kirche, Bd.III: Staat und Kirche von der Beilegung des Kulturkampfes bis zum Ende des Ersten Weltkrieges, Berlin 1983, S.154.
12 Erlaß v. 16. Januar 1892, S.153.

die Volksschulen den konfessionellen Pflichtunterricht mit der subjektiven Bestimmung durch, eine etwaige Ausnahmeerlaubnis liege im örtlichen „behördlichen Ermessen". Die Administration entschied nun regelmäßig gegen die Gleichberechtigung des freireligiösen Jugendunterrichts mit dem konfessionellen. Da dieser Religionsunterricht zudem außerhalb der Schulen stattfand, vermischte sich für die Dissidenten die Frage einer Vorbereitung auf die freireligiöse Jugendweihe mit der nach der Befreiung vom konfessionellen Religionsunterricht. Für die Behörden ergab sich das Problem einer religiös begründeten Freistellung vom Religionsunterricht.

Darüber kam es vor allem in Berlin Ende 1893 zu einer offenen politischen Auseinandersetzung mit strafrechtlichen Konsequenzen[13], die aber die Freiregösen stärker traf als die ethische Kulturgesellschaft, weil diese ihr Angebot nicht als Ersatz für den Religionsunterricht verstand. Die Ethiker begannen im Januar 1893 in der Kleiststraße 29, Gartenhaus 1, der Wohnung des Schriftführers Martin Keibel, einen Jugendunterricht für 24 Kinder zunächst unbehelligt durchzuführen.[14] Zuerst gingen die Behörden gegen den Jugendlehrer der freireligiösen Gemeinde Bruno Wille vor, dann gegen die dortige Lehrerin Ida Altmann (geb. 1862; Schriftstellerin) und schließlich sogar gegen den Sprecher der *Humanistengemeinde*, den Theologen Georg Siegfried Schäfer, der den Dissidentenkindern Stunden gab. Schäfer hatte einige Jahre zuvor einen *Verein für Reform der Schule und Erziehung* gegründet, der vergeblich eine sogenannte *Diesterweg-Schule* anstrebte, eine konfessionslose gemeindliche Bildungsstätte. Doch wuchs daraus die Idee der weltlichen Schule, um die in den Zwanzigern heftig gestritten wurde.

Was immer auch die verschiedenen Jugendlehrer unternahmen, stets verhängten die Behörden ein Unterrichtsverbot, dem Zedlitzschen Ministerialreskript vom Januar 1892 folgend. Dieses sah einen ausreichenden Ersatzunterricht eben nur dann als gegeben an, wenn der Lehrer dem jeweiligen Regierungspräsidenten eine ausreichende Bildung im Religionsfach [sic!] nachweisen konnte. Damit ergab sich für die freien Gemeinden und die Behörden ein unlösbarer Widerspruch: Die Bestätigung war nicht zu erlangen, weil der Befähigungsnachweis in einer nicht anerkannten Konfession schwerlich erteilt werden konnte. Das erschien den Freireligiösen berechtigt als Willkür und machte die Debatte Moral- versus Religionsunterricht zu einer harten Auseinandersetzung. Die Behörden verfolgten den dissidentischen Jugendunterricht mißtrauisch, zumal die Lehrer offen auf aktuelle soziale und geistige Probleme eingingen. Die Themen ähnelten eher einem praktischen Lebensleitfaden als dem Pauken eines Katechismus: Autorität und Freiheit, Opfer und

---

13 Vgl. Harndt: 75 Jahre, S.32-36.
14 Vgl. Martin Keibel: Die Religion und ihr Recht gegenüber dem modernen Moralismus. Darstellung und Kritik der „ethischen Bewegung" unserer Zeit. Leipzig 1891.

Gemeinschaft, Erkenntnis und Glaube, Politik und Wirtschaft, Leben und Tod.[15]

1895 führte Ida Altmann für diesen Stoff den Begriff „Lebenskunde" ein. Doch drang die Bezeichnung zunächst nicht über einige freireligiöse und freidenkerische Zirkel hinaus. Außerhalb wurde unter den Begriff „Lebenskunde" die wissenschaftliche Biologie subsumiert oder, wie von Georg Kerschensteiner (1854-1932) noch um die Jahrhundertwende, die pädagogische Gesundheitslehre.[16] Ida Altmann faßte mit dem Wort „Lebenskunde" 15 Leitsätze für einen Jugendunterricht in freireligiösen Gemeinden zusammen, gedacht zunächst lediglich für die Vorbereitungsstunden auf die Jugendweihe außerhalb der Schule in freien Gemeinden. „Diese Sätze wollen unsere Kinder anleiten zum rechten Tun, zum vernunftgemäßen Leben, welches ohne vernünftiges Denken und gesundes Fühlen nicht möglich ist." Sie mögen dann „auf Grund ihrer naturwissenschaftlichen und Geschichtskenntnisse selber die Schlüsse ziehen, die wir für die richtigen halten bezüglich der bestehenden Religionen".[17] Die weiteren Schritte und Konzepte für diesen Ersatz-Konfirmandenunterricht sind in den historischen Studien von Gotthold Krapp sowie von Manfred Isemeyer und Klaus Sühl zu finden.[18]

Verein für weltliche Ethik als Schulstoff

Die politische Dimension eines Ersatzes für den Religionsunterricht ergab sich aus der Rolle der Theologie bei der universitären Vorbereitung auf

---

15 Vgl. Anna Tschierschky: Zum Religionsunterricht in der Freireligiösen Gemeinde Berlin. In: Freidenker, Verbandsorgan des DFV e.V., Berlin 1993, S.31.
16 Vgl. Georg Kerschensteiner: Staatsbürgerliche Erziehung der deutschen Jugend. Gekrönte Preisschrift. Erfurt 1901, S.46 (zit. nach der 3. Aufl. 1906).
17 Vgl. Ida Altmann: Leitsätze für die Kinder von Freidenkern und Freireligiösen, Berlin (1895). In: Zur Erinnerung an die Feier der Jugend-Weihe in der Freireligiösen Gemeinde zu Berlin. Berlin o.J. (1895), o.S. – In dieses Buch eingebunden sind weitere Schriften: Dies.: Die Grundsätze der Freireligiösen Gemeinde zu Berlin; Dr. Voelkel, Luthers kleiner Katechismus, i. A. der Freireligiösen Gemeinde zu Berlin für Dissidenten erläutert; Ders: M. Fübringers Biblische Geschichten, i. A. der Freireligiösen Gemeinde zu Berlin kurz für freireligiöse Schüler erläutert; Dodel: Konrad Deubler. – Vgl. Zur Erinnerung an die Feier der Jugend-Aufnahme in der Freireligiösen Gemeinde zu Berlin. Gewidmet v. Fritz Kunert, Berlin o.J. (1870). – Siehe auch Titus Voelkel: Handbüchlein für den Jugend-Unterricht in freien Gemeinden. 3., verm. u. verb. Aufl., Rudolstadt 1894.
18 Vgl. Gotthold Krapp: Die Kämpfe um proletarischen Jugendunterricht und proletarische Jugendweihen am Ende des 19. Jahrhunderts. Ein Beitrag zu den Anfängen der sozialistischen Erziehung der Arbeiterkinder in der zweiten Hauptperiode der Geschichte der deutschen Arbeiterbewegung. Berlin 1977 (Monumenta Paedagogica, XVII). – Vgl. Manfred Isemeyer: 100 Jahre proletarische Jugendweihe in Deutschland. Ein historischer Überblick. In: Feste der Arbeiterbewegung. 100 Jahre Jugendweihe. Hg. v. Manfred Isemeyer u. Klaus Sühl. Berlin 1989, S.11-83. – Vgl. auch die Kritik an der DDR-Praxis von Detlev Urban und Hans Willi Weinzen: Jugend ohne Bekenntnis? 30 Jahre Konfirmation und Jugendweihe im anderen Deutschland. Berlin 1984.

Lehrämter. Jeder Lehrer mußte selbstverständlich in Religion ein Examen ablegen. Auch die preußische Neuregelung von 1898 sah eine allgemeine Prüfung vor, in der „jeder Kandidat in Philosophie, Pädagogik und deutscher Literatur sowie Religion geprüft" wurde.[19] Die Ausbildung der Volksschullehrer erfolgte in aller Regel sowieso auf konfessionellen Lehrerseminaren. Erst in dem Maße, wie die philosophische Ethik im Ansehen stieg und mit Reformtheologen in einen Diskurs trat, gelangten deren Themen vereinzelt in die Philologenausbildung, fast gar nicht in die der Volksschullehrer. Aus den Schulen versuchten dogmatische Theologen und konservative Politiker moderne Gegenstände weitgehend fernzuhalten und Neuerungen abzuwehren. In diesem Konflikt begann eine Minderheit von Reformpädagogen und dissidentischen Funktionären über ethische, statt religiöse Orientierung des Schulstoffs zu diskutieren. Sie schloß ihre Ideen zunächst an Wilhelm Fricke, der als protestantischer Theologe schon in den Siebzigern eine Sittenlehre für konfessionslose Schulen unterbreitet hatte.[20]

Über dessen Ansatz wollte die ethische Kulturgesellschaft jedoch weit hinaus. Sie schrieb deshalb Ende Oktober 1893 (als Aufruf veröffentlicht Ende März 1894) einen Wettbewerb für ein „volkstümliches Handbuch der Ethik" (dann präzisiert in „der humanen Ethik") aus und bestimmte einen Preis von 4 000 Mark. Die Arbeiten sollten bis Oktober 1896 eingereicht und ein Jahr später beurteilt sein.[21] Das Ergebnis war bescheiden und die vom Vorstand berufenen Gutachter (Wilhelm Foerster, Georg von Gizycki, der zwischenzeitlich verstarb, Friedrich Jodl, Gustav Maier, Jeannette Schwerin, Johannes Tews und Ferdinand Tönnies) vergaben nur einen Trostpreis. Den erhielt der Gymnasialdirektor und Privatdozent August Döring, der dann seinen Text bis 1899 überarbeitete und ihn als eine Sittenlehre herausbrachte. Döring wandte sich an Erzieher *und* Eltern.[22] Die Debatten um Dörings Buch führten bis 1901 in der ethischen Gesellschaft zu einer Mehrheit, die für einen staatlichen Moralunterricht anstatt Religionsunterricht sprach. Döring, Penzig und Meyer erarbeiteten zu diesem Thema eine Denkschrift, die in mehreren tausend Exemplaren an Lehrer und Professoren verschickt wurde. Die Führung der ethischen Gesellschaft konnte sich jedoch nicht entschließen, als Gesamtverein diese Forderungen zu vertreten. Die Verfechter der weltlichen Schule gründeten daraufhin eine Arbeitsgrup-

---

19 Christoph Führ: Gelehrter Schulmann – Oberlehrer – Studienrat. Zum sozialen Aufstieg der Philologen. In: In: Bildungsbürgertum im 19. Jahrhundert, Teil I: Bildungssystem und Professionalisierung in internationalen Vergleichen. Hg. v. Werner Conze u. Jürgen Kocka, Stuttgart 1985, S.429.
20 Vgl. Wilhelm Fricke: Sittenlehre für konfessionslose Schulen. Gera 1872.
21 Angelegenheiten der Gesellschaft. Preisausschreiben. In: Mitteilungen 2(1894)1, S.12/13; 2, S.43.
22 August Döring: Handbuch der menschlich-natürlichen Sittenlehre für Eltern und Erzieher. Stuttgart 1899.

pe, die *Liga für Moralunterricht*, mit F. W. Foerster, Pfungst, Meyer und Penzig im (eingesetzten, nicht gewählten) Vorstand und unterstützt vor allem von Lilly Jannasch, Immanuel Lewy; ein promovierter Pädagoge und Gustav Spiller (Berlin und London).

In der *Liga für Moralunterricht* eskalierte die Debatte mit dem Ergebnis, daß wegen der ablehnenden Haltung von Döring, Pfungst und Penzig zu jedem Religionsunterricht an Schulen Wilhelm und Friedrich Wilhelm Foerster von ihren Ämtern in der ethischen Kulturgesellschaft zurücktraten. Den Auslöser lieferte der VII. ordentliche Gesellschaftstag vom 9.-11. Oktober 1903 in Eisenach mit den dort verabschiedeten Leitsätzen *Die Stellung der Gesellschaft zu den Religions-Gesellschaften*. In Welterklärungsfragen stehe man „auf dem Boden der strengsten Neutralität". Doch habe man die Pflicht zur „Verteidigung unserer Grundüberzeugung". Das gebiete, hinsichtlich der „Religionsgesellschaften sogar angreifend und polemisch vorzugehen". Man erstrebe schließlich die Verweltlichung des gesamten Staatslebens und vor allem der öffentlichen Schule. Dem habe auch der staatliche Unterricht zu folgen und Moral auf „menschlich-natürlicher Grundlage zu lehren.[23]

Penzigs Vorstellungen konterkarierten besonders die von Friedrich Wilhelm Foerster. Er war bis 1895 Generalsekretär der ethischen Kulturgesellschaft. Einer akademischen Karriere war diese Tätigkeit ebensowenig förderlich wie seine Tätigkeit im Antisemitismusverein. Wegen des Aufsatzes *Der Kaiser und die Sozialdemokratie*[24] wurde Foerster 1895 der Majestätsbeleidigung beschuldigt und zu drei Monaten Festungshaft verurteilt. Deshalb verließ er Deutschland und arbeitete bis 1903 als Generalsekretär des *Internationalen Ethischen Bundes* in Zürich. An der dortigen Universität wurde Foerster 1898 habilitiert. Hier hielt er Vorlesungen, zuerst ein Jahr an der Universität, dann an der Technischen Hochschule. In den Neunzigern widmete er sich der Arbeiterfrage, der Pädagogik, dem Darwinismus und dem Monismus. Von einem Dissidenten der evangelischen Kirche wandelte sich Foersters Bekenntnis gegen Ende der Neunziger zu dem eines freien Katholiken. Aus dieser christlichen Motivation heraus ging sein Bestreben dahin, die moralische Unverbindlichkeit und den sozialen Individualismus Amerikas aus Deutschland fernzuhalten. Dennoch galt Foerster „Modernist", schon weil jede Aufweichung der offiziellen christlichen Lehrmeinung als „modern" bezeichnet wurde – und zwar in einem streng pejorativen Sinn, wie der Cottbuser Schloßpfarrer Theodor Simon 1903 in einer viel beachteten Rede verdeutlichte.[25]

Wegen seines politischen Purismus, seiner zwar christlichen, aber von mystischen Elementen befreiten rigorosen Ethik, und wegen seiner Rezepti-

---

23 Nach Penzig: Bewegung, S.7/8.
24 Im Heft 37 der Ethischen Kultur vom 14. September 1895.
25 Vgl. Theodor Simon: Christliche und moderne Weltanschauung. E. Vortrag. Leipzig 1903.

on amerikanischer Moraltheorien, blieb Foerster bis kurz vor dem ersten Weltkrieg eine deutsche Hochschulprofessur verwehrt. Über den Umweg einer Verbeamtung in Wien kam er schließlich von 1914 bis 1920 als Ordinarius für Pädagogik nach München. Den Begriff „Lebenskunde" reklamierte Foerster nun vollends als Bezeichnung für den ethischen Moralunterricht, in dem er einer Schrift von 1905, in der er sich an Knaben und Mädchen wandte, diesen Titel gab.[26] Es war dies eine Beispielsammlung aus seiner knapp ein Jahr zuvor veröffentlichten *Jugendlehre*, in der er Eltern, Lehrer und Geistliche ansprach. Foerster entwickelte eine Stufenfolge, Kinder in sittliche Prinzipien einzuführen. Damit verwob er eine Liste nötiger Wissensbereiche und Ideale. Foerster schloß seine Abhandlung mit der Forderung, „daß in allen Staaten und Gemeinwesen mit verschiedenen Konfessionen die staatlichen Schulen immer konsequenter zur vollen Neutralität in konfessionellen Fragen schreiten müssen ... Aus dieser Neutralität ergibt sich notwendig die Einführung rein ethischer Besprechungen, welche die religiösen Sanktionen des Sittlichen dem kirchlichen Unterrichte überlassen und sich darauf beschränken, angewandte Ethik und Lebenskunde zu geben." Während dies auch Penzig so sah, folgte aus dem Nachsatz Differenz, „daß ein rein ethischer Unterricht durchaus der Ergänzung durch eine tiefere religiöse Bildung" bedarf.[27]

Foerster wollte im Grunde den Staat selbst erziehen und entwickelte dafür eine christlich fundierte Pädagogik. Foersters Idee, den Staat geistig formen zu wollen, ließ ihn sogar eine deutsche „Staatsbürgerkunde" vorschlagen – doch faßte er diese in erster Linie als gesellschaftliche Prinzipienkunde.[28] Ein entsprechendes Schulfach leitete Foerster zwar ebenfalls daraus ab, aber seinem gedanklichen System unter. Der gesamte Unterricht sollte vor allem der Charakterbildung dienen, die den einzelnen in den Stand setzt, auch ohne staatlichen oder kirchlichen Zwang die vorfindlichen Autoritäten zu achten.[29] Jedem Lebensalter sollte eine besondere Pflicht erlernen – man beobachte schließlich die „wachsende Verwilderung der Jugend aller Klassen".[30] Die Schuldisziplin sollte stärker selbstregiert gesichert werden.[31] Auch auf die größere Offenheit der Moderne in sexuellen Fragen

---

26   Vgl. Friedrich Wilhelm Foerster: Lebenskunde. Ein Buch für Knaben und Mädchen. Berlin 1904. – 1909 erreichte die Auflage eine Höhe von 25 000 Exemplaren. – Siehe auch Ders.: Lebensführung. Ein Buch für junge Menschen. Berlin 1909. – Parallel dazu erschien von Emily Altschul: Zum Moral-Unterricht. Ausgew. Kapitel aus englischen Lehrbüchern. Wien 1908.
27   Friedrich Wilhelm Foerster: Jugendlehre. Ein Buch für Eltern und Geistliche. Berlin 1904, S.666.
28   Vgl. Friedrich Wilhelm Foerster: Staatsbürgerliche Erziehung. Prinzipienfragen politischer Ethik und politischer Pädagogik (1910). Leipzig, Berlin 1914.
29 Vgl. Friedrich Wilhelm Foerster: Autorität und Freiheit. Betrachtungen zum Kulturproblem der Kirche. Kempten, München 1910.
30   Foerster: Jugendlehre, S.666.
31   Vgl. Friedrich Wilhelm Foerster: Schule und Charakter. Beiträge zur Pädagogik des Gehorsams und zur Reform der Schuldisziplin. 10. Aufl., Zürich 1910.

sei die Jugend pädagogisch vorzubereiten.[32] Foersters Ideen standen dabei in enger geistiger Verbindung mit den Absichten der englischen *Moral Instruction League* von 1906.

Foersters Auffassungen inspirierten die weitere Debatte, doch war, um die ethische Gesellschaft nicht zu gefährden, die organisatorische Ausgliederung der *Liga für Moralunterricht* nötig. 1906 entstand der *Deutsche Bund für weltliche Schule und Moralunterricht*, in dem Rudolph Penzig und Prof. Dr. Bruno Meyer (gest. 1913) das Wort führten. Meyer gehörte, wie Penzig, zu den Multifunktionären in der deutschen Freidenkerei. Er saß auch im Vorstand der ethischen Kulturgesellschaft und dem des Mutterschutzbundes. Penzig und Meyer, der Vorsitzende und sein Stellvertreter im weltlichen Schulbund, drängten diesen in einen schärferen Gegensatz zu den Kirchen. Der Bund erreichte im ersten Jahr seiner Existenz etwa tausend Mitglieder und bis 1914 eine Mitgliedschaft von etwas über 2 000 Personen („mehr als die Hälfte Lehrer"[33]) und 42 Körperschaften. Von den geplanten *Flugschriften* des Bundes erschien allerdings nur ein Heft von Lewy.[34] Neben Penzig, Meyer, Pfungst, Lewy und Jannasch wurde besonders Karl Hesse als Generalsekretär aktiv, der eine stärker staatsbürgerliche und nationale Orientierung einbrachte.[35] 1910 setzten die Mitglieder des Bundes in der ethischen Kulturgesellschaft einen *Ausschuß zur Einführung der Bürger- und Lebenskunde an Fortbildungsschulen* durch.

Lebenskunde als Schulfach und Sittenlehre

Von der Idee eines Moralunterrichts fern von der Religion war es nur ein gedanklicher Schritt hin zum Konzept einer „wissenschaftlichen Ethik". Als theoretische Grundlegung des Moralunterrichts wollte diese zwar ebenfalls auf die christlichen Fundamente abendländischer Kultur bauen, aber eine größere Emanzipation von den Kirchen erreichen. Vorstellungen einer solchen ethischen Unterweisung der Jugend verquickten sich in der Folge mit weiteren pädagogischen Reformideen, so mit der Vermittlung von Handfertigkeiten in der Schule und das Ideal der Arbeitsschule (Georg Kerschensteiner) und mit Vorstellungen der sozialkulturellen und volksbildenden Arbeit in Settlements (Stanton Coit). Daraus wuchs ein gedankliches Konglomerat, das sich um die Leitlinie einer selbständigen „Lebenskunde"

---

32 Vgl. Friedrich Wilhelm Foerster: Sexualethik und Sexualpädagogik. Eine neue Begründung aller Wahrheiten. 2. Aufl., Kempten, München 1909.
33 Penzig: Apostata, S.106.
34 Vgl. Immanuel Lewy: Weltlicher Moralunterricht in der Schule, eine Forderung der Zeit. Finsterwalde 1908 (Flugschriften des Deutschen Bundes für weltliche Schule und Moralunterricht, 1).
35 Vgl. Karl Hesse: Nationale staatsbürgerliche Erziehung. Jena 1910 (CG, 18,3). – Diese Thesen schrieb er als Generalsekretär der *Vereinigung für staatsbürgerliche Bildung und Erziehung*.

aufbaute, worunter allerdings wieder verschiedenes gefaßt wurde, ein Wissenschaftsgebiet, eine Sittenlehre, Ratschlagliteratur und schließlich das Schulfach (mal mit und mal ohne Verbindung zur „Bürgerkunde").

Die Debatte über „Lebenskunde" als Unterrichtsdisziplin verlief in zwei gesellschaftspolitisch differente Richtungen, eine suchte die Staatsnähe, die andere nach Staatsferne. An beider Beginn stehen Freidenker und Freireligiöse, der Münchner Pfarrer Max Maurenbrecher, der dortige Monist Johannes Unold und der Berliner Stadtrat Rudolph Penzig auf der einen und Wilhelm Börner auf der anderen Seite. Maurenbrecher, Penzig und Unold wollten eine Moraltheorie, die den deutschen Staat durch überzeugte deutsche Bürger stärkt, wobei Penzig mehr der Kraft eines wertneutralen Staates vertraute, während Unold dies umgekehrt sah. Maurenbrecher und Unold arbeiteten an einer neuen Weltanschauung, ersterer dachte sie sich „deutschgläubig", letzterer „germanisch". Beide wirkten für eine nationale Schattierung innerhalb der Dissidenten.

Eine in vielen Punkten dazu gegenteilige, weil streng sozialliberale Ethik, vertrat Wilhelm Börner. Er sprach in Freidenkervereinen wiederholt über Kinder- und Jugenderziehung und entwickelte dabei eine von ihm so genannte „Sittliche Lebenskunde" – immer auf der Suche nach einer Ethik, in der christliche Werte wie Nächstenliebe und Achtung der Würde des einzelnen auf einen weltlichen Boden gestellt würden. Als Garanten dieser neuen Moral sah er die Selbstorganisation der Bürgerschaft in humanistischen Vereinen. Sein energisches Eintreten für seine Ziele brachte ihm 1911 in Wien eine 14tägige Kerkerstrafe wegen Religionsstörung und Vergehens gegen die öffentliche Ruhe und Ordnung ein, die schließlich nach längerem Gerichtsstreit auf drei Tage Arrest gemildert wurde. In den Jahren 1911/12 faßte Börner seine Auffassungen in einer Reihe von Vorträgen über Charakterbildung zusammen. Daraufhin rief ihn Ostwald nach Leipzig und der von ihm geführte *Monistenbund* beschäftigte Börner als Redakteur der Jugendzeitschrift *Die Sonne* und als Wanderredner. Während des Krieges, wieder in Wien, geriet Börner wegen seines konsequenten Pazifismus in den „Verdacht auf Hochverrat" und zeitweilig in Haft.[36]

Im großen und ganzen fußte Börners theoretisches Werk auf der Theorie Jodls, dessen Biograph und Herausgeber er in den Zwanzigern wurde, und auf der *Jugendlehre* Foersters. Doch lehnte er die christliche Fundierung jeder Kinder- und Jugendpädagogik ab.[37] Börner verlangte dagegen ei-

---

36 Nach dem Anschluß Österreichs an Deutschland 1938 gab dieser Fall den Vorwand einer Festnahme durch die Gestapo, aus deren Fängen er nur Dank massiver und persönlicher Intervention amerikanischer Freunde frei kam, die eigens nach Wien reisten und ihn suchten. Sie nahmen Börner ins Exil mit.
37 Vgl. Wilhelm Börner: Dr. Fr. W. Foerster und seine ethisch-religiösen Grundanschauungen. Eine Verteidigung und Entgegnung. Wien 1909.

ne religionslose Ethik, „weil er der festen Überzeugung war, daß die bisher übliche, religiös getönte Ethik ... notwendigerweise etwas Trennendes in die jungen Gemüter der Schüler hineinträgt; daß ferner die von ihr behauptete ‚transzendente Sanktion' mit ihrem groben Utilitarismus jeder tiefer gedachten Sittlichkeit durchaus widerspreche; daß schließlich die schwere Gefahr bestehe, es könne der vielleicht spät erfolgende Abbau jener religiösen Vorstellungswelt auch die darin verankerten Werte in seinem Sturze mit hinunterreißen."[38]

In die Diskussion über Lebenskunde griff Börner nicht nur mit seinen Vorträgen über Charakterbildung der Kinder ein, sondern vor allem mit der Herausgabe einer Broschüre über den staatlichen *Moralunterricht in Frankreich*, auf den schon Jodl verwiesen hatte.[39] Der Staat müsse, führte Börner in der Einleitung dieser Broschüre aus, „unabhängig von den einzelnen Kirchen dafür Sorge tragen ..., daß seinen Bürgern die Grundsätze der Moral in der Schule vermittelt werden. Jene Grundsätze nämlich, die, über die trennenden Dogmen der einzelnen Kirchen hinweg, die einigende, allgemein-menschliche, individuelle und soziale Sittlichkeit begründen."[40] Deshalb solle ein vom Staat getragener Moralunterricht die religiöse Unterweisung in den Schulen ersetzen. Doch habe er sich darauf zu „beschränken, die Kinder zu tüchtigen, charakterfesten, gesinnungstreuen, pflichtbewußten Bürgern zu machen; wie sie ihr metaphysisches Bedürfnis befriedigen, das geht den Staat nichts an". Es gelte das Prinzip der „Toleranz gegenüber allen religiösen Überzeugungen".[41]

„Lebenskunde", in den Zwanzigern nannte sie Börner „Lebenskunst"[42], habe kein System von Weltanschauung vorzugeben, sondern an der Prägung eines bestimmten Lebensstils theoretisch und pädagogisch zu arbeiten. „Vielseitigkeit, Lebensbejahung, der soziale Charakter, innere Aktivität, geistige Selbständigkeit und Kulturoptimismus: das sind die wesentlichen Merkmale des neuen Lebensstils, dem die Zukunft gehört."[43] Lebensstil bezeichne die „Richtung des Willens".[44] In den Details ihres Lebens könne man den Menschen keine Vorschriften machen. Es bedürfe aber der Bestimmung eines Rahmens, der den Menschen durch Werte Halt gibt, ihnen aber auch Grenzen setzt. Lebensstil sei Ausdruck einer „sittlichen Gesinnung" und deshalb „Gesinnung" Arbeitsziel des Moralunterrichts, vor allem „Friedensgesinnung".[45]

---

38 Karl Roretz: Wilhelm Börners Lebenswerk. In: Zum Gedächtnis Wilhelm Börners. Hg. v. der „Ethischen Gemeinde" in Wien, Wien 1952, S.12.
39 Vgl. Friedrich Jodl: Moral, Religion und Schule. Stuttgart 1892, S.25ff.
40 Wilhelm Börner: Einleitung. In: Der Moralunterricht in Frankreich. Das französische Moralunterrichtsgesetz in deutscher Übertragung. Hg. v. Wilhelm Börner, Wien 1910, S.4.
41 Börner: Einleitung, S.5, 6.
42 Vgl. Wilhelm Börner: Lebenskunst. Wien 1926 (Flugschriften der Ethischen Gemeinde, 3). – Ders.: Zur ethischen Lebensgestaltung. Wien 1937.
43 Wilhelm Boerner: Charakterbildung der Kinder. München 1914. S.273.
44 Boerner: Charakterbildung, S.4.
45 Wilhelm Börner: Erziehung zur Friedensgesinnung. Wien 1918 (2., verm. Aufl., Stuttgart, Wiesbaden 1921).

Ganz anders die Sicht von Johannes Unold. Er kann als der geistige Haupturheber von „Lebenskunde" als Totalersatz für den Religionsunterricht angenommen werden. Er veröffentlichte 1896 eine Sittenlehre, die er als modern, praktisch, ethisch, ideal und national bezeichnete.[46] Ein Jahrzehnt später ergänzte er seine Sittenlehre durch Ausführungen zu Lebensgesetzen, die er organisch, sozial und erneut national nannte. Sie sollte als inhaltliche Richtschnur in den Schulen eingeführt und im Leben umgesetzt werden.[47] Kein geringerer als der pädagogische Reformer Georg Kerschensteiner, selbst nicht den Dissidenten zugehörig, entnahm daraus seine Drei-Stufen-Theorie der Erziehung: Erhaltung des Einzelnen – Veredelung des Einzelnen – Veredelung des Ganzen.[48] Und er legte ihr auch eine Grundüberzeugung zugrunde, die Unold ähnlich dachte, nämlich „daß niemand ein in unserem Sinne brauchbarer Bürger eines Staates sein kann, der nicht eine Funktion in diesem Organismus erfüllt, der also nicht irgendeine Arbeit leistet, die direkt oder indirekt den Zwecken des Staatsverbandes zugute kommt".[49] Diese Hypertrophierung des Nützlichkeitsprinzips und der Arbeitsgesellschaft leitete fast alle dissidentischen Kulturvorstellungen. Sie fügten der protestantischen Arbeitsethik den sozialdarwinistischen Ansatz hinzu, ohne mehr Arbeit und die damit verbundene Anpassung drohe im Überlebenskampf der Untergang – für Individuen und Völker gleichermaßen. Diesen Ansatz griffen pädagogische Reformer und erklärten sich zu Protagonisten der Arbeitsleistung als höchstem kulturellen Wert. „Der Weg zum idealen Menschen", so Kerschensteiner, „führt nur über den brauchbaren Menschen. Der brauchbare Mensch ist derjenige, der seine und seines Volkes Arbeit erkennt und den Willen und die Kraft besitzt, sie zu tun."[50]

Unolds „Lebenskunde" war eine solche Theorie und zudem noch deutschnational. Wie andere sah er dreißig Jahre nach dem 1871 erreichten Vollzug der staatlichen Einheit Deutschlands noch keine neue deutsche Kultur entstehen. Die Ursache dafür erkannte er im Mangel an entsprechenden ethischen Sollsetzungen. Sozialem und parteipolitischem Egoismus, der Deutschland spalte, wollte Unold mit einem wissenschaftlich begründeten Monismus begegnen. Diese einheitliche („organische") Weltanschauung sei wahr, umfassend und für alle verbindlich. „Denn erst wenn die monistisch

---

46 Vgl. Johannes Unold: Grundlegung für eine Moderne Praktisch-Ethische Lebensanschauung (Nationale und ideale Sittenlehre). Leipzig 1896.
47 Vgl. Johannes Unold: Organische und soziale Lebensgesetze. Ein Beitrag zu einer wissenschaftlich begründeten nationalen Erziehung und Lebensgestaltung. Leipzig 1906.
48 Vgl. Georg Kerschensteiner: Der Begriff der Arbeitsschule (1911). In: Ders.: Texte zum pädagogischen Begriff der Arbeit und zur Arbeitsschule. Ausgewählte Schriften, Bd.2, bes. v. Gerhard Wehle, Paderborn 1966, S.156, Anm. 4.
49 Kerschensteiner: Arbeitsschule, S.40.
50 Georg Kerschensteiner: Berufs- oder Allgemeinbildung? (1904) In: Ders.: Berufsbildung und Berufsschule. Ausgew. Schriften, Bd.1, bes. v. Gerhard Wehle, Paderborn 1966, S.94.

Denkenden dahin gelangt sind, die monistische oder wissenschaftliche Denkweise auch auf die Untersuchung politischer Fragen anzuwenden, wird unsere Bewegung imstande sein, ... eine führende Rolle zu übernehmen."[51] Unter „Lebenskunde" verstand Unold demzufolge weit mehr als nur ein Schulfach, sondern sowohl als eine Wissenschaft von der Gesellschaft als auch eine besondere Kulturwissenschaft, die Werte bereitzustellen habe. Unolds hing dabei einer elitären Auslesephilosophie an, wie sie noch zu schildern sein wird. „Lebenskunde" war für ihn das soziologische Raster, nach dem er soziale Befunde „organisch" ordnete, um den „Organismen" in der Gesellschaft ein monistisch begründetes Ideal ihres Funktionierens vorzugeben. Diese Lehre könne fehlendem „Lebenssinn" begegnen. Schließlich lebe das Volk „haltlos und ziellos in den Tag hinein", wie Unold 1912 in seinem Entwurf eines Lehrplanes für höhere Schulen einleitend schrieb.[52]

Forderungen und Kompromisse bis 1914

Börner, Maurenbrecher, Penzig, Unold und andere reagierten in den letzten Jahren vor dem Kriegsausbruch auf zwei Ereignisse. *Zum einen* hatte der noch vorzustellende preußische Ministerialerlaß vom 18. Januar 1911 den Startschuß zu einer staatlich geförderten Jugendpflege durch „freie Träger" gegeben, für die nach Lage der Dinge vor allem die Kirchen infrage kamen. *Zum anderen* zeugten die Leitsätze über die Reform des Religionsunterrichts von 1912, verabschiedet vom 1911 in Jena gegründeten *Bund für Reform des Religionsunterrichts* (Leitung: Heinrich Weinel[53]), von einem möglichen Kompromiß der beiden großen Konfessionen in dieser Frage und vom Erfolg der „Münchener Methode", die stärker die Psyche des Kindes berücksichtigte und das reine Auswendiglernen ablehnte. Der neue Unterrichtsstil war in Jena im 1887 ins Leben gerufenen Katechetenverein entwickelt worden. Parallel dazu holte sich die evangelische Kirche Rat bei der noch jungen Jugendpsychologie.[54]

Weinels Frau Ada hatte 1907 in Marburg den *Verein für Religiöse Erziehung*, mit Sitz in Jena, gegründet und diesen bis zu ihrem Tode 1913 geleitet. Bis 1910 war das ein Verein von Pfarrersgattinnen und bürgerlichen Hausfrauen, die sich der häuslichen Glaubenserziehung widmeten und die Zeitschrift *Blätter für religiöse Erziehung* herausgaben. Ada Weinel erhöhte

---

51 Johannes Unold: Organische Staatsauffassung. In: MJ, 1(1912)1, S.538/39.
52 Vgl. Johannes Unold: Entwurf eines Lehrplanes für eine deutsche Lebens- und Bürgerkunde auf wissenschaftlicher erfahrungsmäßiger Grundlage für höhere Schulen. München 1917 (zuerst 1912).
53 Vgl. Heinrich Weinel: Jesus im neunzehnten Jahrhundert. Neue Bearb., Tübingen 1907.
54 Der Religionsunterricht solle mehr der Charakterpflege dienen. Deshalb sei er eine „Jugendseelenkunde". Vgl. Max Hennig: Jugendpsychologie und Religionsunterricht. In: CW 22(1908)32, Sp.781-784; 33, Sp.803-807.

bis 1911 die Mitgliederzahl auf 600 (die der Ortsgruppen auf acht) und verschaffte der Gruppe mehr Einfluß.[55] Einige der dort entwickelten reformerischen Ideen wurden in den *Leitsätzen* des *Bundes für Reform des Religionsunterrichts* aufgegriffen, den sogenannten *Dresdner Thesen* von 1911. Sie meinten, es könne durchaus „eine allgemeine ‚Lebenskunde' eingeführt werden"[56], aber nur in der Fortbildungs-, also Berufsschule. Dieser Vorschlag entsprach der gesetzlichen Religionsmündigkeit, die mit 14 Jahren erreicht war. Deshalb meinte Weinels Anhängerschaft, dort auf die kirchliche Aufsicht über den Religionsunterricht verzichten zu können, wenn nur dieser Unterricht selbst pflichtig bliebe und die „unkindliche Behandlung" des Stoffs aufgäbe. Damit stand ein Entwurf im Raum, den die Schulbehörden eventuell bereit waren zu akzeptieren, um den Liberalen entgegenzukommen, falls dies nötig sein sollte. Staat und Kirchen würden sich dabei nichts vergeben, denn dieser Moralunterricht war zwar als verbindlicher Jugendunterricht konzipiert, jedoch außerhalb von Volksschulen und Gymnasien angesiedelt.

Der Vorschlag brachte die Verfechter des weltlichen Moralunterrichts in Zugzwang, aber auch in Nöte. Denn in ihren Reihen bekamen radikale freidenkerische Ansichten wie die des Monisten Hermann Schnell ziemliches Gewicht. Er wollte die „Einführung eines weltlichen Moralunterrichts, Einführung des fakultativen Religionsunterrichts" und die „nur fakultative Verpflichtung der Lehrer zur Erteilung des Religionsunterrichts".[57] Das war ein maximalistischer Standpunkt. Führende Köpfe des *Deutschen Bundes für weltliche Schule und Moralunterricht* irritierte Schnells naturwissenschaftliche Selbstgewißheit. Im Gegensatz zu Schnell konnte der Bund mit einigen der *Dresdner Thesen* leben – bei einer Ausdehnung auf alle Schultypen und bei Anerkennung des Grundsatzes, „daß weltliche Erziehung nichts weiter bedeutet, als den Verzicht auf den ‚Geistlichen' als Erzieher".[58] Positionen wie die von Schnell hatten allerdings keine Chance auf Annahme, nachdem der sächsische Streit um den Religionsunterricht die Grenzen einer Reform vor Augen führte. In ihm zeigte sich, daß „nur verschwindend wenig Stimmen der Lehrerschaft ... den Religionsunterricht aus dem Lehrplan der Schule gestrichen wissen wollen." Vor allem, was für die Neuerer schlimmer war, hielten sich Religionslehrer und Eltern weitgehend aus dem Konflikt heraus.[59]

---

55 Vgl. Ada Weinel: Der Verein für religiöse Erziehung. In: CW 23(1909)21, Sp.497/498. – Helene Glaue: Der Verein für religiöse Erziehung. In: CW 25 (1911)30, S.716.
56 Vgl. Wolfgang Scheibe: Die Reformpädagogische Bewegung 1900-1932. Eine einführende Darstellung. 4. Aufl., Weinheim, Basel 1974, S.225-231.
57 Hermann Schnell: Weltanschauung und Ethik des Monismus als Wissenschaft. Vortrag, geh. in der Ortsgruppe München des Deutschen Monistenbundes. München 1910 (FdDMB, 26).
58 Penzig: Apostata, S.109.
59 Hans Weichelt: Der Kampf um den Religionsunterricht im Königreich Sachsen. In: CW 26(1912)32, Sp.767/768. – Es war dies eine Wertung nach einer sehr gründlichen Beobach-

In dieser Lage bestand wenig Hoffnung auf einen extra Lebenskunde-Unterricht. Deshalb beförderte vor allem Penzig Kompromisse mit aufgeschlossenen Kirchenvertretern in der Frage eines besonderen Moralunterrichts in der Schule. Er schlug vor, den Religionsunterricht in religionsgeschichtliche und ethische Einführungen zu teilen. Ausdrücklich unterstützte er in diesem Punkt den Jenaer Reformverein.[60] Um den Dialog in Gang zu bringen, richtete unter Penzigs Leitung der *Deutsche Bund für weltliche Schule und Moralunterricht* für den 29. September bis 1. Oktober 1912 in Berlin eine Konferenz über sittliche Willensbildung in der Schule aus. Das Geld dafür kam aus einem Legat. Die Vorträge veröffentlichte Penzig noch im gleichen Jahr unter dem programmatischen Titel *Harmonie zwischen Religions- und Moralunterricht*. Ziel sei es, den „sittlichen Vollmenschen" heranzubilden.[61] An dieser Tagung nahmen in der Überzahl bekannte Freigeister teil wie Wilhelm Börner, Emil Felden, Lilly Jannasch, Friedrich Jodl, Max Maurenbrecher, Bruno Meyer, Rudolf Penzig, Gottfried Traub und Gustav Tschirn. Aber auch einige katholische Priester und evangelische Pfarrer aus Deutschland waren anwesend, so weit aus der Rednerliste ersichtlich Dietrich Graue, Michael Schiele und Friedrich Siegmund-Schultze sowie Gäste aus England, Luxemburg und Österreich. In kirchlichen Hierarchien waren diese allerdings von geringem Einfluß.

Auf der Tagung stand der *Entwurf eines Lehrplans für die achtklassigen Volksschulen Bremerhavens* im Fach *Lebenskunde*, der das damalige Verständnis davon wohl präzise ausdrückt. Er wurde nach der Tagung in 2000 Exemplaren gedruckt und vollständig verkauft. Gegenstand des Unterrichts sollten Personen und Themen aus der Kunst und dem Christentum sein, eingeordnet in ein kulturgeschichtliches und ethisches System. „Der Unterricht in der Lebenskunde verfolgt nicht die Ziele des bisherigen Religionsunterrichts. Religiöse Bildung ist Unterrichtsprinzip [sic!], und Religionsgeschichte ist ein Element des Geschichtsunterrichts. Mit Bedacht haben die Herausgeber auch den Namen Moralunterricht vermieden, da moralische Belehrungen unkindlich und deshalb schädlich sind; die Beispiele aus dem Leben und Werden der Menschheit, aus Literatur und Kunst sind vielmehr so zu wählen, dass sie an sich veredelnd auf Geist und Gemüt des Kindes einwirken und sein Handeln bestimmen."[62]

---

tung dieses Streit von kirchlicher Seite. Vgl. ebd., 28, Sp.669-674; 29, Sp.691-696; 30, Sp.710-715; 31, Sp.739-743.
60 Vgl. Rudolf Penzig: Die Umwandlung des Religionsunterrichts in religionsgeschichtliche und ethische Unterweisung. In: EK 20(1912)15, S.113/14.
61 Vgl. Rudolf Penzig: Zur Einführung. In: Die Harmonie zwischen Religions- und Moralunterricht. Vorträge auf der *Konferenz über sittliche Willensbildung in der Schule*, geh. am 29., 30. Sept. u. 1. Okt. 1912 in Berlin, ges. u. hg. v. Rudolf Penzig, Berlin 1912, S.15.
62 Lebenskunde. In: Harmonie, S.175.

Die Zusammenkunft mit Kirchenleuten stellte in den Augen radikalerer Freigeister einen Affront gegen ihre Forderungen dar. Dabei handelte es sich vor allem um die Gruppe der sozialistischen Freidenker um Adolph Hoffmann und um naturwissenschaftliche Monisten. Dem *Weimarer Kartell* standen Hoffmann und sein Gefolge kritisch gegenüber, obgleich er zu dessen offiziellen Rednern gehörte. Es war ihm nicht kompromißlos genug. Seine Richtung wollte den Religionsunterricht nicht reformieren, sondern aus den Schulen verbannen. Dabei blieb allerdings auch in ihren Reihen umstritten, ob ein „wissenschaftlicher" Ethikunterricht an dessen Stelle treten sollte. Daß die heranwachsende Generation ohne jede moralische Unterweisung außerhalb der Familie auskommen könnte, war auch für Dissidenten undenkbar. Der auf der Konferenz gefundene Kompromiß lief auf die Anerkennung des ethischen Moralunterrichts als eines ebenso legitimen konfessionellen (eben nur weltlich bekennenden) Angebots hinaus, wie es der traditionelle konfessionelle Religionsunterricht schon war, nur daß sich dieser zugleich ethisch öffnen sollte. Das bedeutete eine gewisse Abkehr von einem staatlichen Pflichtangebot, obwohl man sich hier nicht so genau festlegte. „Lebenskunde" galt in diesem Verständnis als weltliche Morallehre *und* als ethische Religion der Dissidenten. Daß diese ihr Angebot als über den Religionen stehend ansahen, legte ein staatliches Schulfach nahe, ging aber nicht zwingend aus dem Selbstverständnis hervor. Ungeklärt blieb, welche Institution als Träger eines solchen Unterrichts in der Konfession der Konfessionslosen auftreten sollte, wenn der Staat dazu nicht zu zwingen war. Anzunehmen ist, daß sich der *Deutsche Bund* als solche Einrichtung verstand und in diesem Fall sozusagen als „Kirche" fungieren wollte. Diese Haltung wird anhand der weiteren Handlungen des *Weimarer Kartells* deutlich. Auf der letzten Vorkriegssitzung Anfang September 1913 wurde die „Erringung eines konfessionellen Moralunterrichts an Stelle des konfessionellen Religionsunterrichts" als Programmpunkt bestätigt, um allen Weltanschauungen das gleiche Recht auf Unterweisung der Kinder in den Schulen zu verschaffen und es den Eltern zu überlassen, welche Anschauungen sie für ihre Kinder wählen.[63] Es war dies ein außergewöhnlich mutiger Vorschlag, damals in der Öffentlichkeit noch kaum verständlich. Irgendwelche Mehrheiten gab es dafür weder im Volk, noch im Parlament und schon gar nicht in der Reichs- oder in den Landesregierungen.

Die Debatte über „Lebenskunde" signalisierte grundlegende Umbrüche hinsichtlich des Platzes der Religion in Staat und Gesellschaft. Dieser Glaubenswandel zeigte sich an den nur noch geringen Sanktionen, die vom Christentum als einer Sittenlehre ausgingen, die in der Schule zu lernen war.

---

63 Das Weimarer Kartell. In: Die neue Weltanschauung. Monatsschrift für Kulturfortschritt auf naturwissenschaftlicher Grundlage, Brackwede 6(1913)11, S.432 (im folgenden NW).

Der vom ursprünglichen Christentum und der Kirche angedrohte Feuertod als Strafe für Heidentum und Häresie hatte „sich zu der immerhin kleineren Gefahr gemildert, daß der Atheist nicht Briefträger werden kann, auch nicht Minister, auch am Stammtisch einer Kleinstadt nicht unbehelligt lebt". Doch behielt gerade bei denen, die sich den traditionellen und kirchlich wie staatlich gewünschten Angeboten mutig, einzelgängerisch und schließlich in größeren Gruppen dissidentisch entzogen „das Wort ‚gottlos' einen aktiven, heroischen Charakter", denn „die Mehrheit, die gottgläubig war, gewöhnte sich daran, an eine (strafbare) Handlung zu denken, wenn sie ein Geschehen oder einen Menschen gottlos nannte".[64] Im Bewußtsein dieser Mehrheit bedeutete jede Abkehr vom Religionsunterricht, daß die unverantwortlichen Eltern ihre Kinder bewußt einer moralischen Gefahr aussetzen. Gerade das Gegenteil war der Fall.

Bund für Mutterschutz:
Neue Ethik und sexuelle Aufklärung

Mutterschutz wegen Rassenhygiene

Der zu Jahresbeginn 1905 in Berlin gegründete *Bund für Mutterschutz*, seit 1908 unter dem Namen *Deutscher Bund für Mutterschutz*, war die zweite bedeutsame Ausgründung der *Deutschen Gesellschaft für Ethische Kultur*. Sie hatte vor allem zwei Ursachen. *Zum einen* wollten die Gründer ihre Aktivitäten auf frauen-, mutter- und kindesrechtlichem Gebiet bündeln und eine entsprechende Sozialarbeit beginnen; *zum anderen* gewann nach dem internationalen Züricher Kongreß auch in der deutschen Organisation der Ethiker eine Position an Boden, die mit größerem „sittlichen Ernst", wie es in der damaligen Sprache hieß, an der monogamischen und lebenslänglichen Ehe festhalten und auf diesbezügliche Gesetzesnormen dringen wollte. Die von diesem Standpunkt aus geäußerten Ideen über eine aufgeklärtere Sexualität hielten an einer obsolet gewordenen Sittenstrenge fest.

Als 1909 eine öffentliche Debatte über Präservative ausbrach, warnte der hochangesehene und sonst durchaus moderne Wilhelm Foerster vor den „traurigsten Rassen-Entartungen seelischer und leiblicher Art", die deren allgemeiner Gebrauch herbeiführen würde. Statt dessen empfahl er „Selbstbeherrschung".[65] Wie das der meisten Ethiker, so war auch sein Konzept weder hedonistisch noch bedürfnisorientiert, sondern wollte erziehen und disziplinieren, aber auch bilden und emporheben, denn es orientierte sich an

---

64 Fritz Mauthner: Der Atheismus und seine Geschichte im Abendlande. 1.Bd., Stuttgart u. Berlin 1920, S.8/9.
65 Wilhelm Foerster in: EK 17(1909)12, S.94.

der Kultur des Bildungsbürgertums. Es kam seinen Verfechtern auf Grundeinstellungen an. Die Zuschrift „einer Frau", bezogen auf eben diese Debatte, verdeutlicht die Diskrepanz zu den Gründern des Mutterschutzbundes. Der Brief sah die „Lösung der Sittlichkeitsfrage" vor allem in der „Selbstbeherrschung (und) Vermeidung all jener ebenso verhängnisvollen wie beliebten Genußgifte, wie z.B. Alkohol, Nikotin, Kaffee, Tee, Fleisch und alle Speisen und Gewürze, die den Geschlechtstrieb reizen".[66] Gegenüber solchen Vorbehalten begriff sich der Mutterschutzbund als „Protestverein nach zwei Seiten hin", sowohl „gegen die herrschende Lüge und Heuchelei in allen Fragen, die das sexuelle Leben betreffen, als auch gegen die Gemeinheit, Niedrigkeit und Schrankenlosigkeit, die tatsächlich im Geschlechtsleben unserer Zeit vorhanden sind".[67]

Bis Kriegsausbruch erreichte der *Bund für Mutterschutz* beachtliche zehn Ortsgruppen mit zusammen 3 500 bis 4 000 Mitgliedern.[68] Von Anfang an waren Berlin (Helene Stöcker), Hamburg (Wolfgang Kießling), Breslau, Mannheim (Elisabeth Blaustein) und Frankfurt a. M. (Dr. Käte Kehr) dabei. Danach folgten Dresden (Johanna Büttner), Leipzig (Johanna Lob), Bremen (Dr. Wilhelm Böhmert; Prediger Oskar Mauritz, Monist), Königsberg (Eva von Roy, Frau Harpf), Liegnitz (Frau Askenasy, Käthe Selle, Frau Wimpff), Posen (Helene Galewsky, Frau Kantorowizc) und Stuttgart. Letztere vier Orte schieden alsbald wieder aus, dafür kamen Freiburg (Klara Schröter) und Düsseldorf (Prof. von Wiese; Arzt) hinzu. 1913 bildete sich noch eine Ortsgruppe München. Seit April 1909 beschäftigte der Bund einen Generalsekretär, Hugo Otto Zimmer aus Posen, und zeitweilig eine hauptamtliche Schriftführerin, Klara Linzen-Ernst aus Berlin. Auch wenn „Mutterschutz" im heutigen Verständnis eher Hausfrauendasein, Kindererziehung und Familienorientierung assoziiert, der Bund vereinigte in sich den damals radikalsten Flügel der bürgerlichen Frauenbewegung.

Zu Schöpfern des *Bundes für Mutterschutz* zählten berühmte Frauenärzte und Sexualwissenschaftler. Deren Mitarbeit war um so bedeutsamer, weil „die Ärzte bis zum Ersten Weltkrieg keineswegs davon überzeugt (waren), daß die medizinische Betreuung und Heilkunst im engeren Sinne zu einer

---

66 Leserzuschrift. In: EK 17(1909)14, S.111.
67 Adele Schreiber: Der Bund für Mutterschutz und seine Gegner. Leipzig 1908, S.1 (KuF, 151). – Vgl. Helene Stöcker: Bund für Mutterschutz. M. Beitr. v. Ellen Key, Lily Braun u.a., Berlin 1905, S.7: „Denn was heute überall herrscht: das sind die traurigen Kehrseiten eines glücklichen Sexuallebens: Prostitution und Geschlechtskrankheiten, Geldheirat und Askese der Frau." – Die Beiträge wurden am 26.2.1905 in Berlin auf der ersten öffentlichen Versammlung des Bundes gehalten, auf der fast nur Frauen anwesend waren. Die anderen Redner und Rednerinnen: Max Marcuse, Maria Lischnewska, Adele Schreiber, Justizrat Seller, Iwan Bloch.
68 1909 gab es 11 Ortsgruppen in 15 Städten mit ebenfalls etwa 4000 Mitgliedern. Vgl. Mitteilungen des Deutschen Bundes für Mutterschutz. In: Die neue Generation, Berlin 5(1909)6, S.247 (im folgenden NG).

nennenswerten Senkung der allgemeinen Säuglingssterblichkeit beigetragen habe oder beitragen könne — von den Pockenschutz-Impfungen vielleicht einmal abgesehen".[69] Zwei weitere Berufsgruppen, die den Mutterschutzbund prägten, waren die Hebammen und die (meist, aber nicht nur) freireligiösen Pfarrer. Daß diese zumindest in der Anfangszeit in erstaunlich großer Zahl mit Freidenkern zusammenwirkten, resultierte aus der lebenshelfenden Orientierung des Vereins. Beim Mutterschutzbund, so der Vorsitzende Dr. Max Rosenthal 1910, ein Jurist, handle es sich um eine „Vereinigung praktisch-charitativer und sozial-ethischer Bestrebungen mit dem Ziele, die Stellung der Frau als Mutter zu verbessern sowie eine Gesundung der sexuellen Beziehungen überhaupt herbeizuführen".[70] In seinen moralischen Zielen folgte der Bund weitgehend der ethischen Kulturorganisation, besonders denen ihres Mitbegründers, des Berliner Gymnasialprofessors und Spezialisten für Deutschen Aufsatz Ernst Laas, der über die *Frauenfrage* publiziert hatte[71], weitgehend in Antwort auf das fünf Jahre zuvor erschienene Buch von August Bebel (1840-1913) *Die Frau und der Sozialismus*.

Geleitet wurde der Mutterschutzbund 1914 von der Breslauer Gruppe um Rosenthal, mit Robert Asch (Arzt), Marie Hübner und Hedwig M. Stein als Beisitzer sowie Gustav Tschirn als aktivem Mitglied, wie Berichte in der Zeitschrift *Die neue Generation* ausdrücklich hervorheben. Dem vierzig Personen umfassenden Ausschuß gehörten vor allem Ärzte und Sozialpolitiker an. Auch 13 Frauen wurden gewählt, von denen die meisten („Frau Kommerzienrat", „Frau Professor") Hausfrauen waren. 1909 gehörten zum Ausschuß Hugo Boettger (M.d.R., Berlin), Lily Braun, Eduard David (1863- 1930, M.d.R., Berlin), Havelock Ellis (Arzt in Cornwall, Großbritannien), Prof. Dr. Albert Eulenburg (Berlin, Arzt), Max Flesch (Arzt und Sozialpolitiker in Frankfurt a. M.), August Forel (1848-1931; Monist), Henriette Fürth (Frankfurt a. M.), Ernst Haeckel, Otto Juliusburger, Franz v. Liszt (1851- 1919), Alfred Ploetz, Heinz Potthoff (geb. 1875; Düsseldorf; 1903-1911 M.d.R.), Heinrich Sohnrey (Berlin) und Bruno Wille. Der Vorsitzende der Sozialdemokratischen Partei August Bebel (Berlin; M.d.R.) war dem Bund 1909 ebenfalls beigetreten.[72]

Auch hier saßen bekannte Dissidenten im Vorstand, darunter der Arzt Julian Marcuse (geb. 1862; Ebenhausen b. München; Beisitzer der ethischen Gesellschaft), Paul Kampffmeyer (1864-1945), Franz Müller-Lyer und Heinrich Bohlen. Zum engeren Führungskern rechneten der Berliner Frau-

---

69 Reinhard Spree: Soziale Ungleichheit vor Krankheit und Tod. Zur Sozialgeschichte des Gesundheitsbereichs im Deutschen Kaiserreich, Göttingen 1981, S.69.
70 (Max) Rosenthal: Was heißt „Neue Ethik"? Was will der Bund für Mutterschutz? In: NG 6(1910)6, S.219.
71 Vgl. Ernst Laas: Zur Frauenfrage. Berlin 1883 (Deutsche Zeit- und Streitfragen, 184).
72 Vgl. Mitteilungen des Deutschen Bundes für Mutterschutz. In: NG 5(1909)9, S.399.

enarzt und Kulturhistoriker Iwan Bloch (Pseudonyme: Eugen Dühren, Albert Hagen; 1872-1922), Walter Borgius (Arzt in Berlin), Ruth Bré (1862-1911; Hermsdorf i. Schl.), Prof. Dr. Ernst Kromayer (Dermatologe in Berlin), Maria Lischnewska (Berlin), Max Marcuse (geb. 1862; Berlin; Dermatologe und Sexualforscher), Adele Schreiber (Berlin; Monistin) und Bruno Springer (Rechtsanwalt in Berlin). Den Gründungsaufruf unterzeichneten unter anderem Adolf Damaschke (Bodenreformer), Christian von Ehrenfels, Alfred Hegar, Friedrich Naumann, Werner Sombart (1863-1941; Nationalökonom in Berlin), Max Weber und Ludwig Woltmann. General-Versammlungen des Bundes fanden 1907 in Berlin, 1909 in Hamburg, 1911 in Breslau und 1913 in Berlin statt. Für ihre Verhandlungen zur Bildung des *Weimarer Kartells* bekam Helene Stöcker 1906 freie Hand.[73]

Seine sozial- und kulturpolitischen Vorschläge machten den Bund zu einer kreativen Einrichtung und seine Praxis zur bevorzugten Adresse einer grundsätzlichen Kritik an den sittlichen Folgen der Freidenkerei, obwohl in diesem Verein zahlreiche Christen wirkten. Solche Vorwürfe kamen auch aus der gemäßigten Frauenbewegung[74]: Man befürworte leichtfertigen Lebenswandel, unterstütze alles Unsittliche, untergrabe die Autorität der Ehe und sei folgerichtig „staatsgefährlich". Dabei griffen die Gegner gern solche herausfordenden Ideen auf, wie sie Oscar Schmitz vortrug. Um der sowieso zunehmenden Promiskuität der Bevölkerung zu entsprechen und zugleich die Institution der Ehe nicht gänzlich zu beseitigen, schlug er 1908 die „Zeitehe" vor, eine eheähnliche juristische Konstruktion mit „würdiger" Feier[75] – eine heute ziemlich verbreitete Form der „Lebensabschnittsgemeinschaft" (Ulrich Beck).

In vier Punkten ging die Anhängerschaft des Bundes über die bisherigen Zielstellungen der ethischen Bewegung hinaus: *Erstens* sahen sie in der zunehmenden Zahl unehelicher Kinder nicht zuerst einen moralischen Verfall, sondern einen Anspruch an soziale Arbeit. Für die betroffenen Kinder sei besser zu sorgen. *Zweitens* gelte es, die Mütter unehelicher Kinder aus der Verfemung zu befreien. Deshalb sollte *drittens* die „Geschlechtsmoral" reformiert, das menschliche Liebesleben auf der Entwicklungslehre begründet und die sittlichen Anschauungen von christlich-mystischen wie metaphysischen Lehren befreit werden. *Viertens* habe sich dieses Wollen auch in einem sozialen und rassehygienischen Konzept auszudrücken.[76] Den letzten Punkt hob der Mitbegründer des Bundes, der Münchener Arzt und Rassen-

---

73 Vgl. Mitteilungen des Deutschen Bundes für Mutterschutz. In: NG 5(1906)6, S.248, 250.
74 Vgl. Frauenbewegung und Sexualethik. Beiträge zur modernen Ehekritik v. Gertrud Bäumer, Agnes Bluhm, Ika Freudenberg, Anna Kraußneck, Helene Lange, Anna Pappritz, Alice Salomon u. Marianne Weber, Heilbronn 1909.
75 Vgl. Oscar A. H. Schmitz: Die Zeitehe. In: NG 4(1908)4, S.133.
76 Vgl. Handbuch, S.89/90.

theoretiker Alfred Ploetz hervor. Da man sowieso nicht allen 180 000 ledigen Müttern in Deutschland helfen könne, solle wenigstens „intellektuell und moralisch gutes Material" ausgesucht werden. Im übrigen „liegt die Gefahr vor, daß alles wieder auf einen besonderen Schutz der Minderwertigen hinausläuft. Denn darüber hege ich keinen Zweifel, daß die auch vom Aufruf zugestandene durchschnittliche Minderwertigkeit der unehelichen Erwachsenen sich nicht einzig und allein durch die schlechte soziale Umwelt erklärt."[77]

Dieser These folgte der Bund nicht. Doch die Unterstützung, die der Mutterschutzbund auch von anderen führenden Rassentheoretikern erhielt[78], entsprach der damaligen gesellschaftspolitischen Begründungslogik. So stellten selbst die Schöpfer der englischen *Fabian Society* (1883/84) und der *Labour Party* (1900), Sidney (1859-1947) und Beatrice Webb (1858-1943), in ihrer viel gelesenen Studie von 1912 über das *Problem der Armut* fest, daß erst die „Entdeckungen und Folgerungen der Zuchtwahl" vielen Gebildeten Belege für verbesserte Hilfeleistungen geliefert hätten: „Sind doch viele der kühnsten Rassehygieniker [im Unterschied zu den Eugenikern, H.G.] zugleich die rührigsten Vorkämpfer ... sozialer Reformen."[79] Rassenhygienische Denkmuster gehörten zum Ende des 19. Jahrhunderts zu den kulturellen Grundannahmen, so daß sie von vielen Mutterschützern bewußt bedient wurden, um ihre Sozialprogramme zu legitimieren, so den Verkauf von Verhütungsmitteln zur Beschränkung der Kinderzahl und zur „gesunden Vererbung", die Einrichtung ländlicher Kinderheime oder gar die Erlaubnis zur Abtreibung.[80] Es finden sich in den Argumenten allerdings auch Zuspitzungen, in denen die „Rassenverbesserung" zum eigentlichen Ziel des Mutterschutzes erklärt und die biologische Züchtung einer neuen Generation empfohlen wird. „Wir wollen ... die Auslese nicht der Natur überlassen." Bei der unumgänglichen Selektion „wollen (wir) ... selbst die Jurymitglieder sein, hygienisch wie ethisch".[81]

Die Tätigkeit des Mutterschutzbundes bewegte sich in der Spanne zwischen praktischer Sozialhilfe und rechtlicher, sexualaufklärerischer sowie

---

77 Alfred Ploetz: Notizen. Bund für Mutterschutz. In: Archiv für Rassen- und Gesellschafts-Biologie, einschließlich Rassen- und Gesellschafts-Hygiene. München 2(1905)1, S.166.
78 Vgl. Anna Bergmann: Die verhütete Sexualität. Die Anfänge der modernen Geburtenkontrolle. M. e. Vorw. v. Barbara Duden, Hamburg 1992, S.86-89.
79 Sidney Webb u. Beatrice Webb: Das Problem der Armut. Jena 1912, S.27.
80 Vgl. Maria Lischnewska: Weiter Ausgestaltung des praktischen Mutterschutzes. Referat ... In: NG 4(1908)5, S.169-181. – Oda Olberg: Ueber den juristischen Schutz des keimenden Lebens. In: NG 4(1908)6, S.197-211. – Ellen Key: Mutter und Kind. In: NG 4(1908)7, S.241-254.
81 J. Rutgers: Rassenverbesserung. In: NG 4(1908)1, S.28. – Vgl. Paul C. Franze (Arzt in Bad Nauheim): Der wissenschaftliche Weg zur Verwirklichung der neuen Generation. In: NG 6(1910)5, S.179-194. – Ders.: Höherzüchtung des Menschen auf biologischer Grundlage. Leipzig 1909. – Joseph Leute: Sozialhygienische Kastration. In: NG 5(1909)10, S.424-431.

(rassen)hygenischer Propaganda. Das wichtigste Medium war die Zeitschrift der Organisation, die von 1905 bis 1907 *Mutterschutz* hieß, mit dem konzeptionellen Untertitel *Zeitschrift zur Reform der sexuellen Ethik*, und danach (bis 1932) *Die neue Generation*. Als erste Mitherausgeber liehen so grundverschieden überzeugte Personen ihren Namen wie Christian von Ehrenfels, Graf Paul von Hoensbroech, Ellen Key (1849-1926; Lehrerin in Stockholm), Franz von Liszt, Friedrich Naumann, Werner Sombart und Bruno Wille. Der Mutterschutzbund setzte sich für die Erleichterung von Ehescheidungen ein, forderte die Gleichberechtigung der ledigen und verheirateten Mütter, veranstaltete Sexualaufklärungen, wollte deshalb auch Ehe- und Sexualberatungsstellen einrichten und eine staatliche Mutterschaftsversicherung einführen.[82] Der Verein unterhielt 36 Mütterheime für Ledige, allein zwölf davon in Hamburg mit Betten für zwanzig Mütter und 15 Kinder bei über 18 000 Verpflegungstagen für 204 Mütter und 163 Kinder im Jahr 1912.[83]

Es war die praktische Sozialarbeit, die viele aktive Streiter für den Mutterschutz zu Gegnern „der herrschenden konventionellen Moral der ‚alten Ethik'" werden ließ. Als Adele Schreiber die ersten Jahre des *Berliner Bureaus* resümierte, brach es aus ihr heraus: „Ohne eine völlige Umwälzung dieses falschen, verlogenen, alten Sittlichkeitskodexes ist auch der praktischen Arbeit die engste Grenze gezogen." Es sei die alte Auffassung, daß man die Mütter „‚bessern' müsse, während wir die Erkenntnis verbreiten wollen, dass vor allem die Gesellschaft, ihre Einrichtungen und Anschauungen der Verbesserung bedürfen".[84] Aus dieser Erkenntnis folgerte das Programm des Bundes, sich auch gegen den Abtreibungsparagraphen 218 und, weniger stark, aber vernehmlich, gegen den Homosexuellenparagraphen 175 einzusetzen.[85] In all diesen Punkten gab es große Diskrepanzen zur öffentlichen Meinung, selbst zu den Ansichten in der Jugendbewegung[86], aber große Nähe zu sozialdemokratischen Positionen[87], die, nach wissenschaftlichen

---

82 Vgl. hierzu die vom Mutterschutzbund erstellte Bibliographie und die Eingabe des Bundes an den Reichstag: Studienmaterial zur Frage der staatlichen Mutterschaftsversicherung. Oktober 1909. In: NG 5(1909)12, S.556-560. – Petition um Erweiterung der Mutterschaftsversicherung. In: NG 9(1913)3, S.164-168.
83 Vgl. Handbuch, S.92. – Für 1911 vgl. die Statistik von Maria Hübner (Berlin) in: NG 7(1911)8, S.305/06.
84 Adele Schreiber: Romane aus dem Leben. Aus den Erfahrungen des Bundes für Mutterschutz. Leipzig 1908, S.10, 14 (KuF, 162).
85 Vgl. Bruno Meyer: Der Alp der Sittlichkeitsgesetze im Strafgesetzbuch (§175). In: NG 4(1908)8, S.299-304. – Ders.: Homosexualität und Strafrecht. In: Archiv für Kriminalanthropologie und Kriminalistik. Leipzig 44(1911), S.255-325.
86 Vgl. Ulrich Linse: „Geschlechtsnot der Jugend". Über Jugendbewegung und Sexualität. In: „Mit uns zieht die neue Zeit." Der Mythos der Jugend. Hg. v. Thomas Koebner, Rolf-Peter Janz u. Frank Trommler, Frankfurt a. M. 1985, S.245-309.
87 Vgl. Annette Mühlberg: Arbeiterbewegung und Sexualität im deutschen Kaiserreich. In: MKF Nr. 31, Berlin 1992, S.134-173.

Erklärungen der Moderne suchend, im Mutterschutzbund eine Quelle ihrer sozialpolitischen Ideen erkannte.

Kontroversen um die „wahrhaft sittliche Ehe"

Helene Stöcker brachte die idealen Bestrebungen des Bundes auf die Formel von der „Neuen Ethik"[88], worunter sie eine moderne Sexualmoral verstand, die Geschlechtsverkehr nicht an die Ehe, sondern an dauerhafte Zuneigung band. Mit ihren Grundsätzen, „dass die heute geltende Eheordnung unseren sittlichen Ansprüchen nicht mehr zu genügen vermag"[89] und die Frauen ein Recht auf individuelle Selbstfindung hätten, griff sie die „Heiligkeit der Ehe" direkt an und forderte öffentlich das Recht der Frauen auf sexuelle Befriedigung. Das Ansinnen begab sich nicht nur aus der damals vorherrschenden Kultur, sondern auch in Gegensatz zu gängigen medizinischen Ansichten, nach denen die Frau gar keinen Orgasmus haben könne. Damit geriet das Programm von Helene Stöcker gegenüber der „Wissenschaft" in Verruf und moralisch unter das Verdikt, die „freie Liebe" einführen zu wollen. Beides rückte ihre Politik in die Nähe des Anarchismus. Damit zählte Helene Stöcker zu den am meisten angefeindeten Personen der gesamten Kartellbewegung, zumal sie zugleich radikale Pazifistin und Freundin der Sozialdemokratin Clara Zetkin (1857-1933) war.[90] Das, was von ihrem privaten Leben bekannt wurde, schien nahezu alle Vorurteile der Zeit gegen selbstbewußte Frauen zu bestätigen. Als geradezu abscheulich empfand man ihre Mitgliedschaft, immerhin als einziger Frau und als Vorsitzende der Berliner Ortsgruppe des Mutterschutzbundes, im Vorstand des 1897 von Magnus Hirschfeld, Max Spohr, Franz Josef von Bülow und Eduard Oberg gegründeten *Wissenschaftlich-humanitären Komitees*, der größten deutschen Homosexuellenorganisation vor der Weimarer Republik.[91] Von dort aus setzte sie sich nicht nur für die Abschaffung des Paragraphen 175 ein, sondern warnte öffentlich vor der Ausdehnung des Straftatbestandes der gleichgeschlechtlichen Sexualität auf die Frauen.[92] Den öffentlichen Angriffen begegnete Helene Stöcker mit theoretischen Argumenten und mit einem bewunderungswürdigen persönlichen Einsatz für unverheiratete Mütter und uneheliche Kinder. Dieser gute Leumund erlaubte es ihr, in Forderungen

---

88   Vgl. Helene Stöcker: Die Liebe und die Frauen. Minden 1906 (2. Aufl. 1913).
89   Helene Stöcker: Unsere Sache. In: NG 4(1908)1, S.4. – Dies.: Geschlecht und Liebe. In: NG 9(1913)6, S.298-321. – Dies.: Zur Kultur der Liebe. In: NG 9(1913)10, S.511-534.
90   Vgl. Ingeborg Richarz-Simons: Helene Stöcker. Sexualreformerin und Pazifistin. München 1969.
91   Das Komitee löste sich nach der Machtübernahme der Nationalsozialisten am 8. Juni 1933 auf. Zu Hirschfeld vgl. Manfred Herzer: Magnus Hirschfeld. Leben und Werk eines jüdischen, schwulen und sozialistischen Sexologen. Frankfurt a. M, New York 1992.
92   Vgl. Helene Stöcker: Die beabsichtigte Ausdehnung des § 175 auf die Frau. In: NG 7(1911)3, S.110-122.

radikal zu sein, etwa in der Abtreibungsfrage.[93] Hier wie in anderen Fragen erkannte sie vor allem im *Deutschen Monistenbund* „Gemeinsamkeiten der Weltanschauung".[94]

Zur Lehrerin ausgebildet, wie vor 1914 üblich, auf einem konfessionellen, in diesem Fall protestantischen Seminar, studierte Helene Stöcker ab 1896 in Berlin, Glasgow und Bern Nationalökonomie, Deutsche Literatur und Philosophie.[95] 1902 wurde sie mit einer kunstwissenschaftlichen Arbeit über die Frühromantiker promoviert. Deren Frauenbild, Nietzsches *Religion der Liebe* und besonders ihre Liebesbeziehung zu einem verheirateten Mann motivierten sie zur Ausarbeitung ihrer Theorie der „Neuen Ethik". Helene Stöcker gehörte in der Frauenbewegung zu den wenigen ausdrücklichen Verehrern Nietzsches. In vielen Artikeln nahm sie ihn gegen den Vorwurf in Schutz, ein „Weiberfeind" gewesen zu sein. Sie sah in ihm wegen seiner Umwertung der Werte im Gegenteil sogar einen geistigen Urheber der Frauenbewegung.[96]

Dem Engagement von Helene Stöcker verdankte der *Deutsche Bund für Mutterschutz* 1910 „Richtlinien" zur „Gesundung der sexuellen Beziehungen" und zum Kampf gegen die „doppelte Moral". Daraus leiteten sich Forderungen nach einer aufgeklärten Sexualität ebenso ab wie das politische Verlangen, der Staat müsse bei der sozialen Vorsorge für eine gesunde Gattungs-Fortpflanzung, sprich Eugenik und Rassenhygiene[97], in die Pflicht genommen werden. Diesen Berliner Weg, wie man ihn nannte, mochten die Ortsvereine Liegnitz, Posen, Königsberg und Stuttgart nicht mehr mittragen.

---

93 Vgl. Helene Stöcker: Strafrechtsreform und Abtreibung. Eine Enquête. In: NG 4(1908)11, S.399-410.
94 So in ihrer Replik auf den Magdeburger Monistentag im September 1912, auf dem Grete Meisel-Heß ihren Standpunkt darlegte. Vgl. Helene Stöcker: Von Kongressen und Gründungen. I. Monismus und Mutterschutz. In: NG 8(1912)10, S.546-549.
95 Zum Universitätsstudium von Frauen vgl. Anne Schlüter: Wissenschaft für die Frauen? – Frauen für die Wissenschaft! Zur Geschichte der ersten Generation von Frauen in der Wissenschaft. In: „Wissen heißt leben ...", Beiträge zur Bildungsgeschichte von Frauen im 18. und 19. Jahrhundert, hg. v. Ilse Brehmer, Juliane Jacobi-Dittrich, Elke Kleinau u. Annette Kuhn, Düsseldorf 1983, S.244-261.
96 Vgl. Helene Stöcker: Unsere Umwertung der Werte (zuerst im Magazin für Literatur 1897) in: Dies.: Die Liebe und die Frauen. Minden 1905, besonders darin die Aufsätze *Liebe und Frauen*, S.6-18, 14 und *Nietzsches Frauenfeindschaft* (zuerst in *Zukunft* 1901), S.65-74. – Sie wurde dabei von der welterfahrenen Frauenrechtlerin Käthe Schirmacher unterstützt, deren These von der „modernen Frau", die „in erster Linie eine geistige Arbeiterin" sei, unter den Akademikerinnen starken Anklang fand. Vgl. Käthe Schirmacher: Die Frauenfrage (zuerst in: Die Gesellschaft, Mai 1894). In: Dies.: Sociales Leben. Zur Frauenfrage. Paris, Leipzig 1897, S.109. – Die moderne Frau müsse mit der Tradition brechen, „daß Frauen keine großen Kulturarbeiterinnen sein können. Vgl. Dies.: Herrenmoral und Frauenhalbheit. Berlin 1896, S.333 (Der Existenzkampf der Frau, 10).
97 Vgl. Hans-Walter Schmuhl: Eugenik und Rassenkunde. In: Darwin und der Darwinismus. Eine Ausstellung zur Kultur- und Naturgeschichte. Hg. v. Bodo-Michael Baumunk u. Jürgen Rieß, Berlin 1994, S.145: „Die Rassenhygiene, die deutsche Spielart der Eugenik, entstand in den 1890er Jahren zunächst unabhängig von der Eugenikbewegung im angelsächsischen Raum."

Sie schieden aus dem Bund aus und gründeten im Mai 1910 die *Deutsche Gesellschaft für Mutter- und Kindesrecht*, die weniger Gewicht auf die Sexualaufklärung und mehr auf die sozial- und rechtspolitische Arbeit legte. Unmittelbarer Auslöser der Abspaltung von Königsberg, Liegnitz, Posen und Stuttgart aus dem Mutterschutzbund waren die ethischen und sexualpolitischen Thesen von Heinrich Meyer-Benfey, die dieser zunächst in Replik auf die *Lex Heinze* andeutete[98], dann aber auf der Dresdner Generalversammlung 1909 ausführlich vortrug und nach knapper Annahme publizierte.[99] Seine Ansichten gründete Meyer-Benfey auf allerlei moralische Idealfiguren wie „leiblich-seelische Gemeinschaft" oder „wahrhaft sittliche Ehe". Zunächst betonte er noch, die „notwendige Folge der Ehe ist die Erzeugung von Kindern". Geschlechtsverkehr ohne diesen Zweck könne nur „unter bestimmten Umständen als Notbehelf zugelassen werden".[100] Doch formulierte er nach dem Kongreß eine radikalere Position: Geschlechtsverkehr sei erlaubt, wenn er sich „auf ein Verhältnis persönlicher Zuneigung und Achtung gründet und mit dem Verantwortungsgefühl für die etwaigen Folgen verbunden ist".[101] Dieser Satz sanktionierte vor- und außerehelichen sowie, wenn auch unausgesprochen, gleichgeschlechtlichen Sexualverkehr. Dieser Gesinnungswandel erregte enormen Protest, besonders da er mit einem weiteren Leitsatz gedanklich verbunden wurde: „Wenn die Ehe sittlich wird durch den Glauben der Eheleute an ihre vollkommene seelische Gemeinschaft, so wird sie unsittlich, wenn dieser Glaube aufgehört hat, und es ist dann sittliche Pflicht, sie zu lösen."[102] Zuende gedacht folgte daraus, daß jede neue sexuelle Bindung eine neue Lebensgemeinschaft begründen konnte. Das war in den Augen seiner scharfen Kritiker das Ende der lebenslangen Ehe, die Ausrufung der Anarchie und die Unterstützung der Prostitution.

In seinen Positionen wurde Meyer-Benfey vor allem von Joseph Leute[103], Maria Lischnewska und Julian Marcuse unterstützt. Letzterer hatte sich bereits ein Jahr vor dieser Tagung als Frauenarzt und bekennender Monist geäußert, dabei allerdings weit stärker das Körperliche in der „Sexualfrage" betont als der eher utopisch-ethisch argumentierende Meyer-Benfey. Vor allem machte sich Marcuse über F. W. Foerster lustig. In seiner „über Körper und Fleisch triumphierenden scheinbaren Selbsterhebung der Seele, in der Befreiung von der sinnlichen Materie, klingt das heilpädagogi-

---

98 Vgl. Heinrich Meyer-Benfey: Lucinde und lex Heinze. Leipzig 1903.
99 Vgl. Leitsätze. In: Heinrich Meyer-Benfey: Die sittlichen Grundlagen der Ehe. Berlin 1909, S.13-16 bzw. 112-114. – Ders.: Die neue Ethik und ihre Gegner. Antikritische Randglossen. In: NG 4(1908)5, S.153-168.
100 Leitsätze. In: Meyer-Benfey: Grundlagen, S.14/15.
101 Meyer-Benfey: Grundlagen, S.124.
102 Meyer-Benfey: Grundlagen, S.73.
103 Vgl. Joseph Leute: Das Sexualleben und die katholische Kirche. Frankfurt a. M. 1908 (NFV).

sche System Försters aus, das im zeitgenössischen Kampf gegen den Sexualismus und dessen Triebarten seinem Interpreten nach den einzig sicheren Stecken der unsicher tastenden Menschheit darstellt". Auch er strebe zwar „nach einer sittlich-geläuterten Menschheit" und wolle dem „Willen einen Tempel errichten, aber nicht gebaut auf Buße, Reue und Entsagung". Deshalb bezichtigte Marcuse Foerster, „das Kulturbild der Erbsünde" weiter zu verbreiten und das „Weib als Vermittlerin der Ursünde" anzusehen.[104] Maria Lischnewska war mit Meyer-Benfey und Foerster einig in der Aversion gegen die „Schmutzliteratur, die gemeinen Lustbarkeiten". Die Autoren und Verleger solcher Schriften „benutzen das ganze Gebiet des Geschlechtslebens, um den Menschen zur Bestie zu erziehen". Doch unterschied sich ihre Folgerung von der idealischen Meyer-Benfeys, indem sie eine „neue Pflege des Leibes und eine neue Kultur des Nackten" befürwortete. Gegen Foerster argumentierte sie, „dass der Religionsunterricht ein Mittel zur geschlechtlichen Belehrung nicht ist und niemals sein kann".[105]

Man muß sich die Konstellation vergegenwärtigen. Foersters moderat vorgetragenes und sehr pädagogisches Konzept einer erneuerten Sexualethik galt in akademischen und kirchlichen Kreisen als Angriff auf die öffentliche Moral. Schon das Thema war verpönt. Aufgeschlossenen Reformern wollte er seine Vorschläge nahelegen, weshalb er sie beruhigte und sich von den Extremen distanzierte: „Alle jene modernen Theorien wären längst in ihrer ganzen Lebensunfähigkeit erkannt und unter Gelächter zur Tiefe gefahren, wenn die Würde der alten Ordnungen nicht auch in radikalen Kreisen noch nachwirkte und dadurch verhinderte, daß die wirklichen Konsequenzen anschaulich zutage treten, die aus der ‚neuen Ethik' notwendig folgen."[106] Der Streit auf der Dresdner Generalversammlung war zugleich ein Positionskampf in der dissidentischen Bewegung. Über die Kräfteverteilung gibt die Lage nach der Spaltung des Mutterschutzbundes Auskunft. Die verbliebenen Gruppen setzten eine Vorort-Regel durch, nach der Berlin als bestimmende Region ausschied und Breslau Platz machte.[107] Doch tolerierte man im Bund inzwischen die Meinung von Helene Stöcker und beließ ihr die Zeitschrift als Organ des Bundes. Bei all diesen Vorgängen spielten konservative Haltungen in den Kirchen eine entscheidende Rolle. Zunächst gab es aus die-

---

104 Julian Marcuse: Die sexuelle Frage und das Christentum. Ein Waffengang mit Fr. W. Foerster. Leipzig 1908, S.III, IV/V, 81/82. – Vgl. auch Walter Vielhaber: Christentum und Sexualethik. In: NG 8(1912)12,S.643-652.
105 Maria Lischnewska: Die geschlechtliche Belehrung der Kinder. Zur Geschichte und Methodik des Gedankens. 4., erw. Aufl., Frankfurt a. M. 1907, S.15, 41, 25.
106 Friedrich Wilhelm Foerster: Vorwort zur zweiten, vermehrten Auflage. In: Ders.: Sexualethik und Sexualpädagogik. Eine neue Begründung aller Wahrheiten. 2. Aufl., Kempten, München 1909, S.XIV.
107 Vgl. Mitteilungen des Deutschen Bundes für Mutterschutz. Mitteilungen des Vororts. In: NG 6(1910)4, S.174.

sem Lager uneinheitliche, darunter auch nachdenkliche Stimmen. Eine Aufsatzfolge in der Zeitung *Die Christliche Welt* vermeldete sogar Verständnisbereitschaft.[108] Um so grundsätzlicher fiel dann aber die sich durchsetzende Replik auf diese Äußerung aus. Die ganze Richtung sei nicht akzeptabel. Sie sei „auch in der humansten Absicht ... eine verhängnisvolle Gefährdung des Familienlebens, der Grundlage aller Volksgesundheit".[109] „Wer irgendwie auf christlichem Boden steht, muß ... den Mutterschutz-Bund ... ablehnen", nicht nur wegen dessen „Ertötung des Schamgefühls", die „zur Degenerierung" führe. Man müsse ihn auch hinsichtlich seiner Emanzipationsbestrebungen verurteilen. Er rüttle schließlich mit seiner Absicht an den Grundfesten des Staatsgefüges, wenn er für Ehefrauen und Mütter öffentliche Ämter fordere. „Diese können aber doch unmöglich einer Persönlichkeit übertragen werden, die voraussichtlich wiederholt für viele Monate an der Ausübung verhindert sein wird; es ist daher unvermeidlich, daß Staat und Gemeinden keine junge verheiratete Frau als Lehrerin oder Postbeamtin oder in ähnlicher Weise anstellen, und daß sie einer solchen bei der Heirat das vorher inne gehabte Amt entziehen."[110]

Die geistigen Auseinandersetzungen innerhalb des Mutterschutzbundes spiegelten solche Pauschalurteile und den gemeinsamen Protest dagegen. Wohl gerade deshalb erfuhr der Stöckersche Standpunkt bei vielen Dissidenten, besonders im *Monistenbund*, große Sympathie, dank auch der werbenden Vermittlung durch Grete Meisel-Heß. Die Ende der siebziger Jahre in Prag geborene Dichterin ging nach dem Besuch der Bürgerschule und einer gehobenen Erziehungsanstalt in Böhmen (Landschulheim Prachatitz) 1893 nach Wien, hospitierte an der dortigen Universität in Philosophie, Soziologie und Biologie, ging schließlich 1908 nach Berlin und heiratete hier in zweiter Ehe den Architekten Oskar Gellert. Ihr wissenschaftliches Erstlingswerk *In der modernen Weltanschauung* blieb weitgehend unbeachtet.[111] Aber mit ihrem stark autobiographischen Roman *Fanny Roth, eine Jung-Frauengeschichte*[112] geriet sie in die Kritiken der Massenpresse. Sie wurde in der Folge heftig attackiert, einen „Lebensinhalt" allein in einem erfüllten Künstlerdasein zu sehen. Außerdem warf man ihr vor, durch zu freie Darstellung der jugendlichen Sexualnöte und der weiblichen Sinnenlust die Sitten zu verderben. Diesem Leumund gab sie durch kecke Beiträge im öffentlichen Streit männlicher Autoritäten über angebliche angeborene

---

108 Vgl. Heinz Beckmann: Mutterschutz. Reform der sexuellen Ethik, 1-3. In: CW 19(1905)42, Sp.1001-1003; 45, Sp.1058-1062; 46, Sp.1082-1090.
109 Friedrich v. Oertzen: Mutterschutz und Verwandtes. Bedenken und Ergänzungen. In: CW 21(1907)13, Sp.309.
110 v. Oertzen: Mutterschutz, Sp.309/10.
111 Vgl. Grete Meisel-Heß: In der modernen Weltanschauung. Wien 1901.
112 Vgl. Grete Meisel-Heß: Fanny Roth, eine Jung-Frauengeschichte (1902). 2. Aufl., Leipzig, Berlin 1910.

weibliche Eigenschaften reichlich Nahrung.[113] Und als sie sich dann mit ihrer eigenwilligen psychologische Studie *Die sexuelle Krise* und dem Zeitroman *Die Intellektuellen* in die damalige Berliner Literatur- und Wissenschaftsszene einmischte[114], stand sie endgültig im Rampenlicht als Verfechterin weiblichen Aufbegehrens.

In diesen beiden Schriften wie in ihren folgenden wissenschaftlichen Arbeiten votierte Grete Meisel-Heß gegen vereinfachende Vorstellungen von der zu erstrebenden Gleichheit von Mann und Frau. Sicher müßten „die sozialen Grundbedingungen der Entwicklungsmöglichkeit der Menschen ausgeglichen werden ..., nicht aber die Ziele dieser Entwicklung". Denn es gehe um „Frauentätigkeit, ergänzt durch Frauenschonung". Der geschlechtliche Unterschied und die „Katastrophe der Mutterschaft" zwängen nämlich nicht nur zur stärkeren Beachtung des weiblichen Gemütslebens, nicht nur zur besseren staatlichen Anerkennung der „Mutterschaft als sozialer Leistung" durch Stillprämien, eine Reichs-Mutterschafts-Versicherung und weitere Maßnahmen, sondern auch zu einem neuen Männlichkeitsideal. Dieses faßte sie in den Typus von der „Ritterlichkeit" und grenzte ihn von der ihrer Meinung nach übertriebenen amerikanischen Frauenverehrung ab. Für den Mann der Zukunft käme es darauf an, die „Liebe des Weibes nicht zu mißbrauchen", sich deren „geheimnisvoller Magie" zu beugen und sich besonders der „Möglichkeiten einer Steigerung der Neigung und Verehrung durch die feinsten geistigen Werte" zu ergeben.[115] Sicher faßte Meisel-Heß ihr Wollen in den Ton schwärmerischer Belletristik und betonte mit der Zeit immer stärker die „natürliche Bestimmung" der Frau, schon weil sie diese durch eine in ihren Augen zu starke soziale Lastigkeit der Frauenbewegung gefährdet sah. Doch die Botschaft ihres Lebens und ihres Werkes war eindeutig und auch für die Zeit nach der Jahrhundertwende noch immer keß, frech und provokativ: Die Männer sollten sich ändern, nicht nur die Frauen. Das paßte in den gedanklichen Kontext des *Bundes für Mutterschutz* – auch der unverkrampfte Umgang mit der Sexualität, die noch immer weitgehend ein Tabuthema war, aber auch die Selbstverständlichkeit, freiere Formen der Sexualität allein für eine kulturelle Elite zu reservieren, weil das Volk dazu noch nicht reif sei.[116]

---

113 Vgl. Grete Meisel-Heß: Weiberhass und Weiberverachtung. Eine Erwiderung auf die in Dr. Otto Weiningers Buche „Geschlecht und Charakter" geäusserten Anschauungen über „Die Frau und ihre Frage". Wien 1904. – Zu Weiningers Antisemitismus, Sexual- und Rassenlehre vgl. George L. Mosse: Die Geschichte des Rassismus in Europa. Frankfurt a. M. 1990, S.12, 130/31.
114 Vgl. Grete Meisel-Heß: Die sexuelle Krise. Eine sozial-psychologische Untersuchung. Jena 1909. – Dies.: Die Intellektuellen. Roman. Berlin 1911.
115 Grete Meisel-Heß: Betrachtungen zur Frauenfrage. Berlin 1914, S.3, 7, 5, 277/278.
116 Vgl. Grete Meisel-Heß: Sexuelle Rechte. In: NG 8(1912)4, S.181-191.

Eine Internationale für die „Hinaufpflanzung" der Menschheit

1911 wurde in Breslau beschlossen, die Bemühungen des Bundes über Deutschlands Grenzen hinaus auszudehnen. Den Höhepunkt dieser Bemühungen bildete der *Erste Internationale Kongreß für Mutterschutz und Sexualreform* schon im gleichen Jahr, vom 28. bis 30. September 1911 in Dresden. Auf diesem Treffen entstand die *Internationale Vereinigung für Mutterschutz und Sexualreform*.[117] Den Anlaß lieferte die *Internationale Hygiene-Ausstellung* in Dresden. Deutschland wurde zum „Vorort" erklärt. In einem *Aufruf an Männer und Frauen aller Kulturländer*[118] schlossen sich über 120 Prominente an, in erster Linie aus europäischen Ländern[119], darunter aus Deutschland Paul Cassirer, Eugen Diederichs, Ludwig Frank, Ludwig Fulda, Ludwig Gurlitt, Käthe Kollwitz, Hermann Sudermann und Frank Wedekind. Gerade auf dieser Tagung zeigten sich auch zwei problematische Seiten des Bundes: *Zum einen* wurde inzwischen ein gewisser Kult der Mutterschaftsleistung betrieben, der andere frauenemanzipatorische Forderungen (etwa nach gleichem Lohn für gleiche Arbeit) weitgehend sozialdemokratischen Organisationen überließ.[120] Dafür hob der Kongreß, nach einem Referat von Pastor Wolfgang Kießling (Hamburg), der mit Ernst Baars aus Vegesack bei Bremen zu den einflußreichsten Theologen im Bund gehörte[121], die volkswirtschaftliche Bedeutung der unehelichen Mutterschaft hervor. Maria Lischnewska setzte sich erneut für die Mutterschaftsversicherung ein.

---

117 Vgl. Mutterschutz und Sexualreform. Referate und Leitsätze des I. Internationalen Kongresses für Mutterschutz und Sexualreform in Dresden 28./30. September 1911 nebst einer Einführung: „Zur Geschichte des Deutschen Bundes für Mutterschutz" und einem Anhang: „Gründungsprotokoll, Satzungen und Aufruf der Internationalen Vereinigung für Mutterschutz u. Sexualreform" i. A. des Vorstandes des Deutschen Bundes für Mutterschutz hg. v. Max Rosenthal, Breslau 1912. – Vgl. auch Helene Stöcker: Unser erster Internationaler Kongreß. In: NG 7(1911)10, S.421-431.
118 Vgl. Mutterschutz und Sexualreform, S.134-136.
119 Im Ergebnis der Konferenz von Dresden gründeten sich in Holland und Schweden nationale Verbände für Mutterschutz und Sexualreform. 1913 kam es anläßlich der Bundesversammlung in Berlin zu einer weiteren Beratung mit internationaler Besetzung zum Thema *Solidarität der Kulturvölker auf dem Gebiete des geschlechtlichen Lebens*.
120 Mit Ausnahme von Maria Lischnewska, die in zweierlei Hinsicht ökonomisch argumentierte. Zum einen wertete sie Arbeitsmarktstatistiken aus und forderte den gleichberechtigten beruflichen Unterricht für Männern und Frauen (Ziel sei der „gelernte Arbeiter beiderlei Geschlechtes"). Vgl. Dies.: Die handwerksmässige und fachgewerbliche Ausbildung der Frau. Ein Mahnwort an die deutsche Frauenbewegung aller Richtungen. Leipzig 1910, S.30 (KuF, 315/16). – Zum anderen wies sie auf die zu wenig anerkannten Reproduktionsleistungen der Frauen in den Familien hin, tadelte dabei aber nicht so konsequent die unbezahlte Hausfrauenarbeit wie Käthe Schirmacher. Vgl. Maria Lischnewska: Die wirtschaftliche Reform der Ehe. Leipzig 1907. – Käthe Schirmacher: Die Frauenarbeit im Hause, ihre ökonomische, rechtliche und soziale Wertung. 2. Aufl., Leipzig 1912 (KuF, 117 bzw. 436/37).
121 Vgl. Ernst Baars: Mutterschutz, eine Kulturaufgabe. Vortrag. Hamburg 1910. – Die Vortragsliste des Monistenbundes für 1909 verzeichnet irrtümlich einen protestantischen Pfarrer „Emil" Baars.

Zum anderen traten Fragen der Rassenhygiene und der „Zuchtwahl" in einem Maße in den Vordergrund, daß der Eindruck entsteht, der Bund habe hierin seine wichtigste propagandistische Verpflichtung gesehen. Einigkeit bestand weitgehend darin, unter Berufung auf Darwin, den Übergang „von der unbewußten zur bewußten, planvollen Mitarbeit an der aufwärts führenden Entwicklung" gestalten zu wollen.[122] Nuancen schieden sich an der Frage, wie weit der Mensch hier direkt eingreifen sollte. Dabei wurde nicht konsequent zwischen sozialen und biologischen Eingriffen unterschieden. Wenn Rosenthal von der „‚Hinaufpflanzung' der Menschheit" zur „Lebenssteigerung der Kommenden" sprach[123], blieb, auch wegen der noch fehlenden technischen Eingriffsmöglichkeiten, wie sie heute die Genforschung bereitstellt, offen, was daraus praktisch folgen sollte. Es blieb bei Andeutungen.

Eindeutig waren allerdings die sozialpolitischen Ratschläge des Kongresses, wie man biologische Schäden vermeiden wollte. Hierzu hielt der Sozialdemokrat und Reichstagsabgeordnete Eduard David das Hauptreferat zum Thema *Mutterschutz und Rassenhygiene*. Seine vierte von fünf Hauptthesen formulierte: „Eine unvermeidliche, rassenhygienisch bedenkliche Nebenwirkung der sozialen Fürsorge ist es freilich, daß sie auch generativ minderwertigen Individuen die Fortpflanzung erleichtert. Deshalb bedarf sie als notwendiger Ergänzung der Eugenik, die auf Verhinderung der Fortpflanzung erblich schwer Belasteter und auf positive Förderung der Höherzüchtung durch rationelle Gattenwahl und Fortpflanzungshygiene abzielt."[124] Darüber gab es dann einen kleinen Interpretationsstreit. Da David die Verantwortung der Gesellschaft für alle Geborenen betonte, also auch für die „Unbrauchbaren", kritisierten ihn einige Teilnehmer (besonders Professor Knut Wicksell, Schweden). Unter lebhaftem Beifall einigte man sich schließlich auf die Formel, wann wolle „gegen die wahllose Kinderzeugung" vorgehen.[125]

Die wesentlichste Leistung der Konferenz wie der Bundesarbeit bestand, abgesehen von der Mutterschaftspolitik allgemein, in der Unterstützung der jungen Sexualwissenschaft. Das größte Verdienst kam hier Magnus Hirschfeld zu, der auf der Konferenz zum Thema *Sexualwissenschaft als Grundlage der Sexualreform* sprach[126] und damit eine längere Debatte referierte, die 1905 Auguste Forel und 1907 Iwan Bloch (beides Monisten) über medizinische Fragen hinaus zu einem umfassenden Kultur-

---

122 So Max Rosenthal laut Protokoll, in: Mutterschutz und Sexualreform, S.21.
123 Max Rosenthal in: Mutterschutz und Sexualreform, S.24.
124 Eduard David in: Mutterschutz und Sexualreform, S.26.
125 Vgl. Protokoll, in: Mutterschutz und Sexualreform, S.110.
126 Einen Teil des Referats ist publiziert bei Magnus Hirschfeld: Sexualwissenschaft als Grundlage der Sexualreform. In: NG 8(1912)3, S.115-126. – Vgl. auch Heinrich Koerber: Die Bisexualität als Grundlage der Sexualforschung. In: NG 9(1913)2, S.73-81.

streit ausweiteten.[127] Bloch, der unter dem Pseudonym Eugen Dühren Schriften von und über den „Sadisten" Marquis de Sade veröffentlichte, führte den Begriff „Sexualwissenschaft" ein. Er galt als Experte zur Heilung der Syphilis. An der Volkshochschule Lichtenberg unterrichtete Bloch eine größere Öffentlichkeit in Fragen der geschlechtlichen Aufklärung. Ein Mitstreiter war der Nervenarzt Albert Moll (1862-1939). Dieser rief von Berlin aus die *Internationale Gesellschaft für Sexualforschung* ins Leben. Moll scheute sich nicht, auch unbequeme Themen öffentlich zu verhandeln, wie Homo- und Kindersexualität. Er hatte 1896 sein jüdisches Glaubensbekenntnis abgelegt und gehörte von da an zu den bekanntesten Deutschnationalen in Berlin – was ihn politisch von Bloch und Hirschfeld, weniger von Forel unterschied. Selbst mit Hypnose therapierend, wirkte Moll zugleich als publikumswirksamer, von den Gerichten oft angerufener und in der Freidenkerei geachteter Entlarver von Hellsehern.[128]

Umstritten war die zwar kritische, aber doch unterstützende Mitarbeit von Mitgliedern des Mutterschutzbundes an der Ausarbeitung einer neomalthusianischen Bevölkerungspolitik. Dabei ging es um mögliche Maßnahmen gegen die angenommene unausweichliche Übervölkerung der Erde und die daraus abgeleitete angebliche soziale und biologische Gefährdung der Kulturländer. Helene Stöcker, Marie Stritt (Dresden) und August Forel nahmen 1910 an einer entsprechenden Tagung in den Niederlanden teil.[129] Die beiden Frauen sprachen dabei zum Tagesordnungspunkt *Eugenik – bewußte Zeugung oder menschliche Zuchtwahl* und vertraten hier den Standpunkt des Bundes, der den meisten Malthusianern nicht radikal genug war.[130] Das lag sicher auch daran, daß sich Deutschland, wegen seines Zuspätkommens in der Kolonialpolitik, weniger in der Lage zeigte, Probleme einer dortigen Bevölkerungs- und inländischen Einwanderungspolitik zu reflektieren als etwa England.

---

127 Vgl. Auguste Forel: Die sexuelle Frage. Eine naturwissenschaftliche, psychologische, hygiene und sociologische Studie für Gebildete. München 1905. – Iwan Bloch: Das Sexualleben unserer Zeit in seinen Beziehungen zur modernen Kultur. Berlin 1907.
128 Albert Moll: Die conträre Sexualempfindung. M. Benutzung amtl. Materials u. e. Vorw. v. R. v Krafft-Ebing. Berlin 1891. – Ders.: Die ärztliche Bedeutung des Hypnotismus. Berlin 1902. – Ders.: Gesundbeten. Medizin und Okkultismus. Berlin 1902. – Ders.: Sexuelle Perversionen. Geisteskrankheit und Zurechnungsfähigkeit. Berlin 1905. – Ders.: Das Sexualleben des Kindes. Berlin 1909. – Ders.: Berühmte Homosexuelle. Wiesbaden 1910. – Obwohl sich Moll während des ersten Weltkrieges als Sachverständiger für psychologische Kriegführung für den deutschen Generalstab arbeitete, sahen den Nationalsozialisten in ihm vor allem den Juden und ihre Abweisung seiner sexualwissenschaftlichen Aufklärung. Er starb völlig verarmt in Berlin.
129 Vgl. Auguste Forel: Malthusianismus oder Eugenik? (Bewusste Regulierung und Besserung der Zeugungen.) Vortrag, gehalten im neomalthusianischen Kongress zu Haag am 29. Juli 1910. München 1911.
130 Vgl. Neumalthusianische Konferenz im Haag am 28./29. Juli 1910. In: NG 6(1910)6, S.255/256. – Marie Stritt: Frauenbewegung und Neumalthusianismus. In: NG 6(1910)11, S.439-446. – Vgl. auch J. Rutgers: Rassenverbesserung. Malthusianismus und Neumalthusianismus. Einz. ber. Übers. v. Martina G. Kramers. M. e. Einf. v. Marie Stritt, Dresden 1908.

Als der *Bund für Mutterschutz* 1930 auf seine 25jährige Geschichte zurückblickte, zog er eine insgesamt positive Bilanz. Ausdrücklich verwies die Erinnerung auf die faktische Gleichstellung der unehelichen Kinder 1914 bei der Zahlung von Kriegsunterstützung und in der Weimarer Verfassung (Art. 121). Prostitution sei inzwischen präziser definiert und von außerehelichem Beischlaf geschieden, die Abtreibungsstrafe gemildert und die ersten Ehe- und Sexualberatungsstellen eingerichtet worden. „Der Kampf für umfassenderen Schutz der Mutterschaft, für Gleichstellung der außerehelichen Kinder mit den ehelichen, für Menschenökonomie an Stelle unfruchtbarer Fruchtbarkeit, für höhere, verantwortungsbewußtere sexuelle Moral half manche Wandlung herbeiführen."[131] Die Begriffe „Menschenökonomie" und „unfruchtbare Fruchtbarkeit" verweisen in den jetzt folgenden Abschnitt. Sie waren sowohl biologisch wie auch kulturell gemeint. Nicht jeder geborene Mensch galt in dieser Lesart als „fruchtbar" – nicht in seiner Zeugungs- bzw. Empfängnisfähigkeit, nicht in der sozialen Erlaubnis dazu und schon gar nicht gemessen an Kriterien wie „Arbeit", „Energie" oder „Leistung".

Monistenbund: Politisierung kultureller Ansichten

Haeckels Monisten zwischen Religion und Wissenschaft

Am 11. Januar 1906 entstand im Zoologischen Institut der Universität in Jena der *Deutsche Monistenbund*[132] als Organisation für die „überlegene geistige Macht ... einer einheitlichen, neuzeitlichen Weltanschauung".[133] Den Ehrenvorsitz übernahm der damals 72jährige „deutsche Darwin" Ernst Haeckel, den Vereinsvorsitz der Bremer Pastor Albert Kalthoff. Generalsekretär wurde Heinrich Schmidt. Haeckel war der Urheber des Bundes und sein geistiges Oberhaupt. Von ihm stammte die Idee einer monistischen Wissenschaft als Führerin bei der Naturerkenntnis und im Kampf gegen die Dogmen der Kirche. Dem ersten Ausschuß gehörten Max Hermann Baege, Wilhelm Bölsche, Bruno Wille (alle Berlin), Wilhelm Breitenbach (Brackwede), Arnold Dodel (Lugano), Friedrich Francé, Friedrich Siebert, Johannes Unold (alle drei München), Carl Heinrich Thiele (Jena; wie Francé Privatgelehrter), Wilhelm Umrath (Fabrikant in Prag) und Pastor Friedrich

---

131 25 Jahre Mutterschutz 1905-1930. Deutscher Bund für Mutterschutz und Sexualreform. Berlin-Nikolassee 1930, S.5.
132 Vgl. Horst Hillermann: Der vereinsmäßige Zusammenschluß bürgerlich-weltanschaulicher Reformvernunft in der Monistenbewegung des 19. Jahrhunderts. Kastellaun 1976, S.161-211. – Der Bund wurde im Februar 1933 von den Nazis verboten.
133 Heinrich Schmidt: Monismus und Christentum. Brackwede 1906 (FdDMB, 2), S.31. – Vgl. Ders.: Die Gründung des Deutschen Monistenbundes. In: MJ 2(1913)22, S.740.

Steudel[134] (Bremen) an. Zu den ersten Unterzeichnern des Gründungsaufrufs zählten noch Carl Hauptmann und Hermann Sudermann. Sie und andere Künstler suchten nach einem Instrument, mit dessen Hilfe sie etwas radikaler gegen die konservative Kulturpolitik im Reich opponieren könnten als es der *Goethebund* tat. Doch zogen sich viele von ihnen wieder zurück, weil sie Haeckels Ansinnen gar nicht verstanden, den Monismus wie eine Religion zu behandeln.

Die Vorgeschichte des Bundes setzte in den Neunzigern ein. 1892 hielt Haeckel in Altenburg einen Vortrag, in dem er erstmals, wie auch der Broschürentitel hieß, den *Monismus als Band zwischen Religion und Wissenschaft*[135] vorstellte. Er sah darin ein „Glaubensbekenntnis" für jeden Naturforscher. 1899 legte Haeckel seine vielgelesene Schrift über die Lösung der *Welträthsel*[136] vor und unterbreitete fünf Jahre später der 10. Tagung der internationalen Freidenker in Rom seine dreißig *Thesen zur Organisation des Monismus*.[137] Schon die Überschriften belegen, daß die Thesen nicht nur Richtlinien für eine Organisation liefern, sondern eine neue Religion begründen sollten. Diese verstand Haeckel als eine Weltanschauung, die auf Erfahrungsgrundlagen, Vernunft und Wissenschaft beruht. Ihr widmete er allein zwanzig Thesen, die er „theoretischer Monismus" überschrieb: Monistische Philosophie, Erfahrung, Offenbarung, Apriorismus, Einheit der Welt, Zweiheit der Welt, Einheit der Natur, Zweiheit der Natur, Entwicklung der Welt, Schöpfung der Welt, Abstammungslehre, Urzeugung, Lebens-Umbildung, Stammesgeschichte, Anthropogenie, Affenursprung, Unsterblichkeit der Seele, Willensfreiheit, Gott und Substanzgesetz. Die restlichen zehn Thesen nannte er „praktischer Monismus". Das waren Grundsätze, Regeln und Anregungen zu einer praktischen Lebensführung, zu denen sich die Monisten verpflichten sollten. Aus diesem Grunde verstanden sie sich auch als „Lebensgemeinschaft", als eine soziale Gruppe, die ihr Leben an Prinzipien ausrichtet, die unter folgenden Punkten zu finden waren: Soziologie, Staatsformen und Gesetze, Kirche und Konfession, Papismus, Monistische Religion, Monistische Ethik, Monistische Schule, Monistische Erziehung, Monistische Kultur.

---

134 Steudel wurde in der Folge zu einem führenden Mutterschützer und bekannte sich zur weltlichen Schule. – Außer Kalthoff und Steudel kam noch der Domprediger Oskar Mauritz aus Bremen, der ebenfalls im Mutterschutzbund wirkte.
135 Vgl. Ernst Haeckel: Der Monismus als Band zwischen Religion und Wissenschaft. Glaubensbekenntnis eines Naturforschers, vorgetragen am 9. Oktober 1892 in Altenburg bei 75jährigen Jubiläum der Naturforschenden Gesellschaft des Osterlandes. Bonn 1892.
136 Vgl. Ernst Haeckel: Die Welträthsel. Gemeinverständliche Studien über Monistische Philosophie. Jena 1899.
137 Vgl. Ernst Haeckel: Der Monistenbund. Thesen zur Organisation des Monismus. Frankfurt a. M. 1904, zit. nach Ders.: Gemeinverständliche Werke, hg. v. Heinrich Schmidt, Bd. 5: Vorträge u. Abhandlungen, Leipzig, Berlin 1924, S. 481-491.

In der letzten These mit der Überschrift „Monistenbund" erklärte Haeckel den Sinn einer solchen Organisation: „Um die einheitliche naturgemäße Weltanschauung in weitesten Kreisen zu verbreiten und die segensreichen Früchte des theoretischen Monismus auch praktisch allseitig zu verwerten, ist es wünschenswert, daß alle dahin gerichteten Bestrebungen durch Gründung eines einheitlichen Monistenbundes einen gemeinsamen Mittelpunkt finden. In dieser ‚universalen Monistengemeinde' würden nicht nur alle Freidenker und alle Anhänger der monistischen Philosophie Aufnahme finden, sondern auch alle ‚freien Gemeinden, ethischen Gesellschaften, freireligiösen Gemeinschaften' usw., welche als Richtschnur ihres Denkens und Handelns allein die reine Vernunft anerkennen, nicht aber den Glauben an traditionelle Dogmen und angebliche Offenbarungen."[138] Haeckels Monismus war ein Wissenschaftsglauben, was besonders die deutschen Buddhisten genüßlich kritisierten. Die Monisten würden selbst die letzte Gewißheit verkünden, automatische Höherentwicklung predigen und vorgeben, die natürlichen und sozialen Phänomene der Welt erklären und beherrschen zu können. Die wirkliche Welt würde jedoch die Lehre Buddhas untermauern, in der Untergänge und Rückschritte vorkämen, während die Monisten einen weltfremden Optimismus pflegen.[139]

Tatsächlich war der Kulturoptimismus im *Monistenbund* unerschütterlich. Man trug ihn, wie Arnold Dodel bekennend schrieb, als „Evangelium der Aufwärtsentwicklung" vor. In solchen Überlegungen erschien Ernst Haeckel nicht nur als Erforscher der Natur, sondern als Missionar und Erzieher eines neuen, des modernen Menschen, der sich seiner Individualität, aber auch seinem Verhaftetsein in Natur und Gemeinschaft bewußt ist.[140] Das neue Evangelium, die Ansicht von der Einheit der Welt trotz ihrer Zerfaserung in natürliche Atome und soziale Klassen, richtete sich an karriereorientierte Gruppen der neuen Intelligenz, an Ärzte, Ingenieure, Juristen und Kaufleute – und erreichte viele von ihnen. Es beruhigte sie, wenn ihnen Georg Kramer erklärte, die Weltanschauung des Monismus sei der zukünftige Glaube, da jede Religion „nichts anderes als Welt- und Lebensanschauung" sei.[141] Es baute sie seelisch auf, wenn Arnold Dodel ihnen als Sinnspruch auf den Weg gab: „Heilige Freude über die Erkenntnis wissenschaftlicher Wahrheit, und nimmerruhendes Verlangen, stetes Sehnen nach neuen Er-

---

138 Haeckel: Monistenbund, S.491.
139 Vgl. F(erdinand) Hornung: Monismus und Buddhismus. In: MB 1(Januar/Februar 1913)5, S.85-89; 6, S.97-110.
140 Vgl. A. D. (= Arnold Dodel): Ernst Haeckel als Erzieher. Gera-Untermhaus 1906. – Ähnlich bei Wilhelm Bölsche: Ernst Haeckel. E. Lebensbild. Berlin 1900. – Vgl. Arnold Dodel-Port: Moses oder Darwin? Eine Schulfrage. Allen Freunden der Wahrheit zum Nachdenken vorgelegt. 3. Aufl., Volksausgabe, Stuttgart 1890 (im *Verlag Dietz* 1903: 8. Aufl.).
141 Georg Kramer: Die Religion der Zukunft. E. Vortr., geh. am 24. Januar u. 14. Februar 1908 ... Brackwede 1908 (Deutscher Monistenbund, Propaganda-Flugschrift der Ortsgruppe Hamburg).

kenntnissen und nach neuen Möglichkeiten zu glücklicherer, vollkommenerer Lebenshaltung und Lebensführung im Dienste des Wahren, des Guten und des Schönen. Das ist auch eine Religion."[142] Nach solch aufbauendem Zuspruch nahmen sie es dann auch hin, wenn Dodel übers Ziel hinaus schoß und im Überschwang verkündete, daß die Monisten vielleicht dermaleinst fähig würden, „den ganzen Zusammenhang zu erfassen: das MONON, das All-Eine".[143] Um den Monismus in dieser Hinsicht zu präzisieren, bildete sich 1910 eine kleine Gruppe mit theoretischen Ambitionen.[144] In deren Debatten stellte der Heidelberger Kulturphilosoph Jakob Koltan die wohl schwärmerischste Definition der Bundesziele vor: „Aufbau einer positiven monistischen Kulturreligion und ... Errichtung eines höheren, herrlicheren monistischen Kulturtempels."[145]

Das Beispiel Haeckel:
Entwicklungsgedanke und „Lebenswert"

Naturforscher, Monist und Theologe

Die gesellschaftspolitischen Diskussionen in Deutschland sind von einer Besonderheit gekennzeichnet, die sich aus den Konflikten zwischen Dissidenten und den Kirchen ergab: Politische Programme kamen in naturwissenschaftlichen Metaphern daher wie sich umgekehrt naturwissenschaftliche Begriffe, wegen der Machtverknüpfung von Staat und Kirche, in einem politischen Kampffeld bewegten (etwa Evolution/ Revolution).[146] Das belegen der Lebenslauf und das Werk von Ernst Haeckel[147], dem Mitbegründer der

---

142 Arnold Dodel: Die Religion der Zukunft. Aus: „Menschheitsziele". Eine Rundschau für wissenschaftlich begründete Weltanschauung und Gesellschaftsreform, H. 2, 1907. Hg. v. H. Molenar. Leipzig 1907, S.13, 12 (Flugschrift der Ortsgruppe Leipzig des D.M.B.); erschienen auch als Flugschrift des Deutschen Freidenkerbundes, München 1907. – Vgl. Arnold Dodel: Ist der Monismus Religion? In: Hannah Dorsch u. Arnold Dodel, Eine neue Reformation (Vom Christentum zum Monismus), Brackwede 1907, S.17 (FdDMB, 7, Sonderh.): „All unser religiöses Empfinden der Zukunft wird in Wissenschaft und Vernunft begründet sein. Ja, wir haben keinen Glauben mehr, aber wir haben Religion!"
143 Dodel: Religion, S.14.
144 Darunter der Hamburger Arzt Max v. d. Porten (Hennings *Handbuch* nennt S.159 einen Bremer Arzt Paul v. d. Porten, während Max v. d. Porten in MJ 1(1912), S.132ff. u. 167ff. über *Religion und Verbrechen* schreibt); der ebenfalls in Hamburg wirkende Professor für Dermatologie Paul Gerson Unna (geb. 1850); der Berliner Schriftsteller Felix Lincke; der Düsseldorfer Rechtsanwalt Friedrich Maase (Obmann des *Komitees Konfessionslos*, ein Freigemeindler); der Züricher Philosoph Ludwig Stein (geb. 1859); der Philosoph Sinai Tschulok (1875-1945, Privatdozent in Zürich).
145 Jakob Koltan: Ist der Monismus eine Religion. II. Unsere Stellung zur Religionsfrage. In: MM 3(Dez.1918)12, S.185.
146 Vgl. Michael Weingarten: Organismuslehre und Evolutionstheorie. Hamburg 1992.
147 Zur Biographie Haeckels und zu seinem Werk vgl. Erika Krauße: Ernst Haeckel. Leipzig 1984. – Der gerechtfertigte Haeckel. Einblicke in seine Schriften aus Anlaß des Erscheinens seines Hauptwerkes „Generelle Morphologie der Organismen" vor 100 Jahren. M. Beitr. v. Wilhelm Bölsche, Thilo Krumbach u. Heinrich Schmidt. Hg. v. Gerhard Heberer, Stuttgart

Evolutionstheorie, der die biologischen Begriffe Ontogenie (Entwicklung der Individuen von der Keimzelle bis zum Tod), Phylogenie (Abstammungslehre), Ökologie (Lebewesen-Umwelt-Beziehungen) und Chorologie (Verbreitung der Organismen auf der Erde) einführte, der die „Welträtsel" erklärte und die Freidenkerbewegung förderte, zugleich aber rassistischen Interpretationen seines Werkes Vorschub leistete. Haeckel wurde am 16. Februar 1834 in Potsdam geboren, studierte in Berlin und Würzburg und wirkte die meiste Zeit seines Lebens als Professor für Zoologie in Jena. Dort starb er am 9. August 1919. Haeckel hatte sich immer wieder in das oben angedeutete Getümmel begeben und argumentierte, wie seine Gegner, nicht immer artig akademisch. Er rechnet zu den wenigen politischen Nonkonformisten im Kreise der Wilhelminischen Professorenschaft, denn gewöhnlich „hielt sich der Naturwissenschaftler politisch weit mehr zurück als ein Angehöriger jener Disziplinen, die der Tagespolitik näher standen". Der deutsche „Universitätsprofessor der Wilhelminischen Zeit (stand) fest auf dem Boden der bestehenden Verhältnisse ... Grenzen waren ihm nur dort gezogen, wo er eines der Herrscherhäuser angriff oder sich allzu sehr der Sozialdemokratie näherte."[148]

Im Grunde scherten vor 1914 nur zwei aus dieser Phalanx aus, der Philosoph und Nationalökonom Eugen Dühring (1833-1921), dem 1877 die Privatdozentur an der Berliner Universität entzogen wurde, und der Physiker und Konstrukteur Leo Arons (1860-1912), beide wegen ihrer Beziehungen zur Sozialdemokratie. Während Dühring in der Folge als einsamer und erblindeter Privatgelehrter starrköpfig gegen die wissenschaftliche Welt ankämpfte, konnte es sich Arons leisten, eine akademische Karriere seiner Prinzipien wegen aufzugeben. Er verlor zwar im Februar 1900 an der Berliner Universität seine Privatdozentur. Doch vermochte es Arons, sich als Schriftsteller eine Existenz aufzubauen, nicht zuletzt durch die Hilfe seines Schwiegervaters, des Bankiers Julius Bleichröder, der die revisionistische Zeitschrift *Sozialistische Monatshefte* wesentlich finanzierte. Hier arbeitete Arons als freier Autor. Zudem wurde Arons 1906 Berliner Stadtverordneter.[149]

Haeckel dagegen blieb trotz seiner kämpferischen Dissidenz unbehelligt. Er vermochte in der späten Wilhelminischen Ära sogar relativ frei zu handeln, denn er konnte nicht der Nähe zum Marxismus und zur Arbeiter-

---

1968. – Ernst Haeckel: Biographie in Briefen. Zus.gest. u. erl. v. Georg Uschmann, Leipzig, Jena, Berlin 1983; Gütersloh 1984.
148 Lothar Burchardt: Naturwissenschaftliche Universitätslehrer im Kaiserreich. In: Deutsche Hochschullehrer als Elite 1815-1945. Büdinger Forschungen zur Sozialgeschichte 1983. Hg. v. Klaus Schwabe, Boppard 1988, S.211.
149 Arons' Frau arbeitete gemeinsam mit anderen Prominenten ehrenamtlich im *Deutschen Bund für Mutterschutz*, wie die Frau des Verlegers Mosse, die des Pädagogen Gurlitt, Schüler-Gurlitt, oder Emmy Friedländer-Huber (die Frau des Sozialarbeiters Julius Friedländer).

bewegung beschuldigt werden. Besonders bei seiner Bismarck-Huldigung von 1892 zeigte Haeckel Staatstreue, als er auf dem Jenaer Marktplatz an der Spitze der Bürgerschaft das Kanzlerwort beklatschte: „Ich bin eingeschworen auf die weltliche Leitung eines evangelischen Kaisertums."[150] Auch seine Mitgliedschaft im *Alldeutschen Verband* seit dessen Gründung 1894 machte ihn unverdächtig. „Schon unter den Gründern befanden sich Männer von wissenschaftlichem Ruf, wie Ernst Haeckel und Friedrich Ratzel; dazu gesellten sich später Karl Lamprecht, Max Weber, Georg von Below, Dietrich Schäfer, Otto Hoetzsch und zahlreiche andere. Es liegt auf der Hand, daß über einen so bedeutenden Teil der Hochschullehrerschaft ... alldeutsches Gedankengut seinen Weg in einen weit größeren Kreis der Bevölkerung fand, als eine flüchtige Betrachtung der Verbandsarbeit annehmen ließe. Hier liegt auch eine wesentliche Voraussetzung für die spätere Entfaltung des Nationalsozialismus."[151] Dieser Gang der Geschichte hat dann auch Haeckels Lebenswerk beschädigt, da es sich mißbrauchen ließ.[152]

Haeckel war, nach einer frühen Selbsteinschätzung, zeitlebens ein „Sonderling" und „Urhypochonder". Als Kind schon fleißiger Botaniker, wurde er zunächst approbierter Arzt und Assistent bei Virchow. Doch spürte er schon während seines Studiums eine, Mediziner mehr als nur störende Eigenschaft: Mit Ekel und Abscheu sah Haeckel auf alles Krankhafte (Brief vom 16.11.1853 an den Vater). So wechselte er den Beruf. Als Zoologe begründete er schließlich seinen internationalen Ruf mit Forschungen zu den Quallen, Rädertierchen und Kalkschwämmen. Haeckel vereinigte in sich den immensen Arbeitseifer, die willensstarke Besessenheit, aber auch die eigentümlichen Schrullen eines Genies. Dabei fiel ihm zeitlebens die Entscheidung schwer, welche seiner Begabungen er jeweils bevorzugen sollte. Er war ein hervorragender Zeichner, der aus seiner Naturnähe zugleich eine Ästhetik ableitete, die Natur über Erfindung stellte.[153] Als Tourist wie als Meeresbiologe war Haeckel ein begeisterter Weltreisender. Er verband in seiner Arbeit akribisches Forschen mit einem Hang zur vereinfachenden Darstellung, eigenwilligen Systematik und zum Teil spekulativen Schlüssen. Das hing auch damit zusammen, daß er um seine Qualität als ausdrucksstarker Literat wußte, sowohl fachlich, als auch in seinen Reiseberichten und zudem, erst von der Nachwelt festgestellt, in seinen Briefen.

---

150 Vgl. Heinrich Reuß: Der Hamburger Monistenkongreß. In: CW 25(1911)43, Sp.1019.
151 Alfred Kruck: Geschichte des Alldeutschen Verbandes 1890-1939. Wiesbaden 1954, S.18/19.
152 Vgl. Heinz Brücher: Ernst Haeckels Bluts- und Geistes-Erbe. Eine kulturbiologische Monographie. M. e. Geleitw. v. Präsident Prof. Dr. Karl Astel, München 1936.
153 Vgl. Ernst Haeckel: Kunstformen der Natur. Leipzig 1899. – Ernst Haeckels Wanderbilder. Gera 1905. – Arnold Dodel: Ernst Haeckels Wanderbilder im Lichte der Kritik. Eine Zusammenstellung der wichtigsten Urteile über Haeckels Bedeutung als Künstler. Gera-Untermhaus 1906.

Als begabter Hochschullehrer gab Haeckel neunzig Semester Unterricht, vermochte aber nicht, eine Schule zu bilden. Das hing sowohl mit seiner forschungsbedingten Eigenbrötelei zusammen, als auch mit seinem inneren Auftrag, als philosophierender Naturwissenschaftler fachübergreifend zu wirken. Beleg dafür ist sein „Biogenetisches Grundgesetz". Es besagt, daß die Indidualentwicklung im Embryo eine verkürzte Wiederholung der Stammesgeschichte sei, weshalb er 1874 die Öffentlichkeit mit einem „Stammbaum des Menschen" provozierte.[154] Haeckel ging in seiner philosophisch-freidenkerischen Interpretation der naturwissenschaftlichen Erkenntnisse seiner Zeit so weit, Kristalle als die Existenzform der Seele anzunehmen[155], um damit seinen Monismus, wie er meinte, auf unleugbare Tatsachen zu stellen. Hier verwischten sich bei ihm die Grenzen von Wissenschaft und theologisierender Philosophie.

Stets sensationell gestalteten sich die öffentlichen Auftritte Haeckels als „deutscher Darwin", so seine drei am 14., 16. und 19. April 1905 in der Berliner Singakademie (heute Maxim-Gorki-Theater) gehaltenen Vorträge: „Abstammungslehre und Kirchenglaube", „Affenabstammung und Menschenschöpfung" und „Der Kampf um die Seele (Unsterblichkeit und Gottesbegriff)", so die Originaltitel.[156] Zeit seines Lebens legte Haeckel Bausteine zu einer neuen Religion vor, was seine Anhänger in Person von Heinrich Schmidt am 18. Februar 1911 im Festvortrag zu Haeckels 77. Geburtstag sagen ließ, als ihm seine Jünger demonstrativ den Titel „Dr. theol." verliehen, er sei der „grösste Theologe, den die Erde bisher getragen hat". Haeckel habe „die Naturphilosophie in der Tat zur Theologie" gemacht.[157]

Nach Haeckels Ansicht war „Gottnatur" das allgemeine Kausalgesetz, Stoff Materie und Kraft Geist. Diese/r Gottnatur werde vom Monismus entdeckt und begriffen.[158] Diese Konstruktion hing eng mit seinem Substanzgesetz zusammen, nach dem es keine qualitativen Unterschiede zwischen lebender und nichtlebender Materie gibt. Alle Naturwunder seien „gleichmäßig belebt".[159] Daraus wuchs Haeckels Theorem von der „Allbeseeltheit" alles Existenten. „Er versuchte, alle Probleme von diesem Standpunkt aus zu lösen.

---

154 Vgl. Ernst Haeckel: Anthropogenie oder Entwicklungsgeschichte des Menschen. Leipzig 1874.
155 Vgl. Ernst Haeckel: Kristallseelen. Studien über das Anorganische Leben. Leipzig 1917.
156 Vgl. Ernst Haeckel: Der Kampf um den Entwicklungsgedanken. Drei Vorträge. Berlin 1905. – Heinrich Schmidt: Ernst Haeckel in Berlin. In: Das freie Wort, Frankfurt a. M. 5(1905)4, S.144-150.
157 Heinrich Schmidt. In: Der Monismus 6(1911)58, S.119/20.
158 Vgl. Ernst Haeckel: Gottnatur (Theophysis). Studien über Monistische Religion. Leipzig 1914.
159 Ernst Haeckel: Die Lebenswunder. Gemeinverständliche Studien über Biologische Philosophie. Ergänzungsband zu dem Buche über die Welträthsel. Stuttgart 1904. Zit. nach der Ausgabe Leipzig 1925, S.33.

Das zeigte sich auch darin, daß er seinen Substanzbegriff später erweiterte, indem er den ‚Geist' aufspaltete in Energie und Empfindung. Es entstand so jene ‚Trinität der Substanz', die er als Vereinigung der Gottesnatur betrachtete. Das war die Basis für einen sich im Leben Haeckels bis ins Mystische steigernden Pantheismus."[160] Immer bezog sich Haeckel dabei auf Goethe, wenn auch erkenntnistheoretisch irrtümlich, sowie auf Giordano Bruno und Jean Baptist Lamarck.

Haeckels Thesen über die „Gottnatur", die „Allbeseeltheit der Natur" und die „Kristallseelen" waren zwar wilde Spekulationen eines philosophierenden Naturforschers und von Anbeginn wissenschaftlich hart umstritten, ja sogar schon damals unhaltbar. Das tat aber ihrer Breitenwirkung als kulturelle Erklärung von Naturwundern keinen Abbruch. Man konnte sich damit auch als rational eingestellter Bildungsbürger ein Weltbild vom eigenen Eingebundensein in die Natur machen. In diesem Sinne wirken Haeckels Erklärungen bis in die Gegenwart fort, zumal nicht nur hochentwickelte Meßapparaturen neue Rätsel aufgeben, etwa über die Wirkungsweise der Neuronen, Hormone und Gene. Zur Würdigung von Haeckels Einfluß ist zu berücksichtigen, daß der „Glauben" an ein monistisches Funktionieren des Mensch-Natur-Systems heute vielleicht im Alltagsbewußtsein viel stärker verbreitet ist als damals, weil die modernen Medien voll von empirischen „Tatsachen" etwa über die Vererbung von Krankheiten sind, die zu belegen scheinen, daß „alles irgendwie zusammenhängt" und sehr geheimnisvoll ist. So kann man der aktuellen naturwissenschaftlichen Literatur entnehmen, die eine breite Öffentlichkeit erreicht, heute seien die Philosophen wie früher die Theologen Gralshüter veralteter Anschauungen. Der Bremer Hirnforscher Gerhard Roth stellte unlängst fest, für die naturwissenschaftlichen Forscher in den Grenzbereichen von individuellen Denkvorgängen, biologischen Abläufen, physikalischen Mechanismen und chemischen Geschehen seien die „philosophische Erkenntnis- und Wissenschaftstheorie ... völlig folgenlos geblieben".[161]

Um so provokanter mußte vor hundert Jahren die Popularisation der Darwinschen Thesen wirken, von Haeckel an vorderster Stelle betrieben, der Mensch sei nichts weiter als ein höheres Tier, in vielen Belangen von der Natur sogar schlechter gestellt als manches Vieh. Sich ausdrücklich auf Haeckel berufend stellte zum Beispiel der Schwiegersohn von Karl Marx, der Freidenker Edward Aveling (1851-1898), in einer sozialdemokratischen

---

160 Heribert Dorber u. Werner Plesse: Zur philosophischen und politischen Position des von Ernst Haeckel begründeten Monismus. In: Deutsche Zeitschrift für Philosophie, Berlin 16(1968)11, S.1329.
161 Gerhard Roth: Gehirn oder Geist? Warum hören Geisteswissenschaftler ungern auf Hirnforscher? In: ZEIT Nr. 8, 17.2.1995, S.46. – Vgl. Ders.: Das Gehirn und seine Wirklichkeit. Frankfurt a. M. 1994.

Buchreihe ausdrücklich fest, „daß die geistigen Kräfte der niedersten Menschen denen der höchsten Affen nachstehen, geradeso wie ihr Gehirngewicht geringer ist, als das der Menschenaffen".[162] Die daraus abgeleitete Frage war, wie man mit schwerkranken Menschen, die angeblich unter den Tieren standen, umzugehen habe. Antworten darauf gab es bis dahin in der Theologie und deren Ethik. Was aber folgte aus den modernen Naturwissenschaften? Viele Naturforscher mochten sich zu den ethischen Konsequenzen ihrer Studien gar nicht explizit äußern und schirmten ihre Spezialfächer von solchen Erwägungen ab. Die meisten Philosophen hielten sich von naturwissenschaftlichen Themen fern oder behandelten sie auf einer theoretischen Ebene, mit der sozialpolitisch schwer umzugehen war.

Nicht so Haeckel, er stellte als fabulierfreudiger Naturforscherphilosoph eine Ausnahme in der Wissenschaftslandschaft dar, zumal diese von Heinrich Rickerts (1863-1936) Unterscheidung von Natur- und Kulturwissenschaften wesentlich geprägt war – nicht zuletzt in der Polemik des Philosophen gegen Ungereimtheiten bei den Empirikern Darwin und Haeckel geformt.[163] Die Rickertsche Zweiteilung in generalisierende und nach Gesetzmäßigkeiten suchende Natur-, und dagegen nach individualisierenden Sinngehalten fragende Kulturwissenschaften hat die kulturelle Wirkung von Ansichten der Haeckelschen Art nicht aufhalten und auch nicht erklären können. Haeckel überschritt ja bewußt und unbekümmert die Grenzen nach allen Seiten. Er folgerte Soziales und Kulturelles aus Natürlichem, wie auch umgekehrt. Damit begab sich Haeckel ins Kreuzfeuer der Kritik aller Lager, was sein Selbstwertgefühl ebenso steigerte wie es seine Wirkung auf das zeitgenössische Denken erhöhte. Sein Starrsinn ist wohl nur zu begreifen, wenn man sich des damaligen Wissens und gymnasialen wie universitären Bildungsstoffs vergewissert, wenn man die Beleidigungen durch seine Gegner bedenkt und berücksichtigt, daß schon zu Haeckels Lebzeiten einzelne weltanschauliche Thesen von ihm wie wissenschaftliche Wahrheiten gehandelt und von anderen weiterfabuliert wurden. Dazu gehörte der so einfache Lehrsatz von der monistischen Geschlossenheit alles Seienden, woraus Konrad Guenther ebenso vereinfachend schloß, daß „ein Begreifen der Welt nur auf einheitlicher Grundlage möglich (sei), und darum müssen wir auch in

---

162 Edward Aveling: Die Darwin'sche Theorie. Stuttgart 1887 (zit. nach der 2. Aufl. 1894), S.91 (IB I, 1-3). – Eine Nachauflage stammte vom Züricher Privatdozenten (Dr. phil.) Sinai Tschulok: Entwicklungstheorie (Darwins Lehre). Gemeinverständlich dargestellt. Stuttgart 1912. – Vgl. dazu Ludwig Plate: Charles Darwin. Festschrift des Deutschen Monistenbundes zu seinem 100. Geburtstage. Hg. v. d. Berliner Ortsgruppe. Berlin u. Leipzig 1909. – W(ilhelm) Waldeyer: Darwins Lehre, ihr heutiger Stand und ihre wissenschaftliche und kulturelle Bedeutung. P(aul) G(erson) Unna: Darwin als Mensch. Berlin 1909 (Deutscher Monistenbund, Flugschriften der Ortsgruppe Hamburg, 7 u. 8).
163 Vgl. Heinrich Rickert: Kulturwissenschaft und Naturwissenschaft. E. Vortr.. Freiburg 1899 (2. Aufl. Tübingen 1910).

der Lebewelt dieselben Kräfte uns wirksam denken, wie die es sind, welche die leblose Welt beherrschen".[164] Marxisten übertrugen den Ansatz Haeckels in die Soziologie. Sie folgerten naturgesetzliche Vorgänge auch in der Gesellschaft.

Haeckels Einfluß über die Freidenker und Monisten hinaus erreichte um 1910 eine Breitenwirkung, die eine kirchliche Gegenbewegung ebenso herausforderte wie sie ein Überdenken kirchlicher Standpunkte anregte. Zu den einflußreichsten Organisationen dieser Art zählte der *Keplerbund zur Förderung der Naturerkenntnis*.[165] Er ging propagandistisch gegen die Monisten vor, namentlich gegen Haeckel, dessen Anhänger kräftig gegenhielten.[166] In der seit 1909 erscheinenden Monatsschrift *Unsere Welt*[167] und in vielen Einzelschriften versuchten unter der Leitung von Eberhard Dennert meist protestantische Theologen und Naturforscher eine Versöhnung der christlichen Glaubenslehre mit der Naturwissenschaft. Sie folgerten, daß es gar keinen Konflikt zwischen der christlichen Religion und der Naturforschung geben könne, denn die eine habe das Unendliche und die andere das Endliche zu ihrem Gegenstand. Zwar schränkte Dennert noch ein, nur mit dem Blick auf das Unendliche, also das Religiöse, könne man zu Gesetzesaussagen gelangen. Doch eine „besondere Religion der Naturforscher", wie sie Haeckel mit seinem Monismus behaupte, sei nicht nötig. Die Kirche hindere die freie Forschung nicht.[168]

Wesentlich befördert durch entsprechende philosophische Äußerungen der Physiker Albert Einstein und Max Planck setzte sich erst gegen Ende der zwanziger Jahre bei vielen Naturforschern die Auffassung durch, Religion und Naturwissenschaften hätten dem Prinzip nach nichts miteinander zu tun. Religion galt ihnen, bei allen Unterschieden im Detail, als ethische Angelegenheit, bei der soziale Regeln formuliert, Richtungen des Handelns aufgezeigt, Moralprinzipien aufgestellt, Weltanschauungen angeboten und persönlicher Glauben verortet werden. Die Naturwissenschaften hingegen seien auf Erkenntnis aus. Ihre Wahr-falsch-Urteile gäben keinerlei gesell-

---

164 Konrad Günther: Tote und lebende Substanz. Leipzig u. Berlin 1911 (FdDMB, 24; Flugschrift 4 der Ortsgruppe Groß-Berlin). – Vgl. Jakob E. Koltan: Haeckels monistische Weltsicht. Zürich 1905. – Ernst Diesing: Die einheitliche Weltanschauung in gemeinverständlicher Darstellung. Brackwede 1909; Berlin, Leipzig 1909 (FdDMB, 22; Flugschrift 2 der Ortsgruppe Groß-Berlin).
165 Vgl. Eberhard Dennert: Die Naturwissenschaft und der Kampf um die Weltanschauung. E. Wort zur Begründung des Keplerbundes. Godesberg 1908.
166 Vgl. Max Hermann Baege: Der Keplerbund und seine Gelehrten. Eine notwendige Auseinandersetzung. Frankfurt a. M. 1911.
167 Vgl. Unsere Welt. Illustrierte Monatsschrift zur Förderung der Naturerkenntnis. U. Mitw. zahlr. Fachgelehrten, hg. v. Keplerbund, Godesberg 1909-1910.
168 Eberhard Dennert: Die Religion der Naturforscher. Auch eine Antwort auf Haeckels „Welträtsel". 5. Aufl., Berlin 1901; Stuttgart 1907 u. d. T.: Die Weltanschauung des modernen Naturforschers; zit. nach der 9. Aufl., Leipzig u. Erlangen 1925, S.75/76 (Kirchlich-soziales Heft, 14).

schaftliche Ziele vor. Der Kampf um die weltanschauliche Interpretation naturwissenschaftlicher Erkenntnisse vor 1914 fand unter anderen sozialen und geistigen Voraussetzungen statt und führte deshalb zur Lagerbildung. Der *Keplerbund* ebenso wie der eher außenpolitisch in Richtung Polen und Böhmen wirkende *Gustav-Adolf-Verein* bekamen für ihre Arbeit sogar staatliche Unterstützung.

Die staatliche Hilfe für christliche Propaganda gegen ihn brachte Haeckel in den Geruch des Oppositionellen und förderte seine Popularität unter Freidenkern und Monisten. So gelang es Haeckel schon zu Lebzeiten, an seinem Denkmal als „deutscher Darwin" zu bauen. Das Haeckelsche Monument in Jena wuchs durch viele Bücher und Streitschriften, durch gelehrige Studenten und ideologische Jünger, durch den Neubau des Zoologischen Instituts 1883, die Übergabe des „Phyletischen Museums" 1908, finanziert aus Gewinnen mit seinem Buch über die *Welträtsel*. Als „Wissenschaftsfürst" führte er sein Haus, die „Villa Medusa", wie eine Wallfahrtsstätte (bezogen 1884, seit 31. Oktober 1920 Museum). Dorthin führte von Hamburg aus am 12. September 1911 die „Huldigungsfahrt" der Monisten aus aller Welt, die auf der Bahnfahrt das *Weimarer Kartell* neu belebten. Auf dem Internationalen Freidenkerkongreß im September 1904 in Rom wurde Haeckel sogar demonstrativ zum „Gegenpapst" ausgerufen. Doch stellte diese Intronisation eher einen Akt diplomatischer Rücksichtnahme gegenüber dem ehrsüchtigen Haeckel dar. Zuvor hatte er dem Kongreß seine *Thesen zur Organisation des Monismus* vorgelegt. Doch konnten die eher politisch orientierten Delegierten, in ihrer Mehrzahl Franzosen und Italiener, mit den naturwissenschaftlich-philosophischen Glaubenspostulaten nur wenig anfangen.

Lösung der Welträtsel

Der Ruf, Stifter einer neuen Weltanschauung und damit hellstes Glanzlicht der ganzen Freidenkerei zu sein[169], ging auf Haeckels auflagenstärkstes Buch *Die Welträthsel* von 1899 zurück, mit den Kapiteln Mensch, Seele, Welt und Gott. Es wurde in 400 000 Exemplaren verkauft und schnell in 30 Sprachen übersetzt. Das Werk war vor 1914 Standardliteratur bei allen, die sich um eine Abkehr von religiösen Doktrinen bemühten, vor allem in freidenkerischen Zirkeln und sozialdemokratischen Bildungsvereinen. (Walter Ulbricht empfahl es noch in den Sechzigern, Lenins Urteil über die *Welträtsel* folgend, dabei handle es sich für die Arbeiter um eine „Waffe des Klas-

---

169 Vgl. die von S. E. Verus (= Titus Voelkel): Einführung in die Geschichte des freien Gedankens in hundert Lebensabrissen seiner Vorkämpfer. Frankfurt a. M. (NFV) 1914, S.222 vorgenommene Lobpreisung: Seine „Verdienste sind so mannigfach, und jedes einzelne so unendlich groß, daß man kaum sagen kann, welches das größte ist."

senkampfes".[170]) Die „sieben Welträtsel" hatte zuerst der Berliner Physiologe und Rektor der Berliner Universität Emil Du Bois-Reymond (1818-1896) Anfang der achtziger Jahre des 19. Jahrhunderts in einer gleichnamigen Abhandlung formuliert[171] und sie in folgende Fragen gefaßt:
1. Was ist das Wesen von Materie und Kraft?
2. Welches ist der Ursprung der Bewegung?
3. Welches ist die erste Entstehung des Lebens?
4. Wie ist die anscheinend absichtsvoll-zweckmäßige Einrichtung der Natur zu erklären?
5. Wie ist die einfachste Sinnesempfindung entstanden?
6. Welches ist der Ursprung des vernünftigen Denkens und der damit eng verbundenen Sprache?
7. Wie ist die Willensfreiheit zu erklären?

Da Du Bois-Reymond alle Lebenserscheinungen für rein physikalisch-chemische Vorgänge ansah, hielt er die Fragen 1, 2 und 5 für unlösbar. Nach Haeckel hatten sich gerade diese drei durch den Monismus aufgeklärt. In der Entwicklungslehre sah er eine Zauberformel entstanden, welche auch die Du Bois-Reymondschen Probleme mit den Nummern 3, 4 und 6 löst. Sogar die siebente Frage erledige der Monismus, denn dabei handele es sich um ein Scheinproblem. „Willensfreiheit" sei gar kein wissenschaftlich zu klärender Gegenstand, sondern reine Einbildung. Alle Sinnesempfindungen seien natürlich zu erklären – mit dem Substanz-Gesetz. Seine Forschungen und die der anderen Monisten würden belegen, daß sich die „Zahl der Welträthsel durch ... die Fortschritte der wahren Naturerkenntniß im Laufe des neunzehnten Jahrhunderts stetig vermindert (habe); sie ist schließlich auf ein einziges allumfassendes Universal-Räthsel zurückgeführt, auf das Substanz-Problem."[172] Es gäbe ein einheitliches „Substanz-Reich", dessen beide „untrennbaren Attribute ... die Materie (der ausgedehnte Stoff) und die Energie (die wirkende Kraft)" seien. „Demnach bildet das gesammte Reich der Wissenschaft ein einziges, einheitliches Gebiet; die sogenannten Geisteswissenschaften sind nur besondere Theile der allumfassenden Naturwissenschaft; alle wahre Wissenschaft beruht auf Empirie, nicht auf Transscendenz."[173]

Haeckel vermengte hier wie in anderen Werken Prinzipien des Forschens (Empirie) mit solchen der Theoriebildung und vermischte so die Unterschiede zwischen Wissens- und Glaubenssätzen, die er dann noch kulturkämpferisch wendete. Wer seinen Monismus nicht teile, sei Dualist und

---

170 Vgl. W. I. Lenin: Materialismus und Empiriokritizismus. Kritische Bemerkungen über eine reaktionäre Philosophie (1909). In: Lenin Werke, Bd.14, S.353.
171 Vgl. Emil Du Bois-Reymond: Über die Grenzen des Naturerkennens. Die sieben Welträtsel. Zwei Vorträge. Leipzig 1882.
172 Haeckel: Welträthsel, S.151 (zit. nach der Volks-Ausgabe von 1903).
173 Haeckel: Welträthsel, S.154 (Volks-Ausgabe).

halte an transzendenten Erklärungen psychischer Vorgänge fest. Also müsse der Dualist die „Offenbarung" anerkennen und folglich religiöses Bewußtsein reproduzieren. Dagegen beruhe die „wahre Offenbarung" nur in der Naturerkenntnis. „Jeder vernünftige Mensch mit normalem Gehirn und normalen Sinnen schöpft bei unbefangener Betrachtung aus der Natur diese wahre Offenbarung und befreit sich damit von dem Aberglauben, welchen ihm die Offenbarungen der Religion aufgebürdet haben."[174] So beruhe die ganze These von der „Freiheit des Willens", wie schon erwähnt, auf einem Fehlschluß, der mit Hilfe des Monismus und mit dem Substanzgesetz aufzuklären sei (woran die Marxisten, etwa Franz Mehring, vor allem die fehlende Dialektik und die Übertragung seiner Anschauungen auf die Soziologie kritisierten). Haeckel meinte, allem Seienden liege eine unendliche und ewige Substanz zugrunde, eben die Materie, die bis in ihre kleinsten Teilchen sogenannte Atomseelen habe. Deren „Kommunikation", wie wir heute sagen würden, gestatte die „Thätigkeit der immateriellen Seele", frei von physikalischen und chemischen Veränderungen, aber an „natürliche" Vorgänge gebunden. Die These von der Willensfreiheit als einer bloßen Fiktion erwies sich von großer kultureller Wirkung. Sie führte das menschliche Handeln auf natürliche und, abgeleitet davon, soziale Abhängigkeiten zurück. Die unergründliche höhere göttliche Bestimmung wurde abgelöst durch die zwar erforschbare, aber doch letztlich im Dikkicht der Natur verborgene Determiniertheit des Tuns und Lassens von Menschen. Das warf neue Fragen auf, die bis heute breit diskutiert werden: Für welche Willensäußerung und deren praktischen Vollzug ist das Individuum voll verantwortlich und welche Macht darf sich die Gemeinschaft zubilligen, in die Natur einzugreifen? Haeckels „Spartanische Selection", Ostwalds These vom persönlichen Recht auf Euthanasie und Dosenheimers monistisches Strafverständnis waren erste fortwirkende Antworten.

Spartanische Auslese als Sozialprogramm

Viel von seiner Popularität verdankte Haeckel dem Ergänzungsband von 1904 zum Buch über die *Welträthsel*, der die *Lebenswunder* klären wollte. Doch schrieb gerade diese Abhandlung der noch jungen Biologie eine Entscheidungsrolle über Tod und Leben und, daraus abgeleitet, eine politische Funktion zu. Sie vermengte naturwissenschaftliche Hypothesen mit sozialem Kalkül, die Haeckel immer weniger zu trennen in der Lage war. Seine Schrift hob den Menschen, sonst als Teil der Natur und des Kosmos behandelt, willkürlich daraus hervor, um dessen Recht zu begründen, der Umwelt seinen Stempel aufzudrücken und seine Bedürfnisse durchzusetzen. Da Haeckel zugleich der Auffassung war, abgeleitet aus der Allheit alles Organischen und dem „Kampf ums Überleben" Darwins, geistig schwer kranke

---

174 Haeckel: Welträthsel, S.123 (Volks-Ausgabe).

und körperlich sieche Menschen stünden physisch bzw. psychisch unter den gesunden Tieren, zum Beispiel den Affen, mußte er einen qualitativen Begriff vom Menschen anbieten und diesen begründen. Zu diesem Zweck führte Haeckel die Kategorie „Lebenswert" ein, die ja einen „Unwert", also auch „unwertes Leben" implizierte. Er nahm an, je höher sich die soziale Arbeitsteilung entfalte und der Kulturstaat bewußt in die Lebenszusammenhänge der Gesellschaft eingreife, „desto höher steigt der objective Lebenswerth ... [der Individuen, H.G.] für das Ganze, desto mehr sinkt aber zugleich der subjective Werth ... Daraus entsteht ein beständiger Kampf zwischen den Interessen der Einzelwesen, die ihren besonderen Lebenszweck verfolgen, und denjenigen des Staates, für dessen Zwecke dieselben nur Werth haben als Theile einer Maschine."[175]

Für Haeckel mußte „Lebenswert" eindeutig wissenschaftlich feststellbar sein. Das schien ihm durch den Monismus möglich. Als oberste Kriterien, hergeleitet aus dem Überlebenskampf alles Seienden, setzte Haeckel den gesundheitlichen Erhalt der (weißen) Rasse und den Fortschritt der auf industrieller Entwicklung beruhenden Kultur (Europas, besonders Deutschlands). Schließlich definierte er sogar eine Instanz, die zur Diagnose, zur Therapie wie zur schmerzhaften Operation befugt sei, um „Lebenswert" zu sichern. Diese zuständige Stelle sei der Staat. Und er empfahl diesem die „Spartanische Selection", die Tötung kranker Neugeborener. Haeckel ging noch weiter und fragte öffentlich: „Welchen Nutzen hat die Menschheit davon, daß die Tausende von Krüppeln, die alljährlich geboren werden, Taubstumme, Kretinen, mit unheilbaren erblichen Uebeln Belastete u.s.w. künstlich am Leben erhalten und groß gezogen werden? Und welchen Nutzen haben diese bemitleidenswerthen Geschöpfe selbst von ihrem Leben? Ist es nicht viel vernünftiger und besser, dem unvermeidlichen Elend, das ihr armseliges Leben für sie selbst und ihre Familie mit sich bringen muß, gleich von Anfang an den Weg abzuschneiden?" Das Christentum empfehle doch schließlich auch, teilte er demagogisch mit, die Menschen von ihren Übeln zu erlösen. Sitte, Gesetz und Recht, wo sie dazu führen, Krankheiten von Generation zu Generation fortzuschleppen, gehören geändert. Der Monismus als wissenschaftliche Weltanschauung solle helfen, das Gewissen der Menschen für diesen Zweck zu prädestinieren und durch Wahrheit zu formen. Leider verbleibe die herrschende Moral durch Aberglauben und Religion in Unvernunft. „Das Gemüth aber sollte in wichtigen ethischen Fragen niemals die Gründe der reinen Vernunft aufheben."[176] Ohne Haeckels Position als renommierter Naturwissenschaftler, ohne sein offensives Auftreten gegen den Schöpfungs- und für den Entwicklungsgedanken und ohne die

---

175 Haeckel: Lebenswunder, 1904, S.472.
176 Haeckel: Lebenswunder, 1904, S.135, 136.

Weiterarbeit an Darwins Deszendenztheorie[177] wären sein weltanschaulicher und politischer Einfluß und sein lineares Fortschrittsbild nicht so enorm gewesen, auch bei Gelehrten, die sonst eher bedachtsam urteilten[178] – um so mehr wirkten seine Thesen auf politische Eliten, denen ein Völkerkampf vorschwebte und denen die Sozialpolitik zu teuer schien.

Auch im Monistenbund gehörte das wirklich „neue naturwissenschaftliche Denken, vor allem in der Physik ... nicht mehr zum Kanon bildungsbürgerlichen Wissens".[179] Viele naturwissenschaftliche „Wahrheiten", etwa in der Auslesetheorie, bauten auf ältere Spekulationen. Meist entsprangen sie kulturellen Phantasien, zu denen selektive Beobachtungen der Natur als Belege herangezogen wurden. Vielleicht stellten sie gerade deshalb ein Angebot dar, den allgegenwärtigen Hunger auf moderne Welterklärung zu stillen. Wohl darauf fußte der Erfolg von Haeckels „naturgemäßer" Weltanschauung. Haeckel selbst, streng religiös erzogen, „lebte" seinen Monismus.

Je älter, desto derber spitzte er seine sozialdarwinistischen Thesen zu, spickte sie mit Ideen über die Vererbbarkeit erworbener Eigenschaften und die Existenz „höherer" und „niederer" Rassen und wendete sie schließlich im Namen der Kultur gegen Deutschlands Kriegsgegner. Seine schon in den *Lebenswundern* vorgefertigte Auffassung über „Lebenswert" geriet dem alten Haeckel angesichts des Krieges geradezu außer Kontrolle. Er sah vor sich die vielen Gefallenen, alles gesunde junge Männer. In ihm stieg seine kindheitsgeprägte Aversion gegen alles Kranke hoch, und er erinnerte sich der eigenen Erfahrungen mit einer schwermütigen Tochter. Das mag ihn zu seiner Schrift *Ewigkeit* von 1915 motiviert haben. Aus der „Maschine" in den *Lebenswundern*, dem staatlich geregelten gesellschaftlichen Funktionalismus, dem man sich ein- und unterordnen müsse, wurde die Kriegsmaschine, mit der Deutschland im Namen der Kultur gegen seine Feinde kämpft. Was sich in den *Lebenswundern* als „Spartanische Selection" auf kranke Neugeborene beschränkte, dehnte Haeckel nun auf weitere physisch auszumerzende Übel aus. In seiner Schrift über die *Ewigkeit* trug er im Namen des Staatshaushaltes und der betroffenen Familien eine rein zweckrationale Empfehlung vor, die „unverbesserlichen Verbrecher" zu töten und die „unzähligen unheilbaren Kranken" einer von ihm nicht näher definierten „Erlösung" zuzuführen.[180]

---

177 Vgl. Ernst Haeckel: Die Radiolarien (Rhizopado radiaria). Eine Monographie. Berlin 1862. – Ders.: Generelle Morphologie der Organismen. Allgemeine Grundzüge der organischen Formen-Wissenschaft ...Berlin 1866. – Ders.: Natürliche Schöpfungsgeschichte. Gemeinverständliche, wissenschaftliche Vorträge über die Entwicklungslehre ... Berlin 1868.
178 Vgl. Albrecht Rau: Friedrich Paulsen über Ernst Haeckel. Eine kritische Untersuchung über Naturforschung und moderne Kathederphilosophie. 2. Aufl., Brackwede 1907 (FdDMB, 3).
179 Dieter Langewiesche: Bildungsbürgertum und Liberalismus im 19. Jahrhundert. In: Bildungsbürgertum im 19. Jahrhundert, Teil IV: Politischer Einfluß und gesellschaftliche Formation. Hg. v. Jürgen Kocka, Stuttgart 1989, S.108.
180 Ernst Haeckel: Ewigkeit. Weltkriegsgedanken über Leben und Tod, Religion und Entwicklungslehre. Berlin 1915, S.34/35.

In der gleichen Schrift meinte Haeckel, auf Afrikaner und Asiaten in den gegnerischen Truppen verweisend, ein „einziger feingebildeter deutscher Krieger" habe „einen höheren intellektuellen und moralischen Lebenswert als hunderte von den rohen Naturmenschen, welche England und Frankreich, Rußland und Italien ihnen gegenüberstellen". Es sei eine kulturelle Großtat, die „weiße Rasse" vor den „niederen farbigen Menschenrassen" zu schützen, die den Menschenaffen (in einer anderen Schrift: den Hunden) näher stehen als den Kulturmenschen.[181] Mit dieser Auslegung der Entwicklungslehre stellte sich Haeckel offen auf die Seite der noch vorzustellenden Rassenhygiene, die sich über angeblich kontraselektorische Effekte der Zivilisation sorgte und in der monistischen Bewegung starken Anklang fand. Beide Haltungen Haeckels, die zum Kriege wie die zur Rassenhygiene, trugen zur politischen Spaltung der Monisten- und Freidenkerbewegung bei, die mit dem Rücktritt Ostwalds 1915 nach offener Kritik an dessen Zeichnung des Aufrufs der 93 Professoren einsetzte, obwohl er – wie er meinte – weiter einen Mittelweg der Vernunft befürwortete. Doch auch Ostwald sah die Vernunft allein auf deutscher Seite und den deutschen Sieg im Kriege als Bedingung für einen zivilisatorischen Weltfrieden.[182]

Die Ära Ostwald: Organisation der Geistesarbeiter

Johannes Unold war zeitweise Zweiter Vorsitzender, dann sogar kurzzeitig Vorsitzender des *Deutschen Monistenbundes* (gewählt im September 1910 in Dresden) und in dieser Funktion direkter Vorgänger des berühmten Leipziger Chemikers Wilhelm Ostwald. Als Unolds Geschäftsführer fungierte der Lehrer an der Münchener freireligiösen Gemeinde Freiherr von Hügel. Ostwald hatte vor dem ersten Weltkrieg in seinem „Landhaus Energie", auf einem etwa sieben Hektar großen, in Großbothen bei Grimma gelegenen Gut, seinen Gelehrtensitz als eine international bekannte Begegnungs- und Forschungsstätte auch für die Freidenkerei eingerichtet.[183] Nach einem Ankündigungsbrief vom 19. Dezember 1910 besuchte ihn dort zu Weihnachten Ernst Haeckel, stellte sich persönlich vor und trug Ostwald den Vorsitz des *Deutschen Monistenbundes* an, den dieser, sich selbst als „Monistenhäuptling" titulierend, von Januar 1911 bis zum 14. Mai 1915 innehatte. Sein Sekretär wurde der Münchner Arzt Eduard Aigner[184], der mit seinen

---

181 Haeckel: Ewigkeit, S.36.
182 Ostwald: Lebenslinien, S.344-48.
183 Der Landsitz kam 1953 in DDR-Besitz und fiel 1994 an den Freistaat Sachsen. Seit Ende 1995 wird überlegt, daraus eine Stiftung oder ein Hotel zu machen. Vgl. Manfred Schulze: Privatwirtschaftliche Lösung gesucht. Streit um das Erbe des Nobelpreisträgers Wilhelm Ostwald. Hotel in Gedenkstätte geplant. In: Tsp 31.12.1995, S.4.
184 G. Ostwald: Wilhelm Ostwald, mein Vater. M. acht Kunstdrucktafeln, Stuttgart 1953, S.130-133, 138/139. – Vgl. Eduard Aigner: 5 Jahre deutscher Monistenbund 1906-1911. München 1911.

freidenkerischen Vorstellungen Ostwald näher stand als Unold mit seinen Träumen vom neuen Germanien und seinen dichterischen Arbeitspausen. Seit Gründung des *Deutschen Monistenbundes* 1906 in Jena war Unold für das Bundesorgan verantwortlich gewesen, nun wurde seine Ablösung auch deshalb nötig, weil Ostwald Geld in das Unternehmen stecken und als Verleger freie Hand haben wollte, besonders für die Zeitschriften (in ihrer Abfolge): *Blätter des Deutschen Monistenbundes, Der Monismus* (mit dem Untertitel *Zeitschrift für einheitliche Weltanschauung und Kulturpolitik*), *Das Monistische Jahrhundert* (1912 als Halbmonats- und ab 1913 als Wochenschrift) mit der Beilage *Monistische Sonntagspredigten* und schließlich, ab 1916, *Monistische Monatshefte* (letztere hatten Ostwald als Herausgeber und Wilhelm Bloßfeld in Leipzig als Redakteur; dort Obmann des *Komitees Konfessionslos*).

Für die Herausgabe der *Flugschriften des Deutschen Monistenbundes* zeichnete Heinrich Schmidt verantwortlich. Als erste Broschüre gelangte selbstverständlich ein Werk von Haeckel in den Vertrieb.[185] Die Flugschriften erschienen ab 1906 bis 1911 (Nr. 26) in Brackwede im *Verlag Dr. Willy Breitenbach*.[186] Danach brachte sie Wilhelm Ostwald in seinem Familienbetrieb *Verlag Unesma* heraus (bis Nr. 35), einer GmbH. Das gab besonders seinen Söhnen Walter (geb. 1886), der als Obmann der Konfessionslosen hervortrat, und Wolfgang (1883-1943) die Gelegenheit, sich monistisch zu profilieren und als Redakteure tätig zu werden (ein weiterer Sohn hieß Hans). Neben der Zeitschrift *Das Monistische Jahrhundert* erschienen im Verlag vor allem Ostwalds eigene *Sonntagspredigten* und ein Buch über Auguste Comte (1798-1857).[187] Geschäftsführer wurde der Leipziger Monist Dr. Friedrich Manitz. Weitere Pläne, so Werkausgaben und Biographien von Ernst Mach (1838-1916) und Svante Arrhenius unterband der Krieg.[188]

Ostwald war nach seinem Nobelpreis sehr wohlhabend und seinem Naturell nach offen für allerlei Experimente. 1912 setzte er in Eisenberg eine monistische Siedlung in Gang, mit dem Schlosser Otto von Zschock, einem proletarisierten Adligen als „Leiter des Monistischen Klosters".[189] Er wollte „auf Thüringer Boden" eine Pflanzschule für eine neue „Kultur der

---

185 Vgl. Ernst Haeckel: Monismus und Naturgesetz. Brackwede 1906.
186 Nach dem Kriege veröffentlichte der *Verlag P. Hartung* in Hamburg eine *Monistische Bibliothek. Kleine Flugschriften* mit 19 Heften, darunter als Nr. 13 (1920) von Paul Kammerer: Lebensbeherrschung. Grundsteinlegung zur organischen Technik; als Nr. 15/16 (1920) Georg Manes: Wohlzeugung (Eugenik). Ein Weg zum Aufstieg der Menschheit. – Ab 1921 veröffentlichte dann der nachfolgende *Hamburger Verlag* (A-B-C-Straße 57) die Hefte 20-50. Während der Nazizeit ging der Verlag ein und die Restbestände wurden makuliert.
187 Vgl. Wilhelm Ostwald: Auguste Comte. Der Mann und sein Werk. Leipzig 1913.
188 Vgl. G. Ostwald: Wilhelm Ostwald, S.155. – Genannt wird noch Ramsay, gemeint ist vermutlich der in den Zwanzigern bekannt werdende amerikanische philosophische Nominalist Frank Plumpton Ramsey (1903-1930).
189 Otto v. Zschock arbeitete 1911 im Thüringischen und in Berlin für das *Komitee Konfessionslos* und gelegentlich als sozialdemokratischer Wanderredner.

Arbeit" errrichten und mit der „Aufzucht einer neuen monistischen Generation" beginnen.[190] Ostwald stand der Bodenreformbewegung von Adolf Damaschke (1865-1935) nahe[191], wollte aber „mir und den Meinen die Aufnahme Fremder in ... unserem Heim" nicht zumuten. Er kaufte deshalb Felder, Mühle, Wohngebäude, Ställe „und was sonst zum Dasein erforderlich war". Das Unternehmen Unesma (die Erste) kam tatsächlich in Gang, ging aber ein Jahr später pleite, weil die Bewohner „unter anderem Zahnbürsten auf Wirtschaftskonto angeschafft hatten, für jeden eine besonders".[192] 1914 berichtete Breitenbach, das „sogenannte monistische Kloster auf der Amtsschreibermühle bei Eisenberg" sei mit der Ostwaldschen Redewendung aufgelöst worden, „die erste Versuchsreihe ist abgeschlossen und die bisherigen Teilnehmer sind übereingekommen, sich zu trennen".[193]

Ostwald war viel mehr auf die Gewinnung anregender Geister bedacht als der rechthaberische Haeckel. Mit Hilfe des Bundes trat nun eine ebenso illustre wie intellektuell stimulierende Schar an die Öffentlichkeit, auch wenn sie teils schon von Haeckel gewonnen worden war.[194] Der Bund erreichte 1914 eine Mitgliederzahl von etwa 6 000 Personen in 42 Ortsgruppen[195] (davon eine in Österreich und drei in der Schweiz) und zählte rund

---

190 Wilhelm Ostwald. In: Bericht über die VI. Hauptversammlung des Deutschen Monistenbundes zu Magdeburg vom 6. bis 10. Sept. 1912. In: MJ 1(1912/13), S.418.
191 Vgl. Adolf Damaschke: Die Bodenreform. Jena 1912. – Gemeinsam mit Damaschke trat in der deutschen Freidenkerbewegung besonders der Berliner Monist Dr. Max Andler (geb. 1882) hervor, ein ehemaliger Lehrer, der als Redakteur tätig war.
192 Wilhelm Ostwald: Lebenslinien. Eine Selbstbiographie. Dritter Teil: Gross-Bothen und die Welt 1905-1927. Berlin 1927, S.253/54.
193 Wilhelm Breitenbach: Vom verunglückten Ostwald-Kloster. In: NW 7(1914)3, S.110. – Vgl. G. Ostwald: Wilhelm Ostwald, S.136.
194 Eduard Aigner als Schriftführer, Max Hermann Baege (1875-1938; Berlin; Biologe; Schriftsteller; Freigemeindler), Wilhelm Bölsche, Arthur Braune (Dresden; Beisitzer), Christian Carstens (Beisitzer), Emil Dosenheimer (Beisitzer), Rudolf Goldscheid (1870-1931; Wien und Berlin; Soziologe und Dichter; Mutterschutzbund; ebenfalls Beisitzer), Magnus Hirschfeld, August Freiherr v. Hügel (geb. 1854; München) als Geschäftsführer, Otto Juliusburger (Beisitzer), H. Koerber (Berlin; Redakteur), Hugo Meindl als Schatzmeister, Grete Meisel-Heß, Franz Müller-Lyer (Beisitzer), Heinz Potthoff, Otto Plarre (Gera; Beisitzer), C. Rieß (Beisitzer), Johannes Unold als 2. Vorsitzender, Bruno Wille sowie Max Maurenbrecher und Heinrich Peus (beides Sozialdemokraten, beide 1914 Beisitzer).
195 Nach anderen Angaben 1911: 41 Ortsgruppen mit 5000 Mitgliedern; 1913: 45 Ortsgruppen mit 6 000 Mitgliedern; 1919: 32 Ortsgruppen mit 3200 Mitgliedern. Vgl. Elfriede Teumer: Deutscher Monistenbund. In: Philosophie und Naturwissenschaften. Wörterbuch zu den philosophischen Fragen der Naturwissenschaften. Neuausgabe 1991, Bd.1, Hg. v. Herbert Hörz, Heinz Liebscher, Rolf Löther, Ernst Schmutzer u. Siegfried Wolgast, Berlin 1991, S.191/192. – Soweit nicht schon an anderer Stelle erwähnt, hier einige Orte mit ihren Vorsitzenden: Bürgermeister Dr. Otto Marburg (Augsburg), Gustav Schulz (Bochum; Beamter), Hermann Trau (Bremen; Schriftsteller), J. Rheindorf (Krefeld; Arzt), G. Hoffmann (Dortmund, Lehrer), E. Niemeyer (Eisenach; Redakteur), Martin Vogel (Freiburg), Bruno Kiehne (Friedrichroda; Beamter), Otto Walter (Halle a.S.; Ingenieur), Hans Behm (Karlsruhe; Schriftsteller), Heinrich Lotz (Nürnberg, Architekt), C. W. Meyer (Pforzheim; Oberingenieur); Emil Rösler (Plauen; Architekt), Hermann Losse (Quedlinburg), Curt Craemer (Sonneberg), Wilhelm Püschel (Wilhelmshaven), Hugo Michel (Weimar; Rentier), E. Heims (Wyk auf Föhr) und H. Hentzschel (Zwickau; Arzt).

750 Einzelmitglieder.[196] Er gehörte zu den wenigen Organisationen vor dem ersten Weltkrieg mit einem hohen Frauenanteil. Das lag nicht zuletzt an der monistischen Einheitslehre, nach der es „keinen prinzipiellen Unterschied zwischen männlicher und weiblicher Lebensart" gibt. Das „gegenwärtige Kulturgepräge" sei nur „durch männliche Wesensart bestimmt".[197]

1911 gelang Wilhelm Ostwald auf dem *Ersten Internationalen Monistenkongreß* in Hamburg eine grundsätzliche weltanschauliche Debatte über den Monismus. Das lag auch am Rückhalt, den er von den dortigen Monisten erhielt[198], konzeptionell durch Unna und organisatorisch wie finanziell durch den Fabrikanten Christian Carstens (Vorsitzender der Ortsgruppe Hamburg) und die Kaufleute C. Rieß (Kassierer der Ortsgruppe Hamburg) und Wolff.[199] Sie gewannen den amerikanischen Biologen und Monisten Jaques Loeb (Berkeley, Kalifornien) für einen Vortrag über seine sensationellen Entdeckungen über die künstliche Befruchtung von Seetieren – einem Thema ganz nach dem Geschmack der philosophierenden Naturforscher und der sozialdarwinistischen Strategen. Auf diesem Monistenkongreß wurde überdies deutlich, daß die Anhängerschaft Haeckels in Deutschland vor allem auf die über vierzig Monisten-Bünde bauen konnte, die Haeckels rühriger Mitarbeiter Schmidt vernetzte. Er vertrug sich leidlich mit Ostwald, nachdem dieser keinen großen Willen erkennen ließ, Schmidt zu vereinnahmen und dieser den Wunsch aufgab, eine Debatte über die Unterschiede in Haeckels und Ostwalds Anschauungen anzuzetteln.

Ostwald wiederum nutzte seine Popularität und sein Geld, um kommunikative Projekte und unkonventionelle Denker zu fördern, aber auch, um seine zwei Alterswerke voran zu bringen, die Farben- und die Organisationslehre.[200] Um aufgeklärte Wissenschaftler und Philosophen zusammenzuführen, gründete er im Sommer 1911 mit K. W. Bührer und A. Saager in München die *Brücke*, ein *Internationales Institut zur Organisierung der geistigen Arbeit* und stellte Rudolf Goldscheid als Redakteur der Reihe *Annalen der Naturphilosophie* ein. Ostwalds Beitrag zur Freidenkerei unterschied sich von dem Haeckels vor allem durch seine stärkere soziale,

---

196 Zu den prominenten Einzelmitgliedern zählen: Dr. Paul Beck (geb 1870; Professor in Leipzig; Theologe, Oberlehrer und Physiker), Dr. Paul Flaskämper (geb. 1886; München; Biologe; Redakteur) und Carl Hauptmann.
197 Johanna Hennig-Wimpf: Gedanken zur Mädchenerziehung und zur Erziehung allgemein. In: Der Monismus, München 6(1911)58, S.105.
198 Ein christlicher Kritiker konstatierte das „eigenartiges Bild", daß „die Zuhörerschaft sich wesentlich rekrutierte aus jüdischen Frauen und Männern. Das andere Hauptelement waren die Elementarlehrer!" Vgl. Reuß: Monistenkongreß, Sp.1022.
199 Zu den Freigebigen gehörten die Fabrikanten Adolf Herbig (1871-1912), Vorsitzender der Ortsgruppe Köln, Friedrich Kaufmann, Vorsitz Gruppe Leipzig) und der Direktor Hermann Runge (Vorsitz Ortsgruppe Kiel; Mitglied im Freidenkerbund). In München spendete wiederholt Marie Deinhard größere Beträge, so 1 000 Mark bei Gründung des *Weimarer Kartells*.
200 Vgl. G. Ostwald: Wilhelm Ostwald, S.143-135.

manchmal gar hedonistische Interpretation des Monismus, die ihn schließlich auch mit Sozialdemokraten zusammenarbeiten ließ. Wie Ludwig Büchner, dessen politischem Testament er in den meisten Punkten folgte, sah Ostwald in der Orientierung jedes Monisten gegen Rechts, gegen Konservatismus, Orthodoxie und Ultramontanismus in allen ihren Formen ebenso eine Selbstverständlichkeit, wie ihm die grundsätzliche Unterstützung der fortschrittlichen Parteien auch einige führende Sozialdemokraten als Bündnispartner sehen ließ. Sozialismus allerdings lehnte Ostwald ab. Er hielt sich an Büchners „Sozialistik".[201] Dabei handelte es sich um ein sozialreformerisches Programm, das sich auf die Ablehnung der Bodenrente stützte und das Gemeineigentum an Grund und Boden, Wasserkräften und Bergwerken einführen wollte. Daraus erklärt sich Ostwalds Unterstützung der Bodenreformideen von Adolf Damaschke und des monistischen Klosters. Von diesem Standpunkt aus versuchte Ostwald, den Monismus gegen die im Bund vorfindliche Beliebigkeit zu schützen und zugleich gegen zu stark vereinfachende Ansichten im Bund vorzugehen, etwa der von Hermann Schnell, es sei „Pflicht des Monismus, ... die Normen für eine richtige Lebensführung ... festzustellen", denn subjektives Glück folge aus einem Höchstmaß „individueller und sozialer Anpassung".[202] Ostwald setzte dagegen, Monismus sei lediglich eine Art, wissenschaftlich ganzheitlich zu denken und eine Methode zur Analyse von Natur und Gesellschaft, aus der dann ein „Kulturziel" ableitbar sei. Monismus wäre erst über diese Ableitungen ein Prinzip der individuellen Lebenshaltung und eine soziale Utopie für die Gesellschaft.[203]

Das Urteil Ostwalds markiert eine Schnittstelle in der Bewegungsgeschichte der Monisten, ja der deutschen Freidenkerei. Er ermunterte zu einer neuen Dogmatik, indem er die monistische Wissenschaft zur Richterin über alle anderen „Inkarnationen des allgemeinen Kulturbegriffes" machen woll-

---

201 Vgl. Ludwig Büchner: Am Sterbelager des Jahrhunderts. Blicke eines freien Denkers aus der Zeit in die Zeit. Gießen 1898, S.172, 280-282, 293-296 mit Wilhelm Ostwald: Einundvierzigste Predigt. Monistische Politik. In: Ders.: Monistische Sonntagspredigten, Zweite Reihe. Leipzig 1912, S.326.
202 Schnell: Weltanschauung, S.8, 19. – Vgl. auch Ders.: Die Trennung von Staat und Kirche. In: Der Monismus 6(1911)58, S.221-224; 60, S.266-269.
203 Vgl. Wilhelm Ostwald: Der Monismus als Kulturziel. Vortr(ag), geh. im Österreichischen Monistenbund in Wien am 29. März 1912. Wien, Leipzig 1912. – So ähnlich vorher bei Johannes Seidel: Das Wesen des Monismus. In: Der Monismus 6(1911)61, S.289-300; vgl. S.300 den Begriff der „Diesseits-Kultur". – Zu Ostwalds Position innerhalb des Monismus vgl. Wilhelm Ostwald. Festschrift aus Anlaß seines 60. Geburtstages 2. September 1913. Hg. v. Monistenbund Österreich. Mit Beiträgen v. Rudolf Wegscheider, Ernst Haeckel, Friedrich Jodl, Paul Kammerer, Wilhelm Exner u. Rudolf Goldscheid, Wien u. Leipzig 1913. – Am Grabe Ostwalds sprach der Pfarrer der evangelisch-reformierten Gemeinde Leipzigs, der auf die weltanschaulichen Unterschiede verwies, aber den Glauben Ostwalds hervorhob. -Vgl. Rudolf Mühlhausen: Gedächtnisrede, gehalten am Sarge Wilhelm Ostwalds am 7. April 1932. Leipzig 1932.

te, über Religion, Staat und Kunst.[204] Durch die weitgehende Ersetzung des Begriffs der Weltanschauung durch den der Kultur öffnete Ostwald den Bund stärker für die „Gefühlsmonisten" Wilhelm Bölsche, Ernst Horneffer, Max Maurenbrecher, Bruno Wille und andere. In ihnen sah er Bundesgenossen für seine Philosophie der Werte gegen die des Geldes.[205] Zu den „Gefühlsmonisten" gehörten vor allem schwärmerische Dichter und Philosophen, die Ostwalds Wunsch nach einer monistischen Kunst entgegen kamen. Auf der Düsseldorfer Tagung des *Monistenbundes* im Jahre 1913 stellte das Ehepaar Herbert und Hanna Eulenberg aus Kaiserswerth am Rhein, engagiert auch im Mutterschutzbund, das dramatische Weihespiel *Dädalus und Ikarus* im *Theater der Luise Dumont* vor. Die Schlußverse wurden von Wolfgang Ostwald zum 60. Geburtstag des Vaters vertont, dort vorgesungen und als *Lied der Monisten* zur Hymne des Vereins.[206]

Ostwald öffnete die Tür des Vereins auch für spekulative Darwinisten, denen er nicht nur ungehindert Raum gab, ihre Thesen einer Philosophie der Auslese vorzutragen. Er lieferte ihnen mit seinem Energiebegriff auch ein scheinbar objektives Auswahlkriterium. „Energie" als alles entscheidendes Monon erlaubte, den humanen Umgang mit geistig Kranken und sozialen Verbrechern als menschliche Kraftvergeudung zu qualifizieren. An Ostwalds Kulturtheorie kritisierte Max Weber, daß in ihr das singuläre Weltbild einer wissenschaftlichen Spezialdisziplin in eine omnipotente Weltanschauung umgestülpt werde.[207] Das laufe darauf hinaus, „daß nur das ‚Kulturfortschritt' heißen sollte, was energetischer ‚Fortschritt' ist".[208] Das daraus folgende energetische Kulturbild habe das Motto: Vergeude keine Energie, sondern nutze sie („Energie ist Arbeit, sowie alles, was aus der Arbeit entsteht und in Arbeit umgewandelt werden kann".[209]).

Das Programm sah zwar kulturelle Hebung in Übereinstimmung mit den Entwicklungsgesetzen der Natur vor und verstand sich als Beitrag zur Steigerung der wirtschaftlichen Kraft Deutschlands.[210] Dabei könnten „Gesangvereine ... viel nützen, wenn nur den armen, geplagten Arbeitern

---

204 Wilhelm Ostwald: Wissenschaft und Kultur (1909) zit. nach Ders.: Der energetische Imperativ. Erste Reihe. Leipzig 1912, S.31.
205 Vgl. Wilhelm Ostwald: Philosophie der Werte. Leipzig 1913.
206 Herbert Eulenberg: Lied der Monisten. Nach G. Ostwald: Wilhelm Ostwald, S.137:
Frei ist die Menschheit,/tot sind die Götter,/unser ist dieses Leben und Land.
Keine Sklaven, doch auch keine Spötter,/bleibt unser Blick zur Höhe gewandt.
Wir können leben, wir können sterben/ohne Gebet, ohne Fluch und Schrei.
Wir weichen gern den Enkeln und Erben,/wenn der Traum unserer Tage vorbei.
207 Vgl. Max Weber: „Energetische" Kulturtheorien (1909). In: Ders.: Gesammelte Aufsätze zur Wissenschaftslehre. Tübingen 1922, S.377.
208 Weber: Kulturtheorien, S.386.
209 Wilhelm Ostwald: Die Einheit der physiko-chemischen Wissenschaften. Berlin, Leipzig 1909, S.23 (FdDMB, 23; Flugschrift 3 der Ortsgruppe Groß-Berlin).
210 Reich: Kunst, S.172/173.

Musse zu den zahlreichen, erforderlichen Proben bliebe." Doch wichtiger als der Bereich Kunst sei jener der Arbeit. Der Untergang der Kultur des antiken Griechenland belege, daß eine solche Schwerpunktverlagerung nötig sei. „So hat sich denn auch die damalige Kultur nicht im Sinne der Arbeit entwickelt, ... sondern im Sinne der Kunst, das heisst ... Ausfüllung arbeitsloser Zeit. Auch dieses ist eine ... Folge des Missgriffes der damaligen Kultur."[211] Deshalb wandte sich Ostwald gegen alle „Energieverschwendungen", etwa bei der Verbrechensbekämpfung, und wollte Kriterien der Nützlichkeit einführen. Weber schrieb bissig: „Rentner, aber auch Philologen, Historiker und ähnliche Tagediebe, welche das energetische Güteverhältnis nicht verbessern, hänge man auf (und übrigens: warum, angesichts ihrer Nutzlosigkeit, nicht schon ehe sie sich als Verbrecher lästig machen?)."[212]

Monistische Lagerbildungen

Auslesephilosophie: Leistungsprinzip und organisierter Sozialdarwinismus

Der vereinfachende Materialismus des Monismus, so Hermann Lübbe, habe in Deutschland „die naturwissenschaftliche Kenntnis ..., soweit popularisierbar, zu einer bildungsmäßigen Selbstverständlichkeit gemacht ... Erst seither wissen bis zum Volksschullehrer hin alle, und dieser am vehementesten, daß die Erde älter ist als ihre biblischen guten fünftausend Jahre, und erst Büchner und Haeckel und ihresgleichen haben die geistige Gewöhnung an die Tatsache bewirkt, daß der Mensch phylogenetisch wenn nicht vom Affen abstammt, so doch über Seitenlinien nahe mit ihm verwandt ist."[213] Begonnen hatte das monistische Unternehmen als naturwissenschaftliche und philosophische Strömung, deren Anhänger sich mit religiöser Stiftermentalität den Ideen des „deutschen Darwin" anschlossen und sich „Haeckelbünde" nannten. Daraus waren bis zum Ausbruch des Weltkrieges Diskutierklubs mit verschiedenen monistischen Systemen gewachsen, die nun ihrerseits untereinander Platzkämpfe ausfochten und sich um einen wahren Monismus bemühten.[214] Von diesen monistischen Spezialvereinen traten zwei als selbständige Organisationen ins *Weimarer Kartell* ein, die *Ortsgruppe Hamburg des Deutschen Monistenbundes* und der *Humboldt-Bund für naturwissenschaftliche Weltanschauung*. Der Hamburger Verein entstand 1906, jedoch ein halbes Jahr später als die Jenaer Zentrale, die ihrerseits später den Sitz nach München verlegte. Die Hamburger zählten

---

211 Ostwald: Kulturziel, S.37.
212 Weber: Kulturtheorien, S.397.
213 Hermann Lübbe: Politische Philosophie in Deutschland. Studien zu ihrer Geschichte. Basel, Stuttgart 1963, S.131.
214 Vgl. A. Pfirstinger: Monistisches und Antimonistisches. Leipzig 1914 (FdDMB, 28; Flugschrift 4 der Ortsgruppe München).

1914 immerhin 935 Mitglieder. Der Schriftführer der Ortsgruppe, C. Rieß, gehörte zu den Beisitzern des Gesamtbundes. Ein wesentlicher Grund für die Sonderrolle war das „Sponsoring" durch Christian Carstens, der, wie Rössler in Frankfurt, die Freidenkerei finanziell großzügig unterstützte, aber seine Gruppe an persönliche Ambitionen band.

Grundsätzlichere Erwägungen hatten im Jahre 1911 zum *Humboldt-Bund für naturwissenschaftliche Weltanschauung* geführt, der in Brackwede bei Bielefeld seinen Sitz und in Berlin-Halensee seinen Verlag hatte, den Hans Schnippel leitete. Hier erschien seit 1908 eine Monatszeitschrift unter dem Titel *Neue Weltanschauung*. Herausgeber und Verleger der etwa ein Dutzend Hefte der *Humboldt-Bibliothek* (seit 1911) war Willy Breitenbach, der auch den *Humboldt-Bund* leitete und dessen Geschäfte führte. Der *Humboldt-Bund* war kein Verein, sondern eine Gemeinschaft von Abonnenten. Insofern war die Organisationsform sehr modern und ihrer Zeit voraus. Ob der *Humboldt-Bund* überhaupt feste Mitglieder hatte, ist fraglich. Auch die Beitragsregelung zielte auf die Akkumulation von Geld für die literarischen Geschäfte von Breitenbach und Schnippel. Zwar sah die Satzung die „Anbahnung persönlicher Beziehungen zwischen den Bundesmitgliedern" vor, doch lag das Schwergewicht eindeutig auf der Herausgabe von Literatur, auf deren Sammlung und Vertrieb, sowie auf öffentlichen Vorträgen (meist durch Breitenbach selbst). Schon der Name des Bundes brachte den Unterschied zu anderen Monisten zum Ausdruck. Er wollte, wie es im ersten Paragraphen der Satzung hieß, „eine engere Vereinigung derjenigen Anhänger einer monistischen Welt- und Lebensanschauung sein", die alle Überzeugungen „auf den Erkenntnissen der Naturwissenschaften aufbauen" und danach auch „sonstige Fragen der modernen Kultur" beantworten.[215] Dabei handelte es sich um Abweichungen vom Monismus Ernst Haeckels. Im nachhinein betrachtet sind diese minimal gewesen.

Schon vor dem Kriege deutete sich eine Spaltung der Monistenbewegung mehrfach an. Heinrich Peus blieb fest in seinen freidenkerischen Sozialismusvorstellungen auf genossenschaftlicher Basis, und Aigner verknüpfte unverdrossen seine Polemik gegen die katholischen Wunderheilungen von Lourdes mit Wünschelrutengängerei.[216] Der sogenannte *Bundesaufruf*, der zur Gründung des Vereins führte, als allgemeines Programm angenommen wurde und immer wieder als Flugblatt erschien, nannte als Plan des Bundes „eine weitschauende Kulturpolitik auf Grund natur- und kulturwissenschaftlicher Einsicht, eine Sozialpolitik aneifernden Wettbewerbs und gegenseitiger Hilfe, eine Volkspolitik", die den Staat stärkt zu dem „Endziel in der organischen Zusammenfassung der menschlichen Gemein-

---

215 Handbuch, S.110/111.
216 Dies noch Jahre später, vgl. Eduard Aigner: Wesen und Wirken der Wünschelrute. 2. Aufl., Stuttgart 1929.

wesen zu einer wohlgegliederten Kultureinheit".[217] Monisten verkündeten in ihren Konzepten die beginnende Einheit von Natur- und Kulturwissenschaft. Sie bezogen ihre dementsprechenden Theorien auf den gesellschaftlichen Wettbewerb, der sich in der Wirtschaft wie in der Natur vollziehe: In beiden Sphären gewinne stets der Stärkere.

In dieser These lag viel Sprengstoff. *Zum einen* wurden soziale Kontraste auf Leistungsunterschiede zurückgeführt, die nicht allein aus dem wirtschaftlichen Konkurrenzkampf resultierten, sondern auch aus biologischen Anlagen, die sich wiederum in kulturellen Standards niederschlugen. *Zum anderen* kritisierte diese Aussage das Primat geldlicher Verrechnung von Leistung und die Mißachtung ständischer Vorrechte. Nahm man die Doktrin der biologischen Vererbung kultureller Unterschiede für wahr, so mußte man dem kommerziellen Vormarsch Einhalt gebieten – im Interesse der Kultur und des Erhalts ihrer natürlichen Grundlagen. Da der gesellschaftliche Kriterienwandel hin zu einer wirtschaftlichen Leistungsbewertung die Gebildeten besonders hart traf, denn kulturelle Leistungsressourcen waren nach tradierter Anschauung und verbeamteter Anstellung immateriell und ständisch, artikulierten die Monisten zugleich ihre soziale Befindlichkeit. Beförderungsstau und Auslese trafen diejenigen Akademiker besonders drastisch, die noch jung und in der hierarchischen Stufenleiter ganz unten standen, die den Aufstieg nicht schafften oder aus irgendwelchen Gründen die Leiter ganz verlassen mußten. Sie litten an den seelischen Anpassungskosten der Moderne. „Der gebildete Deutsche ... hatte Generationen lang einen Ehrenplatz unmittelbar unter dem Adel innegehabt, und nun verwirrte und beunruhigte ihn der Aufstieg einer Gesellschaft, von der Menschen, die einem krassen Materialismus huldigten, ebensohoch oder noch höher geschätzt wurden."[218]

Die Besonderheit der „Haeckelbünde" in der seelischen Verarbeitung dieser Aufstiegskrise bestand darin, daß in ihnen die Lehre Darwins und dessen von Malthus übernommene These vom „Kampf ums Dasein" eine herausragende Rolle spielte. Daraus formten sie eine sozialdarwinistische Erklärung der Welt. In ihr wurde häufig „Rasse" mit „Nation" gleichgesetzt. Dabei handelte es sich um eine Denkrichtung, die in fast allen Industrienationen aufkam.[219] In ihr zeichneten sich die Haeckelianer dadurch aus, daß sie das Ausleseprinzip auch auf soziale Prozesse innerhalb der eigenen Na-

---

217 Handbuch, S.54.
218 Fritz Stern: Kulturpessimismus als politische Gefahr. Eine Analyse nationaler Ideologie in Deutschland. Bern, Stuttgart, Wien 1963, S.18.
219 Vgl. Hannsjoachim Wolfgang Koch: Der Sozialdarwinismus. Seine Genese und sein Einfluß auf das imperialistische Denken. München 1973, S.114. – Ebd., S.73: „Der Sozialdarwinismus war geboren in einem Zeitalter, in dem nicht nur die Frage, sondern auch die Forderung nach Änderung in der politischen, wirtschaftlichen und sozialen Struktur des gesamten westlichen Kulturkreises dringlich geworden war."

tion anwandten und hier nach einem Bonus im Wettbewerb der Individuen fahndeten. Rassenzugehörigkeit und Erbmerkmale boten sich als biologische und zugleich kulturelle Prüfsteine an.

Was zunächst noch als fixe Idee einer spekulativen Kulturtheorie innerhalb der freidenkerischen Bewegung auftrat, entfaltete nach der Jahrhundertwende bis in die Nazizeit eine Anziehungskraft, die Massen zu leiten, zu binden und zu neutralisieren vermochte und schließlich auf Juden, Zigeuner, geistig Behinderte, Asoziale und politische Gegner als „Kranke" und „Minderwertige" in der Gesellschaft Anwendung fand. Wie Darwin „von den Erfolgen der ‚sogenannten arischen Rasse' sprach, das ließ an Ermutigung wenig zu wünschen übrig".[220] Was er den Engländern zugute hielt, begannen viele Deutsche dank des Einflusses von Haeckel, und damit einer bestimmten Richtung in der Freidenkerei, auf sich zu beziehen. Später als die Angelsachsen in die Moderne gekommen und noch nicht so stark von Zivilisationsfolgen betroffen, wie man sich sicher war, zogen deutsche Arbeiter wie Gebildete den Schluß, das eigene „Keimplasma" sei noch „unverbraucht".[221]

Der Glaube, der Deutsche sei im Blute „unvermischt" und deshalb mit einer kulturellen Zukunft ausgestattet, verhieß eine gesicherte Perspektive, denn im Namen des Kollektivs der Starken, Klugen und Gesunden konnte gegen individuelle Abweichungen ausgrenzend und ausmerzend vorgegangen werden. Man interpretiere die Darwinisten falsch, erklärte der Biologe Erich Becher vor der angesehenen *Philosophischen Vereinigung* in Bonn einer bildungsbürgerlichen Zuhörerschaft, wenn man ihnen moralisch vorwerfe, sie würden „am liebsten alle Schwachen, Kranken, von Natur und Schicksal ungünstig Ausgestatteten ‚eliminieren' (wollen) ... zugunsten der Starken und Gesunden". Im Gegenteil, die sich auf Darwin stützenden Sexualbiologen möchten „in humaner Weise", aus „vorsorgender Sorge" und „zur Erreichung höchster Menschheitsziele" die natürliche Auslese durch wissenschaftlich begründete, vorbeugende, organisierte und dadurch „weniger brutale Faktoren" ersetzen, um die Menschen „in jeder Hinsicht, in bezug auf Seele und Körper, besser, wertvoller, vollkommener zu gestalten".[222]

Solche Ansichten gewannen im *Deutschen Monistenbund* und vor allem nach dem *Ersten Internationalen Monistenkongreß* 1911 deutlich an Boden.

---

220 Hans-Ulrich Wehler: Sozialdarwinismus im expandierenden Industriestaat. In: Deutschland in der Weltpolitik des 19. und 20. Jahrhunderts, Fritz Fischer zum 65. Geburtstag, hg. v. Imanuel Geiss u. Bernd Jürgen Wendt, Düsseldorf 1973, S.138.
221 Vgl. August Weismann: Das Keimplasma. Eine Theorie der Vererbung. Jena 1892. – Ders.: Die Allmacht der Naturzüchtung. Eine Erwiderung an Herbert Spencer. Jena 1893.
222 Erich Becher: Der Darwinismus und die soziale Ethik. E. Vortr., geh. z. Hundertjahrfeier v. Darwins Geburtstag vor der Philosophischen Vereinigung in Bonn, nebst Erweiterungen und Anmerkungen. Leipzig 1909, S.2, 22/23, 20. – Vgl. Gunter Mann: Rassenhygiene – Sozialdarwinismus. In: Biologismus im 19. Jahrhundert. Vorträge eines Symposiums vom 30. bis 31. Oktober 1970 in Frankfurt a. M., hg. v. Gunter Mann, Stuttgart 1973, S.73-93.

Sie wurden zunächst als gesicherte akademische Weisheiten vorgestellt, die rein wissenschaftlich zu diskutieren wären. Deshalb kam es zu keinen offenen Kontroversen. Mit der Zeit wurden daraus „Wahrheiten". Doch der Wunsch nach Harmonie mußte fehlschlagen, weil sich nun konträre Positionen formierten. Das Spektrum der Standpunkte war personell im Vorstand präsent, bis kurz vor Kriegsbeginn zusammengehalten durch die Autorität erst Haeckels, dann Ostwalds. Einigkeit herrschte nur noch in der Ablehnung religiöser Begründungen und in der Ansicht, nach dem Versagen von Theologie und Philosophie in der Interpretation der Moderne und nach dem Erfolg der Lehren von Darwin und Haeckel, könnten die gesellschaftlichen Lebensgesetze nur noch von Naturforschern kommen, die sich sozialen Fragen zuwenden.[223]

Bei Unold, beim späten Haeckel und bei einigen anderen Monisten bildeten sich mehr als nur Ansätze zu einer Theorie des absichtsvoll gehegten Sozialdarwinismus. Beim „Kampf um das Dasein" müsse der Mensch lernen, so Ludwig Büchner bereits 1893, ähnlich zu kämpfen wie die Natur: „möglichste Angleichung der Mittel und Umstände". Nur müsse der Mensch die Naturmacht durch die Vernunftmacht ersetzen, was den Wandel des Einzelkampfes zu dem der Gemeinschaft bedinge.[224] Da die Gesetze des Kampfes ums Dasein nun einmal real seien, solle sich dieser dann doch besser organisiert und nicht „wild" vollziehen. Das schloß die Billigung gezielter Auslese von „Minderwertigem" (bei einigen sogar die Züchtung von Eliten) zum Zwecke der kulturellen und eugenischen Menschheitsrettung ein. Diese Folgerungen aus dem monistischen Programm gingen über die Vorgaben von Darwin und Haeckel hinaus und faßten deren Entwicklungstheorie als kulturhistorisches Modell, als Aufforderung zur gezielten Auswahl. Reines Zweckdenken galt als notwendige und institutionell zu verankernde Reaktion des Staates auf die Anforderungen moderner Kosten-Nutzen-Rechnung.

Besonders Johannes Unold sprach sich gegen „übertriebene Humanität" und für rassische Blütenlese auf naturwissenschaftlicher Grundlage aus. Die „klerikalen und radikalen Volksschmeichler" beförderten seiner Auffassung nach durch Beharren auf dem angeblich gottgewollten Daseinsrecht jeden Individuums „,naturwidrige' Tendenzen". Die Kirchen würden damit eine allgemeine „Begehrlichkeit und Unzufriedenheit" und „ein über das berechtigte Maß hinausgehendes Gleichheitsstreben" unterstützen. Die Fürsorge des Staates richte sich auf Schwache, Kranke und Minderwertige statt auf die „Auslese und Förderung der Begabten, Starken und Tüchtigen". So werde Deutschland den historischen Kampf der Nationen verlieren. Deshalb

---

223 Vgl. Paul Gerson Unna: Helmholtz und unsere heutige Weltanschauung. Zwei Vortr., geh. am 27. März u. am 10. April 1908 auf Veranlassung des Deutschen Monistenbundes, Ortsgruppe Hamburg. Hamburg 1908 (FdBMB, Flugschriften der Ortsgruppe Hamburg, 3 u. 4).
224 Ludwig Büchner: Darwinismus und Sozialismus oder Kampf um das Dasein und die moderne Gesellschaft 2. Aufl. (1. Aufl. Leipzig 1893), Stuttgart 1906, S.14.

drängte Unold auf „Heiratsverbote gegenüber erblich Belasteten" und auf die „unbarmherzige Ausmerzung der ‚Unverbesserlichen und Rückfälligen'"[225], bei ihm und anderen noch begrenzt auf die Kastration der unheilbar Kranken und mehrmaligen Kriminellen.

Schallmayer und Kammerer:
Sozialpolitik auf biologischer Grundlage

Die zeitgenössischen Debatten über Völkervermischung und sozial minderwertiges Erbgut sowie über Euthanasie, Sozialeugenik und Rassenhygiene wurden um die Jahrhundertwende noch recht leichtgläubig geführt[226], logischerweise in Unkenntnis des Holocaust, aber diesen vorbereitend. Der Glaube, den Kulturwert von Rassen bestimmen zu können, galt ebenso als wissenschaftliche Tatsache wie die Ansicht, ausgerechnet die Nachfolgestämme der Germanen seien besonders edel. Zwei Theoretiker sind für die rassenhygienische Orientierung im *Monistenbund* und darüber hinaus bestimmend geworden, Wilhelm Schallmayer und Paul Kammerer. Für beide ist der Versuch typisch, naturwissenschaftliche Hypothesen und kulturtheoretische Ansichten zu verbinden – mit einer Dominanz der Kultursicht über die naturwissenschaftlichen Befunde. Daraus leiteten sie eine spezielle „Entwicklungsethik" ab, die relativ willkürlich soziale Wertmaßstäbe an „natürliche" Entwicklungen band. Kammerer und Schallmayer stellten weltanschauliche Spekulationen über die Zukunft an, die vor allem sozial bedrohte Eliten und den unsicheren Mittelstand ideologisch bediente. Ihnen spendeten sie mit der Mitteilung Trost, ihre Misere ergäbe sich zwangsläufig aus einem allgemeinen Verfall der natürlichen Rassenanlagen, verbunden mit finanziellen Belastungen der Leistungsträger durch gesellschaftlich aufzubringende Kosten für Minderwertige. Sie versprachen allen Gesunden und Kräftigen steuerliche Entlastung. Und sie vermittelten Hoffnung mit einem sozialen Programm der Rassenhygiene und der staatlichen Zuteilung der Zeugungserlaubnis. In den Kämpfen der Rassen und Klassen könnten nur die Tüchtigsten und Gesündesten überstehen. Kulturelle Eliten und Fleißige hätten in diesem existentiellen Krieg eine „natürliche" Sonderstellung, die sich aus der sozialen Position, dem Bildungsvorteil, der daraus folgenden höheren Einsicht und dem größeren Energievorrat ableite. Man müsse in dieser Lage nach Wegen suchen, so Kammerer, kulturelle Eigenschaften planmäßig biologisch zu vererben.

Wilhelm Schallmayer (1857-1922), Gründungsmitglied des Monistenbundes, wurde zu einem führenden Vertreter des bewußten und organisier-

---

225 Unold: Lebensgesetze, S.IV-VI. – Vgl. Ders.: Aufgaben und Ziele des Menschenlebens. 3. Aufl., Leipzig 1909. – Ders.: Monismus und Menschenleben. Leipzig 1911.
226 Vgl. Peter Weingart, Jürgen Kroll u. Kurt Bayertz: Rasse, Blut und Gene. Geschichte der Eugenik und Rassenhygiene in Deutschland. Frankfurt a. M. 1988, S.36-90, 188-200.

ten Sozialdarwinismus, der sich des Staates als Instrument der gezielten Vererbung und Auslese im Lebenslauf der Völker versichert. Er forderte im Namen des Monistenbundes die in Gesetzen zu verankernde „Begünstigung der Fortpflanzung der Personen, die an geistigen und leiblichen Erbwerten den Durchschnitt überragen".[227] „Einschränkungen der natürlichen Lebensauslese" gehören seiner Ansicht nach „zum Wesen der Kultur": Verbot der Zwangsernährung bei Geisteskranken, Verschärfung der „Fruchtbarkeitsauslese", „Rassendienst" (quantitative Bevölkerungspolitik), Einführung erbbiologischer Personalbögen („Krankenpaßkarten"), amtliche Ehezeugnisse, Eheverbot für Geschlechtskranke, „hochgradig Schwachsinnnige" und Epileptiker – Erwägung einer solchen Sperre für Alkoholiker und „Psychopathen".[228] Mit diesen Forderungen wurde Schallmayer 1903 schlagartig in der deutschen Wissenschaftslandschaft und Sozialpolitik berühmt und in der Freidenkerbewegung rezipiert. Das belegen seine Auftritte auf deren Tagungen, Artikel in ihren Zeitschriften sowie die Kolportage seiner Ideen, so durch den ungemein aktiven Redner, Redakteur und Prediger der freireligiösen, freidenkerischen und monistischen Bewegung Eugen Wolfsdorf.[229]

Schallmayer hatte zuerst Jura, dann Philosophie, anschließend Nationalökonomie, Soziologie und „Sozialismus" und – nach acht Semestern – schließlich Medizin studiert (Abschluß 1884) und war nach dem Studium auf Reisen gegangen (Berlin, Wien, Griechenland, Türkei, Brasilien). 1887 lies er sich in Kaufbeuren nieder und absolvierte in Wien, Leipzig und Dresden medizinische Zusatzstudien. Dabei war er auch in „Irrenanstalten" tätig, wie es damals hieß. In seinem Umfeld erfolgte ein schnelles Anwachsen psychiatrischer Einrichtungen. Viele Ärzte und Pfleger sahen darin eine plötzliche Zunahme körperlich und geistig kranker Menschen und interpretierten dies als gesellschaftspolitisches und biologisches Problem.[230] Leute

---

227 Wilhelm Schallmayer: Vererbung und Auslese als Faktoren zu Tüchtigkeit und Entartung der Völker. Brackwede 1907, S.18, 10 (FdDMB, 5).
228 Wilhelm Schallmayer: Vererbung und Auslese im Lebenslauf der Völker. Eine staatswissenschaftliche Studie auf Grund der neueren Biologie. Jena 1903, S.140, 450/51, 387-392, 393-410. – Die 3. Aufl. Jena 1918 trug bereits den programmatischeren Untertitel *Grundriß der Gesellschaftsbiologie und der Lehre vom Rassendienst.*
229 Vgl. Eugen Wolfsdorf: Euthanasie und Monismus. In: MJ 2(1913)11, S.305-311.
230 Vgl. Dirk Blasius: Umgang mit Unheilbarem. Studien zur Sozialgeschichte der Psychiatrie. Bonn 1986 (Treffbuch,11). – Wegen ihrer Neuheit erschienen die damaligen Beobachtungen sensationell und bedrohlich. Gegenüber heutigen Erkenntnissen verblassen sie allerdings geradezu. Oder fehlt die Sensibilität gegenüber lapidaren Mitteilungen wie im folgenden Interview mit dem Humangenetiker Jürgen Kunze? Seine Antwort auf die Frage, wie oft in Berlin ein behindertes Kind geboren werde: „Vier Prozent aller Neugeborenen werden mit einer körperlichen Auffälligkeit geboren, das sind bei 30 000 Neugeborenen rund 1 200 im Jahr, wovon die Hälfte nicht nur körperlich, sondern auch geistig behindert ist. ... Ende 1994 (waren) bereits 7 000 verschiedene genetische Krankheiten bekannt ... Jedes Jahr kommen vielleicht 500 dazu. Die Chromosomenstörungen sind in dieser Zahl noch gar nicht mit drin." Vgl. Tsp 29.2.1996, S.14.

mit Schallmayers Bildungsgang und seiner Ruhelosigkeit spürten den Erklärungsbedarf nahezu körperlich und versuchten sich an soziologischen und ethischen Deutungen. Zunächst „flüchtete" jedoch Schallmayer 1894 und fuhr einige Jahre als Schiffsarzt die große Indientour. Dann arbeitete er wieder als praktischer Arzt in mehreren Städten, um schließlich in München als Arzt und Privatgelehrter seßhaft zu werden.[231]

Schon Schallmayers erste wissenschaftliche Schrift von 1891 über die *Entartung der Kulturvölker*[232] erregte einiges Aufsehen, weil er scheinbar exakte medizinische und soziologische Befunde referierte. Doch erst ein zum 1. Januar 1900 ausgeschriebener Wettbewerb machte ihn bekannt. Ihn zeichneten die Professoren Haeckel, Conrad und Fraas. Sie fragten nach den möglichen innenpolitischen und gesetzgeberischen Folgen der Deszendenztheorie und boten ein Preisgeld von insgesamt 30 000 Mark, immerhin gestiftet von Alfred Friedrich Krupp (1854-1902), was zwar erst nach dessen Tod bekannt werden sollte, aber von Beginn an ein offenes Geheimnis war.[233] Gutachter waren der Hallenser Nationalökonom Johannes Conrad, der Historiker Dietrich Schäfer und der Zoologe Heinrich Ernst Ziegler, Mitglied des Monistenbundes. Schallmayer gewann im März 1903 den mit 10 000 Mark dotierten ersten Preis.

Schallmayers Abhandlung trug ursprünglich den bezeichnenden, weil ethisch gemeinten Titel *Gut ist glücklich geboren zu sein,* erschien dann aber unter der genaueren Überschrift *Vererbung und Auslese im Lebenslauf der Völker* in der Reihe *Natur und Staat*, in der auch weitere Preisschriften erschienen.[234] Das Buch war erfolgreich, weil es aktuelle soziale Fragen aufgriff und darauf einsichtige kulturelle Antworten gab: „Alle kulturellen Errungenschaften ... müssen unter dem Gesichtspunkt der Daseinskonkurrenz der Stämme, Völker und Staaten gestellt werden."[235] Der Autor ließ nahezu

---

231 Vgl. M. v. Gruber: Wilhelm Schallmeyer †. In: Archiv für Rassen- und Gesellschaftsbiologie. München 14(1922)1, S.52-55.
232 Vgl. Wilhelm Schallmayer: Über die drohende Entartung der Kulturvölker und die Verstaatlichung des ärztlichen Standes. Neuwied 1891.
233 Vgl. Conrad-Martius: Utopien, S.74. – Jacoby: Tönnies, S.149.
234 Vgl. Heinrich Ernst Ziegler: Einleitung zu dem Sammelwerke Natur und Staat. Beiträge zur naturwissenschaftlichen Gesellschaftslehre. Jena 1903. – Ders.: Die Naturwissenschaft und die socialdemokratische Theorie, ihr Verhältniss, dargelegt auf Grund der Werke von Darwin und Bebel. Stuttgart 1893. – Schallmayers Werk erschien als 3.Bd., wohingegen Tönnies nur einen Trostpreis über 1 000 Mark erhielt, obwohl (genauer, weil) er bereits 1894 Otto Ammons Buch von 1893 über *Die natürliche Auslese beim Menschen* und dessen These, die „Arier sind die Kulturträger aller Zeiten", einer vernichtenden Kritik unterzogen hatte. Über die Art und Weise der Preisvergabe begann „eine bittere und lange, ja fast zur Verleumdungsklage führende Kontroverse" zwischen Tönnies und Schallmayer. Vgl. Jacoby: Tönnies, S.150. – Tönnies fand das Werk Woltmanns für das bessere, das nach dem Willen des beleidigten Autors nicht in dieser Reihe veröffentlicht wurde. Vgl. Ludwig Woltmann: Politische Anthropologie. Eine Untersuchung über den Einfluss der Deszendenztheorie auf die Lehre von der politischen Entwicklung der Völker. Eisenach 1903 (erschienen in der *Thüringer Verlagsanstalt*).
235 Schallmayer: Vererbung 1918, S.321.

keine Zeitfrage aus. So polemisierte er, in einer Rede an die Monisten, auch gegen die moderne Frauenbewegung. Sie richte sich zu stark auf die Ausbildung einer weiblichen geistigen Persönlichkeit „auf Kosten ihres Mutterschaftsberufes" und gefährde damit die Rasse.[236] Gerade solche Aussagen illustrieren Schallmayers Argumentationskette: Degeneration sei eine leicht feststellbare soziale und medizinische Tatsache, deren Ursachen kulturbedingt seien, denn unsere Kultur schränke die natürliche Auswahl ein. Gesetzliche und soziale Maßnahmen müßten zu einer neuen Kultur beitragen, die in einer Art nachholender Selektion die Schäden wieder ausgleiche, welche die Zivilisation mit ihrer derzeit falschen Kultur angerichtet habe. Für die Durchführung der „Rassehygiene" (bei Schallmayer nicht „Rassenhygiene") bedürfe es eines starken Staates, der sich der „Volkseugenik" als einem kulturellen „Überlegenheitsfaktor" in der „Daseinskonkurrenz der Völker" energisch annimmt.[237]

Noch spekulativer als Schallmayer argumentierte Paul Kammerer. Zwar unterschied er sich von dem monistischen Scharlatan Ernst Döring (geb. 1874) in Spitzencunersdorf (Oberlausitz), der als Züchter an Tieren und Pflanzen experimentierte, daraus wahnwitzige Schlüsse zog und, seine Stellung als Redakteur im *Monistischen Jahrhundert* nutzend, für einiges Aufsehen sorgte. Daß er dabei einige Ahnungen über mögliche (heute so genannte) Genmanipulationen propagierte, ist anzumerken. Auch Kammerer wollte Lebewesen veredeln. Er roch zunächst in viele Fächer, fühlte sich dann von Gustav Mahler angezogen und arbeitete eine Zeitlang als Komponist. 1901 wurde Kammerer Assistent an der *Biologischen Versuchsanstalt Wien* und mit seiner Dissertation 1904 zu einem Mitbegründer der Ethologie, der Doktrin über erbliche Lebensgewohnheiten. Er schloß, wenn man so will, von seinen Salamanderstudien auf den Menschen, publizierte in aquarien- wie rassenkundlichen Zeitschriften gleichermaßen und lehrte auch an der Wiener Universität. Kern seiner freidenkerischen Anschauung war die These, daß die Lehre von der „Nichtvererbbarkeit erworbener Eigenschaften ... das letzte Bollwerk des reaktionären Willens [der Kirche, H.G.] zur Macht"[238] sei. Dabei drehte er als Neo-Lamarckist die von ihm abgelehnte Auffassung von der biologischen Nichtvererbbarkeit kultureller Erfahrungen in ihr Gegenteil und leitete daraus die Möglichkeit ab, Zuchtprogramme seien irgendwann auch beim Menschen machbar. Seine Habilitationsschrift von 1909 wollte hierzu mit dem Thema *Vererbung erzwungener Fortpflanzungsanpassungen* einen konzeptionellen Anfang setzen.

---

236 Schallmayer: Vererbung 1907, S.20.
237 Vgl. Wilhelm Schallmayer: Über die Grundbedeutung der Ethik und ihr Verhältnis zu den Forderungen des Rassedienstes. In: NG 6(1910)11, S.433-438; 12, S.483-496, bes. S.492.
238 Paul Kammerer: Sind wir Sklaven der Vergangenheit oder Werkmeister der Zukunft? Anpassung, Vererbung, Rassenhygiene in dualistischer und monistischer Betrachtungsweise. Wien, Leipzig 1913, S.29.

Von Anfang an stießen die Forschungsergebnisse Kammerers auf Skepsis. Doch war die Vererbungsforschung noch derart im Anfangsstadium, daß der Glaube an die Wissenschaftlichkeit solcher Befunde höher rangierte als gesunder Vorbehalt oder gar der Verdacht auf Falschmünzerei. Erst nach dem Krieg verloren einige Naturwissenschaftler diesen Glauben, andere wurden mißtrauisch, was auch Kammerer zu spüren bekam. 1926 beging Kammerer, als nun offen der Vorwurf erhoben wurde, er habe seine Versuche manipuliert, Selbstmord. In der Sowjetunion wurde dieser Vorgang als klerikales Kesseltreiben interpretiert. Kein geringer als der Kulturminister Anatoli Lunatscharski (1875-1933) schrieb für den 1928 abgespielten erfolgreichen Film *Salamander* das Drehbuch, dem der Fall Kammerer als Vorbild diente und der zu dessen Rechtfertigung gedacht war. Arthur Koestler hat den Stoff ebenfalls verarbeitet.[239]

Gerkan-Debatte über Euthanasie als aktive Sterbehilfe

Ihren Höhepunkt erreichte die Debatte über „Lebenswert", „unwertes Leben" und „spartanische Selektion" kurz vor Ausbruch des Krieges in der sogenannten Gerkan-Debatte, einer im Frühsommer 1913 von Wilhelm Ostwald begonnenen Diskussion über Euthanasie als aktiver Sterbehilfe in der Zeitschrift *Das Monistische Jahrhundert*.[240] Die Auseinandersetzung ist in der Literatur bereits umfassend beschrieben.[241] Als Auslöser fungierte der Vorschlag zu einem entsprechenden Gesetzentwurf, den die Zuschrift des schwer lungenkranken, bereits siechen, noch im gleichen Jahr sterbenden Monisten Roland Gerkan an die Zeitschrift der Monisten enthielt. Eine erste Zuschrift vom November 1912 war noch zurückgehalten worden. Doch Gerkans zweiter Brief von 1913, mit einem befürwortenden Kurzkommentar Ostwalds versehen, löste die Debatte aus: Im Namen „unserer gemeinsamen Kulturarbeit" bringe er „die Angelegenheit an dieser Stelle zur Sprache", weil auch er, von seinem „Standpunkt aus, dem Gesagten durchaus und völlig beistimme".[242] Gerkan hatte gefordert, „daß der Monistenbund die Euthanasie-Propaganda recht bald in sein Programm aufnehmen wird", um „unseren Kranken die Euthanasie zu erkämpfen".[243]

---

239 Vgl. Arthur Koestler: Der Krötenküsser. Das Fall des Biologen Paul Kammerer. Wien 1972.
240 Wilhelm Ostwald: Euthanasie. In: MJ 2(1913/14)7, S.169-174.
241 Vgl. Christoph Hoffmann: Der Inhalt des Begriffs „Euthanasie" im 19. Jahrhundert und seine Wandlung in der Zeit bis 1920. Med. Diss., Berlin 1969, S.83-99. – Schmuhl: Eugenik, S.110-114. – Kurt Nowak: „Euthanasie" und Sterilisation im „Dritten Reich". Die Konfrontation der evangelischen und katholischen Kirche mit dem „Gesetz zur Verhütung erbkranken Nachwuchses" und der „Euthanasie"-Aktion. Göttingen 1984, S.43-47. – Gerhard Koch: Euthanasie, Sterbehilfe. Eine dokumentierte Bibliographie. Erlangen 1984 (Bibliographica genetica medica, 18).
242 Ostwald: Euthanasie. In: MJ 2(1913/14)7, S.169.
243 Gerkan in: Ostwald: Euthanasie. In: MJ 2(1913/14)7, S.170, 171.

Noch 1901/02 hatte eine ähnliche Eingabe des Kreischaer Invaliden Richter an den Sächsischen Landtag, die Tötung auf Verlangen zu gestatten, nur Erstaunen ausgelöst.[244] Seitdem hatte sich der „Zeitgeist" gewandelt. Auf Gerkans Brief gab es zahlreiche Reaktionen – und sie bekamen im monistischen Zentralblatt eine Tribüne. Für unseren Zusammenhang von Freidenkerei und Kultur sind daran zwei weltanschauliche Wandlungen kurz hervorzuheben, *zum einen* die Änderung in der Auffassung über Euthanasie durch die Rassenhygiene und *zum anderen* die zentrale Position, die in dieser Auffassung die individuelle Arbeitsfähigkeit einnahm. Nach einer langen Tradition des Euthanasie-Begriffs, die sich vorwiegend auf alte griechische Ansichten stützte, trat mit den rassenhygienischen Veröffentlichungen ein rascher Wandel ein. Die ursprüngliche doppelte Bedeutung als schmerzloser aber auch ehrenvoller Tod hatte sich im 17. und 18. Jahrhundert präziser auf die ärztliche Kunst bezogen und eindeutig vermerkt, daß es dabei um schmerzloses Sterben, aber auch um die Erleichterung des Todeskampfes gehe. In dieser Tendenz verschob sich die Konnotation im 19. Jahrhundert in Richtung Sterbebegleitung, wobei am Verbot der Lebensverkürzung festgehalten wurde.[245] Die Diskussion im *Monistischen Jahrhundert* drehte nun wie selbstverständlich den Bedeutungsinhalt von „Euthanasie" völlig um: Sie erschien als Sterbehilfe, um Leiden zu lindern. Doch wurde die Einwilligung der betroffenen Person vorausgesetzt, so daß lediglich deren unzweideutige Einverständniserklärung als juristisches Problem erschien, um den Sterbehelfer vor Verfolgung zu schützen – nicht den Sterbewilligen vor einem Irrtum.

Dieses sowieso schon radikale Verständnis eines enttabuisierten Freitods verband sich auf eigentümliche Weise während der Gerkan-Debatte mit einem rassenhygienisch geprägten Euthanasie-Begriff. *Zum einen* wurde ein übergeordnetes Interesse der Rasse geltend gemacht, das über dem Einzelnen stehe; damit war das nötige Plazet der betroffenen Person vom Tisch. *Zum anderen* führten die Rassenhygieniker ein die Art erhaltendes Bedürfnis nach Reinheit ein, das nicht nur auf „Sieche und Verkrüppelte sinngemäße Anwendung" finden sollte, wie Gerkan in seinem Paragraph 8 forderte[246]; die Gemeinschaft war auch vor sozial kranken Menschen zu schützen. Damit war die Sterbehilfe als ein staatliches Programm empfohlen, das das „Ausjäten", „Ausmerzen" und „Auslesen" ganzer Personengruppen als selbstvertsändlich empfand. Das Kostenargument spielte in der Diskussion eine tragende Rolle. Mit aktiver Sterbehilfe könnten große Ersparnisse im Strafvollzugs-, Gesundheits- und Sozialbereich erzielt werden, die den Heilbaren und Gesunden zugute kämen. Das Erbgut der Rasse würde geschützt. Vor dieser kulturhistorischen Menschheits-

---

244 Vgl. Schmuhl: Rassenhygiene, S.110.
245 Vgl. Hoffmann: Inhalt, S.24-32.
246 Gerkan in: Ostwald: Euthanasie. In: MJ 2(1913/14)7, S.171.

aufgabe habe das einzelne Individuum, als krankes Wesen oder als geborener Verbrecher sowieso nicht willensfähig, zurückzustehen.

Zudem bemühte die Mehrzahl der Monisten das protestantische Arbeitsethos und gab diesem eine weltliche Fassung, die mit den Erfahrungen vieler Menschen in der modernen Industriegesellschaft übereinstimmte. Höchstes Kriterium für die Sterbehilfe sollte nicht die unheilbare Krankheit oder Leidensverkürzung sein, sondern, nach Paragraph 7 des Vorschlags von Roland Gerkan, die aussichtslose „Wiedererlangung dauernder Arbeitsfähigkeit".[247] Das entsprach dem „Standpunkt des energetischen Imperativs ..., daß man ... denjenigen Entschluß fassen muß, welcher sozial die besten Ergebnisse erwarten läßt".[248] Alles sprach in den Augen dieser Monisten für eine soziale Nützlichkeitsmoral. Johannes Seidel (in Ludwigshafen Obmann der Konfessionslosen) begründete diese Ansicht ethisch: „Gut ist nur, was die Leistungsfähigkeit der Gattung steigert."[249] Für ihn und den fortschrittsgläubigen Ostwald stand fest, „Gefühle sind unter allen Umständen Vergangenheitswerte".[250]

Nur zaghaft meldeten aus der Klientel des Kartells ein Arzt und ein Jurist Bedenken an. Ostwald blieb jedoch selbstsicher und gestand zum Schluß lediglich zu, daß man intensiver über das Problem nachdenken müsse. Das Recht, Tag und Ort des eigenen Todes allein an der Arbeitsfähigkeit zu bestimmen, blieb ebenso unbestritten wie die Annahme, es gäbe daran zu messendes „unwertes Leben" – eine Auffassung, die dann während des Krieges von Haeckel präzisiert und von anderen mit der Rassentheorie verbunden wurde. Vor dem Krieg regierte im Monistenbund eine geradezu naive Einfalt und Wissenschaftsgläubigkeit. Neue Weltanschauung bedeutete unumschränkte Anerkennung angeblich unwiderlegbarer naturwissenschaftlicher Befunde als Maximen politischen Handels und sozialer Organisation. Die Anwendung biologischer Erklärungen auf soziale Befunde und Programme reichte um die Jahrhundertwende jedoch weit über die Grenzen des organisierten Monismus hinaus. Ansichten über Rassen und auch milieutheoretische Erörterungen gehörten zum allgemeinen Bildungsgut der Intelligenz. Deutlich wird dies an der Wirkung von Vorschlägen des berühmten Berliner Arztes Alfred Grotjahn. Ihn wählte auch die sozialdemokratische Gesundheitspolitik zu ihrem Kronzeugen. Wie die überwiegende Mehrheit seiner Zeitgenossen ging er davon aus, daß eine bewußte Bevölkerungspolitik „kulturell wertvolle Völker" gegenüber minderwertigeren schützen müsse.[251]

---

247 Gerkan in: Ostwald: Euthanasie. In: MJ 2(1913/14)7, S.171.
248 Wilhelm Ostwald: Euthanasie. In: MJ 2(1913/14)13, S.340.
249 Johannes Seidel: Kernfragen. In: MJ 2(1913/14)17, S.583.
250 Wilhelm Ostwald: Wissenschaftliche oder Gefühlsethik? In: MJ 2(1913/14)17, S.585, 586.
251 Alfred Grotjahn: Geburtenprävention und Bevölkerungsvermehrung. In: NG 8(1912)1, S.15.

Grotjahn betrachtete die Befunde von Schallmayer und Ploetz nur in ihren philosophischen Übertreibungen mit skeptischem Blick. Im Grundsatz hielt er sie für korrekt, ging in seinen Forderungen sogar darüber hinaus, führte den Begriff „Ausjätung"[252] ein und empfahl die Einführung der Eugenik, der „direkten Beeinflussung des Fortpflanzungsgeschäftes, das wir nicht mehr der Naivität und dem Zufall überlassen dürfen, sondern durch eine sorgfältige generative Hygiene rationell gestalten müssen".[253] Zur „Entartungsverhütung" und um „das gesamte sexuelle Leben zu sanieren" schlug Grotjahn die „Verallgemeinerung des Asylwesens" vor, die Zwangsinternierung „minderwertiger Personen". Das „freiwillige Zölibat ... aus Gründen einer generativen Hygiene" reiche nicht aus. Er unterbreitete einen Drei-Punkte-Plan zur pflichtigen „Verbesserung der Bevölkerungsqualität" und Stabilisierung der deutschen „Volksmenge".[254] Die wichtigsten einzuführenden staatlichen Zwangsmittel hießen Zusatzsteuer für Kinderlose sowie Familien- und Mutterschaftsversicherung.

Nicht alle Vorschläge, die im Namen der Biologie und des Monismus ins *Weimarer Kartell* gerieten und in politischen Parteien aufgegriffen wurden, besaßen die ungezügelte Tendenz wie bei Kammerer, Schallmayer und Unold. Aber sie bargen in sich Konsequenzen, die dann zum nationalsozialistischen Rassismus führten. Daß sich eine solche Denkrichtung an der Jenaer Universität und in Tradition zu Haeckel bildete, belegt die später führende Beteiligung einiger ihrer Professoren am faschistischen Euthanasieprogramm.[255] Dabei darf nicht übersehen werden: Auch Vertreter der Sozialdemokratie, etwa der Monist Eduard David, schlossen sich rassenhygienischem Denken an. David gehörte seit 1909 der erweiterten Führungsriege des Mutterschutzbundes an, dem 40köpfigen Ausschuß. Als Sozialdemokrat meinte er, unbedingt Fortschrittspositionen auch in der jungen Vererbungslehre einnehmen zu müssen. So trat er für „rationelle Keimauslese" ebenso ein wie für gezielte „Sexualauslese" vor Eheschließungen.[256] Er ging sogar so weit, im kommenden Sozialismus den „schönen Menschen" züchten wollen: „Uns ist die Aufgabe gestellt, den physischen Organismus

---

252 Alfred Grotjahn: Soziale Pathologie. Versuch einer Lehre von den sozialen Beziehungen der menschlichen Krankheiten als Grundlage der sozialen Medizin und der sozialen Hygiene. Berlin 1912, S.463.
253 Grotjahn: Pathologie, S.669.
254 Grotjahn: Pathologie, S.677, 669/670, 674/675.
255 Vgl. allein die kurze Studie über die Gehörlosen und Taubstummen im Dritten Reich von Ernst Klee: Der blinde Fleck. Wie Lehrer, Ärzte und Verbandsfunktionäre die „Gebrechlichen" der Verstümmelung und Vernichtung auslieferten. In: ZEIT Nr. 50, 8.12.1995, S.58.
256 Vgl. Eduard David: Säuglingsfürsorge und Rassenhygiene. In: NG 6(1910)1, S.8. – Vgl. Ders.: Bessere Sexualauslese. In: NG 6(1910)8, S.299-307.

harmonisch zu entwickeln, zu kräftigen, abzuhärten, ihn im Sinne eines gesundheitlichen und ästhetischen Ideals zu fördern."[257]

Unter Berufung auf Grotjahn, weniger auf Schallmayer und Unold (mit Ausnahme vielleicht von David), aber gar nicht auf Ploetz, gab es in der deutschen Sozialdemokratie vor 1914 zum Teil unterschwellige, zum Teil auch offen geäußerte sozialdarwinistische Positionen. Von wenigen Ausnahmen abgesehen, wurde daraus der Auftrag abgeleitet, den „Kampf ums Dasein" durch ein sozialdemokratisch konzipiertes politisches Programm zu beenden. Es zielte auf den Klassenkampf, nicht den Rassenkampf, und setzte auf das Prinzip der Solidarität. Und weil die bekennenden Sozialdarwinisten, Haeckel voran, nicht müde wurden, ihren Darwinismus strikt vom Sozialismus zu unterscheiden, gingen Sozialdemokraten dazu verstärkt auf Distanz. So avancierten Teile der sozialdarwinistischen Lehre zu Komponenten der Herrschaftsideologie und richteten sich gegen die Sozialdemokratie.

Theoretiker, die sich wie Woltmann weiter sozialdarwinistisch bekannten, trennten sich schließlich von der Arbeiterbewegung. Das hatte allerdings zur Folge, daß auch ganz andere Interpretationen Darwins in der Sozialdemokratie kein Gehör fanden, vor allem nicht seine Theorie des Zufalls, die allen materialistischen „Gesetzmäßigkeiten" widersprach; aber auch nicht seine Hochschätzung der Individualität. Wilhelm Bölsche sah im Darwinismus eine Gesellschaftsanalyse, in der „ein fortschreitender Individualisirungsprozess" angenommen werde. Dies sei für den Sozialismus enorm wichtig und theoretisch zu studieren, um künftige Knechtung der Individuen auszuschließen. Die Frage, ob der Sozialismus in dieser Hinsicht progressiv oder reaktionär sei, ließ er zwar offen. Doch er forderte dessen Verbindung mit dem Darwinismus, weil „jede Einschränkung des Individuums ... beim Menschen die höchste Degenerationsgefahr bedeuten" würde. Die Natur- und Gesellschaftsentwicklung dränge „nach freier Schutzgemeinschaft vieler in sich geschlossener, bewusster Individualitäten".[258]

Eugenik und germanophile Kulturtheorie

Wie Kammerer so war auch Schallmayer keineswegs der Erfinder der Rassenhygiene oder gar der Rassentheorie. Aber in erster Linie Schallmayer wurde zum Popularisator in Deutschland und prägte deren Gestalt als „Gesellschaftswissenschaft auf naturwissenschaftlicher Grundlage – ein Anspruch, der nicht nur in der Öffentlichkeit weitgehend durchgesetzt werden

---

257 Eduard David: Darwinismus und soziale Entwicklung. In: Darwin. Seine Bedeutung im Ringen um Weltanschauung und Lebenswert. Sechs Aufsätze, Berlin-Schöneberg 1909, S.56 (Moderne Philosophie, 4). – Diese Reihe wurde vom Redner des *Weimarer Kartells* und Dozenten der *Freien Hochschule Berlin* Max Apel herausgegeben, der in seinem Beitrag Darwin als Philosophen würdigte. Weitere Aufsätze stammten von Wilhelm Bölsche, Rudolph Penzig, Bruno Wille und Friedrich Naumann.
258 Wilhelm Bölsche: Sozialismus und Darwinismus. In: DsA 2(1896)5, S.275.

konnte, sondern auch im rationalen Diskurs solcher Disziplinen wie der Biologie, Anthropologie oder Soziologie ..., zwar nicht unumstritten war, aber doch in zunehmendem Maße anerkannt wurde."[259] Die Anerkennung als Wissenschaft war nur möglich, weil eine Reihe bedeutender Professoren sich diesem Thema widmete und dabei auf mehrere Studien aufstrebender Autoren zurückgriff. Zudem besaß die öffentliche Meinung einen derart festen Begriff von „Rassen" und ihrer sozialen Bedeutung, daß sich Max Weber auf dem *Ersten Deutschen Soziologentag* 1910, nach anderslautenden Pressemeldungen, genötigt sah, in einer persönlichen Erklärung ausdrücklich zu betonen, „daß die Lösung der weitaus größten Mehrzahl aller unserer Aufgaben ohne Berücksichtigung der rassenbiologischen Forschung gar nicht erledigt werden kann" und daß „zu dem engsten Umkreis unseres eigentlichen Arbeitsbezirkes die Gesellschaftsbiologie, d.h. die Frage (gehört), wie durch Rassendifferenzen und Rassenexistenzbedingungen gesellschaftliche Erscheinungen beeinflußt werden".[260] Doch wollte er diese exakte Forschung von A-priori-Setzungen getrennt wissen. Weber führte zwei Jahre später grundsätzlich aus (und vollzog, weil er sich nicht durchzusetzen vermochte, auch deshalb seinen Rückzug aus der *Deutschen Gesellschaft für Soziologie*; formal realisiert im Januar 1914): Es lasse „sich mit Rassentheorien beweisen und widerlegen, was man mag. Es ist ein wissenschaftliches Verbrechen, ... mit ganz ungeklärten Begriffen, ... durch kritiklosen Gebrauch von Rassenhypothesen die freilich weit schwierigere soziologische Analyse umgehen zu wollen".[261]

Wenn schon auf so einem renommierten Forum von Nationalökonomen, Historikern und Soziologen kein großer Zweifel über die eventuelle Erblichkeit erworbener Eigenschaften aufkam, zumindest die Wahrscheinlichkeit als im „gesunden Menschenverstand" liegend akzeptiert wurde, wie sehr mußten dann erst im *Monistenbund* die Positionen von Schallmayer, Kammerer und anderen auf positiven Widerhall stoßen.[262] Die meisten von ihnen sahen sich nicht nur

---

259 Hans-Walter Schmuhl: Rassenhygiene, Nationalsozialismus, Euthanasie. Von der Verhütung zur Vernichtung „lebensunwerten Lebens". 1890-1945. Göttingen 1992, S.70.
260 Max Weber. In: Verhandlungen des Ersten Deutschen Soziologentages vom 19. bis 22. Oktober in Frankfurt a. M. Tübingen 1911, S.215.
261 Max Weber. In: Verhandlungen des zweiten Deutschen Soziologentages vom 20.-22. Oktober 1912 in Berlin. Reden u. Vortr. ... u. Debatten. Tübingen 1913, S.188/89. – Vgl. dazu Hein Georg Marten: Sozialbiologismus. Biologische Grundpositionen der politischen Ideengeschichte. Frankfurt a. M. 1983, S.171-179.
262 Otto Ammon (1862-1916; ursprünglich Ingenieur): Die natürliche Auslese beim Menschen. Auf Grund der Ergebnisse der anthropologischen Untersuchungen der Wehrpflichtigen in Baden. Jena 1893; Ders.: Die Gesellschaftsordnung und ihre natürlichen Grundlagen. Jena 1895. – Enrico Ferri (1856-1929; Arzt): Sozialismus und moderne Wissenschaft. Leipzig 1895. – John Berry Haycraft (Physiologe): Natürliche Auslese und Rassenverbesserung. Deutsche Übers. v. Hans Kurella. Leipzig 1895. – Alfred Hegar (Arzt): Der Geschlechtstrieb. Eine social-medicinische Studie. Stuttgart 1894. – Alfred Ploetz (1860-1940; Arzt). – Herbert Spencer (1820-1904; Philosoph): Von der Freiheit zur Gebundenheit. Berlin 1891. – Alexander Tille (1866-1912; Landwirt, 1890-1900 Germanist in Glasgow, dann Sozialpolitiker und

als Naturforscher, sondern zugleich als Erneuerer von Gesellschafts- und Kulturtheorien[263] – und so wurden sie auch wirksam. Alfred Russel Wallace (1823-1913; erst Landvermesser, dann Insektenkundler) publizierte 1894 in Maximilian Hardens Zeitschrift *Zukunft* einen Aufsatz über *Menschliche Auslese*, in dem er sich auf Franz Galton, Hiram M. Stanley, Grant Allen und Herbert Spencer berief. Einige der Begriffe von Wallace gingen dann in den Sprachschatz der Rassenhygieniker ein: „niedere Typen", „neue Humanität", „Ausscheidung der Schlechtesten", „Ausjätesystem" und andere.[264]

Schallmayers Thesen kreisen in einem geistigen und institutionellen Umfeld, in dem sie ihre kulturelle und politische Wirkung nicht verfehlen konnten. Schlüsselfiguren waren dabei Heinrich Driesmans (geb. 1863) und Alfred Ploetz. Als Schallmayers preisgekröntes Buch erschien, publizierte gerade (August 1899) Heinrich Driesmans bei Diederichs den zweiten Band seiner umfangreichen *Kulturgeschichte der Rasseninstinkte*. Darin hieß es, wie dann später bei Schallmayer, er wolle „die vielfachen Richtungen und Bestrebungen des modernen Lebens in Kunst, Religion, Politik und wirtschaftlichem Leben auf die verschiedenartigen Rassenelemente" zurückführen, „welche der europäischen Blutmischung zum Grunde liegen und trotz der mannigfaltigsten Kulturverkleidungen in ihrer ursprünglichen Wesenheit allenthalben wieder durchschlagen".[265] Driesmans sprach sich zwar gegen Züchtungsversuche aus[266], aber sein Konzept lief auf eine künstlich zu schaffende „bio-erotische Hochkultur" zu, in der die gesunden und edlen Menschen ein „genetisches Bewußtsein" ausbilden. Nur „ungebrochene Rassekraft vermag allen sozialen Unbilden standzuhalten". Dazu wollte er ein über den Parteien stehendes „Kulturparlament" ins Leben rufen, das die anstehenden eugenischen Fragen entscheidet – so in seinem Vortrag am 14. Oktober 1912 auf dem *I. Kongreß für Biologische Hygiene* in Hamburg.[267]

Industrieller): Volksdienst, v. e. Sozialaristokraten. Berlin 1893 (anonym erschienen). – Ludwig Woltmann (1871-1907; Augenarzt, Schriftsteller, Rassenforscher): Die Darwinsche Theorie und der Sozialismus. Düsseldorf 1899. – Ludwig Wilser: Rassentheorien. Stuttgart 1908. – Vgl. Koch: Der Sozialdarwinismus, S.64: „Aus der Addition von Spencers Sozialphilosophie und Darwins Biologie ergab sich die Summe, genannt Sozialdarwinismus."
263 Das arbeitet besonders Hedwig Conrad-Martius heraus.
264 Vgl. Alfred Russell Wallace: Menschliche Auslese. In: Die Zukunft, Berlin 8(1894)40, S.10-24. – Wallace bindet seine Thesen hier noch an ein soziales Programm, etwa Abschaffung der Armut, nicht an ein biologisches, etwa Menschenzüchtung.
265 Heinrich Driesmans: Das Keltentum in der Europäischen Blutmischung. Leipzig 1900, S.V (Kulturgeschichte der Rasseninstinkte, 2).
266 Vgl. Heinrich Driesmans: Rasse und Milieu. Berlin 1902 (Kulturprobleme der Gegenwart, 4). – Ders.: Menschenreform und Bodenreform. Unter Zugrundelegung der Veredelungslehre Francis Galton's (Galton contra Malthus). Leipzig 1904 (KuF, 108-110). – Ders.: Dämon Auslese. Vom theoretischen zum praktischen Darwinismus. Berlin-Charlottenburg 1907.
267 Heinrich Driesmans: Eugenik und Kulturparlament. In: I. Kongreß für Biologische Hygiene. Vorarbeiten und Verhandlungen. Hamburg 1912 (12.-14. Oktober). Hamburg 1913,

Vom Kulturbegriff des Monismus unterschieden sich Driesmans Ideen, daß ihm die Entwicklungslehre als „Weltanschauung" nicht genügte. Nur Kultur könne „gegen die äußeren Anfechtungen, gegen die Versuchungen des Scheins und die Täuschungen der Sinne" ankommen. Philosophen gäbe es genug, man brauche aber „Biosophen", „Lebenskultur-Entwickler", „die erlesene Hundertschar des deutschen Volkes", die ihm vorangehe. „Die Auserlesenen aber, das sind die Stillen im Lande, die ihrem inneren Beruf leben und warten können, bis sie an die Reihe kommen und nicht ungeduldig werden, wenn sie ihren eigenen Ruhmestag nicht mehr erleben. ... Was tut's?" Irgendwann werde die „Reinigung unserer Rasse", die Zeit „der Entlastung von inferiorem Element" kommen.[268]

In kleinen Zirkeln von Huldigern der *Deutschen Kultur* um Heinrich Driesmans, Friedrich Lange und Adolf Bartels (*Deutschbund* 1894), Oskar Michel (*Deutschreligiöser Bund* 1903), Ernst Wachler (deutsches *Harzer Bergtheater* gegen griechisches Drama), Ludwig Fahrenkrog *(Bund für Persönlichkeitskultur* 1911/12), Karl Konrad [Zoubek] (*Gesellschaft Wodan* in Österreich um 1911), Guido von List (*Urdabund* 1912), Adolf Kroll und erneut Ernst Wachler (*Germanische Glaubensgemeinschaft* 1913) sowie in *Großen Germanen-* und *Nornen-Logen*[269] wuchs eine sehr aktive dissidentische Gruppe von etwa zweihundert „germanischen Heiden"[270], die an ethnischen, später nationalistischen Welterklärungsmustern und kulturellen Wunschmodellen bastelten, die sich mit monistischen, entwicklungstheoretischen, eugenischen und rassen-ethischen Symbolen zu einer Auffassung bündelten, in der das Gesunde (der Gesunde), das Starke (der Starke), das Wahre (der Wahrhaftige), das Schöne (der Schöne), das Männliche (der Ritterliche), das Mütterliche (die Mutter) und das Erhebende (der Erhebende) zu Werten wurden, denen man mehr vertrauen konnte als dem blinden Markt und der materiellen Leistung, wo Einheit, Familie, Staat, Ganzheit und Bindung etwas zählten in einer Welt des Individualismus, der Zwietracht, der Auflösung, der Haltlosigkeit – und des rassischen Verfalls.

S.273, 270, 287. – Die Rede wurde nach der Tagung überarbeitet und stärker auf die Eugenik zugespitzt. Nun definierte der Autor das „Kulturparlament" als „Orden von Geistnaturen". Die Mitglieder gehorchen nur ihrem „biologischen und eugenischen Gewissen" und sind „Streiter für den ‚Eugenius', den Gott der Emporzeugung und Wohlgestaltung, Hinaufgestaltung des Menschenwesens". Vgl. Ders.: Eugenik. Wege zur Wiedergeburt und Neuzeugung ungebrochener Rassenkraft im deutschen Volke. Auf Grund eines Vortrags ... Leipzig 1912, S.66/67 (KuF, 443-446). – Der *Internationale Orden für Ethik und Kultur* verstand sich durchaus als das Organ eines solchen „Eugenius".
268 Heinrich Driesmans: Wege zur Kultur. Grundlinien zur Verinnerlichung und Vertiefung des deutschen Kulturlebens. München 1910, S.8, 136, 138, 124.
269 Vgl. Ulrich Nanko: Die Deutsche Glaubensbewegung. Eine historische und soziologische Untersuchung. Marburg 1993, S.39-42.
270 Heinz Bartsch: Die Wirklichkeitsmacht der allgemeinen Deutschen Glaubensbewegung. Universität Leipzig, Diss., Phil. Fak., Gutachter: Hans Freyer, Arnold Gehlen. Breslau 1938, S.25.

So gedieh, nach Karl Mannheim 1935, eine sozialpolitische Konzeption, die „als Prämie im Konkurrenzkampf um die Macht für bestimmte Gruppen das Leistungsprinzip" außer Kraft setzen wollte. Es wurden „plötzlich Bluts- und sonstige Kriterien" eingeführt, „die das Leistungsprinzip geradezu aufheben" sollten[271]: Man „ist in dieser Beziehung [auf das Blutsprinzip, H.G.] demokratisch geworden und möchte den offenen Gruppen der großen Massen plötzlich das Privileg des leistungslosen Emporkommens gewährleisten".[272] Das kommende Programm nationalsozialistischer Ausmerze und Menschenzucht reagierte auf Sehnsüchte im Streben unterprivilegierter und geltungssüchtiger Intellektueller, aber auch auf Wünsche von Arbeitern und Unternehmern nach einer deutschen Sonderrolle. Das Konzept teilte die Menschen in höhere und niedere biologische Gruppen ein und hob die „eigene" hervor. Alle Kultur beruhe auf Rasse, Ethos folge dem Ethnos. George L. Mosse hob in seiner *Geschichte des Rassismus* deren kulturellen Ursprung im europäischen Denken des 18. Jahrhunderts hervor. Von Beginn an habe der Rassismus „eine mythologische nationale Vergangenheit in eine hypothetische (verwandelt), um die von der Moderne entwurzelten und verängstigten Menschen mit einem Trost locken zu können". Dafür benötigte die „visuelle Ideologie" des Rassismus „eine säkulare Grundlage wie die Aufklärung oder den modernen Nationalismus, um die Konsequenzen der christlichen Tauf- und Bekehrungsrituale überwinden zu können, denn die ‚rassisch Minderwertigen' mußten ausweglos in ihrem Zustand festgehalten werden".[273] Der Wandel des Rassismus vom Mythos über die Hypothese zum sozialen und kulturellen Programm läßt sich in der naturwissenschaftlichen Fraktion der Dissidenten vor allem deshalb verfolgen, weil in ihr eine maßgebliche Gruppe den Darwinismus rezipierte, indem sie ihn mit Ideen vom Überleben der Tüchtigen und von den besonderen Rechten der Fleißigen, Gesunden und Starken verschmolz.[274] Hinzu gesellten sich die rassistische Instinkttheorie von Driesmans und das kulturhistorische Rassebild Schallmayers. Alfred Ploetz paßte schließlich soziologische und biologische Befunde in ein selektives Raster.

Bei Schallmayer, Unold und Ploetz sind arische Siedlungsträume unübersehbar. Vor allem Ploetz bereitete sich bereits 1884 während seines Studiums auf eine „sozialistisch-pangermanische Kolonie in Nordamerika" vor, meinte dann aber 1885, dafür seien neue, biologisch gehobene Men-

---

271 Karl Mannheim: Mensch und Gesellschaft im Zeitalter des Umbaus. Darmstadt 1958 (Leiden 1935), S.107.
272 Mannheim: Mensch, S.108.
273 Mosse: Rassismus, S.10.
274 Vgl. Mosse: Rassismus, S.95/96.

schen nötig.[275] Er studierte in Zürich Medizin und wurde von Auguste Forel, dem späteren Mitbegründer des freidenkerischen *Internationalen Ordens für Ethik und Kultur*, in dessen Degenerationsthesen eingeführt. Anfang der Neunziger arbeitete Ploetz als Arzt in den USA, wurde hier mit der Antialkoholpropaganda und deren gesundheitlichen Kassandrarufen vertraut. Dort schrieb Ploetz an seiner rassenhygienischen Utopie, die 1895 in Deutschland erschien. Sie bewertete die „weiße Rasse" als die geborene „Kulturrasse".[276] Mit dieser Verkündigung stieß er in eine außerordentliche Konjunktur ähnlicher Mitteilungen.[277] Als Ploetz im Juni 1905 die *Berliner Gesellschaft für Rassenhygiene* ins Leben rief, aus der dann 1910 durch allerlei Zusammenschlüsse die *Deutsche Gesellschaft für Rassenhygiene* wuchs, zählten zu den 31 Mitgliedern im Jahre 1906 (1914: 350) auch drei führende monistische Freidenker: Ziegler, Ludwig Plate (1862-1937; Nachfolger auf Haeckels Lehrstuhl) und Bölsche; Haeckel wurde Ehrenmitglied.[278]

Woran das Konzept vor 1914 allerdings noch immer mangelte, bei allen Bemühungen von Ploetz, waren gedankliche Schritte hin zu zwei Konsequenzen: *erstens* zur kulturellen und juristischen Legitimation zum Töten der Minderwertigen aus „humanen Gründen". Erst Krieg und Revolution machten die Abkehr vom Tötungsverbot für viele Menschen akzeptabel. *Zweitens* fehlten noch Kriterien, die besonders Hochwertigen auszuwählen und zu verwenden. Sie wurden bei Ploetz, Hunkel und anderen noch eher heimlich diskutiert. Tönnies brachte diese Deduktion im Streit in der soziologischen Gesellschaft auf den Kern: „Es gibt nur einen Weg, auf dem ihr euer Ziel erreichen könnt. Die wenigen Prachtexemplare der männlichen Menschheit müssen ... als Zuchthengste verwandt werden und dürften, nach der Regel der Arbeitsteilung, kaum einen anderen Beruf haben, als den, ihre Art in eine zahlreiche Nachkommenschaft zu übertragen; ihnen müßten die in jeder Hinsicht besten Frauen zwangsweise zugeführt werden: Polygamie, und zwar ohne Wahl und Neigung, wäre unausweichliche, ja selbstverständliche Konsequenz. Wie die Pferde die wir haben wollen in einem Gestüt, so müßten die Menschen, die wir haben wollen, in einem Harem erzeugt werden!"[279]

---

275 Vgl. Schmuhl: Rassenhygiene, S.33. – Siehe dort auch die Hinweise auf Gerhart Hauptmanns Freundschaft mit Ploetz. – Zur Biographie von Ploetz vgl. Werner Doeleke: Alfred Ploetz (1860-1940). Sozialdarwinist und Gesellschaftsbiologe. Phil. Diss., Frankfurt a. M. 1975.
276 Alfred Ploetz: Die Tüchtigkeit unserer Rasse und der Schutz der Schwachen. Ein Versuch über Rassenhygiene und ihr Verhältnis zu den humanen Idealen, besonders zum Sozialismus. Berlin 1895, S.136.
277 Zur Auslösung der Debatte zwischen 1883 und 1897 sowie zu den wichtigsten Personen und Schriften vgl. Oskar Hertwig: Zur Abwehr des ethischen, des sozialen und des politischen Darwinismus. Jena 1921 (1. Aufl. 1918).
278 Vgl. Schmuhl: Rassenhygiene, S.91.
279 Ferdinand Tönnies: Zur naturwissenschaftlichen Gesellschaftslehre. In: Schmollers Jahrbuch für Wirtschafts- und Sozialwissenschaften, Berlin 29(1905), S.65.

Glücksphilosophie: „Kulturbeherrschung"
durch „Kulturwissenschaft"

Gegen die sozialdarwinistische Fraktion innerhalb des Monismus erhob sich die Glücksphilosophie. Das Gegenkonzept vertraten Dr. Franz Müller-Lyer (1857-1916; München; Arzt und Psychiater; Privatgelehrter; Mitbegründer Mutterschutzbund) und sein Schüler und späterer Nachlaßverwalter Dr. Heinrich Bohlen (Nachfolger Lyers im Ausschuß des *Weimarer Kartells*; Mitarbeit im Mutterschutzbund). Mit Hilfe von „Kulturwissenschaft" könne man lernen, sich glücklich einzuordnen und die Kultur der Welt in ihrem Gang zu bestimmen. „Kulturbeherrschung" war der Kern des Konzepts. Durch gemeinsamen Betrieb der „Menschengemeinschaft" (Glück als Pflichtprogramm der Gemeinschaft und des Einzelnen) könne im Zeitalter der Massen biologisch und kulturell Minderwertiges vermieden werden.

Gerade das Müller-Lyersche System zeigt, daß sich der Webersche Kulturbegriff in der Freidenkerei nicht durchzusetzen vermochte. Das lag zum großen Teil an den philosophischen Vorlieben derer, die sich dieser Kulturbewegung anschlossen. Sie arbeiteten an einer „Kulturwissenschaft", die mit sozialer Empirie wenig anzufangen wußte. Die Mehrzahl der deutschen Dissidenten stand den kulturellen Überlegungen Max Webers nicht nur fremd gegenüber. Sie blieben ihnen unbekannt, obwohl Max Webers Haltung und seine Marx-Rezeption „freidenkerischer" waren als die Theorien der meisten Freidenker seiner Zeit. Christian von Ferber hat den damaligen „Werturteilstreit" untersucht, soweit er in der *Deutschen Gesellschaft für Soziologie* geführt wurde. Gustav Schmoller zitierend, den wichtigsten Kontrahenten Max Webers in dieser Frage, hebt von Ferber hervor: Es müsse für die geistige Situation in jenen Tagen ein unbedingtes Vertrauen darauf festgestellt werden, „daß ‚sich die guten, hochstehenden Menschen desselben Volkes, desselben Kulturzeitalters doch immer mehr ... über die wichtigsten praktischen Werturteile einigen'".[280] Dagegen habe Weber in seinem Konzept der „Entzauberung" auf der Ansicht beharrt, „daß die bestehenden gesellschaftlichen Gegensätze keinem wissenschaftlich zu begründenden Kompromiß zustreben".[281] Weber sei von unvereinbaren Interessenkonflikten ausgegangen, die sich in jeder Gesellschaft wegen der sozial bestehenden Unterschiede auch in gegenläufigen Werturteilen niederschlagen. Demgegenüber habe eine akademische Mehrheit damals die Suche

---

280 Christian v. Ferber: Der Werturteilsstreit 1909/1959. Versuch einer wissenschaftsgeschichtlichen Interpretation. In: Logik der Sozialwissenschaften. Hg. v. Ernst Topitsch. Köln, Berlin 1965, S.170. – Zitat vgl. Gustav Schmoller: Volkswirtschaft, Volkswirtschaftslehre und -methode. In: Handwörterbuch der Staatswissenschaften, 3. Aufl., 8.Bd., Jena 1911, S.494.
281 v. Ferber: Werturteilsstreit, S.170. – Vgl. Dirk Käsler: Die frühe deutsche Soziologie 1909 bis 1934 und ihre Entstehungs-Milieus. Eine wissenschaftssoziologische Untersuchung. Opladen 1984.

nach Interessenverflechtungen höher bewertet als das offene Austragen von Interessengegensätzen.

Müller-Lyers Philosophie spielte in dieser Hinsicht weder in der damaligen Wissenschaftslandschaft noch innerhalb der freidenkerischen Kulturbewegung eine Sonderrolle. Sie ging von Abgrenzungen zum sozialdarwinistischen Entwicklungsgedanken aus und markierte Distanz, besonders zur reinen Pflichtethik des Protestantismus. Müller-Lyers „Kulturwissenschaft" suchte nach einem allgemeinen und konsensfähigen Modell von Gesellschaft, das ausschließlich auf dem Glücksprinzip beruht. Die lustbetonte Ethik nahm innerhalb der organisierten deutschen Freigeisterei beim Mitbegründer der *Deutschen Gesellschaft für Ethische Kultur* Julius Duboc und deren geistigen Vorbereiter Ernst Laas ihren Anfang. Duboc arbeitete an einer Theorie der Lust.[282] Sie griff auf Gedanken von Laas zurück. Der erkannte zu Anfang der achtziger Jahre „die bestrickende Macht, welche das bloße Wort Idealismus auf weite Kreise ausübt".[283] Darauf reagierend, versuchte er sich an einer Moraltheorie, die den Menschen nicht zuerst an seinen Verpflichtungen, sondern an seinem idealen Glückswunsch zu packen versucht. Gesellschaftliche Normen seien nur dann erfolgreich und könnten in freiwilliges Verhalten umschlagen, wenn sie der objektiven Ökonomie des Glücks entsprächen. Es müsse für die Menschen, wenn sie gesellschaftliche Regeln ohne äußeren Zwang einhalten sollen, „im Totalüberschlag wirklich mehr Glückseligkeit" herauskommen. Dieser Wahrscheinlichkeitsansatz in der Ethik stelle den Menschen „einen größeren Überschuß von Lust über Unlust in Aussicht". An einem solchen System müsse man theoretisch arbeiten.[284]

„Glück" war nur eine andere Bezeichnungen für „Wohlfahrt Aller" und „Lust" ein anderer Begriff für „Wille des Einzelnen", wie Georg von Gizycki in seiner *Moralphilosophie* ausdrücklich hervorhob. „Die allgemeine Wohlfahrt, ... das größtmögliche wahre Glück aller ... ist die höchste sittliche Richtschnur."[285] War über das Ziel relativ schnell Einigkeit erzielt, wuchs den nichtreligiösen Ethikern aus dem Wegfall jeder transzendentalen Determination moralischen Verhaltens ein grundsätzliches theoretisches Problem. Sie mußten den möglichen Willen zum guten Handeln in der Natur der Menschen selbst suchen, in seiner sozialen wie in seiner biologischen Natur. Naturwissenschaftliche Monisten hatten Quellen falschen Verhaltens

---

282 Vgl. Julius Duboc: Die Lust als social-ethisches Entwickelungsprinzip. Ein Beitrag zur Ethik der Geschichte. Leipzig 1900.
283 Ernst Laas: Idealismus und Positivismus. Eine kritische Auseinandersetzung. Dritter Theil: Idealistische und positivistische Erkenntnistheorie. Berlin 1884, S.4/5.
284 Ernst Laas: Idealistische und positivistische Ethik. Berlin 1882, S.217.
285 Georg v. Gizycki: Moralphilosophie, gemeinverständlich dargestellt. Leipzig 1888, S.29. – Vgl. ebd.: Die Definition des Kriteriums für gut und böse, „Handlungen sind recht oder unrecht, je nach dem sie die allgemeine Wohlfahrt fördern oder schädigen", ließ die Frage offen, wer bestimmt, was „Wohlfahrt" ist. Hierfür dachte er sich die ethischen Gesellschaften.

der Menschen im Milieu oder in angeborenen Fehleigenschaften entdeckt. Die Schlußfolgerungen daraus liefen auf „Ausmerze" des schlechten Materials (physische Elimination der Verbrecher, deren Kastration oder Haft; „Spartanische Auslese", Gesundheitsatteste und Stammbäume usw.) und der kranken Zustände hinaus (Bekämpfung der Prostitution, der Erbkrankheiten, der Alkoholiker; Gartenstadt statt Mietskaserne usw.). Solche Konsequenzen waren den ethischen Monisten ein Greuel und widersprachen ihrem Vertrauen in die Kraft der Nächstenliebe. So dozierten sie über ein Prinzip der Lust und leiteten daraus die Chance ab, Vorschriften der Gemeinschaft mit den Wünschen und Willen der sie bildenden Menschen in Übereinstimmung zu bringen.[286] Die Losung vom Einvernehmen schloß in der Konsequenz ein, das eigene materielle Interesse dem idealen Gewissen zu opfern. Es galt, Wirtschaft, Technik und Zivilisation moralischen Geboten zu unterwerfen. Um der Menschheit einen allseits anerkannten sittlichen Willen der Gemeinschaft zu unterbreiten, müßten die Gesetze der Kultur erkannt und „beherrscht" werden.

Die Gewißheit der Existenz kultureller Gesetze schloß Müller-Lyer aus der Entwicklungstheorie Darwins und Haeckels, die allerdings der kulturwissenschaftlichen Ergänzung bedürfe. Man könne nicht wie Haeckel bei der Niederschrift simpler Wahrheiten stehenbleiben, etwa bei dessen „goldenem Sittengesetz".[287] Es schreibe nur das christliche Liebesgebot fort, halte aber komplizierteren philosophischen und theologischen Lehrgebäuden nicht stand. Bisher sei die Freidenkerei sehr eklektisch verfahren und verkünde nur, das Beste der bisherigen Ethik bewahren zu wollen. Das reiche nicht aus, sondern eine „Kulturwissenschaft" sei nötig, die den verschiedenen Lust- und Glückstheorien die wissenschaftliche Grundlage und eine philosophische Spitze gebe.

Zwei Münchener Verlage nahmen sich der Müller-Lyerschen Kulturwissenschaft an als „Lebensgestaltungslehre ('Willensphilosophie')", Theorie vom „Spezifisch-Menschlichen" und Programm zur Organisation des „Überorganischen" (des Zusammenlebens der Menschen), zuerst Julius Friedrich Lehmann[288] und, nach dessen Schwenk vom medizinischen (1890), über einen völkischen (1895) zum rassehygienischen Verlag (nach 1910), seit 1913 Ernst Reinhardt (selbst Monist und Freigemeindler).[289] Müller-Lyers „soziologische Werke" bestanden aus rein deduktiven Behauptungen wie die, alle Menschen wollen glücklich sein, und der Staat habe dies zu garantieren. Sein System des Euphorismus fußte auf drei einfachen Thesen:

---

286 Vgl. Laas: Ethik, S.170.
287 Vgl. Haeckel: Welträthsel, 19. Kapitel: „Unsere monistische Sittenlehre".
288 Franz C. Müller-Lyer: Der Sinn des Lebens und die Wissenschaft. Grundlinien einer Volksphilosophie. München 1910 (=Die Entwicklungsstufen der Menschheit, Bd.1, 2. Aufl. 1923).
289 Wege zur Kulturbeherrschung. Schriften aus dem Euphoristen-Orden. München 1913ff.

1. Philosophie faßt die vollkommene Persönlichkeit als Zweck.
2. Der vollkommene Staat hat diese Persönlichkeit als letztes Ziel.
3. Kulturbeherrschung ist der Weg zu diesem Ziel.

Einige der Müller-Lyerschen Annahmen spiegelten die Hoffnungen hedonistischer Freidenker auf eine künftige Welt des Glücks für alle Menschen, die dann den Status des „Vollmenschen" erreichen würden. Dieser höhere Menschentyp vereinige in sich die Vorzüge des sozialistischen Herden- und des individualistischen Geschäfts- und Herrenmenschen, ohne deren Nachteile zu erben.[290] Der Hedonismus war allerdings weitgehend auf ein geistiges Gefühl beschränkt und in Gegensatz gedacht zu körperlichen Genüssen, die als Surrogate oder niederer „Sinn" begriffen wurden. So bilde sich der neue Menschen nach Müller-Lyer in drei historischen Stufen des Erkennens, die zugleich solche der Kultur sind. Metaphysische und theologische Systeme würden ebenso überwunden wie die einseitige Auffassung, der Mensch sei vor allem ein Naturwesen.[291] Da Müller-Lyer feste „Kulturgesetze" annahm, verstand er seine Soziologie als Methode, „eine Kulturwissenschaft" aufzubauen, eine „Lehre von der menschlichen Gesellschaft".[292] Diese sollte die „gewaltige Frage" beantworten: „Was ist nun der höchste Zweck des menschlichen Wollens und Fühlens?" Aus Freude *und* Pflicht, man könnte auch sagen, aus Freude zur Pflicht[293], wachse die „Wirklichkeitsethik" und erzeuge „objektives Wohlbefinden und subjektives Wohlgefühl" mit dem Ergebnis, daß „der zugleich vollkommen tüchtige und vollkommen frohe Mensch" entsteht.[294] „Kulturbeherrschung" ist bei Müller-Lyer ein dialektischer Vorgang: Der Ausbau der Macht über die soziale und individuelle Kultur verläuft parallel mit der Aneignung einer Kultur der Mäßigkeit der Gemeinschaft und der Einzelnen. Mittler in diesem Lernvorgang sei der Kulturstaat. Die praktischen Gebiete, denen führender Einfluß zukommt, seien die Sozialhygiene sowie die Ehe-, Schul- und Hochschulreform. Die Universitäten sollten statt Theologie „Kulturwissenschaft" lehren und erforschen.

Bei allen Unterschieden in den Kulturvorstellungen von Haeckel, Schallmayer, Kammerer, Ploetz und David zu denen von Müller-Lyer und den „Gefühlsmonisten", zwei folgenreiche Illusionen teilten beide Strömungen monistischen Denkens. *Zum einen* meinten sie, eine auf Wissenschaft und Rationalität gestützte menschliche Allmacht sei erstrebenswert. *Zum anderen* hielten sie die menschliche Natur, das gesellschaftliche Dasein und

---

290 Vgl. Müller-Lyer: Sinn, S.184/185.
291 Vgl. Müller-Lyer: Sinn, S.1.
292 Müller-Lyer: Sinn, S.1.
293 Da Teile dieser Müller-Lyerschen Anschauung in den Kanon sozialistischer Kulturauffassung eingingen, ist hier an Friedrich Engels' Auffassung von der Freiheit als Einsicht in die Notwendigkeit zu erinnern.
294 Handbuch, S.117-122.

die Persönlichkeit des einzelnen Menschen nach den Prinzipien der Nützlichkeit und Vernunft (was sie dafür hielten) für planbar. Angesichts der realen Verflechtung von Staat und Kirche war das aufklärerische Ungestüm verständlich, mit dem wahre Erkenntnis und übertreibende Spekulation gegen alles Gläubige und Rückständige eingesetzt wurden. In der Konsequenz lief dies aber auf ein Plädoyer für eine grenzenlose Macht derjenigen hinaus, die mehr Einsicht in den Gang des Fortschritts haben als andere, die schließlich zu existentiellen Widersachern erklärt werden.

Was als „wissenschaftliche" Weisheit angeboten wurde, war zudem kulturell und nicht wissenschaftlich begründet. So kamen eben solche Thesen wie die von Cesare Lombroso, verbrecherische Anlagen seien vererbbar, in den Rang unumstößlicher Wahrheiten.[295] Am deutlichsten wurden die Konsequenzen solchen Denkens in der Strafrechtstheorie von Emil Dosenheimer. Wenn die „Theorie von dem gebornen Verbrecher" stimme, dann sei „Schuld" eine christliche Schimäre. Alle Strafen seien letztlich untauglich. Zwar würden mehr Bildung und soziale Maßnahmen gegen Unzucht, Alkoholismus usw. die Umstände verbessern, an die sich die Menschen anpassen müßten. Doch Vergeltung sei ein Relikt aus christlicher Zeit. Deshalb solle man die Gefängnisse lieber gleich auflösen und die Kriminellen entweder zur organisierten Arbeit heranziehen oder in Sicherungsanstalten verwahren, „denen eine ähnliche Aufgabe wie etwa den Irrenanstalten zu fallen würde".[296] Dosenheimers Vorstellungen nahmen aber nicht nur die späteren Rassengesetze der Nationalsozialisten, die psychiatrischen Anstalten in der Sowjetunion, die Umerziehungslager in China und die chemischen Kastrationen in Kalifornien vorweg. Auch liberale Strafrechtsreformer übernahmen einige seiner Thesen. Wenn nämlich bestimmte Eigenschaften angeboren sind, was rechtfertige dann die juristische Verfolgung Homosexueller oder die Einweisung geistig kranker Sexualverbrecher in Zuchthäuser? Erst neuerdings ist der Vorschlag wiederholt worden, für Triebtäter „sozialtherapeutische Anstalten" einzurichten.[297]

„Menschenökonomie": Förderung von „Kulturkapital"

Beide Grundrichtungen im Monismus hielten ihre Erkenntnisse für unumstößlich. Sahen die konsequenten Auslesetheoretiker nur in einem radikalen staatlichen Programm der „Volkshygiene" die Rettung der Kulturnationen, glaubten die Glücksphilosophen weiter an die Aufklärung und die „Einsicht" der Menschen. Sie wollten ungezügelten Sozialdarwinismus bremsen, aber

---

295 Vgl. neuerdings Armand Mergen: Das Teufelschromosom. Zum Täter programmiert. Essen, München, Bartenstein, Vento, Santa Fé 1995.
296 Emil Dosenheimer: Der Monismus und das Strafrecht. Brackwede 1908, S.36 (FdDMB, 6).
297 Vgl. „Es ist doch menschenunwürdig, den Untergebrachten einfach nur wegzusperren". In: Tsp 29.9.1996, S.4.

Diktaturen vermeiden. Je mehr sich jedoch die Unversöhnlichkeit beider Extrempositionen andeutete, desto stärker artikulierte sich eine vermittelnde Position. Sie suchte nach einem Ausgleich von idealer „Kulturwissenschaft" und praktischer Rassenhygiene und benutzte dabei den Begriff der „Menschenökonomie", eine Wortschöpfung von Rudolf Goldscheid.[298]

Die ökonomischen Grundgedanken zur „Menschenökonomie" lieferte der promovierte liberale Politiker und Schriftsteller Heinz Potthoff, Mitglied der Düsseldorfer Ortsgruppe des *Monistenbundes*, Autor in der Zeitschrift *Neue Generation* des Mutterschutzbundes und von 1903 bis 1911 Reichstagsabgeordneter. Potthoff erklärte noch immer ungebrochenen Wirtschaftsliberalisten den Sinn sozialpolitischer Maßnahmen. „Kulturträgern" wollte er in griffigen Formulierungen ihre volkswirtschaftliche Unwissenheit verdeutlichen. Er verhalf den bislang rein weltanschaulich argumentierenden Monisten zu volkswirtschaftlichen Erwägungen über einen gezügelten Sozialdarwinismus. Potthoff ging von der Überlegung aus, daß in der kapitalistischen Gesellschaft nur der ökonomisch verwertbare Mensch einen Wert besitze.[299] Daraus leitete er ab, daß heutzutage schon die Fortpflanzung keine rein private, sondern eine gesellschaftliche Angelegenheit sei. Der Staat habe in dieser Lage die Pflicht, Erkenntnisse aus der Technik und Warenwirtschaft auf die Produktion von Menschen anzuwenden. Das folge schon aus dem Umstand, daß in der modernen Gesellschaft der Mensch eine Kapitalanlage wie jede andere ist. Sie bedürfe der Pflege und Wartung.

Bei Potthoff blieb „Leistung" eine Zentralkategorie, doch ergänzte er sie durch einen sozialpolitischen Zusatz, den er aus dem nationalen Interesse schlußfolgerte. Leistung habe vor allem der Stärkung der Deutschen in der Welt zu dienen. Da die Nation gestärkt werden müsse, verbiete sich zwar jeder Sozialdarwinismus. Da dieser aber gesellschaftliche Tatsache sei und nicht einfach abgeschafft werden könne, habe man nach nichtstaatlichen Regulativen zu suchen, wenn man staatliche Eingriffe in die wirtschaftliche Freiheit vermeiden wolle. Alle „volkstümlichen" und „individuellen" Aspekte seien zu berücksichtigen und der Staat nur als gesetzgeberische Instanz gefragt; am besten sei eine zwangsweise private soziale Versicherung eines jeden nach einer bestimmten Leistungstabelle.

Da Potthoffs Ansichten auch Ideen der Hygienik und Eugenik implizierten, die er für Monisten, Ethiker und Mutterschützer ins Ökonomische übersetzte, konstruierte er aus all diesen Versatzstücken eine angeblich wis-

---

298 Vgl. Rudolf Goldscheid: Höherentwicklung und Menschenökonomie. Leipzig 1911.
299 Vgl. Heinz Potthoff: Soziale Rechte und Pflichten. Aphorismen zu brennenden Fragen. Jena 1911 (=Staatsbürgerliche Flugschriften, 4), S.23. – Ders.: Der wirtschaftliche Wert des Menschenlebens. In: Die Umschau, Übersicht über die Fortschritte und Bewegungen auf dem Gesamtgebiet der Wissenschaft und Technik sowie ihrer Beziehungen zu Literatur und Kunst, Frankfurt a. M., 12(April 1908)15, S.281-284. – Ders.: Der wirtschaftliche Wert des Menschenlebens. In: NG 6(1910)2, S.57-65; 6(1910)3, S.110-118.

senschaftlich und monistisch begründete Auffassung: Man müsse die gesellschaftliche Produktion von Menschen rentabler gestalten. Das bedeute, deren „Aktivzeit" (Arbeitsalter) besser zu nutzen. Dann müsse nach Mitteln gesucht werden, die Zahl der Menschen mit dieser mittleren aktiven Lebenszeit zu vergrößern. Das liege im Interesse der Menschen selbst. Sie müßten lernen, langfristig ihren Lebensplan umzusetzen und einzuhalten und in ihrem Tun genügend Erholungen, eine richtige Wohnweise und angemessene Gesundheit einzukalkulieren. Der Staat wiederum müsse sich über die Folgen zu früh vernutzter Arbeitskraft klar werden und gegen Kinderarbeit („Frühverzehrung") und den frühen Kindstot vorgehen sowie auf eine richtige Kinderzahl hinwirken, denn letztlich sei die Frühphase jeder Generation für die Zukunft der Gesellschaft entscheidend.

Zwar sprach Potthoff in diesem Zusammenhang nicht ausdrücklich über „unwertes Leben". Doch schloß sein Konzept Überlegungen dazu ein, etwa wenn er sich äußert, Lebensverlängerung sei Luxus, Arbeitsunfähige wären „tote Posten" in der Bilanz und Krankenpflege beschäftige unproduktive Arbeiter. Da die christlich geprägte Kultur keinen Sozialdarwinismus zulasse, müsse monistische Politik hier einen Ausweg weisen und Sozialversicherung (Krankengeld und Rente) stärker zur sozialen Steuerung einsetzen. Sie sei so ziemlich das einzige Instrument, das der Staat habe, um ökonomischen und kulturellen Wert zu verrechnen, Nützlichkeit und Last abzuwägen, Leistungsschwachen aufzuhelfen, bei Leistungsunfähigen das Gefühl zu verhindern, Schmarotzer zu sein, aber zugleich zum Pflichtbewußtsein zu ermahnen und die Arbeitsamkeit zu bewahren.

Auf dem *Düsseldorfer Monistentag* 1913 verdichtete Potthoff seine Ansichten in sechs Thesen, die von den Anwesenden im Grundsatz akzeptiert wurden. Soziale Kapitalaufwendung müsse vor allem „rentabel" sein. „Soziale Versicherung ist nicht Staatsfürsorge, sondern Zwang zur Selbstversorgung (Versicherte) und Zwang zur rechtzeitigen Deckung der Lebenskosten (Arbeitgeber). ... Soziale Schutzgesetze bezwecken nicht eine Verminderung, sondern eine Vermehrung der Arbeitsleistung; sie hindern den Raubbau am Mitmenschen, erzwingen ein rationelles Wirtschaften mit der menschlichen Arbeitskraft."[300] Im ersten Kriegsjahr faßte Potthoff seine bisherigen Aussagen zusammen und spitzte sie auf ein nationalistisches Programm zu, mit Formulierungen wie „politische Aufgabe der Hausfrau und Mutter", „organisiertes Staatsgefühl" und Anwendung der „Menschenökonomie".[301]

Potthoffs nationalliberale Ansicht kam in der (bürgerlichen, und nur hier) Freidenkerei aus zwei Gründen zu größerem Einfluß. *Erstens* geriet ein

---

300 Düsseldorfer Monistentag. 7. Hauptversammlung d. Deutschen Monistenbundes vom 5.-8. September 1913. Hg. v. Willy Blossfeld i. A. d. Vorstandes, München 1914, S.68.
301 Vgl. Heinz Potthoff: Erziehung zu sozialer Kultur. 24 Aufsätze. Bonn 1915, S.98-102, 22-24, 40-46 (Deutsche Kriegsschriften, 12).

Großteil der versammelten Intelligenz an den Rand des sozialen Abstiegs – gemessen an den bisherigen Aufstiegschancen mit akademischen Abschlüssen. Als Privatdozenten, Schriftsteller, Redakteure oder Rechtsanwälte gehörten sie zwar zu den freien Berufen, arbeiteten aber oft wie Angestellte. Vom Proletariat trennte sie ihre Bildung, von den Unternehmern das fehlende Kapital, von den Handwerkern die Kopfarbeit, vom Grundbesitz der Mangel daran. Potthoffs gemilderter Sozialdarwinismus entsprach durchaus ihren sozialen Erfahrungen. *Zweitens* lernten sie Ostwalds Energie-Begriff am eigenen Leibe kennen; wer sich zu früh oder am falschen Platz verausgabte, verlor an Boden. Die hohe Wertschätzung gegenüber individueller Energie ließ sie Vergeudung sozialer Energie kritisieren. Hans Ostwald, einer der Söhne des Nobelpreisträgers, interpretierte kurz vor Ausbruch des Krieges diese Haltung und verknüpfte sie mit Potthoffs Thesen. Wenn Arbeitslosigkeit Elend zur Folge habe und damit Deutschlands innere Sicherheit und die Vererbung der Deutschen gefährdet sei, wenn also arbeitslose Energie brach liege, dann solle man doch ein staatliches Arbeitsbeschaffungsprogramm zur „inneren Kolonisation" einrichten, ein Programm sozialkultureller Arbeit. Seine Ideen antizipierten Ideen des Arbeitsdienstes bzw. von Arbeitsbeschaffungsmaßnahmen. Ostwald legte gleich eine Berechnung des Aufwands bei.[302] Bei einem solchen Hilfsfonds für eine Beschäftigungsbehörde rechneten die freien Akademiker für sich selbst bezahlte Anstellungen aus.

Hans Ostwalds Vorschlag schlug eine Brücke zwischen Potthoffs praktischer „Menschenökonomie" und den Idealen von Rudolf Goldscheid, der zu diesem Zeitpunkt bei Wilhelm Ostwald im Verlag Unesma arbeitete und noch den „Gefühlsmonisten" um Müller-Lyer zugehörte. Goldscheid wollte, daß der „Mensch als Wertquelle zum Angelpunkte der wirtschaftlichen Betätigung wird", um „den Schleier von den organischen Bewegungsgesetzen der Kulturgesellschaft zu lüften, über die Wechselbeziehungen zwischen technischer Produktion und organischer Reproduktion Licht ... verbreiten".[303] Goldscheid hatte in Berlin Nationalökonomie studiert, aber das Studium abgebrochen, um Romane und Novellen unter Pseudonymen zu veröffentlichen. Dann wandte er sich Fragen der philosophischen Ethik in ihrer Verbindung mit der Nationalökonomie zu und wurde auf diesem Wege zu einem Mitbegründer der Demographie. Goldscheid stand den Monisten in Österreich vor und wirkte in verschiedenen Zirkeln des *Weimarer Kartells* als Redner, von dessen Honoraren ein Großteil seiner Einkünfte

---

302 Vgl. Hans Ostwald: Arbeitslosenfürsorge durch Beschäftigung bei der inneren Kolonisation. In: MJ 3(1914/15), S.185-191.
303 Rudolf Goldscheid: Frauenfrage und Menschenökonomie. Wien, Leipzig 1913, S.13. – Ders.: Entwicklungstheorie, Entwicklungsökonomie, Menschenökonomie. Eine Programmschrift. Leipzig 1908. – Vgl. auch Jochen Fleischhacker: Wandel generativer Verhaltensmuster im 20. Jahrhundert. Eine Betrachtung der bevölkerungstheoretischen Diskurse des Soziologen Rudolf Goldscheid. In: MKF Nr. 37, Berlin 1996, S.54-68.

stammte. Zwar vertrat auch Goldscheid die These von der Vererbbarkeit erworbener Eigenschaften und damit ein Programm individueller wie sozialer Rassenhygiene.[304] Doch leitete er daraus nicht Rassen-, sondern „Kulturkampf auf allen Gebieten des Lebens, Erweckung leidenschaftlichsten Kulturpatriotismus" ab. Nicht Ausmerzung der Armen durch Fortpflanzungserschwerung, sondern Beseitigung der Armut müsse das Ziel sein, denn „nichts ist teurer ... als soziales Elend". Wir können uns den Luxus des Elends nicht mehr leisten, nötig sei die „Ökonomie am Menschenmaterial", die Förderung von „Kulturkapital".[305]

Von dieser These ausgehend fragte Goldscheid in seinem Buch über die *Ethik des Gesamtwillens* nach der moralischen Beschaffenheit sozialer Normen. „In der Ethik des Gesamtwillens beruht alle Kultur".[306] Wenn man alle Menschen in Situationen des Glücks bringen und ihnen ein lustvolles Leben ermöglichen wolle, dann müßten die Lust unterdrückenden Zwangsmaßnahmen in der Gesellschaft aufgehoben werden. Das führe nicht zu einer Aufgabe der allgemeinen Interessen. Diese seien schließlich bisher nur gegen Widerstand hinweg und durch Lustunterdrückung durchsetzbar gewesen. In dem Kapitel *Wie wir Modernen das Gewissen bilden* erklärte Goldscheid seinen Optimismus in dieser Frage: Wegen der unleugbaren Unterschiede des Wissens, der Rassen, des Bodens, des Klimas usw. könne nur eine rationale Ethik aus den Dilemmas der Moderne helfen. Sie habe das Problem der „organischen Anpassung" der Menschen[307] und des Eindämmens individualistischer Werteinstellungen zu klären. Dabei helfe kein starker Staat und keine Idee der Nation, sondern nur der geistig starke Mensch. Je „unabhängiger ein Geist ist, ein desto größeres Ordnungsbedürfnis" lege er an den Tag. Nach Anarchie dränge „nur der Gefesselte, der Freie allein nach Ordnung strebt".[308] Gehorsam im Rahmen eines festen Gesamtplanes sei ein schlimmes gesellschaftliches Übel. Womöglich marschierten dann irgendwann alle in einen Abgrund. Zu einer Ethik des Gesamtwillens nütze auch eine einheitliche Weltanschauung wenig. Das mache die Gesellschaft unfruchtbar. Deshalb sei den Menschen ihr persönlicher Glaube freizustel-

---

304 Vgl. Goldscheid: Höherentwicklung, S.244-247, 337/338.
305 Rudolf Goldscheid: Monismus und Politik. Vortrag, geh. auf der Magdeburger Tagung des Deutschen Monistenbundes im Herbst 1912. Wien, Leipzig 1913, S.22-24.
306 Rudolf Goldscheid: Zur Ethik des Gesamtwillens. Eine sozialphilosophische Untersuchung. Erster Bd.. Leipzig 1902, S.337.
307 Die „organische Anpassung", in der die biologische Vererbung eingeschlossen ist, wollte Goldscheid in einem (nicht mehr erschienenen) zweiter Band dieses Buches erklären. Vgl. Goldscheid: Ethik, S.542, Anm.79. – Teile davon sind sicher in Goldscheids *Höherentwicklung und Menschenökonomie* eingegangen. – Wie Goldscheid, so bemühte sich auch Tönnies darum, den akzeptablen Kern der biologischen Anpassungstheorien zu ergründen. Vgl. Ferdinand Tönnies: Über Anlagen und Anpassung (1910). In: Ders.: Soziologische Studien und Kritiken. Zweite Sammlung. Jena 1926, S.155-168.
308 Goldscheid: Ethik, S.419.

len, allerdings bei gemeinsamer Unterordnung unter das Recht.[309] Der „Kampf ums Dasein" sei nicht biologisch und nicht ideologisch zu regeln, sondern nur zu verrechtlichen. Das mache die Lebensweise der „oberen Zehntausend" zum Hauptproblem des Wandels. Wenn die Oberklasse weiter wie bisher auf ihren Privilegien beharre, setze sich eben „der rohe Mehrheitswille" durch, wobei gewöhnlich „die Masse den Geist erstickt". Die Mächtigen und die Reichen würden ihre Lage sowohl durch die traditionelle Religion wie durch die neuere Darwinsche Theorie schützen. Man müsse die oberen Eliten durch eine irgendwie veranstaltete „Weltausstellung menschlichen Elends" auf den Pfad der Erkenntnis führen und die unteren Massen durch höhere Bildung zur Anerkenntnis bringen, daß allein „eine höhere Begabung zu höheren Rechten prädestiniert".[310] Goldscheid wollte keine wie auch immer konstruierte soziale Gleichheitsgesellschaft. Ihm schwebte vielmehr ein Zustand vor, der einer durchlässigen Machtpyramide glich, deren Etagen sich durch mehr oder weniger kulturelles Kapital unterscheiden. So bildungszentriert und fern von tatsächlichen Kämpfen um Macht, Einfluß und Güter dieses Modell auch war, es vertraute auf eine künftige intellektuelle Massenkultur und verurteilte damals modische Hauptvorschläge zur Bündelung des Gesamtwillens, den Rassismus, den Nationalismus, aber auch den Sozialismus.

Euphorismus versus Rassenhygiene: Spaltung des Monismus

Die Gegnerschaft zum Klerikalismus hielt die Monisten lange zusammen. Die verschiedenen Zugänge führten zu gemeinsamen Beschlüssen, deren Interpretation dann jedoch die Gräben aufriß: für den Ausbau der staatlichen Sozialversicherung, für Familienstammbücher, für Gesundheitsatteste bei Eheschließungen, für Frauengleichheit, für Erziehung der Jugend, für Geburtenkontrolle, für Alkoholabstinenz und vor allem: gegen die Macht der Kirchen. Einig war man sich, weshalb man dies wollte: wegen des Glaubens an die Vererbbarkeit erworbener Eigenschaften durch das angenommene „Erbplasma", wegen eines gesunden Nachwuchses und wegen der „Sauberkeit" der Erbanlagen. Angesichts der deutschen Mittellage in Europa, des angenommenen Zusammenbruchs der Ordnung im Osten und der zunehmenden Gewaltbereitschaft bei Jugendlichen entfaltete sich nach 1905 eine breite und hitzig geführte Debatte über angemessene kulturelle Wertmaßstäbe der Deutschen in dieser Situation. Der Gegenstand des Streits ist in der *Leitschrift* des am 6. November 1910 ins Leben gerufenen *Internationalen Ordens für Ethik und Kultur (Deutscher Zweig)* prägnant zusammengefaßt: Die „Losungsworte der sozialen Religion der Zukunft" seien „Eugenik, Er-

---

309 Vgl. Goldscheid: Ethik, S.430-456.
310 Goldscheid: Ethik, S.530, 531, 336.

ziehung zu Biederkeit und Arbeit, Schaffung besserer Bildungsmöglichkeiten, solidarischer Zusammenschluß aller Menschen beider Geschlechter bei Beseitigung kapitalistischer Ausbeutungsmöglichkeit und der Genußgifte, Förderung der Kunst und Pflege der Gefühlswelt im Volke, Wahrung des Rechts des Individuums auf Entfaltung seiner Eigenart (Beschränkung desselben nur, wo es mit den sozialen Forderungen in Konflikt kommt)".[311]

Ludwig Hammerschlag, Generalsekretär des *Internationalen Ordens für Ethik und Kultur*, sah in der „Ideologie des Rassenhygienikers ... die wichtigste der Zeit". Zwei weitere bedeutsame seien die Freigeisterei und die Sozialpolitik. Demokratie „in der Hand der Minderwertigen und Käuflichen" sei gefährlich und führe zum „Rassentod der nordischen Rasse" und damit zum Kulturverfall, „weil die hochentwickelten Gehirne den Kulturgiften erlegen sind".[312] Angesichts solcher Positionen nimmt es nicht wunder, daß das Monistentreffen 1913 beschloß, auf die gesetzliche Einführung von Gesundheitsattesten bei Eheschließungen zu drängen. Doch ging der Orden darüber hinaus. Er meinte, „daß wir unser Ziel nur mittels einer straffen Organisation erreichen können".[313] Daß für den Eintritt in diese Organisation „Nationalität und Rasse ... nie ein Hindernis" sein dürfen, stand dem Konzept einer Kulturelite nicht entgegen. Im Gegenteil, es ging den Gründern auch um die Verbreitung der für die „nordische Rasse" angenommenen Werte, die von den anderen Völkern anzunehmen wären und die im „Wahlspruch" des Ordens zum Ausdruck kamen: „Arbeit, Erkenntnis, Menschenliebe". Die jährliche Hauptversammlung sollte jeweils konkrete Beschlüsse zu allen kulturell wichtigen Fragen fassen. Inwiefern andere Rassen überhaupt in der Lage wären, sich „nordische Werte" anzueignen, blieb eine offene Frage.

Der Vorstand des *Internationalen Ordens für Ethik und Kultur* gab seine Mitgliederzahl mit 120 an. Da zwei Drittel der Anhänger nach Eigenberichten in der Schweiz wohnten, weitere in Österreich-Ungarn, handelte es sich beim deutschen Zweig des Ordens um höchstens zwanzig bis dreißig Personen. Den Gesamtvorsitz führte Auguste Forel (Yvorne, Schweiz). Er gab dem Orden das Konzept einer „Freidenkerkirche", wie seine christlichen Kritiker betonten, weil er auch „dem Gemüt ... Nahrung geben" wolle.[314] Forel versuchte, die Mitglieder auf seine Anschauungen festzulegen. Dazu gehörte die Durchsetzung der Alkoholabstinenz und die Propagierung der

---

311 Leitschrift. Der Internationale Orden für Ethik und Kultur. Hg. v. d. Internationalen Zentrale des I.O.E.K., im Namen des Ordens Generalsekretär Ludwig Hammerschlag. Freiburg i. Br. 1913, S.11.
312 Ludwig Hammerschlag: Die drei Ideologien und ihre Synthese: Kulturpolitik. In: MJ 2(1913/14)17, S.453, 454.
313 Leitschrift, S.17.
314 Vgl. Freidenkerkirche. In: Chronik der christlichen Welt. Tübingen 19(1909)51, S.37.

Hypnose als psychisches Heilmittel.[315] Das Programm usurpierte und radikalisierte eine ganze Reihe von dissidentischen Forderungen und fertigte daraus eine abstruse Mischung: Aufhebung des Privatbesitzes an Boden und Produktionsmitteln, Abschaffung des übermäßigen Zinses, Umsetzung von Ernst Abbes Ideen in einer neuen Nationalökonomie, Jugenderziehung durch Reformschule und Moralunterricht, Frieden durch Bund der Kulturstaaten, Ehe- und Sexualreform, Kinderschutz, Esperanto, Verschärfung des Strafrechts („Unschädlichmachung der Gewohnheitsverbrecher").[316] Festgelegt war, daß man sich in „Heimen" (Ortsgruppen) wöchentlich oder alle 14 Tage einmal treffen wollte, von denen es vor 1914 in Deutschland lediglich vier gab: Freiburg i. Br. (hier wohnte auch Hammerschlag), Mannheim (hier lebte der 2. Vorsitzende Freiherr von Harder), Frankfurt a. M. (wo der Kassenwart Hans Bührer zu Hause war) und Cassel. In Zürich erteilte ein Alfred Knapp Auskünfte. Am Ort des Vorsitzenden Arnold Brunner (Höchst a. M.) gab es kein „Heim".[317]

Kern des Planes von Forel war ein „Heer arbeitsfroher Gebildeter". Das sei mit der bisherigen „rein individualistischen Hygiene" nicht zu schaffen, deren Hauptaufgabe es sei, „alle Krüppel am Leben zu erhalten"; auch wenn man „die minderwertigen [Menschheitswerte, H.G.] ... zur Sterilität" anhalte, reiche das noch nicht, den „gewaltigen Fäulniskeim" in der bisherigen modernen Kultur abzutöten. Es helfe nur die Erziehung der Jugend in Verbindung mit der „Erziehung einer möglichst breiten Eugenik (Zeugung der Besten) mittels passender Zuchtwahl". Man käme nicht an der „Züchtung einer gesunden, altruistischen und arbeitstüchtigen Nachkommenschaft" vorbei.[318] Insgesamt gesehen besaß der Orden ein schwülstiges und verschwommenes Programm. Es war zudem verschieden deutbar, was „Naturerkenntnis (und Kulturbeherrschung)", „Synthese und Harmonisierung einer zukünftigen Kultur" oder „Ethik der Wahrhaftigkeit" sein sollten. Doch wen man zu den „Führenden" und „Suchenden" rechnete, die sich „zu einer großen Anzahl kleiner, zielbewußter Kulturgemeinschaften" zusammenschließen, galt als ausgemacht – die Mitglieder des Ordens. Sie sahen sich als die Eingeweihten in den naturbedingten Plan zur rassenhygienischen Rettung und Vermehrung des wertvollen Teils der Menschheit. Im Orden trat als eingetragener Verein ans öffentliche Licht, was sich schon 1905 in der *Berliner Gesellschaft für Rassenhygiene* unter Leitung von Ploetz als geheime nordische Abteilung (*Ring der Norda*) gründete und

---

315 Vgl. Auguste Forel: Der Hypnotismus, seine Bedeutung und seine Handhabung. Stuttgart 1889.
316 Vgl. Auguste Forel: Kulturbestrebungen der Gegenwart. Vortrag, geh. in Bern am 27. Februar 1910 für den Internationalen Orden für Ethik und Kultur. München 1910, S.47-51.
317 Vgl. Handbuch, S.112/113. – Nach Bührer wurde Gustav Maier (Zürich) Kassenwart.
318 Forel: Kulturbestrebungen, S.51, 19, 27, 26.

dann in München als *Nordischer Ring* seine Netze wob.[319] Dieser Kreis stellte eine Art Versammlung derjenigen Rassenhygieniker dar, die ihre Begründungen für den durchzuführenden eugenischen Weltplan als wissenschaftliche und freidenkerische Kulturgesellschaft an die Öffentlichkeit brachten.

Viel mehr Anhänger als der *Internationale Orden für Ethik und Kultur* hatte auch die am 1. Januar 1911 gegründete Gegenorganisation nicht, der *Euphoristen-Orden* mit Sitz in München. Er gab 45 Mitglieder und noch einmal vierzig bis fünfzig „Ordensfreunde" oder „Förderer" an. Seit 1891 bis zu seiner offiziellen Eröffnung war der Orden eine statutenfreie Akademiker-Vereinigung zur gegenseitigen Förderung.[320] Den Vorsitz übernahm Heinrich Bohlen, 2. Vorsitzender war H. Cohaut, ebenfalls aus München. „Ein Ritual besteht nicht", hatten sich doch die Jünger einzig zu dem Zweck gebildet, die euphorische Lehre ihres Gründers Müller-Lyer zu verbreiten, die „euphorische Gesinnung der Ordensgenossen" zu vertiefen und die „Pflege euphorischer Kameradschaft unter ihnen" zu betreiben.[321] Müller-Lyer und Bohlen waren Ende 1908 dem *Deutschen Monistenbund* beigetreten und betrieben ihren euphoristischen Diskussionszirkel nebenher. Nach dem Tode Lyers im Jahre 1916 übernahm Bohlen die Vertretung der euphoristischen Richtung im Bund und im *Weimarer Kartell*. Er entfaltete eine rege Propaganda. So entstand der Eindruck, die Müller-Lyersche Lehre sei die Kulturwissenschaft des Monismus. Neben anderen hatte aber besonders Johannes Unold an einer Kulturtheorie für den *Monistenbund* gearbeitet.[322] Er fühlte sich nun in seinen Überlegungen zurückgesetzt. Hinzu kamen grundsätzliche Differenzen seiner „organischen Lebensanschauung" zum Euphorismus. Seine Verantwortung für den *Monistischen Kalender 1918* nutzend, setzte Unold eine von ihm verfaßte kurze Abhandlung über *Euphorismus und monistische Lebensauffassung* in die Auflage, die „leidenschaftliche Erregung" hervorrief.[323]

Die gegensätzlichen Erklärungen Unolds und Bohlens signalisierten die personelle Zuspitzung theoretischer und daraus folgender politischer Positionen. Diese konnten schon 1913 auf dem *Düsseldorfer Monistentag* nur durch die gleichzeitige Rücknahme kontroverser Anträge gedeckt werden: nicht für und nicht gegen die Bodenreform, nicht für und nicht gegen Pazifismus, nicht für und nicht gegen bestimmte Parteien.[324] Unolds Taschenka-

---

319 Vgl. Schmuhl: Rassenhygiene, S.97.
320 Die im Handbuch (S.114) angegebene, als Manuskript kursierende *Chronik des Euphoristen-Ordens* konnte bisher nicht gefunden werden.
321 Handbuch, S.114. – Vgl. S.120: Zwölf(!) Mitglieder wurden auf Vortragsreisen geschickt.
322 Vgl. Johannes Unold: Der Monismus und seine Ideale. Leipzig 1908.
323 Vgl. im folgenden: Zwei Erklärungen zu den Artikeln Professor Unolds im Monistischen Kalender 1918. I. Prof. Dr. Unold; II. Dr. Bohlen. In: MM 2(Febr. 1918)2, S.20-25.
324 Düsseldorfer Monistentag, S.259.

lender goß sozusagen Öl ins schwelende Feuer. Schon seine Übersetzung von Euphorie als „Wohlbefinden" und „schmerzfreie Stimmung" stellte eine Beleidigung Bohlens dar, weil sie sich auf Empfindungen vor dem Tode bezog. Zudem hatte Müller-Lyer ja umfänglich dargelegt, daß er unter Euphorie „wahre Wohlfahrt" in der Lebensdialektik von Glücks- und Pflichtstreben verstehe. Überdies qualifizierte Unold die philosophischen Bemühungen der Euphoristen als Sammlung „frommer Wünsche" ab und stellte offen die Organisationsfrage, in dem er diese Lehre unwissenschaftlich nannte. Schließlich durften sich nur Vertreter von wissenschaftlich begründeten Lebens- und Weltanschauungen dem *Monistenbund* anschließen.

Bohlen reagierte mit einem zornigen Rundumschlag und bezichtigte Unold, in seinen Publikationen rein sozialdarwinistisch zu argumentieren. Er versuche, den Bund zu majorisieren. Aber nicht nur dieser Umstand erzwinge den Rückzug der Euphoriker, sondern die Anwendung Unoldscher Formeln als Begründungen für die Weiterführung des Krieges. Das sei Menschenverachtung. Müller-Lyer hingegen propagiere Humanismus. „Er ist gegen den Sozialdarwinismus und seine ‚ethisch-sozialen und politischen' Konsequenzen seit Kriegsbeginn immer feindlicher geworden, als die unbeherrschte Kultur nun loswütete, und als es sich bestätigte, was er oft vorher gesagt hatte, daß die ‚Feinde seines Landes' in dem Hinweis auf den Sozialdarwinismus ‚der' neueren deutschen Philosophen ein prachtvoll wirksames Mittel hatten, um ihrer realpolitischen Gegnerschaft eine scheinbar gut begründete Ideologie beizugeben und bei ihren Intellektuellen und bei ihren Massen den zum Kriegführen nötigen Haß zu schüren."[325] Dabei ließ Bohlen zwar offen, welches politische Programm er aus Lyers Plan der „Kulturbeherrschung" folgerte. Doch ging aus dessen Idee der „Menschengemeinschaft" hervor, daß er auf die Einsicht, Freiheit und Bildung der Menschen vertraute und alle eugenischen und rassistischen Lehren ablehnte. Zwar sprach er, in Abgrenzung vom Marxismus, nicht von Klassen, sondern von „soziologischen Rassen", doch seien diese milieubedingt, nicht biologisch.[326]

Unold dagegen machte nie ein Hehl aus seiner antidemokratischen und germanophilen Gesinnung. Demokratie unterdrücke die „wertvolleren Minoritäten", halte in ihrer liberalen Variante für die arbeitenden Klassen nur den „höchst ungerechten ... Kapitalismus" parat und in ihrer sozialen Version entmachte sie die Klugen und Besitzenden „zu gunsten einer gewalttätigen, begehrlichen Arbeitermasse".[327] Er befürworte „den wohlorganisierten freien Rechts- und Kulturstaat, in dem jede Interessengruppe die ihr gebührende Stellung einnimmt und durch wohlerwogene Vertretung aller Interes-

---

325 Zwei Erklärungen, S.24.
326 Vgl. Müller-Lyer: Sinn, S.180.
327 Johannes Unold: Monismus und Klerikalismus. Brackwede 1907 (FdDMB, 4), S.35.

sen ein Ausgleich der Gegensätze ... gewährleistet wird".[328] Unolds Programm war kein einfach neuaufgelegtes konservatives hierarchisches Ständemodell. Er ergänzte diesbezügliche traditionelle Konzepte durch die Idee der sozialen Auswahl „nach Begabung und Leistungsfähigkeit". Die moderne „stufenmäßige Gliederung" komme durch „eine immer bewußtere soziale Auslese" zustande. „Nicht immer nur ‚Schutz der Schwachen', ‚Fürsorge für körperlich und geistig Minderwertige, Schonung der Verbrecher!', sondern ‚möglichste Verminderung der Untauglichen, möglichste Förderung der Tüchtigen, Beseitigung alles Schmarotzertums, Verkündigung allgemeiner Arbeitspflicht!' sind die Zielpunkte einer Entwicklung fördernden Sozialreform."[329]

Noch koexistierten in der organisierten Dissidenz mehrere Denkrichtungen. Erst der Krieg radikalisierte und „kultivierte" die rassenhygienischen Ideen einer genetischen Degeneration der abendländischen Bevölkerung.[330] Wie der „Rassismus ... auf die Juden eigentlich erst nach 1850 mit einiger Konsequenz angewandt"[331] wurde, so verband sich erst nach dem ersten Weltkrieg und nach der Konfrontation bürgerlicher Eliten und Mittelschichten mit dem „jüdischen Bolschewismus" die Rassenhygiene im größeren Stil mit Elementen des hergebrachten Antisemitismus. Das bedeutet nun nicht, die geistige Verbindung von Rassenhygiene und Antisemitismus wäre ein Problem erst der zwanziger Jahre. Die Bereitschaft auch unter Akademikern, Bedenken hinsichtlich kulturbedingter Erbschädigungen in eine rassistische Staatsdoktrin der „Volksgesundheit" einzubauen und mindere Rassen zu definieren, war schon vor dem Kriege entstanden.[332] Zunächst jedoch glaubte man noch, „mit der Wahrheit im Bunde zu sein, wenn man die Begrifflichkeit der Biologie auf die Entwicklung des Menschen anwandte. Auch diese Wissenschaftlichkeit war Teil des kulturpubertären Aufbruchs um 1900. Aber erst durch die Kombination mit dem Antisemitismus wurde aus diesen Forschungen eine verhängnisvolle Entwicklung."[333]

Selbst unter Bildungsbürgern zeichnete sich allmählich eine Hegemonie der antijüdischen Interpretation rassenhygienischer Vorstellungen ab. Als Paul Natorp Anfang Dezember 1913 in Berlin auf einer Versammlung der *Comenius-Gesellschaft* einen Vortrag über Jugendbewegung hielt und einen kritischen Kommentar zur Rassenhygiene einflocht, sah er sich heftigen An-

---

328 Unold: Monismus und Klerikalismus, S.36.
329 Unold: Monismus und Ideale, S.155, 156.
330 Vgl. Gunnar Heinsohn: Warum Auschwitz? Hitlers Plan und die Ratlosigkeit der Nachwelt. Hamburg 1995.
331 Mosse: Rassismus, S.40.
332 Vgl. Kampe: Studenten, S.52-100.
333 Jörn Behrmann: Integrationschancen jüdischer Wissenschaftler in Grundlagenforschungsinstitutionen im frühen 20. Jahrhundert. In: Juden in der deutschen Wissenschaft. Internationales Symposion. April 1985. Hg. v. Walter Grab, Tel Aviv 1986, S.295 (=Jahrbuch des Instituts für Deutsche Geschichte, Beih. 10).

griffen ausgesetzt, die er, zu Weihnachten noch immer spürbar betroffen, in einem Nachwort zu parieren versuchte. „Besonderen Anstoß hat ... das Wort erregt, daß ‚Rasse kein Kulturfaktor' sei. Man hat eben Chamberlain gelesen und es da freilich ganz anders gehört. Mehrere fragten mich nach maßgeblichen wissenschaftlichen Werken, welche diese meine Auffassung begründeten. Ich wußte im Augenblick keine zu nennen ... oder an die merkwürdige Tatsache zu erinnern, daß jetzt sozusagen unter unseren Augen in Nordamerika eine neue ‚Rasse' im Entstehen begriffen ist ... Aber vermutlich dachte man mehr an kulturwissenschaftliche Untersuchungen. ... Es gibt ... keine ..., weil die Wissenschaft mit dem Begriff ‚Rasse' in kulturwissenschaftlicher Hinsicht nichts anzufangen gewußt hat. Das ist eben stets das Vorrecht typischer Dilettanten wie Chamberlain gewesen."[334]

Diese Episode belegt, wie sehr sich bestimmte, auch in der freidenkerischen Kulturbewegung der Dissidenten vorkommende, dort wirksame oder von dort gar ausgegangene Überlegungen von ihren ursprünglichen Zusammenhängen lösten, „gesunder Menschenverstand" wurden und politisches Handeln prägten. Sie entfalteten eine Eigendynamik und dienten in der Folge ganz offen als Rohmaterial für rassisch begründete Kulturziele. Ein Beispiel dafür lieferte die Euthanasie-Diskussion. Um sie als zeitbedingten, aber wirksamen Diskurs über Kultur zu qualifizieren, bedarf es der Einsicht, daß deren Ergebnisse keine allein nationalsozialistische Folgerung fanden und auch keine, die mit diesem zum Ende gekommen ist. Bis heute finden sich Argumente von damals in den Begründungen der Genforschung, in der US-amerikanischen Einwanderungspolitik, in der chinesischen Ein-Kind-Strategie (besonders in dem am 1.6.1995 in Kraft getretenen Gesetz über „Rassenhygiene und Gesundheitsschutz") und in der aktuellen bundesdeutschen Debatte über aktive Euthanasie.[335]

Um die damalige Debatte über Rassenhygiene in das Zeitkolorit einzuordnen, ist ein kurzer Blick auf die christliche Rezeption angebracht. Hier herrschte ebenfalls Unsicherheit im Urteil und gewann die Tendenz an Boden, sich den Ergebnissen der Forscher nicht länger zu verschließen. Selbst *Die Christliche Welt* schrieb gegen eine „Sippe von Wanzen der menschlichen Gesellschaft" und für einen „Akt der Liebe" gegen die Kranken. Der Autor, Johannes Kübel, berichtete über Maßnahmen in den USA und der Schweiz, besonders über deren rassenhygienische Ehevorsorge, um schließlich zu folgern: „Vom Standpunkt des Christentums aus wüßte ich keinen

---

334 Paul Natorp: Hoffnungen und Gefahren unserer Jugendbewegung. Vortrag, geh. bei der Hauptversammlung der Comenius-Gesellschaft zu Berlin am 6. Dezember 1913. 2. Aufl., Nachwort, Jena 1914, S.41.
335 Vgl. Singer: Praktische Ethik. – Berit Hedeby: Ja zur Sterbehilfe. M. e. jur. Kommentar v. Rudolf Wassermann. Zug 1978. – Martina Keller: Sterbe, wer will? Der Tod auf Wunsch ist kein Tabu mehr. In: ZEIT Nr. 39, 20.10.1996, S.11-14.

stichhaltigen Grund gegen die Zulassung dieser Präventivmaßregel namhaft zu machen."[336] Kirchenvertreter zweifelten damals massiv an der Gleichheit der Rassen. Wie führende Theologen im repräsentativen Wörterbuch *Religion in Geschichte und Gegenwart* von 1912 festhielten, habe nur die weiße Rasse eine alte „Kultusreligion" durch eine neue ethische überwinden können. Den „Schwarzen" fehle die „sittliche Willensstärke", bei den „Gelben" herrsche „kultivierter Animismus", der „den Begriff der Sünde nicht kennt". Die „Roten" kamen gar nicht vor. Insgesamt müßten die Christen davon ausgehen, daß das *Neue Testament* „nicht als bewußte Aeußerung eines Gleichheitsprinzips in der Rassenfrage anzusehen ist".[337]

Frei-Geist-Sekten und freidenkerische Individualisten

Freimaurerbund Zur Aufgehenden Sonne: Bruderschaft der Freidenker

Freimaurer sind seit dem 14. Jahrhundert Mitglieder von Logen, Bruderschaften oder Gilden, die sich in der Tradition von Dombauhütten bildeten. Davon übernahmen sie Begriffe, Symbole, Gliederungen und vor allem den damals im Berufswissen begründeten Hang zur Geheimniskrämerei. „Loge" bedeutete dabei sowohl „Hütte" wie „Gemeinschaft". Sie besaßen unauffällige Zeichen, an denen sich in den Logen die darin gleichgestellten „Genossen" erkannten. Dennoch schieden sie sich in Meister und Gesellen. Man erkannte sich und die Unterschiede an bestimmten Tricks, Szenarien und Losungsworten. Dazu gehörte vor allem der Handschlag.[338] Wegen ihres geheimbündlerischen Verständnisses wurden die meisten Freimaurer – und dies vor allem in katholischen Ländern – verfolgt. Papst Klemens XII. veröffentlichte 1738 eine diesbezügliche Bannbulle.

Das Verdikt erging ein Jahr nach Gründung der ersten deutschen Loge, die sich die englischen Großlogen (nach 1717) zum Vorbild nahm.[339] Sie

---

336 Johannes Kübel: Rassenhygiene. In: CW 27(1913)49, Sp.1156-1159. – Kübel bezieht sich auf Max v. Gruber u. Ernst Rüdin: Fortpflanzung, Vererbung, Rassenhygiene. Illustrierter Führer. München 1911. – Populär war die Schrift von H. Mann: Ideale Gattenwahl. Moderne Kulturprobleme zur Erlangung einer gesunden Nachkommenschaft und zur Begründung dauernden häuslichen Glücks. Neue Titel-Ausgabe von „Wen muß ich heiraten". Leipzig 1907.
337 Rohrbach: Rasse und Religion. In: Handwörterbuch, Bd.4, 1912, Sp. 2032-2036.
338 Vgl. Georg Schuster: Die geheimen Gesellschaften, Verbindungen und Orden. Erster Bd. (1905). 2. Aufl., Wiesbaden 1991, S.425: „Die Gesellen fassten gegenseitig ihre rechte Hand und drückten mit aneinander gelegten Daumen das dritte Glied des Zeigefingers. Der Meistergriff bestand darin, dass man gegenseitig die Rechte ergriff und mit den vier fest an einander geschlossenen Fingern auf das dritte Glied des Zeigefingers einen leichten Druck ausübte." – Das Bild vom Handschlag fand bekanntlich Eingang in die deutsche Arbeiterbewegung, von wo es die SED 1946 übernahm.
339 Vgl. Ferdinand Runkel: Geschichte der Freimaurerei in Deutschland in drei Bänden. Berlin 1932. – August Wolfstieg: Bibliographie der freimaurerischen Literatur. 3 Bde u. e.

gab sich den Namen *Absalom* und verfaßte sich in einem humanistischdeistischen Geist. 1738 trat der preußische Kronprinz, der spätere Friedrich II. von Preußen, der Loge bei. In ihrem Selbstverständnis sahen sich die Freimaurer in Deutschland als Gemeinschaft einer geistigen Elite. Tatsächlich gehörten ihr angesehene und einflußreiche Künstler, Staatsmänner und Philosophen an, so Blücher, Claudius, Fichte, Friedrich III., Gneisenau, Goethe, Hardenberg, Haydn, Herder, Klopstock, Körner, Lessing, Mozart, vom Stein, Wilhelm I. und Wieland. Nach einem geheimen und feierlichen Ritus wurden nur Männer in die Logen aufgenommen. Unabhängig von Rasse, Religion, Nation und Stand sollten sie sich zu edler Menschlichkeit, sittlicher Reifung und Geheimniswahrung bekennen. Gegen Ende des 19. Jahrhunderts waren viele dieser Ziele verlorengegangen, wie auch die jesuitische Gegenpartei an Einfluß verloren hatte. Rationalistische Weltsicht ließ die freimaurerische Zauberei altmodisch erscheinen. Als ringsum legale Vereine aus dem Boden schossen, geriet jeder Geheimbund zum Anachronismus. Man sah nun mit einiger „Verachtung ... auf jeden Kult, sowohl auf den der Kirchen wie den der Freimaurerei; an seine Stelle trat ‚die Kultur‘, zumal die ‚Persönlichkeitskultur‘, d.h. in Wahrheit der Kultur des Ichs", wie der Freimaurer Ludwig Keller bedauernd 1914 feststellte.[340] Immerhin gab es zu dieser Zeit in Deutschland acht Großlogen und 540 Johannislogen mit zusammen etwa 62 000 Mitgliedern – immerhin beträchtlich mehr als organisierte Dissidenten.

In diesen Logen taten sich liberale wie konservative Bürgerliche zusammen, die in aller Regel der Sozialdemokratie und oft auch der Demokratie ablehnend gegenüberstanden. In ihrem Traditionsverständnis blieben sie zwar der Aufklärung verpflichtet, aber in einem meist folgenlosen Idealismus. Als 1905 bekennende Atheisten eine Freimaurerloge ins Leben riefen, verwunderte und empörte sie das. Als „offener Sturmangriff" werde versucht, „die Fahne des Naturalismus auf den Burgen der Freimaurerei aufzupflanzen ... Indem man unter dem Ehrenvorsitz eines Führers eine eigene Großloge unter dem bereits ähnlich vorhandenen Namen ‚Zur aufgehenden Sonne‘ stiftete, deren Mitglieder sich ‚Freimaurer‘ nannten" seien diese Gegner von ähnlichen Erwägungen ausgegangen wie einst die Katholiken.[341] Damit verletze der „Atheismus Häckelscher Ausprägung" auf zweifache Weise eherne Regeln der Freimaurerei. *Erstens* lehne er zwar die Idee eines „allmächtigen Baumeisters" nicht grundsätzlich ab, erwarte aber von seinen Mitgliedern ein Bekenntnis. Man „wolle dahin streben, ‚einer freien aufge-

---

Ergänzungsbd., Leipzig 1923, 1926. – Johannes Tiedje: Die deutsche Freimaurerei. In: CW 27(1913)24, Sp.564-569; 25, Sp.590-592; 26, Sp.608-614; 27, Sp. 635-639; 28, Sp. 654-659; 29, Sp. 691-692; 30, Sp. 711-713.
340 Ludwig Keller: Die Freimaurerei. Eine Einführung in ihre Anschauungswelt und ihre Geschichte. Leipzig u. Berlin 1914, S.124 (Aus Natur und Geisteswelt, S. 463).
341 Keller: Freimaurerei, S.127.

klärten Weltanschauung Bahn zu brechen, die keinen Eingriff übernatürlicher Kräfte kennt'". Freimaurer würden dagegen in ihren Reihen jedes weltanschauliche Bekenntnis verweigern. *Zweitens* sei besonders verwerflich, daß man sich bemühe, eine Massenbewegung zu werden. „Die neue Vereinigung hat zur Werbung von Mitgliedern einen Weg beschritten, den die Großlogen und Logen grundsätzlich ablehnen, nämlich den Weg der Zeitungsannonce."[342] Damit sahen die Freimaurer das Gebot der individuellen Auswahl ebenso bedroht wie ihr Selbstverständnis als kulturelle Elite.

So widersinnig die Idee einer Loge für Massen auch war, so lag doch darin ein freidenkerisches Programm: Das Ende der Freimaurerei als Geheimbund war verkündet. Doch die Frage, worin dann der Anreiz eines Beitritts bestehen sollte, blieb unbeantwortet, wie die nach einem Mindestprogramm an Kult und Geselligkeit. Das machte den *Freimaurerbund Zur Aufgehenden Sonne* zu einem begrenzten Unternehmen schon zum Zeitpunkt seiner Gründung 1905 als eingetragener Verein. Er sah sich als Freimaurerbund derjenigen, die „mitarbeiten an der Verbreitung einer auf natürlicher Grundlage beruhenden Ethik" und „einer freien aufgeklärten Weltanschauung".[343] Damit hob er sich von allen anderen Logen ab, die sich weiterhin auf das Christentum oder allgemein auf Religion beriefen[344] – und diese verweigerten ihm bis in die zwanziger Jahre die Gleichberechtigung. Man wollte einen Bund gründen, der anderen „Reformlogen" ein Dach gibt und all die Mitglieder aufnimmt, „die die alten Freimaurerideale hochhalten, den alten Logen jedoch wegen ihrer Weltanschauung nicht beitreten können oder wollen".[345] Das Aufnahmeformular enthielt diese Bedingungen; das Ritual galt als „geistiges Eigentum des Bundes"[346], die Mitteilungen waren vertraulich. Wahrscheinlich war der Verein wie das spätere *Weimarer Kartell* ebenfalls als „Bund der Bünde" gedacht, in dem sich die Führer freigeistiger Organisationen zusammenschließen. Doch blieb es bei einem exklusiven Klub, dem mit der Zeit die Mitglieder ausgingen. Das geht schon aus der Tatsache hervor, daß nur fünf Titel innerhalb der Reihe *Aufklärungsschriften des Freimaurerbundes Zur Aufgehenden Sonne* in Nürnberg erschienen.[347]

---

342 Keller: Freimaurerei, S.127, 128.
343 Programm des Freimauererbundes „Zur Aufgehenden Sonne" (F.Z.A.S.). In: Handbuch, S.147.
344 Vgl. die Paragraphen 3 und 6-8 der Ordensregeln aus dem Handbuch für die Brüder der *Großen Landesloge der Freimaurer von Deutschland*, 1889, in: Klaus C. F. Feddersen: Constitutionen, Statuten und Ordensregeln der Freimaurer in England, Frankreich, Deutschland und Skandinavien. Eine historische Quellenstudie ... insbesondere zur religiösen und christlichen Tradition in der Freimaurerei. Wiesbaden o.J. (nach 1975), S.741, 743.
345 Programm des Freimauererbundes, S.147.
346 Aus den Satzungen. In: Handbuch, S.148.
347 Vgl. Otto Kasdorf: Aufklärung und Freimaurerei. – Hermann Müller: Ich will ihm eine Gehilfin machen, die um ihn sei. – Hermann Ohr: Über Entstehung und Entwicklung von

Dafür spricht auch die Streuung der Mitgliedschaft. Der Sitz des Bundes lag in Nürnberg, wo zunächst Gustav H. L. Sorge als Großsekretär und Großschatzmeister die Geschäfte führte. Großmeister war Karl Weigt in Hannover, ein freidenkerischer Schriftsteller und Redner des Kartells. In Jena gab sich der Fotograf und Monist Diedrich (oder Dietrich) Bischoff als solcher zu erkennen.[348] Bei nur etwa 1500 Mitgliedern in sechzig Logen in Deutschland, Österreich und der Schweiz und weiteren Einzelmitgliedern rund um die Welt erwies sich die überzogene Absicht.[349] Der Bund besaß ein anspruchsvolles Programm, allerdings nur wenig einflußreiche Leute. An der Spitze dieser Unternehmung stand als Ehrengroßmeister Wilhelm Ostwald, ein vielbeschäftigter Wissenschaftler und freidenkerischer Multifunktionär – dem es zudem nach dem Zeugnis seiner Tochter an der rechten Lust mangelte, sich den geheimen Riten zu widmen („das war nichts für mich").[350] Von den proletarischen Freidenkern gehörte Hermann Müller zur Loge. Penzig, der nach eigenem Zeugnis erst 1912 [sic!] von Karl Hesse (anläßlich einer pädagogischen Tagung) von dieser Organisation hörte[351], trat sofort in die Berliner Loge *Zur Morgenröte* ein, übernahm sie 1914, war dann von 1919 bis 1926 Großmeister des gesamten Bundes und versorgte ihn, wie es seine Art war, mit „Theorie"[352] und Bekenntnis: Er „verwerfe auf das entschiedenste alle Gemeinschaftsreligion, welche Formen sie auch immer in Kirche, Sekte, Gemeinde, philosophische Schule und dergleichen annehmen möge, und reklamiere für das Einzel-Ich die alleinige Berechtigung, sich seine Religion zu schaffen. ... In meine Religion hat niemand hineinzureden."[353]

Mahābodhi-Gesellschaft: Buddhismus und Freidenkerei

Einige wenige deutsche Künstler und Philosophen waren im 19. Jahrhundert buddhistische Bekenner, wie Hugo von Hoffmannsthal (1874-1929) und Eduard von Hartmann (1842-1906)[354], oder zeitweilig aufgeschlossen, wie Richard Wagner (1813-1883) und Friedrich Nietzsche. Im *Weimarer Kartells* gab es dann zu Beginn des 20. Jahrhunderts einige einflußreiche Personen, voran Arthur Pfungst, die auf eine stärkere Aufnahme buddhistischer Kulturelemente drängten. Aus diesem Grunde zählten sie die *Mahābodhi-*

Religion und Sittlichkeit. – Georg Manes: Eugenik. Die verantwortliche Wohlzeugung des Menschen. – Gustav Höft: Bedeutung und Aufgaben unseres Bundes. – Alle wahrscheinlich 1905/06.
348 Vgl. Diedrich Bischoff: Wesen und Ziele der Freimaurerei. Berlin 1910.
349 1919 waren es etwa 200 in 60 Logen, vgl. Penzig: Apostata, S.127.
350 Vgl. G. Ostwald: Wilhelm Ostwald, S.141/42.
351 Vgl. Penzig: Apostata, S.120.
352 Vgl. Rudolf Penzig: Freimaurer-Lehrbuch für BrBr der unabhängigen deutschen Großloge „Freimaurerbund zur aufgehenden Sonne". Als Manuskript gedr. für BrBr aller drei Johannisgrade, Oldenburg 1919.
353 Penzig: Apostata, S.137/38.
354 Vgl. Arthur Drews: Das Lebenswerk Eduard von Hartmanns. Leipzig 1908.

Gesellschaft (Deutscher Zweig) zu den verwandten Organisationen und als dissidentische Gruppe. Die Ursache für eine verstärkte Rezeption durch deutsche Freidenker und Freigeister lag in der Anziehungskraft dieser Religion selbst, besonders in der Grundannahme, daß die Welt stets unbefriedigend eingerichtet ist. Den Akademikern, die sich in Deutschland dem Buddhismus zuwandten, jedenfalls dem, was ihnen davon zusagte, kam die Idee vom „mittleren Weg" ebenso entgegen wie die Geschichte des Prinzen Siddhârtha, der zum Buddha wird, nachdem er aus einer abgeschlossenen heilen Welt hinabsteigt ins Volk, um das Leid kennen zu lernen, aber den Freuden der Welt nicht gänzlich entsagt. Daß führende Dissidenten zu offenen Verfechtern des Buddhismus wurden, lag auch am gemeinsamen Außenseiterstatus. Deshalb setzte sich Arthur Pfungst für sie öffentlich ein. Die *Mahâbodhi-Gesellschaft* verdankte es Pfungst, in Hennings Aufzählung der freigeistigen Vereine vorzukommen. Der Verein selbst war überrascht, aber erfreut.[355]

Die eigentlichen Verlockungen des Buddhismus gingen von den Ratschlägen aus, wie auf Leid zu reagieren sei: mit dem Trost, daß alle Leiden endlich und ertragbar sind; mit der Gewißheit, daß Unwissenheit und Haß Grundübel menschlichen Zusammenlebens sind; mit der Erkenntnis, daß Weisheit, geistige Disziplin und ethisches Handeln auf den „Pfad der Erleuchtung" führen – und mit der Mahnung, daß Toleranz zu üben ist. Aus welcher Weltanschauungsvariante sonst sollten Pazifisten vor 1914 ihre geistige Stärkung beziehen? Das war ja einer der Gründe, den Buddhismus von christlicher Seite zu verunglimpfen. Sie sei die Weltanschauung „eines Volkes, das zu weich und zu schlaff geworden ist, um zu fühlen mit der Tapferkeit, die den Ruhm eines jugendfrischen Geschlechts bildet".[356] Freigeistige Anhänger des deutschen Buddhismus reizte zudem, daß die fernöstliche Heilslehre „auf eine farbenprächtige mythologische Einkleidung und auf einen prunkvollen Kultus bewußt verzichtet, stets nur eine aristokratische Weisheitslehre für wenige sein kann".[357] Die wenigen Freigeister und Freidenker, die sich ihr zuwandten, fühlten sich als Mitglieder einer neuen Gemeinschaft aufgeklärten Geistes.[358] Der Buddhismus könne, wie Pfungst 1904 hervorhob, „die Erlösung aus dem Kerker des individuellen Seins" befördern[359] – das meinte ein Band der inneren Einkehr, keinen sozial greifbaren Bund oder gar eine politische Partei.

---

355 Vgl. MB 2(März/April 1914)6, S.95.
356 Alfred Bertholet: Der Buddhismus und seine Bedeutung für unser Geistesleben. Vorträge. Tübingen, Leipzig 1904, S.41.
357 Helmuth v. Glasenapp: Die fünf Weltreligionen. Brahmanismus, Buddhismus, Chinesischer Universalismus, Christentum, Islam. München 1991, S.115.
358 Vgl. Hans Ludwig Held: Die Idee des Buddhismus. Eine Betrachtung. München, Leipzig 1913. – Alexandra David: Das Problem einer weltlichen Moral unter dem Gesichtspunkte der rationalistischen Methode des Buddhismus. Berlin 1913 (Dokumente des Fortschritts, 6/4).
359 Pfungst: Kulturwelt, S.216.

Fortschritte in einer rationaleren Lebensführung hatte das Bedürfnis nach Spiritualität nicht versiegen lassen, sondern vielfach nur auf andere Anreize und Gegenstände verschoben, fand vor allem an ästhetischen Konstrukten Befriedigung und Befreiung. Zugleich war um die Jahrhundertwende ein „moderner Spiritismus" Mode geworden, der sich, wie jede andere Spiritualität, von der Seele her definierte. Er „begann 1848, im Jahr des kommunistischen Manifests, mit geheimnisvollen Klopflauten im Haus des Farmers John Fox in Hydesville bei Rochester/USA. Innerhalb weniger Jahrzehnte breitete sich die Bewegung über die Vereinigten Staaten, Europa und vor allem Lateinamerika aus".[360] Viele Freigeister waren nun aber auf der Suche nach einem Spiritismus, allerdings ohne okkultes Beiwerk, nach einer Transzendenz der Seele auf hohem intellektuellem Niveau, fern von abergläubischen Geistheilern. Schon Aigners Wünschelrutengängerei war Ausdruck eines Erkenntnistriebs, der auch vor unbekannten energetischen Kräfte nicht haltmachte. Auch mußten die angeblichen Wunder von Lourdes oder weinende Madonnenstatuen erklärt werden. Das verführte nicht nur zu halsbrecherischen Annahmen. Es blieb augenscheinlich, daß es im sozialen Leben Bedürfnisse nach Transzendenz gab, Individuen, die „in sich gehen" wollten, und auch Freigeister davon nicht frei waren. So griffen einige von ihnen auf den Buddhismus zurück, weil sie in ihm eine Wegzeigung sahen, ihren inneren Geist (Seele, Gefühle, Bewußtsein, Denken, Ströme) mit dem der Welt zu vereinigen. Dem Verlangen nach Spiritualität gegenüber wurde es nebensächlich, ob dieser „Weltgeist" als universales Prinzip, Natur, Energie oder als Gesetz der Geschichte definiert war.

Wer als Dissident dem Religiösen gegenüber aufgeschlossen blieb, wie F. W. Foerster oder Pfungst, neigte nicht zum Religionsstreit. Foerster gab sich einen idealen Jesus als Lebensvorbild, Pfungst und andere stießen auf den Buddhismus, schätzten besonders dessen Toleranzprinzip. Er verlangte von seinen Anhängern nicht, „daß sie ihm ausschließlich angehören und ihre frühere Verbindung mit anderen Religionen aufgeben. Er betrachtet alle anderen Glaubenslehren als wertvolle, wenn auch unvollkommene Vorstufen der von Buddha verkündeten höchsten Wahrheit."[361] Dem Atheisten komme entgegen, so der Baseler Theologieprofessor Alfred Bertholet in unmittelbarer Reaktion auf die noch darzustellende Gründung des *Buddhistischen Missionsvereins* in Leipzig, daß der Buddhist „überhaupt keines Gottes mehr zu seiner Erlösung" bedürfe.[362] Wer in Deutschland aus seiner

---

360 Reinhart Hummel: Kult statt Kirche. Wurzeln und Erscheinungsformen neuer Religiosität außerhalb und am Rande von Kirchen. In: Neue Religiosität und säkulare Kultur, hg. v. Günter Baadte u. Anton Rauscher, Graz, Wien, Köln 1988, S.51.
361 v. Glasenapp: Weltreligionen, S.115.
362 Bertholet: Buddhismus, S.43. – Ähnlich der Erfurter Divisionspfarrer Robert Falke: Der Buddhismus in unserem modernen deutschen Geistesleben. Eine Studie. Halle 1903. – Schloßpfarrer Theodor Simon rechnete den Buddhismus neben dem Monismus (der gefähr-

Konfession austreten wollte, ohne mit dem Christentum ganz zu brechen, weil ihm verschiedene seiner ethischen Prinzipien und persönliche spirituelle Bedürfnisse wichtig blieben, konnte im Buddhismus, jedenfalls in dem, was davon an Interpretationen nach Europa kam, Gefallen finden. Die neue religiöse Strömung schien zu versprechen, was christliche wie jüdische Dissidenten weltanschaulich in ihrer bisherigen Glaubensheimat vermißten: Orientierung für Weltmüde; Weisheit und Zauber der fernen Vormoderne des alten Indiens; multikulturelle Ethik auf der Suche nach neuer Sittlichkeit; erlaubte Spekulation, ohne Aufgabe der Wissenschaftsgläubigkeit.

Wie stark der buddhistische Einfluß zu Beginn des Jahrhunderts empfunden wurde, zeigen die Debatten des *Evangelisch-Sozialen Kongresses* 1903, die ihn als Gefahr beschworen. Immerhin gründete sich im gleichen Jahr (15. August) in Leipzig der soeben erwähnte *Buddhistische Missionsverein*. Er bestand zwar nur aus acht Personen, entfaltete aber eine breite Agitation.[363] Seine Anhängerschaft wuchs und der Verein bildete sich 1906 um zur *Buddhistischen Gesellschaft in Deutschland*. Die Rezeption buddhistischen Gedankenguts erfolgte parallel zur Ausbreitung der ethischen Bewegung und zur Erforschung der östlichen Religionen im Zuge der einsetzenden vergleichenden Religionswissenschaft. Wesentlich für das westliche Wissen wurden die über fünfzig Bände umfassenden Studien über die *Heiligen Bücher des Ostens*, zwischen 1872 und 1895 von Friedrich Max Müller (1823-1900) herausgegeben. Damit wurde erstmals eine Unterscheidung zwischen Hinduismus und Buddhismus möglich. Wie die ethische Bewegung wurden die ersten buddhistischen Strömungen in Deutschland durch Einflüsse aus den USA vorangetrieben.[364]

1891 fand in Adyar (Indien) unter Federführung vor allem ceylonesischer und japanischer Buddhisten und unter der Leitung des amerikanischen Obersten, als Journalist tätigen Henry S. Olcott (1832-1907) eine Art Einigungskonferenz verschiedener buddhistischer Gemeinschaften statt. Olcott

---

lich auf die Massen wirke) und dem „Nietzschetum" zu den drei unheilvollen religiösen Anschauungen in Deutschland. Der Buddhismus habe in einer bedrohlichen Richtung hohe „Anziehungskraft für Aristokraten des Geistes". Er „hat wohl wilde Völker gezähmt, aber sie auch gelähmt und eingeschläfert". Vgl. Theodor Simon: Moderne Surrogate für das Christentum. Berlin 1910 (Beiträge zu konservativer Politik und Weltanschauung, 2). – Ders.: Das Wiedererwachen des Buddhismus und seine Einflüsse in unserer Geisteskultur. Stuttgart 1909 (Gegenwartsfragen, 5).
363 Als eine der ersten Broschüren erschien 1903 im eigens gegründeten Buddhistischen Missionsverlag in Leipzig von Bruno Freydank: Buddha und Christus. Eine buddhistische Apologetik.
364 Auch wenn innerhalb der deutschen philosophisch gebildeten Intelligenz Arthur Schopenhauer (1788-1860) als derjenige gilt, der im Buddhismus die höchste aller Religionen sah. Von dessen Ideen inspiriert wurde Karl Neumann (1865-1915) an der Leipziger Universität zu einem führenden Sanskrit- und Pali-Übersetzer.

war 1880 nach Ceylon (heute Sri Lanka) gekommen, um das Schulwesen zu befördern. Hier verfaßte er einen buddhistischen Katechismus. In Folge der Einigungskonferenz wurde mit Sitz in Colombo auf Ceylon noch im Jahr 1891 die *Mahābodhi Society* gegründet, die ihrerseits am Rande der Weltausstellung und des *Weltparlaments der Religionen* vom 11. bis 27. September 1893 in Chicago[365] eine Zweigorganisation ins Leben rief, und zwar am Theosophentag (15.9.). Zu diesem Treffen waren „alle Kulturvölker vertreten". Es dominierte „bei den Delegaten und beim Publikum das weibliche Element".[366] „Vertreter verschiedener hinduistischer, buddhistischer, islamischer und sonstiger Traditionen und Erneuerungsbewegungen wurden von liberalen christlichen Kreisen eingeladen, um sich der westlichen Öffentlichkeit zu präsentieren. Etliche von ihnen blieben gleich im Westen, gewannen erste Anhänger und gründeten erste Organisationen. Das Weltparlament der Religionen hat die organisierte Mission nichtchristlicher Religionen im Westen eingeläutet."[367] In Deutschland trat dabei nach 1885 Franz Hartmann hervor (zunächst mit persönlicher Unterstützung durch Helene Petrowna Blavatsky), der sich in den USA und dann in Adyar geschult hatte und schließlich 1896 Präsident der *Theosophischen Gesellschaft in Deutschland* mit Sitz in Berlin wurde.[368]

Die *Mahābodhi Society* entfaltete ihre missionarische Arbeit sofort in Richtung Europa. Sie setzte ihre Hoffnungen auf diejenigen Christen, die nach neuen ethischen Maßstäben suchten und denen eine Art Ökumene aller Glaubenden vorschwebte. In Deutschland etablierten Anhänger zunächst in Leipzig, dem späteren Zentrum des *Buddhistischen Missionsvereins*, einen *Deutschen Zweig* der *Mahābodhi-Gesellschaft*. Den Vorsitz hatte Dr. Ferdinand Hornung inne, als „Sekretär" fungierte C. T. Strauss (der zwischen Leipzig und Colombo pendelte) und als „Propagandaleiter" Frl. M. Sandberg. Gustav Albert Dietze war Redakteur, Archivar und Bibliothekar, der sich schon aus Existenzgründen um einen Einblick in buddhistische Strömungen in Deutschland bemühte und deshalb zielgerichtet Zeitungen auswertete.[369] In allen Organisationsfragen wurde Dietze von der Kassiererin, seiner Frau Else, unterstützt, besonders, nachdem 1914 ihr Vorgänger W. Kuhnert 1914 ausschied – bis die Familie Dietze schließlich im Krieg alle Ämter in ihrer Hand hielten, davon aber nicht leben konnten und die Arbeit des Vereins einstellen mußten.

---

365 Vgl. Kraushaar: Der Religionskongreß in Chicago. In: CW 7(1893)44, Sp.1049-1054; 45, Sp.1074-1078; 47, Sp.1125-1129; 48, Sp.1148-1151.
366 Kraushaar: Religionskongreß, Sp.1127.
367 Reinhart Hummel: Indische Mission und neue Frömmigkeit im Westen. Religiöse Bewegungen Indiens in westlichen Kulturen. Stuttgart, Berlin, Köln, Mainz 1980, S.50.
368 Vgl. Franz Hartmann: Denkwürdige Erinnerungen. Leipzig 1998.
369 Vgl. D(ietze): Der Buddhismus in den deutschen Zeitungen. In: MB 2(Mai/Juni 1913)1, S.34.

Die Zahl der Mitglieder hat wohl nie die Grenze von zweihundert überschritten, soweit dies an den publizierten Spenden- und Beitragseingängen ablesbar ist, wo stets nur eine Nummer bekannt gegeben wurde. Die höchste Ziffer war die 186. Das Eintrittsalter betrug für Männer und Frauen 21 Jahre. Weitere deutsche Städte mit örtlichen Gruppen waren Berlin, Bremen, Breslau und Hamburg. 1904 wurde der deutsche Geiger Anton Gueth (1878-1957) als zweiter Europäer buddhistischer Mönch.[370] Der Stuttgarter Buddhist Friedrich Zimmermann, Mitglied der *Mahābodhi-Gesellschaft*, Sohn des freireligiösen Philosophen und Predigers Adolf Zimmermann sen. (Gotha, Gunthersblum/Rh.), schrieb unter dem Namen Subhadra Bikschu buddhistische Texte.

Der Verein vertrieb von seinem Sitz in der Leipziger Mendelssohnstraße 5 aus auf Wunsch die Zeitschriften *Buddhist* und *Buddhistische Warte*, gab vor allem alle zwei Monate die *Mahābodhi-Blätter* heraus, ein Informations- und Belehrungsorgan für Mitglieder und Interessierte. In jeder Nummer war auf der Innenseite des Deckblatts das Vereinsziel vorangestellt: Die Gesellschaft wolle „die Kenntnis des echten Buddhismus in den weitesten Kreisen fördern, sowie Verständnis und Achtung für die Grösse und Schönheit der buddhistischen Weltanschauung und Sittenlehre erwecken und ihr Anhänger gewinnen. Dabei wird für keine besondere Richtung oder Schule innerhalb des Buddhismus Propaganda gemacht. Jedem Mitglied wird in der Auffassung und Auslegung buddhistischer Lehren vollkommene Freiheit gelassen." In Deutschland rivalisierten mehrere Vereine, konkurrierten um Mitglieder und betrachteten sich nicht nur als buddhistisch, sondern als einzig rechtmäßiger *Deutscher Zweig* – sicher um in den Genuß von Missionsgeld zu kommen. Von diesen „unrechtmäßigen" Vereinen galt der von Walther Markgraf als der gefährlichste, weil er Buddha christlich auslegte.[371] Eine weitere Gruppe betrieb der Schriftsteller Karl Seidenstücker.

Der tatsächliche Einfluß buddhistischer Glaubenselemente auf das deutsche Geistesleben ist sicher größer gewesen als jener der *Mahābodhi-Gesellschaft*. Seine Wirkungen finden sich auch weniger in den offen vorgetragenen Bekenntnissen zu dieser Religion als vielmehr im sozialen Engagement seiner Mitglieder in verschiedenen anderen, vor allem Vereinen der Lebensreform, die nach ihrer Ansicht buddhistische Ziele verfolgten. Die Buddhisten seien es gewöhnt, schrieb der Vorsitzende Hornung Anfang 1913, daß Teilstücke ihrer Lehre „im europäischen Kulturkreise zur Basis

---

370 Als erster Europäer wurde der Brite Alan Bennett McGregor 1902 buddhistischer Mönch. Vgl. Atlas der Weltreligionen. Entstehung, Entwicklung, Glaubensinhalte. Hg. v. Peter B. Clarke, Wien, Gütersloh, Stuttgart 1993, S.168/69.
371 Vgl. In eigener Sache. In: MB 1(Juli/August 1912)2, S.28. – Walther Markgraf: Kleiner Buddhistischer Katechismus. Breslau 1912. – Licht und Schatten. Zwiegespräche zwischen einem Christen und einem Buddhisten. Hg. v. Robert Sobczak, Leipzig 1914.

weit ausgreifender Bewegungen werden. So haben wir hier die Friedensbewegungen, die Abstinenz- oder Antialkoholbewegungen, wir sehen Tierschutzvereine, Bestrebungen gegen Pferderennen, Jagdsport, Vereinigungen gegen die Entrechtung der Frauen, gegen die Todesstrafe ... gegen die Verkümmerung der Unbemittelten" usw. In ihrer Sicht erscheine dann eben „der Monismus in seiner Eigenschaft als Freidenkerbewegung buddhistisch".[372] Tatsächlich wirkte mancher deutsche Buddhist in der Friedensbewegung mutig mit und Dietze begab sich Ende 1915 sogar in offenen Gegensatz zu den Befürwortern des Krieges, als er der Zeitschrift *Monistisches Jahrhundert* vorwarf, eine „Militär-Zeitung" geworden zu sein.[373]

Steiners Anthroposophie

In der Synthese mit anderen Glaubenselementen, besonders mit der Theosophie, wuchs aus dem deutschen Buddhismus 1913 die religiöse Strömung der Anthroposophie (die Weisheit vom Menschen) von Rudolf Steiner. Sie begriff sich explizit als moderne Welt- und Kulturanschauung. Der schon oben erwähnte Olcott hatte, bevor er die *Mahābodhi Society* aufbaute, im Jahre 1875 gemeinsam mit der in Amerika lebenden russischen Adeligen und Spiritistin Helena Petrowna Blavatsky (1831-1891) in New York eine *Theosophische Gesellschaft*[374] auf die Beine gestellt und 1888 eine *Esoterische Schule* gegründet. Die Theosophie verstand sich als Lehre vom mystischen Wesen des Göttlichen und dem intuitiven Wissen von Gott. Sie zielte auf eine einheitliche Weltreligion auf ethischer Basis mit starker Betonung fernöstlicher Glaubensmerkmale. Sie war „das Resultat westlicher Anstrengungen, hinduistische und buddhistische Inhalte eklektisch auf einen vorgegebenen westlichen Stamm aufzupfropfen".[375] Rudolf Steiner (1861-1925)[376], aus katholischem Hause kommend, kultivierte besonders in seinen Berliner Jahren (1897-1905) eine neoromantische Gefühlswelt und spirituelle Bodenhaftung. Er begann, mystische und esoterische Riten wieder zu beleben, etwa in seiner Lehre von der Eurhythmie, der gleichmäßigen Atmung und dem Gleichmaß aller Bewegungen. Darin wurde er von buddhistischen Mönchen unterwiesen, aber von den naturalistischen ästhetischen Produktionen des Friedrichshagener Dichterkreises um Bölsche und Wille angeregt.

---

372 Hornung: Monismus, S.109/110, 110.
373 Vgl. (Dietze): Aus unserem Briefwechsel. In: MB 4(September/Dezember 1915)3/4, S.56, Anmerkung.
374 Als deren Präsidentin wirkte von 1907 bis zu ihrem Tode die amerikanische Sozialreformerin Annie Besant (1847-1933).
375 Hummel: Mission, S.186.
376 Vgl. Rudolf Steiner: Mein Lebensgang. Stuttgart 1948. – Zur aktuellen Lesart von Steiners Weltanschauung vgl. Adolf Baumann: ABC der Anthroposophie. E. Wörterbuch für jedermann. Bern, Stuttgart 1986. – Hans-Jürgen Glowka: Deutsche Okkultgruppen 1875-1937. München 1981.

Als Lehrer für Geschichte, Redeübungen und Naturwissenschaften hatte er zuvor sogar an der sozialdemokratischen Berliner *Arbeiter-Bildungsschule* gearbeitet. Von 1902 bis 1912, also bis zur Offenbarung seiner Anthroposophie, war Steiner Generalsekretär der *Deutschen Sektion der Theosophischen Gesellschaft (Adyar)*, die zu dieser Zeit ihren Sitz in Hagen und etwa 200 Mitglieder in 20 Ortsgruppen hatte.[377] Mit Wilhelm Ostwald verband Steiner die Suche nach einer Farbtheorie und mit den Esoterikern der Glaube an Astralleiber.

Steiners Lehre kam der Neigung mancher Dissidenten zu quasinaturwissenschaftlichen Erklärungen einer möglichen „Bewußtseinserweiterung" entgegen, indem er über die Angebote des Buddhismus hinausging und Haeckels monistischen Evolutionsgedanken einbezog. Mit seiner Idee vom „höheren Menschen" über den des Alltags hinaus, bediente Steiner Bedürfnisse nach einem sehr individuellen Ausweg aus den seelischen Bedrängungen der Moderne. Er forderte dabei Gegenmodelle heraus, denen dann nach 1919 die eher sozialrevolutionäre Fraktion innerhalb des Monismus und Freidenkertums mit ihrem Modell der „Kulturrevolution" und geistig-sozialen Kollektivbefreiung begegnete: Erst eine kulturelle Befreiung vom Kapitalismus schaffe den „neuen Menschen", der nur ein freidenkerischer sein könne. Steiner selbst erreichte nach dem Kriege vor allem junge evangelische Theologen, die nach einer neuen „Geisteswissenschaft" und einem Gegenmodell zur alten Kirche suchten. Seine Idee, die Seele müsse für den Eintritt in die übersinnliche Welt trainiert werden, mündete in zahlreiche praktische Vorschläge, von denen vor allem die Waldorfschulen wirksam wurden.

Die Horneffers: „Persönliche Religion" und „neues Heidentum"

Eine besondere Rolle innerhalb der Freidenkerbewegung spielten der Münchener Religionsphilosoph und Dozent des dortigen freigeistigen Kartells Ernst Horneffer und sein Bruder August Horneffer. Beide sind keiner freidenkerischen Strömung eindeutig zuzuordnen, so sehr sich beide für freidenkerische Organisationen engagierten, besonders für die Monisten und Freimaurer. In der von Ernst Horneffer redigierten Zeitschrift *Die Tat*[378] trug

---

377 Vgl. Otto Penzig: Die Theosophie und die Theosophische Gesellschaft. Berlin 1914. – Ebd., S.26/27: „Für den Theosophen existiert nichts ‚Übernatürliches': höchstens wird er von ‚superphysischen' Dingen, Stoffen und Kräften reden."
378 Vgl. Die Tat. Wege zu freiem Menschentum. Eine Monatsschrift. Hg. v. Ernst Horneffer, Leipzig (April) 1909 – (März) 1910; gesamt 24 Lieferungen. Danach setzte Eugen Diederichs die Herausgabe fort und wendete das Blatt zunächst in eine *Monatsschrift für deutsche Kultur* und dann 1915 in die *Sozial-religiöse Monatsschrift für deutsche Kultur*. Sie erschien bis 1938 mit verschiedenen Untertiteln. Vgl. Edith Hanke u. Gangolf Hübinger: Von der „Tat"-Gemeinde zum „Tat"-Kreis. Die Entwicklung einer Kulturzeitschrift. In: Versammlungsort, S.299-334. – Während des ersten Weltkrieges verlegte Diederichs kulturnationalisti-

er nicht nur eine um geistige Arbeit zentrierte Weltsicht vor, sondern eine neue „Religion des Heidentums". Er versuchte sich an einem weltanschaulichen Modell von Zukunft auf der Basis der antiken griechischen Kultur und Kunst. Diese nahezu kultische Traditionspflege fand ihre theoretische Grundlegung in einer Buchreihe mit dem Titel *Antike Kultur*.[379] Horneffers Reverenz gegenüber der Antike und seine Ansichten über den persönlichen Glauben stellten eine unmittelbare Reaktion auf Friedrich Nietzsches Interpretation der Moderne dar, die Ernst Horneffer ebenfalls betont hymnisch vortrug mit dem vergeblichen Versuch, auch Nietzsches Sprachgestus zu treffen.[380]

Nietzsche hatte die Nivellierung der abendländischen Kultur durch das Christentum beklagt. Das habe zum Verlust von kulturellen Eliten und zu einer gewissen Herrschaft der Masse und von deren Geschmack geführt. Horneffer schloß nun daraus als Freidenker, daß man an die vorchristliche Wiege geistig zurück müsse, um wieder zur Kultur zu finden. „Das Christentum war nach meinem Dafürhalten in der europäischen Geschichte ... von Anfang an ein Unding ... Das Christentum und der Islam sind zwei Brudergewächse aus einem Stamm, zwei furchtbare lebensgefährliche Angriffe der niedern asiatischen Menschheit gegen die vornehmere, freiere Menschheit Europas, die sich zum erstenmal im Griechentum offenbart hatte."[381] Man könne aber nicht so einfach wieder hinter die Moderne und das Christentum zurück. Es bedürfe vielmehr positiver Antworten auf die Fragen der Zukunft. Diese sah er in seinem *Evangelium der Tat*[382] gedanklich vorgegeben. Nietzsches Pessimismus gegenüber einem liberal, linear und forsch gedachten Fortschrittsglauben begegnete Horneffer mit einem optimistischen Programm vorbildlicher Lebensführung: „Nur das Beispiel erzieht."[383] Die Erziehung müsse tatkräftig in Angriff genommen werden, um durch Seelenbildung und Schulung an den antiken Werken neue Eliten zu produzieren und die Kultur zu retten. Die Emphase, die Horneffer auf die Erziehung legte, glich der Moritz von Egidys, war allerdings frei von dessen religiösem

---

sche *Tat-Flugschriften*, so die des Monisten Dietrich Bischoff: Deutsche Gesinnung. Eine Gabe und ein Gebot in großer Zeit. Jena 1914.
379 Vgl. Antike Kultur. Meisterwerke des Altertums in deutscher Sprache. Hg. v. den Brüdern Horneffer. 28 Bände, Leipzig 1908-1910.
380 Vgl. Ernst Horneffer: Vorträge über Nietzsche. Versuch einer Wiedergabe seiner Gedanken. Leipzig 1904.
381 Ernst Horneffer u. August Horneffer: Das klassische Ideal. Reden u. Aufsätze. Leipzig 1909, S.224, 227. – Das Buch ist in einen ästhetischen Abschnitt mit der Überschrift *Vorbilder* (Autor: August Horneffer) und einen philosophischen geteilt, mit *Die künftige Religion* überschrieben (Ernst Horneffer).
382 Vgl. Ernst Horneffer: Vom starken Leben. Ein Evangelium der Tat. Vorträge. 2. Aufl., Leipzig 1912 (1908 u. d. T.: Wege zum Leben). – Ders.: Monismus und Freiheit. Schlussrede des 1. Monistenkongresses in Hamburg. Leipzig, Jena 1911.
383 Horneffer u. Horneffer: Ideal, S.282. – Vgl. August Horneffer: Erziehung der modernen Seele. Leipzig 1908.

Erneuerungswillen. War sein Bruder, der Altphilologe August Horneffer, aus religionshistorischen Überlegungen ein Befürworter der Freimaurerei und zu einem ihrer Historiker und Theoretiker geworden[384], so überwog bei Ernst Horneffer der religionskritisch-aufklärerische Aspekt. Den verknüpfte er, im Gegensatz zu seinem Bruder, mit propagandistischem Eifer, philosophischem Anspruch und politischen Ambitionen.

Nach seinem Ausscheiden aus dem Nietzsche-Archiv hatte Horneffer zunächst als Wanderredner gearbeitet. 1908 war er zum Berliner Monistentreffen eingeladen worden. Im Herbst des gleichen Jahres hielt er in München drei öffentliche Vorträge. Ab Januar bekam er eine feste Stelle als „Dozent des Münchener Kartells". Außerdem unterrichte er noch die freireligiöse Jugend. Im September wählte ihn die Hauptversammlung in Dresden zum 2. Bundesvorsitzenden der Monisten. Gleichzeitig wurde Horneffer politisch aktiv und gründete die *Kulturpartei*[385], einen weiteren Versuch, einen „Bund der Bünde" zu errichten. Diese Partei entstand parallel zum *Weimarer Kartell*, scheiterte aber bald, weil es keine sozialen Großgruppen gab, die sich für dieses Konzept von Kultur als Mitglieder oder Wähler gewinnen ließen. Wem außer einigen Bildungsbürgern wollte einleuchten, daß antike Kultur und echte Freundschaft die einzigen ewigen Werte in einer politisch anzustrebenden Gesellschaft seien, in der jedes Individuum das Recht auf ethische Autonomie, Ablehnung jeder Gemeindebildung und Zurückweisung allen Priestertums habe. Jeder sorge am besten für das Wohl seiner Seele selbst. „Nicht was die Kirchen lehren, kümmert oder entrüstet uns, sondern daß überhaupt Kirchen bestehen, daß die Menschen ... sich gegenseitig auf einen einheitlichen geistigen Inhalt verpflichten ... (Es) darf in Zukunft keine Gemeinde-Religion mehr geben, es darf nur noch persönliche Religion geben." Dies wurzele im „neuen Heidentum" und bringe die „Erlösung durch Schönheit".[386]

Nach dem politischen Mißerfolg der *Kulturpartei* relativierten die Horneffers einige ihrer Ansichten, besonders die, Religion sei reine Privatsache. Man habe sich hier geirrt, schrieb August Horneffer 1912 in seiner historisch-völkerpsychologischen Studie *Der Priester*[387], nachdem er sich im März 1911 der Freimaurerei verschrieb, um hier „Welt", „Gemeinschaft" und „demokratisches Debattieren" zu finden.[388] Es werde weiterhin sowohl

---

384 Vgl. August Horneffer: Der Bund der Freimaurer. Jena 1913. – Ders.: Aus meinem Freimaurerleben. Erfahrungen und Winke. M. e. Anh. v. Georg Thiel, Hamburg 1957.
385 Vgl. Ernst Horneffer: Die Kirche und die politischen Parteien. Anh.: Das Programm der deutschen Kulturpartei. Leipzig 1908.
386 Horneffer u. Horneffer: Ideal, S.270, 276, 357.
387 August Horneffer: Der Priester. Seine Vergangenheit und seine Zukunft. 2 Bde. Jena 1912.
388 Vgl. August Horneffer: Aus meinem Freimaurerleben. Erfahrungen und Winke. M. e. Anh. v. Georg Thiel, Hamburg 1957, S.15, 46.

einer weltanschaulichen Gemeinschaftsbildung als auch religiöser Rituale bedürfen, allerdings nur auf freikirchlicher Basis mit den Freimaurervereinen als allgemeinem Modell: „Verpersönlichung der Bundesidee und künstlerische Objektivierung des Subjektiven" durch öffentliches Wirken und Zelebrieren des rituellen Bundeskults. Denn der „Modernität als ... Zersetzungsvorgang" müsse eine freie Priesterschaft gegensteuern, weil sonst das öffentliche Leben am Wirken der beiden kulturellen Hauptsubjekte der Zeit zerbreche, dem Gelehrten und dem Kranken.[389] Den Horneffers schwebte dabei eine Art „Kulturarbeiter" als moderner Pfarrer vor, Lehrer und Seelsorger zugleich. Die Idee vom „ethisch-ästhetischen Priester" stieß bei der Etablierung einer kirchenfernen Kulturarbeit auf große Resonanz. Penzig hatte das ähnlich gesehen und „ethisch-ästhetische Prediger" gefordert, allerdings Priester nach kirchlichem Muster oder Moralprediger rigoros abgelehnt.[390] Er hielt an seinem strengen Individualismus in Glaubensfragen fest. Das sei, 1915 eine verbindliche Deutschgläubigkeit kritisierend, „allerpersönlichste Herzens- und Gewissenssache ... Soviel Individuen – soviel Religionen!"[391]

Die Zahl der Freidenker in Deutschland war gering – jedoch diejenigen unter ihnen, die, auf welchem geistigen Boden auch immer stehend, jedem Menschen das Recht auf einen eigenen Glauben gestatten wollten, war an einer Hand abzuzählen. So wurden die Horneffers zwar geachtet als sakrosankte geistige Größen, aber politisch galten sie als wenig verwendungsfähig. Der Krieg, die Frustrationen mit der Weimarer Demokratie[392] und falsche Hoffnungen in den Nationalsozialismus ließen zumindest Ernst Horneffer nach 1933 einen zunehmenden Einfluß seiner Ideen empfinden, doch stellte sich dies als Irrtum heraus. In der Folge beharrte er um so konsequenter auf dem Pessimismus Nietzsches und Spenglers.[393]

---

389 Horneffer: Priester, Bd.2, S.249, 354, 267, 269.
390 Penzig: Ohne Kirche, S.241.
391 Rudolf Penzig: Deutsche Religion. Berlin 1915, S.6/7.
392 Vgl. Ernst Horneffer: Religion und Deutschtum. Leipzig 1921. – Ders.: Der Weg zur Arbeitsfreude. Berlin 1928.
393 Vgl. Ernst Horneffer: Nietzsche und die soziale Lebensordnung. Nach einem Vortrag, gehalten in Essen am 17. März 1931. Essen 1931. – Ders.: Was Spengler uns gibt und nimmt. Vortrag im Industrie-Club Düsseldorf, geh. am 19. Dezember 1933 ... Düsseldorf 1933.

5. KAPITEL

Kultur als Prävention – Anfänge der „Soziokultur"

„Soziokultur" und „Kulturarbeit"

Das Kunstwort „Soziokultur" wird in der Bundesrepublik Deutschland seit den siebziger Jahren benutzt, um einige Innovationen der sozialliberalen „Neuen Kulturpolitik" nach den gesellschaftlichen Konflikten Ende der sechziger Jahre begrifflich auszudrücken: Stadtteil- und Kommunikationsorientierung, Bildungs- und Sozialanspruch, Sparten- und Generationsüberschreitung, Frauen- und Laienbezug, Projektgebundenheit, Dezentralität und Vernetzung. In aller Regel steht für den Vorgang der Demokratisierung der Gesellschaft durch Kultur die Losung Hilmar Hoffmanns „Kultur für alle".[1] Programmatisch wollten ihre Verfechter durch soziale und „offene Kulturarbeit ... den einzelnen dem Bürgerrecht auf Kultur, die Gesellschaft kultureller Selbstfindung und Verwirklichung" näherbringen. Als geeignete Mittel dafür galten „Kommunikationszentren, kommunale Kinos, Kulturläden, Kulturwerkstätten".[2]

Der soziale Anspruch, aus dem das Konzept in den Siebzigern geboren wurde, ging in den Achtzigern weitgehend verloren. Ein erzieherischer, lebenshelfender, hebender oder ähnlicher „Sinn" wurde immer weniger gepflegt, ja sogar bewußt ausgeschlossen. Kultur soll diskursiv sein. Hinzu kam in den neunziger Jahren die finanzielle, strukturelle und legitimatorische Krise öffentlich geförderter Kulturangebote. Eine neuere soziologische Untersuchung hebt ausdrücklich hervor, daß „die tragenden Gruppen dieser

---

1 Vgl. Hilmar Hoffmann: Perspektiven der kommunalen Kulturpolitik. Beschreibungen und Entwürfe. Frankfurt a. M. 1974. – Ders.: Kultur für alle. Perspektiven und Modelle. Frankfurt a. M. 1979. – Andere Begriffe sind: Breiten-, Kiez-, Alternativ-, Basis-, Szenen-, Sub-, Emanzipations- oder freie bzw. selbstorganisierte Kultur. Sie gelten für bestimmte Ausschnitte bzw. Akzentsetzungen von „Soziokultur".
2 Hermann Glaser, Karl-Heinz Stahl: Bürgerrecht Kultur. Frankfurt a. M., Berlin, Wien 1983, S.25. – Vgl. Norbert Sievers: „Neue Kulturpolitik". Programmatik und Verbandseinfluß am Beispiel der Kulturpolitischen Gesellschaft. Kulturpolitische Gesellschaft e.V., Dokumentation 32. Hagen 1988, 1992. – Zwanzig Jahre Neue Kulturpolitik. Erklärungen und Dokumente 1972-1992. Hg. v. Bernd Röbke, Hagen, Essen 1993. – Bernd Wagner: Zwanzig Jahre Neue Kulturpolitik. Eine Bibliographie. Hagen, Essen 1993. – Ulrich Glaser u. Thomas Röbke: Zwanzig Jahre Soziokultur in der Bundesrepublik Deutschland. Zwischen jugendlichem Aufbruch und vorzeitiger Vergreisung? In: Aus Politik und Zeitgeschichte. Beilage zur Wochenzeitung Das Parlament Nr. 40, Bonn 1993, S.9-15.

Reform, die ‚neuen sozialen Bewegungen', weitgehend verbürgerlicht (scheinen) und ihr oppositionelles und innovatives Potential eingebüßt ... haben. Aus den neuen Kultureinrichtungen sind Erlebnisräume geworden, deren politische Relevanz im intendierten Sinne sich ... erschöpft hat und in denen an die Stelle kollektiver Gegenpolitik individualisierte ästhetische Erfahrung tritt, auch wenn diese noch in Symbole einer gemeinschaftsorientierten Gegenkultur gekleidet ist."[3] Für Jürgen Kolbe, einstiger Mitbegründer dieses Konzepts für „Volksbildner", wie er es jetzt nennt, folgert daraus, „ Soziokultur" sei „subventionierte Vereinsmeierei" geworden.[4] Weniger radikale Kritiker, wie Peter Alheit, konstatieren zumindest zunehmende Unschärfe. „Knapp resümiert, steht Soziokultur ... für eine Vielfalt von Aktivitäten – von der Alltagskultur der Leute bis zum polit-ästhetischen Experiment, von hausbackener Kommunalpolitik bis zu Gramscis ‚Zivilgesellschaft'".[5] In dem Maße, wie das Wort „Soziokultur" seinen guten Ruf verlor, eroberte der weniger programmatische Terminus „Kulturarbeit" alle kommunalen Aktivitäten in diesem Bereich, auch die neuen, und faßte sie begrifflich zusammen.[6]

In dieser Diskussion fällt zweierlei auf: *Zum einen* findet sie auf der Basis der stillschweigenden Übereinkunft statt, das Konzept sei in den bundesrepublikanischen Siebzigern quasi „erfunden" worden. Ausgeblendet wird eine mehr als hundertjährige Geschichte von Theorie und Praxis. Erst deren Analyse schärft aber den Blick auf das, was da vielleicht gerade kulturell untergeht. *Zum anderen* scheint „vergessen", daß „Kulturarbeit" zunächst als ostdeutsches Unwort galt, ja sogar als Übersetzung aus dem Russischen. Der sechsbändige *Duden* von 1978[7] und auch noch *Meyers Großes Universal-Lexikon* von 1986 vermelden unter dem Stichwort „Kulturarbeit": ohne Plural, besonders DDR, Lautübertragung nach dem russischen kultrabota, bedeutet „Arbeit als Beitrag zur Förderung der Kultur ... in den Betrieben". Auch andere Begriffe erhalten in diesen Nachschlagewerken den Stempel „besonders DDR": Kulturfonds, -gruppe, -erbe, -ensemble, -funktionär, -kommission, -minister, -obmann, -raum, -revolution, -schaffende, -haus und -saal. Auch „kulturvoll" sei typisch DDR. Im nun wieder vereinten Deutschland erlebt der Ausdruck „Kulturarbeit" eine Blütezeit. So ist er in kulturpädagogischen Schriften als

---
3   Vgl. Albrecht Göschel, Klaus Mittag u. Thomas Strittmatter: Die befragte Reform. Neue Kulturpolitik in Ost und West. Berlin 1995, S.13 (Difu-Beiträge zur Stadtforschung, 15).
4   Jürgen Kolbe: Die alte, neue Kulturpolitik: ein Selbstmordprogramm. In: Die Neue Gesellschaft, Frankfurter Hefte, Bonn 43(1996)2, S.129.
5   Peter Alheit: Soziokultur – ein unvollendetes Projekt. In: Bestandsaufnahme Soziokultur. Beiträge, Analysen, Konzepte. Dokumentation des gleichnamigen Forschungsprojektes der Kulturpolitischen Gesellschaft e.V. i.A. des Bundesministeriums des Innern. Hg. v. Norbert Sievers u. Bernd Wagner, Stuttgart, Berlin, Köln 1992, S.55.
6   Vgl. Kulturarbeit in der kommunalen Praxis. Hg. v. Ernst Pappermann u. Michael Mombaur. Redaktion: Jürgen Grabbe, Köln 1991.
7   Vgl. Duden. Das große Wörterbuch der deutschen Sprache in sechs Bänden. Bd.4. Mannheim, Wien, Zürich 1978, S.1599.

bestimmte Auffassung von künstlerischer Erziehung in selbstverständlichem Gebrauch.[8] Eine Studie des Berliner Kultursenats vom August 1996 spricht von „bezirklicher Kulturarbeit".[9] Weitere Beispiele ließen sich leicht finden. Die kurzen Andeutungen verweisen auf ein bisher unbearbeitetes Gebiet deutscher Kultur- und Gesellschaftsgeschichte. Die Anfänge der „Kulturarbeit" und der frühen „Soziokultur" liegen, wie wir sehen werden, in den frühen neunziger Jahren des vorigen Jahrhunderts, ins Leben gerufen in einem Wechselspiel von glaubensbesorgten Christen, kulturbewußten „Dissidenten", machtpolitisch denkenden Beamten und arbeitsuchenden Akademikern. Ihr Beginn markierte und beförderte die Tendenz der Moderne, auch kulturelle Einrichtungen zu demokratisieren. Zunächst wurden bürgerliche Schichten in einen erweiterten Kunstgebrauch einbezogen[10], aber bis zur Jahrhundertwende auch Arbeiter. Vor allem kam es zu einer Debatte darüber, wo und wie dies zu bewerkstelligen sei. Die Notwendigkeit und der Grad dieser ästhetischen Bildungsversuche sind seitdem regelmäßig überschätzt worden – auch deshalb, um die Kosten für solche Aufwendungen als allgemeine zu deklarieren und zu kommunalisieren. „Das im Vergleich mit anderen Ländern stark ausgebaute und öffentlich finanzierte Kultursystem in Deutschland ruht zwar auf den höfischen Einrichtungen der vielen deutschen Kleinstaaten, es wird aber vom Bildungsbürgertum eigenständig ergänzt und weitergetragen. Diese Orientierung auf Staatseinkünfte und öffentliche Alimentierung der eigenen Kulturbedürfnisse ist für Deutschland typisch."[11]

Demokratisierungen vollzogen sich auf zweifache Weise, *zum einen* durch kommerzielle Massenkultur und *zum anderen* durch Öffnung kultureller Orte für alle Bildungsbeflissenen. Den nachhaltigsten Effekt hatte die erste Tendenz. Sie brachte ästhetische Angebote hervor, die sich direkt am Geschmack des Volkes und dessen Unterhaltungs-, Informations- und Zerstreuungserwartungen orientierten. Diese Offerten reichten von Anfang an über traditionelle Kunstformen hinaus und eroberten sich feste Plätze in der Arbeiterfreizeit.[12] Sie gehorchten weitgehend dem marktwirtschaftlichen

---

8   Vgl. Gerd Koch: Von der Kulturpädagogik zur Kulturarbeit. Historisch-systematische Anmerkungen. In: Kultursozialarbeit. Eine Blume ohne Vase. Hg. v. Gerd Koch, Frankfurt a. M. 1989, S.257-270. – Max Fuchs u. Christiane Liebald: Wozu Kulturarbeit? Wirkungen von Kunst und Kulturpolitik und ihre Evaluation. Remscheid 1995.
9   Vgl. SenWissKult, Kult IV E/AVL 1/II E, Az 08.1996, 28525-750/-204/-550: Zur Situation der bezirklichen Kulturarbeit.
10 Vgl. Wilhelm Schlink: „Kunst ist dazu da, um geselligen Kreisen das gähnende Ungeheuer, die Zeit, zu töten ...". In: Bildungsbürgertum im 19. Jahrhundert, Teil III: Lebensführung und ständische Vergesellschaftung. Hg. v. M. Rainer Lepsius, Stuttgart 1992, S.65-81.
11 Lepsius: Bildungsbürgertum, S.17.
12 Vgl. Arbeiterleben um 1900. Autorenkoll. u. d. Ltg. v. Dietrich Mühlberg, Berlin 1983, S.123-163. – Anfänge der Arbeiterfreizeit. Eine Ausstellung ... Konzeption und Realisierung der Ausstellung und des Begleitbuches Forschungsgruppe Kulturgeschichte ... Leitung: Dietrich Mühlberg. Berlin 1989.

Prinzip von Angebot und Nachfrage. Hier dominierten das Prinzip der Begehrlichkeit und der Wunsch nach Bedürfnisbefriedigung. Die Prophezeiung des evangelischen Theologen und liberalen Politikers Friedrich Naumann von 1902 wurde historische Wirklichkeit: „Massenverbreitung wird immer nur etwas erlangen, was sich bezahlt macht. Deshalb müssen diejenigen, die sich für die Kunst des Volkes interessieren, ihre Blicke in erster Linie auf die Riesengeschäfte lenken, die die Versorgung Deutschlands mit illustrierten Blättern in der Hand haben ... Wir stehen hier am Beginn einer ästhetischen Monopolentwicklung ... (Die) Arbeitsweise der Berufskunst kann überhaupt nicht popularisiert werden ..., das bleibt ein Vorrecht derer, die Zeit und Geld und Vorbildung haben."[13] Naumann kritisierte Laienkunst und Kulturarbeit zu einem Zeitpunkt, als sie sich in Deutschland als „Volksbildung" gerade zu etablieren begannen, woran sich Naumann übrigens selbst praktisch und konzeptionell beteiligte. Die Führung übernahmen kunsterzieherisch gesinnte Sozialreformer. Sie folgten der Losung „Die Kunst dem Volke", dem Programm von Friedrich Pecht in München, der die von ihm herausgegebene Wochenzeitschrift *Die Kunst für Alle* (Auflage ca. 17 000 Exemplare) nannte. Jedoch wurden dessen Vorstellungen erweitert und in einen sozialen Auftrag eingebunden. Demokratisierung der Kunst*produktion* schloß Naumann aus. Das entsprach der Grundanschauung seiner Zeit, die Heinrich von Treitschke (1834-1896) in der Aussage zusammenfaßte: „Keine Kultur ohne Dienstboten."[14]

Die Abschottung der künstlerischen Kultur vor dem Volk à la Treitschke ging seit den neunziger Jahren allmählich zurück, gerade weil die Massenkultur an Boden gewann. Bildungsbürgerliche Schichten wollten besonders Arbeiter davor schützen und erleichterten den Eintritt in vorhandene städtische Kunsteinrichtungen durch verbilligte Plätze für ärmere Volksschichten im normalen Theater- und Konzertangebot, stellten aber auch ein Sortiment spezieller „Volksunterhaltungsabende" bereit. Zugleich gedieh das Vereinswesen, das zwischen Kennern und Aufgeschlossenen zu vermitteln trachtete. Ziel solcher Angebote wurde es, mittels sinnlicher Anschauung kulturelle Werte zu verbreiten. Dabei sollten die Empfänger der Botschaften veredelt werden.[15] Einem präventiven kulturpädagogischen Konzept folgend entstand eine gesellschaftliche Atmosphäre, die öffentliche Ausgaben dafür legitimierte. Die nun initiierten ästhetischen Programme verfolgten die Absicht, „echte" Bedürfnisse beim Publikum zu erzeugen und

---

13 Friedrich Naumann: Kunst und Volk. Vortrag. Geh. in Neumünster am 28. September 1902. Berlin-Schöneberg 1902, S.5, 8, 11.
14 Vorlesungen zur Politik von Heinrich v. Treitschke, geh. an der Universität zu Berlin. Hg. v. Max Cornecelius, Bd.1, Leipzig 1897, S.19.
15 Zur Adaption dieses Programm in der Arbeiterbewegung vgl. Brigitte Emig: Die Veredelung des Arbeiters. Sozialdemokratie als Kulturbewegung. Frankfurt a. M., New York 1980.

diese von „unechten" zu trennen. Derartige Versuche wurden allerdings nicht kulturell, sondern sozial und politisch begründet. Man gedachte, diejenige Bevölkerung, die (nach einem aktuellen Begriff) als „kulturell marginalisiert" galt, zum „guten Geschmack" zu erziehen. Das betraf vor allem Arbeiter und Jugendliche, später auch Frauen und Kinder. Weil Kulturarbeit Menschen absichtsvoll formen wollte, wirkten in ihr Bildungsprinzipien. Bei deren Diskussion blieb umstritten, wie weit die Aufklärung gehen sollte und welche Pädagogik dem Adressaten gegenüber angemessen wäre. Die Debatte wurde grundsätzlich geführt, da es um Gesinnungen, aber auch zunehmend um die Zuteilung öffentlicher Gelder ging. Kernbegriffe dabei waren: „staatsbürgerliche Erziehung", „wahrer Kunstgeschmack", „Volksbildung", „Kulturstaat", „Volkskultur" und ähnliche.

Mit dem wachsenden Angebot kultureller Dienste entstand eine besondere Gruppe von Menschen, die sich darauf spezialisierte und die versuchte, hier ein Auskommen zu finden. Ihre Leistungen ordneten sich in die arbeitsteilige Struktur der Sozial- und dann auch der Kulturarbeit ein. Die sich bildende Tätigkeitsgruppe der „Kulturarbeiter"[16] setzte sich aus „freien" Künstlern, Schriftstellern, Redakteuren und Wanderlehrern zusammen, die als „Privatbeamte" oder freie Kräfte in Volkshäusern, Bildungsvereinen und Lesehallen tätig bzw. sogar in Bibliotheken, Museen und Volkshochschulen staatlich oder städtisch angestellt wurden. Die „soziale Funktion" dieser Gruppe bestand darin, praktische Lebenshilfe mit Sinnstiftungen zu verknüpfen.

Als um die Jahrhundertwende das Gebiet der außerschulischen Kunsterziehung in Verbindung mit sozialen Hilfeleistungen eingeführt wurde, kam der Begriff „Kulturarbeit" für diese Tätigkeiten auf. Wir finden ihn in der Zeitschrift des *Dürerbundes* mit dem bezeichnenden Namen *Der Kunstwart* (Auflage 1902: 20 000 Exemplare). Sie wurde von Ferdinand Avenarius redigiert, der das Wort im Sinne von „Kulturarbeiten zur Schaffung einer ästhetischen Kultur" gebrauchte. Seinem Konzept schlossen sich verschiedene Vereine für Volksbildung, Kunstpflege, patriotische Geschichte, Naturschutz, Turnen, Volks- und Brauchtum an, aber auch Künstler, Pädagogen und viele Gymnasialschüler – Dissidenten wie Konfessionelle. Der Verein hatte 1912 zwar nur 8 000 Mitglieder, doch waren diese einflußreich, zahlungskräftig oder enthusiastisch. *Der Kunstwart* wirkte als pädagogisches Organ nationaler Kunstpflege *und* patriotischer Erziehung auch politisch. Die entsprechende Rubrik in der Zeitschrift hieß ausdrücklich „Kulturarbeiten". Sie wurde meist von Paul Schultze-Naumburg (1869-1949) ausgefüllt.[17] In ihr ging es darum, die „Hauptgebiete der Menschen-

---

16 Der Begriff ist erst neueren Datums, vgl. MKF, Nr. 12/13, Berlin 1982.
17 Schultze-Naumburg war einer der Initiatoren des Werkbundes. Seit 1927 gehörte er zum Führer-Rat des nationalsozialistischen *Kampfbundes für Deutsche Kultur*. 1930 wurde er Kunstberater des NS-Innenministers von Thüringen Wilhelm Frick.

werke daraufhin zu prüfen, was sie dem Auge von sittlichen Werten zeigen".[18] Zugleich war im *Dürerbund* von „Arbeiter-Kulturarbeit"[19] die Rede und in diesem Bezug auch von „Kunstwart-Arbeitern".[20]

In der Bedeutung von „ästhetisch-pädagogische Erziehung" wurde der Begriff „Kulturarbeit" von anderen Vereinen übernommen und auch in verschiedenen freidenkerischen, freireligiösen und freigeistigen Zirkeln benutzt, um den Zusammenhang von lebenshelfenden und bildenden Unternehmungen zu benennen. Der Einfachheit halber setzte sich schließlich „Kulturarbeit" in einem Verständnis durch, das sich auf Unterschichten bezog, die es kulturell zu lenken galt. „Es ist Kulturarbeit, wenn die Arbeiter zusammenkommen, um das, was die moderne Gesellschaft an ihrer Bildung versäumte, nachzuholen."[21] Bei diesem Vorhaben spielte die soziale Komponente eine große Rolle und hob die Konnotation von „Kulturarbeit" über das Konzept einer nur ästhetischen Erziehung hinaus. In diesem Sinne stellte Alice Salomon (1872-1948) im Jahre 1913 im *Kunstwart* die angloamerikanische Settlement-Bewegung umfassend vor, auf die noch einzugehen ist. Dabei wies die Mitbegründerin und Leiterin der *Sozialen Frauenschule* in Berlin (1908) darauf hin, daß man die Gewohnheiten und Schicksale der Besitzlosen „wirklich kennen lernen" sollte. Für Deutschland sei besonders die Klubidee interessant, weil der „Klubleiter" Demokratie einüben helfe, um „der Gemeinschaft brauchbare Bürger zu gewinnen". Und sie ergänzte, daß dieser Führer in den USA meist weiblich sei.[22]

So sehr das Wort „Kulturarbeit" in Mode kam, es stand neben anderen Termini. Der gebräuchlichste Ausdruck war „Volksbildung". Der Begriff subsumierte alle Erwachsenenbildung und „Kulturpflege". Hier ging es um Kunst- und Bildungsvereine, Bibliotheken, Ausstellungen sowie Theater und um deren Förderung aus öffentlichen Mitteln. „Kulturarbeit" bezeichnete dagegen stärker die Verflechtung von kulturellen mit sozialen, moralischen, gesundheitlichen und politischen Aufgaben. In dieser Hinsicht implizierte das Wort Auftrag und Hingabe. Schon das Verbinden der Kategorien „Arbeit" und „Kultur" verwies auf ein eigentümliches Verständnis. „Kultur" stand in dieser Lesart stets in Verbindung mit ästhetischer Erziehung, ideologischer Orientierung und politischer Einflußnahme. Sie wurde für etwas anderes funktionalisiert und schuf zugleich eine Gegenwelt zur Alltagsnormalität, zum Kommerz, zur „wirklichen Arbeit" (Marx) – kurz: zu den Zumutungen der Industriegesellschaft und der Zivili-

---

18 Paul Schultze-Naumburg. In: KW 15(1902)13, S.15. – Vgl. Gerhard Kratzsch: Kunstwart und Dürerbund. Ein Beitrag zur Geschichte der Gebildeten im Zeitalter des Imperialismus. Göttingen 1969.
19 Paul Schultze-Naumburg. In: KW 15(1902)13, S.16.
20 Ferdinand Avenarius: Kunst für Alle? In: KW 15(1901)2, S.41.
21 Julius Grünwald: Culturarbeit. Wien 1898, S.5.
22 Vgl. Alice Salomon: Soziale Settlements. In: KW 26(1913)24, S.427-432; 427, 431, 432.

sation. Solche Kulturarbeit „diente" einem ernsten Ziel, nicht irgendwelchen Erlebnissen, Aufregungen oder gar der physischen und psychischen Entspannung. Sie bürdete den „Kulturarbeitern" wie den mit „Kultur" zu bearbeitenden Personen harte Anstrengungen auf. Gertrud Bäumer (1873-1954), eine der im *Evangelisch-Sozialen Kongreß* tätigen „kulturprotestantischen ‚Paradefrauen' der bürgerlichen Frauenbewegung"[23], brachte diese Ansicht auf den Kern. Sie verortete Kulturarbeit im Spannungsfeld zwischen industrieller Gesellschaft und geistigen Werten. „Die Überzeugung, daß die moderne Gefahr die der Erstickung der Kultur durch die Zivilisation ist, ist heute bei führenden Menschen ziemlich allgemein. Und deshalb muß sich die Kulturpolitik, die Energie der Kulturarbeit unserer Zeit auf die Bekämpfung eben dieser Gefahr richten."[24]

Wer sich um die Jahrhundertwende der Kulturarbeit zuwandte, wurde unweigerlich auf das Problem der Säkularisierung der Gesellschaft verwiesen und zu Vergleichen mit den bisher dominanten Kulturarbeitern, den Pfarrern und Priestern, gezwungen. So sah der Begründer der Sozialpädagogik Paul Natorp den Beruf des „weltlichen Pfarrers" entstehen.[25] Die „‚nationale' Gestaltung freier Bildungsorganisationen für die Erwachsenen" nehme zu. Dies sei mit der Geburt eines neuen „weltlichen Klerus" verbunden, wie Ferdinand Tönnies diesen Vorgang schon 1894 genannt habe. Der neue Beruf bedürfe, so nahm man an, einer besonderen Kulturwissenschaft, die die Theologie ablöse.[26] Ähnlich hatte August Horneffer die Lage beschrieben, als er 1912 seine schon erwähnte „völkerpsychologische Untersuchung über den Priester" vorlegte, wobei er sich ausdrücklich auf James' Definition der Religion als besonderer Erfahrung berief.[27] Man beobachte einen Wandel zum „Priester der Freiheit". Das sei eine unabhängige Persönlichkeit, nicht mehr der „von Dogmen und Lehrverpflichtungen eingezäumte Kirchenbeamte".[28] Der neue Priester sei ein ziviler Lehrer und geistiger Seelsorger, mit besonderen Charaktereigenschaften begabt (asketisch,

---

23 Hübinger: Kulturprotestantismus, S.231. Weiter nennt Hübinger: Minna Cauer, Helene Lange und Marianne Weber.
24 Gertrud Bäumer: Die Frauenbewegung und die Zukunft unserer Kultur. Berlin 1909, S.9. – Sie sah, den zeitgenössischen Auffassungen in der ethisch orientierten Frauenbewegung weitgehend folgend, den Weg zur Rettung der Kultur in der Ergänzung der bisher ausschließlich männlichen Prägung der Kultur durch das weibliche Gefühlsprinzip: „Im geistigen Leben müssen die Frauen helfen, das Schwergewicht vom Intellektualismus wieder in innerlichere seelische Regionen, von der Peripherie äußerster Vergegenständlichung wieder in das Zentrum persönlichen Lebensdranges zu verlegen." (Ebd., S.16). – Vgl. Gertrud Bäumer: Die Frau in der Kulturbewegung der Gegenwart. M. e. Vorw. v. Leopold Loewenfeld, Wiesbaden 1904.
25 Paul Natorp: Sozialpädagogik. Theorie der Willenserziehung auf der Grundlage der Gemeinschaft. 2. verm. Aufl., Stuttgart 1904, S.241/242.
26 Vgl. Müller-Lyer: Sinn.
27 Vgl. Horneffer: Priester, Bd.1, S.8/9. – James: Erfahrung.
28 Horneffer: Priester, Bd.1, S.3, 9.

pflichtbewußt, arbeitsfreudig, gemeinschaftsorientiert und religiös, im Sinne von glaubend) sowie mit praktischen Fähigkeiten ausgerüstet (wissenschaftlich und ästhetisch gebildet, normsetzend, organisationsgeschickt und ritualfähig).[29] Penzig nannte diesen Typus „ethisch-ästhetischer Prediger".[30]

Sozialer Hintergrund für diese Analyse war *zum einen* die soziologische Relevanz der Kulturarbeiterschaft selbst, aber *zum anderen*, daß die Kirchen auf die „soziale Frage" über deren kulturelle Dimension stießen und ihr Personal entsprechend zu orientieren begannen. Die Folge war ein stetiges Anwachsen „Kultur" betonender Sozialdienste seit Ausgang des 19. Jahrhunderts, die Muster professionalisierter Sozialarbeit ausweitend und mit „Sinn" versehend. Das wiederum bedingte entsprechendes Personal.[31] Den Verantwortlichen im Staate war dieser Gang der Dinge zunächst nicht geheuer. Hier entstand vor ihren Augen unabwendbar eine darbende und unzufriedene Künstlerklasse, da die Universitäten und Kunstakademien kulturelle Ausbildungen über das für vorhandene Einrichtungen erforderliche Personal hinaus produzierten.[32] Doch ergab sich nach der Jahrhundertwende eine Situation, in der aus dieser Not eine Tugend wurde, weil die innere christliche Missionierung auf Schwierigkeiten stieß. „Kulturarbeit" erwies sich in dieser Situation als nützliches Bildungs- und Disziplinierungsmittel. Dieser Einsatz säkularisierte große Teile des Kulturbetriebs, gerieten sie doch in zweckrationale Zusammenhänge. Bereits in den Preußischen Reformen waren andere Kulturaufgaben „verweltlicht" worden, so besonders die Bildungsleistungen, die ihre kirchliche und religiöse Gebundenheit einbüßten.[33] Doch hinkte das öffentliche Bewußtsein über diesen Transfer ins Weltliche der bereits eingetretenen sozialen Veränderungen hinterher. Als der Münchener Stadtschulrat Georg Kerschensteiner 1901 in seiner preisgekrönten Schrift den Bildungsauftrag des Staates gegenüber der schulentlassenen Jugend formulierte und dabei die staatsbürgerliche Erziehung in den Mittelpunkt rückte, relativierte er als einer der ersten anerkannten Pädagogen den Stellenwert der Religiosität. Man habe „sie mehr als ein Erziehungs*mittel*, denn als ein Erziehungs*ziel* zu betrachten".[34] Für „Kulturarbeit" folgerte daraus, daß sie zwar religiöse Be-

---

29   Horneffer: Priester, Bd.2, S.175-307.
30   Penzig: Ohne Kirche, S.241.
31   Vgl. Christoph Sachße: Mütterlichkeit als Beruf. Sozialarbeit, Sozialreform und Frauenbewegung 1871-1929. – Ders. u. Florian Tennstedt: Geschichte der Armenfürsorge in Deutschland. Bd.2. Fürsorge und Wohlfahrtspflege 1871 bis 1929. Stuttgart, Berlin, Köln, Mainz 1988.
32   Vgl. Medicus: Kulturpolizei. In: Deutsches Staats-Wörterbuch. In Verbindung mit deutschen Gelehrten Hg. v. Bluntschli u. Brater, Bd.6, Stuttgart, Leipzig 1861, S.149-162.
33   Vgl. Peter Lundgreen: Sozialgeschichte der deutschen Schule im Überblick, Teil I: 1770-1918. Göttingen 1980. – Anita Mächler: Aspekte der Volksschulpolitik in Preußen im 19. Jahrhundert. Ein Überblick über wichtige gesetzliche Grundlagen im Hinblick auf ausgewählte Gesichtspunkte. In: Bildungspolitik in Preußen zur Zeit des Kaiserreichs. Hg. v. Peter Baumgart, Stuttgart 1980, S.224-240.
34   Kerschensteiner: Erziehung, S.18.

dürfnisse zu bedienen hatte (Ehrfurcht, Erstaunen, Erschüttern, Erheben ...), deren Erfüllung aber nicht unbedingt von christlichen Motiven, Mythen und Mustern abhing. Das letztliche Ziel war zudem ein säkulares: der arbeitsame und staatstreue Bürger, nicht der gläubige Christenmensch.

„Kulturstaat" und „Kulturpflege"

Mit der Ausbildung absolutistischer Zentralstaaten, dem Fortschreiten der Aufklärung und der Ausweitung der bürgerlichen Emanzipationsbewegung erfolgte im 18. Jahrhundert eine Ausdifferenzierung des Staates auf mehr und mehr säkularer Grundlage. Organisatorischer und rechtlicher Ausdruck dafür waren Fortschritte in der „Polizei", der Ausbildung von Verwaltungen in den deutschen Territorialstaaten.[35] Eine Reihe öffentlicher Funktionen verblieb noch längere Zeit im Monopol der Kirchen. Dazu gehörte nicht nur die Deutung rational nicht oder noch nicht erklärbarer Phänomene des Alltags, der Wissenschaft und der Technik. Dazu rechneten vor allem die Sinngebungen des Lebens und die gesamte Fest- und Feierkultur. Diese Beschränkung führte mit fortschreitender moderner Arbeits- und Klassenteilung zur Institutionalisierung des gesellschaftlichen Teilbereichs „Religion", erzwang die staatliche Regelung außerkirchlicher Angelegenheiten und beförderte die Autonomisierung weiterer gesellschaftlicher Teilbereiche, darunter auch den der „Kultur".[36] 1817 wurde in Preußen das erste deutsche „Kultusministerium" geschaffen. Es regelte die äußeren evangelischen Kirchensachen, die katholischen Angelegenheiten, das gesamte Wissenschafts-, Bildungs- und Schulwesen, später die ersten Kunstsachen, bis in die Vierziger auch das Medizinalwesen.[37] 1831 folgten Sachsen und nach 1848/49 weitere deutsche Länder. Weitere Bereiche wie Wirtschaft, Handel, Agrarwirtschaft und Finanzen wurden mit der Zeit „autarker" und bekamen entsprechende Verwaltungsressorts. Das Allgemeine und das Sittliche verblieb bei der Polizei, bei der sich jedoch ebenfalls eine größere innere Arbeitsteilung durchsetzte: Bevölkerungs-, Standes-, Armen-, Bau-, Feuer-, Straßen-, Lebensmittel-, Gesundheits- und schließlich „Kulturpolizei".[38]

---

35 Vgl. Hans Maier: Die ältere deutsche Staats- und Verwaltungslehre. München 1980. – Franz-Ludwig Knemeyer: Polizei. In: Geschichtliche Grundbegriffe. Historisches Lexikon zur politisch-sozialen Sprache in Deutschland, Bd.4. Hg. v. Otto Brunner, Werner Conze u. Reinhart Koselleck, Stuttgart 1978, S.875-897.
36 Vgl. Dieter Grimm: Kulturauftrag im staatlichen Gemeinwesen. In: Veröffentlichungen der Vereinigung der Deutschen Staatsrechtslehrer, Nr. 42. Berlin, New York 1984, S.47-79.
37 Vgl. Ernst Müsebeck: Das Preußische Kultusministerium vor hundert Jahren. Stuttgart, Berlin 1918.
38 Vgl. Medicus: Kulturpolizei. – Peter Preu: Polizeibegriff und Staatszwecklehre. Die Entwicklung des Polizeibegriffs durch die Rechts- und Staatseigenschaften des 18. Jahrhunderts. Göttingen 1983.

Dieser Wandel war der ordnungspolitische Ausdruck für eine Neufassung der Staatsidee. Schon seit dem Ausgang des 30jährigen Krieges war den Fürsten Stück für Stück der privatrechtlichen Berechtigung zur Herrschaft entzogen und das Amt als von Gott übertragen angesehen worden. Das brachte die Verpflichtung mit sich, den Untertanen christliche Tugenden anzuerziehen und die Kirchen darin zu unterstützen. Angesichts der Existenz zweier großer Konfessionen wuchs allerdings daraus das Problem, die Religionsinhalte beachten und ihnen gegenüber eine gewisse staatliche Neutralität üben zu müssen. Als dann im 19. Jahrhundert die Pflicht zur christlichen Erziehung zweifelhaft und Religionsfreiheit eingefordert wurde, entstand, mit einem enormen Anschub während der Preußischen Reformen[39], ein staatlicher Sektor zur Unterrichtung und Erziehung der nachwachsenden Generation.[40]

Im aufkommenden staatlichen Bildungssystem hatte die Volksschule ein Minimum an intellektueller Bildung für alle zu gewährleisten. Ihr Betrieb wurde zwischen Staat, Städten und Gemeinden aufgeteilt. Die Verwaltung lag in den Händen der Kommune. Die Volksschullehrer galten als Gemeinde„diener". Die Sicherung des Schulzwangs oblag dem Gendarmen. Staatssache dagegen war es, den Teil der Finanzen zu begleichen, der die Kraft der Gemeinden überstieg. Auch die inhaltliche Schulaufsicht, die Lehrprogramme und die Lehrprüfungen, waren Staatssache. Besonders die höhere Bildung auf den gerade entstehenden Gymnasien und Lyzeen bzw. auf den später eingerichteten Realgymnasien unterstand direkt dem Staat. Lehrer besaßen hier in der Regel Beamtenstatus, zunächst als Professoren, dann als sogenannte Oberlehrer. Die Vermittlung nützlicher Kenntnisse im Schreiben, Lesen, Rechnen und Zeichnen überflügelte die Angebote zur Glaubensvermittlung. Religionsunterricht wurde ein Fach. Resultat war die allmähliche Professionalisierung und Säkularisierung des Lehrerberufs.[41] Auch bei der Berufsausbildung (bei den allgemeinen Lehrfächern) und in den Kunstschulen führte das Kultusministerium die Aufsicht durch. Die gesamte Erwachsenenbildung, die Institutionen der Wissenschaft und Kunst, die Akademien, Universitäten, Museen, Zoologischen und Botanischen Gärten galten als öffentliche Einrichtungen in staatlicher Verwaltung. Die staatliche Anbindung der Bildung wurde seitens der Schulreformer mit der Forderung verknüpft, die Pädagogik freizugeben. Begründet wurde dies vor allem mit den Ideen Pestalozzis, die das Primat von Bildung und Erziehung

---

39 Vgl. Koselleck: Preußen. – Walther Hubatsch: Die Stein-Hardenbergschen Reformen. Darmstadt 1977.
40 Übrigens in bewußter Abgrenzung vom damaligen amerikanischen System, dem Fichte und andere wegen dessen Staatsferne eine schnelle Alphabetisierung nicht zutrauten, aber auch keine genügende geistige Aufrüstung des Volkes für den Kriegsfall.
41 Vgl. Rainer Bölling: Sozialgeschichte der deutschen Lehrer. Ein Überblick von 1800 bis zur Gegenwart. Göttingen 1983.

nicht in der Nützlichkeit der Untertanen für den Staat sahen, sondern, wie auch Schleiermacher, in der Entfaltung des Menschen in der bürgerlichen Gesellschaft. Die Pädagogik konnte sich in der Folge tatsächlich weitgehend unbehindert entfalten – in ihrer Methodik und Systematik, nicht in ihrem Auftrag und ihren Inhalten. Hier hatte sie den Vorgaben des „Kulturstaats" zu folgen.

Die Losung vom „Kulturstaat" begleitete im 19. Jahrhundert den Weg zu weniger Kirchengebundenheit des öffentlichen Lebens. Die Ablösung erschien den gebildeten Zeitgenossen als Schwund einer bisher klaren Perspektive. Deshalb prägte der Begriff „Kulturstaat" das jeweilige Verhältnis „zu einer bestimmten Art von Staatlichkeit", sei es „durch Kampfansage oder Bekenntnis". Nicht „Sicherung der personalen Freiheit gegen die Staatsgewalt" sei das Anliegen der Verfechter der Idee vom „Kulturstaat" gewesen, meinte der Staatswissenschaftler Ernst Rudolf Huber in seiner Universitätsantrittsrede 1957, sondern „Durchdringung des Staats mit den Bildungswerten des Kultur bewahrenden Humanismus oder des freiheitlichen Kulturfortschritts", wobei der sozialliberale Flügel dem noch Auffassungen vom „Sozialstaat" hinzugefügt habe.[42]

Otmar Jung hat diesen Wandel untersucht. Den Ausdruck „Kulturstaat" habe Johann Gottlieb Fichte geprägt, bei dem sich drei Verwendungen nachweisen lassen, die in der Folge prägend wurden: als Stufentheorie für Weltgeschichte und Staatsentwicklung; als europäischer Zustand; als historische Orientierung. Jung kommt zu dem Ergebnis: „‚Kulturstaat' ist bei Fichte grundsätzlich ein Synonym für ‚Abendland'."[43] In den Auseinandersetzungen mit dem frühen Kommunismus, mit den Überlegungen nach der Reichseinigung, dem Staat einen Kulturauftrag zu geben, und im Zusammenhang mit Abgrenzungen von Demokratie und Zivilisation habe schließlich Heinrich von Treitschke den Begriff des Kulturstaats mit dem der Nation und der Macht verbunden und daraus zwei einschneidende Schlüsse gezogen: *Zum einen* müsse der Staat, der keine Akademie der Künste sei, vor kritischen Anfechtungen von künstlerischer Seite geschützt werden; *zum anderen* müsse der Staat die Künste fördern. In dieser Anwendung diente dann seit den achtziger Jahren öffentlich finanzierte „Kultur" im großen und ganzen zur Rechtfertigung deutschen Großmachtstrebens.[44] Im geistigen

---

42 Ernst Rudolf Huber: Zur Problematik des Kulturstaats. In: Ders.: Bewahrung und Wandlung, Studien zur deutschen Staatstheorie und Verfassungsgeschichte. Berlin 1975, S.295.
43 Otmar Jung: Zum Kulturstaatsbegriff. Johann Gottlieb Fichte – Verfassung des Freistaates Bayern – Godesberger Programm der SPD. Meisenheim am Glan 1976, S.26.
44 Jung: Kulturstaatsbegriff, S.57/58: „Die Entwicklung nach 1945 steht im Zeichen des Siegeszugs des Sozialstaatsbegriffs, dessen Faszination mit dazu beitrug, daß der Kulturstaatsbegriff den Vordergrund der Diskussion räumen mußte. Dabei wirkt sich der praktische Gesichtspunkt aus, daß im bundes- und landesverfassungsrechtlichen Bereich für einschlägige Fragen nur das Sozialstaatsprinzip ‚zur Hand' ist ... Als eines der bedeutendsten theoretischen Zwischenglieder fungiert ... der Begriff des Gemeinwohls, ... dem dann auch die Kulturpflege

Richtungskampf, der sich an Treitschkes Äußerungen über „Realpolitik" anschloß, verloren schließlich „beide, der Staat wie die Kultur, ... das Hintergründige ihres alten Sinns".[45] Zudem bildete sich „Kulturpolitik" aus, die das von Treitschke aus der Politik entfernte weltanschauliche und ideale Moment so lange programmatisch verkörperte, bis sich „Kulturpolitik" endgültig auf den „kulturellen Bereich" reduzierte.

„Kultur" war in diesem Übergang teils schon Ressort, teils noch umfassender Anspruch und in diesem Gebrauch Religionsersatz. Durch politische und verwaltende Eingriffe, besonders aber durch den sich entfaltenden Markt an kulturellen Angeboten, verlor der auf Gesellschaft und den ganzen Menschen bezogene Begriffsinhalt mehr und mehr an Boden, ohne daß dies den Diskutanten so recht zum Bewußtsein kam. Im Gegenteil, die Zunahme freier Prediger, Wanderlehrer, Redner und ihrer Vereine schien das weite Verständnis von Kultur zu bestätigen. So blieb im gesamten 19. Jahrhundert die Überzeugung erhalten, „Kultur" sei „Sinn" und Ziel des Gemeinwesens. So verstand sich der Beamtenapparat als Organisation der „Kulturträger". Er fühlte sich mit einer besonderen, noch immer christlich motivierten Mission beauftragt und stützte sich in der Umsetzung seiner Ziele weiterhin auf den „Polizeistaat". Die „Kulturpolizei" in ihm achtete auf die Bildungsmittel, die Inhalte des Unterrichts, die Regeln der Vermittlung und die Einhaltung der Sittlichkeit, woraus sich dann Armenpflege, Kulturpflege, Jugendpflege, Altenpflege usw. als öffentliche Aufgaben legitimierten. Die „Kulturträger"-Idee war an der Wende zum 20. Jahrhundert so populär, daß noch in der preußischen Wahlrechtsdebatte von 1910 Reichskanzler Bethmann-Hollweg im Februar dem Abgeordnetenhaus eine Gesetzesvorlage zuleitete, in der „die in der Vorlage so bezeichneten ‚Kulturträger' ... eine Klasse höher eingestuft werden (sollten), als es ihrer Steuerleistung entsprach". Gemeint waren Akademiker, aber auch „diejenigen, die sich im öffentlichen Dienst um den Staat verdient gemacht hatten, darunter auch die ausgedienten Unteroffiziere!"[46]

---

unterfällt." – Zur neueren Debatte vgl. u. a. Karla Fohrbeck u. Andreas Johannes Wiesand: Von der Industriegesellschaft zur Kulturgesellschaft? Kulturpolitische Entwicklungen in der Bundesrepublik Deutschland. München 1989 (Schriftenreihe des Bundeskanzleramtes, 9). – Kulturstaat Deutschland? Spektren und Perspektiven kommunaler Kulturarbeit der 90er Jahre. Hg. v. Olaf Schwencke. - Kulturstaat Deutschland? (II) Perspektiven der kommunalen Kulturarbeit in der Bundesrepublik. Hg. v. Olaf Schwencke, Loccum 1991, 1992 (Loccumer Protokolle 75/1990, 75/1991).
45   Huber: Zur Problematik des Kulturstaats, S.297.
46   Handbuch der deutschen Geschichte, Bd.III: Von der Französischen Revolution bis zum ersten Weltkrieg. Hg. v. Bruno Gebhardt, 8. Aufl., Stuttgart 1960, S.305. – Dieser Versuch ist umfassend beschrieben bei Bollenbeck: Bildung, S.11-15.

Missionierung der Unterschichten: Beginn der Kulturpädagogik

Die Emanzipation der kulturellen von der missionarischen Arbeit vollzog sich in historischen Schüben. Kunst und Ästhetisches waren zunächst nicht für das Volk da.[47] Bis in die 1830er Jahre hinein galten die Dramatik und Literatur als Bestandteile einer speziellen Kultur des Hofes bzw. der bürgerlichen Salons. Das geht auch aus dem damaligen Verständnis von Unterhaltung hervor. Zum Ausgang des 18. Jahrhunderts war Unterhaltung noch gleichgesetzt mit Beredsamkeit. Man verstand darunter „eine förmliche Rede, wobey man keine höhere Absicht hat, als den Zuhörer über einen Gegenstand angenehm zu unterhalten, und wobey Unterricht und Rührung nur beyläufig vorkommen."[48] Unterhaltung meinte Konversation feingestimmter Seelen und schloß in diesem Verständnis didaktische und emotionale Zwecke aus. Schon gar nicht bildete sie einen Gegenstand von Geldgeschäften. Nun aber wandelte sich Unterhaltung zu einem Angebot und Erlebnis für viele und verlor seine Exklusivität zunächst in Richtung auf breitere Bürgerschichten.

Sicher idealisierte die frühe Definition Sulzers kommunikative Praxen in den Oberschichten und stellte eine begriffliche Distanz zu dem her, was dem niederen Volke auf Jahrmärkten und Wanderbühnen als unterhaltsam gefiel und was ihm dort an Hanswurstigkeiten geboten wurde. Gerade deshalb verweist der in dieser Zeit gängige Wortgebrauch auf einen kulturellen Zustand, der erst durch die Industrialisierung und das entstehende Proletariat verdrängt wurde: Programme der ästhetischen Erziehung des Menschen, etwa Friedrich Schillers Konzept des Theaters als einer moralischen Anstalt, richteten sich zunächst nur an kleine, edle Gruppen gebildeter Leute, an fein gestimmte Seelen und an auserlesene Zirkel. Zwar war schon vor der französischen Revolution nicht mehr allein der Fürst Gegenstand der Erziehung durch Kunst, jedoch noch nicht das Volk. Das Theater galt aber bereits wegen der Erziehung zum Nationalgeist durch Schaffung von übereinstimmenden Meinungen unter den Gebildeten, wie es bei Schiller hieß, als eine staatliche Veranstaltung und eine Schule der Unterweisung, als eine Art Lebenskunde, die alle Gebiete des Wissens zu ihrem Gegenstand erklärt und sich mit ästhetischen Mitteln Zugang zu Herz und Seele des Menschen verschafft.[49]

---

47 Vgl. Diethart Kerbs: Die ästhetische Erziehung und das „niedere Volk". In: Zeitschrift für Pädagogik, Weinheim, Basel 24(1978)5, S.729-751.
48 Johann Georg Sulzer: Allgemeine Theorie der schönen Künste in einzelnen, nach alphabetischer Ordnung der Kunstwörter auf einander folgenden Artikeln abgehandelt. 4.Bd., Leipzig 1794, S.633.
49 Vgl. Friedrich Schiller: Die Schaubühne als eine moralische Anstalt betrachtet (1784). In: Ders.: Über Kunst und Wirklichkeit, Leipzig 1959, S.50, 54.

Nach der französischen Revolution, auf dem Höhepunkt der Jakobinerdikatur und vor dem Krieg mit Napoleon, findet sich bei Schiller erst recht eine deutlich distanzierte Sicht auf die Unterschichten. Sie erschienen ihm als hemmungslose rohe Masse und ein Gegenbild zu den Gebildeten. Doch ist dieses Urteil Schillers nun an den Glauben gebunden, das Gefühl für Schönheit verfeinere die Sitten. Es blieb allerdings offen, ob untere Schichten diese Moral, Würde und Liberalität überhaupt ausbilden können.[50] Klar war nur, daß die Erziehung der unteren Schichten zur Reinlichkeit und Sauberkeit den eventuellen ästhetischen Einflüssen voranzugehen hat. Dieser sittlichen Aufgabe habe sich die Schule zu widmen. „Übertriebenen" Bildungsforderungen des Volkes wäre von seiten des Staates entgegenzutreten.

Für eine solche Haltung steht die pädagogische Konzeption von August Hermann Niemeyer (1754-1828). Er war immerhin Kanzler der Universität Halle und Direktor der *Franckeschen Stiftungen*[51], Wirklicher Oberkonsistorial- und Schulrat und Leiter des städtischen Armenkollegiums, Verwalter der städtischen Armenkasse und Vorsitzender in der *Gesellschaft der Armenfreunde*. Seine Schlußfolgerungen leitete er aus dem Halleschen Hungeraufstand von 1805 ab: Die ästhetische Bildung sei keine notwendige, denn die höhere Bildung gehört allein den höheren Ständen. Die Anzahl der Menschen auf dieser Stufe ist notwendig begrenzt, so daß bei mehr Bildung zu viel Gebildete hervorgebracht werden. Für sie könne keine höhere Lebenshaltung garantiert werden. Das Volk brauche vor allem moralische Kultur, religiöse Gefühlserziehung, Bescheidenheit und Genügsamkeit in den Begierden und Bedürfnissen sowie Disziplin, Erziehung zur Einfachheit und Reinlichkeit. Mehr sei „eitler Putz". Dem Pflüger darf durch Kultur nicht sein Zustand und sein Auftrag als Pflüger verleidet werden.[52] Erst die sozialen Ereignisse des Vormärz, besonders die Existenz freireligiöser Vereine und der ersten Arbeiterbewegungen, die das Grimmsche Wörterbuch noch „Arbeiterkrawalle" nennt, stellten diese Position und die bis dahin vorfindliche Distanz in Frage. Dennoch blieben Grundanschauungen domi-

---

50 Vgl. Friedrich Schiller: Über die ästhetische Erziehung des Menschen in einer Reihe von Briefen (1793/94). In: Schiller: Über Kunst, S.230-331.
51 August Hermann Francke (1663-1727) war als Theologe und Pädagoge Hauptvertreter des Halleschen Pietismus (lebendige Frömmigkeit; unmittelbare religiöse Erfahrung des einzelnen Menschen; zurückgehend auf Philipp Jacob Spener (1635-1705). Er betonte das Bibelstudium, die Aktivierung von Laien, ein Christentum der Tat, gebot Zurückhaltung im religiösen Lehrstreit und förderte eine praktische Theologie. Francke begann seine Laufbahn zunächst als Professor für orientalische Sprachen (1692-1698), dann für Theologie. Er gründete 1695 die nach ihm benannten Stiftungen, die außer mildtätigen sozialen Werken v.a. die Naturkunde, Sprachenkunde (Russisch!) und die planmäßige Lehrerausbildung befördern: Waisenhaus, Schulen, Internate, Gewerbebetriebe (Papiermanufaktur, Buchdruckerei, Buchverlag, Buchhandlung, Verkauf von Heilmitteln).
52 Vgl. August Hermann Niemeyer: Grundsätze der Erziehung und des Unterrichts für Eltern, Hauslehrer und Schulmänner. 5. Aufl., Halle 1806 [1796]).

nant, den unteren Schichten vor allem niedere Instinkte zuzuschreiben, die zu wuchern beginnen, wenn nicht polizeiliche Fürsorge und kirchlicher Einfluß die Menschen in ihrer angeborenen Ordnung halten. „Kulturträger" und Volk lebten sozial, geistig und räumlich tatsächlich in gegensätzlichen Welten, deren Unterschied als selbstverständlich galt – bis um 1830 die Hilflosigkeit im Umgang mit dem frühen Industrieproletariat und mit der Stadtarmut zum Umdenken nötigte. Das ist in der sozialhistorischen Literatur umfänglich belegt.[53]

Der Blick auf die Unterschichten deckte Gegensätze zur gewollten Moral auf, sah darin aber vor allem Mängel in der religiösen Erziehung. In Berlin meinte der Armenarzt Thümmel 1827, man müsse „durch Anlegung neuer Kirchen und Fundierung ... durch Missionäre, welche vielleicht hier ebensoviel als unter den Südsee-Insulanern zu bekehren bekämen", den Zuständen der Armut und der sittlichen Verrohung abhelfen.[54] Dieser Idee folgend entstanden nach 1835 in Berlin wie in anderen deutschen (protestantischen) Gegenden auch, zur besseren Bekehrung und Seelsorge der zu Gemeinden gehörenden Arbeiterklientel, die *Innere Mission* und die ihr zugehörenden Anstalten. Was die traditionelle Kirche nicht schaffe, müsse von Vereinen und Laien erledigt werden. Führender Kopf war der Pastor Johann Hinrich Wichern (1808-1881). Er hatte 1833 das *Rauhe Haus* zu Horn bei Hamburg gegründet, eine Art Orden, Zufluchtstätte und Missionszentrale zugleich. Zu seinen Leistungen zählt die Revision der Zucht- und Gefangenenhäuser Preußens 1851. Er setzte die Einführung der Einzelhaft durch, zum Zwecke der inneren Läuterung von Gefangenen (Zellengefängnis Moabit nach dem Vorbild von Philadelphia). 1858 gründete Wichern den *Johannisstift* (Altenhilfe, Stadtmissionen usw.). Er entwarf ein Programm, den Menschen im schwierigen Alltag Lebenshilfe zu leisten und zugleich sozialkulturelle Forderungen an den Staat zu stellen. Außer den Anstalten der Diakonie (mit freiwilligen Krankenpflegern) und den Stadtmissionen gründete und unterhielt die *Innere Mission* in der Folgezeit vielerlei Einrichtungen: Kinderkrippen, Kleinkinderschulen, Kinderheilstätten, Rettungshäuser für Verwahrloste, Heilstätten und Asyle für Trunksüchtige und Prostituierte, Vereine für ledige Mütter, Lehrlinge, Gesellen und Jünglinge, Verpflegungsstationen für arme Wanderer (Naturalverpflegungsstationen, Herbergen zur Heimat usw.), Arbeiterkolonien, Mäßigkeits- und Sittlichkeitsvereine.

---

53 Vgl. Wolfgang Kaschuba: Aufbruch in die Moderne: Volkskultur und Sozialdisziplin im napoleonischen Württemberg. In: Wolfgang Kaschuba: Volkskultur zwischen feudaler und bürgerlicher Gesellschaft. Zur Geschichte eines Begriffs und seiner gesellschaftlichen Wirklichkeit. Frankfurt a. M., New York 1988, S.73-145. – Alf Lüdtke: „Gemeinwohl", Polizei und „Festungspraxis": Staatliche Gewaltsamkeit und innere Verwaltung in Preußen 1815-1850. Göttingen 1982.
54 Zit. nach Johann Friedrich Geist u. Klaus Kürvers: Das Berliner Mietshaus, Bd.1: 1740-1862, München 1980, S.379.

In Berlin errichtete die *Innere Mission* einen *Verein Dienst an Arbeitslosen*, der die „Schrippenkirche" unterhielt, Jugendhilfe leistete und die guten Dienste einer Schreibstube anbot.[55] Wichtig für die Entstehung von Kulturarbeit wurde in der Folgezeit die Gründung von Volkskaffeehäusern als Gegengewicht zu den Wirtshäusern, von Rettungshäusern für verwahrloste Jugendliche und von evangelischen Versammlungs- und Vereinshäusern außerhalb der Kirchen. Die Missionsvereine berichteten zwar immer wieder über Schwierigkeiten ihrer Arbeit, jedoch die Jugendpflege, glaubt man den Meldungen, gedieh vorzüglich. Das lag sicher auch an der Pflicht zum Besuch der Sonntagsschule. Zudem, so erzählen die Jahresberichte, kamen die eher braven Kinder des Mittelstands, nicht die der Armen. Das wollte man rasch ändern, blieb darin aber erfolglos, nicht zuletzt wegen des nicht sehr attraktiven Angebots für die Kinder der Tagelöhner, die zudem oft gar keine Zeit hatten, sie zu nutzen. Angefangen hatte man mit „außergottesdienstlichen Versammlungen der Kinder (Flickstunde, Nähstunde, Strickstunde, Abendstunde der größeren Knaben, Nachhülfestunden im Lesen, sowie für Kindervereine)". Es wurden auch erste Jugendbibliotheken eingerichtet.[56] Sie wandten sich an unverheiratete junge Proletarier. Nach dem Armeedienst und nach Gründung einer eigenen Familie, so nahm man an, sei der Abschluß der Erziehung des aufsässigen Proleten zum guten Arbeiter erreicht.[57] Selbstverständlich richtete sich Kulturarbeit nur an Unterschichten. Die „besseren Stände" vermochten sich selbst zu helfen. Ihre Kinder lebten „in guten Familien". In denen gab es Hausmusik, Mal- und Lesestunden sowie Privatlehrer.

In der Revolution 1848/49 zeigte sich der begrenzte Einfluß aller bisherigen Missionierungsversuche. Deshalb dehnten christliche Reformer in den Sechzigern ihre praktische Arbeit noch mehr über das rein Soziale zur Bildung hin aus. Sie übernahmen aus der bürgerlichen Emanzipationsbewegung die Organisationsform, das niedere Volk kulturell einzubinden – den Verein. Bürger sahen darin noch lange einen allein ihrem Stand angemessene Form der Gesellung. Der Historiker Werner Conze, der unter anderem die deutsche Vereinsgeschichte erforscht hat, zitiert aus einer Notiz, die 1855 in einer einflußreichen politischen Zeitschrift erschien und die, mehr als ein Jahrfünft nach der 1848er Revolution, auf die Idee der Vereinsorganisation zurückgriff und sie nachdrücklich in einer Zeit empfahl, da das Proletariat,

---

55 Vgl. Führer durch die Evangelische Kirche und die gesamte Liebesarbeit in Berlin, hg. v. Berliner Hauptverein für Innere Mission, Berlin 1911.
56 Fünfter Bericht des Gemeinde-Vereins für innere Mission in der St. Georgen-Parochie. Berlin 1854, S.6.
57 Vgl. Heinrich Wilhelm Bensen: Die Proletarier. Eine historische Denkschrift. Stuttgart 1847. – Friedrich Harkort: Bemerkungen über die Preußische Volksschule und ihre Lehrer. Hagen 1842. – Ders.: Bemerkungen über die Hindernisse der Civilisation und Emanzipation der unteren Klassen. Elberfeld 1844. – Ders.: Die Vereine zur Hebung der unteren Volksklassen nebst Bemerkungen über den Centralverein in Berlin. Elberfeld 1845.

wie man allmählich erkannte, kein vorübergehender sozialer Mißstand sei. Vereine, so schrieb 1855 die *Deutsche Vierteljahresschrift* (H. 2, S.335), wären „Hauptzeugnis für das allgemein empfundene Bedürfnis unserer Zeit, sich zu organisieren". Das liege „unstreitig in dem Eifer, durch Vereine ... diejenigen Lücken auszufüllen, die der Regierung theils zu fern stehen, theils noch nicht ausgesprochen genug sind, um sie unmittelbar zu berühren. Diese Vereine bilden auf diese Weise die vermittelnden Glieder zwischen der Staatsregierung und den Regierten, und werden nach und nach ... die Härten ausgleichen."[58]

Die Idee, das emanzipative Muster des freien Vereins zur Disziplinierung des Arbeiterstandes zu nutzen, war schon 1844 vorgestellt worden, aber unbeachtet geblieben. Der Tübinger Staatswissenschaftler Andreas Fallati (1809-1855), der 1848 zum linken Zentrum in der Frankfurter Nationalversammlung gehörte, meinte in der von ihm redigierten *Zeitschrift für Staatswissenschaft*, man solle staatsbeaufsichtigte Vereine zur Volkserziehung einführen und mit der Zwangsmitgliedschaft für Arbeiter verbinden. Fallati bezweckte eine „Veredlung der Vergnügungen" der unteren Volksschichten und die „Einführung der Mässigkeit" bei ihnen mit Hilfe der „sittigende(n) Kraft des Schönen". Zu diesem Zwecke wollte er Kunst-, Gesang- und Tanzvereine schaffen und deren Tun mit Belehrungen, technischem Unterricht, Bücherverleih und „Geldhülfe" verbinden. So würde sich „ein neuer Stand der Arbeiter aus dem Proletariat auf dem Wege der Vereine" bilden. Es steht zu vermuten, daß zu diesem Zweck an Kulturräume oder gar Kulturhäuser in den Kommunen gedacht war, denn die örtliche Verwaltung sollte zu „einem strengen Verhalten gegen solche Proletarier (berechtigt werden), welche in die veredelnden Vereine nicht eintreten, oder von deren Mitgliedern ausgeschlossen werden".[59]

Der Ausschluß arbeitender Volksklassen von kulturellen Angeboten wurde zuerst von industriellen Fabrikanten angegriffen, die für ihre qualifizierten Stammarbeiter nach sinnvollen Beschäftigungen außerhalb der Arbeit suchten, um sie seßhaft zu machen, dem übermäßigen Alkoholkonsum zu entfremden und von zu hohen Lohnforderungen abzubringen. So wollte in Elberfeld Friedrich Harkort (1793-1880) ein System schaffen, daß den Alltag der Arbeiter von der Wiege bis zur Bahre organisiert und sie an die Fabrik bindet. In der Revolution von 1848/49 erinnerte Harkort an sein Programm und daran, daß die Radikalsten beim Aufstand Arbeiter waren. Er warnte vor „bösen Buben (,) die Ruhe und Ordnung stören" und unterschied, wie zuvor Bensen, den Proletarier vom „braven Arbeiter, dem Gott durch die Kraft seiner Hände und den gesunden Menschenverstand ein Kapital verlieh, welches ihm niemand rauben kann,

---

58 Werner Conze: Der Verein als Lebensform des 19. Jahrhunderts. In: Die Innere Mission, Berlin 50(1960)8, S.231.
59 Johannes Fallati: Das Vereinswesen als Mittel zur Sittigung der Fabrikarbeiter. In: Zeitschrift für die gesamte Staatswissenschaft, Tübingen (1844)4, S.737-791.

es sei denn Krankheit oder Alter ... Diesen ehrenwerten Leuten muß geholfen werden durch Hebung der Gewerbe, Vorschußkassen, guten Unterricht für die Kinder und Sicherstellung gegen Krankheit und Invalidität."[60]

Der Wunsch nach Ausgleich zwischen den Klassen durch Kulturarbeit war nach den Erfahrungen der 48er Revolution allgemeiner als vorher. Nach einer Kontroverse mit dem Wortführer des „Wahren Sozialismus", dem äußersten linken Abgeordneten der Nationalversammlung Karl Grün (1813-1887; eigentlich Ernst von der Haide), formulierte der Breslauer Literaturwissenschaftler und Leibnitz-Biograph Gottschalk Eduard Guhrauer (1809-1854)[61] die Kernlosung: Die sozialen Unterschiede in der Gesellschaft sind zu akzeptieren, aber im ästhetischen Bereich zu egalisieren. „Wenn es die physischen Bedürfnisse sind, welche die Menschen nach Stand und Reichthum trennen, so sollen gerade die höchsten und edelsten Bedürfnisse sie wieder vereinigen. ... Die arbeitenden Klassen haben weit mehr angebornen Sinn für das Schöne in der Kunst, als es vielleicht scheint; ... ja diese Klasse ist nicht nur aufnehmend und bildungsfähig, sondern auch produktiv."[62] Guhrauer band aber, wie zuvor Niemeyer, die Zulassung zur „Kultur" an bestimmte Voraussetzungen: Sauberkeit, Ordnung, Anstand, Religiosität und Tugendsamkeit. Auch sollte die Teilnahme auf das Gefühl für die Schönheiten der Natur und der Kunst beschränkt werden. Man wollte nicht zur Kunstausübung animieren.

Einige von Guhrauers Ideen wurden dann in den Sechzigern wieder aufgegriffen, als in Deutschland die Zahl der Proletarier etwa eine Million erreichte. Ein weiterer Grund war der Austritt von Sozialdemokraten aus bürgerlichen Arbeiterbildungsvereinen und genossenschaftlichen Unternehmen.[63] Überdies fanden Begriffe der „ästhetischen Erziehung" Eingang in pädagogische Debatten[64] und in die volkstümliche Vereinsarbeit. In diesen Organisationen trafen sich aber weniger die Fabrikarbeiter als vielmehr aufstiegswillige Gesellen und abstiegsunwillige Handwerksmeister.[65] Darauf

---

60 Friedrich Harkort: Brief an die Arbeiter. In: Die Eigentumslosen. Der deutsche Pauperismus und die Emanzipationskrise in Darstellungen und Deutungen der zeitgenössischen Literatur, hg. v. Carl Jantke u. Dietrich Hilger, Freiburg, München 1965, S.393.
61 Vgl. H. Hettner: Guhrauer. In: Allgemeine Deutsche Biographie. 10.Bd., Leipzig 1879, S.99-102.
62 Gottschalk Eduard Guhrauer: Über die ästhetische Erziehung der Proletarier. 1848, S.152f.
63 Franz Hermann Schulze-Delitzsch: Die arbeitenden Klassen und das Assoziationswesen in Deutschland. Leipzig 1858, S.63. – Ferdinand Lassalle: Arbeiter-Programm (1862). Ueber den besonderen Zusammenhang der gegenwärtigen Geschichtsperiode mit der Idee des Arbeiterstandes. M. Vorbemerk. hg. v. Eduard Bernstein, Berlin 1907. – Karl Birker: Die deutschen Arbeiterbildungsvereine 1840-1870. Berlin 1973. – Ludwig Büchner: Meine Begegnung mit Ferdinand Lassalle. Berlin 1894.
64 Vgl. Christian David Friedrich Palmer: Aesthetische Erziehung in der Volksschule, in: Enzyklopädie des gesamten Erziehungs- und Unterrichtswesens. Hg. v. K. A. Schmidt, Erster Bd., Gotha 1859, S.237.
65 Vgl. Franz Mehring: Geschichte der deutschen Sozialdemokratie. Zweiter Teil. Berlin 1960, S.18. – Vernon L. Lidtke: The Alternative Culture. Socialist Labor in Imperial Ger-

deutet schon das Hauptangebot Orthographie hin. Von Bedeutung ist auch, daß viele der ersten Arbeiterfunktionäre aus diesen Kreisen kamen und zunächst selbst künstlerische Ambitionen hegten[66] oder, wie Bebel in der „Sängerabteilung", für die Feste und Feiern zuständig waren.[67]
In dieser offenen Situation kam es zunächst für einige wenige Intellektuelle zu einer Kreation von Arbeitsfeldern in der „Kultur". Als Prototyp dafür gilt der Sozialist und Freidenker Wilhelm Liebknecht. Am Beginn seiner Laufbahn stand der zunächst erzwungene und später gewollte Verzicht auf jegliche bürgerliche Gelehrtenkarriere. Er selbst verstand sich als aufgeklärter „Schulmeister" und blieb stets ein Anhänger der pädagogischen Reformideen Fröbels. Daraus wuchs sein Konzept von Kulturarbeit, das er in vielen Punkten Anfang der Siebziger vom Arzt, Publizisten und radikalen Demokraten Johann Jacoby (1805-1877) übernahm, aber dann politisierte.[68] Als Journalist führte er eine „flinke Feder".[69] Bis zum Anschluß an die Arbeiterbewegung befand er sich ständig auf der Suche nach einem Broterwerb als „Kopfarbeiter".

Settlements und Klubs: „Universitäts-Ausdehnung" als Kulturhilfe

Kulturarbeit folgte in Deutschland erst zum Beginn des 20. Jahrhunderts einem an der Klassik geschulten, aber pädagogisierten Kulturideal. Zu dessen Erfüllung mangelte es lange Zeit an einer passenden Institution für volksnahes Wirken. Das Theater konnte diese Rolle nur bedingt übernehmen. Es war als allgemeines Mittel zu teuer. Der Vereine bildete nur eine Gemeinschaft,

---

many. New York, Oxford 1985. – Wolfgang Schmierer: Von der Arbeiterbildung zur Arbeiterpolitik. Die Anfänge der Arbeiterbewegung in Württemberg 1862/63-1878. Hannover 1970. – Horst Groschopp: Die proletarische Klassenorganisation als Kommunikationsstruktur der deutschen Arbeiter vor 1914. In: Literatur und proletarische Kultur. Beiträge zur Kulturgeschichte der deutschen Arbeiterklasse im 19. Jahrhundert. Hg. v. Dietrich Mühlberg u. Rainer Rosenberg, Berlin 1983, S.75-107.
66 Vgl. Ursula Münchow: Arbeiterbewegung und Literatur 1860-1914. Berlin, Weimar 1981.
67 Vgl. August Bebel: Aus meinem Leben. Erster Teil, Berlin 1946, S.125.
68 Vgl. Johann Jacoby: Das Ziel der Arbeiterbewegung. Rede des Abgeordneten Dr. Johann Jacoby vor seinen Wählern am 20. Januar 1870. Berlin 1870. – Wilhelm Liebknecht: Zu Trutz und Schutz. Festrede, gehalten zum Stiftungsfest des Crimmitschauer Volksvereins am 22. Oktober 1871. In: Wilhelm Liebknecht, Kleine Politische Schriften. Leipzig 1976, S.84-132. – Ders.: Wissen ist Macht – Macht ist Wissen. Vortrag, gehalten zum Stiftungsfest des Dresdener Arbeiterbildungsvereins am 5. Februar 1872 und zum Stiftungsfest des Leipziger Arbeiterbildungsvereins am 24. Februar 1872. In: Liebknecht: Schriften, S.133-173.
69 Vgl. August Bebel: Aus meinem Leben, Berlin 1988, S.99/100. – Wilhelm Liebknecht: Erinnerungen eines Soldaten der Revolution, Berlin 1976, S.217. – Kurt Eisner: Wilhelm Liebknecht. Berlin 1906, S.20. – Valerin Marcu: Wilhelm Liebknecht. Berlin 1926, S.23. – Valerin Marcu: Wilhelm Liebknecht. Berlin 1926. – Gustav Meyer: Aus der Welt des Sozialismus. Berlin o. J., S.48.

konstituierte keinen Ort. Diese Lücke schloß die Klub-Idee, die als Import von Erfahrungen und Fiktionen der englischen Settlements sowie der amerikanischen Nachbarschaften nach Deutschland kam und sich mit der Vereins-, Gemeinde- und Missionsidee verband. Dabei wurde die deutsche Settlement-Bewegung zunächst „durch den deutschen Siedlerbund und die Soziale Arbeitsgemeinschaft" repräsentiert[70], die bald in den Hintergrund gerieten. Als vorbildliche Einrichtung galt allen späteren Versuchen die 1884 als Heimstätte in einem Londoner Mietshaus errichtete *Toynbee-Hall*, eine Art Bastion philantropischer, abenteuerfreudiger, reformwilliger und studierender Männer inmitten unwirtlicher Arbeiterquartiere. Der Name *Toynbee-Hall* stammte von dem 1883 verstorbenen Mitbegründer der *University Extension Movement*, die in Cambridge 1873 das *Workingmen's College* (1854) ablöste und deren Leitung Arnold Toynbee 1875 übernahm. Gemeinsam mit Reverend Samuel Augustus Barnett, Pfarrer von St. Jude's in Whitechapel, baute Toynbee an dem Projekt. Die übergreifende Idee der „Universitäts-Ausdehnung" mittels „Settlements" folgte zunächst noch einem praktischen evangelischen Christentum, öffnete sich aber sehr bald und notgedrungen allgemeineren ethischen Zielen, weil viele der Adressaten zugewanderte Ostjuden und katholische Iren waren. Wilhelm Bode, der einen der ersten Berichte in Deutschland über die *Toynbee-Hall* schrieb, prägte den Begriff vom „Volkspalast".[71]

Die gemachten Erfahrungen sollten auf die Universitätsausbildung zurückwirken, die gerade in dieser Hinsicht „weltfremd" war. „Soziale Arbeiten" während des Studiums galten zu dieser Zeit als außergewöhnliche Anstrengung stark ethisch eingestellter Hörer. Sie waren meist mit missionarischen Absichten verbunden. Ende der zwanziger Jahre beschrieb Friedrich Siegmund-Schultze rückblickend für Deutschland den Werdegang so, daß „aus den Anregungen und Vorlesungen der akademischen Dozenten kaum sozialstudentische Arbeit" hervorging. Es stand solches Tun überhaupt in dem Ruf, eine Betätigung einer sehr kleinen Schar von Studenten zu sein, „die sich mit den sogenannten niederen Klassen" befaßt. Der Autor folgerte daraus: „Denn das ist die andere Wurzel der sozialstudentischen Arbeit ... [neben der kirchlich angeregten, H.G.]: das freie humanistische Interesse der deutschen Studenten für die Probleme des Proletariats."[72]

---

70 Werner Picht: Das Problem der Settlementbewegung. Jena, Berlin 1914, S.11, Anm. (CG, 22,2) – Weiter ebd.: „Über ersteren erteilt Auskunft die Geschäftsstelle ... Berlin-Charlottenburg, Berliner Straße 22, über letztere der Leiter, Herr Lic. F. Siegmund-Schultze, Berlin NO 18, Friedenstraße 60."
71 Wilhelm Bode: Der Volkspalast in Ost-London. In: Bildungs-Verein. Hauptblatt für das freie Fortbildungswesen in Deutschland ... Berlin 20(1890)1, S.6-8. – Vgl. ebd. S.8: Sonntags sei das Haus nur für Orgelkonzerte und Leser der Bibliothek offen. Im Schankzimmer, das man nach langer Debatte eingerichtet habe, gebe es allerdings nie Alkohol.
72 Friedrich Siegmund-Schultze: Sozialstudentische Arbeit. In: Das akademische Deutschland, Bd.III: Die deutschen Hochschulen in ihren Beziehungen zur Gegenwartskultur.

Werner Picht, von dem die ersten umfangreichen Analysen der englischen Bewegung stammen, definierte 1913 Settlements als „Niederlassung Gebildeter in einer armen Nachbarschaft, die den doppelten Zweck verfolgen, die dortigen Lebensverhältnisse aus eigener Anschauung kennen zu lernen und zu helfen, wo Hilfe not tut".[73] Geplant war ein zielgerichteter Umgang von sich dort ansiedelnden beruflichen Sozialarbeitern (resistent workers) und Akademikern (non resistent workers) mit Angehörigen der unteren Volksgruppen in deren Quartier. Der Gebildete sollte soziale und kulturelle Stützpunkte zur sittlichen und geistigen Hebung der dortigen Bevölkerung gründen, in einem Milieu, das ihm aber letztlich fremd blieb: „Für das Gefühl des Menschenlebens, in das er eingreift, hat ... er in der Regel kein Gefühl."[74] Picht unterschied die englischen Settlements von den „Nachbarschaftsgilden", die Stanton Coit in Amerika ins Leben gerufen hatte, die gesellige Unterhaltungen für junge Leute am Sonnabendabend einschlossen. Coit war zum Ende der siebziger Jahre Sprecher der Gesellschaft für sittliche Bildung in New York. Er verfolgte ein ähnliches Ziel wie die Settlementer, meinte aber, man müsse sich auf die gesamte Bevölkerung in einem historisch gewachsenen Arbeiterquartier beziehen und ein Netzwerk schaffen. Man dürfe keine künstlichen Kulturinseln dort hineinstellen und die bildende wie spielerische Tätigkeit von sozialen Fragen abkoppeln. Auch sollten sich Jungs und Mädchen („der ritterliche Verkehr mit wohlgesitteten Frauen"[75]) gemeinsam in diesen „Gilden" bis zu zwanzig Personen zusammenfinden. Darunter verstand er vereinsähnliche Interessengemeinschaften und Freizeitgruppen, kurz: Klubs als Räumlichkeiten und als Kameradschaften. Alle religiösen „Bekehrungsversuche" sollten ausgeschlossen sein.[76]

Obwohl auch Coit den „Geschmack des Volkes ... zur wahren Kunst" erziehen wollte, um es gegen Wirtshaus und Tingeltangel widerstandsfähig zu machen, sah er keine „Volkskunst" entstehen, wie sie manche Gebildete in Deutschland erträumten. Kein Volkstheater und keine Volksoper sei das Ziel. Die Gilde verwirkliche vielmehr, „was *People's Palace* nur zu verwirklichen scheint, nämlich Walter Besants Ideal eines *Tempels der Freude*,

---

Hg. v. Michael Doebert, Otto Scheel, Wilhelm Schlink, Hans Sperl, Hans Bitter u. Paul Frank, Berlin 1930, S.425/26.
73 Werner Picht: Toynbee Hall und die englische Settlement-Bewegung. Ein Beitrag zur Geschichte der sozialen Bewegung in England. Tübingen 1913, S.1 (=Archiv für Sozialwissenschaft und Sozialpolitik, hg. v. Edgar Jaffé, Erg.heft IX). – Robert v. Erdberg: Settlements. In: Handbuch der Staatswissenschaften. Hg. v. Ludwig Elster, Adolf Weber u. Friedrich Wieser, 4. Aufl., Bd.7, Jena 1926, S.450-458. – Als eine der ersten in Deutschland griff Adele Schreiber diese Idee auf. Vgl. Dies.: Settlements. Ein Weg zum socialen Verständnis. Leipzig 1904 (Socialer Fortschritt, 21). – Der *Deutsche Siedlerbund* entstand unter Führung der *Comenius-Gesellschaft*. Ihn leitete Ernst Joel. Vgl. Viehöfer: Verleger, S.53/54.
74 Picht: Problem, S.5.
75 Stanton Coit: Nachbarschaftsgilden. Ein Werkzeug socialer Reform. Berlin 1893, S.45.
76 Vgl. Coit: Nachbarschaftsgilden, S.34.

in welchem das Volk selbst die Schauspieler und Musiker stellt und seine Vergnügungen selbst in die Hand nimmt".[77] Walter Besants Roman *All Sorts and Conditions of Men* von 1882 schilderte die Gründung eines Volkspalastes. Zu einem solchen legte 1886 der Prinz of Wales in New York den Grundstein, wobei das Geld von einem reichen Philanthropen namens Beaumont kam und die *Toynbee Hall* als Muster galt. Allerdings enthielt dieses 1887 eröffnete Volkshaus, im Gegensatz zu seinen europäischen Pendants, auch handwerkliche Einrichtungen.[78] Die englischen unterschieden sich wiederum von den deutschen Häusern durch den Einbau von Turnhallen, aber auch durch den Betrieb von soziologischen Datensammlungen. In England waren solche Einrichtungen in der Regel kommunal, in Deutschland privat, meist betrieblich, dann auch kommunal (als Sozialstationen an die traditionelle Armenhilfe der Gemeinden anschließend).[79] In den USA gab es 1905 über 200 solche Häuser, davon allein in New York 54 und in Chicago 24; England besaß zur gleichen Zeit fast 50, allerdings allein London 36.

In Deutschland verknüpfte sich die Idee der *Toynbee Hall* mit dem Programm einer Kultur für alle. Ausgerechnet dem Angloamerikaner Coit wuchs bei der Konzeptbildung sozial orientierter Kulturarbeit eine Schlüsselrolle zu. Er kam aus den USA (Columbus, Ohio; New York), wo er seinen Plan, „Gilden" zu gründen, zuerst propagierte und wahrscheinlich bei Felix Adler Moralpädagogik hörte. Dann setzte er in den frühen Achtzigern in Berlin bei Georg von Gizycki seine Studien zur philosophischen Ethik fort und promovierte bei ihm.[80] Danach wurde Coit in der englischen Sozialarbeit aktiv und Anfang des 20. Jahrhunderts zum Leiter der englischen ethischen Gesellschaft berufen. Deren Settlement-Gedanken verband er mit Ideen der amerikanischen kommunalen und ethnischen Nachbarschaften, die gegenseitigen sozialen Hilfen und moralischen Abhängigkeiten in den „neighbourhoods". Darauf bezog Coit jetzt Felix Adlers Programm der ethischen Kultur, wobei in das entstehende Konzept einige deutsche Bildungsideen einflossen.[81]

In den späten Achtzigern ließ sich Coit in der armen Gegend von London C nieder, arbeitete in der *West London Ethical Society*[82] und gründete 1887 das *South Place Religious Institute*. In einer ehemaligen Dissenterkapelle erteilte er Jugendunterricht und veranstaltete Jugendfeiern. Dabei wurden auch Texte aus dem Koran und Dichterworte verlesen und Musik von

---

77 Coit: Nachbarschaftsgilden, S.101.
78 Vgl. Coit: Nachbarschaftsgilden, S.73f.
79 Vgl. Adele Schreiber: Settlements. Leipzig 1904.
80 Vgl. Stanton Coit: Die innere Sanktion als der Endzweck des moralischen Handelns. Berlin, Phil.Fak., Inaug.-Diss. v. 12. Dezember 1885.
81 Vgl. Stanton Coit: Die ethische Bewegung in der Religion. Übers. v. Georg v. Gizycki. Leipzig 1890.
82 Diese unterschied sich von der *Cambridge Ethical Society* von 1888 als auch von der *London Ethical Society*, die Toynbee Hall betrieb.

Mendelssohn gespielt. Das veranlaßte 1893 den evangelischen Kritiker Carl Clemens zu dem Fehlurteil, dabei die deutsche ethische Bewegung denunzierend, Coit sei ein „Atheist" und die ganze Bewegung „mit ihrer religionslosen Moral (wird) doch schließlich Bankerott machen".[83] Im Sommer 1896 besuchte ein Redakteur der *Ethischen Kultur* (wahrscheinlich Penzig) das Unternehmen von Coit und führte ein Interview mit ihm. In seinem Studierzimmer habe ein Kruzifix gehangen, doch hätte er betont, unabhängig von seinen religiösen Bekenntnissen moralische Erziehungsarbeit leisten zu wollen. Schließlich seien alle Religionen einig „in ihrer Hochachtung des sittlichen Lebens". Er unterhalte keine konfessionelle, sondern eine „Sonntagsschule für den Moralunterricht der Liebe".[84]

Die Rezeption der angloamerikanischen Settlement-Ideen, besonders der Re-Import bestimmter Bildungselemente, brachte in Deutschland ein grundsätzliches Nachdenken auch über soziale und kulturelle Arbeit in Gang.[85] Dabei spalteten sich ziemlich rasch und konsequent die sozialen Unternehmungen von den kulturellen. Auch in England und den USA kam es zu Spezialisierungen in University-, College-, Social-, Mission- und Educational-Settlements. Doch bildeten sich in Deutschland zwei selbständige Verwaltungsressorts, die seitdem in Konkurrenz zueinander stehen.[86] Die Ursachen für diese Zweiteilung lagen in der stärker politischen und religiösen Verankerung des Vereinswesens in Deutschland, in der gehobenen Bildungsidee, in der staatlichen Verantwortung für deren Umsetzung sowie in dem daraus folgenden anderen Verständnis, was „Universitäts-Ausdehnung" sein könnte und in welcher Beziehung sie zur kulturellen Hebung des Volkes stehen sollte. Als die Idee Mitte der achtziger Jahre in Deutschland reflektiert wurde, dachten die Verantwortlichen bezeichnenderweise zunächst an Hochschulkurse zur Weiterbildung für Beamte. So begannen denn auch in Jena Ende der Achtziger die ersten „Ferialkurse", in denen Hochschullehrer vor Spitzenbeamten dozierten. Es folgten schon 1896 in Mün-

---

83   C.C. (Carl Clemens): Die ethische Bewegung. In: CW 7(Febr. 1893)8, Sp.174-177; 9, Sp.199-205 (Zitate vgl. 9, Sp.201, 202).
84   Die jüngste Kirche? Ein Interview mit Stanton Coit. In: EK 4(1896)48, S.381. – Manches von Coits Theorie kam später in Konzepten etwa der DDR-Klubarbeit oder der BRD-Gemeinwesenarbeit zu Einfluß, ohne ihn bis heute gebührend zu würdigen und ohne seinen Lebenslauf aufzuhellen. Vgl. Gisela Oestreich: Nachbarschaftsheime gestern, heute – und morgen? München, Basel 1965. – Gerhard Buck: Gemeinwesenarbeit und Sozialplanung. Untersuchung zur sozialpolitischen Funktion und historischen Entwicklung eines Handlungsfeldes der Sozialarbeit. Berlin 1982. – Kulturarbeit als Gemeinwesenentwicklung. Dokumentation der Fachtagung vom 6.-8. Februar 1987. Hg. v. Institut für Bildung und Kultur e.V., Redaktion: Max Fuchs, Remscheid 1988. – Klubarbeit. Zu theoretischen und methodischen Grundlagen. Hg. u. d. Ltg. v. Jürgen Morgenstern, Leipzig 1986.
85   Ferdinand Tönnies: Universitäts-Ausdehnung in England. In: EK 2(1894)36, S.283-284; 37, S.290-292.
86   Auf den Sonderfall der DDR, deren Haushalt Kulturelles und Soziales auf allen Leitungsebenen in einem Titel zusammenfaßte, kann hier nicht eingegangen werden.

chen und erneut in Jena „volkstümliche Hochschulkurse" (hier in Gang gebracht durch die *Comenius-Gesellschaft*), 1897 in Leipzig und ein Jahr später in Berlin (an der 1878 entstandenen *Humboldt-Akademie*). Diese Veranstaltungen orientierten sich allerdings mehr und mehr an skandinavischen als an englischen Vorbildern, folgten auch eher den ähnlichen Kursen in Wien 1893.[87] Für die Kosten kamen meist private Förderer auf, so Ernst Abbe in Jena für „Beleuchtung, Heizung, Diener [sic!], Dozentenhonorare u.s.w.".[88]

Auf die *Ethisch-sozialwissenschaftlichen Vortragskurse* der Kulturgesellschaft in Zürich 1896 ist bereits verwiesen worden. Im Wintersemester 1898/99 organisierten die Jenaer Monisten an der Universität „Ferienkurse", in denen Ziegler über Zoologie, Drews über Religionsgeschichte und Verworn über Physiologie sprachen. 1899 entstand der fördernde *Verband für volkstümliche Kurse von Hochschullehrern des deutschen Reiches*. Im gleichen Jahr, wieder im Wintersemester, führten die Jenaer Monisten, nun in Zusammenarbeit mit dem Jenaer Zweig der *Comenius-Gesellschaft*, die den Namen *J. F. Fries' Gedächtniß* trug, Vortagszyklen durch, die im wesentlichen von Knopf (Astronomie) und Verworn (Ernährung) getragen wurden. 1901 richtete die Technische Hochschule Charlottenburg *Studentische Arbeiterunterrichtskurse* ein. Friedrich Naumann begründete zu dieser Zeit den evangelischen *Verein Deutscher Studenten*, der sich ebenfalls dieser Aufgabe widmete, woraus dann Carl Sonnenschein die *Sozialstudentische Bewegung* ableitete. Jedenfalls stellten bis 1904/05 alle deutschen Universitäten volkstümliche respektive Beamte schulende Angebote bereit.[89] Es ist für unseren Zusammenhang ausreichend, die Übergänge dieser Kurse zum sich ablösenden System der Volkshochschulen lediglich anzudeuten.[90] Wichtiger ist die konzeptionelle Verflechtung eines mehr bodenständigen Programms der „Universitäts-Ausdehnung" mit dem der Klubs und Volkshäuser, das ebenfalls aus den „Settlements" wuchs, um Kulturarbeit als soziales und politisches Instrument einzusetzen.

---

87 Vgl. Heinz L. Matzat: Zur Idee und Geschichte der Erwachsenenbildung in Deutschland. Hg. v. Verband der Volkshochschulen des Saarlandes. Saarbrücken 1964, S.23-25. – Matzat stützt sich bei seinen Angaben wesentlich auf Martin Rudolf Vogel: Volksbildung im ausgehenden 19. Jahrhundert. Stuttgart 1959, S.53-65.
88 Ernst Schultze: Volkshochschulen und Universitäts-Ausdehnungs-Bewegung. M. e. Einl. v. Eduard Reyer, Leipzig 1897, S.57.
89 Vgl. Hertha Siemering: Arbeiterbildungswesen in Wien und Berlin. Eine kritische Untersuchung. Karlsruhe 1911. – Richard Kahn: Die akademischen Arbeiterunterrichtskurse in Deutschland. Leipzig 1912 (KuF, 431). – Martin Keilhacker: Das Universitäts-Ausdehnungsproblem in Deutschland und Deutsch-Österreich. Stuttgart 1929 (Schriften für Erwachsenenbildung, 3). – Die Studie fußt auf der von Schultze: Volkshochschulen.
90 Vgl. Robert v. Erdberg-Krczenciewski: Fünfzig Jahre freies Volksbildungswesen. Ein Beitrag zur Geschichte der Volksbildungsbewegung. Berlin 1924. – Wolfgang Scheibe: Die Reformpädagogische Bewegung 1900-1932. Eine einführende Darstellung. 4. Aufl., Weinheim, Basel 1974, S.354-360.

„Sittigung" des Volkes durch Erziehung zum Kunstgebrauch

Der Wunsch nach sozialem Ausgleich produzierte seit den Sechzigern und vermehrt in den Neunzigern verschiedene Lebenshilfevereine, Zentralen für private Fürsorge, Rechtsauskunftsstellen, Auskunftsstellen für Wohlfahrtspflege und verschiedene Vereine zur Errichtung von Lesehallen und Volksbibliotheken. Dafür wurden bezahlte Spezialisten gebraucht, deren Entlohnung nach Lage der Dinge noch nicht von den Kommunen erfolgen konnte. Da viele Fabrikanten allerdings ein Interesse an gebildeten Arbeitern zeigten und Bildungsaufwendungen steuerlich absetzbar waren, stifteten sie Gebäude, förderten Vereine und stellten hier und da entsprechende Angestellte ein. Es versteht sich, daß sie in diesen Organisationen zugleich ein Instrument erblickten, auf die Freizeit von Arbeitern Einfluß zu nehmen. Überhaupt nahmen nach 1890, dem Ende der Ära Bismarck, viele Überlegungen zu einer „neuen deutschen Kultur"[91] ihren Anfang.

In dieser Gemengelage erweiterte sich „Kulturpolitik" über die Felder des „Kulturkampfes" hinaus.[92] Sie sollte nun den Aufschwung Deutschlands zu weltpolitischer Größe unterstützen und die Zersplitterung der Deutschen im Innern des Landes verhindern helfen, wie Gerhart von Schulze-Gävernitz (1864-1943), Mitbegründer der ethischen Kulturgesellschaft in Freiburg[93], ausdrücklich betonte: „Mit dem Zusammenbruch der überindividuellen Werte fällt die Möglichkeit jeder, wie immer gearteten Wirtschafts- und Sozialpolitik. An ihre Stelle tritt ein wirres Durcheinander von Launen, Sonderinteressen und Brutalitäten."[94] Das Schreckensbild einer Auflösung der Gesellschaft in eigenwillige Individuen und Gruppen malten kulturkritische Intellektuelle wie staatstreue Beamte gleichermaßen an die Wand und hofften auf neue Bindungen durch eine nationale „Kultur". Einen vorläufigen offiziellen Abschluß erhielt dieses Nachdenken 1906 mit der Veröffentlichung des repräsentativen Kompendiums über das *Wesen der Kultur*, das Kaiser Wilhelm II. gewidmet war.[95] Als Institutionen der „Kulturarbeit" werden genannt: Theater, Museen, Bildung.

---

91   Gerhard v. Schulze-Gävernitz: Kultur und Wirtschaft. Die neudeutsche Wirtschaftspolitik im Dienste der neudeutschen Kultur. In: Die Verhandlungen des achtzehnten Evangelisch-sozialen Kongresses, abgehalten in Straßburg i.E. am 21.-23. Mai 1907, Göttingen 1907, S.12/13.
92   Vgl. Manfred Abelein: Die Kulturpolitik des Deutschen Reiches und der Bundesrepublik Deutschland. Ihre verfassungsgeschichtliche Entwicklung und ihre verfassungsrechtlichen Probleme. Köln, Opladen 1968, S.193-218.
93   Vgl. Mitteilungen 3(1895)3, S.41.
94   Schulze-Gävernitz: Kultur, S.20.
95   Vgl. v.a. Wilhelm Lexis: Das Wesen der Kultur. In: Die allgemeinen Grundlagen der Kultur der Gegenwart. Hg. v. Paul Hinneberg, Teil 1, Abteilung 1. Berlin, Leipzig 1906 (Kultur der Gegenwart, 51).

Bereits 1892 fand die erste deutsche wissenschaftliche und kulturpolitische Tagung über Freizeit statt, dem Jahr der Gründung der *Deutschen Gesellschaft für Ethische Kultur*. Sie debattierte über die Veredelung der Volksunterhaltungen.[96] Der katholische Referent war der Sozialpolitiker Franz Hitze (1851-1921). Er empfahl als Ziel die stille Häuslichkeit in der Arbeiterfamilie und die nicht näher präzisierte geistige Veredelung außerhalb. Hitze übertrug diese Aufgabe religiösen Vereinen unter Führung erfahrener Geistlicher.[97] Anders der evangelische Redner Karl Victor Böhmert (1829-1918). Er adaptierte theoretisch und praktisch in seinem Dresdner Verein *Volkswohl* die sich auf Kulturarbeit beziehenden Komponenten des Konzepts der Nachbarschaften und der Settlements. Daraus formte Böhmert ein folgenreiches Programm kultureller Arbeit, das betriebliche und kommunale Interessen verkoppelte. Er hatte Jura studiert, war dann als Wirtschaftsjournalist und Herausgeber tätig. 1895 wurde er zum Direktor des Statistischen Büros in Dresden und 1903 zum Professor an die Technische Hochschule berufen. Böhmert verstand sich als Kulturprotestant. Er förderte durch seine Zeitschrift *Der Arbeiterfreund* einen Verbund von Vereinen mit den Namen *Arbeiterwohl, Gemeinwohl, Wohl der Arbeiter* usw. Sie wurden von Angehörigen der besitzenden Klassen gegründet, um Unfrieden aus den Betrieben fern zu halten. Vorläufer war die *Industrielle Gesellschaft von Mülhausen* (1827) und Höhepunkt die Ende des Jahrhunderts gegründete *Zentralstelle für Arbeiterwohlfahrtseinrichtungen*[98], deren kulturpädagogische Aktivitäten Böhmert wesentlich gestaltete.

Arbeiter- und Volkswohlvereine propagierten, an Friedrich Harkort anknüpfend, Betriebsgemeinschaft und Stammarbeiter-Ehre. „Jeder Unternehmer sollte ... nicht nur das materielle, sondern auch das geistige und sittliche Wohl, sowie eine edle Geselligkeit und gesunde Lebensfreude unter seinen Arbeitern zu fördern suchen."[99] Eine große Zahl von Fabrikanten wollte eine gestaltete Arbeiterfreizeit und bot bildende Erholungen außerhalb der Arbeit.[100] Dabei sollte dem Volke auch die Kunst nahe gebracht werden. Als Gegenleistung für ihre Bemühungen wollten die Betreiber Wohlverhalten ernten. Sie erwarteten Zurückhaltung bei Lohn- und politischen Forderungen und unterbanden vielfach in ihrem Betrieb jede gewerkschaftliche Organisation. Dafür gab es dann aber ein damals durchaus attraktives Programm: Fabrikfeste bei allerlei Jubiläen und Produktionserfolgen,

---

96 Vgl. Reulecke: „Veredelung".
97 Später umfassend dargelegt in Franz Hitze: Die Arbeiterfrage und die Bestrebungen zu ihrer Lösung. Nebst Anl.: Die Arbeiterfrage im Lichte der Statistik. M.-Gladbach 1902.
98 Vgl. Tony Kellen: Arbeiter-Bildungsvereine. Leipzig (um 1904). – Ders.: Die Arbeiterwohlfahrtseinrichtungen. Leipzig 1902.
99 Victor Böhmert: Volkswohlfahrt und Volksgeselligkeit im Dresdner Verein Volkswohl von 1888 bis 1910. In: Der Arbeiterfreund, Berlin 49(1911), S.43-65.
100 Vgl. Mühlberg: Freistunden.

Weihnachtsfeste und Feste anläßlich der Erstattung der Jahresrechnungen von Kranken- und Hilfskassen, Vortrags- und Unterhaltungsabende, Betriebsausflüge (etwa zu Kunst- und Gewerbeausstellungen), Urlaube, Arbeitergärten, Ferienheime des Betriebes, Volksbibliotheken, Lesehallen, Volkstheater, Volksunterhaltungsabende und betriebliche oder durch Betriebe geförderte kommunale Volks- und auch Jugendheime.[101]

Während sich die Volkswohl-Bewegung um offene Formen der Kulturarbeit bemühte, zugänglich auch für dissidentische Nutzer, sahen die meist christlichen Traditionalisten des Siedlerbundes zwar ein, daß der „Klub im Armenviertel ... eine künstliche Schöpfung" bildet und deshalb „von vornherein eine Insel im Slum" darstellt und darin „ein völliger Fremdkörper" bleibt.[102] Doch folgerten sie daraus, „daß in der Tat nur das definitiv religiöse Settlement auf die Dauer seiner Idee treu bleibt".[103] Es sei ein Fehler gewesen, daß der Siedler „nicht ganz brach mit den gewohnten Lebensformen, sondern das Gehäuse des bürgerlichen Daseins, das College, den Klub, mit in den Slum nahm – wo es zum Gefängnis wurde". Man könne „nicht eine Aufgabe unternehmen, zu der Heilige nötig wären, und gleichzeitig die Behaglichkeit des Alltagsdaseins sich erhalten".[104] Die geringen Fortschritte der Siedler resultierten wesentlich aus deren Festhalten am Missionsgedanken. Sie kontrastierten mit den Erfolgen von Böhmert in Dresden, Krupp in Essen, Spindler in Berlin, Abbe in Jena und denen der Sozialdemokratie. Letztere überlebte als Partei trotz ihres Verbots Dank ihrer Wahl- und Kulturvereine.[105] Danach nahm sie Böhmerts Gedanken auf, forderte aber die Loslösung der Kulturarbeit aus den Unternehmen und deren kommunale Verankerung. Voran gingen dabei sozialdemokratische Freidenker, besonders Heinrich Peus. Er trug die Idee der Toynbee-Hall in die Arbeiterbewegung, suchte nach einem volksnahen Wandel der Partei-, Gewerkschafts- und Genossenschaftsarbeit und „übersetzte" die außerhalb der Arbeiterbewegung entstandenen Kulturvorstellungen in deren Sprache. Bis zum Ausbruch des Krieges hatten fast alle politischen Richtungen, soweit sie sich auch kulturell äußerten und Arbeiter ansprechen wollten, Christen, Fabrikanten, Ethiker, Sozialisten und Freidenker, die Klub-Idee aufgenommen und stützten sich konzeptionell auf Volkshäuser und Jugendheime.[106]

---

101 Vgl. Victor Böhmert: Die Erholungen der Arbeiter außer dem Hause. In: Der Arbeiterfreund, Berlin 30(1892), S.1-28. – Vgl. damit die praktische Kulturarbeit in den Betrieben der DDR.
102 Picht: Problem, S.14.
103 Picht: Problem, S.15.
104 Picht: Problem, S.12.
105 Vgl. Ignaz Auer: Nach zehn Jahren. Material und Glossen zur Geschichte des Sozialistengesetzes. I. Historisches, London 1890; II. Die Opfer des Sozialistengesetzes, London 1890.
106 Vgl. Zur deutschen Volkshaus-Bewegung. Bericht über das Jahr 1926. Hamburg-Ahrendburg 1926. – Wolfgang Niess: Volkshäuser, Freizeitheime, Kommunikationszentren.

Der Durchbruch des Konzepts basierte auf dem Verlust ursprünglicher „Proletarität" bei einigen Facharbeitergruppen.[107] Diejenigen bürgerlichen Akademiker und Fabrikanten, die Arbeiterbildung, Kulturarbeit und Betriebsgemeinschaften propagierten und alimentierten, sahen dies als einen wesentlichen Erfolg ihrer Tätigkeit und drängten auf Verallgemeinerung. Der Nationalökonom Lujo Brentano (1844-1931) gehörte zu den „Kathedersozialisten". Brentano forderte, in deutlicher Abgrenzung zu konservativen Stimmen, Demokratisierungen auch in der Kultur. „Das Aufsteigen der unteren Klassen zu größerem Anteil an unserer Kultur ist nichts, was die Kultur gefährdet, sondern das einzige, was sie uns wahren kann." Die größere Gefahr für die bürgerliche Gesellschaft „besteht in der Lehre, daß der Arbeiter innerhalb der heutigen Gesellschaftsordnung seine Lage dauernd nicht zu verbessern vermöge und daher die Staatsgewalt in Besitz nehmen müsse". Es sei das kleinere Übel, die Arbeiter „zur größeren Teilnahme an unserer nationalen Kultur heranzuziehen, sie dadurch mit dieser zu versöhnen".[108]

Solches Ansinnen empfanden viele Angehörige der Ober- und Mittelschichten als Angriff auf ihre Reservate bürgerlichen Lebensgefühls. Fast nirgendwo war man noch unter sich. Überall beggnete man Proletariern – inzwischen sogar im Theater. Mehr noch, es gab sogar Ansätze zu eigenen sozialdemokratischen Theatern, wie die Gründung der „Volksbühne" zu zeigen schien.[109] Diese Tendenz müsse man aufhalten und Arbeitern lieber den Zutritt ins bürgerliche Theater erleichtern. Ähnlich wie Brentano argumentierte dazu der Kieler kathedersozialistische Professor Georg Adler (1863-1908), der sich als Publizist zur Gewerbe-, Handels- und Sozialpolitik und als Historiker der frühen deutschen Arbeiterbewegung einen Namen machte. Konsequenter als Brentano wollte er die Sozialreform auf die Kunsteinrichtungen ausgedehnt wissen, übrigens erstmals mit dem Argument, daß sonst in den Volksbühnen eine spezifisch sozialdemokratische Kunst entstehen und die Arbeiter verführen könnte.[110] Es sei Zeit, „die breite Masse des Volkes ... auch

---

Zum Wandel kultureller Infrastruktur sozialer Bewegungen. Beispiele aus deutschen Städten von 1848 bis 1984, Hagen 1984. – Horst Groschopp: Kulturhäuser in der DDR. Vorläufer, Konzepte, Gebrauch. Versuch einer historischen Rekonstruktion. In: Kulturhäuser in Brandenburg. Eine Bestandsaufnahme. Hg. v. Thomas Ruben u. Bernd Wagner, Potsdam 1994, S.97-178. – Simone Hain u. Stephan Stroux: Die Salons der Sozialisten. Kulturhäuser in der DDR. M. e. Fotoessay v. Michael Schroedter. Berlin 1996.
107 Vgl. Josef Mooser: Arbeiterleben in Deutschland 1900-1970. Klassenlagen, Kultur und Politik. Frankfurt a. M. 1984.
108 Lujo Brentano: Die Stellung der Gebildeten zur sozialen Frage. Vortrag, geh. im Verein Deutscher Studenten zu Leipzig nebst e. Nachw. desselben. Berlin 1890, S.8, 16.
109 Vgl. Heinrich Braulich: Die Volksbühne. Theater und Politik in der deutschen Volksbühnenbewegung. Berlin 1976. – Hans-Peter Bayerdörfer: Theater und Bildungsbürgertum zwischen 48er Revolution und Jahrhundertwende. In: Bildungsbürgertum im 19. Jahrhundert, Teil III: Lebensführung und ständische Vergesellschaftung. Hg. v. M. Rainer Lepsius, Stuttgart 1992, S.42-64.
110 Vgl. Georg Adler: Die Sozialreform und das Theater. Auch eine „soziale Frage". Berlin 1891, S.36.

ästhetischer Genüsse theilhaftig werden zu lassen (und) die Pforten des Theaters dem Arbeiter zu öffnen ... Glaubt etwa Jemand, daß das Arbeiterpublikum nicht auf Anstand halten oder sonst Unfug in den Räumen des Theaters treiben würde?"[111]

Das Problem bewegte besonders die ethischen Gesellschaften. Über die dort angestrebten Beziehungen des Volkes zur Kunst gibt ein öffentliches Streitgespräch Auskunft. Auf einer Abendveranstaltung der Berliner Abteilung im Januar 1896 berichtete, kurz vor seinem Absturz mit einer Flugmaschine, das Gründungsmitglied des Vereins, Ingenieur Otto Lilienthal (1848-1896), über Erfahrungen mit Volkstheatern. Was Schule und Kirche dem gemeinen Manne versagten, solle das Theater nachholen. Die Losung müsse heißen: ethische Bildung durch Kunstgenuß. Dagegen sprach Julius Türk, ebenfalls Gründungsmitglied des Vereins und der *Freien Volksbühne*. Mit Theater sei das Volk nicht zu ethisieren. Aber wenigstens Gleichheit bei den Sitzplätzen solle man garantieren. Das ging dem anwesenden Bruno Meyer zu weit. Volk ins Theater ja, aber keine gewaltsame Gleichmacherei der Plätze.[112]

Den verschiedenen damaligen Vorschlägen und Standpunkten zur „Volkskultur" und „Kulturarbeit" kann hier nicht genauer nachgegangen werden. Ausschlaggebend für die dissidentische Position wurde das kulturpolitische Symposium der staats- und kirchenverbundenen, aber reformwilligen Experten der Arbeiter-Wohlfahrtseinrichtungen (IX. Konferenz) im Jahre 1900.[113] Das Tagungsthema hieß bezeichnenderweise *Die Erziehung des Volkes auf den Gebieten der Kunst und Wissenschaft*. Das Einleitungsreferat hielt der Sozialpädagoge Paul Natorp: Die freie Bildungsarbeit solle in das staatlich geleitete öffentliche Bildungswesen eingegliedert, quasi „verstaatlicht" werden. Erst dies ermuntere und garantiere akademischen Einfluß und „gründliche Bildung" und dränge sowohl die „gefährliche Halbbildung" in der Presse, aber besonders die sozialdemokratische Parteibildung zurück. Auf dem Gebiet der Kunst solle man das Volk von einfachen zu komplizierten Formen hochbilden, weshalb Künstler und Kunstgelehrte, nicht Dilettanten oder Schwätzer, den Unterricht übernehmen sollten.[114]

Dies war der entscheidende Satz, denn er versprach vielen freien Akademikern Lohn und Brot, vor allem Künstlern, wenn sie sich dem staatlichen Vorschlag andienten. Das versprach auch das Konzept des Begründers

---

111 G. Adler: Sozialreform, S.8, 10.
112 Vgl. Mitteilungen 1[4](1896)4, S.15/16.
113 Vgl. Die Erziehung des Volkes auf den Gebieten der Kunst und Wissenschaft. Vorberichte und Verhandlungen der IX. Konferenz vom 23. und 24. April 1900 in Berlin. Berlin 1900 (=Schriften der Zentralstelle für Arbeiter-Wohlfahrtseinrichtungen, Nr. 18).
114 Vgl. Paul Natorp: Allgemeiner Theil. In: Vorberichte und Verhandlungen, S.3-10. – Vgl. auch Ders.: Die Bildungsarbeit an den Erwachsenen in sittlicher, ästhetischer und religiöser Hinsicht. In: Ders.: Volkskultur und Persönlichkeitskultur. Sechs Vorträge. Leipzig 1911, S.111-141.

der modernen Kunsterziehung, Alfred Lichtwark (1852-1914).[115] Ihm und anderen schwebte „eine Veredlung der gesamten Kultur durch die Kunst als Ideal" vor.[116] Aber auch an freie Philosophen und Naturwissenschaftler dachten die Referenten. Professor Fuchs aus Freiburg gab auf der gleichen Konferenz eine Perspektive der „volksthümlichen Hochschulkurse", der späteren Volkshochschulbewegung. In der Argumentation wird deutlich, daß auch er meinte, Bildung und Kunst könnten bei der Überbrückung der sozialen Teilung des Volkes helfen und ein nützliches Arbeitsfeld für diejenigen Privatdozenten darstellen, denen sonst der Aufstieg verschlossen bleibt.[117] Die Perspektive einer staatlich alimentierten Kulturarbeit brachte die Dissidenten in einen existentielle Schwierigkeit. Da bisher nur konfessionelle Vereine auf öffentliche Unterstützung rechnen durften, blieb ihnen nichts weiter übrig, als ihre Forderungen nach Gleichbehandlung und „Neutralität" des Staates zu verstärken. Diese Erkenntnis fällt zusammen mit der Gründung des *Weimarer Kartells*.

Entdeckung der Jugendpflege als staatsbürgerliche Erziehung

Symptome des Abfalls von christlichen Werten wurden gegen Ende des 19. Jahrhunderts bevorzugt bei der Jugend gesichtet. Die *Zentralstelle für Arbeiter-Wohlfahrtseinrichtungen* verhandelte im Frühjahr 1900 umfassend über die Jugendfürsorge. Bezogen auf die Jugendkulturarbeit, die noch weitgehend als Literaturvermittlung begriffen wurde, stellte Johannes Tews, Vorsteher der deutschen Volksbildungsbewegung, generalisierend fest: „Die Pädagogik spielt in unserm Volksleben eine verzweifelt geringe Rolle."[118] Tews rechnete zu denjenigen Mitgliedern der ethischen Kulturgesellschaft, die auf verstärkte Bildungsarbeit unter Kindern, Jugendlichen wie unter Erwachsenen drängten – nicht zuletzt, um in einem öffentlichen Bibliothekswesen ein Gegengewicht zu den kommerziell betriebenen Leihbibliotheken und

---

115 Vgl. Alfred Lichtwark: Erziehung des Volkes auf dem Gebiete der bildenden Kunst. Leitsätze. In: Vorberichte und Verhandlungen, S.86-88.
116 Johannes Volkelt: Kunst und Volkserziehung. Betrachtungen über Kulturfragen der Gegenwart. München 1911, S.44. – Volkelt war Ästhetiker an der Leipziger Universität.
117 Fuchs: Volksthümliche Hochschulkurse. In: Vorberichte und Verhandlungen, S.11-79.
118 Johannes Tews: Jugendlitteratur und Jugendbibliotheken. In: Fürsorge für die schulentlassene Jugend. Vorberichte und Verhandlungen der IX. Konferenz vom 23. und 24. April 1900 in Berlin, Berlin 1900 (=Schriften der Zentralstelle für Arbeiter-Wohlfahrtseinrichtungen, 18), S.155. – Tews wollte deshalb das US-amerikanische Bibliothekswesen einführen. Vgl. Ders.: Handbuch für Volkstümliche Leseanstalten. Theoretisch-praktisch Anleitung zur Begründung und Verwaltung von Volksbibliotheken und Lesehallen in Stadt und Land. Berlin 1904, S.3-5.

zu den Arbeiterbibliotheken zu schaffen. Johannes Tews war zunächst Volksschullehrer und wurde wegen seines bildungspolitischen Engagements als Geschäftsführer der *Gesellschaft für Verbreitung von Volksbildung* und als Vorstandsmitglied im *Deutschen Lehrerverein* zu einem der führenden deutschen Schulpolitiker an der Wende zum 20. Jahrhundert. Von ihm stammen die Idee der Einheitsschule, die er 1916 der Öffentlichkeit unterbreitete, und die Bildungslosung der zwanziger Jahre, die noch nach dem zweiten Weltkrieg Verwendung fand: „Freie Bahn dem Tüchtigen." Tews Ansichten entsprachen dem damaligen Tenor der reformpädagogischen und kulturpolitischen Debatten.

Lange Zeit nahm man an, Schule, Militär und Kirche würden als Erziehungsinstanzen außerhalb der Familie ausreichen, staatstreuen Nachwuchs heranzuziehen. Erst als „Jugend" im letzten Viertel des 19. Jahrhunderts ein tatsächlich jedermann sichtbares soziales Gebilde darstellte, als jugendliches Verhalten in den Städten „sittengefährdend" auffiel[119], als die sozialistische Arbeiterbewegung, sowieso meist von jungen Männern getragen, nach 1906 sogar eigene Jugendgruppen schuf[120], als aus Gymnasiasten „Wandervögel" wurden, vor allem aber als erste obrigkeitliche Versuche, mit Hilfe von „Jugendspielen" diesen „gefährlichen Zeitabschnitt"[121] zu überbrücken, scheiterten und die „Frühreife unserer Jugend"[122] als staatspolitisches Problem erkannt war, erst da wurde der Bankrott der traditionellen Erziehungsfaktoren eingestanden.[123] In einer regen öffentlichen Angstdebatte kam ins Bewußtsein, daß es eines gänzlich neuen Ansatzes bedurfte, schadensvorbeugend zu wirken. Daraus wuchs die deutsche Jugendfürsorge[124], deren Anhängsel die Kulturarbeit mit Jugendlichen blieb, besonders nach deren Institutionalisierung 1911 (Preußische Ministererlasse zur Jugendpflege) und 1922 (Reichsjugendwohlfahrtgesetz).

Nach Walter Rüegg ist das Jugendproblem auf vier Ebenen in die öffentliche Verhandlung gekommen, „als eine mit geschichtlichen Leitbildern erfüllte Teilkultur"; „als eine Kraft, welche die sich selbst fremdgewordene und institutionell erstarrte Gesellschaft mit jungem Leben erfüllen kann";

---

119 Vgl. Rolf Lindner: Bandenwesen und Klubwesen im wilhelmischen Reich und in der Weimarer Republik. Ein Beitrag zur historischen Kulturanalyse. In: Geschichte und Gesellschaft, Göttingen 10(1984)3, S.352-375.
120 Vgl. Dieter Fricke: Handbuch zur Geschichte der deutschen Arbeiterbewegung 1869-1917 in zwei Bänden. Bd.1, Berlin 1987, S.454-494.
121 So der Görlitzer nationalliberale Landtagsabgeordnete Emil v. Schenkendorff 1890; zit. nach Klaus Saul: Der Kampf um die Jugend zwischen Volksschule und Kaserne. Ein Beitrag zur „Jugendpflege" im Wilhelminischen Reich 1890-1914. In: Militärgeschichtliche Forschungen, Freiburg 9(1971)1, S.97-143, 98.
122 So im Aufruf des Zentral-Ausschusses zur Förderung der Jugend- und Volksspiele in Deutschland von 21.5.1891.
123 Zuerst öffentlich konstatiert von Otto Baumgarten und Ernst Troeltsch auf dem elften Evangelisch-Sozialen Kongreß im Juni 1900.
124 Vgl. Detlev J. K. Peukert: Grenzen der Sozialdisziplinierung. Aufstieg und Krise der deutschen Jugendfürsorge von 1878 bis 1932. Köln 1986.

„als ein zur beliebig verwendbaren Hülse entleertes dynamisiertes Leitbild für die Gesellschaft" und „als inhaltloses, einen Fortschritt symbolisierendes Leitbild nicht für die Gesellschaft schlechthin, sondern in besonderem Maße und in besonderer Weise für die Gesellschaft des jungen Kaiserreichs".[125] Es bezeichnet die Diskussion über Kulturarbeit, daß die kommende Generation vor allem als leere Schale galt, die zu füllen war.[126] Schon die ersten Alarmzeichen und Hilfsappelle kannten dieses Bild, wollten die „Kulturträger" aufrütteln und die Nation vor einer entglittenen Jugend schützen. Das waren Signale auch in Richtung auf eine gesonderte, aber noch als Teil der Erwachsenenbildung begriffene kulturelle Jugendarbeit, von Beginn an begründet als nützlich für den Staat, seine Wehrkraft und die Verbrechensvorbeugung. Objekte der Einflußnahme waren die heranwachsenden Jünglinge. An die „gefährdeten" Mädchen dachte man wenig später, um sie auf die Hausarbeit und die Mutterrolle vorzubereiten. Beide Geschlechter waren mit Sittlichkeit auszurüsten, um sie gegen die Fährnisse der bürgerlichen Gesellschaft zu wappnen. Fürsorge sollte sie „bewahren", um sie später nicht „retten" zu müssen. Der Anteil ästhetischer Angebote stieg, war aber noch sehr gering. Es gab viel zu wenig Künstler und geisteswissenschaftlich Gebildete, um hier in die Offensive gehen zu können.

Da ethisches Handeln im öffentlichen Verständnis noch immer weitgehend identisch war mit „religiös-sittlichem" Verhalten, ergab sich für die praktische Bildungsarbeit und die darauf gerichtete staatliche Absicht zweierlei: *zum einen* die dominante Stellung der beiden großen Kirchen im außerschulischen Bereich; *zum anderen* die Indienstnahme der Kulturpflege, um Wohlverhalten zu erreichen und staatsbürgerliche Tugenden zu erzielen. Doch selbst solche Gedanken hatten es schwer, sich in der konservativ gestimmten Umwelt der „Kulturträger" Gehör zu verschaffen. Das zeigt die öffentliche Reaktion auf die Bücher zweier Frauen, Mitbegründerinnen der ethischen Kulturbewegung. Die schwedische Lehrerin Ellen Key erklärte das beginnende 20. Jahrhundert zu dem des Kindes.[127] Ihre Stellungnahme erweckte sofort Aufsehen, weil sich die Autorin als Frauenrechtlerin exponiert hatte.[128] Sie gestand Kindern Individualität und das Recht auf eigene Entfaltung zu. Ihre Vorschläge widersprachen dem herkömmlichen Erziehungsgeist, besonders allen Drillmethoden in Elternhaus, Schule und Kirche. Dagegen setzte Ellen Key ihre Idee der „Zukunftsschule", worunter sie in etwa das Modell der heutigen Ge-

---

125 Walter Rüegg: Jugend und Gesellschaft um 1900. In: Kulturkritik und Jugendkult. Hg. v. Walter Rüegg, Frankfurt a. M. 1974, S.55.
126 Vgl. Lutz Roth: Die Erfindung des Jugendlichen. München 1983, S.122-140.
127 Vgl. Ellen Key: Das Jahrhundert des Kindes. Studien. Autoris. Übertr. v. Francis Maro. Berlin 1902.
128 Vgl. Ellen Key: Missbrauchte Frauenkraft. Ein Essay. Autoris. Übertr. v. Therese Krüger, München 1898; 2. Aufl. Berlin 1904.

samtschule verstand. Daran band sie ihre Vision vom „neuen Menschen", den man brauche, um eine neues, antiautoritäres Leben gestalten zu können.

Lily Braun ging noch einen Schritt weiter als Ellen Key, da sie sich direkt und gemeinsam mit Reformpädagogen an die Schuljugend wandte und dabei an Jungs und Mädchen gleichermaßen dachte. Ihr Wort hatte in den kulturpolitischen Kreisen Deutschlands größeres Gewicht als das der Ausländerin Ellen Key. 1895 forderte Lily Braun, damals noch verwitwete von Gizycki, als erste deutsche Frau allgemein hörbar das Frauenstimmrecht. 1896 erregte sie öffentliches Aufsehen, als sie als erste Aristokratin mit einem Sozialdemokraten, Heinrich Braun (1868-1939), die Ehe einging. Seitdem widmete sie sich der Frauenfrage und wurde wegen ihrer Ansichten von August Bebel gelobt, von Clara Zetkin getadelt, in aufgeklärten bürgerlichen Kreisen bewundert und von Konservativen angegriffen. Die Haltung beider Frauen diente wegen ihrer sogenannten „töricht schwärmerischen Idealisierung des Kindes" dazu, konservative Gegenpositionen zu formen, die in den Reformern sogar die geistigen Verursacher der Kinder- und Jugendselbstmorde sahen.[129] Aber auch eher liberale Geister wie der Bildungsforscher Friedrich Paulsen warnten vor der übertriebenen Position besonders von Ellen Key. Sie befördere Respektlosigkeit gegenüber Eltern und Erziehern. „In der Tat, ich denke mir, daß es [das Buch der Ellen Key, H.G.] so ziemlich durch die Hände aller Backfische Berlins gegangen sein wird."[130] Was Frau Key schreibe, senke sich in deren Gehirn, vor allem die „Aufforderung, die Eltern mindestens zu analysieren, zu kritisieren und minderwertig zu finden".[131]

Daß sich dennoch zwischen 1909 und 1913 ein neues Denken im Beamtenapparat in bezug auf den Umgang mit Jugendlichen durchsetzte, ist nur bedingt den Provokationen von E. Key und L. Braun oder der beharrlichen Aufklärungsarbeit der Reformpädagogen um Paulsen, Foerster, Gurlitt und anderen zu danken. Vielmehr hatte der Wandel sicherheitspolitische Gründe. Rasche präventive Maßnahmen, zudem zentralstaatlich unterstützt, sollten eine ausreichende Basis an freien Trägern der Jugendarbeit schaffen. Nur zehn Prozent der mehr als drei Millionen Jugendlichen zwischen 14 und 20 Jahren verbrachten um die Jahrhundertwende ihre Freizeit in konfessionellen und lediglich weitere zehn Prozent in bürgerlichen Vereinen. Der Rest blieb unorganisiert, was damals hieß, unsteuerbaren Einflüssen ausgesetzt. Dagegen schien die Jugendarbeit der Sozialdemokratie, aber auch die der freigeistigen Vereine, erfolgreicher zu sein. Angesichts dieses konzeptionellen Notstands hatte die Erfurter *Königliche Akademie gemeinnütziger Wissenschaften* im Frühjahr 1900 eine Preisfrage ausgeschrieben, die der

---

129 Albert Eulenburg: Kinder- und Jugendselbstmorde. Halle 1914, S.33.
130 Friedrich Paulsen: Moderne Erziehung und geschlechtliche Sittlichkeit. Einige pädagogische und moralische Betrachtungen für das Jahrhundert des Kindes. Berlin 1908, S.15.
131 Paulsen: Erziehung, S.13.

Münchner Reformpädagoge Georg Kerschensteiner mit einer Untersuchung über die *Staatsbürgerliche Erziehung der deutschen Jugend* gewann. Er schrieb gegen „die zerstörende Kraft des freien unkontrollierten Lebens" der Jugendlichen. Als Gegenmittel empfahl Kerschensteiner die „Fortsetzung der Volkserziehung nach dem volksschulpflichtigen Lebensalter".[132] Die staatsbürgerliche Erziehung sollte zu einem Bildungssystem ausgeweitet werden. Als pädagogisches Leitprinzip empfahl er die „gut überwachte Selbstregierung".[133]

So sehr hier die Kontrolle des Obrigkeitsstaates angemahnt wurde, Kerschensteiner unterschied sich deutlich von konservativen Haltungen, etwa von der des preußischen Generalmajors Paul von Schmidt, der in Meiningen stationiert war und von dort aus verherrlichende Bücher über die Hohenzollern und das Heer veröffentlichte. Schmidt prägte in seinem 1899 erschienenen Aufsatz *Das deutsche Offizierthum im Kampf gegen den Umsturz* das Wort vom „Geist staatsverderblicher Unzufriedenheit". Damit lieferte er den Unbeweglichen in der Jugendfrage einen Kernbegriff.[134] Nach deren Geist war bereits zu Anfang der Neunziger der *Zentralausschuß zur Förderung der Volks- und Jugendspiele in Deutschland* gegründet worden, um die Wehrkraft der deutschen Jugend zu heben und dafür auch spielerische Formen einzusetzen.[135] Kerschensteiner stimmte mit den konservativen Analysen im Grundsatz überein, nicht aber mit den Folgerungen. Er meinte, gegen den „staatsverderbenden Geist" helfe nur gut organisierte geistige Aufrüstung, die auf guter beruflicher Schulung aufbaue. Er dachte dabei an freiere Formen der Jugendarbeit, um Bildung besser vermitteln zu können.

Zu den wenigen Reformern, die über Kerschensteiners Vorschläge in ihrer praktischen Arbeit hinausgingen, rechnen die Pastoren Clemens Schultz (St. Pauli), der eine freie Jugendgruppenarbeit praktizierte, und Walther Friedrich Classen (1874-1954; Hamburg), der die Volksheimarbeit wesentlich beförderte.[136] Classen hatte als 25jähriger bei einem Englandaufenthalt die dortige Sozialarbeit in London studiert und in der Toynbee-Hall gearbeitet. Für Tätigkeiten, die heute „streetworking" heißen, prägte er den Begriff „soziales Rittertum", um zugleich ein Motiv für junge Gebildete

---

132 Kerschensteiner: Erziehung, S.8, 9.
133 Kerschensteiner: Erziehung, Vorw. z. 3. Aufl., S.IV.
134 Zu dieser Debatte und zu Friedrich Wilhelm Foersters davon abweichender Haltung und seiner Kritik an den Sedanfeiern vgl. Ulrich Herrmann: Über „Bildung" im Gymnasium des wilhelminischen Kaiserreichs. In: Bildungsbürgertum im 19. Jahrhundert, Teil II: Bildungsgüter und Bildungswissen. Hg. v. Reinhart Koselleck, Stuttgart 1990, S.360-366.
135 Vgl. Hermann Lorenz: Wehrkraft und Jugenderziehung. Zeitgemäße Betrachtung auf Grund seines beim Deutschen Kongreß zu Königsberg am 25. Juni 1899 geh. Vortrags, Leipzig 1899, S.81/82.
136 Vgl. Gerhard Günther: Das Hamburger Volksheim 1901-1922. Berlin 1924 (Volk und Geist, Hg. v. Werner Picht u. Robert v. Erdberg, H. 6).

zu benennen, sich dieser Aufgabe zu widmen.[137] Dem stimmte Schultz zu. Wer kein „Gefühl für die Eigenart der Jugend" habe und „sich nur künstlich in eine gewisse Sympathie zur Jugend hineinarbeiten muß", der sei für eine „freiwillige Erziehungsarbeit", wie sie der Umgang mit Jugendlichen erfordere, unbrauchbar. Jeder hier tätige „Leiter solcher Vereine" benötige ein reales Bild seiner konkreten Jugendlichen: „Die Jugend, ihre soziale Lage, ihre Schulbildung, ihre Bildungsfähigkeit, ihre häuslichen Verhältnisse sind überall verschieden."[138] Schultz und Classen lehnten zwar die selbstbestimmte „Persönlichkeitskultur" der modernen Pädagogik ab, weil sie meinten, „gehorsam" sei das wichtigste Erziehungsziel. Doch die fehlende „Fähigkeit der Jugend zum Zusammenleben" erziele man nicht durch „die Neigung, den andern neben uns zu schurigeln und zu schulmeistern nach unseren Anschauungen und Gedanken", sondern durch Anwendung der Prinzipien „des alten germanischen Heerkönigs zu seinen Mannen", Führer- und Gefolgschaft, Gleichheit im Wollen, aber „Achtung vor der sittlichen Unverletzlichkeit der Seele des einzelnen".[139]

Gegen „Hooligans" – für Kulturarbeit in Volkshäusern

Die jugendliche Offenheit gegenüber den Verlockungen der aufkommenden Massenkultur wurde von den meisten gebildeten Zeitgenossen als „Verirrung" gesehen, die Gewalt und Konsum und damit „Unkultur" zunehmen lasse. Gewaltbereite Jugend – das waren schon damals die „Hooligans" und die „Halbstarken". Der Begriff des „Halbstarken" bezog sich auf junge männliche Großstädter, die sich in „Banden" zusammenfanden, wie man die informellen Gruppen Jugendlicher nannte, als jede Ansammlung auf der Straße eine Störung der öffentlichen Ordnung darstellte.[140] Gegen den „hooliganism" als Produkt der „city-wilderness" war in England die Settlement-Bewegung ins Leben gerufen worden. Wie Margarete Hecker 1968 in ihrer Studie dazu feststellte, benutzte Samuel Augustus

---

137 Vgl. Walter Classen: Sociales Rittertum in England. Ein Reisebericht. Hamburg 1900.
138 Clemens Schultz: Die Vereinigung St.-Paulianer Lehrlinge in Hamburg-St.-Pauli. In: Jugendklubs. Leitfaden für Begründer und Leiter von Jugendvereinigungen. Berlin 1903 (Schriften d. Centralstelle f. Arbeiter-Wohlfahrtseinrichtungen, 23), S.1; vgl. auch Statuten und Satzung, ebd., S.16/17.
139 Walter Classen: Staatsbürgerliche Erziehung im Jugendverein. Vortrag auf dem ersten Berliner Instruktionskursus für moderne evangelische Jugendarbeit. Mai 1911. Berlin-Schöneberg 1911, S.6, 8, 15. – Vgl. Ders.: Das stadtgeborene Geschlecht und seine Zukunft. Leipzig 1914. – Ders. u. Georg Hollmann: Neue Wege zur Jugendpflege. Beilage: Praktische Winke und Vorschläge zur Errichtung von Jugendvereinen und Literatur. Halle 1908 (Kampf und Arbeit des freien Christentums in Deutschland, 6). – Ders.: Vom Lehrjungen zum Staatsbürger. Zur Naturgeschichte unserer heranwachsenden Jugend. Hamburg 1909.
140 Vgl. Clemens Schultz: Die Halbstarken, Leipzig 1912.

Barnett 1903 die Bezeichnung „hooliganism", um das Gegenbild zu seiner Idee einer nachbarschaftlichen Klubgemeinschaft für Schulentlassene drastisch zu auszumalen.[141] Arthur Pfungst führte 1906 den Begriff des „Hooligans" nach Deutschland ein, übrigens als „russisches" Phänomen (russ. chuligan). Er setzte dieses Rowdytum (russ. chuliganstwo) mit der präfaschistischen und extrem antisemitischen Organisationsform gleich, die es damals in Rußland mit den „Schwarzhundertern" annahm, so bezeichnet nach ihrer uniformen Kleidung. „In unserer bewegten Epoche, wo alle Augen bang auf unser Nachbarreich im Osten gerichtet sind, liegt es nahe, den geistigen Kräften nachzugehen, die den entsetzlichen Vorgängen zugrunde liegen, welche die ganze zivilisierte Welt mit Grauen erfüllen. Es läßt sich folgendes Bild erkennen: Die Parteigänger des zusammenbrechenden, autokratischen Systems suchen die Fortschritts- und Bildungsfreunde zu vernichten mit Hilfe der verworfensten Volksklassen. Diese – die ‚Hooligans' oder ‚das schwarze Hundert' genannt – morden ...".[142] So etwas gäbe es auch in Deutschland, denn Radaubrüder, Raufbolde und Rohlinge sind „das Erziehungsdefizit der Völker" und nur „durch Erziehung und soziale Fürsorge ... zu beseitigen".

Der von Pfungst gezeigte Ausweg bestand in kultureller Bildung. Nur sie könne Gewaltangriffe verhindern, denn ein Hooligan sei ein nicht genügend gebildeter Mensch. Nur solange der „Druck der Polizeigewalt die Hooligans niederhält, kann die ‚Intelligenz' ruhig schlafen". Den bereits damals aufkeimenden Konflikt zwischen pflichtiger Sozialarbeit und freiwilliger Kulturarbeit reflektierend, fuhr Pfungst fort: „Während für Wohltätigkeitsbestrebungen aller Art leicht die reichsten Mittel zu beschaffen sind, ist es sehr häufig nahezu unmöglich, die kulturelle Hebung der Enterbten auch nur in den bescheidensten Grenzen in die Wege zu leiten."[143] Pfungst forderte freie Bildungsarbeit in einer demokratischen Gesellschaft. Gerade zur Rettung der Kultur, so außerhalb des *Weimarer Kartells* Samuel Saenger, müsse man „Demokratie organisieren" und den „stark differenzierten Millionen" Kulturarbeit anbieten. Sonst seien, und auch hier stimmte er mit Pfungst überein, die grollenden „schwarzen Massen" nicht zu bändigen. Sie hätten „das Recht auf Hygiene, Bildung, Arbeit, Krankenpflege, Unfallversicherung, Altersrente und Stimmzettel erkämpft, sie lassen sich nur noch durch Kulturmittel und Kultur-

---

141 Margarete Hecker beruft sich auf Samuel Augustus Barnett: 18th Annual Report of Toynbee Hall 1902/03, S.23. – Vgl. Dies.: Die Entwicklung der englischen Settlementbewegung und der Wandel ihrer Arbeitsformen. Inaugural-Diss., Freie Universität Berlin, Erlangen 1968, S.59.
142 Arthur Pfungst: Die Hooligans. In: Das freie Wort, Frankfurt a. M. 5(1906)19, zit. nach Pfungst Werke, Bd.I, S.14.
143 Pfungst: Hooligans, S.16, 17. – Vgl. J(ohannes) Tews, Berlin, Generalsekretär der Gesellschaft für Verbreitung von Volksbildung, an Arthur Pfungst, v. 4.1.1906, in: Pfungst Werke, Bd.III/2, S.394/395: In Deutschland sei die Hooligan-Gefahr „schlimmer als in Rußland". Dort sei man den Zuständen gegenüber blind, hier hingegen gäbe es eine „bewußte Reaktion gegen den aufstrebenden 4. Stand".

methoden lenken". Und da die Losung „nicht mehr: Kultur oder Politik, sondern: Kultur oder Barbarei" heiße, müsse man kulturpolitisch aktiv werden.[144]

Die kräftigen Appelle für eine kulturelle Jugendarbeit stießen auf ein elementares Hindernis: Es gab vor 1914 noch gar keine rechten Vorstellungen darüber. Hier machten die Freidenker keine Ausnahme. Zwar hatte der 1901 gegründete *Wandervogel-Ausschuß für Schülerfahrten* „Jugend" als sozialpolitisches Problem bis in die bürgerlichen akademischen Schichten hineingetragen. Auch wurde seit der Jahrhundertwende das Problem der „Schundliteratur" in erster Linie als eines der Jugend diskutiert und die Nation in Gefahr gesehen.[145] Doch wurden die bis dahin ausgearbeiteten Ideen für Erwachsene in Unkenntnis heute allgemein bekannter Zusammenhänge etwa zwischen Pubertät und Verhalten oder über Besonderheiten der Jugendphase einfach auf Jugendliche übertragen. Dabei war dann sogar noch das Muster des Gymnasiasten maßgebend. Man kam nur zu sehr allgemeinen Ratschlägen. Die Zauberformeln hießen „jugendgemäß" und „Jugendklub".

Im *Weimarer Kartell* setzte sich besonders der wegen seines Eintretens für einen konfessionsfreien „ethischen Unterricht" gemaßregelte Leiter einer Hamburger Volksschule, Gustav Höft, für eine eigenständige kulturelle Jugendarbeit ein.[146] Er forderte sogar die „Ausgestaltung einer monistischen Jugendbewegung"[147] und versuchte im April 1913, eine entsprechende kulturelle Kinder- und Jugendarbeit zu begründen: Schülerkonzerte und Theatervorstellungen, Rezitationsabende, Wandschmuck der Schulräume, Blumenpflege, Besuche von Museen, Kampf gegen die Schundliteratur, Schwimmen, Turnen, Spielen, Wandervereinigungen, Ferienkolonien, Handarbeit, Selbstregierung der Kinder.[148] Absicht war es sicher auch, eigene freidenkerische Gruppen zum deutschlandweiten Jugendtreffen am 13. Oktober 1913 auf den Hohen Meißner bei Kassel zu entsenden. In der Einladung zu diesem Fest hieß es ausdrücklich, man wolle „sich als einen besonderen Faktor in die allgemeine Kulturarbeit" einbringen.[149] Den Freidenkern gelang jedoch kei-

---

144 Samuel Saenger: Kulturpolitik. In: Die Neue Rundschau, Frankfurt a. M. 19(1908)1, S.161-167.
145 Vgl. Karl Brunner: Unser Volk in Gefahr! Ein Kampfruf gegen die Schundliteratur. Pforzheim 1909. – Vgl. dazu die Studie von Georg Jäger: Der Kampf gegen Schmutz und Schund. Die Reaktion der Gebildeten auf die Unterhaltungsindustrie. In: Archiv für Geschichte des Buchwesens, Frankfurt a. M. 31(1988), S.163-191.
146 Vgl. Gustav Höft: Der heutige Stand des konfessionslosen ethischen Jugendunterrichts in den Kulturländern. Vortrag. Hamburg 1911.
147 Bericht über die VII. Hauptversammlung des Deutschen Monistenbundes zu Düsseldorf vom 5.-8. September 1913. In: MJ 2(1913/14), S.749.
148 Vgl. Gustav Höft: Schulreform. In: MJ 2(1913/14), S.155.
149 Zit. nach: Die deutsche Reformpädagogik. Bd.I, S.277/78. – Vgl. Walter Sauer: Rückblicke und Ausblicke. Die deutsche Jugendbewegung im Urteil nach 1945. Heidenheim 1978, S.66.

ne eigenständige Delegation. Aber aus der Teilnehmerliste der Richtungen geht hervor, daß sie durchaus partizipierten.[150]

Wer im *Weimarer Kartell* Börner und Penzig gedanklich folgte, besaß modernere Vorstellungen von der Jugend als selbst Schultz und Classen, die mit Mühe gegen steife Predigten in der evangelischen Jugendarbeit ankämpften. Die weltlichen Seelsorger bemühten sich um eine „Lebenskunde", hatten Umgang mit Schwererziehbaren und „gefallenen Mädchen". Die anderen sozialen Erfahrungen in der dissidentischen Bewegung gegenüber den Pfarrern und „Kunstwart-Arbeitern" führte zu einem Verständnis von Kulturarbeit, das ein sehr breites Spektrum an lebenshelfenden und bildenden Offerten einbezog. Dabei bildeten sich zwei unterschiedliche Ansichten über „Kulturarbeit". Die eine vertraute auf die Macht der Aufklärung und des Wissens. Sie meinte, mit der Zeit würden die Religion und ihre institutionellen Erscheinungsweisen im Alltag überflüssig. Als soziale Ursache dafür wurden meist die Industrie und das Proletariat angenommen, wie dies besonders Paul Lafargue annahm, der französische Freidenker, Sozialist und Schwiegersohn von Karl Marx. „Den Arbeiter in der Großindustrie entzieht seine Lebensweise noch mehr als den Bourgeois den Einflüssen des Milieus der Natur, die bei dem Landmann den Glauben an Gespenster, an Hexen, Zauberei und andere abergläubische Vorstellungen wachhalten."[151] Aus dieser Ansicht folgerte die rasche Abschaffung der heiligen Bräuche, weil die künftige, rational denkende Gesellschaft ohne Magie und Kulte auskommen würde und auch keine Priester als Spezialisten und keine Tempel als geweihte Orte dafür benötige. Sie arbeiteten mit ihren Schriften an der Entkleidung der heiligen Worte und Schriften von dem Zauber, der von ihnen ausging. Solches Herangehen förderte besonders die theoretische Arbeit an einem freidenkerischen Kulturkonzept.

Die andere Richtung war in der Mehrheit, schon wegen des Herkommens der Dissidenten aus religiösen Bewegungen. Sie suchte nun nach neuen Interpretationen für die überkommenen Formen des Segens, der Weihe, der Beschwörung, des Sakraments, der Trauersitten, der Riten und Bräuche im Alltag und Feiertag. Dazu bedurfte es vor allem eines neuen Kalenders

---

150 Vgl. Freideutsche Jugend. Zur Jahrhundertfeier auf dem Hohem Meißner 1913. Jena 1913: Deutsche Akademische Freischar, Deutscher Bund abstinenter Studenten, Deutscher Vortruppbund, Bund deutscher Wanderer, Jungwandervogel, Österreichischer Wandervogel, Germania – Bund abstinenter Schüler, Freie Schulgemeinde Wickersdorf, Bund für Freie Schulgemeinden, Landschulheim am Solling, Akademische Vereinigungen Marburg und Jena, Dürerbund, Comeniusgesellschaft, Bodenreform, Völkerverständigung, Frauenbewegung, Abstinenzbewegung, Rassenhygiene.
151 Paul Lafargue: Die Ursachen des Gottesglaubens. In: NZ 24(1906)I, S.554/555. – Lafargues freidenkerische Ansichten sind bisher in der Literatur ungenügend gewürdigt. Dazu zählten seine Ideevom „Recht auf Faulheit", gegenüber der Forderung „Recht auf Arbeit", und sein gemeinsamer Freitod mit Laura Lafargue, als sie 1911 meinten, am Ende ihrer persönlichen Leistungsfähigkeit und Nützlichkeit für die Gesellschaft angekommen zu sein.

für den individuellen und gesellschaftlichen Lebenslauf. Das sensibilisierte sie für praktische Kulturarbeit und machte aus ihnen Kulturarbeiter, die nach lebensweltlichen Verankerungen ihrer neuen Weltanschauung Ausschau hielten. Kulturelle Bildung wurde als Produktion ganzheitlicher sozialer Wesen gefaßt. Die Aneignung von musischen Fähigkeiten sollte teils dort hinführen, teils sah man in der Gegenwart bereits Spuren des Kommenden. So glaubte Albert Kalthoff, in der sozialen Kunst und in der Arbeiterdichtung Anklänge an die „altchristliche Empfindungswelt" zu sehen. Man spreche im Volke vom „Advent der Demokratie" und feiere Auferstehungsfeste. „Aber wie der Pessimismus des alten Christentums den Ausgangspunkt einer neuen messianischen Zukunftsperspektive bildete, so entsteht nun auch auf dem Boden der Kulturmüdigkeit eine neue Lebensbejahung, eine Glaubens- und zukunftsfrohe Schau in große, in letzte Kulturaufgaben und Kulturziele."[152]

Ein gemeinsamer Nenner im dissidentischen Verständnis von Kulturarbeit ergab sich im einmütigen Eintreten für mehr Allgemeinwissen. Die ästhetische Bildung war darin eingeordnet.[153] Das verdeutlicht die Rubrik *Monistische Kulturarbeit* der Zeitschrift *Monistisches Jahrhundert*. Sie berichtete über Erkenntnisse der Physik und der Medizin, brachte Berichte zur Rechts-, Boden-, Sexual- und Schulreform, über Mutterschutz, Friedensbewegung, Alkoholfrage und Genossenschaftswesen. Werkbund und Kunst kamen ebenfalls vor, wurden aber nicht besonders betont. Ziel blieb, nach Bruno Wille, „der freie Vernunftmensch". Man müsse „die edlen Anlagen der mangelhaft kultivierten Masse zur Entfaltung bringen; es gilt, dem Volke Wissenschaft und Kunst ... zu vermitteln". Das sollten „gute Bücher, Belehrungen, Theatervorstellungen, Konzerte, Gemälde und sonstige Bildungsmittel bewerkstelligen ... Was wir brauchen sind Bildungsgesellschaften, Freidenkervereine, Diskutier-Klubs, Freie Volksbühnen (,) Volksbibliotheken, billige Bücher."[154] Konsequenterweise stand der Satzung der *Neuen Freien Volksbühne* von 1892 der Wahlspruch voran: „Die Kunst dem Volke." Hinsichtlich der angestrebten Strukturen unterschied sich das nicht viel von den Ideen des *Evangelisch-sozialen Kongresses* oder gar jenen, die Volksheime für die Erziehung im patriotischen Geist nutzen wollten.[155] Eingebettet in solche Vorschläge errichtete Arthur Pfungst die erste

---

152 Kalthoff: Christentum, S.38, 36.
153 Vgl. Richard v. Schubert-Soldern: Die soziale Bedeutung der ästhetischen Bildung. Vortrag. Leipzig 1897.
154 Bruno Wille: Philosophie der Befreiung durch das reine Mittel. Beiträge zur Pädagogik des Menschengeschlechts. Berlin 1894, S.11, 394. – Die Schrift diente wesentlich zur Begründung seines Abschieds vom staatsfixierten Parteisozialismus der SPD, wobei er an einem „freiheitlichen Sozialismus" festhielt, unter Berufung vor allem auf Benedikt Friedländer: Der freiheitliche Sozialismus im Gegensatz zum Staatsknechttum der Marxisten. Berlin 1892.
155 Vgl. Wilhelm Wetekamp: Volksbildung – Volkserholung – Volksheime. Neue Wege zu ihrer Förderung. Berlin 1900, S.22/23 (Vorträge und Aufsätze aus der Comenius-Gesellschaft, 8/1): Man müsse mehr Obacht auf die ästhetische Qualität der Kaiser-Denkmäler legen, die neben den Volksheimen einen guten Platz hätten. In diesen Gebäuden sollten die Büsten verdienter

Frankfurter Freibibliothek mit öffentlicher Lesehalle (die zweite in Deutschland). Er und andere unterstützten den *Verein für die Massenverbreitung guter Schriften*[156], obwohl hier viele Christen mitarbeiteten.

Die Dissidenten bewegten sich mit ihren Initiativen im Ideenfeld ihrer Zeit. Sie legten allerdings ein Schwergewicht auf Weihen und Feiern. Familiäre Geburtstagsfeiern hatten sowieso schon weitgehend die Namenstagfeste abgelöst. Nun sollte die Namensgebung die Taufe ersetzen, die Jugendweihe die Konfirmation, die feierliche Eheschließung im Standesamt die kirchliche Hochzeit und die weltliche die religiöse Totenfeier. Vor allem aber wollten sie den staatlichen Feierkalender seiner kirchlichen Stütze berauben, doch fehlte ihnen dazu der Einfluß. Um so energischer entwickelten sie Formen, die jahreszeitlichen Höhepunkte zu begehen, wobei der bäuerliche Lebensrhythmus als Ideenspender diente: Ostern als Winterende, Pfingsten als Abschluß der Aussaat und im Herbst schließlich das Erntedankfest. Deshalb trugen Freidenker dazu bei, Germanenkulte zu revitualisieren, die Wintersonnenwende zu feiern statt Weihnachten und die Sommersonnenwende als sozusagen ureigenes Fest zu begehen. Wie andere an anderen Orten feierten die Jenaer Monisten wie jedes Jahr so auch am 22. Juni 1911 in der Oehlmühle. Es kamen um die siebzig Personen, die um ein offenes Feuer standen, Rezitationen anhörten und im gemeinsamen Schlußgesang das Lied anstimmten „Kommt Monisten, preist die Stunde".[157]

Von den „Andachten" abgesehen, teilten die meisten Freidenker zugleich die Illusion ihrer kirchlichen Konkurrenz, man könne „die Branntweinkneipe und das Tingeltangel mittelst Theaterbesuchs ... verdrängen".[158] Es zeigten sich hier allerdings einige deutliche Unterschiede zwischen den entschiedenen Monisten und den mehr auf Ausgleich bedachten Ethikern. Letztere neigten eher zu einer Praxis, die Kultur für alle bereitstellt[159], während die Monisten rigoroser gegen den Alhoholgebrauch vorgingen und dafür stärker Kunst nutzen wollten. Beide waren aber der Auffassung, daß mit „Weltanschauungen allein keine neue Kultur heraufgeführt" werden kann. Es

---

Bürger aufgestellt werden. Sie müßten überhaupt Stätten „der dankbaren Erinnerung und Ehrung sein, wie es im griechischen Altertum die Festplätze und die Vorhallen der Tempel waren.
156 Dieser Verein war 1889 in Weimar gegründet worden und bestand etwa zehn Jahre. In der Nachfolge entstand 1905 in Berlin der *Verein für Massenverbreitung guter Volksliteratur*, dem etwa 2000 Mitglieder angehörten und der vom Braunschweigischen Gesandten in Preußen geleitet wurde, dem Freiherrn v. Cramer.
157 Vgl. Notiz. In: Der Monismus 6(1911)63, S.390.
158 Emil Reich: Die Kunst und das Volk. Vortrag. In: Ethische Ausblicke und Hoffnungen. Eine Sammlung der Vorträge und Erörterungen, welche im August 1893 in Eisenach stattgefunden, hg. v. Gustav Maier, Berlin 1895, S.176.
159 Vgl. Reich: Kunst, S.182/83. – Die sozialdemokratische Rezeption dieser Losung hat hier ihren Anfang in einem der wenigen positiven Reaktionen auf den Eisenacher ethischen Kongreß. Reichs Vorstellungen über Kunst und Volk werden ausdrücklich gelobt von A. R. Hardeg: Einige Worte zur ethischen Bewegung. In: NZ 11(1892/93)50, II, S.728-731.

bedürfe schon des Mitwirkens an der sozialen Arbeit. Doch sei diese bisher „im wesentlichen Frauentätigkeit".[160] Friedrich Jodl forderte 1911 die Öffnung der Kultureinrichtung für alle, also auch für das niedere Volk. Allen „Menschen müssen die Segnungen der Kultur möglichst erschlossen werden".[161]

Die Anhänger des *Weimarer Kartells* suchten die konzeptionelle Nähe zu den Lebensreformern, erinnert sei an Vielhabers Ideen zu einem *Jungdeutschen Kulturbund*. Sie stützten sich in ihren Gesundheitsappellen gegen das Rauchen und für Mäßigkeit bzw. Abstinenz beim Alkoholgebrauch vorwiegend auf volkswirtschaftliche und sozialhygienische Argumente. Vor allem der letztere Gesichtspunkt spielte bei den Monisten eine große Rolle, weil sie ihn mit rassenhygienischen Fragestellungen verbanden. Dabei holten sie sich ihre Belege bei antialkoholischen Vereinen, auch wenn diese christlich inspiriert waren. 1883 wurde der *Deutsche Verein gegen den Mißbrauch geistiger Getränke* gegründet, 1884 der *Blau-Kreuz-Verein* und 1889 der *Guttempler-Orden*. Vor Ausbruch des ersten Weltkrieges existierten immerhin über dreißig Abstinenzorganisationen (darunter der *Arbeiter-Abstinentenbund*) mit über 400 000 Mitgliedern, darunter auch korporative, so daß sich eine genaue Mitgliederzahl schwer ermitteln läßt. Besonders der *Deutsche Verein gegen den Mißbrauch geistiger Getränke* besaß ein umfassendes kulturpolitisches Konzept. Er forderte vom Staat, auf gesetzlichem Wege das alkoholische Angebot zu beschränken. Das lief auf eine deutsche Prohibition hinaus. Zugleich verfolgte er wie kein zweiter Verein dieser Art ein praktisches Bündnis mit allen, die eine Verbesserung der Nahrung und Wohnung wünschten (Volksküchen, Konsumgenossenschaften, Volksbildungsvereine), Erholungs- und Bildungsstätten sowie Trinkerheilanstalten einführen oder Produktionsstätten für nichtalkoholische Getränke (Selters, Sinalco, Säfte) steuerlich bevorteilt wissen wollten.[162]

Die Dissidenten machten sich die Mehrzahl der Programmpunkte zu eigen. Bei ihnen zählten die fröhlichen Zecher und bekennenden Tabakraucher nicht zu den Wortführern. Sie suchten nach Ersatzangeboten für Kneipen und Kirchen. Hatte Penzig die Zukunft der Kirchen noch recht allgemein in Frage gestellt, so konkretisierte Peus alternative Vorstellungen und bezog sie auf praktische Kulturarbeit. Peus begann seine Freidenkerkarriere nach einem Theologiestudium (1883-1889 in Berlin), als er die Priesterweihe ablehnte. 1890 setzte seine Agitation für die Sozialdemokratie ein. Er begann für sie im Anhaltinischen als Redakteur zu arbeiten. 1890/91

---

160 Julian Marcuse: Mitarbeit in der sozialen Praxis. In: MJ 1(1912/13), S.382/383.
161 Friedrich Jodl: Der Monismus und die Kulturprobleme der Gegenwart. Vortrag, geh. auf dem Ersten Monisten-Kongresse am 11. September 1911 zu Hamburg. Leipzig 1911, S.36.
162 Zur „Alkoholfrage" vgl. Manfred Hübner: Zwischen Alkohol und Abstinenz. Trinksitten und Alkoholfrage im deutschen Proletariat bis 1914. Berlin 1988. – Hasso Spode: Die Macht der Trunkenheit. Kultur- und Sozialgeschichte des Alkohols in Deutschland. Opladen 1993.

trat Peus als „Cand. der Philos." mit einigen anspruchsvollen Vorträgen in der *Freireligiösen Gemeinde zu Berlin* auf[163], die er anschließend im Selbstverlag herausgab. Danach mußte er für ein Jahr aus politischen Gründen ins Gefängnis. Schließlich trat er als freidenkerischer Monist, Genossenschaftler, Abstinenter, Kommunalpolitiker (1900-1933 Stadtverordneter von Dessau), Religionsfachmann, Mitbegründer des *Vereins Arbeiterpresse* und Erfinder der Kunstsprache Ido im Namen der Sozialdemokratie in die deutsche Öffentlichkeit.[164] 1896/98, 1900/06, 1912/18 schickte ihn der Wahlkreis Potsdam/Westhavelland in den Reichstag. Gleichzeitig saß er seit 1903 als Abgeordneter im Anhaltinischen Landtag.

Peus war einer der wenigen sozialdemokratischen Politiker mit einer ausgesprochen kulturellen Konzeption. Nach seiner Überzeugung mußte der Arbeiter „ein Mensch für die Öffentlichkeit" bleiben. Nur dadurch höre er auf, „nur Arbeiter zu sein; er wird Genosse und Bürger, ein größerer und wertvollerer Mensch, er lernt Handeln im Interesse der allgemeinen Wohlfahrt".[165] Peus' Konzept empfahl den Arbeitern das Volkshaus. Dieses sei „für den modernen Arbeiter der Tempel seiner öffentlichen Betätigung. Bis jetzt waren in unseren Städten und Dörfern die Kirchen, die Bet- und Predigthäuser, die hervorragendsten Gebäude, in Zukunft werden es die in ihrer Bedeutung über die Kirchen weit hervorragenden Volkshäuser sein".[166] Peus wollte ein Gegengewicht zu den Kneipen auch deshalb schaffen, weil er im Bier- und Schnapskapital, im kommerzialisierten Freizeitmarkt überhaupt, einen Feind der deutschen Kultur sah. Max Henning folgerte, die Kirchen sollten durch Kulturhäuser ersetzt werden: „im Gegensatz zur alten Kultusgemeinde" erstrebe das Kartell das „Gemeindehaus".[167]

Freidenkerische Künstler

Wer selbst Künstler war, neigte auch in der dissidentischen Bewegung dazu, ästhetische Wirkungen zu überschätzen. Pfungst, Unold und andere sahen

---

163 Vgl. Heinrich Peus: Religion und Moral. Vortrag ... 22. Juni 1890. Berlin 1890. – Ders.: Unabhängigkeit der Überzeugung. Vortrag gehalten ... in der Freireligiösen Gemeinde zu Berlin am 13. August 1890. Berlin 1890. – Ders.: Sitte und Sittlichkeit oder Nicht Autorität, sondern Freiheit. Vortrag ... 15. März 1891. Berlin 1891.
164 Vgl. Heinrich Peus: Der Wohnungsjammer des Proletariats. Dessau 1894. – Ders.: Ein Wort zu dem Streit um den Austritt aus der Landeskirche. Dessau 1894. – Das Kapital der organisierten Verbraucher. Eßlingen 1916. – Ders.: Kulturschädlichkeit von Konfession und Kirche. Leipzig 1914. – Ders.: Kurzer Abriß der Welthilfssprache Ido. Charlottenburg 1913. – Ders.: Religion und Sozialdemokratie. Dessau 1894.
165 Heinrich Peus: Das Volkshaus wie es sein sollte. In Deutsch und in Ido. Berlin o.J. (1913), S.6.
166 Peus: Das Volkshaus, S.6.
167 Handbuch, S.32.

sich zuallererst als Dichter. Ostwald, wie vielen Naturwissenschaftlern in der Freidenkerei, lag solches Denken völlig fern, weshalb er rückblickend über Unold schrieb, „er litt an der Vorstellung, daß in ihm ein großer Dichter verborgen sei, und wenn ihn die Poesie ergriff, so hielt er die Hingabe an ihren Ruf für seine erste Pflicht, der sich alles andere, auch seine Herausgebertätigkeit [der Bundeszeitschrift, H.G.], unterzuordnen hatte".[168] Solche Urteile beleuchten die kulturellen Profile in der dissidentischen Bewegung und das im Spektrum der freigeistigen Ansichten, für die das *Weimarer Kartell* eintrat. Ihre Kunst sahen sie nicht als eine besondere freidenkerische (wie in den Zwanzigern[169]), sondern als Religionsersatz. Mehr noch, vielen Freigeistern war Religion generell nur der gefühlsmäßige Ausdruck und die ästhetische Seite von Weltanschauung. Wenn sich diese, so Ludwig Kuhlenbeck für den *Bruno-Bund*, „nicht an den bloss denkenden Verstand, sondern auch an das Gemüt" richtet, „sinnliche Bilder und Gleichnisse benutzt und ästhetisch wird, nennen wir sie Religion".[170] Oder, mit Oswald Koehler anders gewendet: „Der gebildete Mensch braucht keine Religion. Die geistigen Bedürfnisse des Menschen, denen die Religionen dienen, können durch die Wissenschaft, die Kunst und die sozialpolitische Entwicklung befriedigt werden."[171]

Unterhalb dieser grundsätzlichen Ebene der Gleichsetzung von Kunst mit Religion, lag das pragmatische Interesse der freidenkerischen Organisationen auf einer Gebrauchskunst für die eigenen Weihe- und Festveranstaltungen (Namengebung, Jugendweihe, Sonnenwendfeiern) sowie für Versammlungen (Prologe, Ansprachen, Lieder, kleine Bühnenstücke). Die Masse der Mitglieder wurde vor allem durch die Andachten erreicht, die damals ebenso beliebt waren wie die textlich ausgefeilten, illustrierten Kalender, so etwa durch den in den in der Freidenkerbewegung beliebten *Almanach*, den Karl August Specht jährlich herausgab.[172] Rudolf Lebenhart verlegte im *Anzengruber-Verlag* ein *Jahrbuch für Freidenker*.[173] Bruno Wille und Wilhelm Bölsche gehörten zum Berliner Friedrichshagener Dichterkreis.[174] Wille, „die ‚Sozialisierung' auf dem Gebiete künstlerischen

---

168 Ostwald: Lebenslinien, S.242.
169 Vgl. Freidenkertheater-Bibliothek. Dresden 1921 ff. – Lieder zur Wintersonnenwende. Hg. v. Deutschen Monistenbund, Ortsgruppe Hamburg. Hamburg 1922 (Monistische Bibliothek, 31). – Rudolf Franz: Freidenkergeschichten aus der Weltliteratur. Ausgew. u. m. e. Einl. „Die Freidenkerwelt in der Literaturgeschichte", Berlin 1929.
170 Kuhlenbeck: Giordano Bruno, S.5.
171 Koehler: Natur, S.354/355. – Vgl. ebd. S.355: In der künftigen Gesellschaft sollen „die Menschen hinsichtlich der Religion (nicht) unter Polizeiaufsicht stehen ... Die Religion darf keine Staatssache sein, sondern muß eine Privatsache werden."
172 Vgl. Freidenker-Almanach. Freireligiöser Kalender auf das Jahr ... Hg. v. Karl August Sprecht, Gotha 1(1872)-41(1912).
173 Vgl. Jahrbuch für Freidenker. Hg. v. Rudolf Lebenhart, Wien, Leipzig 1914 (wegen des Krieges erschien nur die Ausgabe 1914).
174 Vgl. Ursula Münchow: Deutscher Naturalismus. Berlin 1968, S.71-86. – Wille-Buch, S.18: „1887 wurde ich Mitglied eines Bundes junger Poeten, der sich ‚Durch' nannte und

Erlebens ... frei ... von allen Doktrinen der Parteilichkeit"[175] erstrebend, wurde zum Gründer der Volksbühnenbewegung.[176] Der Leipziger Maler, Schriftsteller und Deutschkatholik Friedrich Bosse (1848-1909; Pseudonym: Heinrich Friedrich) war wie Wille der Sozialdemokratie verbunden. Er schrieb den innerhalb der freigeistigen Bewegung viel beachteten Essay über die *Gewissensfreiheit*.[177]

Viele Aktivisten der Freidenkerei waren wie Bölsche, Pfungst, Unold und Wille zugleich Dichter, so der Freigemeindler Ernst Däumig (Berlin; 1909 Verfasser des Laienspiels *Maifeier*) und der Monist Dr. P. Eger in Jena, Leiter des dortigen Jugendunterrichts und Verfasser der Hymne *Der neue Mensch*. Martha Asmus, Rudolf Goldscheid, Carl Hauptmann (Monist, Mutterschutz), Grete Meisel-Heß, Max Nordau (Freidenker), Luise Oettinger (Mutterschutz), Friedrich Sundermann (geb. 1843; Monist; Lehrer in Ostfriesland), Norbert Falk (Mutterschutz) und vor allem Hermann Sudermann (1857-1928; Berlin; Monist und Mutterschützer) brachten sich als belletristische Schriftsteller ein. Theodor Traub veröffentlichte seine gesammelte *Freidenkerweisheit*.[178] Von den Dichtern unter den Freidenkern sind Friedrich Wilhelm Gerling (Mitglied des Bundesausschusses; Dichter und Redakteur) und Emil Rosenow (1871-1904) hervorzuheben, Autor der Berliner Erfolgskomödie *Kater Lampe*. Während Gerling intensiv nach einem Ausdruck seiner freigeistigen Befindlichkeit und metaphysischen Bedürfnisse suchte[179], war Rosenow ein politischer Mensch, saß für die Sozialdemokratie im Reichstag und begründete einen eigenen Verlag. Von ihm stammte eine an Corvin angelehnte, ungemein populäre Kulturgeschichte der religiösen Kämpfe nach Luther, deren Erfolg er wegen seines frühen Todes nicht mehr erlebte.[180]

Einige wenige Dissidenten arbeiteten als Architekten, so die Monisten Josef Eich (Alt-Strelitz) und Heinrich Lotz (Nürnberg). Schon größer war die Gruppe der Kunstmaler: der Freidenker Heinrich Jaschke (Nürnberg, Obmann der Konfessionslosen), die Monisten G. Reinhardt in Jena, Fritz

---

Persönlichkeiten wie Gerhart Hauptmann, die Brüder Hart, Leo Berg, Adalbert v. Hanstein, Wilhelm Bölsche enthielt." – Ebd. S.10: „Anfang der neunziger Jahre gelangte der Widerspruch zwischen Poesie und moderner Weltanschauung zu einem Austrag in mir."
175 Wille-Buch, S.18.
176 Vgl. Heinrich Braulich: Die Volksbühne. Theater und Politik in der deutschen Volksbühnenbewegung. Berlin 1976.
177 Vgl. Friedrich Bosse: Verschiedene Weltanschauungen. Soziales Bild. Leipzig 1894, 2. Aufl. u.d.T. Gewissensfreiheit. Leipzig 1910.
178 Vgl. Theodor Traub (in Stuttgart): Freidenkerweisheit. Gütersloh 1914.
179 Vgl. Friedrich Wilhelm Gerling: Briefe eines Materialisten an eine Idealistin. Berlin 1888. – Ders.: Der Jesuit und der Freidenker. Lustspiel in 3 Akten (1894). Leipzig 1905 (Soziale Bühne, 2). – Ders.: Prinz Siddhârtha, der Buddha. Episch-dramatische Handlung in 5 Akten. Berlin 1899 (erschienen bei Adolph Hoffmann).
180 Vgl. Emil Rosenow: Wider die Pfaffenherrschaft. Kulturbilder aus den Relgionskämpfen des 16. Und 17. Jahrhunderts. Fortgef. v. Heinrich Ströbel. 2 Bde, Berlin 1904, 1905.

Reusing in Düsseldorf, Johanna Kirsch (Ethikerin, München) und Leonhard Schrickel (Köln) sowie der Freidenker Bruno Sommer (der unter dem Pseudonym Balduin Säuberlich auch Artikel schrieb). Als Bildhauer verdienten sich Hugo Rheinhold und Carl Retzlaff in Berlin, Petersen und George von Hoeßlin in München (alles Ethiker) und Gustav Herold (Monist) in Frankfurt am Main ihr Geld. Der Musiklehrer C. Eberle leitete in Neu-Ulm einen *Monistischen Lesekreis* und der Ethiker Levy war Kapellmeister in Breslau. Von den Schauspielerinnen engagierten sich Gertrud Eysoldt, Anna Rubner und Irene Triesch aus Berlin für den Mutterschutzbund und Maria Holgerswart als „Vortragskünstlerin" im Monistenbund. Von Penzig abgesehen bestand der ganze Vorstand des *Bruno-Bundes* aus Künstlern.

Abgesehen von den berufsmäßigen Künstlern wirkten in der Freidenkerei viele Enthusiasten, die sich als Kämpfer gegen „Schundliteratur" oder andere Zeugnisse der modernen „Unkultur" hervortaten. Zu ihnen gehörte vor allem Ernst Schultze, der von Hamburg aus als Redner des Kartells auftrat. Schon als Student in Berlin war er der ethischen Kulturgesellschaft beigetreten und seit 1894/95 in deren Sinne öffentlich aktiv. Wie andere Volksbildner kritisierte Schultze die schicksalhafte Ergebenheit vieler Bildungsbürger gegenüber dem Zeitungswesen und der Massenliteratur. Er empörte sich, daß innerhalb des Bürgertums soziale Gruppen in den Vordergrund rückten, denen höhere Bildung fremd blieb, die Illustrierte lasen oder in den Kintopp gingen, ganz allein zu dem Zweck, die „Sucht nach Aufregung" zu befriedigen. „Dem Großstadtmenschen ist es eben nicht mehr genug, eine Schale Kaffee zu genießen und eine Zigarre dazu zu rauchen, – er muß seine Sinne auch noch durch andere Reizmittel anregen lassen."[181] Schultze und andere Akademiker, etwa Ziegler, blickten desillusioniert und zum Teil ratlos auf das Kulturniveau des eigenen Standes – „als ob in unseren Kaffeevisiten und an unsren Stammtischen die wahre Bildung wirklich so im Überfluß zu finden wäre, in Theatern und Opern wirklich nur ideale Genüsse aufgesucht würden!"[182]

Dichter, Maler, Bildhauer und Musiker, die sich der dissidentischen Bewegung anschlossen, gerieten in doppelte Bedrängnis: Sie waren organisierte Freidenker und freie Künstler zugleich. In dieser Lage bedrückte sie ihre Situation als Dissidenten allerdings stärker als die, vielleicht unverstandene Künstler zu sein. Daß ihre Kunst nur unter Freigeistern geschätzt wurde, lag in ihren Augen weniger an der Ästhetik als am hergebrachten, christlich und kirchlich geprägten Geschmack. So tendierten sie auch nicht

---

181 Ernst Schultze: Die Schundliteratur. Ihr Vordringen. Ihre Folgen. Ihre Bekämpfung. Halle 1909; zit. nach Ders.: Die Schundliteratur. Ihr Wesen. Ihre Folgen. Ihre Bekämpfung. 2., stark verm. Aufl. mit zahlreichen Abbildungen. Halle 1911, S.61, 60. – Vgl. Ders.: Die Gefahren der Schundliteratur und ihre Bekämpfung durch die Schule. Langensalza 1910 (Zur Volksschulpädagogik, 13).
182 Ziegler: Soziale Frage, S.71.

dahin, die von ihnen gegründeten Vereine ausschließlich in den Dienst ihrer persönlichen ästhetischen Ambitionen zu stellen. Zuerst war geistige Freiheit zu erringen. Deshalb bezeugte und förderte ihr praktisches Tun eine Haltung, in der das Recht auf individuellen Geschmack außer Zweifel stand. So finden sich in der dissidentischen Bewegung nahezu alle Kunstrichtungen der Zeit vertreten, mit Vorlieben für den Naturalismus und den Jugendstil – und allesamt weniger „staatsnah", „national" und „militärisch" orientiert als ihre Konkurrenz auf christlicher Seite oder in den Kunstakademien. Doch in einer Hinsicht blieben auch die Freidenker den Vorurteilen ihrer Zeit verhaftet. Gegenüber dem Massengeschmack blieben sie Kulturkritiker. Während sich in den USA die entstehende Unterhaltungsindustrie mit den Alkoholgegnern verband, gleich, ob religiös oder ethisch motiviert, kam es in Deutschland nicht zu einem solchen Pakt. Man blieb hier der höheren Kulturpflege verbundenen, wie sie der *Dürerbund* programmatisch vertrat.

So sehr man sonst mit Avenarius der Meinung war, Kunstpolitik sei keine Parteisache, und so sehr man wie er das „geheime Wüsten des Kolportageromans, das Auffressen des Volksgesangs durch den Tingeltangel-Gassenhauer, das Versickern des Lebensflusses von der Natur her in unsern großen Städten" verurteilte und auf die „Verdrängung roherer Genüsse durch feinere, ... Veredlung der Volksfeste, ... Besserung des täglichen Lesestoffs in den Zeitungen" hoffte – Dissidenten bezogen eindeutiger Partei gegen die *Lex Heinze*. Doch war es in erster Linie die christliche Begründung der *Lex Heinze*, die den Dissidenten mißfiel. Vor allem deshalb meinten sie eben nicht, daß man schon irgendwie „einen Weg gefunden hätte, die Schundliteratur, die lüsternen Bilder, die gemeinen Postkarten u.s.w. mit ihrer Gefährdung insbesondere der Jugend zu unterdrücken" im Namen irgendeiner „unparteiischen Partei der Sachlichen".[183] Die Gründer des Kartells, so sehr sie sonst unpolitisch reagierten, setzten sich bewußt dem Vorwurf des *Goethebundes* aus, „mit Volksversammlungsresolutionen" letztlich der Kunst zu schaden.[184]

„Kultur" als staatliche Veranstaltung

Ein staatlicher Kulturauftrag ließ sich nach den Preußischen Reformen von 1807-1817 und nach der Zurückdrängung des Konzepts polizeilicher Wohlfahrtspflege nur noch aufrechterhalten, „wenn der Staatszweck sich in der Rechtswahrung erschöpfte ... Eben das war der Weg, den die liberale Staatsrechtslehre einschlug ... Vorbeugend wirkte aber am besten eine Erziehung

---

183 Ferdinand Avenarius: Kunstpolitik. In: KW 15(1902)19, S.282/283.
184 Vgl. KW 15(1902)12, S.599.

zu rechtlicher Gesinnung."[185] Die Legitimation öffentlicher Aufwendungen für Kultur aus Gründen der sozialen Prophylaxe mußte den Gebildeten erst plausibel werden, die darin eine unzulässige Profanierung ihre Wertsetzungen sahen. Diskussionen über „Halbstarke", „Hooligans", „Schundliteratur", „Gassenhauer" und „Kinoseuche" sensibilisierten für vorbeugende Ideen. Die Unterscheidung von Volkskultur und wirklicher Kultur half über die Zumutung hinweg, dabei womöglich Perlen unter die Säue zu werfen. Man hielt den Anspruch hoch und verpflichtete den Staat, nur wirklich Wertvolles zu fördern und Kunstgeschmack, wo er nicht vorauszusetzen war, durch Kulturarbeit zu erzielen.

Die Idee, „Kultur" als soziales Verhütungsmittel einzusetzen, brachte seit den Neunzigern öffentlich finanzierte Unternehmungen hervor, die neben einem allgemeinen Zuwachs an kultureller Bildung vor allem versprachen, die Adressaten moralisch zu bessern.[186] Dieses Versprechen leitete sich unter anderem aus der damals bahnbrechenden Präventivtheorie ab. Franz von Liszt, Leiter des *Berliner Kriminalistischen Seminars* und Gründungsmitglied der *Deutschen Gesellschaft für Ethische Kultur*, bestimmte das Strafrecht als Mittel der Sozialsteuerung.[187] Seine Ansicht, wonach das Verbrechen sowohl eine antisoziale Haltung des Täters offenbart, aber zugleich sozial bedingt ist, inspirierte schon zu seinen Lebzeiten die Systeme der sozialen und kulturellen Arbeit. Die Begründung der rechtsstaatlichen (statt polizeistaatlichen) Strafrechtsauffassung und Liszts Ideen über vorsorgende Maßnahmen verbanden sich mit Theorien der sozialen Vorsorge, die auf die Sicherung sittlich einwandfreien staatsbürgerlichen Handelns in der Industriegesellschaft zielten.[188]

Hier lag der Ansatz, Kultur als öffentliches Angebot mit sozialen, ökonomischen, gesundheitlichen und anderen Bereichen der „Daseinsvorsorge" zu verknüpfen, also mit „Leistungen, auf welche der in die modernen eigentümlichen Lebensformen verwiesene Mensch lebensnotwendig angewiesen ist".[189] Der Polizeistaat konnte zwar, so Forsthoff 1938, „das berufliche Leben reglementieren, er konnte Kant tadeln, Schiller zensurieren und die Verbreitung deterministischer Lehren verbieten, er konnte gewiß bis in die Einzelheiten hinein bestimmen, *wie* gelebt werden sollte. Aber die Vorsorge

---

185 Grimm: Kulturauftrag, S.55. – Udo Steiner: Kulturauftrag im staatlichen Gemeinwesen. In: Veröffentlichungen Nr. 42. Berlin, New York 1984, S.15.
186 Heute lauten die Überschriften ganz offen „Theater gegen Gewalt", „Kunst gegen Rassismus" oder „Musik gegen Ausländerhaß".
187 Vgl. Franz v. Liszt: Der Zweckgedanke im Strafrecht. In: Zeitschrift für die gesamte Strafrechtswissenschaft, Berlin 3(1883)1, S.1-47.
188 Vgl. Soziale Sicherheit und soziale Disziplinierung. Hg. v. Christoph Sachße u. Florian Tennstedt, Frankfurt a. M. 1986.
189 Ernst Forsthoff: Die Verwaltung als Leistungsträger. Stuttgart, Berlin 1938 (=Königsberger Rechtswissenschaftliche Forschungen, 2), S.7, 18.

dafür, *daß* überhaupt gelebt werden kann, lag nicht annähernd in gleichem Umfang bei ihm, wie heute."[190] Wenn aber dem Staat immer mehr Einfluß auf den „kulturellen Bereich" genommen und die Gängelei der Intellektuellen zurückgedrängt wurde[191], woraus sollte sich sein Auftrag ableiten, dafür öffentliche Gelder herzugeben? Tatsächlich wuchsen die Kulturetats. Dieser Wandel bedurfte der Rechtfertigung. Sie ergab sich kurioserweise weniger aus der Begründung, hier handle es sich nun einmal um „Kultur", sondern aus der Annahme, „Kultur" sei omnipotent, also auch in der Lage, moralisch erziehend und sozial beruhigend zu wirken: Der Kunst betrachtende Hooligan läßt von seinem Zerstörungswerk ab, bildet sich weiter und gründet eine intakte Familie. Am Beispiel der Sozialisierung der Theater an der Wende zum 20. Jahrhundert wird diese Spekulation und deren Einfluß auf die Geschichte der Kulturförderung plastisch.[192]

Im 18. Jahrhundert gingen die Landesfürsten dazu über, komödiantische Truppen seßhaft zu machen und an ihre Höfe zu binden. Gegen Ende des 18. Jahrhunderts wurden feste Hofbühnen gegründet. Den Hauptbeweggrund für die Anstellung solcher Theatergruppen bildete das Bedürfnis des Hofstaats nach Unterhaltung, besonders nach Repräsentation und damit sozialer und symbolischer Abgrenzung vom Bürgertum. In einigen Residenzstädten kam die Absicht dazu, örtliche bürgerliche Schichten kulturell an den Hof zu binden und umgekehrt, durch finanzielle Zuwendungen an Theater zum Hof und zu seinem Kunstglanz zu gehören. Bei allen unterschiedlichen Vorlieben der einzelnen Fürsten: An erster Stelle standen (nach italienisch-französischem Vorbild) die Opern, die Singspiele und die Ballette. Ausgenommen einige wenige aufgeklärte Höfe, kam erst zum Anfang des 19. Jahrhunderts das Schauspiel im größeren Umfang dazu.[193] Das besondere Abhängigkeitsverhältnis garantierte finanzielle Mittel. Mit der festen Anstellung ehemals wandernder Bühnen wurden aus den Prinzipalen, die zunächst als freie Unternehmer agierten, Angestellte, die einem sogenannten höfischen Regiebetrieb vorstanden. Diese seltsame Lohnarbeit machte die Landesfürsten zu Unternehmern, die diese besondere Leistung kauften.[194]

---

190 Forsthoff: Verwaltung, S.8.
191 Zur Vorgeschichte und Interpretation der Kunstfreiheitsgarantie (Art.5, Abs. 3 Grundgesetz) vgl. Wolfgang Knies: Freiheit der Kunst und Kulturstaat (1967). In: Kulturstaatlichkeit und Kulturverfassungsrecht. Hg. v. Peter Häberle, Darmstadt 1982, S.235-248 (Wege der Forschung, 138).
192 Das folgende nach den entsprechenden Passagen in: Deutsche Verwaltungsgeschichte. I. A. der Freiherr-vom-Stein-Gesellschaft e. V. hg. v. Kurt G. A. Jeserich, Hans Pohl u. Georg-Christoph v. Unruh, 6 Bde, Stuttgart 1985 ff.
193 Es blieb jedoch ein Stiefkind der Oper. Dieser Ursache ist es auch zu verdanken, daß das Musiktheater, im Gegensatz zu den Sprechbühnen, immer eine Sonderstellung behielt: Sprechbühnen rechneten zum Gewerbe und bedurften einer entsprechenden Erlaubnis. In den Sprechbühnen gab es Zensur. Die war seit 1851 nötig, denn von da an durfte in Preußen ohne ausdrückliche Erlaubnis keine öffentliche Veranstaltung stattfinden.
194 Das ist bis heute die Grundkonstruktion aller öffentlichen Regiebetriebe.

Parallel zu den Hofbühnen, aber konträr organisiert, entstanden gegen Ende des 18. Jahrhunderts eine Reihe von Theatern in den Nicht-Residenzen. Hier dominierte das freie Unternehmertum. Aus meist reinen Erwerbszwecken arbeiteten die Theater als Aktiengesellschaften. Da sie sich an ein breites städtisches Publikum wandten, die Gagen gering und die Bühnen oft der einzige Unterhaltungsort waren, aber zugleich Lobby, Börse und Heiratsmarkt, rentierte sich ihr Betrieb durchaus. Die Kommunen mußten nur selten finanzielle Hilfen leisten. Hinzu kamen feste Wandertheater, die sich mehrere Städte im Verbund gemeinsam leisteten, sozusagen im Gastspielbetrieb. Das änderte sich zu Beginn des 19. Jahrhunderts, besonders weil die Inszenierungen anspruchsvoller wurden, sich das Bürgertum kulturell darstellen und sich von den Besuchern vorstädtischer Volkstheater abheben wollte. Mit der nun einsetzenden Ästhetisierung wurden allerdings immer weniger Zuschauer erreicht. Deshalb kauften oder bauten die Kommunen, in denen das Bürgertum das Sagen hatte, für ihre Bedürfnisse weitere Theatergebäude, verpachteten sie an private Betreiber mit dem Ziel, Gewinn zu erwirtschaften. Die damals populäre Idee, aus Theatern eine kommunale Geldquelle zu machen, erwies sich in der Folgezeit als Illusion.[195] Der Eigenbesitz brachte vielmehr die Städte in den Zwang, den Theatern entweder zu helfen oder sie in Konkurs gehen zu lassen. Da kein Magistrat oder Rat kulturlos sein wollte, übernahmen die Städte zunächst die Kosten für Heizung, Strom, Kostüme und schließlich für das Stadtorchester. Damit setzte die Subventionierung des bürgerlichen Kunstbetriebs durch die bürgerlich dominierte öffentliche Hand ein.

Hinzu kamen aber mit der Zeit weitere Aufwendungen, besonders aus baupolizeilichen Gründen: Theater mußten zwischen zwei Zufahrtsstraßen gelegen sein, eine Regenvorrichtung besitzen, zudem einen eisernen Vorhang. Außerdem gab es genaue Vorschriften zur Platzzahl und -anordnung, zu den Notausgängen und Nottreppen. Zu allem Überfluß kamen dann zum 20. Jahrhundert hin noch Rauchabzüge, Lichtanlagen und höhere Gagen hinzu. Dies alles verteuerte die Unternehmen, die man nun nicht mehr privat nennen konnte, es aber formell in aller Regel noch waren. So reifte der Gedanke, im Interesse des Gemeinwohls die Theater in die städtischen Haushalte zu übernehmen. Sie erlebte um die Zeit des Schiller-Jahres 1905 einen Höhepunkt, als man begann, in den Theatern moralische Anstalten zu sehen – aber in einem obrigkeitlichen und volkserzieherischen Sinne. In den Begründungsfiguren zu ihrer öffentlichen Finanzierung wurden die städtischen

---

195 Das ähnelt dem Versuch in der Ostzone/ der DDR Ende der vierziger, Anfang der fünfziger Jahre, um jeder Stadt ein Theater zu verschaffen, dafür die Kinos zu schröpfen – woraufhin deren erstes großes Sterben einsetzte. Vgl. Christine Chotzen: Kulturrevolutionäre Veränderungen in Mecklenburg zwischen 1949 und 1952. Dissertation A, Universität Rostock 1987.

Theater kulturpolitisch zu Einrichtungen der „Kulturpflege" und der „Volksbildung" erklärt. Die Argumente von L. Brentano und G. Adler beförderten diesen Wandel.[196]

1914 gab es 74 ehemalige fürstliche Theater unterschiedlicher Größe, davon waren schon 19 aus der Pacht entlassen, d.h., sie fielen den Kommunen voll zur Last. 14 Städte hatten inzwischen eigene Regiebetriebe. Hinzu kamen in den Städten vor 1914 noch 116 Privattheater, 112 Kurtheater und 84 Wanderbühnen, die insgesamt etwa 350 Städte bespielten. 1913/14 wandten die preußischen Kommunen etwa acht Millionen Mark an Subventionen auf. Diese Mittel deckten etwa zu 50 Prozent die damaligen Kosten der Staats-, Landes- und Gemeindebühnen, deren Existenz damit als gesichert galt. Sie bedurften deshalb keiner besonderen Spielerlaubnis, von den Stücken abgesehen.[197] Das Ergebnis dieses Vorgangs war sehr eigenartig, denn die Idee der Demokratisierung der Kultur nützte dem weiteren Ausbau der Theaterlandschaft, ohne einen nennenswerten Zugang proletarischer Besucher zu verzeichnen. Das Theater blieb eine bildungsbürgerliche Domäne, auch wenn sich deren Struktur änderte und um intellektuelle Gruppen erweiterte. Vor diesem Hintergrund begab sich die Kulturarbeit außerhalb der Theater und Museen in kulturstaatliche Zwänge und kirchliche Verankerung. Das hat der Idee der Prävention durch Kultur als einem Leistungsangebot der öffentlichen Hand einen fortwirkenden hohen Stellenwert verschafft, blieb doch das Ideal der „Kunst für alle" erhalten.

Keim der Subsidiarität:
Vereine und Staat

Heute unterliegt das Wechselspiel zwischen Staat und sozialen Organisationen, soweit sie wirtschaftlich oder auch kulturell handeln, den Grundsätzen des Subsidiaritätsprinzips.[198] Dieses hat eine doppelte Bedeutung. Es wird *zum einen* verstanden als das Behelfs-, Ersatz-, Vertretungs- und Aushilfsprinzip. Danach hat sich alle Staatstätigkeit auf das Lösen solcher Probleme und Aufgaben zu beschränken, die vom Markt nicht oder nur schlecht gelöst werden können. Außerdem verpflichtet es dazu, Zentralität zu schwächen

---

196 Vgl. Brentano: Stellung der Gebildeten. – G. Adler: Sozialreform.
197 1918 existierten in Deutschland zudem 22 Hofbühnen – die durch eine geschickte Aktion kurz vor der Revolution zu Staatstheatern und damit zu chronischen Versorgungsfällen der öffentlichen Hand wurden. Die Begründung lautete, man wolle die Sozialisierung erst einmal in der Volksbildung prüfen, ehe man sie in der Wirtschaft anwendet. Kunst sei schließlich für alle da.
198 Vgl. Oswald v. Nell-Breuning u. F. Prinz: Hilfreicher Beistand: Das Subsidiaritätsprinzip. München 1961. – Subsidiarität und Selbsthilfe. Hg. v. W. H. Asam u. M. Heck, München 1985. – „Subsidium" (lat.): Unterstützung, Beisteuer, Rückhalt, Reserve.

und öffentliche Aufgaben nach unten zu delegieren und, wo sie den hoheitlichen Bereich verlassen, zu privatisieren. Damit sollen maximale wirtschaftliche und soziale Freiheiten der Individuen und zugleich minimale Kosten für staatliches Handeln garantiert werden. *Zum anderen* bedeutet Subsidiarität die solidarische Zuständigkeit der öffentlichen Einrichtungen in allen Fragen, die die Menschen selbst nicht ohne fremde Hilfe zu lösen vermögen. Subsidiarität in der Kulturarbeit ist nur ein Sonderfall und bedeutet sinngemäß: Bereitstellung von finanziellen Mitteln und Mitteln der Verwaltung, Schulung und Ausbildung und sozialen Sicherheit, um allen Menschen der Gemeinschaft gewisse Grundchancen kultureller Entfaltung zu bieten, denn die Bevölkerung hat gewisse Rechte auf kulturelle Fürsorge. Es bedeutet aber auch die Pflicht zur individuellen Leistung, zur Selbstorganisation (etwa in Vereinen), zur Selbstverwaltung der eigenen Angelegenheiten und zum Aufbringen eigener Ressourcen. Der „Kulturbereich" (wie der des Sports) unterscheidet sich von anderen, daß „Kultur" nicht verbindlich vorzugeben, sondern Ergebnis eines Diskurses ist – und eben deshalb eine freiwillige Leistung.

Der Gedanke der Subsidiarität gehört zu den umstrittensten des 20. Jahrhunderts, denn er beschreibt ein gesellschaftspolitisches Verfahren, Interessen auszugleichen, und gibt zugleich ein ideales Modell vor, wie diese Absprache verlaufen soll. Dieses Muster vom Zusammenleben der Menschen in modernen, staatlich verfaßten Gemeinschaften umreißt Strukturen ihrer Kultur und setzt gleichzeitig juristische Grenzen, bei welcher eigenen sozialen Lage der einzelne auf Fürsorge und materielle Unterstützung verzichten muß und selbst dafür zu sorgen hat, durch die Höhen und Tiefen des Leben zu kommen. Bis es nach 1949 in der Bundesrepublik zu diesem Typ gesellschaftlichen Spiels kam, standen sich zwei Standpunkte konträr gegenüber. Vertreter des Liberalismus forderten mehr Rechte und Pflichten der Individuen, ihres je eigenen Glückes Schmied zu sein. Das hatte die letzte Konsequenz, daß ihnen keine Hilfe aufgedrängt werden durfte. Die Haltung geht bis auf Adam Smith' *Reichtum der Nationen* (deutsch 1790) und Wilhelm von Humboldts *Ideen zu einem Versuch, die Gränzen der Wirksamkeit des Staates zu bestimmen* (1792, 1851) zurück.

Ein anderes Konzept verfolgten, mit je verschiedenen Begründungen und Zielsetzungen, sowohl die an Marx orientierte Arbeiterbewegung als auch das konservative Beamtentum. Der Staat habe (vereinfacht ausgedrückt) das Recht und die Pflicht, seine Bürger zu ihrem Glück, zu Wohlstand und Wohlbefinden zu zwingen. Er habe in diesem Sinne sogar eine Kulturpflicht. Um allen die gleichen Rechte auf Glück und Wohlfahrt zukommen zu lassen, war dieses Programm logischerweise entweder auf soziale Gleichheit ausgerichtet und gipfelte in der Idee der Diktatur des Proletariats oder auf eine gewisse ständische Verfassung – aber beide Varianten wollten den starken „Kulturstaat", wenn auch mit differenzierten Inhalten. Im Gegeneinander von polizeistaatlichem Dirigismus und intellektuellem Freiheitsstreben kam in Deutschland ein Kompromiß zum Tragen, der heute Subsidiaritätsprinzip genannt wird.

Einer der ersten Verfechter dieses Konzepts war Friedrich Naumann, der (gemeinsam mit Paul Göhre und anderen) 1896 den *National-Sozialen Verein* gegründet hatte (aufgelöst 1903) und seit 1907 Mitglied des Reichstages war. Seine Ideen spiegeln zugleich den großen Umbruch von einer auf abtrünnige Christen ausgerichteten Volksbekehrung zum Bejahen einer Kultur, die auf Vereinen ebenso beruht wie sie die demokratisierende Potenz des Marktes im Kulturleben anzuerkennen bereit ist.[199] Naumann, ein studierter Theologe, wurde 1883 Oberhelfer bei der *Inneren Mission* in Hamburg und nach 1890 Vereinsgeistlicher in Frankfurt am Main. Naumann setzte sich für die Ausweitung dieser Vereine ein, erkannte aber bald deren begrenzten Einfluß und dachte über ein Wechselspiel von starken Organisationen und starkem Staat nach.[200] Seine Reden auf den Tagungen des *Evangelisch-Sozialen Kongresses* und seine Artikel in der Zeitschrift *Die Hilfe* brachten ihm von seiten der Konservativen den Ruf eines Sozialistenfreundes ein.

Naumann erreichte mit seinen Appellen eine ganze Reihe von Unternehmern, die soziale und kulturelle Vereine stifteten und finanzierten, darunter viele der ethischen und der „Volkswohl"-Bewegung.[201] Bald ergab sich überall das gleiche Bild: Die Vereine und die Kirchengemeinden stellten die Konkurrenz zu den kommerziellen Einrichtungen am Ort. Zudem gab es zahlreiche Vereine, die keinen Anspruch auf Gemeinnützigkeit erhoben. Was auf der großen Ebene der Gesellschaftspolitik als Konflikt zwischen Staats- , Wirtschafts- Gewerkschafts- und Verbandsinteressen erschien, spielte sich auf der unteren Ebene des Kulturlebens in den Kommunen als Hickhack zwischen den Finanziers von Einrichtungen, den Nutzervereinen und dem Gaststättenbetrieb ab: Sollte die Kommune ein Stadthaus bauen oder ein Gesellschafts- oder Volkshaus nutzen? Einflußnahme auf Veranstaltungen, Ausstellungen oder Lesestoffe war nur möglich, wenn die Eigentumskonstruktion dies gestattete oder Gesetze den Einspruch erlaubten. Der

---

199 Vgl. Naumann: Kunst.
200 Friedrich Naumann: Was ist innere Mission? In: Friedrich Naumann Werke. Erster Bd., Religiöse Schriften. Hg. v. Walter Uhsadel. Köln, Opladen 1964, S.68-78; Ders.: Die soziale Bedeutung des christlichen Vereinswesens. Vortrag, Göttingen 1895. In: Ebd. S.424-454; Ders.: Die Erziehung zur Persönlichkeit im Zeitalter des Grossbetriebes. Rede, gehalten am 26. Februar 1904 im Berliner Lehrerverein. 2. Aufl., Berlin-Schöneberg 1904.
201 Vgl. Die Anbahnung und Pflege von Beziehungen zwischen den verschiedenen Volkskreisen (Volksheime). 15. Konferenz der Centralstelle für Arbeiter-Wohlfahrtseinrichtungen am 7. und 8. Juni 1906 in Nürnberg und Fürth. Berlin 1907 (Schriften der Centralstelle für Arbeiter-Wohlfahrtseinrichtungen, Nr. 31).

hohe Stellenwert von Geschriebenem in der damaligen Kultur ließ die Kontroversen am Beispiel der Vereinsbibliotheken eskalieren.[202]

Als einer der ersten hatte der Amts- und spätere Landrichter Paul Felix Aschrott aus volkserzieherischer und juristischer Sicht für kommunale Bibliotheken gestritten.[203] Bei dissidentischen Protagonisten kultureller Arbeit stieß dieses Vorhaben zunächst auf Vorbehalte, da die Kommunen noch weitgehend unter staatlichem Kuratel standen. Zwar seien die öffentlichen Bibliotheken in den USA auch eine städtische Sache, argumentierte Pfungst, doch sei dort schon Demokratie bis in die Köpfe der Menschen vorgedrungen. In Deutschland stehe dagegen die Bildungs- und Bibliotheksarbeit noch vor der Aufgabe, „die Volksgenossen einander zu nähern, sie an Duldung zu gewöhnen".[204] Direkt auf Aschrott reagierend, forderte Pfungst für die ethische Kulturgesellschaft private, nicht städtische Einrichtungen: „Es ist absolut keine Sicherheit in Deutschland vorhanden, daß solche Volkslesehallen frei von allen politischen und religiösen Tendenzen verwaltet werden würden."[205] Nur in größeren Gemeinden, so ergänzte Tews, fänden die „Grundsätze der Unparteilichkeit und der Toleranz Anerkennung" und auch nur in „von Vereinen ins Leben gerufenen Bibliotheken". Doch müsse man einsehen: Die Volksbibliotheken, Lesehallen, Leseabteilungen für Frauen und Leseanstalten für Jugendliche seien meist nur lebensfähig, wenn „sie auf staatliche und kommunale Unterstützung rechnen können".[206] Diesem Urteil schlossen sich auch Sozialdemokraten an.

Die Kommunalisierung kultureller Einrichtungen hätte einen Grad an Pluralismus im Denken und eine Toleranz im Handeln erfordert, der vor 1914 Ausnahme blieb. Die Mehrheit derjenigen, die sich in den Kommunen der Bildungs-, Kultur- und der Jugendarbeit widmete, war in aller Regel loyal, autoritätsgläubig und christlich-religiös gebunden. Darauf setzte die obrigkeitliche Politik auch ihre ganze Hoffnung, um ein Fördermodell zu errichten, das ihre Interessen sicherte, die sozialen Widersprüche glätten half und die kommunalen wie privaten Gelder sinnvoll einsetzte: Das Muster für die Bibliotheken, Museen, Stadt- und Volkshäuser, Theater und Vereinshilfe lieferte die Jugendpflege. Im Vertrauen auf das kulturelle Übergewicht der staatstreuen Vereine und der darin tätigen Pfarrer, Pastoren, ehemaligen Militärs und Lehrer wurden am 18. Januar 1911 und am 30. April 1913 in Preußen entsprechende Ministererlasse über die Jugend-

---

202 Vgl. Franz Johannson: Arbeiterlektüre und bibliothekarische Bemühungen vor 1900. In: Literatur und proletarische Kultur, S.310-332.
203 Vgl. Paul Felix Aschrott: Volksbibliothek und Volkslesehalle eine kommunale Veranstaltung. Berlin 1896.
204 Arthur Pfungst: Zur Frage der Freibibliotheken und Lesehallen. In: EK 4(1896)33, S.260.
205 Pfungst: Freibibliotheken, S.260.
206 Tews: Handbuch, S.91.

pflege herausgegeben.[207] Mit diesen Anordnungen nahm in Deutschland die subsidiär organisierte, öffentlich subventionierte und rechtlich verankerte „Soziokultur" und „Kulturarbeit" ihren Anfang. Die Erlasse regelten die Aufgaben der „freien Träger" und die moralischen wie finanziellen Förderbedingungen. Sie formulierten dazu „Grundsätze und Ratschläge", so die „Erziehung im vaterländischen Geiste", aber auch die „sorgsame Berücksichtigung der Eigenart, der Bedürfnisse" der jungen Leute, „Erhebung des Gemüts", „Unterhaltung und Freude", ja sogar „Selbstbestimmung in der Freizeit".[208]

Geplant war eine generalstabsmäßige Schaffung von Stadt-, Orts-, Kreis- und Bezirksausschüssen für Jugendpflege und die rasche Errichtung von Jugendheimen, Jugendbüchereien, Werkstätten, Spielplätzen, Gelegenheiten zum Baden, Schwimmen und Schlittschuhlaufen. Vermittelt werden sollten „bürgerkundliche Stoffe"[209], Religion, Natur-, Erd- und Menschenkunde, Geschichte, Kriegsgeschichte, Kulturgeschichte und Gesundheitslehre. Die Arbeit sollte ehrenamtlich, und die Grundform sollte der „Verein (Klub)" sein. Man sprach von „Klubarbeit", einer „Berliner Jugendklubbewegung" und gab die Losung aus: „Freiheit jedem Klub, Freiheit jedem Leiter"[210] – selbstverständlich auf der Basis staatsbürgerlicher Gesinnung. Die Festlegungen von 1911 und 1913, die Ausdehnung auf die schulentlassenen Mädchen, räumten die Möglichkeit ein, Jugendpfleger für die genannten Aufgabengebiete einzustellen und zu besolden. Trotz ihres Festhaltens an konfessionellen Trägerstrukturen der Jugendarbeit öffneten die Erlasse das Tor für eine säkular organisierte Kulturarbeit. In erstaunlicher Geschwindigkeit, die im wesentlichen auf das rasche Abrufen der öffentlichen Gelder zurückzuführen ist, paßten sich die kirchlichen und staatstreuen Vereine den neuen Bedingungen an. So schlossen sich, um ihr Vorgehen zu koordinieren, die vaterlandstreuen Jugendwehrkraftvereine und Jugendpflegeverbände zum *Jungdeutschlandbund* zusammen. Doch warnte der erfahrene Walther Classen sofort vor zu viel Euphorie. Zuerst „kam die sozialdemokratische Jugendagitation ... Schon längere Zeit waren auch Wandervögel und Pfadfinder am Werke, dann kamen die Wehrkraftvereine". Doch sie alle erfaßten nicht die „Masse der Volksjugend", sondern nur bürgerliche Schü-

---

207 Vgl. Die preußischen Ministererlasse betr. Jugendpflege vom 18. Januar 1911 und vom 30. April 1913. In: Handbuch für Jugendpflege. Hg. v. der Deutschen Zentrale für Jugendfürsorge, Schriftleitung: Frieda Duensing. Langensalza 1913, S.853-864; im folgenden daraus zitiert. – Hermann Giesecke: Vom Wandervogel bis zur Hitlerjugend. Jugendarbeit zwischen Politik und Pädagogik. München 1981, S.60.
208 Vgl. Friedrich Reimers: Die Träger der Jugendpflege. In: Handbuch Jugendpflege, S.259-267.
209 K. Krakow, Direktor der staatlichen Fortbildungs- und Fachschulen in Schneidemühl forderte 1913 sogar eine „Lebens- und Bürgerkunde"; vgl. Handbuch Jugendpflege, S.349.
210 Wilhelm Frauendienst: Die Berliner Jugendklubs. In: Handbuch Jugendpflege, S.344-348.

ler. „Für die große Masse der Ungelernten, der Boten, Arbeitsburschen wird die Lage noch trostloser, und die Menge der Handwerkerlehrlinge bleibt völlig unerreicht."[211]

Freidenker-Hochschule: Kulturwissenschaftliche Akademie

Für Dissidenten wurde es mit der Zeit unerträglich, daß der Staat noch immer Kulturarbeit im wesentlichen als eine Aufgabe innerer christlicher Missionierung begriff und deshalb die kirchlichen Einrichtungen rechtlich, finanziell und moralisch bevorteilte. Daraus wuchs die Idee, mehr zu unternehmen, um qualifizierteres eigenes Personal für die „weltliche Seelsorge" und die Sozialarbeit zu bekommen und von kirchlich organisierten Fachkursen unabhängig zu werden. Mehr mußte vor allem für die eigenen „Prediger" getan werden. Das Kartell hatte gleich zu Beginn seiner Tätigkeit Wanderredner vermittelt und fungierte hier als eine Art Referentenagentur, wie es zur gleichen Zeit auch die Sozialdemokraten und andere Organisationen praktizierten. 1913 wurde Jena zur Rednerzentrale aller sächsischen und thüringischen Ortsgruppen. Das Reservoir dieser reisenden Prediger rekrutierte sich aus dem Überschuß an „freien" Akademikern, lebte aber auch von dem Wunsch etablierter Wissenschaftler nach einem Zuverdienst. Aus dieser Situation leitete das Kartell mit logischer Konsequenz die Idee ab, eine eigene freie Bildungsstätte ins Leben zu rufen.

Um die Jahrhundertwende befand sich die Wissenschaftslandschaft in einem strukturellen und inhaltlichen Umbruch. Das Aufkommen der modernen Sozialwissenschaften vergrößerte den Anteil derjenigen Forscher, die nach nichtreligiösen Interpretationen sozialer Zusammenhänge suchten, unabhängig vom persönlichen Glauben. In diesem Konzert erhob die entstehende „Kulturwissenschaft"[212] nicht nur den Anspruch auf eine Solostimme, sondern auf das Dirigat. Sie bestand auf einer synthetisierenden Funktion und zwar ausdrücklich in Ablösung der Theologie. Zwar standen ihre Vertreter noch ganz im Banne der kulturstaatlichen Überlieferung. Sie versuchten deshalb, das ganze Gefüge außerhalb von Wirtschaft und Politik als Kultur zu erfassen, auszudrücken, zu analysieren und auf diese Weise „Sinn" zu produzieren.[213]

---

211 Walther Classen: Verschiednes. In: CW 26(1912)35, S.844.
212 Vgl. Kultur und Kulturwissenschaft um 1900.
213 Vgl. Rüdiger Vom Bruch: Gesellschaftliche Funktionen und politische Rollen des Bildungsbürgertums im wilhelminischen Reich. Zum Wandel von Milieu und politischer Kultur. In: Bildungsbürgertum im 19. Jahrhundert, Teil IV: Politischer Einfluß und gesellschaftliche Formation. Hg. v. Jürgen Kocka, Stuttgart 1989, S.146-179. – Ders.: Historiker und National-

Auch Max Weber sprach in dieser Hinsicht zunächst noch von „Kulturwissenschaften", wenn auch in Anführungszeichen.[214] Doch die Selbstdefinition der Geisteswissenschaften als Kern der hauptsächlich weltanschaulich bestimmten „Kulturwissenschaften", in Tradition des deutschen Kulturdenkens, differenzierte nicht nur die ursprünglich relativ geschlossenen Wissenschaften von der Gesellschaft. Sie führte vielmehr zu einer Abkehr führender Akademiker von dieser in ihren Augen der Theologie zu ähnlichen, auf alle Fälle wesentlich philosophischen Disziplin „Kulturwissenschaft", als diese einen geistigen Verbund mit der traditionellen Ästhetik und den neueren Literatur-, Musik-, Sprach-, und Kunstwissenschaften einging. Weber sprach demonstrativ gegensätzlich von der „Wirklichkeitswissenschaft"[215], die er betreiben wolle. Im Ergebnis trennten sich die Kulturwissenschaften und die modernen Sozialwissenschaften, darunter die Soziologie.[216]

In der Folge bestand allerdings als „Produkt des modernen wissenschaftlichen Gründungsfiebers"[217] und vornehmlich innerhalb der Freidenkerbewegung eine Denkrichtung fort, die den Namen „Kulturwissenschaft" (Singular!) beibehielt. Da es zu den erklärten Zielen des *Weimarer Kartells* gehörte, die Theologie aus den Universitäten zu verbannen, beanspruchte sie deren Erbe. Deshalb müsse die neue Lehre, die sich, wie dargestellt, wieder in eine eher naturwissenschaftliche und eine mehr kulturphilosophische Richtung teilte, zu Einfluß gebracht werden, um „Kulturbeherrschung" zu erreichen. Franz Müller-Lyer, der Münchner Kulturtheoretiker, war in dem, was er darüber mitteilte, im Umfeld des *Weimarer Kartells* lange Zeit unbestrittene Autorität.[218] Das legte den Gedanken nahe, die Kräfte auf eine eigene Kulturakademie zu konzentrieren, ja sogar an eine privatrechtliche Freidenker-Hochschule zu denken.

Arthur Pfungst hatte kurz vor seinem Tode damit begonnen, Ideen seines Vaters aufgreifend, eine *Akademie des freien Gedankens* einzurichten, eine freie, nichtuniversitäre Hochschule, die sich in Konkurrenz zu kirchlichen Einrichtungen und theologischen Instituten kulturwissenschaftlichen Fragen widmen sollte. Pfungst machte aus dieser Idee eine Aufgabe der ethischen Kulturgesellschaft, weshalb er mitunter von einer „Akademie für ethische Kultur" sprach.[219] Im Sommer 1914 erschienen dann in der Zeit-

---

ökonomen im Wilhelminischen Deutschland. In: Deutsche Hochschullehrer als Elite 1815-1945. Büdinger Forschungen zur Sozialgeschichte 1983. Hg. v. Klaus Schwabe, Boppard 1988, S.105-150.
214 Vgl. Weber: „Objektivität", S.165.
215 Vgl. Weber: „Objektivität", S.170.
216 Vgl. Georg Lukacs: Die deutsche Soziologie vor dem ersten Weltkrieg. In: Aufbau, Kulturpolitische Monatsschrift, Berlin 2(1946)5, S.476-489.
217 Weber: „Objektivität", S.168.
218 Vgl. Müller-Lyer: Sinn.
219 Vgl. Bericht über Zusammenkunft der Deutschen Gesellschaft für ethische Kultur 1893 in Eisenach. In: Mitteilungen 2(1893)1, S.8.

schrift *Das freie Wort* eine Reihe darauf bezogener Aufsätze von Wilhelm Börner, Max Henning, Emil Dosenheimer, Franz Müller-Lyer, Ludwig Wahrmund, Ernst Hochstädter, Ferdinand Tönnies und Heinrich Rössler (in dieser Reihenfolge). Sie wurden nach der noch darzustellenden Jenaer Tagung des Kartells im Februar 1916 als Broschüre publiziert und durch einen 1910 von Hermann Heimerich (1885- nach 1965; Jurist; später Professor; damals Freigemeindler und im Münchner Ortskartell tätig) verfaßten *Nachtrag* ergänzt mit dem Titel *Skizze zu einem Aufruf zur Gründung eines kulturpolitischen Seminars*. Die Einrichtung müsse sich dabei als „Fachschule" verstehen, nicht als Universität, warf Tönnies ein. Das war keineswegs bescheiden gemeint, sondern im Gegenteil als Neuansatz und Konkurrenz: „Unsere Universitäten ... waren einst Stätten, die den freien Gedanken bewußt hegten und pflegten. ... So wirken sie heut nicht mehr. Sie haben mehr und mehr den Charakter staatlicher Anstalten angenommen. Sie befleißigen sich einer korrekten Haltung, auch den Kirchen und den religiösen Glaubensvorstellungen gegenüber. Sie wissen, daß sie vorzugsweise zur Ausbildung von gehorsamen Dienern des Staates – also auch der Kirchen – und der Gesellschaft bestimmt sind. Die Anweisung wird ihnen aufgeheftet, daß sie zum ‚Patriotismus' erziehen sollen. Eine Freidenker-Hochschule, wie ich die Akademie ... lieber nennen möchte, wird diesen Schein zerstören."[220]

Ähnlich dachte Börner und umriß den Organisationsplan. Es sei die größte Schwäche der freigeistigen Bewegung, „daß sie keine für ihre Zwecke vorgebildeten Menschen als Arbeiter" habe, sondern nur Autodidakten. Auch Studierte seien auf diesem Gebiet Dilettanten. Die Akademie müsse „für unsere Bewegung berufsmäßige Arbeiter und Führer" heranbilden.[221] Die Akademie habe geschichtliche Kenntnisse in Philosophie, Religion und Kultur zu vermitteln, in die Soziologie, Biologie und Ethik einzuführen, aber auch praktisches Wissen zu betonen wie Sozialpolitik, Fürsorge, Hygiene, Organisationstechnik und freie Rede. Auch die Ausbildung müsse die eingefahrenen Gleise der staatlichen Hochschulen verlassen, deshalb für Männer und Frauen, In- und Ausländer offen sein, sich aus Stiftungen, Beiträgen, Spenden und Selbstbeteiligungen finanzieren (worauf Dosenheimer vorschlug, man solle die Freimaurerlogen ansprechen[222]), keine Altersbegrenzungen festlegen, angestellte und freie Dozenten beschäftigen und in den Lehrformen offen sein für Kurse und Kolloquien. Abschließen sollte das Studium mit zwei verbalen Zertifikationsstufen.[223]

Aus der Lektüre der Papiere und den Zeitpunkten ihrer Veröffentlichung wird klar, worum es auch ging – um das Erbe von Pfungst und die

---

220 Tönnies in: Henning: Akademie, S.39.
221 Börner in: Henning: Akademie, S.9, 11.
222 Dosenheimer in: Henning: Akademie, S.22f.
223 Börner in: Henning: Akademie, S.12-17.

Einlösung seiner Versprechen durch die Erbin, seine Schwester Maria, die nicht nur eigensinnig ihren Bruder interpretierte, sondern auch auf dem Geld saß. Außerdem war Krieg. Wahrmund versuchte, die Herzen der Maria Pfungst (1862-1943) und Rosette Pfungst (1839-1922), der Mutter von Arthur Pfungst und eigentlichen Nachlaßverwalterin, mit dem Vorschlag zu gewinnen, Arthur Pfungst mit der Akademie ein Denkmal zu setzen und sein Testament von 1911 zu erfüllen.[224] Es blieb dem nüchternen Rössler vorbehalten, auf Realitätssinn hinzuweisen. Leider mangele es an einer geeigneten Führerperson und den nötigen finanziellen Mitteln. Das *Weimarer Kartell* könne leider nicht der Träger sein, denn es handle sich hier um keine Organisation. Vermutlich sei der Monistenbund dazu in der Lage. Vielleicht beschränke man sich zunächst lieber erst einmal auf einige Kurse.[225]

Die Befürworter taten ihr Bestes, die Erbverwalterinnen zu beeindrukken, weshalb sie auch Übertreibungen nicht scheuten. Doch wie bei den anderen Unternehmungen des Kartells standen auch hier das Erkennen einer Lücke im Wissenschafts- und Bildungsbetrieb in keinem angemessenen Verhältnis zu den eigenen Möglichkeiten. Die für die Akademie-Befürworter schlechtere Variante trat ein: Für die Fabrik wurde 1917 die Überführung in eine Stiftung beantragt. Der Preußische Kultusminister genehmigte sie am 18. August 1918. Für die etwa 700 Beschäftigten erhöhte sich der Pensionsfonds um 100 000 Mark. Eine Freidenker-Hochschule war nicht finanzierbar.[226] Wie sehr allerdings die Idee einer sozialkulturellen Fachschule mit weltlicher Orientierung in der Luft lag, belegt das parallel zum Projekt von Pfungst und Henning in Gang gesetzte Vorhaben von Herbert Kühnert (1887-1970; Jenaer Monist) und Hermann Kranold (1888-1942; Redakteur der *Sozialistischen Monatshefte*), eine mit Kulturarbeit verbundene „Kulturwissenschaft" an deutschen Universitäten zu etablieren, was ihnen selbstredend nicht gelang. Kranold gehörte zu den Mitbegründern der „Freistudenten", die sich 1900 in der *Deutschen Freien Studentenschaft*

---

224 Vgl. Wahrmund in: Henning: Akademie, S.29/39.
225 Rössler in: Henning: Akademie, S.40-42.
226 In den frühen Zwanzigern konnte die Stiftung jährlich 20 000 Mark für die Bildungsarbeit der eigenen Beschäftigten zur Verfügung stellen. Weitere Mittel flossen an das Volksbildungsheim Frankfurt a. M., das Kindererholungsheim Wegscheide und an das Volkshochschulheim Dreißigacker in Thüringen. Nach Kauf eines Landhauses in Fischbach/Ts. und der Einrichtung eines Saales im Privathaus von Maria Pfungst (Gärtnerweg 2), konnten Vorträge stattfinden und, als Nachfolgeblatt für *Das freie Wort*, ab 1926 *Die freie Volksbildung* erscheinen. 1933 griff der nationalsozialistische *Kampfbund für Deutsche Kultur* das freidenkerische Wirken der Bildungseinrichtungen an, die schließlich 1936 an das *Volksbildungswerk der Deutschen Arbeitsfront* fielen und von nun an eine Scheinselbständigkeit fristeten. Marie Pfungst deportierten die Nazis 1942 ins KZ Theresienstadt, wo sie am 8. Februar 1943 im Alter von 81 Jahren starb. – Vgl. Dr. Arthur Pfungst-Stiftung, S.14-17. – Dr. Hans Ronge (1873-1953), Neurologe in Bad Hersfeld und freireligiös wie sein Vater Johannes Ronge, begründete nach dem zweiten Weltkrieg eine Dr.-Ronge-Schule und eine Johannes-Ronge-Stiftung, die unter anderem eine *Akademie des freien Gedankens* betrieb.

zusammengeschlossen hatten.[227] Im Kapitel VIII ihrer Schrift *Neue Beiträge zur Hochschulreform* schlugen sie unter der Überschrift *Der Student und das soziale Leben* vor, bezugnehmend auf die englischen Settlements: „Abendliche Vorträge und Diskussionen über wirtschaftliche, politische und Weltanschauungsfragen. Abendklassen mit literarischem, sprachlichem, künstlerischem, technischem, naturwissenschaftlichem, handelswissenschaftlichem Programm. Studier- und Spielvereine. Wanderklub, Lehrerverein, Theatervorstellungen, Konzerte, Knabenklubs, Boys-Scouts, Kinderspielstunden, Kinderspeisungen, Volksbibliothek, Rechtsauskunft, Stellenvermittlung, Sanitätskolonne, Frauenverein, Wohltätigkeitsverein."[228] Hierfür sei ein entsprechendes Fachpersonal bereitzustellen.

Volksbildner als Beruf: Kulturarbeit zwischen Dienst und Leistung

Das Thema dieses Abschnittes verlangt ein kurzes Resümee. Eine wesentliche Ursache für die Ausbildung des „Kulturbereichs" war die Entstehung eines bürgerlichen Kunstmarktes mit neuen Käuferschichten. Das Bürgertum besaß andere geistige Interessen als der Adel und mußte sie auch anders befriedigen, nämlich mittels Kauf. Die bürgerlichen Konsumenten wollten ideelle Anregungen, Wegzeigungen und Unterhaltungen nach getaner Arbeit und erledigten Geschäften. Das führte zur Entbindung von Künstlern aus höfisch-staatlichen Diensten, genauer: Es wuchs die Zahl der Künstler und besonders die Quote derjenigen, die eine selbständige Existenz als kleine, aber freie Warenproduzenten zu leben versuchten. Ihre Gehälter aus Anstellungsverhältnissen etwa bei Zeitungen oder in frühen Werbeagenturen reichten zwar oft über Arbeiterlöhne hinaus, aber nicht zu einem standesgemäßen Leben als Akademiker. So verdingten sich viele von ihnen in dieser oder jener Form bei Organisationen, meist auf Honorarbasis. Aus der Nähe zur Sozial-, Bildungs- und Kulturarbeit folgerte ein gewisses Ansehen der hier Tätigen und machte plausibel, einige dieser Arbeiten in Theatern, Museen oder Bibliotheken kommunal zu verankern und zu bezahlen. Der überwiegenden Mehrheit gelang aber ein solcher Sprung in ein festes Anstellungsverhältnis nicht. Ihr Tun blieb zwischen dem von Gewerbetreibenden und dem von Dienern angesiedelt, mit einer Ähnlichkeit der Lebensver-

---

227 Vgl. Freistudententum. Versuch einer Synthese der freistudentischen Ideen. Hg. v. Hermann Kranold in Verbindung mit Gustav Landauer und Hans Reichenbach. München 1913. – Herman Kranold: Die Freie Studentenschaft in Vergangenheit und Zukunft. Vortrag, gehalten vor der Münchner Freien Studentenschaft im Oktober 1913. München 1914.
228 Herbert Kühnert u. Herman Kranold: Neue Beiträge zur Hochschulreform. München 1913, S. 131, 135 (Wege zur Kulturbeherrschung, 3).

hältnisse unterer Gruppen der Intelligenz mit denen im Lumpenproletariat, wie besonders die marxistische Analyse hervorhob.[229]

Der Überschuß an „freien" Akademikern, denen der bezahlte Wissenschaftlerberuf, verbunden mit der Beamtenlaufbahn, verschlossen blieb und der deshalb nach bezahlten Beschäftigungen außerhalb von Politik und Universitätsbetrieb suchte, nahm seit den Neunzigern stetig zu.[230] Daß sich dabei neben Lehrern für den höheren Schuldienst, von denen in den Achtzigern und Neunzigern mehrere hundert [sic!] keine Stellen fanden[231], meist ehemalige Pfarrer, Pfarramtskandidaten und Studienabbrecher der Theologie besonders hervortaten, lag an deren oft vorhandener pädagogischer Eignung, am kulturellen Profil des Theologiestudiums, das Philologie, Philosophie und Geschichte integrierte. Nach dem während des Kulturkampfes 1873 erlassenen Gesetz über die *Vorbildung und Anstellungsfähigkeit der Geistlichen* besaßen einige sogar ein regelrechtes „Kulturexamen", das neben Philosophie und Geschichte auch Literatur vorsah.[232] Zwar wurde dieses Examen bereits ab 1883 wieder abgeschafft, doch hatten mehrere Jahrgänge protestantischer Theologen germanistische Grundkenntnisse erhalten und versuchten, sie anzuwenden.

Ähnliche Ergebnisse zeitigte die Professionalisierung der Armenpflege und deren Wandel zur Sozialarbeit. Das Personal ließ sich oft von religiösen Motiven leiten, waren es doch oft Theologen, die hier wirkten, Kirchenräume zur Verfügung stellten, Geld aus der Kirchenkasse besorgten oder die Aufsicht ausübten. Daraus ergab sich ein enger Kontakt zu kirchlichen Amtspersonen. Doch kamen über freie Vereine, ethische Gesellschaften und kommunale Anstalten auch „neutrale" Angebote hinzu. Da die Aufgabenfelder schneller wuchsen als Theologen zu Verfügung standen und sich zugleich ein mehr berufsmäßiges Erledigen der Anforderungen erforderlich machte, verlangten die neuen Bereiche der Kultur- und Sozialarbeit nicht nur mehr Personal, sondern zugleich Fachkenntnisse, die weit über die Beschlagenheit in weltanschaulicher Bekenntnisliteratur hinaus reichten. Jetzt entstand auch ein Bedürfnis nach qualifizierten Frauen. Sie blieben in akademische Karrieren zwar noch eine Rarität, doch signalisierte ihr Tun, daß

---

229 Vgl. Dietfrid Krause-Vilmar: Die zeitgenössische marxistische Diskussion der „Überfüllung" akademischer Berufe am Ende des 19. Jahrhunderts. In: Zeitschrift für Pädagogik, 14. Beiheft: Historische Pädagogik, hg. v. Ulrich Herrmann, Weinheim, Basel 1977, S.99-106.
230 Vgl. Franz Eulenburg: Der „akademische Nachwuchs". Eine Untersuchung über die Lage und die Aufgaben der Extraordinarien und Privatdozenten. Leipzig, Berlin 1908. – Peter Lundgreen: Zur Konstituierung des „Bildungsbürgertums": Berufs- und Bildungsauslese der Akademiker in Preußen. In: Bildungsbürgertum im 19. Jahrhundert, Teil I: Bildungssystem und Professionalisierung in internationalen Vergleichen. Hg. v. Werner Conze u. Jürgen Kocka. Stuttgart 1985, S.79-108. – Herbert Kühnert und Herman Kranold: Wege zur Universitätsreform. München 1913 (Wege zur Kulturbeherrschung, 1).
231 Vgl. Führ: Schulmann, S.439.
232 Vgl. Janz: Amt, S.177.

die Armenpflege und die Arbeit mit Jugendlichen keine Domäne adliger und bürgerlicher Damen mehr darstellte.[233]

Der an Theorien geschulte hohe Anspruch war nur in den seltensten Fällen in der Praxis einzulösen. So wurde die Gruppe der „freien" Akademiker auf den „Amerikanismus, den Nützlichkeitsgeist" verwiesen. „Eine berechnende Lebensauffassung ist allgemein geworden. ... Unendlich ist die Zahl der Schriftsteller, auch der schriftstellernden Gelehrten gewachsen."[234] Diese selbst empfanden ihre Situation als deprimierende „proletarische Knechtschaft", wie Bruno Wille rückblickend schrieb: „Was mich hauptsächlich schadlos hielt, war die freie Zeit, welche das literarische Zigeunertum verstattet, der humorvolle Umgang mit anderen Zigeunern."[235] Wille und seinesgleichen erlebten nicht einfach die Abwertung akademischer Tätigkeiten durch Vervielfachung ihrer Träger, sondern eine Neufassung des Beruflichen generell. Im „deutschen wissenschaftlichen Gebrauch war der Begriff ‚Beruf' vor dem Zweiten Weltkrieg mehr Bestandteil der Morallehre als Gegenstand soziologischer Theorienbildung".[236] Diese stark protestantische Kultursicht auf das Erwerbsleben begann sich erst mit der Rezeption von Max Webers Soziologie und der US-amerikanischen „professions"-Forschung zu ändern. Die lutherisch-idealistische Sehweise prägte, wie McClelland anmerkt[237], bis in die fünfziger Jahre des 20. Jahrhunderts hinein das Urteil über „freie Berufe". So wird es verständlich, daß ihre Lebenslage, wie sie selbst und ihre Kritiker meinten, etwas „Proletarisches" und „Zigeunerhaftes" hatte.

Die Tendenz zur Professionalisierung auch der Bildungs- und Kulturarbeit, mit ihren „freien" Übergangsformen, erschien als lasterhafte Boheme, da den Intellektuellen die ständisch orientierten Normen eines „normalen" Erwerbslebens weiter vorschwebten. Oft bedienten diese gebildeten Dreißig- bis Vierzigjährigen mit Absicht das Klischee des Bohemians durch zur Schau gestelltes Verneinen der bildungsbürgerlichen Welt. „Immer handelt es sich um Leute, bei denen das Bewußtsein vorherrscht, sich freiwillig aus einem anderen Kreise losgesondert zu haben, nicht aber ausgeschlossen

---

233 Vgl. Anne Schlüter: Wissenschaft für die Frauen? – Frauen für die Wissenschaft! Zur Geschichte der ersten Generation von Frauen in der Wissenschaft. In: „Wissen heißt leben ...", Beiträge zur Bildungsgeschichte von Frauen im 18. und 19. Jahrhundert, hg. v. Ilse Brehmer, Juliane Jacobi-Dittrich, Elke Kleinau u. Annette Kuhn, Düsseldorf 1983, S.244-261.
234 Georg Steinhausen: Der Aufschwung der deutschen Kultur vom 18. Jahrhundert bis zum Weltkrieg. Leipzig, Wien 1920 (=veränderter Abdruck der beiden Schlußkapitel von *Geschichte der deutschen Kultur*, 2 Bde, Leipzig 1905, 1913), S.160, 164, 161.
235 Wille: Philosophie der Befreiung, S.17.
236 Charles E. McClelland: Zur Professionalisierung der akademischen Berufe in Deutschland. In: Bildungsbürgertum im 19. Jahrhundert, Teil I: Bildungssystem und Professionalisierung in internationalen Vergleichen. Hg. v. Werner Conze u. Jürgen Kocka. Stuttgart 1985, S.235.
237 Vgl. McClelland: Zur Professionalisierung, S.235/236.

worden zu sein" und in dem „das Fehlen kapitalistischen Geistes innerhalb dieser Kultur erst solche Lebensart annehmbar macht".[238] Das von Paul Honigsheim 1923 soziologisch beobachtete Phänomen des Verzichts „auf Durchdringung des ganzen Lebens mit kirchlichem Geist und bei der hiermit gegebenen Unmöglichkeit, alle Menschen zu verapparatisieren und zu Beamten einer höheren Idee zu machen"[239], wurde in Deutschland zuerst in den späten Achtzigern in einigen Großstädten beobachtet. Es stellte sich in seinen sozialen Formen den etablierten Akademikern vor allem als ethisches Problem dar.

In der dissidentischen Kulturbewegung verwies Ferdinand Tönnies auf diesen mangelhaften Dienst an der Gemeinschaft und leitete daraus sein Motiv ab, der *Deutschen Gesellschaft für Ethische Kultur* als Gründungsmitglied beizutreten. Eine „glänzende, lügende Zivilisation" bemächtige sich der Kultur. Aus ihr entsprössen „dürftige und mittelmäßige Halb-Genies, freche, sehr freche Geister ohne Zweifel, nichts ordentliches gelernt habend, zusamenhängenden Denkens unfähig, aber aller Worte und Phrasen mächtig; in den Cafés der Großstädte lungern sie Tage und Nächte, führen verwegene Reden, umnebeln ihre Gehirne und duften nach Cigaretten".[240] Tönnies faßte zusammen, was die bürgerliche und in ihr besonders die akademische Welt an der neuen Schicht der „Kulturarbeiter" auszusetzen hatte: Sie lebe vom Markt, ohne sich zu ihm zu bekennen. Sie gäbe der Zivilisation zwar eine bestimmte Glasur, aber keine „Kultur". Es träfen sich in diesem Milieu akademische Halbgenies, die wiederum Halbgebildete produzieren würden durch Unterrichtung halbstarker Arbeiter, unzufriedener Handwerkersöhne und „Dandy's", die sich zu schade sind fürs Geschäft der Väter. Ihr Benehmen sei kulturlos. Wie die Proleten rauchen sie Zigaretten, statt Zigarren, und trinken Bier, statt Kaffee oder Wein. Diese Gruppe argumentiere überhaupt nicht akademisch und verortete sich nicht in der Wissenschaft, nicht in der Kunst, nicht im Arbeitsleben und nicht im Handwerk. Deshalb habe sie keinen Anspruch auf Gehör bei den anerkannten Leuten vom Fach, obwohl diese Halbkünstler und Halbwissenschaftler spontan zu allem, öffentlich und mit hohem Anspruch ihre unmaßgebliche Meinung sagen. Die „Poetenphilosophen" würden die autonomen Sphären der Kunst und Wissenschaft verlassen und sich sogar ins Politische begeben.

Die zeitgenössische Kritik an der noch unentwickelten Schicht der „Humandienstleister" war in erster Linie moralisch und weit davon entfernt, in dem sich vollziehenden sozialen Wandel der geistigen Arbeiten anderes als Kulturverfall zu sehen. Nur durch eine angemessene Ausbildung und

---

238 Vgl. Paul Honigsheim: Die Bohème. In: Kölner Vierteljahrshefte für Soziologie, Reihe A, Neue Folge, Köln 3(1923/24), S.60, 69.
239 Honigsheim: Bohème, S.69.
240 Tönnies: Ethische Cultur, S.10.

Stellung sei ein Platz in der „Kultur" erreichbar und „Berufung" zu beanspruchen. Die Vorstellungen von einer Begnadung für Berufe waren dabei an eine Mission gebunden, die höheren Zielen zu folgen hatte. Um so mehr galt dies für kulturarbeitende Tätigkeiten, noch dazu vor 1914. Man sah in ihnen genau das Gegenteil von kommerziellen Dienst„leistungen", vielmehr das Ableisten eines „Dienstes", also Designation, Berufung und Hingabe, nicht Orientierung an Angebot und Nachfrage. Die Zumutung einer bezahlten kulturellen Dienstleistung, dem Besohlen von Schuhen und dem Kolportagehandel gleichgestellt, wurde von den damaligen Akteuren und besonders den etablierten Gebildeten als „ungesundes" Gewinnstreben und als Verflachung und Banalisierung kultureller Werte wahrgenommen. Das machte dann auch das Umfeld aus, in dem eine Debatte über die Förderung der Kulturarbeit einsetzte. Es dominierte das Motiv, das Volk im nationalen Sinne zu bilden und es dadurch zu disziplinieren. In den Augen der „Kulturträger" konnte aus kultureller Verantwortung das Volk nicht den Freiheiten der Massenkultur überlassen werden. Zumindest wollte man es dazu bringen, darin lediglich Surrogate wahrer Kultur zu sehen.

Aus dieser allgemeinen Zielstellung ergab sich ein unlösbarer Konflikt, denn das ganze Volk war ja nie auf die rechte Kulturhöhe anzuheben und eine „massenhafte Elite" ein Widerspruch in sich selbst. Ein Programm kultureller Demokratie verbot sich aus dem Besonderen des Kulturellen. Es dennoch in Angriff zu nehmen, so die allgemeine Ansicht, gefährde die Kultur. Außerdem fehlten dem Volk noch auf lange Dauer die sozialen wie geistigen Voraussetzungen für deren volle Aneignung. In diesem Widerspruch reifte das Bild vom Zweck kultureller Arbeit in Richtung „Prävention". Halbbildung würde ausreichen, Arbeiter nicht zu Verbrechern oder Sozialdemokraten werden zu lassen. Wahre Bildung blieb innerhalb dieser Argumentation ein Reservat der „Kulturträger", und „Kulturarbeit" wurde zum „Dienst" am Volke. Diese Konstruktion gestattete besorgten Trägern der Macht, das bedrohlich erscheinende Potential der freien Intellektuellen in ein kulturstaatliches Modell einzubinden. Die neue Schicht der arbeitslosen Akademiker mit Universitätsdiplom, abgebrochenen Studiengängen und Autodidakten, der „Stand der Journalisten und ihrer Angehörigen, sowie der ausübenden Künstlerschaft" sollte, wie Friedrich Weber-Robine von der ethischen Bewegung 1910 forderte, im staatspolitischen Interesse sich der Volkskunst widmen. Sie wäre dabei mit öffentlichen Mitteln zu unterstützen, um „eine großzügige Organisation und planmäßige Arbeit" zu ermöglichen. Künstlerische Veranstaltungen sollten auf Staatskosten verbilligt und „junge Talente" [sic!] großzügiger unterstützt werden. In der „Erholung und Veredlung des Gemüts" sei „jedes spekulative Element des Gelderwerbs im gewerblichen Sinne" fernzuhalten. Hier Tätige würden sonst nicht mehr als Erzieher wirken, und sie entzögen sich womöglich den wahren kulturellen Werten.[241] „Kultur" erhielt in diesem Konstrukt einen offiziellen „Auftrag". Sie bekam diesen in Richtung Volk.

Kunst- und Kulturangebote galten weder als Mittel zum Zeitvertreib noch als Feld der Selbstverwirklichung. Ein solches Verständnis war der Zeit fremd. In bezug auf das Volk konnte ästhetischer Unterricht demzufolge nur als volkserzieherisches Programm gedacht werden, wobei die moralische Belehrung noch über der kulturellen Bildung rangierte. Der „Kulturstaat", der dabei war, sein religiöses Mandat aufzugeben, konnte nicht auch noch weitere Institutionen der Sinngebung aus seinen Fittichen lassen. Den Kommerzialisierungen der Presse, dem Kunstmarkt, den privaten Leihbibliotheken, der Vielfalt von Vereinsgründungen sowie den gewerblich betriebenen Freizeit- und Unterhaltungsangeboten mußte man gegensteuern, um „Kultur" in der Staatsräson und in den Geboten der Sittlichkeit zu belassen. Dabei bildete sich die schon vorgestellte Begründungsfigur für öffentlich geförderte Kulturarbeit –soziale und politische Prävention mit kulturellen Mitteln.

Dazu trug auch die Freidenkerbewegung bei, denn außer den Sozialdemokraten hatte besonders sie mit ihren freigeistigen, monistischen und freireligiösen Vereinen und den Ansätzen einer eigenen Jugendarbeit das Kulturmonopol der Kirchen in Frage gestellt und somit Zeichen einer stärker säkularisierten Idee der Volkserziehung gesetzt. Die Anhängerschaft des *Weimarer Kartells* brachte dabei die Idee einer weltanschaulich offenen, wie es damals hieß „tendenzfreien" Kulturarbeit in die Debatte ein. Tendenzfreiheit bedeutete allerdings nicht Wertelosigkeit, im Gegenteil. An die Stelle eines in christlicher Tradition stehenden Wertekanons sollte Kulturbetonung treten. Diese weltanschaulich überparteilich gesehene Kultur sollte in ihren Kommunikationsformen und Angeboten das Dauerhafte am Christlichen in einem darüber gelagerten Humanismus aufheben. Darin sollten auch Elemente anderer Weltanschauungen eingehen. „Kultur" geriet somit zu einem Raster von Werten, das aus höherer Warte über irdischen Streit urteilen sollte. Sie wurde nicht als Diskurs gedacht, sondern als Richtschnur. Sie galt als eindeutiges und universelles „Deutungsmuster" (Bollenbeck) und behielt zu diesem Behufe in ihren Ausdrucksformen deutlich religiöse Bezüge, diente als Ersatz für Gebet und Meditation, verkündete Weisheiten, schmückte Feste aus, ermunterte zum Bekenntnis, bildete Mythen, schuf eigene Kultstätten und besaß in der hierarchisch gegliederten, akademisch gebildeten Künstler- und Kennerschaft eigene Priester.

Der Laienbewegung in den freien Gemeinden entsprach die Laienkunstbewegung als Teil damaliger „Soziokultur". Was deren freidenkerische

---

241 Friedrich Weber-Robine: Presse und Volkskunst. In: EK 18(1910)20, S.158, 156. – Zur Volkskunst vgl. Gottfried Korff: Volkskunst als ideologisches Konstrukt? Fragen und Beobachtungen zum politischen Einsatz der „Volkskunst" im 20. Jahrhundert. In: Jahrbuch für Volkskunde, Würzburg, Innsbruck, Fribourg, Neue Folge 15, 1992, S.23-49.

Variante betrifft, so wurde ihr – wie übrigens auch in den entsprechenden betrieblichen wie sozialdemokratischen Unternehmungen – eine eindeutig Gemeinschaft stiftende Funktion zugewiesen. „Ethische Kultur" sollte gegen alles Egoistische und Egozentrische in der Gesellschaft vorgehen, letztlich die Subjekte des Marktes bändigen. Sie rückte damit in den Augen der gebildeten Oberschicht auf lange Dauer in den Rang einer legitimatorischen Klammer des Gemeinwesens. Was Ökonomie entzweie und Recht nur formal regele, würde Kultur binden – das deutsche Volk. Für das Verständnis von Kulturarbeit wurde nicht nur der nationale Bezug bedeutsam, sondern auch deren Einbindung in den „Fortschritt". Wenn der Entwicklungsgedanke Ausdruck einer realen sozialökonomischen Bewegung war, was man annahm, dann bot sich die Vermittlung höherer kultureller Werte verbunden mit sozialer Lebenshilfe als der geeignete Weg an, rasch und gemeinschaftlich zur „Kulturnation" voranzuschreiten. Das kulturelle Programm nannte sich logischerweise „Veredelung".

Dissidentische Kulturarbeit folgte in ihren institutionellen Strukturen den damals üblichen. Auch der Inhalt erwies sich nur innerhalb des „Deutungsmusters" und damit der Hochschätzung des Wahren, Guten und Schönen variabel. Doch das Wahre wurde in der Freidenkerei in der Regel als das Wissenschaftliche, das Gute als das Nützliche und das Schöne als das Natürliche gesehen. Das machte einen gewissen Unterschied zu kirchlichen Botschaften. In allen Angeboten geriet das weltanschaulich neutral gemeinte Humane in den Mittelpunkt. Dementsprechend gestaltete sich die praktische Kulturarbeit. Sie war weniger missionarisch als die kirchliche, obwohl nicht frei davon; weniger funktional als die betriebliche, obwohl dieser am meisten verbunden; weniger politisch als die sozialdemokratische, obwohl hier von größtem Einfluß (Peus, Hoffmann, Haenisch, Wille, Maurenbrecher und andere). Wie die anderen kulturellen Offerten, so blieb die freidenkerische vorwiegend moralisch intendiert und pädagogisch ausgerichtet.

Der überdrehte ethische Anspruch richtete sich nach den Möglichkeiten der wichtigsten Institution des frühen Konzepts der „Soziokultur" – dem missionierenden Klub in der kulturellen Ödnis städtischer Massenquartiere als Ersatz für Kneipe und Kirche. Die Schöpfer dieses Leitgedankens waren die Begründer der Kulturarbeit, die Akademiker, Assistenten und Privatdozenten ohne Chance auf eine Universitätskarriere, Theologen ohne Pfarrstelle, Lehrer ohne Schulamt, Dichter, Journalisten, Künstler aller Gattungen, Schriftsteller, Redakteure, Wanderlehrer, Redner, abgewählte Politiker und ihre schlecht bezahlten Helfer sowie Funktionäre der Parteien und Gewerkschaften, die dieses Gebiet als „Vorfeldeinrichtungen" entdeckten. Sie alle standen in einem dramatischen Statuskonflikt, hatte doch ihr Bewußtseinswandel nicht mit dem Verlust tradierter akademischer Karrieren Schritt gehalten. Sie hofften noch lange auf Beförderungen im alten Stil, als sie schon lange in humanen Dienstleistungen Fuß gefaßt und diesen Bereich begründet hatten. Der Wille zur Umstellung war durch die Umstände erzwungen. Er ließ sie die sozialen Räume erkennen, aus denen der „kulturelle Bereich" wuchs. Dieser legitimierte sich allerdings nicht an sich selbst, sondern war, von oben in Gang gesetzt, kulturpädagogisch und sozial präventiv. Wer in diesem Bereich Lohn und Brot erhoffte, hatte sich diesem Muster anzupassen, es zu verinnerlichen oder zumindest so zu tun, als folge man ihm. Persönliche Kunst- oder Bildungsvorlieben traten in der nach außen vorgestellten Argumentation hinter volkserzieherische Motive zurück, die allein öffentlich einzusetzendes privates, kommunales oder staatliches Geld anziehen konnten. Die eigenen kulturellen Bedürfnisse und Neigungen erhielten dadurch zwar eine Chance auf Realisierung, doch verbargen sie sich hinter einem Vorhang gemeinnütziger Zwecke.

Es lag viel Glauben und wenig Berechnung in der Annahme, die „Kulturlosen" würden benötigen, was die „Kulturträger" besitzen – diese bestimmte „Kultur". Auf diese Weise rückte die entstehende Gruppe von Humandienstleistern, klein noch an Zahl im Vergleich zu heute, aus ihren eigenen existentiellen Sorgen und Möglichkeiten heraus Kulturarbeit in den Rang einer gesellschaftlich anerkannten Aufgabe. Damit füllte aber „Kultur" mit der Zeit in größerem Umfang und auf Unterschichten bezogen Lücken mit Sinnbildungen aus, die von der Säkularisation konfessioneller Milieus gerissen wurden. Vorteile auf diesem neuen Feld der Geld- und Prestigezuteilung besaß, wer sein „kulturelles Kapital" (Bourdieu) einzubringen wußte und sich organisatorische Fähigkeiten und entsprechende Fertigkeiten aneignete. Den älteren, bereits etablierten Akademikern ging solches Getriebe meist gegen den Strich. Sie waren schon mit der universitären „Tendenz auf Organisation von Großbetrieben der Wissenschaft"[242] überfordert und bedienten sich zu dessen Management der zweiten akademischen Reihe. Deutschland erlebte zwar eine unerhörte Ausweitung des Hochschulwesens, produzierte aber mehr Nachwuchs als öffentliche Stellen. Wer Wissenschaft betreiben wollte, mußte zunehmend in Betriebe, freie Institute und Vereine ausweichen, wenn die Existenzmittel für ein Dasein als Privatgelehrter fehlten. Die Abhängigkeit von Organisationen brachte es allerdings auch mit sich, daß man den universitären Möglichkeiten reiner Forschung entsagte, dafür aber enge Verbindungen zur sozialen und politischen Praxis herstellte sowie das Vermögen erlernte, wie man heute sagen würde, Sponsoren „aufzureißen" und „Lobbyarbeit" zu betreiben. So wuchs dieser Bereich (zunächst) mit mehr privaten als öffentlichen Mitteln zu einem ansehnlichen Beschäftigungsprogramm für Akademiker. Der Betrieb legitimierte sich

---

242 Friedrich Meinecke: Erlebtes 1862-1901. Leipzig 1941, S.162.

durch die Vermutung, man könne die „soziale Frage" lösen oder zumindest mildern mittels die Klassen übergreifender und Stände verbindender „Kultur". Besonders „ethische Kultur" und ihre Mittel seien dazu angetan, soziale Differenzen zu überbrücken – und zugleich Deutschlands Anspruch auf Vorrangstellung in Europa und in der Welt auszubauen.

Das sich noch in den Anfängen befindliche System der Kulturarbeit stützte sich wesentlich auf freie Trägerschaften und private Finanzierungen durch Fabrikanten, Rentiers, zu Geld gekommenen Akademikern, auf ehrenamtliche Arbeit und auf Beiträge. Das Steuersystem honorierte dies. Die „Kulturarbeiter" in diesem Dienstleistungsgeschäft waren Händler und Vermittler zugleich. Sie tauschten ihre demonstrativ vorgetragene Hinwendung zum Volk gegen bezahlte Arbeits- und Aufstiegsfelder ein. Dabei schrieb das damalige Kulturbewußtsein eine offizielle Sprachregelung vor, die persönliche Bedürfnisse der Akteure, soziale Anforderungen der Gesellschaft, Freizeit- und Aufstiegswünsche der Adressaten und staatspolitische Befriedungsinteressen zu bündeln, aber auch zu vernebeln vermochte. Das Volk blieb Objekt der Erziehung, die „Kulturarbeiter" rückten im Rang den Priestern näher und Kulturarbeit geriet zu einem zutiefst moralisch aufgeladenem Komplex.

Eine wichtige Rolle spielte dabei auf seiten der Subjekte kultureller Arbeit die Opfermetapher. Sie bezog sich zu einer Zeit, als der Aufstieg von Akademikern in die Eliten prinzipiell noch möglich schien, auf den angeblich in Kauf genommenen freiwilligen Verzicht auf eine angesehenere Stellung. Doch im Zusammenhang mit dem Verständnis von Kulturarbeit als sozialer Prävention und nationaler Aufgabe wurde der „Stand" geadelt, wie der aus England übernommene Begriff des „sozialen Rittertums" belegt. Solange ein Konsens über „Kultur" bestand, konnte sich diese Auffassung tradieren. Den „Kulturarbeitern" wuchs der „Auftrag" zu, im Kulturellen die Distanz zwischen den Klassen zu überbrücken. Von seiten des Volkes vermochten allerdings nur ebenfalls aufstiegsbereite Gruppen diesen Aktionismus zu würdigen, wenn sie sich mit Hilfe der Kulturvermittler in die Nähe zur Hochkultur begaben. Die Masse verblieb auf der Ebene der einsetzenden kommerziellen Offerten, vermochte „Kultur" keinen Wert für sich abzugewinnen, lernte aber, die sie umgebende „Kultur" als sakrosankt zu behandeln. Auch dies ließ „Kulturarbeiter" im öffentlichen Ansehen steigen: Sie „opferten" für die kulturelle Hebung anderer Leute und die Stärkung der Kulturnation eine bessere künstlerische oder wissenschaftliche Karriere.

Weil sie ihrem Tun eine umfassendere Kultursicht unterlegten, wurden Freidenker stärker als andere „Kulturarbeiter" zu Vorreitern einer Verflechtung von moderner Kultur- mit Sozialarbeit. Ihr Beitrag zur Ausbildung von „Soziokultur" beruhte *erstens* auf einer größeren Staatsferne als bei anderen, weshalb sie auch eine größeres Verständnis gegenüber den Sozialdemokraten ausprägten; *zweitens*, wegen der freien Vereinsorganisation, auf einer größeren Nähe zu Demokratie und Kommunalität; *drittens* auf einem deutlichen sozialen Impetus, der aus dem Bedürfnis nach Milderung der sozialen Gegensätze resultierte und auf Hilfe zur Selbsthilfe zielte; *viertens* auf der Bevorzugung bildender Angebote gegenüber unterhaltenden und ästhetischen, was mit der Betonung der Wissenschaft zusammenhing; *fünftens* auf der Absicht, nach „weltlichen" Entsprechungen für alles Religiöse zu suchen, was den Kulturbegriff ausweitete; und schließlich *sechstens*, aus dem letzten Punkt folgend, im Stellen einer historisch idealen Aufgabe: durch freie Organisation und Aufklärung die dogmatische Kirche überwinden und eine neue Religiosität freisetzen bzw. gänzlich neue Kultur errichten. Aus diesem Optimismus, aber auch der eigenen Schwäche und Minderheit, folgerte der Wunsch nach Toleranz.

Doch die Form, die dieses Streben unter den vorhandenen Umständen annehmen mußte, war selbst teilweise sektiererisch, nämlich auf die Stärkung eigener freidenkerischer Vereine orientiert, um als ersten Schritt die juristische wie kulturelle Anerkennung der Konfessionslosigkeit zu erreichen, und sei es zunächst als freireligiöse bzw. freidenkerische „Konfession" oder „Religionsgemeinschaft". Dabei berufen sich viele Anhänger der dissidentischen Kulturbewegung auf die USA, auch wenn sie dabei die dortigen sozialökonomischen Bedingungen idealisierten und den Zwang zur Kommerzialität verniedlichten. In den USA würden die Religionsgemeinschaften wie Vereine agieren und sich gegenseitig tolerieren. Die Gläubigen würden die Kosten für ihre rituellen Handlungen selbst begleichen und der Staat würde sich dafür aus deren weltanschaulichem Streit heraushalten, aber Glaubensfreiheit für alle garantieren.

Um dieses Prinzip in Deutschland durchzusetzen, mußte sich das *Weimarer Kartell* über die Ebene der Kulturarbeit hinaus kulturpolitisch engagieren. Es mußte, um erst einmal Akzeptanz zu erreichen, weltanschauliche Toleranz in der Staatstätigkeit etwa gegenüber freien Vereinen durchsetzen und selbst lernen, religiösen Gemeinschaften vorurteilsfrei zu begegnen. Das geschah sicher nur in Ansätzen, und Eric Voegelin hat sicher recht mit seinem Urteil: „Anhänger von Bewegungen, die religionsfeindlich und atheistisch sein wollen, sträuben sich dagegen, daß auf dem Grund ihrer fanatischen Haltung religiöse Erlebnisse zu finden sein sollen, nur anderes als heilig verehrend als die Religion, die sie bekämpfen."[243] Doch beschritten sie als erste – nicht die Kirchen oder die „Kulturträger" an den Universitäten und im Staatsapparat – den Weg in Richtung Liberalität. Darin liegt unbestreitbar eine bleibende Leistung freidenkerischer Kulturarbeit und Kulturpolitik. Aus dem Streben nach „Neutralität" folgerte das Recht auf indivi-

---

243 Voegelin: Politische Religionen, S.17.

duelle Sinngebung. Gerade diese Konsequenz spaltete die Freidenker, genauer: führte die einen in Richtung Individualismus, mit der Konsequenz des Anarchismus oder Egoismus; und die anderen auf die Suche nach einer neuen Religion samt Kirche, einer neuen Autorität, einem neu begründeten Einheitswillen, neuer Disziplin – und neuen Dogmen. Das war, wie sich in den Zwanzigern zeigen sollte, sogar die Mehrheit, wenn auch mit einem Sinn für das Organisatorische und Ideologische im Massenhandeln. Nur wenige ganz links außen Stehende oder konsequente Liberale sahen in der Einheit von Individualität und Liberalität einen sozialen und kulturellen Gewinn. Es waren nach Lage der Dinge bürgerliche Bildungsidealisten mit einem Hang zum Konservatismus, wie die Horneffers, bohemisierte Intellektuelle mit einer Neigung zum Anarchismus, wie Gustav Landauer[244], oder in den Vereinen der Freidenker fest verwurzelte „Kulturarbeiter", wie Rudolph Penzig, die in der fortschreitenden Individualisierung eine kulturelle Perspektive erkannten. Doch waren das Ausnahmen. Das Gros vermißte einen starken, wenn auch säkularen Staat und eine oberste Sinn-Instanz. Das dissidentische Angebot war vielfältig: moderne Wissenschaft, neue Weltanschauung, ein auf Ethik reduziertes Christentum, Werte der Germanen, Marxismus usw. – eine so differenzierte Bewegung, die das Gros der Dissidenten zusammenzuhalten beabsichtigte, mußte in den revolutionären Wirren des Nachkrieges zerbrechen.

---

244 Vgl. Wolf Kalz: Gustav Landauer. Kultursozialist und Anarchist. Meisenheim am Glan 1967 (Schriften zur politischen Wissenschaft, 6). – Hans Manfred Bock: Geschichte des „linken Radikalismus" in Deutschland. Ein Versuch. Frankfurt a. M. 1976.

6. KAPITEL

Ausgang und Erbe der dissidentischen Kartellbewegung

Angst vor den Massen – Sehnsucht nach Autorität

Dem wirtschaftlichen Aufschwung in Deutschland, so Unold, fehle der kulturelle. Das Volk lebe „haltlos und ziellos in den Tag hinein".[1] Er sprach die Hoffnung aus, „daß unser deutsches Volk bewahrt bleibt vor der mit äußerer Kultur bisher immer verbundenen Verwirrung und Entartung".[2] Leider sehe er aber bei den Deutschen „übermäßiges Genuß- und Glücksstreben", das „zu einem Verlust der Leistungsfähigkeit, zur Einbuße an Mut und Kraft für die Fortführung des Entwicklungsprozesses, ja sogar zur Schädigung der Selbst- und Gattungserhaltung" führe. Auch gegen „bedenkliche Anzeichen von Überkultur" müsse vorgegangen werden. „Überkultur" sei sowohl „Materialismus" im Sinne von Wohlstandsdenken, als auch „Amerikanismus", das Aufgeben kultureller Werte zugunsten einer Massenkultur mit weltanschaulicher Beliebigkeit, Reizüberflutung, Hast und Nervosität.[3] Unold rechnete zu den Rechtsaußen derjenigen Gebildeten, die Gerhard Kratzsch, bezogen auf den *Dürerbund*, „ethische Idealisten des gebildeten Mittelstands" nannte. Sie wollten „im Vertrauen auf die Kraft der Bildung und unter dem Einfluß der Milieutheorie durch Belehrung und Schaffung einer kulturvollen Umwelt auf dem Wege der Zivilisierung eine Gesinnung beleben und zur Herrschaft bringen ..., welche dem kapitalistischen Geist und seinen verderblichen Wirkungen entgegenwirken und ihren Interessen dienlich sein sollte".[4] Das gilt auch für die Anhängerschaft des *Weimarer Kartells*. Doch zeichnete diese Gruppe eine Besonderheit aus. Sie meinte, kirchlicher Egoismus versperre den Weg zur geistigen Einheit Deutschlands. „Äußerlich ist das deutsche Volk geeint, innerlich aber zerrissener und gespaltener denn je."[5] Und mit einer „Religion der Jenseitigkeit", so Theobald Ziegler, sei „bei der Masse unserer Fabrikarbeiterbevölkerung nichts auszurichten. Den Glau-

---

1 Unold: Entwurf, S.2.
2 Unold: Entwurf, S.3. – Vgl. mit Unold: Grundlegung.
3 Johannes Unold: Der Monismus und seine Ideale. Leipzig 1908, S.91/92.
4 Kratzsch: Kunstwart, S.28.
5 Handbuch, S.22.

ben an dieses Jenseits haben auch von unseren Gebildeten die meisten verloren." Damit sei das Recht verbraucht, „ihn den Ungebildeten aufzureden".[6]

Das Festhalten am alten Glauben gebe der sozialdemokratischen Seite Raum. Dort herrsche, wie Ziegler zuspitzte, eine „fanatische Respektlosigkeit" und ein „Atomismus subjektiven Beliebens".[7] Die Weltanschauungspartei der sozialistischen Arbeiterbewegung mobilisiere die unverständigen Massen. Dabei besaßen die im Kartell versammelten Gelehrten gar keine so rechte Vorstellung von den „Massen". Wenn etwa Wilhelm Ostwald rückblickend feststellt, er hätte Massen erreicht, dann meinte er einen vollen Hörsaal. Sich an die internationale Hamburger Tagung des Monistenbundes erinnernd, befürchtete er, die Ausführungen der dortigen Redner seien „zu ‚hoch' für die breiteren Massen", obwohl „eine freudig erwartungsvolle Stimmung in den Massen vorhanden" gewesen sei – das waren die dort versammelten, meist akademisch gebildeten Anhänger des Monismus.[8]

Aus sozialer Angst und persönlicher Überschätzung suchten Dissidenten nach einer weltanschaulichen Gegenposition zur lärmenden Orientierung am niederen Volk, wie es die Marxisten unternähmen, sowie zu Nietzsches lähmendem Pessimismus im Blick auf die Massen. Marx' Werk kannten die meisten allerdings nur vom Hörensagen, aus sozialdemokratischen Übersetzungen oder Äußerungen der bürgerlichen Presse. Das genügte ihnen zur Ablehnung. Ähnliches war bei Nietzsche der Fall, von wenigen Experten abgesehen. Doch gehörten einige seiner Prophetien zum damaligen intellektuellen Gemeingut.[9] Aus diesem Grunde formulierte Ferdinand Tönnies schon zum Auftakt der ethischen Kulturbewegung Kritik am „Nietzsche-Kultus".[10] Es war dies ein öffentliches Abschwören, denn Tönnies hatte als junger Student für Nietzsche geschwärmt. Um so grundsätzlicher geriet seine Position wenige Jahre später.[11] Er griff nicht nur Nietzsches Methoden an. Dieser baue an Luftschlössern und sei unfähig, das Wirken und die Wirkungen sittlicher und sozialer Grundsätze zu begreifen. Ihm fehle die kritische Nüchternheit. Tönnies wandte sich vielmehr prinzipiell gegen das gesellschaftspolitische Konzept Nietzsches, da er zwar dessen Einschätzung teilte, die Demokratisierung Europas sei unaufhaltsam. Doch erblickte Tönnies darin keinen notwendigen Kulturverfall. Wie Nietzsche „versuchen jetzt alle politischen Mächte die Angst vor dem Sozialismus auszubeuten, um sich zu stärken. Aber auf die Dauer hat doch allein die Demokratie den

---

6   Ziegler: Soziale Frage, S.110.
7   Ziegler: Soziale Frage, S.180.
8   Ostwald: Lebenslinien, S.229.
9   Vgl. Carl Lory: Nietzsche als Geschichtsphilosoph. Eine Quellenstudie. Berlin 1904. – Die Studie erschien als erste von dreien in der Reihe *Die neue Weltanschauung. Beiträge zu ihrer Geschichte und Vollendung in zwanglosen Einzelschriften*; nicht identisch mit NW.
10 Vgl. Tönnies: Ethische Cultur.
11 Ferdinand Tönnies: Der Nietzsche-Kultus. Eine Kritik. Leipzig 1897.

Vortheil davon, denn alle Parteien sind genöthigt, dem Volke zu schmeicheln und ihm Erleichterungen und Freiheiten zu geben, wodurch es endlich omnipotent wird."[12] Wem der Niedergang moralischer Werte zugunsten „der jetzigen Narrheit der Nationen, möglichst viel zu produziren und möglichst reich sein zu wollen"[13], nicht behage, dürfe nicht nur jammern, sondern solle sich ethisch engagieren. Nietzsche sei kein „politischer Freidenker", denn er halte es nicht einmal für der Mühe wert, „die modernen Ideen aus dem Grunde zu verstehen". Die Ausbeutung der Schwachen durch die Starken sei nicht, wie Nietzsche meine, Voraussetzung aller höheren Kulturen, sondern, wie die Geschichte zeige, der Anfang von deren Ende, weil Ausbeutung auch die kräftigsten Völker „entnerve".[14] Gemeinsam mit Franz Staudinger, ebenfalls Förderer der ethischen Kulturbewegung[15], zog Tönnies den Schluß, die Demokraten zu stärken. Beide erstrebten eine neue Gemeinschaft der Deutschen durch kulturelle Werte, die Vermassung erträglich und Individualität möglich mache.[16]

Anders argumentierte F. W. Foerster. Er wollte die Einführung von mehr Demokratie an bestimmte kulturelle Voraussetzungen binden und hielt die Suche nach einer völlig neuen Ethik für nutzlos. Es müsse vielmehr Einigkeit erzielt werden, auf welche Werte sich die künftige moralische Autorität gründen solle. Nach Lage der Dinge käme sowieso nur eine aus dem Christentum abgeleitete Ethik in Betracht. Mit seiner Ansicht legte Foerster den Finger auf eine wunde Stelle in den freidenkerischen Erklärungen. Ihre Akteure versuchten sich an allerlei Thesen und Entwürfen, scheiterten aber theoretisch wie praktisch am Unterschied von philosophischen Systemen zu Kulturauffassungen; letzte wirken, weil sie weltanschaulich aufgeladen und, gemessen an erkenntnistheoretischen Kriterien, eben gerade nicht „stimmig" sind. Foerster, die buntscheckigen Weltanschauungen um sich herum prüfend, prognostizierte aus deren innerer Widersprüchlichkeit die Erfolglosigkeit neuer dissidentischer Systeme und empfahl eine allgemeine Ethik auf der Basis des Christentums. Er sah als einer unter wenigen im Umfeld des *Weimarer Kartells* – wahrscheinlich wegen seiner verzweifelten Suche nach den brauchbaren Elementen des Katholizismus in der modernen Zeit – die „kulturelle Frage" als Problem einer vorfindlichen, aber schwindenden oder gar verschwindenden „Autorität". Er mißtraute freidenkerischer Bekennt-

---

12 Tönnies: Nietzsche-Kultus, S.43.
13 Tönnies: Nietzsche-Kultus, S.44. – In der Arbeiterbewegung prägend das Urteil Franz Mehrings vom Anfang der neunziger Jahre, Nietzsche gehöre zu den reaktionären „Sozial-Philosophen des Kapitalismus". Vgl. Franz Mehring: Kapital und Presse. Ein Nachspiel zum Falle Lindau. Berlin 1891, S.119.
14 Tönnies: Nietzsche-Kultus, S.51/52, 96/97.
15 Vgl. Franz Staudinger: Ethik und Politik. Berlin 1899. – Staudinger publizierte auch in der sozialdemokratischen Presse. Vgl. Ders.: Die materialistische Geschichtsauffassung und der praktische Idealismus. In: NZ 16(1897/98)II, S.452-464.
16 Vgl. Tönnies: Gemeinschaft.

nisliteratur und der oft wiederholten These, nach der Abschaffung kirchlicher Vorherrschaft werde sich die Moral schon irgendwie nach „wissenschaftlichen" Vorgaben einrichten. Da müsse man schon vorher an akzeptierbare Werte und Institutionen ihrer Durchsetzung denken, damit es nicht zu einem Chaos komme. Deshalb sprach er vehement gegen alle Illusionen über den „freien Menschen". Eben weil die radikalen Dissidenten nach seiner Meinung auf eine „geistige Anarchie" hinsteuern, würden sie eine große Krise heraufbeschwören, in der „alle soziale und persönliche Kultur zusammenbricht". Der Mensch lebe „in den entscheidensten Grundfragen seines Daseins von der Hand in den Mund ..., von seiner Eintagserfahrung, von Gedanken, die so nebenbei in den Pausen der Berufsarbeit erzeugt werden". Das führe zu einer Situation der „Schwäche des persönlichen Charakters" und der „Macht der geistigen Mode und der kollektiven Suggestion". Wenn die bisherige Autorität ihre Kraft verliert, siegen letztendlich „die Schwätzer", die „das große Wort führen und mit ihrer Sophisterei die wahre Weisheit gar nicht zu Worte kommen lassen. ... Am zerstörendsten wirkt die Autoritätslosigkeit auf die pathologisch Geschwächten und Gefährdeten. ... Der moderne Mensch begründet seinen Verzicht auf feste religiös-sittliche Wahrheiten gerne mit dem stolzen Worte, daß er es vorziehe, sein Leben lang die Wahrheit zu suchen."[17]

Die Aufgabe eines verpflichtenden Kanons moralischer Werte zugunsten einer unverbindlichen Pluralität der Weltanschauungen lege den Grund zum Verlust jeder Autorität. Aber allein auf einem gemeinsamen ethischen Untergrund und auf einer einheitlichen Wertebasis sei Individualität konstruktiv. Der Mensch könne doch nicht außerhalb der „Grundwahrheiten seines ganzen Daseins ... ewig vagabundieren und experimentieren". In Zeiten der Wertebeliebigkeit gäbe es vor allem keine Kriterien für Toleranz. Freies Denken wandle sich vielmehr in freie Tat, da sich jede Spezialsicht zur einzig wahren aufschwingen könne. Die dissidentische Bewegung zeige in ihren Reihen schließlich selbst, wohin das wahrscheinlich führe. „Der beste Beweis dafür sind eine ganze Reihe neuerer Schriftsteller, deren ‚autonome' Ethik dem Töten wieder einen weiten Spielraum gewährt: Ostwald zum Beispiel protestiert gegen die übertriebene Heiligung des individuellen Lebens in unserer Zeit, Haeckel empfiehlt spartanische Selektion, d.h. Tötung abnormer, schwacher oder mißgebildeter Kinder, Forel macht ähnliche Vorschläge, andere befürworten die Tötung schwer Leidender und unheilbar Geisteskranker. Wer will nun diesen Autoren wissenschaftlich nachweisen, welche furchtbaren Folgen alle solche Praktiken in der menschlichen Seele zeitigen müssen?"[18]

---

17 Förster: Autorität, S.8, 48/49.
18 Förster: Autorität, S.17, 50.

Deshalb wollte Foerster den Staat „erziehen". Er warb für eine Allianz der Einsichtigen unter den „Kulturträgern". Schließlich kämen die letzten ethischen Wahrheiten nicht von irgendwo, seien auch nicht künstlich zu erfinden oder gar wissenschaftlich auszuarbeiten. Es müsse eine letzte moralische Instanz für menschliches Tun geben. Sie finde sich in dem Glauben an den Wert des einzelnen Menschen, an die „Heiligkeit des Lebens". In unserem Kulturkreis komme diese Sicherheit aber nun einmal aus dem Christentum. Den Einrichtungen dieser Religion, den Kirchen, stritt allerdings auch Foerster, gemeinsam mit der freidenkerische Kulturbewegung der Dissidenten, das Recht ab, Werte für Staat und Gesellschaft zu formulieren, jedenfalls dies mit einem Anspruch auf Ausschließlichkeit zu tun. Damit blieb nur übrig, auf die Einsichtigkeit der Individuen zu hoffen, den Anspruch auf den unendlichen Wert des einzelnen Menschenlebens zu bewahren. Hier blieb man skeptisch und bei Luthers pessimistischem Menschenbild. Als Instanz, aufklärerische Autorität auszuüben, kam danach nur der Staat infrage. Das hieß aber, ihm Wertungen zu gestatten und seine völlige „Neutralität" abzulehnen. Das war der Zirkelschluß, in dem sich die deutsche Freidenkerei bewegte: Toleranz als staatliche Entscheidung, nicht als Lebensprinzip in der Zivilgesellschaft.

Kulturelle Hegemonie für die Idee der Toleranz: Großblock der Linken

In dem die Dissidenten die volle Bekenntnisfreiheit forderten, verlangten sie den Ausschluß der Kirchen aus dem staatlichen Betrieb. Damit stießen sie auf das Problem, was den Staat geistig zusammenhalten würde, wenn er auf der völligen Religionsfreiheit der Individuen beruhe und ein einheitliches Weltbild fehle. Sie fragten, wie es sechzig Jahre später Ernst-Wolfgang Böckenförde auf den Kern brachte: „Woraus lebt der Staat, worin findet er die ihn tragende, homogenitätsverbürgende Kraft und die inneren Regulierungskräfte der Freiheit, deren er bedarf, nachdem die Bindungskraft aus der Religion für ihn nicht mehr essentiell ist und sein kann?"[19] Ansätze zu einem Verständnis von Geistesfreiheit, in dem der Staat jeden, der sein Gewaltmonopol toleriert seinerseits toleriert, finden sich im *Weimarer Kartell* besonders in der *Deutschen Gesellschaft für Ethische Kultur*. Der Gedanke selbst fußte auf einer großen Zuversicht in das neutrale Wesen des Staates und die Aufklärbarkeit seiner Diener, weniger auf einem Glauben an einen

---

19 Ernst-Wolfgang Böckenförde: Die Entstehung des Staates als Vorgang der Säkularisation. In: Säkularisation und Utopie. Ebracher Studien. Ernst Forsthoff zum 65. Geburtstag. Stuttgart 1967, S.92.

einzuführenden Katalog von Menschen- und Bürgerrechten. Es versteht sich, daß die Idee der „Duldung aller religiösen Vorstellungen"[20] als „amerikanisch" galt – schon weil sie von Amerikanern in diesen Verein hineingetragen wurde. Nicht zuletzt deshalb blieb das Programm einer öffentlichen Artikulations- und Organisationsfreiheit für *alle* Denkrichtungen und Religionen (Felix Adler: „das allen guten Menschen Gemeinsame ... wecken") Utopie. Ein demokratischer Staat lag jenseits der deutschen Realität und bedingte eine andere Kultur – deshalb die Konzentration des *Weimarer Kartells* auf Kultur*politik*. „Der Sammlung vorwärts drängender politischer Parteien (was die Sache des zünftigen Politikers ist) muß zur Seite gehen, ja müßte vorausgehen die Sammlung aller Vereinigungen für freiheitliche Kultur zu gemeinsamem kulturpolitischem Wirken."[21] Mit „Weltanschauungen allein (kann) keine neue Kultur heraufgeführt" werden, schrieb Julian Marcuse im Sommer 1912 an den Vorstand der Monisten. Es bedürfe schon des Mitwirkens an der sozialen Arbeit.[22]

Tatsächlich fußte die erstaunliche Toleranz unter den Mitgliedsvereinen des *Weimarer Kartells* auf einer vorbildlichen kulturellen und sozialen Vereinsarbeit, den praktischen Lebenshilfen, Tagungen, den eigenen Zeitschriften und den Bildungsanstrengungen. Diese Basis erlaubte dann Appelle und Petitionen. Hier erfuhren die Dissidenten dann allerdings die staatlich gesetzten Grenzen ihrer Wirksamkeit. Diese ergaben sich weniger daraus, daß das Kartell auf Reichsebene agierte, Kulturpolitik aber Ländersache war: Ein gewisser Anti-Föderalismus lag durchaus im Interesse der Dissidenten. Vielmehr zog das politische System als Ganzes eine Mauer der Benachteiligung, Mißachtung und Verleumdung um die Anhängerschaft des *Weimarer Kartells*. Daran änderten auch Durchlaß- und Freigängerscheine, etwa für Haeckel und W. Foerster sowie Pfungst und Rössler, nichts grundsätzlich. Bestimmte Ereignisse im christlichen Lager schienen die Mauer an einigen Stellen durchlässig zu machen. Sie bestärkten die Dissidenten darin, ihr Streben auf eine breitere politische Basis zu stellen. In Bremen trat Pfarrer Emil Felden neben Albert Kalthoff. Auf vielen Foren klärte er seine Zuhörer über moderne Formen des Aberglaubens auf.[23] Felden warb für freie Gemeinden, engagierte sich politisch für die Trennung von Kirche und Staat und warb für einen offenen Umgang mit Sozialdemokraten.[24] Kalthoff wit-

---

20 Die ethische Bewegung, S.5.
21 Aufruf, S.22.
22 Julian Marcuse: Mitarbeit in der sozialen Praxis. In: MJ 1(1912/13), S.382/383.
23 Als Buch gedruckt vgl. Emil Felden: Der Spiritismus und die anderen okkulten Systeme unserer Zeit. Aberglaube, Wünschelrute, Tischrücken und Tischklopfen, das Unterbewußtsein, Spiritismus, christliche Wissenschaft, Theosophie, Anthropologie, Ahnungen, Telepathie, Weissagungen, was wird nach dem Tode? Leipzig 1918.
24 Vgl. Emil Felden: Kirche, Religion und Sozialdemokratie. Vortrag, gehalten am 2. VII. 1909 im Gewerkschaftshause zu Bremen. München 1909. – Ders.: Die Trennung von Staat und Kirche. Eine Forderung der Gewissensfreiheit. Jena 1911 (Staatsbürgerliche Flugschriften).

terte in den „kommunistischen Klubs" der Arbeiter eine neue religiöse Bewegung, die er mit dem frühen Christentum gleichsetzte.[25] Dies schienen Töne aus der Schweiz zu bestätigen, speziell aus Genf (Leonhard Ragaz) und aus Zürich (Hermann Kutter). Sie wurden zuletzt im Vormärz so laut gehört und klangen nach religiösem Sozialismus.[26] Ragaz trat für ein soziales Christentum ein, für Frauenemanzipation und für Alkoholabstinenz. Kutter schaffte in seiner Kirche aus Überzeugungsgründen die Konfirmation und die Trauungen ab.

Politisch bedeutsam wurde der „Fall Traub". Der Dortmunder Pastor Gottfried Traub (1869-1959) machte aus seinen Abweichungen von den Glaubensdogmen der evangelischen Kirche kein Hehl mehr und suchte den Dialog mit Freidenkern.[27] Er gehörte zu den Befürwortern einer neuen Volkskirche ohne Dogmen und auf ethischer Grundlage. „Wir haben heute keine Landeskirche mehr, sondern eine Volkskirche. Das will so viel heißen als: diese Millionen von Menschen haben eine ganze Reihe der verschiedensten Glaubensanschauungen und sittlichen Auffassungen, wie das im gegenwärtigen Zeitalter geistiger Kulturbewegung gar nicht anders sein kann. ... Deshalb muß der Protestantismus ... auf jede Uniformität der Lehre verzichten."[28] Gottfried Traub hatte 1912 Jatho vor den Kirchenbehörden verteidigt. Er wurde ein Jahr danach selbst seines kirchlichen Amtes enthoben und seiner Pension und seines Titels beraubt. Da Traub zugleich für die Trennung von Staat und Kirche eintrat, führte ihn diese Haltung noch vor Kriegsbeginn ins Umfeld des *Deutschen Bundes für weltliche Schule und Moralunterricht*, wo er im Rahmen der freigeistigen Bewegung an der Neukonzipierung des Religionsunterrichts mitwirkte. 1913 rückte er für die Fortschrittspartei ins Preußische Abgeordnetenhaus ein.

Wenn man den eigenen Einfluß im Reich vergrößern wollte, mußte man die kulturpolitischen Strömungen, die in und außerhalb des Kartells für eine Entkirchlichung des Staates eintraten, zusammenführen. Helene Stöcker schlug deshalb vor, das dissidentische Konzept mit mehr Nachdruck in die Hegemonie zu bringen. Unsere kulturellen Ziele lassen sich nur durchsetzen, „wenn wir zu einem Großblock der kulturellen Linken kommen, wie wir ei-

---

25 Vgl. Albert Kalthoff: Die Entstehung des Christentums. Neue Beiträge zum Christusproblem. Leipzig 1904, S.79-91.
26 Vgl. Hermann Kutter: Sie müssen! Ein offenes Wort an die christliche Gesellschaft. Jena 1910. – Leonhard Ragaz: Das Evangelium und der soziale Kampf der Gegenwart. Basel 1906. – Ders.: Der sittliche Kampf der Gegenwart. Vortrag. Basel 1907. – Ders.: Jesus Christus und der moderne Arbeiter. Zürich 1908.
27 Vgl. Gottfried Traub: Ethik und Kapitalismus. Grundzüge einer Sozialethik. Heilbronn 1904. – Ders.: Arbeit und Arbeiterorganisation. Tübingen 1905 (Festgaben für Friedrich Julius Naumann). – Ders.: Die Wunder im Neuen Testament. Halle 1905. – Ders.: Der Pfarrer und die soziale Frage. Göttingen 1907.
28 G. Traub: Staatschristentum und oder Volkskirche, 1911, S.46ff., zit. nach: Huber u. Huber: Staat und Kirche, Bd.III, S.783.

nen Großblock der politischen Linken brauchen".[29] Der Berliner Mitbegründer des Kartells Walther Vielhaber griff diesen Gedanken auf. Er sprach von der Notwendigkeit eines „Kultur-Großblocks", den zu erreichen man ein deutsches „Großkartell" schaffen müsse. Dabei berief er sich ausdrücklich auf Friedrich Naumann, mit dem man sich verbünden müsse.[30] Doch stießen Vielhaber und Stöcker mit dieser Idee weitgehend ins Leere. Erst im Kriegsjahr 1917 kam es zur Bildung des *Interfraktionellen Ausschusses* von Liberalen, Zentrumspolitikern und Sozialdemokraten im Reichstag, die den Weg zur Koalition von Sozialdemokraten und bürgerlichen Linken auch in kulturpolitischen Fragen ebnete und dann die Weimarer Verfassung ermöglichte.

Vor Ausbruch des Krieges fehlte die Zeit, den Gedanken an einen „Kultur-Großblock" genügend zu verbreiten. Außerdem dachten sicher viele von den wenigen, die diese Nachricht überhaupt erreichte, es handle sich um eine Neuauflage von Horneffers „Kulturpartei". Auch mangelte es an einer sozial relevanten Klientel zwischen Liberalismus und Sozialdemokratie, die sich zu diesem Zeitpunkt dafür gewinnen ließ. Dissidentische Positionen hatten für sich stehend keine Chance auf Wählbarkeit. Es gab, um einen Buchtitel Vielhabers zu verwenden, zu wenige *Ketzer und Grübler*.[31] Wo sich Reformer artikulierten, schlugen sie sich oft gleich auf die Seite der inzwischen weitgehend „revisionistischen" Sozialdemokratie.[32] Anhänger des sozialliberal und dissidentisch eingestellten Bürgertums wählten oft Sozialdemokraten, was die Partei bei ihrer Kandidatenaufstellung berücksichtigte. Vor allem aber befand sich das Wilhelminische Kaiserreich in einer merkwürdigen sozialpsychologischen Gemütslage, in der sich Momente des Aufbruchs mit solchen der Beharrung vermengten. Zeitgenossen artikulierten dies als soziale „Nervosität". Vieles schien in Auflösung zu sein. Die enormen sozialökonomischen Veränderungen hatten viele frühere Gewißheiten beseitigt, doch erst die Revolution von 1918/19 führte die Leichtigkeit von Machtverlust und -gewinn vor Augen und legte Grundsteine für einen Wertewandel im staatlichen Handeln. Was dann aber anschließend im Bürgerkrieg und in Klassenkämpfen geschah, ließ Gedanken an Toleranz wenig Spielraum, aber ohne Praxis blieb Liberalität ein großes Ideal.

Jedenfalls gab die soziale Befindlichkeit der Dissidenten vor 1914 wenig Anregung zu einer versöhnlichen Haltung gegenüber den Großkirchen.

---

29 Helene Stöcker: Kirche und Religiosität. In: Der Monismus 6(1911)63, S.388.
30 Vgl. Walther Vielhaber: Praktische Vorschläge für den kulturellen Großblock. In: MJ 3(1913/14), S.1033-1040.
31 Vgl. Walther Vielhaber: Das Jesusbild. Epigramme für Ketzer und Grübler. Berlin 1914.
32 Vgl. Robert Seidel: Sozialdemokratie und ethische Bewegung. Zürich 1897. – Bernstein: Voraussetzungen. – Max Maurenbrecher: Darwinismus. – Max Maurenbrecher: Der Sozialismus als eine neue Stufe der Religion. In: Religion und Sozialismus. Sieben Vorträge, gehalten beim 5. Weltkongress für Freies Christentum und Religiösen Fortschritt, Hg. v. Wilhelm Schneemelcher, Berlin-Schöneberg 1910, S.39-45.

Als einer der wenigen politischen Klardenker im Kartell hat in dieser Situation Ferdinand Tönnies in einer wenig beachteten, F. W. Foerster gewidmeten Schrift, die dissidentische Bewegung vor den Folgen gewarnt, den Spieß irgendwann einmal politisch umzudrehen und selbst den Staat zu benutzen, um die bisherigen Methoden der weltanschaulichen Pression nun ihrerseits gegen die Religiösen und ihre Kirchen anzuwenden. „Die Verfolgung Andersdenkender, planmäßig und im großen Stile betrieben", habe „immer von zwei Ergebnissen eines gehabt ...: entweder den moralischen und sehr oft auch den politischen Triumph der Verfolgten oder den moralischen und nicht selten oft auch politischen Verfall der Verfolger, zuweilen auch beides zugleich".[33] Es war dieser Satz aber nichts anderes als die Übersetzung von Nietzsches Vergleich zwischen den Freidenkern und Freitätern in die Sprache der Politik.

Letzte Aktivitäten im Frieden und politisches Handeln im Krieg

Die Mehrzahl der Akteure des *Weimarer Kartells* begriffen unter politischem Eingreifen lediglich „energischstes" Vortragen der Argumente, wie eine häufig wiederkehrende Formulierung belegt. Sie meinten, Vertrauen in die Kraft der freien Rede, des schriftlichen Appells, der volkstümlichen Ansprachen, der akademischen Vorlesungen und der wissenschaftlichen Ausarbeitungen seien in der Politik hinreichend, wenn die Ideen selbst „vernünftig" wären. So blieb es oft beim Aufruf. In der Hoffnung, die „bekannte Weltfremdheit der Gelehrten und Idealisten fängt langsam an sich zu wandeln in den brennenden Wunsch zur Mitarbeit am Ausbau unserer deutschen Kultur"[34], führten sie ihre Debatten und pflegten ihre Vereinsarbeit. Eine neue Elite, als deren Kern sie sich sahen, würde sich gegen die ökonomischen Materialisten und religiösen Dogmatiker bilden, gegen die Besitzenden und Herrschenden, die „sich in ihren Lebensgenüssen, in ihrem Luxus nicht einer verfeinerten, sondern einer sich mehr und mehr vergröbernden Lebensauffassung ... (anpassen), die von Protzentum und völlig unethischer materieller Genusssucht oft kaum unterscheidbar ist."[35].

Nach dem Tode von Max Rieß 1909 drohte dem *Weimarer Kartell* ein rasches Ende. Penzig übernahm die provisorische Leitung des Ausschusses, ohne diesem vom zerstrittenen Berlin aus neue Impulse verleihen zu können. Als Schriftleiter des Kartells fungierte vorübergehend Alfred Dieterich,

---

33   Ferdinand Tönnies: Politik und Moral. Eine Betrachtung. Frankfurt a. M. 1901, S.30. – Die Schrift erschien als *Flugschrift Nr. 3* im *Neuen Frankfurter Verlag* von Arthur Pfungst.
34   Das Weimarer Kartell: Aufruf an die „Intellektuellen" zu den preußischen Landtagswahlen. In: MJ 1(1912/13), S.86/87.
35   Adler: Rede, S.20.

der zu diesem Zeitpunkt gleichzeitig Geschäftsführer des Monistenbundes und Redakteur der Zeitschrift *Monismus* war.[36] Am 12. September 1911, während der Huldigungsfahrt der Monisten aus aller Welt von Hamburg nach Jena zu Haeckel, wurde im Speisewagen des Sonderzuges der gemeinsame Ausschuß neu begründet und die Verlegung der Zentrale von Berlin nach Frankfurt a. M. zu Pfungst beschlossen, um die Zentrale den Berliner Querelen zu entziehen, in denen Penzigs Stimme unterzugehen drohte. August von Hügel informierte darüber den *Monistenbund*. Er sehe jetzt „praktische, greifbare Pläne, früher krankte es an einer allzu abstrakten Auffassung seiner Aufgabe. Jetzt fängt es an mit realen und möglichen Aufgaben, von unten nach oben wachsend, es will jetzt ... eine Art Telefonzentrale aller freigeistigen Verbände sein."[37]

Mit Arthur Pfungst als I. Vorsitzendem, Max Henning als I. und Joseph Schiller als II. Schriftführer schien Ende 1911 ein tatkräftiges Team gewählt, die Vorstandsarbeit zu leiten, dem mit dem Rechtsanwalt Ernst Hochstaedter noch ein dritter Frankfurter angehörte. Weiter zählten nun dazu: Wilhelm Ostwald, Rudolph Penzig und Peter J. Schmal, von Beruf Kaufmann, Geschäftsführer des Freidenkerbundes und Kassenwart des Kartells. Pfungst reiste Ende August 1912 zum 16. Freidenkerkongreß nach München. Am Rande der Tagung verabredete er mit Haeckel, Tschirn und anderen eine Neubelebung des Kartells.[38] Diese scheiterte dann zunächst erneut, weil Pfungst am 3. Oktober des gleichen Jahres verstarb. Auch wenn Pfungst schon länger an Gelenkrheumatismus und den daraus folgenden Herzproblemen litt und sich einem enormen Streß aussetzte, kam der Tod doch überraschend. Pfungst wurde nur 48 Jahre alt.

Auf der letzten Vorkriegssitzung des Kartells am 4. September 1913 in Düsseldorf, anläßlich einer Veranstaltung am Vorabend der 7. Hauptversammlung des *Deutschen Monistenbundes*, „an der viele in ihm vereinigte Verbände teilnahmen", schlug Wilhelm Ostwald vor, Heinrich Rössler zum Vorsitzenden zu wählen[39] – einen Mann mit organisatorischem Geschick und ohne persönliche Weltanschauungsmarotte. Dem letzten geschäftsführenden Ausschuß gehörten diejenigen an, die das Kartell geschaffen und am Leben gehalten hatten: Henning, Hochstaedter, Ostwald, Tschirn, Klauke, Schmal, Penzig und Stöcker. Die Führung hatte sich als Gemeinschaft von Leitfiguren neu konstituiert.[40] Das gab dem Kartell als „Bund der Bünde"

---

36 Vgl. Vortragsorganisation des Deutschen Monistenbundes. Vorträge und Redner. O.O. (1909). In: Hübinger: Kulturprotestantismus, S.124.
37 August v. Hügel: Rundschau. Weimarer Kartell. In: Der Monismus 6(1911)64, S.515.
38 Vgl. Professor Ernst Haeckel, Jena, an Arthur Pfungst v. 22.8.1912. In: Pfungst Werke, Bd.III/2, S.209.
39 Das Weimarer Kartell. In: NW 6(1913)11, S.431-432.
40 Lempp: Kartell, Sp.1865: In „den Vorständen (der Mitgliedsvereine, H.G.) finden sich immer wieder dieselben Namen".

nach außen und innen die nötige Repräsentativität, um in den Kämpfen der Kirchenaustrittsbewegung koordinieren zu können. Nachdem Rössler die Führung übertragen wurde, begann eine regelmäßige Ausschußarbeit am Vorort Frankfurt a. M., die auch den Krieg hindurch anhielt. Trotzdem fehlte, wie Ostwald rückblickend meinte, ein begabter „Führer, der eine solch lockere Gemeinschaft zusammenzufassen vermochte, so daß die Tätigkeit des Kartells gering blieb".[41] Vielleicht wäre er gern gefragt worden, doch seine exponierte Stellung im Monistenbund und sein Eintreten für eine einseitig „energetische Kulturtheorie" verbot dies. Überhaupt ist die Wirksamkeit des *Weimarer Kartells* nicht an dessen „Geschlossenheit" ablesbar, im Gegenteil. Weil die verbündeten Vereine auf vielen Feldern wirkten und dennoch zu gemeinsamen Forderungen fanden, hat sich ihr eigener Einfluß vergrößert und darüber vermittelt auch dem Ausschuß größeres Gewicht verliehen. Schon die Existenz einer offiziellen „Rednerliste der Organisationen des Weimarer Kartells" mit 71 bekannten Namen dokumentierte Intellektualität und Liberalität.[42] Die größte Gruppe von ihnen stellten die Prediger (16), die Schriftsteller (10) und die Ärzte (8). 25 waren promoviert und 11 sogar Professoren.

Die Widersprüche im Kartell brachen an Fragen auf, wie man sich zu den Kriegskrediten, zum Krieg und zu dessen sozialen Folgen stellen sollte. Hier zeigten sich dann weltanschauliche Unterschiede. Nur eine Minderheit um Foerster und Rössler dachte pazifistisch oder zeigte, wie die Sozialdemokraten Karl Liebknecht und Otto Rühle, offen ihre Kriegsgegnerschaft. Die Mehrheit fühlte national, wenn auch in allerlei Schattierungen. Die Streitfragen zwischen den einzelnen Richtungen im Kartell wären vielleicht auf der für den 9. September 1914 geplanten Konferenz des Kartells sowieso stärker pointiert worden als vorher. Henning sollte, gemeinsam mit Ludwig Wahrmund, über die Trennung von Kirche und Staat referieren, worüber die Meinungen auseinandergingen. Außerdem wollte man sich der schon lange geplanten Akademiegründung widmen. Als Tagungsort war das Jenaer Volkshaus vorgesehen. Beschlossen werden sollte unter anderem die einheitliche Bezeichnung „konfessionslos" für alle aus der Kirche ausgetretenen Personen bei der für den 1.12.1915 beabsichtigten Volkszählung. Auch dazu gab es differente Standpunkte. Doch konnte die Tagung nicht mehr stattfinden. Nach Kriegsausbruch steuerten Rössler und Henning energisch gegen ein Einschlafen des Kartells. Sie hielten den Ausschuß am Leben und spekulierten erfolgreich darauf, daß der Krieg die Regierung zwingen würde, den Dissidenten politische Zugeständnisse zu machen.[43] Doch die Aufforderung, Burgfrieden zu halten, war für die Linken nicht länger akzeptabel.

---

41 Ostwald: Lebenslinien, S.240.
42 Vgl. Handbuch, S.158-160: Abdruck im Anhang.
43 Vgl. Oswald Marcuse-Breslau: Die Belebung des Weimarer Kartells. In: MJ 4(1915), S.289-293. – Marcuse war Rechtsanwalt.

Darüber kam es im *Deutschen Monistenbund* zu einem Streit, der sich auf die gesamte deutsche Freidenkerei auswirkte. Haeckel und sein Nachfolger Ostwald unterzeichneten im Oktober 1914 gemeinsam mit Max Planck und weiteren neunzig Professoren den vom Berliner Altphilologen Ulrich von Wilamowitz-Moellendorff (1848-1931) angeregten Aufruf *An die Kulturwelt* gegen Englands „Blutschuld" im Weltkrieg (die „Feinde Deutschlands, England an der Spitze", die „angeblich zu unsern Gunsten einen Gegensatz machen wollen zwischen dem Geiste der Wissenschaft und dem, was sie den preußischen Militarismus nennen", sollen wissen, „daß für die ganze Kultur Europas das Heil an dem Siege hängt, den der deutsche ‚Militarismus' erkämpfen wird"[44]). Es kamen um die 4 000 Unterschriften zusammen. Nur Max und Alfred Weber (1868-1958; beide Heidelberg), Georg Friedrich Knapp (gest. 1926; Straßburg), Lujo Brentano (1844-1931; München), Leopold von Wiese (1876-1969; Düsseldorf), Ludwig Quidde (1858-1941; München; in monistischen Vereinen aktiv), Friedrich Wilhelm Foerster (München), Walter Schücking (1875-1935; Marburg; *Deutsche Friedensunion*) und Albert Einstein (1879-1955; Berlin) entzogen sich der Kriegspsychose der ersten Kriegswochen. Zu den „Dreiundneunzig" rechneten aus dem Umkreis des *Weimarer Kartells* die Dichter Hermann Sudermann, Herbert Eulenberg, Ludwig Fulda, der Jurist Franz von Liszt, der Astronom Wilhelm Foerster, der Arzt Wilhelm Waldeyer und, als liberale Leitfigur, Friedrich Naumann.[45] Haeckel und Ostwald druckten ihre Stellungnahme auch im Vereinsblatt der Monisten.[46]

Zwar verweigerte Ostwald, bisher als bekennender „Kosmopolit" ein organisierter Anhänger der *Deutschen Friedensgesellschaft* (aus der er 1917 demonstrativ austrat) und des *Verbandes für internationale Verständigung*, eine weitere Erklärung, „in welcher die deutschen Gelehrten als Anwort auf die englische Kriegserklärung geschlossen ihre englischen Ehrungen niederlegten". Doch wirkte seine Haltung im *Monistenbund* auf die „von den absoluten Pazifisten gebildete Gruppe, welche jeden Patriotismus als Chauvinismus brandmarkte und mit dem Präsidenten ... sehr unzufrieden" wurde, wie ein hingeworfener Fehdehandschuh. Hinzu kam, daß zu Kriegsbeginn eine andere Gruppe im Monistenbund „Burgfrieden mit andersgläubigen Deutschen ... zugesichert und seine für den Kulturkampf gesammelten Gelder zur Kriegerwitwen- und -waisenhilfe bestimmt" hatte. Als dann die

---

44   Zit. nach Bernhard Vom Brake: „Wissenschaft und Militarismus". Der Aufruf der 93 „An die Kulturwelt!" und der Zusammenbruch der internationalen Gelehrtenrepublik im Ersten Weltkrieg. In: Wilamowitz nach 50 Jahren. Hg. v. William M. Calder III., Hellmut Flaskar u. Theodor Lindken. Darmstadt 1985, S.651. – Vgl. Aufrufe und Reden deutscher Professoren im Ersten Weltkrieg. M. e. Einl., hg. v. Klaus Böhme, Stuttgart 1975.
45   Vom Brake: Wissenschaft, S.652, 657-659.
46   Vgl. Wilhelm Ostwald: Monisten! u. Ernst Haeckel: Englands Blutschuld am Weltkriege. In: MJ 3(1914), S.497 bzw. S.538-548.

Münchner Redaktion Ostwald um mehr Geld bat, sah dieser in all den Vorgängen die „Energie"-Frage gestellt und übergab Anfang Januar 1915 die laufenden Geschäfte an seinen Stellvertreter, den Sozialdemokraten Peus. In einem Brief an Haeckel schilderte Ostwald am 23. Februar seine verzwickte Lage als Vorsitzender. „Während ich den einen nicht patriotisch genug bin, gibt es eine große Gruppe sowie einzelne im Bunde, welche finden, daß wir uns bereits nicht mehr von einem gewöhnlichen Kriegerverein unterscheiden. Namentlich die zahlreichen jüdischen Mitglieder ... beschweren sich." Im Mai trat er dann schließlich zurück, nachdem ihn auch ein Brief Haeckels nicht umzustimmen vermochte.[47]

In der engeren Führung des Kartells sind keine derartigen Auseinandersetzungen wie im Monistenbund belegt. Es wird sie so nicht gegeben haben, wohl deshalb, weil sich hier eher sozialliberale Geister versammelten. Doch lag das vor allem an Rössler, der schon immer auf Ausgleich bedacht war, stets nach dem Gemeinsamen suchte und der Friedensidee treu blieb, was seine Position stärkte, je länger der Krieg dauerte. Doch spielte die Haltung zum Krieg bei dem Problem weniger eine Rolle, das den Ausschuß zunächst unmittelbar praktisch umtrieb – die Akademiefrage. In den Schwierigkeiten der Erbregelung wollte man versuchen, schnell Tatsachen zu schaffen. Daran hatte Henning ein ganz persönliches Interesse, versprach er sich doch eine Anstellung. So organisierte er am 25. Februar 1916 in Jena eine Ausschußsitzung als „Kriegstagung des Weimarer Kartells", deren Beratungsthemen nicht belegt sind, außer einer schweren Entscheidung: Der große Entwurf für eine Ausbildungsakademie oder gar eine Freidenker-Hochschule wurde ad acta gelegt. Nach Friedensschluß sollte die Akademie ihre Arbeit lediglich „in Form von jährlich abzuhaltenden Kursen von etwa wöchentlicher Dauer"[48] aufnehmen. Als Geschäftsstelle war zunächst Frankfurt a. M. festgeschrieben worden. Zwei Jahre später sollte Jena folgen. Das Kartell übernahm es, sich um die Mittel zu kümmern. Ein nicht näher bestimmter „wissenschaftlicher Ausschuß" wurde für die inhaltliche Vorbereitung ins Auge gefaßt.

Ab Januar 1917 wurde der Ausschuß wieder politisch aktiv. Die Geschäftsstelle des Kartells übermittelte eine Bitte an den Bundesrat „betreffs Wahl von Dissidenten zu Offizieren"[49], nachdem es dazu eine Reichstagsdebatte gegeben hatte.[50] Freigeistern, so forderte die Eingabe, sei nach dem Gesetz vom 3. Juli 1869 die Offizierslaufbahn zu gestatten. In der unbestimmten offiziellen Antwort, die erst im September 1917 eintraf, war jedoch nur von zu verbessernder Praxis die Rede. Rössler forderte daraufhin

---

47 G. Ostwald: Wilhelm Ostwald, S.137, 171, 173.
48 Henning: Geleitwort,in: Henning: Akademie, S.3.
49 MM 2(März 1917)3, S.33-34.
50 Vgl. Heinrich Peus: Dissident und Offizier. Eine wichtige Reichstagsdebatte zu Gunsten der Gewissensfreiheit (2. und 3. November 1916). München 1917 (Monistische Bibliothek, 1).

die freidenkerische Öffentlichkeit auf, ihm Gegenbeispiele mitzuteilen[51], weil nach Ansicht des Ausschusses „Konfessionslose gegenwärtig scheeler als Juden und Sozialdemokraten angesehen werden".[52]

Am 15. Februar 1917 kam es zu einer zweiten Kriegstagung des Kartellausschusses. Wieder in Frankfurt a. M. trafen sich Rössler, Henning, Klauke, Peus, Tschirn, Schmal und, „als Freunde des Weimarer Kartells"[53], Robert Hartmann-Kempf (Rechtsanwalt in Düsseldorf) für den Monistenbund und Bohlen für die Euphoristen. Hochstaedter („im Felde"), Penzig, der im gleichen Jahr die Freisinnigen verließ und Sozialdemokrat wurde[54], sowie Helene Stöcker nahmen nicht teil. Das *Weimarer Kartell* leitete auf dieser Sitzung eine Propagandaaktion ein. Verabschiedet wurde eine großangelegte und umfangreiche Eingabe an den Reichskanzler, „die zuständigen Herren Staatssekretäre" bis herunter zu den „gesetzgebenden Körperschaften der Bundesstaaten" zur Verwirklichung der Gewissensfreiheit, die auch in den Vereinsblättern erschien. Die Freireligiösen, Konfessionslosen, Dissidenten aller Schattierung und Juden würden sich im Kriege für das Vaterland opfern, ohne den Christen gleichgestellt zu sein. Das widerspreche selbst dem Wort des großen Mainzer Bischofs Ketteler vom 18. September 1848 in der Nationalversammlung: „Ich will, daß dem Ungläubigen gestattet sei, seine Kinder im Unglauben zu erziehen. Wenn Sie diesen Weg nicht einschlagen, so werden Sie nie die wahre Einheit schaffen."[55]

Im einzelnen formulierte die Eingabe, die auch vom *Bund freier religiöser Gemeinden* und vom *Bund der Konfessionlosen* unterschrieben wurde, folgende Forderungen: Zulassung zu öffentlichen Ämtern ohne konfessionelle Rücksichten, freie Wahl der Eidesformel, kein Zwang zu einem bestimmten Religionsunterricht für Kinder, keine Pflicht zur Nennung der Religionszugehörigkeit, Gleichberechtigung der freidenkerischen Organisationen mit den bisher anerkannten Religionsgemeinschaften.[56] Dann unterstützte das Kartell noch einen Antrag des Düsseldorfer Monistenbundes, der gegen die in den dortigen Schulen erhöhte Stundenzahl für Religion protestierte. Nebenher kam auf dieser Sitzung auch die Akademiefrage wieder hoch. In der Kasse seien dafür bereits 1 200 Mark. Doch fehle es noch an einer „überragenden Persönlichkeit" für die Leitung, um die „Mitwirkung erster wissenschaftlicher Autoritäten" zu sichern. Der Sozialdemokrat Kühnert[57] wurde auf Vorschlag Bohlens um ein Gutachten über das mögliche

---

51 Heinrich Rössler: Kann ein Dissident Offizier werden? In: MM 2(Nov. 1917)11, S.169/170.
52 Tätigkeitsbericht der Geschäftsstelle des Weimarer Kartells für das Jahr 1917. In: MM 2(Febr. 1918)2, S.27.
53 Tätigkeitsbericht 1917, S.26.
54 Vgl. Penzig: Apostata, S.98: „Eine politische Rolle habe ich nie gespielt."
55 Eingabe des Weimarer Kartells. In: MM 1(Aug. 1916)3, S.69-72, 72.
56 Eingabe, S.71.
57 Kühnert arbeite in den Zwanzigern zeitweise im Thüringer Kultusministerium.

Personal gebeten und der „von Berlin ausgegangene Gedanke eines kulturpolitischen Seminars ward als noch verfrüht" verworfen.[58]

Die letzte öffentliche Äußerung des *Weimarer Kartells*, noch einmal die alten Forderungen von 1907/09 zuspitzend, worauf noch eingegangen wird, stammt von der Ausschußsitzung am 21. November 1918. Sie wurde von Rössler, Henning, Hochstaedter, Peus, Penzig, Tschirn und Stöcker als Personen unterzeichnet, schon nicht mehr als Repräsentanten der kartellierten Vereine. Die Freireligiösen wie die Freidenker beabsichtigten eigene Gesuche. In allen Vereinen brodelte es, neue traten auf den Plan, so eine *Monistische Siedelungs-Gesellschaft*, die den Entwurf einer Satzung veröffentlichte.[59]

Lebenskunde kontra Religionsunterricht: Ausgangslage 1918

Nach den erfolgreichen Kompromißversuchen der Freireligiösen, Ethiker und Freidenker mit einigen aufgeschlossenen Kirchenvertretern 1912/13, sollte die für Anfang September 1914 vorgesehene Sitzung des Kartells die erreichten Positionen festschreiben. Zum Punkt Moralunterricht war vorgesehen, nach einem Referat Penzigs dessen „Denkschrift ... in Sachen des konfessionellen Moralunterrichts" offiziell zu bestätigen.[60] Der Krieg verhinderte dies zwar, dennoch waren die Standpunkte unter den Dissidenten populär geworden. Penzig versuchte daraufhin 1916, nicht nur seine eigene Haltung in Vorhand zu bringen, sondern eine historische Einordnung und Systematik der bisherigen Vorschläge für einen Ersatz-Religionsunterricht zu liefern. Dabei ist selbst beim damals maßgeblichsten Fachmann auf diesem Gebiet eine gewisse Verwirrung unübersehbar. Penzig referierte alle damals in Dissidentenkreisen diskutierten ethischen, weltanschaulichen und staatsbürgerlichen Erziehungskonzepte und verband sie mit einer Auflistung aller, seiner Meinung nach zu lernenden „Zentralpflichten" in jedem Lebensalter. Zugleich bemühte er sich, bestimmte Stoffe des Religionsunterrichts in eine „Kulturkunde" und solche der Moraltheorie in eine „Gemeinschaftskunde" einzubinden, wobei er beide Lehren mit dem modernen Entwicklungsgedanken sowie mit Standpunkten zur staatsbürgerlichen Erziehung verknüpfte, dabei Döring, Kerschensteiner, Unold und andere umfänglich zitierend. Damit unterbreitete Penzig das damals reifste Programm für eine Lebenskunde als Ersatz für den Religionsunterricht.

---

58 Heinrich Peus: Der Ausschuss des Weimarer Kartell. In: MM 1(Aug. 1916)3, S.56/57.
59 Vgl. Mitteilungen der Monistischen Siedelungs-Gesellschaft. In: MM 3(März 1918)3, S.43-47.
60 Weimarer Kartell. Tagesordnung. In: MJ, 3(1914), S.439/440.

Für die „Unterweisungen in der ethischen Lebensführung", also das, was bisher auf verschiedene Weise als „Moralunterricht" gefaßt wurde, gab er den Begriff „Lebenskunst" zu bedenken. Foersters Wort von der „Lebenskunde" sei unglücklich. Es wäre zu weit, weil es „sich hier in mißverständlicher Weise berührt mit der deutschen Übersetzung von Biologie". Es sei „ aber auch zu eng, weil es sich ... nicht nur um eine Kunde, ein Wissen von etwas handelt, sondern um ein sich in lebendiges Tun umsetzendes Erkennen und Wollen".[61] Dennoch meinte Penzig, man solle aus praktischen Erwägungen heraus den Begriff „lebenskundlicher Unterricht" weiter benutzen. Er bezog ihn aber ausdrücklich auf die „Gesinnungsbildung"[62], dasjenige, was der Religionsunterricht eben in der modernen Zeit nicht mehr leisten könne für *alle* Kinder und Jugendlichen.[63] Hier sei der Staat in die Schranken zu weisen. Auch auf die Gefahr hin, „daß gerade die einer Charakterbildung bedürftigsten jungen Leute sich in törichter Verblendung jeder Einwirkung entziehen, darf doch dieser lebenskundliche Unterricht seinen fakultativen Charakter nicht aufgeben. Wir müssen – und wir dürfen – [den Jugendlichen, H.G.] vertrauen."[64] Damit führte Penzig einen völlig neuen Vorschlag ein: Die Teilnahme am Religionsunterricht oder an der Lebenskunde sollte freiwillig sein. Man müsse auch die Möglichkeit schaffen, auf beides zu verzichten. Allerdings bezog Penzig diese Idee nicht auf den schulischen Moralunterricht, sondern nur auf die „Pflichtfortbildungsschule" und die „sonntägliche Erbauungsstunde". Hier könne man auf den bereits 1907 vom Direktor der Charlottenburger Fortbildungsschulen Haese unterbreiteten Lehrplan mit folgenden Hauptstoffgebieten zurückgreifen: Der Mensch als Naturwesen, ... als Gesellschaftswesen, ... als sittlich handelndes Wesen, ... als Staatsbürger. Dem Programm hätten die Behörden bisher leider die Genehmigung versagt. Penzig unterstützte Haese auch in der Benennung des Faches: *Bürger- und Lebenskunde.*[65] Damit war eine Namensgebung gefunden, die im Ringen um die Weimarer Verfassung noch eine wichtige Rolle spielen sollte, wenn auch mit anderem Ausgang, als von den Initiatoren gewünscht.

Gegen Ende des Krieges warfen die Freireligiösen erneut die Frage nach der Anerkennung ihres Jugendunterrichts auf und wollten wenigstens

---

61 Rudolph Penzig: Der Religionsunterricht einst, jetzt und künftig. Berlin 1916, S.121. – Auch Wilhelm Börner schaltete sich in die Diskussion ein. Vgl. Ders.: Religionsunterricht oder Moralunterricht. München 1917 (Monistische Bibliothek, 4).
62 Penzig: Religionsunterricht, S.154.
63 Vgl. Rudolph Penzig: Religionskunde und Lebenskunde in der weltlichen Schule. Frankfurt a. M. (NFV) 1926, S.39: „... wäre der Name Moralunterricht durchaus passend, wenn er nicht jener eingewurzelten Abneigung begegnete. ‚Lebenskunde' ist erträglich; am einfachsten könnte man ihn ‚Pflichtlehre' nennen, an die sich dann die staatsbürgerliche Unterweisung (nicht staatsbürgerliche Erziehung!) ungezwungen anschließen ließe."
64 Penzig: Religionsunterricht, S.155.
65 Haese: Bürger- und Lebenskunde. In: Penzig: Religionsunterricht, S.156/57.

durchsetzen, ihre Kinder vom obligatorischen konfessionellen Religionsunterricht in den Schulen zu befreien. Im Sommer 1917 stellte die freireligiöse Lehrerin Maria Krische aus Berlin beim Ministerium einen Antrag auf Genehmigung zur Erteilung von Moral- und Religionsgeschichtsunterricht an Stelle des Schulreligionsunterrichts. „Die Sache zog sich bis zum Sommer 1918 hin und kurz vor Ausbruch der Revolution, unter den schon beginnenden Zeichen des Zusammenbruches, erhielt Frau Krische die Genehmigung." Im Januar 1919 begann die *Freireligiöse Gemeinde Berlin* „Religionsgeschichtsunterricht und Unterricht in Lebenskunde für die Jugend einzurichten."[66] Damit war erstmals für eine dissidentische Gruppe die pflichtige schulische Unterweisung in Religion gänzlich abgeschafft.

Novemberrevolution: Adolph Hoffmann als „Ausmister"

Die wesentlichste Veränderung im Verhältnis des Staates zu den Kirchen und umgekehrt vollzog sich durch den Rücktritt der Landesfürsten im Zuge der Novemberrevolution. Damit fiel der Summepiskopat (das oberste Kirchenregiment der Landesherren) und riß eine Lücke in die gesellschaftspolitische Verfassung des Deutschen Reiches. Einige sozialdemokratische Freidenker nutzten diese Gunst der Stunde. In der Revolution 1918/19 zeigte sich, daß die Sozialdemokratie, inzwischen in zwei große Richtungen gespalten, bei aller bisherigen Zurückhaltung in religiösen Fragen, von allen politischen Parteien noch am ehesten bereit war, sozialliberale Forderungen des *Weimarer Kartells* nach einer Trennung von Kirche und Staat aufzugreifen. Auch personell gab es dafür einige Hoffnungen, denn sozialdemokratische Dissidenten waren inzwischen im *Weimarer Kartell* und in ihrer Partei zu Einfluß gelangt. Dazu rechnete vor allem Heinrich Peus. 1915 ernannte ihn der Monistenbund auf Vorschlag Ostwalds sogar zum Ersten Schriftführer. In dieser Funktion leitete Peus im Kriege faktisch die Geschäfte des Vereins und bekam Einfluß auf das *Weimarer Kartell*. Umgekehrt flossen Ideen und Forderungen von dessen Ausschuß in die Gremien der SPD.

Für die fundamentalistischen Freidenker rückte seit 1904/05 immer mehr Adolph Hoffmann ins Rampenlicht.[67] Mit der Revolution schien ihm die Zeit angebrochen, seine Vorstellungen in die Wirklichkeit umzusetzen. Für den Kultur-, Bildungs- und Kirchenbereich bot sich Adolph Hoffmann als USPD-Vertreter an, weil ihm schon vor dem Kriege die Forderungen des als zu bürgerlich geltenden *Weimarer Kartells* „nicht genügend" an die

---

66 Harndt: 75 Jahre, S.35.
67 Vgl. Hoffmann: Gebote 1904. – Ders.: Los von der Kirche! ... Landtagsrede ... Berlin 1908.

Wurzel gingen.[68] Er neigte in seinen Vorstellungen Konrad Beißwanger, aber auch Otto Rühle zu (der zum äußersten Linksaußen bei der KPD-Gründung wurde[69]), die seit 1905 die Losung von der Religion als einer Privatsache energisch kritisierten und von der Sozialdemokratie eine radikalere Position und grundsätzliche Einschnitte in die gesellschaftliche Verfassung forderten. Die Macht der Kirchen müsse politisch gebrochen und staatlich abgeschafft werden. Das sei ebensowenig ein „privater" Vorgang wie der, an die Stelle der Religion eine neue sozialistische Weltanschauung zu setzen.[70]

Eine Woche nach dem Sturz des Kaisers und zu Beginn der revolutionären Wirren eröffnete Hoffmann am 15. November 1918 im Preußischen Landtag eine Grundsatzdebatte über das Recht der Eltern, ihre Kinder dissidentisch zu erziehen. Hoffmann entwickelte das Problem nicht nur energisch, sondern publikumswirksam am Beispiel seiner Kinder. Die Welle des Umsturzes verschaffte Hoffmann Eintritt in die Preußische Regierung. In 32 Thesen faßte er seine Vorstellungen zusammen. Sie reichten von der Trennung von Kirche und Staat, der Einführung eines konfessionslosen Moralunterrichts, verbunden mit der Abschaffung des Zwangs für Lehrer, solchen gegen ihre Überzeugung lehren zu müssen, über die Einheitsschule, eine Universitätsreform (mit dem Schlag, Sozialismus und Soziologie als Lehrfächer zu etablieren), die Förderung von Volkshochschulen bis zur Verstaatlichung der Hoftheater und -kapellen und ihrer Umwandlung in Nationaltheater und -orchester.[71] Von Mitte November 1918 bis Anfang 1919 war Hoffmann Kultusminister, gemeinsam mit Konrad Haenisch. Auch der sozialdemokratische Christ Paul Göhre (1864-1928) rückte als Staatssekretär für Kirchenfragen ins Kultusministerium ein.[72] Hoffmann begriff sich in der kurzen Zeit seiner Amtstätigkeit nicht als „Minister", sondern, wie er sich selbst titulierte, als „Ausmister". Hoffmann und Haenisch verordneten noch am 27. November 1918 das Ende der geistlichen Schulaufsicht. Zwei Tage später, am 29. November, hoben sie den Religionszwang in der Schule auf. Per 13. Dezember 1918 setzten sie die Erleichterung des Kirchenaustritts durch, dessen Modalitäten im wesentlichen auf den Forderungen des *Komitees Konfessionslos* basierten.

Die erwähnte Eingabe des *Weimarer Kartells,* datiert vom 21. November 1918 und gerichtet an die deutsche und die preußische Regie-

---

68 Protokoll der Ordentlichen Generalversammlung des Deutschen Freidenkerbundes in Düsseldorf vom 20. Mai 1910, S.84.
69 Vgl. Der Gründungsparteitag der KPD. Protokoll und Materialien. Hg. u. eingel. v. Hermann Weber. Frankfurt a. M. 1969; Berlin 1993.
70 Vgl. die entsprechenden Artikel in: Der Atheist, 1903, S.87/88; 1907, S.333/334; 1908, S.7/8, 221/222; 1909, 209, 265/266 u.a.
71 Vgl. Johannes Tews: Sozialdemokratie und öffentliches Bildungswesen. 5. verm. u. verb. Aufl., Langensalza 1919, S. 69-71 (Pädagogisches Magazin, 9).
72 Vgl. Walter Oehme: Damals in der Reichskanzlei. Berlin 1958.

rung, unterstützte von bürgerlicher und liberaler Seite die Neuerungen Hoffmanns. Die Eingabe lobte zunächst die Festlegung des Rates der Volksbeauftragten vom 12. November 1918, daß die Freiheit der Religionsausübung gewährleistet sei, aber niemand zu einer religiösen Handlung gezwungen werden dürfe.[73] Das Kartell hob den Erlaß des preußischen Kultusministers (Hoffmann) vom 15. des gleichen Monats hervor, der die Kinder von Dissidenten vom Religionsunterricht befreite. Doch forderte das *Weimarer Kartell* in allen Fragen die Gleichstellung „aller deutschen freireligiösen, freidenkerischen, ethischen, monistischen und ähnlichen Gemeinschaften" mit der evangelischen und der römisch-katholischen Kirche.[74] Das schloß die Forderung ein, den freidenkerischen Moralunterricht (die Lebenskunde) nicht nur an den Fortbildungsschulen einzuführen, sondern auch in den Volksschulen. Zudem bestand das Kartell auf der Abschaffung der konfessionellen Eidesformel, der Aufhebung des Paragraphen 166 des Strafgesetzbuches (bis zu drei Jahre Gefängnis wegen Gotteslästerung), der konfessionsungebunden Zulassung zu Ämtern, der nur zu statistischen Zwecken erlaubten Frage nach der Religionszugehörigkeit, dem einfachen sowie kostenlosen Kirchenaustritt und der Gleichstellung der freidenkerischen Organisationen mit den beiden christlichen Großkirchen. Das bedeutete die „Trennung von Staat und Kirche und Schule und Kirche auf reichsgesetzlichem Wege".[75]

Trotz des einsetzenden Umbruchs beurteilte der Ausschuß des *Weimarer Kartells* die Möglichkeit skeptisch, „Lebenskunde" durchzusetzen. Deshalb hieß es: „Wir dürfen allerdings kaum hoffen, daß unsere Forderung ‚Trennung von Schule und Kirche' alsbald durchgesetzt wird." Das Erreichbare sei „die Befreiung der Dissidentenkinder vom gesamten schulplanmäßigen Religionsunterricht unter der Voraussetzung eines staatlicherseits genehmigten Ersatzunterrichts". Die „dringlichste Aufgabe" des Kartells bestehe jetzt in der Einigung der in ihm „zusammengeschlossenen Bünde auf die Grundlinien eines solchen Ersatzunterrichts – den man getrost ‚Religionsunterricht' nennen soll, wenn die Behörde einen ‚Moralunterricht' ... nicht anerkennt".[76] Zu einem Übereinkommen der Verbände kam es nicht mehr – auch nicht zu einer größeren Öffentlichkeit oder zu Absprachen mit relevanten Politikern in der Nationalversammlung in dieser Frage. Aber wie sollte sich etwas durchsetzen, was den meisten in Weimar versammelten

---

73 Vgl. Aufruf des Rats der Volksbeauftragten an das deutsche Volk vom 12. November 1918: „5. Die Freiheit der Religionsausübung wird gewährleistet. Niemand darf zu einer religiösen Handlung gezwungen werden." Zit. nach Huber u. Huber: Staat und Kirche, Bd.IV: Staat und Kirche in der Zeit der Weimarer Republik, Berlin 1988, S.2.
74 Eingabe des Weimarer Kartells an die deutsche Reichsregierung und die preussische Regierung. In: MJ, 3(1918)12, S.182/183. – Das Schreiben ist unterzeichnet von Rössler, Henning, Hochstaedter, Peus, Penzig, Tschirn, Stöcker.
75 Eingabe des Weimarer Kartells.
76 Tätigkeitsbericht der Geschäftsstelle des Weimarer Kartells für das Jahr 1917. In: Monistische Monatshefte, Leipzig 2(Febr. 1918)2, S.27 (im folgenden MM).1917, S.28.

Experten ein Buch mit sieben Siegeln und einer Bevölkerungsmehrheit sogar ein Ausbund von Teufelswerk war. So schlugen die revolutionären juristischen Akte Hoffmanns zwar Breschen in die Phalanx zwischen Staat und Kirchen, doch die politischen Konstellationen Ende Dezember 1918 und nach der Wahl im Januar 1919 zwangen den unbekümmerten Freidenker zum Rückzug. Er versuchte, noch im Dezember so rasch wie möglich freidenkerische Ziele in die Tat umzusetzen, woran ihn dann allerdings eine Grippe, die ihn vor Weihnachten bis zu seiner Absetzung niederwarf, hinderte.

„Mit seinen antikirchlichen Erlassen löste Hoffmann einen kurzen, aber heftigen Kulturkampf aus."[77] Ende November berief Hoffmann mit Alfred Dieterich „einen gebildeten, angenehmen dissidentischen" Sozialdemokraten[78] und Privatgelehrten als „Berater für die Trennung von Staat und Kirche ... in das preußische Kultusministerium ... Dieterichs Memorandum verband das Programm einer totalen Säkularisierung mit der Absicht, die Kirchen der allgemeinen Steuerpflicht zu unterwerfen."[79] Wie Hoffmann so wurde auch Dieterich auf den Wogen der Revolution für kurze Zeit nach ganz oben getragen. Vor dem Kriege bewegte sich Dieterich im Umkreis von Max Maurenbrecher und muß hier Hoffmann aufgefallen sein.[80] Exponiert hat er sich nicht, sonst wäre mehr über ihn bekannt.[81] Seine radikalen Thesen wurden zwischen dem 12. und 14. Dezember mit der evangelischen Landeskirche in Preußen, Vertretern der Freikirchen und der jüdischen Gemeinde diskutiert, wodurch sie publik und kurz vor der ersten Friedensweihnacht in die Presse lanciert wurden. Hoffmann und Dieterich beabsichtigten nämlich, per 1. April 1919 alle staatlichen Zuschüsse an die Kirchen einzustellen.[82] Sie faßten dazu eine Kommission ins Auge, in der drei Lieblingsfeinde des Zentrums und der Konservativen Sitz und Stimme haben sollten: Georg Graf

---

77 Heinrich August Winkler: Weimar 1918-1933. Die Geschichte der ersten deutschen Demokratie. München 1993, S.49.
78 So Friedrich Lahusen, der evangelische Verhandlungsführer im Dezember 1918, vgl. Huber u. Huber: Staat und Kirche, Bd.IV, S.4, Anm.
79 Ernst Rudolf Huber u. Wolfgang Huber: Die Trennung von Kirche und Staat. In: Huber u. Huber: Staat und Kirche, Bd.IV, S.4.
80 1911 wird er im Zusammenhang mit der Publikation des zweiten Berliner Religionsgesprächs im *Kulturpolitischen Verlag* erwähnt, doch konnte bisher weder Buch noch die Reihe *Kernprobleme der Gegenwart* nachgewiesen werden. Vgl. Berliner Religionsgespräch. Lebt Jesus? Reden über den „historischen Jesus und die Religion", gehalten am 12.III.1911 in der Singakademie von Arthur Drews, Ferdinand Jakob Schmidt, Christian Schremp, Reinhard Strecker, Theodor Kappstein und Max Maurenbrecher. Hg. v. Alfred Dieterich, o.O., o.J. – Nicht zu verwechseln mit *Hat Jesus gelebt?* von 1910.
81 Vgl. Vortragsorganisation. – Die Studien zu diesem Buch bestätigen Ernst Rudolf und Wolfgang Huber in: Huber u. Huber: Staat und Kirche, Bd.IV, S.4: „konnten biographische Einzelheiten bisher nicht ermittelt werden". Die in der Denkschrift niedergelegten Forderungen sind seitdem nie wieder so kompakt und radikal formuliert worden. Ein großes Maß an „Amerikanismus" ist unübersehbar.
82 Vgl. Klaus Scholder: Die Kirchen und das Dritte Reich. Bd.1: Vorgeschichte und Illusionen. Frankfurt a. M., Berlin, Wien 1977, S.19/20.

von Arco (1869-1940), Arthur Drews und Helene Stöcker. Da Gelder aus der Staatskasse die wichtigste Finanzquelle darstellten[83], zielte ein solcher Vorstoß darauf, die Kirchen auf den Vereinsstatus zu reduzieren, wobei noch nicht einmal die Gemeinnützigkeit garantiert war.

Die Forderungen Hoffmanns in den Formulierungen Dieterichs hatten es schon im ersten Satz in sich: „Die Trennung der Kirchen vom Staat, die man sachlich auch die Aufhebung der Staatsbeiträge an die Kirchen oder die Verselbständigung der Kirchen und Kultusgemeinden nennen kann".[84] Bezogen auf den Fall Traub waren tiefe Eingriffe in innere Kirchenbelange geplant: „Erlaubnis zum fakultativen Gebrauch des Apostolikums und übriger Liturgie im Gottesdienst nach Gewissen und Ermessen des Geistlichen." Ein unmittelbar daran anschließender Zusatz in Klammern belegt, wie ein unter Dissidenten diskutiertes Prinzip der freien Religiosität als selbstverständliches Konzept für den Staat der Zukunft angenommen, zur Begründung angefügt und allgemein gesetzt wurde: „Dies ist bester ‚Sauerteig' zur selbsttätigen praktischen Vorbereitung der Trennung und zur Bildung freier kirchlicher Gemeinden."[85]

Ging die „Verweltlichung des Bestattungswesens" vielleicht noch an, so enthielt der Schluß von Dieterichs Thesen noch einmal kulturpolitischen Sprengstoff: „Abschaffung des Konkordats. ... Für Geistliche nur aktives, kein passives Wahlrecht zu außerkirchlichen Parlamenten. ... Umwandlung der rein kirchlichen, soweit möglich, in rein staatliche (bürgerliche) Feiertage und Naturfeste. (Sonnwendfeste, Erntefest, Totenfest, 1. Mai usw.) ... vollständige Zurückgewinnung des kirchlichen Besitzes für den Staat ... Abfindung der bisher vom Staate besoldeten Kirchendiener ... in sozialem Geist."[86] All dies ging weit über Vorstellungen des *Weimarer Kartells* und des „Kulturkampfes" hinaus – und die galten schon als zu radikal. Das Programm und die kirchlichen, konservativen sowie sozialdemokratischen Widerstände dagegen, verbunden mit Demonstrationen und Drohungen aus katholischen Regionen, sich vom Reich abzuspalten, besiegelten am 3. Januar 1919 das Schicksal Hoffmanns als Minister. Dieterich wurde auf eine Dienstreise geschickt. Damit verliert sich seine Spur aus der bisher bekannten Geschichte.

In diesem Machtkampf zeugen sowohl die dissidentischen Denkweisen wie die kirchlichen Stellungnahmen von der gegenseitigen Fremdheit. Äußerungen des katholischen Klerus und der evangelische Kirchenräte belegen

---

83 Vgl. Hans-Jochen Brauns: Staatsleistungen an die Kirchen und ihre Ablösung. Berlin 1970.
84 Denkschrift von Alfred Dieterich für das preußische Kultusministerium über die Trennung der Kirchen vom Staat vom November 1918. Abschrift. Zit. nach Huber u. Huber: Staat und Kirche, Bd.IV, S.8-13, 8.
85 Denkschrift von Alfred Dieterich, S.11.
86 Denkschrift von Alfred Dieterich, S.12/13.

das totale Unverständnis gegenüber den berechtigten Wünschen der Dissidenten. Sie zeigen eine absolute Unversöhnlichkeit mit freidenkerischen Kulturvorstellungen, eingebunden in eine große Selbstverständlichkeit des Erhalts eigener Machtpositionen im Staat. Angesichts der politischen Absichten Hoffmanns und Dieterichs, seit 1907/09 vom *Weimarer Kartell* immer wieder auch von bürgerlich-liberaler Seite angekündigt, brach für die Vertreter der Kirchen eine Welt zusammen. Die Illegitimität freidenkerischer Positionen stand für sie nicht einfach außer Zweifel – sie befanden sich außerhalb jeder Kultur. Die Vertreter der Kirchen waren so wenig tolerant wie Hoffmann und Dieterich: „Ein Staat ohne Gott, ohne Religion! Wer soll den Bestand des Staates sichern, wer die Gewissenhaftigkeit und Treue seiner Bürger, die Wahrhaftigkeit in Handel und Wandel gewährleisten? Etwa die Polizei oder die Furcht vor Strafe? ... Die Ehe wird entweiht ... Und eine Schule ohne Gott und ohne Offenbarung! ... Eine Schule – merket wohl auf, geliebte Diözesanen – ohne Religionslehre und ohne Gottesdienst, ohne Gebet, ohne Beicht- und Kommunionsunterricht, ohne geregelten Sakramentenempfang."[87]

Weimarer Verfassung: Ende der Staatskirche

Die Zuspitzung der Lage vor der ersten Friedensweihnacht erforderte politisches Reagieren und Hoffmanns Erkrankung ermöglichte den Rückzug des Kultusministeriums. Zunächst schränkte Haenisch am 18. Dezember den Erlaß vom 29. November über die Aufhebung des Religionsunterrichts ein, der übrigens von Gustav Wyneken verfaßt war[88], um ihn am 28. Dezember, „bis zur Entscheidung durch die preußische Nationalversammlung", gänzlich außer Kraft zu setzen.[89] Die Verfügung vom 27. November 1918 über das Ende der geistlichen Schulaufsicht hob Haenisch am 15. Februar 1919 auf. Von den Verhandlungen des Verfassungsausschusses zum Verhältnis zwischen Staat und Kirchen blieben Dissidenten ausgeschlossen. Zwar warf

---

87 Hirtenschreiben der preußischen Erzbischöfe und Bischöfe vom 20. Dezember 1918. Zit. nach Huber u. Huber: Staat und Kirche, Bd.IV, S.30.
88 Vgl. Huber u. Huber: Staat und Kirche, Bd.IV, S.62.
89 Vgl. Aufhebung der geistlichen Ortsschulaufsicht. Verordnung vom 27.11.1918. In: Zentralblatt für die gesamte Unterrichtsverwaltung in Preußen. Hg. in dem Ministerium für Wissenschaft, Kunst und Volksbildung. Jahrgang 1918, Berlin 1918, S.757/758. – Aufhebung vom 15.2.1919 in: Ebd., Jahrgang 1919, Berlin 1919, S.362. – Verordnung über die Aufhebung des Religionszwanges in der Schule vom 29.11.1918. In: Ebd., Jahrgang 1918, Berlin 1918, S.719-721. – Die Aufhebungen vgl. ebd., S.721/722. – Haenisch blieb bis 1921 im Kultusministerium und förderte von hier aus die Volkshochschulbewegung, Elternbeiräte und die Selbstverwaltung an höheren Lehranstalten, gründete die *Akademie der Arbeit*, die *Hochschule für Politik* (in Berlin) und richtete an der Universität Münster Gewerkschaftskurse ein (beim Professor für Nationalökonomie Johann Plenge, einem entschiedenen Kriegsbefürworter und 1917 Autor in der von Parvus (Pseudonym für Alexander Helphand; 1869-1924) herausgegebenen Zeitschrift *Die Glocke*, mit Haenisch als Redakteur).

der sozialdemokratische Bildungsexperte Simon Katzenstein (1868-1945) ein[90], man wolle die Gleichbehandlung und die Freiheit aller Religionsgemeinschaften erreichen. Allerdings verband er seinen Einwurf mit dem Zusatz, deren bevölkerungspolitische und wirtschaftliche Überwachung durch den Staat müsse bleiben.[91] Die Mehrheit der nicht-sozialistischen Abgeordneten der Nationalversammlung beriet unter sich Mitte März 1919. Der evangelische Kirchenrechtler Wilhelm Kahl, der Katholik Joseph Mausbach, der liberale Theologe Friedrich Naumann und der inzwischen zu den Deutschnationalen gehörende Gottfried Traub trafen dabei eine Absprache, die um so leichter durchzusetzen war, weil die Sozialdemokraten von ihren ursprünglichen Forderungen zurücktraten. Naumanns Zustimmung ging von der Annahme aus, „daß, nachdem einmal Inventur gemacht und Ablösung erfolgt ist, der Staat keine Mittel für die Kirche zu geben nötig hat".[92] Genau dies trat aber nicht ein – bis heute nicht.

Die Weimarer Verfassung von 1919 brachte dennoch viele Fortschritte in der Trennung von Kirche und Staat (Artikel 137: „Es besteht keine Staatskirche."[93]) und mit dem Artikel 148 auch eine hoffnungsvolle Formel für die „Lebenskunde": „Beim Unterricht in öffentlichen Schulen ist Bedacht zu nehmen, daß die Empfindungen Andersdenkender nicht verletzt werden."[94] Doch blieb gerade dieser Artikel umstritten. „Lebenskunde" selbst fehlte in der Verfassung, trotz anders lautender Vorentwürfe.[95] Festgelegt wurde allerdings: „Staatsbürgerkunde und Arbeitsunterricht sind Lehrfächer der Schule." Dem folgte ein Nachsatz: „Jeder Schüler erhält bei Beendigung der Schulpflicht einen Abdruck der Verfassung."[96] Die Nationalversammlung machte lediglich solche Zugeständnisse an die Dissidenten, die schon vor dem Kriege absehbar waren und von Bildungsexperten wie Paulsen vorhergesagt wurden. „Was die Schule anbelangt, so ist hier zwar

---

90 Katzenstein war ein Kaufmannssohn aus Gießen, der nach einem juristischen und historischen Studium als Referendar arbeitete. Als er 1890 der Sozialdemokratie beitrat, mußte er den Justizdienst verlassen. Danach war er in verschiedenen Orten Deutschlands als Arbeitersekretär, Schriftsteller und Redakteur tätig und unterrichtete 1903 an der Berliner Arbeiterbildungsschule und nach deren Gründung 1905, an der Parteischule. Als Jude stand er den Freidenkern nahe, politisch engagierte er sich aber vor allem im *Arbeiter-Abstinentenbund*.
91 Simon Katzenstein. In: Verhandlung über die Glaubensfreiheit im Verfassungsausschuß der Weimarer Nationalversammlung am 1. bis 3. April 1919. In: Huber u. Huber: Staat und Kirche, Bd.IV, S.125.
92 Friedrich Naumann. In: Verhandlung am 1. bis 3. April 1919, S.121.
93 Die Verfassung des Deutschen Reichs (Weimarer Verfassung) vom 11. August 1919 (RGBl. S.1383). In: Deutsche Verfassungen. Hg. u. m. e. Einf. vers. v. Rudolf Schuster, 14. Aufl., München 1981, S.122.
94 Weimarer Verfassung, S.125.
95 Vgl. Die deutsche Schulreform. Ein Handbuch für die Reichsschulkonferenz. Leipzig o.J. (1920). – Die deutsche Reformpädagogik, Bd.II: Ausbau und Selbstkritik. Hg. v. Wilhelm Flitner u. Gerhard Kudritzki, 2. Aufl., Stuttgart 1982, S.40-42.
96 Weimarer Verfassung, S.125.

der kirchlich kontrollierte Religionsunterricht geblieben, aber er hat die Herrschaft verloren."[97]

Die Revolution von 1918/19 führte nicht dazu, daß etwa Lebenskunde als Alternative breit akzeptiert worden wäre. Im Gegenteil, in *Meyers Lexikon* von 1929, Wörterbücher sind immer Zeugen des Zeitgeistes, kommt „Lebenskunde" nur in einem Nebensatz des Stichwortes „Religiöse Erziehung" vor, der sich auf das Sächsische Notgesetz vom Frühjahr 1919 bezieht, „das den Religionsunterricht grundsätzlich aus der Volksschule entfernte und durch Sitten-(Moral-)Unterricht (auch Lebenskunde genannt) ersetzte".[98] Genau dies wollten die radikalen Reformer in den Zwanzigern für ganz Deutschland. Sie knüpften deshalb konzeptionell an die Kämpfe von vor 1914 an und gründeten als direkte Nachfolgeorganisation des *Deutschen Bundes für weltliche Schule und Moralunterricht* den *Bund der Freien Schulgesellschaften*, der unter anderem einen kirchenfreien Unterricht in Religions- und Lebenskunde forderte.[99] Personell ergab sich ebenfalls eine direkte Linie zwischen beiden Organisationen. An die Spitze stellten sich zwei Düsseldorfer Doktoren, die kurz vor dem Krieg in ihren Vereinen hervorzutreten begonnen hatten: der Monist (Vorsitz Ortsgruppe Düsseldorf), Rechtsanwalt und Obmann des *Komitees Konfessionslos* Friedrich Maase und der freireligiöse Prediger und Schriftsteller Georg Kramer, ebenfalls Monist.

Die Weimarer Verfassung verankerte in ihrem Artikel 149 den Religionsunterricht an den Schulen und schrieb die Theologischen Fakultäten an den Universitäten fort.[100] Beide Maßnahmen leiteten sich aus den Bestimmungen ab, wonach die „Religionsgemeinschaften" schutz- und förderungsberechtigte „Körperschaften des öffentlichen Rechtes" seien. Sie blieben es, „soweit sie solche bisher waren".[101] Aber genau hier hatte das *Weimarer Kartell* eine Erweiterung angestrebt. Da die neu entstandenen und nach der Revolution neu entstehenden Gemeinschaften weiter benachteiligt wurden, eröffnete sich ein neues Kapitel freidenkerischen Vorgehens gegen die Bevorrechtung christlicher Organisationen sowie gegen weiterbestehende Einflüsse der Kirchen auf das gesellschaftliche Leben.[102]

---

97 Paulsen: Bildungswesen, S.172.
98 Meyers Lexikon, 7. Aufl., 10.Bd., Leipzig 1929, S.172. – Vgl. Lebenskunde. Grundsätzliches und Stoffplan. Hg. v. Sächsischen Lehrerverein. Dresden o.J. – Heidenreich: Arbeiterkulturbewegung, S.179-202.
99 Vgl. Walther Kluge: Die weltliche Schule als Gemeinschaftsschule. Leipzig 1924 (Entschiedene Schulreform, 30). – Karl August Busch: Lebenskunde. Eine angewandte Ethik und allgemeine Grundlegung der Weltanschauung für den Jugendunterricht. Dresden-Blasewitz 1921.
100 Vgl. Weimarer Verfassung, S.125.
101 Artikel 137, in: Weimarer Verfassung, S.123.
102 Die neuen Streitpunkte bereits angedeutet bei Gustav Tschirn: Trennung von Staat und Kirche eine Kulturnotwendigkeit! Berlin 1919.

Die in der Weimarer Verfassung vorgenommene Unterscheidung zwischen „religiös" und „weltanschaulich"[103] führte zu Anfang der Zwanziger in der Praxis (im Westen Deutschlands und in den großen Städten) zu größerer Verwirrung und zur Tendenz, die „Sammelschulen" der Dissidentenkinder einfach zu „weltlichen Schulen" zu erklären. Darauf gestützt, unternahmen die Kirchen den Versuch, die weltliche Schule als „Weltanschauungsschule" zu definieren (um ihr die stärker zu fördernde „religiöse Bekenntnisschule" aus Gründen der „Toleranz" entgegenzustellen).[104] Daß „weltlich" ursprünglich den Gegensatz zu „kirchlich" (und nicht zu „religiös") meinte, geriet in den Hintergrund. In dieser Situation bat 1921 Kultusminister Haenisch Penzig um ein Gutachten, das dieser nutzte, auch zu einem Fach „Lebenskunde" Stellung zu nehmen. Penzig verwendete dafür seinen *Leitfaden*, den er schon 1919/20 in den Heften 47-52 der *Weltlichen Schule* vorgelegt und 1920 in 2 000 Exemplaren als Sonderdruck verbreitet hatte. Kurz nach der Einreichung wurde Haenisch entlassen und sein Nachfolger im Amt, Minister Bölitz, legte Penzigs Denkschrift zu den Akten. Erst 1926 gelang es Penzig, alle seine diesbezüglichen Papiere zu drucken.[105] Die Schrift verdeutlicht, wie „utopisch" Penzigs Vorstellungen damals noch immer waren – trotz der Revolution. Walther Kluge verkündete deshalb 1924 für die entschiedenen Schulreformer: „Wir sind nach wie vor von der Schädlichkeit der betreffenden Verfassungsartikel voll und ganz überzeugt, und wir werden uns deshalb niemals mit ihnen in dem Sinne abfinden, daß wir nichts mehr gegen sie sagen."[106]

---

103 Vgl. vorn Abschnitt „Religion und Weltanschauung".
104 Diese Absicht erlebte im Sommer 1927 ihren Höhepunkt im v. Keudell'schen Reichsschulgesetzentwurf. Er versuchte, die im Verfassungsartikel 146 verankerte Vorrangstellung der Gemeinschaftsschulen (Simultanschulen) zu Gunsten der Konfessions- und sogenannten „Antragsschulen" („weltlich", im Sinne von „bekenntnisfrei") zurückzudrängen. Vgl. Heinrich Schulz: Kirchenschule oder Volksschule? Ein Kampf gegen den Reichsschulgesetzentwurf der Rechtskoalition. Hg. v. Parteivorstand der SPD. Berlin 1927. – Vgl. Heinrich August Winkler: Der Schein der Normalität. Arbeiter und Arbeiterbewegung in der Weimarer Republik 1924 bis 1930. 2. Aufl., Berlin, Bonn 1988, S.316/317. – In Penzigs Erinnerungen vermischen sich die Vorgänge zwischen 1920 und 1927 zu einem einzigen, den er auf 1924 (falsch) datiert. Vgl. Penzig: Apostata, S.108-110.
105 Abgedruckt bei Penzig: Religionskunde.
106 Walther Kluge: Religion in der Schule? Eine kritische Auseinandersetzung ... Leipzig 1924, S.11 (Entschiedene Schulreform, 36).

„Völkische" und „sozialistische" Politisierung: Spaltung der Freidenkerei

Weltanschauung: „deutschgläubig"

Trotz der sozialdemokratischen Ängstlichkeiten und Bremsvorgänge trug Hoffmanns sechswöchige Regentschaft der SPD den Ruf ein, eine kirchenfeindliche Partei zu sein. In dem Maße, wie das *Weimarer Kartell* in der Revolution als koordinierender Ausschuß seine Funktion als Sprecher für alle Dissidenten verlor, traten neue Personen, Bündnisse und Programme ans Licht. Die Weimarer Republik wurde auch für die Freidenkerbewegung zu einer „Zwischenkriegszeit".[107] Es kam eine Führergeneration zu Einfluß, die in den Jahren der kulturellen Krise um die Jahrhundertwende sozialisiert worden war und die ihre Jugend dann in den „Stahlgewittern" des Krieges verbrachte. Freidenkerischen Lebensreformern und Jugendbewegten, die schon vor den existentiellen Erlebnissen an den Fronten in kategorischen Kulturbegriffen dachten, wurde im Durcheinander der Revolution, des Bürgerkrieges und der Inflation klar, daß es ihnen nicht an einem kulturellen Programm mangelte, sondern an dessen Umsetzung. Vor 1914 geäußerte dissidentische Thesen dienten nun konträren politischen Lagern zur Rechtfertigung des jeweiligen Lösungsansatzes für die sozialen Konflikte. Bedingt durch das Chaos im Land und die damit zusammenhängende Schwäche des Liberalismus, zeichneten sich in der Folgezeit zwei grobe Richtungen ab, in die sich die deutsche Freidenkerei spaltete, in ein stärker „völkisches", auf Blut und Boden bauendes, und in ein „sozialistisches" Lager, das die geistige Selbstbefreiung der Menschen an die Änderung der Eigentumsverhältnisse band. Doch auch dieser Block zerfiel zusehends, weil Konfessionslose, die bisher politisch zur Sozialdemokratie standen, nun zwischen diese und die Kommunisten gerieten. Aus der völkischen Variante gingen schließlich große Teile der nationalsozialistischen Weltanschauung hervor.

Die germanophile Sonderform der Freidenkerei deutete sich schon vor 1914 an. Sie trennte sich aber erst während des Krieges vom Gros der Dissidenten, als sich in der Revolution eine völkische Richtung auch organisatorisch herauskristallisierte. Die alte Freidenkerei wurde von ihr schließlich zum Feind erklärt, da sie sich während des Krieges zu einem Sammelbecken für Pazifisten entwickelte. Georg Graf von Arco übernahm 1916 die Berliner Zelle des *Deutschen Monistenbundes*. Der berühmte Rennreiter Kurt von Tepper-Laski, Berliner Führer des *Komitees Konfessionslos*, hatte mit Lehmann-Rußbüldt 1915 den *Bund Neues Vaterland* gegründet, eine entschie-

---

107 Adelheid v. Saldern: Arbeiterkulturbewegung in Deutschland in der Zwischenkriegszeit. In: Arbeiterkulturen zwischen Alltag und Politik. Beiträge zum europäischen Vergleich in der Zwischenkriegszeit. Hg. v. Friedhelm Boll, Wien, München, Zürich 1986, S.29-70.

dene Friedensorganisation.[108] Besonders Friedrich Wilhelm Foerster, als Person noch immer identifiziert mit der ethischen Kulturgesellschaft, war zum Symbol eines entschiedenen Pazifisten geworden. Seine kosmopolitische Offenheit, sein Eintreten für einen Verständigungsfrieden[109] und seine Tätigkeit als Bayerischer Gesandter in der Schweiz 1918/19 brachten ihn 1922 auf die Mörderliste, der Walter Rathenau (1867-1922) zum Opfer fiel. Rechtzeitig gewarnt, floh Foerster zunächst in die Schweiz. Dort verfolgten ihn noch im schon hohen Alter die Nationalsozialisten, so daß er von 1940 bis 1963 in den USA Exil suchen mußte.[110] Allen seinen späteren Gegnern blieb in Erinnerung, daß Foerster trotz massiver Anfeindungen während des Krieges seinen Pazifismus durchhielt und ihn 1917/18 in München sogar in Vorlesungen ausdrückte[111], worauf sich eine gesellschaftskritische freistudentische Gruppe bildete. Vor eben dieser schwärmerischen junge Intelligenz polemisierte Max Weber am 7. November 1917 und am 28. Januar 1919 gegen Foersters Idealismus.[112]

Kriegsbefürworter suchten dagegen nach einem Freibrief für deutsche Eroberungsziele.[113] Haeckels Schrift *Ewigkeit* verknüpfte unverhohlen sozialdarwinistisches Gedankengut mit Ideen der Kulturnation und den Kriegszielen der Militärs. Ihn unterstützte der Monist Johannes Unold, für den Politik die „Fortsetzung des tierischen Daseinskampfes" in Form „des individuellen und sozialen Organisationsstrebens" war. Als oberster Wert galt ihm die Tüchtigkeit und Verwendbarkeit des Menschen. Deshalb bezweckte er eine Ethisierung der Politik in dem Sinne, der „weltlich-wissenschaftlichen Lebensauffassung" im deutschen „Kulturstaat" zum Siege zu verhelfen, denn nur sie befähige zur „Kulturbeherrschung".[114] 1917 packte Unold alle seine bisherigen Thesen über den *Deutschen Bürgerstaat* in ein Manifest und veröffentlichte es 1918 in der Zeitschrift *Deutschlands Erneuerung*. Demokratie müsse wegen der „Individualisierung" sein, aber wie? Sein Fazit lautete: Demokratie nach deutscher (angeblich altgermanischer) Eigenart,

---

108 Vgl. Autorenkollektiv u. d. Ltg. v. Dieter Fricke: Deutsche Demokraten. Die nichtproletarischen demokratischen Kräfte in der deutschen Geschichte 1830 bis 1945. Berlin 1981, S.157-162, 188-193.
109 Bei späterer Ablehnung des Versailler Vertrages. – Zu diesen Vorgängen vgl. Friedrich Wilhelm Foerster: Erlebte Weltgeschichte 1869-1953. Memoiren. Nürnberg 1953.
110 Vgl. Franz Pöggeler: Zwischen Staatsraison und Weltfrieden. Der Kampf Friedrich Wilhelm Foersters gegen Nationalismus und Nationalsozialismus. In: 3 x Foerster, S.143-172.
111 Vgl. Friedrich Wilhelm Foerster: Politische Ethik und Politische Pädagogik. Mit besonderer Berücksichtigung der kommenden deutschen Aufgaben. 3., stark erw. Aufl. der „Staatsbürgerlichen Erziehung", München 1918.
112 Vgl. (Max Weber:) Wissenschaft als Beruf, 1917/19; Politik als Beruf, 1919. Hg. v. Wolfgang J. Mommsen u. Wolfgang Schluchter in Zus.arb. m. Birgit Morgenbrod, Tübingen 1992, S.28/29, 60/61, 115 (Max Weber Gesamtausgabe, I/17).
113 Vgl. Ernst Hunkel: Deutsche Gemeinschaft. Von der religiösen Einheit und Freiheit des deutschen Volkes. Berlin 1916 (Jungborn, Flugschriften für wahrhaft deutsches Leben, 1).
114 Johannes Unold: Politik im Lichte der Entwicklungslehre. Ein Beitrag zur staatsbürgerlichen Erziehung. München 1912.

nicht wie in England oder Frankreich, „sondern Übergang von der romanisch-mechanischen zur germanisch-organischen Staatsverfassung ... durch Verschmelzung der ständischen mit der persönlichen Vertretung". Das hieß: Geordnete Verteilung von Macht und Einfluß „nach wirklichen Berufsinteressen" und nicht nach Parteien („gegen wilde Parlamentsherrschaft", Wahl durch „alle unbescholtenen Bürger"). Souverän sollte die *„Volks*vertretung" sein.[115] Was er genauer darunter verstand und welche „Lebenskunde"-Weltanschauung er befürwortete, hatte Unold in seinen bisherigen Schriften umfassend dargelegt. 1924 veröffentlichte er ein gereimtes, nationales und mystisches Werk über verlorene Werte. In einer makellosen *Weisheit des Germanen* glaubte er, das geistiges Gegenmittel gefunden zu haben.[116]

Unold stand hier nicht allein. Die Verankerung der „modischen und unkritischen Rassenlehren" in „Unternehmer-, Beamten- und Offizierskreisen", wie Friedrich Meinicke zu Kriegsbeginn kritisch bemerkte, führte zu einer besonderen „Art von Nationalismus in unseren gebildetsten Kreisen".[117] Als dann mit dem Krieg moralische Hürden fielen, kam es zu radikalen Vorschlägen einer gezielten „Auslese". Zu deren Höhepunkt und Auftakt zugleich geriet nach der deutschen Niederlage ein folgenreiches Buch zweier deutscher Professoren, des Juristen Karl Binding und des Arztes Alfred Hoche, mit dem bezeichnenden Titel *Die Freigabe der Vernichtung lebensunwerten Lebens*. Sie benutzten wie selbstverständlich den in der Gerkan-Debatte innovierten Begriff von Euthanasie. In der im Buch ausgetragenen Debatte über „Sterbehilfe" und „Spartanische Selection" (Haeckel) hielt sich der Jurist von beiden Autoren noch am weitesten zurück. Er machte aber drei Zugeständnisse. Sterbehilfe sei zu gewähren, wenn der Wunsch nach Erlösung berechtigt sei; bei fehlendem Lebenswillen unheilbar „Blödsinniger"; bei fehlendem Bewußtsein nach schwerster Krankheit oder Verwundung – hier müsse man im Interesse der Willensunfähigen ein gewisses Irrtumsrisiko eingehen. Doch wollte Binding ärztlichem Handeln juristische Fesseln anlegen: „Niemand darf ein Recht zur Tötung, noch viel weniger jemandem eine Pflicht zur Tötung eingeräumt werden – auch dem Antragsteller nicht. Die Ausführungstat muß Ausfluß freien Mitleids mit dem Kranken sein."[118]

---

115 Johannes Unold: Deutscher Bürgerstaat. In: Deutschlands Erneuerung. Monatsschrift für das deutsche Volk. 2(1918), S.49-55; zit. nach Böhme: Aufrufe, S.178-184. – Schon vor dem Kriege war dieses Konzept umfänglich vorgestellt worden. Vgl. Ders.: Das Wahlrecht, wie es war, wie es ist, und wie es im künftigen Kulturstaat werden soll! 2., verb. u. verm. Aufl., Leipzig 1913 (KuF, 457-459).
116 Vgl. Johannes Unold: Weisheit des Germanen. Eine Lebenskunde für das deutsche Volk. Leipzig 1924.
117 Vgl. Friedrich Meinicke: Nationalismus und nationale Idee (1914). In: Ders.: Politische Schriften und Reden. Hg. v. Georg Kotowski, Darmstadt 1958, S.86 (Friedrich Meinicke Werke II).
118 Karl Binding u. Alfred Hoche: Die Freigabe der Vernichtung lebensunwerten Lebens. Ihr Maß und ihre Form. Leipzig 1920, S.37.

Ausgerechnet der Mediziner Hoche, den Eid des Hippokrates verleugnend, argumentierte dagegen und brachte dabei das Kostenargument als ein entscheidendes Kriterium des „Menschendienstes" in die Debatte. Er schloß sich einer Problemsicht an, die 1910 von der populärwissenschaftlichen Wochenschrift *Umschau* ebenfalls als Preisfrage gestellt worden war: *Was kosten die schlechten Rasseelemente den Staat und die Gesellschaft?*[119] In dieser Tradition meinte Hoche feststellen zu müssen, „daß Fehlgriffe und Irrtümer ausgeschlossen sind. ... Für den Arzt besteht nicht der geringste Zweifel, daß diese Auswahl mit hundertprozentiger Sicherheit zu treffen ist." Hoche endete mit der Prognose, es werde „eine neue Zeit ... kommen, die von dem Standpunkte einer höheren Sittlichkeit aus aufhören wird, die Forderungen eines überspannten Humanitätsbegriffes und einer Überschätzung des Wertes der Existenz schlechthin mit schweren Opfern dauernd in die Tat umzusetzen."[120]

Unolds Germanenmystik auf dem Boden eines ständischen Modells von Gesellschaft sowie Bindings und Hoches Argumentation über „lebensunwertes Leben" traf nach den Erfahrungen mit Krieg und Nachkrieg die geistigen Bedürfnisse „völkischer" Gruppen, die bis dahin teils unter dem Dach der Freidenker, teils unter dem des *Deutschen Glaubens* gestanden hatten. Nach dem Kriege riefen „völkische" Pfarrer, Freigemeindler und protestantische Kirchenmitglieder 1921 den *Bund für Deutsche-Kirche* ins Leben. „Die ersten fünf Jahre nach Kriegsende hatten auch die deutschreligiösen, völkischen Gemeinschaften einen gewissen Zulauf, der aber danach wieder zurückging."[121] Die Idee für ein „Deutschchristentum auf rein evangelischer Grundlage" stammte vom Berliner Studienrat Kurd Niedlich (1884-1928), der eine „arteigene Frömmigkeit" befördern wollte, gebunden an ein sozialpolitisches Programm mit den Stichworten „Scholle", „Sittlichkeit", „Eugenik" und „Rassenhygiene".

Den endgültigen Anlaß zur Trennung der völkischen Richtung von der Freidenkerei lieferten die Jahre 1921/22, als sich Sozialisten und Demokraten in der deutschen Freidenkerbewegung, unter Einschluß von Kommunisten, zunächst zum *Volksbund für Geistesfreiheit* (VfG) und dann zur *Reichsarbeitsgemeinschaft der freigeistigen Verbände der deutschen Republik* (Rag) zusammenschlossen.[122] Die Leitung des VfG übernahm der sozialdemokratische Freidenker und Gründer des *Bundes der Freien Schulgesellschaften* Georg Kramer (gest. 1945) aus Breslau.[123] Die Geschäfte

---

119 Zu diesem rassehygienischen Preisausschreiben vgl. Bergmann: Sexualität, S.70-81.
120 Binding u. Hoche: Freigabe, S.61, 62.
121 Nanko: Glaubensbewegung, S.31.
122 Daß sich der *Bund der freireligiösen Gemeinden* mit dem *Deutschen Freidenkerbund* zum *Volksbund für Geistesfreiheit* vereinigte, war im wesentlichen das Verdienst von Gustav Tschirn, der noch immer beiden Organisationen gleichzeitig vorstand.
123 Er verlegte einige seiner Schriften von vor 1914 im Selbstverlag neu. Vgl. Georg Kramer: Volkstümliche Kramer-Schriften ... Neue, ganz veränd. Aufl., Bochum 1923 ff.

führte der freireligiöse Vorsteher der Leipziger Gemeinde Carl Peter. Einige Gemeinden Südwestdeutschlands um die Prediger Georg Pick und Gustav Sprenger (beide Mainz), Clemens Taesler (Frankfurt a. M.) und Arthur Drews (Karlsruhe) traten daraufhin aus dem Bund wieder aus. Einige von ihnen öffneten sich in der Folge deutschgläubigen und völkischen Gedanken, blieben aber zunächst in ihren freireligiösen Gemeinden. Die Vertreter rassistischen Gedankenguts, die bisher im *Deutschen Monistenbund* eine Heimstatt fanden, verloren diese. Der Verein grenzte sie aus.[124]

Die rechten Gruppen organisierten sich daraufhin gesondert. Aus dem *Bund für Deutsche Kirche* wurde 1925 die *Deutsch-christliche Arbeitsgemeinschaft*, 1927 die *Kirchenbewegung Deutsche Christen* und 1930 die *Christlich-Deutsche Bewegung*.[125] Daraus ging 1932 unter Pfarrer J. Hossenfelder die *Glaubensbewegung Deutsche Christen* hervor, die den Nationalsozialismus begrüßte, jedoch nach 1934 zunehmend verfiel und schließlich sogar unterdrückt wurde.[126] Einige führende Freireligiöse (darunter Kramer und Peter), näherten sich, nachdem ihr Bund am 30. November 1934 für aufgelöst erklärt worden war, der nationalsozialistischen Ideologie an. Ihr Verlag gab ab August 1935 eine *Zeitschrift für Deutsche Volksreligion* mit dem Namen *Deutsches Werden* heraus und ihre im Mai 1939 gegründete *Gemeinschaft Deutscher Volksreligion* führte eine scheinbar selbständige Existenz (mit etwa 11 000 Mitgliedern und 20 Rednern), um dann in einer Kooperation mit der *Deutsch-gottgläubigen Kampfgemeinschaft* Oertels zu münden.[127] Am 26. November 1936 erlaubte der Reichsinnenminister per Erlaß die offizielle Bezeichnung „gottgläubig", die genau diese Konnotation besaß.

Die Biographie von Max Maurenbrecher liefert einen Schlüssel zum Verständnis für den Wandel von der germanophilen freien Religiosität, eingebettet in die Kartellbewegung, zur nationalistischen Weltanschauung, unter Einschluß sozialdarwinistischer Argumente.[128] Maurenbrecher wurde vor 1914 von denjenigen Sozialdemokraten wie Nationalliberalen akzeptiert, die eine persönliche Religion bzw. eine Mitgliedschaft bei den freireligiösen Gemeinden vorzogen, ohne mit dem Christentum oder gar jedem Glauben rigoros zu brechen. Maurenbrecher war, gemeinsam mit Gottfried Traub und Wilhelm Stapel (die später mit ihm die völkische Bewegung anführten), ein Schüler Jathos und Anhänger Egidys. Bekannt wurde Maurenbrecher vor

---

124 Dazu gehörten Leute wie Ludwig Neuner: Leitfaden (Katechismus). Für eine deutsche Religion auf naturwissenschaftlicher Grundlage. München 1914.
125 Vgl. W(alter) Künneth: Die völkische Religiosität der Gegenwart. 2. Aufl., Berlin 1932. – Gustav Frenssen: Lebenskunde. Berlin 1942.
126 Vgl. Die Nation vor Gott. Hg. v. W. Künneth u. H. Schreiner, 3. erw. Aufl., Berlin 1934.
127 Vgl. Bronder: Geschichte, S.87.
128 Zu Maurenbrecher vgl. Hübinger: Kulturprotestantismus, S.73/74.

allem durch seine Neufassung biblischer Geschichten.[129] Er war ein oft engagierter Redner, trat mit dem hoch angesehenen Pfarrer Göhre in die Sozialdemokratische Partei ein und 1907 demonstrativ aus der Kirche aus. Diesen spektakulären Schritt tat er gemeinsam mit Arthur Bonus (1864-1941; Pseudonyme: Fritz Benthien, Franz Brand und Georg Stolterfoth), der ihm in der Idee einer „Germanisierung des Christentums" voranging.[130] In der Sozialdemokratie verfocht Maurenbrecher ein Konzept der kulturellen, nicht der politischen Bildung.[131] Er blieb auch hier ein deutscher Nationalist. Als seine Partei gegen das Rüstungsprogramm votierte, verließ er sie 1913.

Im Kriege rückte Maurenbrecher von seinem Monismus ab.[132] Nachdem er sich 1914/15 auf Propagandareisen vehement für den Krieg eingesetzt hatte, wurde er nach dessen Gründung durch Eugen Diederichs im April 1916 in der *Vaterländischen Gesellschaft 1914 für Thüringen* aktiv. Im Winter 1916/17 organisierte Maurenbrecher für den 29. bis 31. Mai und für den 29. September bis 3. Oktober 1917 zwei Kulturtagungen in Bad Lauenstein, zu denen auch Theodor Heuss (1884-1963), Friedrich Meinicke (1862-1954), Ernst Toller (1893-1939), Ferdinand Tönnies, Ernst Troeltsch, Werner Sombart (1863-1941) und Max Weber erschienen. Die Beratungen sollten zu einer Art *Deutschem Kulturbund* oder *Kulturparlament* führen, was auch deshalb nicht gelang[133], weil Maurenbrecher „für eine ‚Partei der Geistigen' und eine aus dem Krieg geborene Hingabe an den mit Fichte benannten aristokratischen Führerstaat (warb), um die kapitalistische Mechanisierung der Welt durch einen neuen Menschentypus zu überwinden".[134] Hinter dem Wortschwulst verbarg sich die Motivation, aus der heraus er im September 1917 mit Tirpitz, Kapp und anderen die *Deutsche Vaterlandspartei* gründete: Ablehnung jeden Verständigungsfriedens. Im gleichen

---

129 Vgl. Max Maurenbrecher: Von Nazareth nach Golgatha. Untersuchungen über die weltgeschichtlichen Zusammenhänge des Urchristentums. Berlin 1909. – Ders.: Biblische Geschichten. Bd.1-10, Berlin 1909/10. – Viel gelesen, weil zunächst kolportiert ausgeliefert, im sozialdemokratischen *Verlag Vorwärts* herausgegeben, vgl. Ders.: Die Hohenzollern-Legende. Kulturbilder aus der preußischen Geschichte vom 12. bis zum 20. Jahrhundert. Reich illustriert mit Bildern und Dokumenten aus der Zeit. 50 Hefte. Berlin 1905/06. – Ders: Das Leid. Eine Auseinandersetzung mit der Religion. Jena 1912.
130 Vgl. Arthur Bonus: Zur religiösen Krise. Bd.1: Zur Germanisierung des Christentums; Bände 2 u. 3: Religiöse Spannungen. Prolegomena zu einem neuen Mythos; Bd.4: Vom neuen Mythos. Eine Prognose. Jena 1911, 1912, 1911. – Bonus schied 1902 wegen eines Nervenleidens aus dem Dienst und lebte von 1906 bis 1914 in der Toskana. Vgl. Graf: Laboratorium, S.253/54.
131 Vgl. Max Maurenbrecher: Massenbildung. In: Sozialistische Monatshefte, Berlin 13(1909)21, Bd.3, S.1364-1371. – Grundsätzlicher Ders.: Das Schulprogramm der Großstadt. Wien 1914 (Flugschriften der „Sozialpädagogischen Gesellschaft" in Wien, 3).
132 Vgl. Max Maurenbrecher u. Arnold Meyer: Christentum oder Monismus. Diskussion. Annaberg 1915.
133 Vgl. Mommsen: Kultur, S.163f.
134 Hübinger: „Journalist", S.107/108.

Jahr kehrte Maurenbrecher wieder in den Schoß der evangelischen Kirche zurück.[135] Vor allem mit seiner politischen Entscheidung verließ er die Geschäftsgrundlage von Bad Lauenstein, machte sich vor allem Max Weber und selbst Diederichs zum Gegner.[136]

Maurenbrechers Auftreten und die Frontbegeisterung vieler Militärpfarrer verhärtete die Haltung radikaler Freidenker in und außerhalb der Arbeiterpartei gegenüber den Freireligiösen, aber auch denjenigen Ethikern, die ihnen in der Abkehr von der Religion nicht konsequent genug erschienen. Maurenbrecher wandelte sich gerade deshalb zu einem Gegner der Freidenkerei und übernahm 1919 wieder ein Pfarramt, diesmal in Dresden. Zunächst hielt er sich eine Zeitlang politisch zurück, gab aber die Zeitschrift *Glaube und Deutschtum* heraus.[137] Der weitere politische Weg führte Maurenbrecher über völkische und antisemitische Äußerungen[138] hin zum Nationalsozialismus, den er 1928 wählte und zu deren *Deutscher Kirche* er als Dorfpfarrer im Thüringischen beitrug.[139] Diese Schritte entsprachen nicht nur Maurenbrechers Haltung als deutscher Nationalist, sondern auch seiner schon vor 1914 geäußerten Sozialismusauffassung.

Maurenbrechers Veranlassung, sich dem Marxismus zeitweise zu öffnen, lag in der gedachten Verbindung von Christentum, Nationalismus und Sozialismus. Schon auf der zu dieser Zeit von Marxisten wie Theologen gleichermaßen kritisierten Tagung *Religion und Sozialismus*[140] betonte er, daß die christliche Religion bisher nur für das Seelenleben der Individuen Interesse gezeigt habe. Erst der Marxismus habe das Problem der äußeren Lebensumstände der Menschen und die Begeisterung von Massen für ein soziales Ideal begriffen. Der Erlösungsgedanke müsse deshalb auf das Gemeinschaftsleben „innerhalb dieser wirklichen Welt" bezogen und die Menschen müßten für ein Zusammengehen von Sozialismus und Christentum gewonnen werden. Die Gewinnung der Massen für ein gläubiges Bekenntnis war Maurenbrechers Ziel. Der Inhalt dieses Bekenntnisse schien ihm „gestaltbar". Die Massen überhaupt mit einem Ziel zu begeistern und zu gewinnen, schien ihm schon wertvoll genug. Nach dem verlorenen Krieg und angesichts der sowjetrussischen Entwicklungen fügte Maurenbrecher als drittes und viertes Glaubenselement die Nation und die Rasse in sein deutsches Glaubensbekenntnis ein.

---

135 Vgl. MM 3(März 1918)3, S.39/40.
136 Zu Bad Lauenstein vgl. Viehöfer: Verleger, S.20/21.
137 Vgl. Max Maurenbrecher: Glaube und Deutschtum. Wöchentliche Predigten und Vorträge. Dresden (April) 1920 – (März) 1921.
138 Vgl. Max Maurenbrecher: Völkischer Geschichtsunterricht. Entwurf eines Lehrplanes. Langensalza 1925. – Ders.: Goethe und die Juden. Eine Zusammenstellung. München 1921 (Deutschlands führende Männer und das Judentum,3).
139 Vgl. Max Maurenbrecher: Der Heiland der Deutschen. Der Weg der Volkstum schaffenden Kirche. Göttingen 1930.
140 Vgl. im folgenden Maurenbrecher: Religion, S.42, 44.

Dissidenten, die sich völkischen Bewegungen anschlossen, hatten es dort in den Zwanzigern nicht leicht, mußten sie sich doch gegen ein Vorurteil wehren, das allen Freidenkern anhaftete, nämlich aus einer jüdischen Gottlosenbewegung zu kommen und jeden Glauben abzulehnen, vor allem den an Deutschland. Von diesem Standpunkt aus hatten die Anhänger einer *Deutschen Kirche* schon vor 1933 eine Mauer zu den Freidenkern errichtet.[141] Der Begriff „Freidenker" subsumierte seit dem alle „Gottlosen", die irgendwie sozialistischen, pazifistischen, liberalistischen oder kosmopolitischen Ansichten anhingen. Da sich die „Freigeister" unter den Dissidenten aber nicht politisch vereinnahmen lassen wollten, mieden sie nun den Freidenkerbegriff. Damit wurde er zu einem Symbol der Linken, zumal sich die Völkischen ideologisch und organisatorisch aus den alten Vereinen lösten. Dabei trat erneut Arthur Drews hervor, der sich wie Maurenbrecher und andere zunächst dem *Deutschen Glauben* und dann dem Nationalsozialismus zuwandte. Drews versuchte sogar 1933, größere Teile der freireligiösen Bewegung auf seinen Weg in die *Arbeitsgemeinschaft der Deutschen Glaubensbewegung* mitzunehmen, deren Führerrat er angehörte.[142]

Von den Bürgerlichen, die sich nicht aus der nun nahezu völlig proletarischen Freidenkerarbeit zurückzogen, die ihnen von den Linken politisch verleidet wurde, verblieben einige in der inzwischen altertümlich wirkenden *Deutschen Gesellschaft für Ethische Kultur*. Andere wurden im Mai 1928 zu Mitgliedern im *Kampfbund für Deutsche Kultur*. In dessen Gründungsaufruf hieß es: „Der Kampfbund setzt sich das Ziel, das deutsche Volk über die Zusammenhänge zwischen Rasse, Kunst und Wissenschaft, sittlichen und willenhaften Wert aufzuklären."[143] Dabei ging das völkische Element mit dem nationalen Sozialismus ein Bündnis ein, denn es gelang dem „Kampfbund, daß sich ihm die völkisch-nationalen Kulturvereine anschlossen. ... Der Zustrom neuer Mitglieder war in den Jahren 1931/32 - besonders von seiten der Lehrer - so stark, daß Fachgruppen für Musik, bildende Künste, Literatur usw. gebildet wurden."[144]

Rückblickend nahm Adolf Hitler in seiner Regierungserklärung vom 23. März 1933 auf diese Erfolge bezug. Es gehe ihm um eine „moralische Sanierung an unserem Volkskörper". Dazu bemühte er ein soziales „Auslesegesetz", dem er folgen müsse, wenn er die „Volksgemeinschaft" wahrhaftig schaffen wolle. Im Volke seien gute „Voraussetzungen für eine tiefe, innere Religiosität" und Einsicht in die Bedeutung von „Blut und Rasse"

---

141 Vgl. Freidenkertum und Kirche. Ein Handbuch. Hg. v. Carl Schweitzer u. Walter Künneth, Berlin 1932.
142 Vgl. Bronder: Geschichte, S.85-88. – Friedrich Wilhelm Haack: Wotans Wiederkehr. Blut-, Boden- und Rassereligion. München 1981.
143 Nach Lionel Richard: Deutscher Faschismus und Kultur. Aus der Sicht eines Franzosen. Berlin 1983, S.61.
144 Richard: Faschismus, S.62.

vorhanden. Damit sei „weltanschauliche Geschlossenheit des deutschen Volkskörpers" ebenso möglich wie die „Durchführung der positiven Aufgabe der Gewinnung des deutschen Arbeiters für den nationalen Staat".[145] Diese Hinwendung zum modernen Arbeiter verbot nun aber jeden wörtlichen Bezug auf das etwas antiquierte Attribut „völkisch", wie Hitler bereits in *Mein Kampf* begründete. Der Begriff sei gegenüber dem des nationalen Sozialismus zu unbegrenzt, zu vielseitig auslegbar und vor allem zu unpolitisch. Er könne einer „strammen Kampfgemeinschaft" nicht als Programm dienen.[146]

Glaube an die „historische Mission"

Wie andere, so griff auch Rudolph Penzigs Blatt *Ethische Kultur* das wichtigste Freidenkerthema der zwanziger Jahre auf, die Diskussion um den „neuen Menschen".[147] Die Debatte weitete sich in der linken Szene zum kulturpolitischen Streit über Sinn, Zweck, Ziel und Mittel einer „Kulturrevolution" – ein Gegenstand, der in den Sechzigern belebt wurde und dessen Deutung sich mit dem Namen Mao Zedong und den Roten Khmer verband, aber den ganzen Ostblock und die Achtundsechziger im Westen bewegte, als sie die „autoritäre Gesellschaft" und die „affirmative Kultur" überwinden wollten. Die frühen Standpunkte zu einer „Kulturrevolution" kamen aus der sozialistischen Variante der deutschen Freidenkerei und der sozialdemokratischen Frage nach dem nötigen „Kulturniveau" für den Sozialismus (in Abgrenzung zur Macht der Bolschewiki in Rußland).[148]

Für das anfängliche Verständnis von „Kulturrevolution" in der linken Freidenkerei war die Distanz zu völkischen Formeln prägend. Daraus gingen Konzepte hervor, in deren Kern eine mehr und mehr abstrakte Arbeiterklasse eine „historische Mission" zu erfüllen hatte, auf deren Weg auch den Freidenkern ein wichtiger Auftrag zukam – das Proletariat aus den Fängen der Religion zu befreien und allen Menschen die wahre materialistische Erkenntnis vom Zusammenhalt der Welt und der Gesellschaft zu vermitteln. Bei allen Unterschieden in den sonstigen Anschauungen, dieses Ziel vereinte bereits vor dem Kriege die sozialdemokratischen Freidenker in den beiden Organisationen, dem *Deutschen Freidenkerbund* und dem *Zentralverband der proletarischen Freidenker Deutschlands*. Krieg und Revolution

---

145 Nach Günter Hartung: Literatur und Ästhetik des deutschen Faschismus. Drei Studien. Berlin 1983, S.135-140.
146 Adolf Hitler: Mein Kampf. München 1940, S.297/298.
147 Vgl. Max Seber: Neue Einrichtungen oder neue Menschen. In: EK 28(1. November 1920)11, S.81/82. Ansätze schon bei Rudolf Penzig: Was „ethische Kultur" nach dem Kriege will und soll. Berlin 1915.
148 Auf Literaturangaben wird hier aus Platzgründen verzichtet.

sprengten auch diese Gemeinschaft und verdrängten, als eine Folge, das liberale „bürgerliche Element" aus den Organisationen. Besonders Karl Louis Bernhard Menke, Konrad Beißwanger und Max Sievers (1887-1944) vom *Zentralverband* und Adolph Hoffmann von *der Berliner Freireligiösen Gemeinde* engagierten sich links und trugen 1917 maßgeblich zum Bruch der USPD mit der SPD bei.

Menke gehörte zur Spartakusgruppe um Karl Liebknecht, Rosa Luxemburg und dem bis dahin nur als sozialdemokratischer Kulturfunktionär und Bildungsorganisator bekannten Wilhelm Pieck (1876-1960). Anfang der Zwanziger wieder in der SPD, amtierte Menke bei den entscheidenden Aktionen von 1923 in Dresden als Polizeipräsident. August Cyliax, einer der in Jena führenden Monisten und Obmann der Konfessionslosen, wurde in der Weimarer Republik kommunistischer Freidenker[149] und Hermann Remmele (1880-1939) führender Funktionär der KPD.[150]

Doch wuchsen aus allen Freidenker- und Freireligiösenorganisationen in den Zwanzigern wichtige Politiker in alle Strömungen der Arbeiterbewegung hinein. Die proletarischen Freidenker hatten dabei größere Anteile innerhalb der KPD und bei den ihr nahestehenden Vereinen. Doch auch aus dem Freidenkerbund kam ultralinkes Personal. Der Reichtagsabgeordnete und Kriegsgegner Otto Rühle aus Sachsen führte 1918/20 die Ganz-linksaußen-Front der KPD bzw. KAPD und Angelika Balabanoff (1879-1953), 1915 Mitbegründerin der Zimmerwalder Linken, aus der 1920 die *Kommunistische Internationale* hervorging, reklamierte Marx und Engels für die radikalen Freidenker[151] – um später bei Mussolini zu landen.

Wie die völkischen suchten auch die sozialistischen Dissidenten nach „Gemeinschaft". An diesen Übergang erinnerte sich 1927 Arnold Bergstraesser (1883-1960): „Die Revolution war ihr [der Jugendbewegung, H.G.] nicht als politisches, sondern als kulturelles Ereignis von Bedeutung. Wegen seines kulturellen Hintergrundes und seiner scheinbar dem gemeinschaftlichen Erlebnis Ausdruck gebenden antiindividualistischen Theorie ergriffen Teile der Bewegung Partei für den Kommunismus."[152] Prototypisch für diesen Übergang ist die Biographie von Alfred Kurella.[153] Er wurde zum Mitbegründer der kommunistischen Jugendbewegung und später in der DDR

---

149 Vgl. August Cyliax: Sozialistischer Katechismus. Ein Leitfaden für die proletarische Jugend. Leipzig, Berlin 1924 (Agitationsbibliothek, T.1, H.4).
150 Zu den Konflikten von KPD und SPD mit ihren Vorfeldorganisationen vgl. Hartmann Wunderer: Arbeitervereine und Arbeiterparteien. Kultur- und Massenorganisationen in der Arbeiterbewegung (1890-1933). Frankfurt a. M., New York 1980.
151 Vgl. Angelika Balabanoff: Marx und Engels als Freidenker in ihren Schriften. Ein Hand- und Kampfesbuch. Berlin 1930 (Nachdruck 1979).
152 Arnold Bergsträsser u. Hermann Platz: Jugendbewegung und Universität. Vorträge auf der Tagung deutscher Hochschullehrer in Weimar 1927. Karlsruhe 1927, S.14.
153 Vgl. Hans Koch: Vorwort. In: Alfred Kurella, Das Eigene und das Fremde. Beiträge zum sozialistischen Humanismus. Hg. v. Hans Koch, Berlin 1981, S.5-51.

führender Kulturpolitiker (als Kulturbeauftragter des Zentralkomitees Mitglied im engsten Führungszirkel um Walter Ulbricht [1893-1973], der ebenfalls Freidenker war). Kurella argumentierte zunächst bündisch, mit einem starken Hang zum Völkischen. „Kehren wir noch einmal zu der anfänglichen Bestimmung ‚völkisch und sozialistisch' zurück", schrieb er 1918 in seinem Positionspapier an den Führerrat der *Freideutschen Jugend*. „Die Namen sind ja nicht zufällig ... Fassen wir die Inhalte dieser Namen ... zusammen, so bekommen wir das gemeinsame Ziel: Deutsche Volks-Gemeinschaft, wobei bei dem Einen der Ton mehr auf der ersten, bei den Anderen auf der zweiten Hälfte der Wortgruppe liegt."[154] Kurella fuhr fort, sein künftiges Streben umreißend: „Der Weg der Erziehung zur deutschen Volksgemeinschaft geht nicht über das Deutschtum, sondern über die Gemeinschaft. Wir können nicht Menschen zu Deutschen, sondern wollen Deutsche zu Menschen machen."[155]

Alfred Kurella entstammte einer Intellektuellenfamilie und vertrat Zeit seines Lebens elitäre Kulturvorstellungen, die er allerdings in ein volkskulturelles Programm umzusetzen versuchte. Bürgerliche Kultur bewahren durch Gemeinmachen ihrer besten Werte – so lautete sein Ziel. Seine Mutter Maria Kurella engagierte sich in der ethischen Bewegung und besaß gute Kontakte zur russischen Intelligenzia. Kurellas Vater Hans arbeitete als promovierter Psychiater und war selbst aus einer traditionsreichen Gelehrtenfamilie hervorgegangen. Er übersetzte vor 1914 für die Freidenkerbewegung die Schriften der Engländer Havelock Ellis und John Berry Haycraft, vor allem deren biologische und rassenhygienische Studien.[156] Hans Kurella popularisierte zudem das Werk des italienischen Kriminalanthropologen Cesare Lombroso und hob dessen Beitrag zur Soziologie hervor.[157] Dieser sei „stets ein entschiedener Vertreter der Forderung gewesen, mit allen Mitteln die unzureichende Wirkung der natürlichen Auslese durch ein(e) planmäßige Selektion der antisozialen Individuen zu ergänzen", d.h. derjenigen

---

154 Vgl. Alfred Kurella: Deutsche Volksgemeinschaft. Offener Brief an den Führerrat der Freideutschen Jugend. In: Grundschriften der deutschen Jugendbewegung. Hg. v. W. Kindt, i. A. des „Gemeinschaftswerkes Dokumentation der Jugendbewegung", Düsseldorf 1963, S.170.
155 Kurella: Volksgemeinschaft, S.176. – Zur Kulturdebatte über die Jugendbewegung kurz vor Kriegsbeginn vgl. Natorp: Hoffnungen.
156 Vgl. Haycraft: Auslese 1895. – Havelock Ellis: Mann und Weib. Eine Darstellung der sekundären Geschlechtsmerkmale beim Menschen. Hg. v. Hans Kurella, Nervenarzt in Bonn. Würzburg 1909. – Ders.: Die Welt der Träume. Übers.: Hans Kurella. Würzburg 1911. – Ders.: Rassenhygiene und Volksgesundheit. Übers.: Hans Kurella. Würzburg 1912.
157 Vgl. die von Hans Kurella übersetzten und hg. Werke von Cesare Lombroso: Entartung und Genie. Neue Studien. Leipzig 1894. – Der Antisemitismus und die Juden im Lichte der modernen Wissenschaft. Leipzig 1894. – Die Anarchisten. Eine Kriminalpsychologische und sociologische Studie. Hamburg 1895. – Kerker-Palimseste, Wandinschriften und Selbstbekenntnisse gefangener Verbrecher. Hamburg 1899.

„Kategorien pathologischer oder abnormer Individuen ...‚ deren Verhalten als Störung des regelmäßigen sozialen Lebens wirkt" – allerdings ohne zu einem „Fanatiker der Rassenzüchtung im Sinne der Gobineau und Chamberlain zu werden".[158] Sozialistische Ideen entnahm Hans Kurella dem Werk des italienischen Darwinisten Enrico Ferri (1856-1929). Gegen den deutschen Determinismus und den romanischen Anarchismus gewandt sprach Ferri vom Klassenkampf als einer Erscheinung, in der lebendige Organismen um bessere Lebensumstände ringen. Der Ausgang sei nach Darwin, Spencer und Marx offen, sei keineswegs „gesetzmäßig", sondern abhängig vom Handeln von Millionen Menschen, die aber nach einer Idee suchen, die ihnen biologisch und sozial eine Zukunft verspricht.[159] Das gab den Faktoren „Willen" und „Kultur" einen Rang im historischen Prozeß, der dem bisherigen Marxismus fremd war, was nicht zuletzt Karl Liebknecht in seinen Luckauer Studien kritisch hervorhob.[160]

Frappierend sind Ähnlichkeiten in Alfred Kurellas späteren Ansichten mit den elitetheoretischen Positionen seines Vaters. Die euphorische Hinwendung des Sohnes zum Proletariat wird so verständlich. Hans Kurella sah im Handwerk, Bauernstand und der Geistlichkeit „die drei Nährböden unserer der Bureaukratisierung und Amerikanisierung verfallenen Zivilisation. ... Bureau-Tinte, Gold und Weihwasser werden unsere Kultur ruinieren. ... Das Narkotikum der Eugenik, Sozialreform oder sozialen Revolution wird ... vielen Intellektuellen eine Euthanasie gewähren."[161] Sohn Alfred Kurella sah im Gegensatz zu seinem Vater einen Ausweg aus der kulturellen Misere. Er schlug den Weg der „sozialen Revolution" ein. Die Rettung der Kultur könne gelingen, wenn die Arbeiter zu Trägern einer neuen Renaissance und Klassik würden, wozu eben ein radikaler Umbruch, eine Kulturrevolution, nötig sei. Diese Haltung bildete Alfred Kurella bereits rudimentär in Wynekens *Wandervogel*-Bewegung aus, in der er, nach eigenem Bekunden, ein „großer Hahn"[162] war und das Treffen auf dem Hohen Meißner von 1913 mit vorbereitet hatte. Er gehörte zu dem Typ Mensch, von dem Max Weber nie begreifen wollte, daß sie „jugendbewegt mit dem Zupfgeigenhansl aus

---

158 Hans Kurella: Cesare Lombroso als Mensch und Forscher. Wiesbaden 1910. S.11, 5, 12.
159 Enrico Ferri: Socialismus und moderne Wissenschaft. Darwin – Spencer – Marx. Übers. u. erg. v. Hans Kurella. Leipzig 1895. S.67, 169.- Vgl. Ders.: Das Verbrechen als sociale Erscheinung. Deutsche Ausg. v. Hans Kurella. Leipzig 1896 (Bibliothek für Socialwissenschaft, hg. v. Hans Kurella, 8).
160 Vgl. Karl Liebknecht: Studien über die Bewegungsgesetze der gesellschaftlichen Entwicklung. München 1922.
161 Vgl. Hans Kurella: Die Intellektuellen und die Gesellschaft. Ein Beitrag zur Naturgeschichte begabter Familien. Wiesbaden 1913. – Robert Sommer: Familienforschung und Vererbungslehre. Leipzig 1907.
162 Alfred Kurella: Mein Beruf. In: Ders.: Wofür haben wir gekämpft? Beiträge zur Kultur und Zeitgeschichte. Berlin, Weimar 1976, S.9.

dem Industriezeitalter herausmarschieren und sich zugleich noch zum marxistischen Flügel der Sozialdemokratie zählen konnten".[163]

Dem Krieg schwerverletzt entkommen und dort richtigen Arbeitern vertraut geworden, bekannte sich Kurella weiter zur lebensreformerischen Kultur, aber er übertrug deren Ideen auf das, was er für die Arbeiterklasse hielt. So sah er zunächst in der *Freideutschen Jugend*[164], dann in der kommunistischen Jugend, schließlich in der KPD und zuletzt in der SED die Organisation, die dieses radikale Erneuerungskonzept durchsetzen sollte. Gemeinsam mit Albert Elgers führte Kurella Ende der zwanziger Jahre das damalige russische Verständnis von Kulturrevolution in die deutsche Linke ein. Fortan, bis hin zur strategisch gedachten Kulturkonferenz von 1960 in der DDR, suchte er nach einer Verbindung von „Volk" und „Kultur".[165] „Menschengemeinschaft" und „Neue Menschen" galten Kurella ebenso als selbstverständliche Ziele des Kommunismus wie bolschewistische Macht einer (allerdings in seinem Verständnis auch kulturellen) Elite. Als Kurier der (damals verbotenen) KPD machte Kurella Lenins Bekanntschaft, erhielt den Auftrag, eine Jugendinternationale zu gründen und lernte so nahezu alle späteren Führer der kommunistischen Bewegung vor und nach dem Faschismus kennen. Man kann davon ausgehen, daß das Wenige, was sie über kulturelle Fragen wußten, von Kurella kam. Der Kernbegriff seines kulturpolitischen Denkens und Tuns lautete bereits in den zwanziger Jahren „sozialistische Massenkultur".[166] Daraus leitete sich dann in der DDR die Idee der „kulturellen Massenarbeit" ab, ein Begriff, der sich schon in den zwanziger Jahren bei Kurella bildet. Aus der bündischen Tradition kommend, verbunden mit einer idealen Betrachtung bürgerlicher Kultur, blieb ihm die Ablehnung von allem „Seelenkitsch" der „Massenkultur" Zeit seines Lebens erhalten. Darin sah er die kulturelle Hauptgefahr für den Sozialismus. Deshalb müsse energisch und ideenreich „gegen die Überschwemmung mit einer volksfeindlichen Unkultur" gehandelt werden.[167] Daran orientierte sich bis in die Siebziger die DDR-Kulturpolitik.

Endstation Deutsche Bestattungskasse

Kurellas Lebensweg markiert den kulturpolitischen Schwenk von einem bündisch und teilweise völkisch beeinflußten Freidenkertum hin zur kom-

---

163 Alfred Weber in der Erinnerung an Max Weber, nach Hübinger: „Journalist", S.103.
164 Vgl. Elfriede Paul: Ein Sprechzimmer der Roten Kapelle. Berlin 1981, S.24/25.
165 Vgl. Alfred Kurella: Wofür haben wir gekämpft?
166 Vgl. Alfred Kurella: Die sozialistische Kulturrevolution im Fünfjahrplan. Die Voraussetzungen und die ersten Schritte einer „sozialistischen Massenkultur" in der Sowjetunion. Berlin 1930.
167 Alfred Kurella: Erfahrungen und Probleme der sozialistischen Kulturarbeit. In: Kulturkonferenz 1960, Berlin 1960, S.31.

munistisch bestimmten Idee einer radikal und egalitär definierten Kultur. Viele sozialdemokratische Freidenker, auch wenn sie in der SPD verblieben oder, wie Adolph Hoffmann, später zu ihr zurückkehrten, gingen in ihrem Denken und Tun in der Revolutionszeit Schritte hin zum „Kollektiv", zur „Gemeinschaft", zur „Siedlung". Selbst religiöse Sozialisten schlossen sich der Arbeiterbewegung an, weil diese eine neue „Lebensgestaltung" versprach.[168] Und als diese nicht schnell genug kam, ging mancher religiöse Sozialist, wie Erwin Eckert, sogar zur KPD. Hartmann Wunderer, Franz Walter und andere haben diesen Trend und die Spaltungen Ende der Zwanziger als organisatorisches und politisches Phänomen beschrieben[169] und dabei einige Einrichtungen vorgestellt, die hier wuchsen: *Reichsarbeitsgemeinschaft freigeistiger Verbände, Reichsverband für dissidentische Fürsorge, Volksbund für Geistesfreiheit, Gemeinschaft proletarischer Freidenker, Sozialistischer Kulturbund, Verband proletarischer Freidenker, Kampfgemeinschaft proletarischer Freidenker, Interessengemeinschaft für Arbeiterkultur* und andere. Daneben existierten in den Zwanzigern einige schon vor 1914 entstandene Vereine fort, wie der *Deutsche Monistenbund*. Dieser gab sich 1920 auf einer demonstrativ in Weimar stattfindenden Tagung sozialistische Ziele. Das veranlaßte bisherige Leitpersonen, sich neu zu verorten. Zusätzlich entstanden syndikalistische Zusammenschlüsse oder Siedlungen, die sich keiner Organisation abschließen wollten.

Mit Beginn der Weimarer Republik stellte das *Weimarer Kartell* seine Tätigkeit ein. Die wichtigsten Gründer waren verstorben und die Akteure der ersten Reihe in die Jahre gekommen. Der Umschlag trat plötzlich ein. Krieg und Revolution veränderten das Umfeld wie die Menschen nachhaltig. Vor allem schufen sozialdemokratische Freidenker wie Adolph Hoffmann, in Regierungsverantwortung gekommen, neue Tatsachen im Verhältnis von Staat und Kirche zu den freidenkerischen Vereinen. Die sozialistisch geprägte *Reichsarbeitsgemeinschaft freigeistiger Verbände* von 1922 griff einige Forderungen des *Weimarer Kartells* auf.[170] Sie baute auf örtliche Kulturkartelle, die unter der Führung von Linken im *Deutschen Monistenbund*

---

168 Vgl. Siegfried Heimann: Der Bund der religiösen Sozialisten Deutschlands (BRSD): Selbstverständnis, organisatorische Entwicklung und praktische Politik. In: Siegfried Heimann u. Franz Walter: Religiöse Sozialisten und Freidenker in der Weimarer Republik. Bonn 1993, bes. S.234-236.
169 Andere haben das Problem als Widerspruch von sozialer Arbeiterkultur, organisierter Arbeiterbewegungkultur und kommerzieller Massenkultur erklärt, jedoch sind dabei Aspekte der Freidenkerbewegung bisher weitgehend ausgespart worden. Vgl. Arbeiterkulturen zwischen Alltag und Politik. Beiträge zum europäischen Vergleich in der Zwischenkriegszeit. Hg. v. Friedhelm Boll. Wien, München, Zürich 1986. – MKF, Nr. 30. – Arbeiterkultur seit 1945: Ende oder Veränderung? Hg. v. Wolfgang Kaschuba, Gottfried Korff u. Bernd Jürgen Warneken. 5. Tagung der Kommission „Arbeiterkultur" in der Deutschen Gesellschaft für Volkskunde vom 30. April bis 4. Mai 1989 in Tübingen. Tübingen 1991.
170 Vgl. Handbuch für Funktionäre des Verbandes für Freidenkertum und Feuerbestattung e. V., hg. v. Kultursekretariat des Verbandes, Berlin 1929, S.9-12.

und von proletarischen Freidenkern standen. Deren Personal rekrutierte sich meist aus den *Komitees Konfessionslos* von vor 1914.

Die sozialistische Richtung griff in der Folge zwar auf einige Ideen des *Weimarer Kartells* zurück, stellte sich aber weder organisatorisch noch konzeptionell in dessen Tradition der freigeistigen Offenheit, sondern in die des *Deutschen Freidenkerbundes,* der schon vor 1914 eine starkes sozialdemokratisches Gewicht bekam. Es war inneren Kämpfen der Freidenker während und nach der Revolution und besonders der Spaltung der Arbeiterbewegung geschuldet, daß die sozialdemokratische Ausrichtung Ende der zwanziger Jahre vor allem auf die Gründung einer kleinen Berliner Sterbekasse mit Namen *Verein der Freidenker für Feuerbestattung* durch zwölf Sozialisten im Jahre 1905 zurückgriff (1914: 73 Mitglieder; 1919/20 schon um die 20 000), während sich die Kommunisten auf den *Zentralverband der [proletarischen] Freidenker Deutschlands* beriefen (1914 etwa 6 500 Mitglieder). Dazwischen bestand seit 1922 bis 1930 die mehrheitlich sozialistische *Gemeinschaft proletarischer Freidenker.* Die Masse ihrer Gründungsmitglieder kam aus dem Sächsischen (50 000), dem Thüringischen (22 000) und dem Rheinländischen (17 000) und sicher waren viele darunter, die vor 1914 dem *Zentralverband* angehörten. Daraus gingen dann, mit dem Zwischenschritt über den *Verband für Freidenkertum und Feuerbestattung* 1926, im Jahre 1930 der sozialdemokratische *Deutsche Freidenkerverband* mit etwa einer halben Million Mitglieder hervor, aber auch der kommunistische *Verband proletarischer Freidenker Deutschlands* 1931, der etwa 100 000 organisierte Anhänger hatte (ersterer wurde am 31.3.1933, letzterer bereits am 2.5.1932 verboten).

Mit der fortschreitenden Säkularisierung des Alltags, dem Aufkommen neuer Glaubenskämpfe außerhalb des Gegensatzes der Freidenkerei zu den Kirchen, der breiten Entfaltung einer eigenen Organisation und der damit verbundenen Proletarisierung ihrer Mitgliedschaft und Bürokratisierung der Verwaltung verloren die sozialistischen Freigeister außer an Attraktivität und Einmaligkeit vor allem zwei wesentliche Säulen ihrer Existenz, obwohl die Zunahme an Mitgliedern zunächst darüber hinweg täuschte: *Zum einen* wuchsen die freidenkerischen Vereine über den Status leicht zu überschauender Weltanschauungsgemeinschaften hinaus, die gerade darin Gegenstükke zu den kirchlichen Konfessionen darstellten. Jetzt waren es Massenorganisationen mit einem ausgeprägten Hang zur inneren Disziplin, auch geistig. *Zum anderen* wirkten die Freidenker bisher als Lieferanten von Kulturauffassungen und Vorschlägen über den Sinn des Lebens. Nun besaßen die Vereine zwar eine eigene Intelligenz, aber die Intellektuellen blieben meist fort. Die Folge bestand im Popularisieren und Vereinfachen des bisherigen Sets an Bekenntnissen, Erfahrungen und Theorien. Während sich kommunistische Freidenker in der Konstruktion einer „Arbeiterkultur" übten, die sich der revolutionären Strategie der „Einheitsfront" unterordnen sollte[171], entdeckten die freidenkerischen Sozialdemokraten die friedliche Arbeit an einer sozialistischen Kultur unter kapitalistischen Bedingungen. Auf zwei großen Kulturbundkonferenzen im Oktober 1926 und im September 1929 debattierten sie über Kulturpolitik, bauten ihre Lebensreform- und Akademikervereine ebenso aus wie ihre Kunstverbände und die Volksbühne.[172] Besonders beim Laienspiel und Massenchor kamen freidenkerische und freireligiöse Traditionen zum Tragen.[173] Angesichts des Durchbruchs der Massenkultur verstanden sich die Sozialisten als Bewahrer deutscher bürgerlicher Kulturtraditionen. Sie erklärten die anspruchsvollen Künste, im Anschluß an Schillers Muster der Schaubühne als moralischer Anstalt, zu einem zentralen Bestandteil ihres Erziehungsmodells, das durch Kulturarbeit zu ergänzen sei. Dem schlossen sich Kommunisten weitgehend an, wie Kurellas Ideen zeigen. „Die hoffnungsvollen Ansätze der ... reformistischen Kommunalsozialisten, die sich mit Wohnungsbau, Schulzentren, Stadthallen und Sportanlagen, mit Kunstförderung und Jugendarbeit für städtische Arbeiterbedürfnisse einsetzten, wichen mit Beginn der Weltwirtschaftskrise der Mangelverwaltung ... An die kommunistische Seite fiel das politisch Revolutionäre."[174] Sie forderte vor der friedlichen Kulturarbeit die gewaltsame proletarische Diktatur. Zerrieben zwischen Parteiquerelen und sachlicher Konkurrenz zu kommerziellen und kommunalen Dienstleistungen konnten die Freidenker auf Dauer keine zukunftsfähigen neuen Felder für ihre Arbeit erobern, die sie geistig anziehend und stark an zahlenden Anhängern gemacht hätten. Schon dadurch gelang es ihnen nicht, die Kulturorganisationen der Arbeiterbewegung konzeptionell zu dominieren, was aber ihr Anspruch blieb, da sie nach wie vor die Kirchen ersetzen wollte.

---

171 Vgl. Gunda Ihlow: Genesis, Intentionen, Struktur und Wirkungsweise (einige ausgewählte Beispiele) der „Interessengemeinschaft für Arbeiterkultur" (IFA) 1929-1933: Untersuchungen zu dieser kulturpolitischen Dachorganisation der Arbeiterbewegung in Deutschland. Phil.-Diss., Halle 1983.
172 Vgl. Sozialismus und Kultur. Tagung des Sozialistischen Kulturbundes. 2.-3. Oktober 1926 in Blankenburg. Berlin 1927. – Film und Funk. Tagung des Sozialistischen Kulturbundes in Frankfurt a. M. vom 28.-29.9.1929. Berlin 1929. – Wilfried van der Will, Rob Burns: Arbeiterkulturbewegung in der Weimarer Republik. Bd.1: Eine historisch-theoretische Analyse der kulturellen Bestrebungen der sozialdemokratisch organisierten Arbeiterschaft; Bd.2: Texte, Dokumente, Bilder. Frankfurt a. M., Berlin, Wien 1982. – Franz Walter, Viola Denecke u. Cornelia Regin: Sozialistische Gesundheits- und Lebensreformverbände. – Franz Walter: Sozialistische Akademiker- und Intellektuellenorganisationen in der Weimarer Republik. – Dietmar Klenke, Peter Lilje u. Franz Walter: Arbeitersänger und Volksbühnen in der Weimarer Republik (die letzten drei I. A. d. Historischen Kommission hg. v. Peter Lösche, Bonn 1991, 1990, 1992).
173 Vgl. Jon Clark: Bruno Schönlank und die Arbeitersprechchorbewegung. Köln 1984. – Uwe Hornauer: Laienspiel und Massenchor. Das Arbeitertheater der Kultursozialisten in der Weimarer Republik. Köln 1985 (beide Bde. Schriften des Fritz-Hüser-Instituts für deutsche und ausländische Arbeiterliteratur der Stadt Dortmund).
174 Dietrich Mühlberg: Zum Stand kulturgeschichtlicher Proletariatsforschung in der DDR. In: Arbeiterkulturen (Boll), S.87.

Dieser Gang der Dinge zeigt sich besonders an der Geschichte der modernen Feuerbestattung, deren Zusammenschluß (mit dem ersten Verein 1874) sogar derjenigen der Freidenker voranging. „Es fällt auf", so Jochen-Christoph Kaiser in seiner historischen Studie zur proletarischen Freidenkerei, „daß die Vorkämpfer der Feuerbestattung eher damit begannen, sich zu organisieren als die Anhänger freigeistiger Richtungen innerhalb der Arbeiterbewegung, ja auch früher als die sogenannten bürgerlichen Freidenker; von einer gleichzeitigen Entstehung kann nicht die Rede sein."[175] Auch die Motive, so Kaiser, unterschieden sich. „In Deutschland entstand die Feuerbestattungsbewegung aus einem Zusammentreffen der romantischen Rezeption antiker Totenkulte und einer den Naturwissenschaften verbundenen aufgeklärt-liberalen Lebenshaltung, die sich als ‚modern' begriff und selbst auf dem Sektor des Bestattungswesens reformerisch tätig sein wollte."[176] Einst fester Bund von wenigen Bekennern, zur Politik gezwungen durch staatliche und kirchliche Vorbehalte gegen die „Leichenverbrennung", verloren die durch Vereine betriebenen Sterbekassen und die ihnen angeschlossenen ideologischen und bürokratischen Apparate mit dem Einzug von mehr Freiheit in der Weimarer Republik zunehmend an Anziehungskraft gegenüber gewerblichen Instituten, kommunalen Leistungen und privaten Versicherungsgesellschaften.

Wegen einer Feuerbestattung im eigenen Todesfall schon zu Lebzeiten in eine Organisation eintreten zu müssen, um sich auf eine Situation vorzubereiten, die man selbst nicht erlebt und dafür gar noch anzusparen, nachdem man den Geldverfall in der Inflation tragisch erlebte, das erforderte nicht nur einen hohen seelischen Aufwand, sondern forderte von den Vereinen viel Personal. Die Versprechungen wurden mit der Zeit einfach zu teuer, aber weiterhin gemacht; so sollten für Mitglieder kostenlos sein: Bestattung, Sarg, Einsargen, Leichentransport, Trauerredner, Sängerquartett, Hallenschmuck, Organist, Grabstelle und die standesamtlichen Formalitäten.[177] Das konnte nicht durchgehalten werden, wenn die Mitgliederentwicklung stagnierte oder gar zurückging – und sei es, weil die attraktiven Versicherungsleistungen in keinem angemessenen Verhältnis zu den politischen Zumutungen standen, die sich mit dem Eintritt ergaben. So steht zu vermuten, daß sich die deutsche Freidenkerbewegung, vor der finanziellen Pleite stehend, auch ohne das nationalsozialistische Verbot über kurz oder lang von einigen ihrer Dienstleistungen oder von ideologisch-politischen Plattformen hätte trennen müssen. Die Übernahme der Konten durch die Nationalsozia-

---

175 Kaiser: Arbeiterbewegung, S.55.
176 Kaiser: Arbeiterbewegung, S.78. – Vgl. ebd., S.54-80.
177 Zur künstlerischen Umrahmung vgl. Feuerbestattung. Poesie. Mit Erlaubnis entnommen dem Jahrbuch III des Verbandes der Feuerbestattungs-Vereine Deutscher Sprache. Stuttgart 1914.

listen, deren Überführung in die *Neue Deutsche Bestattungskasse* am 20. Juli 1933 und die starke Förderung der Kremation im Dritten Reich führten zur Aufwertung dieser Bestattungsform.[178] Das technische Fachwissen fand allerdings auch in den Vernichtungslagern Anwendung.

Freidenkerei heute: Teil der soziokulturellen Normalität und Unbestimmtheit

Nach dem zweiten Weltkrieg setzte sich in der DDR eine staatssozialistische Variante der freidenkerischen Kulturbewegung durch. Die von den Nationalsozialisten errichtete neue Stufe der Säkularität wurde ausgebaut – verbunden mit einer teilweisen Behandlung des Sozialismus wie eine Religion. Dem nachzugehen wäre eine Studie für sich, ebenso die Erörterung der angeblichen Wissenschaftlichkeit der sozialistischen Weltanschauung. Für die Kulturanalyse wesentlicher ist die Frage, wie prägend das freidenkerische Weltbild in der gelebten Lebensweise der Ostdeutschen wurde. Eine solche Analyse steht noch aus[179] und ist wohl auch erst zu liefern, wenn klarer ist, welche in der DDR erworbenen Verhaltens- und Wertvorstellungen sich tatsächlich tradieren.[180] Dieses Studium wäre aber auch für eine Geschichte der deutschen Freidenkerei wichtig, eben weil sich die DDR „kulturell" legitimierte.[181] Die Begründer des Staates griffen auf freidenkerische Inhalte und Symbole zurück, die sie staatlich, medial und organisatorisch in Hegemonie brachten. Deren Dominanz führte zwar in der Folge zu kulturellen und politischen Distanzierungen derjenigen, die solche Zumutungen ablehnten. Doch die Andersdenkenden fanden sich meist in Kirchen mit dem Ergebnis zusammen, daß einige Christen im Sinne Nietzsches vielleicht zu „Freidenkern" und „Freitätern" wurden.

„Dissidenten", wie es in anderen kommunistisch regierten Ländern der Fall war, gab es in der DDR nicht. Zwar zogen die Kritiker des Systems zum Teil massiv die kulturellen Begründungen der DDR in Zweifel. Auch wandten sie ihrerseits kulturelle Mittel an, um gegen die atheistischen Arro-

---

178 Nach dem zweiten Weltkrieg boten kommunale Betriebe in Kooperation mit einem entsprechenden Kleingewerbe, flankiert durch erweiterte Versicherungsleistungen, billigere Lösungen an als Vereine.
179 Erste Überlegungen dazu vgl. Dietrich Mühlberg: Über kulturelle Ursachen für das Scheitern des Staatssozialismus in der DDR. In: MKF, Nr. 29. Berlin 1991, S.19-35. – Ders.: Überlegungen zu einer Kulturgeschichte der DDR in sozialgeschichtlicher Perspektive. Unveröff. Manuskript, Berlin, Oktober 1992.
180 Vgl. Kultur-Enquete. In: MKF Nr. 34, Berlin 1994, S.9-139; Nr. 35, Berlin 1995, S.230-265.
181 Sigrid Meuschel: Legitimation und Parteiherrschaft in der DDR. Zum Paradox von Stabilität und Revolution in der DDR 1945-1989. Frankfurt a. M. 1992.

ganz vorzugehen. Indes kam es, mit Ausnahmen am Anfang und am Ende des Staates, lediglich zu „Widerspruchshandlungen" verschiedenen Typs, dies sogar bis in die herrschende SED hinein und meist um den Sozialismus zu verbessern, nicht zu beseitigen. Eine politische Opposition war „wegen des starken Verfolgungsdrucks sowie der ständigen Abwanderung des kritischen Potentials, eine Ausnahmeerscheinung. Aus denselben Gründen, vielleicht aber auch wegen der besonderen Prägung der Intelligenz in Deutschland, war auch das Phänomen der Dissidenz in der DDR vergleichsweise schwach ausgeprägt."[182] Doch nicht nur an der Widerspenstigkeit der Andersdenkenden lag es, daß der Versuch, ein kulturell begründetes sozialistisches Ethos an die Stelle eines deutschen Ethnos zu setzen, scheiterte, etwa das Unterfangen seit Ende der Fünfziger, mit neuen „Zehn Geboten" das soziale Zusammenleben der Menschen reglementieren zu wollen. Die Zeit einer Einheitskultur war überhaupt historisch überholt, weil alles Moderne zur Individualisierung drängt. Arnold Sywottek resümiert diesen DDR-Versuch: „Neuer Sinn ... war offensichtlich nicht gefragt; das hatten schon zuvor antikirchliche, auf Wiederbelebung ‚germanisch-nordischer' Kulte und Bräuche bedachte Nationalsozialisten erfahren."[183]

Die nach der „Wende" logische, überwiegend pauschale und negative Sicht auf die DDR hat zunächst die Frage nach ihren säkularisierenden Leistungen zurücktreten lassen. Die Kirchen zählten in der DDR knapp über 5 Millionen Gläubige, in über 7 000 Gemeinden, bei zweieinhalb Millionen Kirchensteuerzahlern. Das Land war glaubensmäßig ein Gebiet mit einer „atheistischen" Mehrheit, protestantischer Gewichtung (30 Prozent der Einwohner; 1950 noch 80 Prozent) und katholischer Minderheit (6 Prozent). Im Jahr 1988 wurden nur noch 10 Prozent der Neugeborenen getauft. „Die christliche Religiosität ist ... im Westen stärker verbreitet als im Osten. Religiosität bezieht sich ... nicht nur spezifisch auf das Christentum; sie äußert sich auch diffus im Selbstverständnis und in der Wertschätzung der Religion im Alltag. Als religiös verstehen sich 1990, 1994 und 1995 rund 55 Prozent der Bevölkerung im Westen und rund 30 Prozent im Osten, als überzeugte Atheisten rund 5 Prozent im Westen und rund 20 Prozent im Osten." Die östliche Region Deutschlands ist „von der Religion weiter abgerückt als der

---

182 Hubertus Knabe: Was war die „DDR-Opposition"? Zur Typologie des politischen Widerspruchs in Ostdeutschland. In: Deutschland-Archiv, Köln 29(1996)2, S.198. – Ein neueres Nachschlagewerk geht sogar so weit, Dissidenten generell der Vergangenheit zuzurechnen. Vgl. Meyers Neues Lexikon. In zehn Bänden. Hg. v. Meyers Lexikonredaktion, Zweiter Bd., Mannheim, Leipzig, Wien, Zürich 1994, S.527: „Bez. für Menschen, die in kommunistisch regierten Staaten für die Verwirklichung der Bürger- und Menschenrechte entraten."
183 Arnold Sywottek: Zwischen Begriffs-Not und Respekt vor den Banalitäten. Zur Diskussion über ostdeutsche Kultur nach 1945. In: MKF Nr. 34, Berlin 1994, S.131.

Westen; er ist stärker säkularisiert". Es ist dies „der massivste Unterschied zwischen den Landesteilen".[184]

Dieser Kontrast ist aber nicht nur auf die Politik von SED und DDR-Staat zurückzuführen. Darauf verweisen neuerdings sogar kirchliche Kritiker der DDR, ihres Freidenkerbundes von 1989 und der heutigen organisierten Freidenkerei im vereinigten Deutschland, die einen manifesten „Alltagshumanismus" etwa in Redensarten feststellen. Das habe „nicht viel mit der ostdeutschen Entkirchlichung zu tun". Viele Sinnsprüche „entstammen älteren Volkstraditionen, die die Differenz zwischen kirchlicher Hochreligion und privater Lebensauffassung ausdrücken". Der Theologe Ehrhart Neubert warnt: „Diese alltägliche Christentumsferne ist zu beobachten, weil sie sich in der konfessionslosen Gesellschaft weiter reproduziert und in den anspruchsvolleren humanistischen Konzepten eine Bestätigung zu finden glaubt."[185] Es bestätigt diese Einschätzung, daß derzeitig in Deutschlands Osten viele „freie Träger" wieder da anknüpfen, wo die verschiedenen humanistischen und ethischen Gemeinden, Vereine und Verbände zur letzten Jahrhundertwende und in den Zwanzigern aufhörten. Sie leisten oft freidenkerische Arbeit, ohne sie so zu benennen. Das hängt auch mit der Diskreditierung des kurz vor Ende der DDR gegründeten Verbandes zusammen. So ist weitgehend offen, was die Entstaatlichung der Freidenkerkultur im Osten Deutschlands künftig bringt. Bisher sind jedenfalls kurzatmig angelegte Versuche, die neuen Länder zu missionieren, fehlgeschlagen. Dafür fehlen elementare soziale und institutionelle Voraussetzungen. Hans Maier, Politikwissenschaftler und Historiker, ehemaliger Bayerischer Kultusminister und langjähriger Vorsitzender des *Zentralkomitees der deutschen Katholiken*, verurteilt zwar eine Missionierung des Ostens mit alten Methoden. Er sieht aber durchaus eine „Gefahr, daß die ... Gruppe ... der Nicht-Gläubigen aus dem ... Dilemma Nutzen zieht mit dem Argument: Überlassen wir doch die Weltanschauungen, die marxistische wie die christliche, sich selbst; wenden wir uns den praktischen Problemen des Alltags zu, die dringend einer Lösung bedürfen."[186]

Meier sprach nicht nur in Richtung Osten. Die westlichen Besatzungsmächte brachten 1945 in das andere Deutschland das Prinzip der weltanschaulichen Toleranz und damit Anschauungen, die nach 1890 schon einmal aus England und Amerika ansatzweise importiert wurden und freie „Kulturarbeit" entstehen ließen. Wie in der DDR vollzog sich die Säkulari-

---

184 Heiner Meulemann: Aufholtendenzen und Systemeffekte. Eine Übersicht über Wertunterschiede West- und Ostdeutschland. In: Aus Politik und Zeitgeschichte. Beilage zur Wochenzeitung Das Parlament Nr. 40/41, Bonn 1995, S.28/29, 29.
185 Ehrhart Neubert: Organisierte Konfessionslosigkeit – „Humanismus" als Ersatz für Sozialismus. In: Materialdienst der Evangelischen Zentralstelle für Weltanschauungsfragen. Stuttgart 29(1996)8, S.233.
186 Maier: Religionen, S.98.

sierung in der Bundesrepublik weitgehend losgelöst von freidenkerischen Organisationen. Die sich neu gründenden Vereine erreichten nie mehr die alte Größe und Relevanz.[187] So ist die Freidenkerbewegung heute im vereinigten Deutschland weder eine Massenerscheinung, noch erreichen die Verlautbarungen ihrer organisierten Restbestände die Headlines der Medien. Was an Vereinen noch lebt, ist sektenhaft zerstritten und kommt seit dem Schisma zwischen Kommunisten und Sozialdemokraten sowie der staatlichen Trennung von BRD und DDR, oftmals weniger tolerant untereinander aus als ihre Vorgänger. Namhafte Liberale gibt es kaum noch in ihren gelichteten Reihen.

Doch ist die teilweise Marginalisierung der organisierten Konfessionslosen nicht allein selbstverschuldet. In erster Linie hat die Professionalisierung der Sozialarbeit, verbunden mit ihrer rechtlichen Verankerung besonders in den Kommunen, zur Entwertung persönlicher Mildtätigkeit geführt, auch der kirchlichen. Sterbekassen wurden mit den Versicherungen und den steigenden Einkommen überflüssig, bisher verbotene Bestattungsformen legalisiert und von gewerblichen Unternehmen gewinnbringend betrieben. Rufe nach einem besonderen Vertrieb freigeistiger Literatur bleiben seit dem Wegfall der Zensur weitgehend aus. Dafür gibt es Mitgliederzeitungen, die aber kein größeres Aufsehen erregen. Weltanschaulich neutrale Organisationen und kommunal wie kommerziell betriebene Lebenshilfe sind weiter im Vormarsch. Ähnliches findet in der Kulturarbeit statt. Mit „Amerikanisierungen" in der Kulturlandschaft seit den Fünfzigern und durch den Einfluß der „Neuen Kulturpolitik" seit den Siebzigern weitete sich das Spektrum „sinngebender" Vereine endgültig über kirchliche Einrichtungen hinaus. „Soziokultur" ist weltanschaulich buntscheckig, nicht zu verorten und bedarf keiner „Ersatzkirche" um sich zu artikulieren – sie hat ihre eigene Lobby, eigene Vereine und Verbände. Was einmal zu den innovatorischen Leistungen der Dissidenten zählte, ist heute in gewisser Hinsicht Gemeingut und die freidenkerischen Vereine teilen hier das Schicksal anderer Enthusiasten, die eine sozial engagierte Kulturarbeit leisten.

---

187 1946 entstand die *Freigeistige Aktion – Deutscher Monistenbund*, die *Volkskirchenbewegung Freie Christen* und die *Freie christliche Volkskirche*; 1949 *die Union des freien Glaubens* und der *Deutsche Volksbund für Geistesfreiheit* (zu dessen Leistungen die *Arbeitsgemeinschaft für Freie Religions- und Lebenskunde* gehört), 1950 *der Kampfbund für Glaubens- und Gewissensfreiheit*, die *Religionsgemeinschaft Deutscher Unitarier* (zuerst 1876) und die *Eckboomgesellschaft*. In der Folge fühlten sich viele Freidenker der 1952 ins Leben gerufenen Amsterdamer *Internationalen Humanistischen Union* verbunden (1961: *Humanistische Union*), zumal sich der 1951 neu begründende *Deutsche Freidenkerverband* (DFV) unter dem Einfluß des Kalten Krieges 1958 in den *DFV, Sitz Dortmund* (zunächst mit vier Landesverbänden) und den *Berliner Freidenker-Verband* (seit 1992 *Humanistischer Verband Deutschlands*) spaltete. 1960 entstand die *Dogmenfreie kirchliche Christusgemeinde Wort und Tat* und 1971 die *Gesellschaft für echten religiösen Pluralismus*. Aus dem 1989 in der DDR gegründeten *Freidenkerverband* ging 1991 der *Berliner Landesverband* des obigen *DFV, Sitz Dortmund* hervor. Der 1973 gegründete *Bund der Konfessionslosen* ging 1982 in den *Internationalen Bund der Konfessionslosen und Atheisten* über.

Weltliche Humanisten und Freidenker sind inzwischen Teil dieser unbestimmten und buntscheckigen „Soziokultur". Hier haben sie – in Affinität zu Max Webers amerikanischer Sektenanalyse – ihr wesentlichstes Arbeitsgebiet, wobei ihre Stimme in dem breiten Diskurs über Kultur untergeht. Ihre wenigen geistigen Vordenker rätseln noch immer über „Weltanschauung", obwohl selbst die eigene Bewegung seit der Jahrhundertwende über „Kultur" redet, wenn sie nach „Sinn" fragt. Zu den wesentlichen Ursachen dafür gehört das Wegbleiben von Intellektuellen. Die Vereine brauchen diese nicht, um ihre Arbeit zu tun, und die Intellektuellen gebrauchen andere Medien, um ihre Fragen zu stellen. So haben die weltlichen Humanisten keine großen Kulturprovokateure in ihren Reihen, mit denen sie auf sich aufmerksam machen.[188]

Subjektiver Ausblick auf eine gemäßigte Belebung der Freidenkerei

In einigen aktuellen Streitfragen des Verhältnisses von Kirche und Staat, Schule und Religion ist Deutschland wieder bei 1919 angekommen, weil die Beschlüsse von Weimar in ihren Halbheiten nachwirken. Das Grundgesetz der Bundesrepublik übernahm 1949 durch Artikel 140 entsprechende Teile (also Kompromisse) der Weimarer Reichsverfassung. Jedem Bürger und jeder Bürgerin ist Religionsfreiheit zugesichert. Artikel 137, Absatz 5 der Verfassung von Weimar (und damit das Grundgesetz) vereinfacht die Erlangung einer privilegierten Sonderstellung für religiöse Gemeinschaften. Danach besitzen einige von ihnen, nämlich die privilegierten Religionsgemeinschaften, nach jeweiligem Landesrecht den Status anerkannter Körperschaften des öffentlichen Rechts. Das ist in erster Linie für die beiden christlichen Großkirchen vorteilhaft: Einzug von Steuern (Mitgliedsbeiträgen), Seelsorge (etwa in der Armee – was im Jahr 1995 über 50 Millionen DM im Verteidigungsetat ausmachte – oder in Krankenhäusern), Auftreten in den öffentlich-rechtlichen Medien, Erlaubnis zur Abhaltung von Religionsunterricht an Schulen sowie dessen finanzielle Unterstützung, Befreiung von der Grunderwerbsteuer und andere Vergünstigungen mehr. Andere Glaubensgemeinschaften können damit nicht Schritt halten, obwohl sie formal rechtlich im gleichen Rang stehen. Im multikulturellen Berlin zum Beispiel besitzen diesen Status außer den beiden großen Kirchen einige eindeutig religiöse Gruppen, wie die *Jüdische Gemeinde*, die *Heilsarmee*, die *Neuapostolische Kirche*, die *Gemeinschaft der Siebenten-Tags-Adventisten*,

---

188 Außer vielleicht Karlheinz Deschner: Leben, Werke, Resonanz. Eine Dok. z. Ersch. v. Bd. 4 der „Kriminalgeschichte des Christentums, Reinbek b. Hamburg 1994.

die *Christian Science*, die *Mormonen*, die *Altkatholische Kirche*, die *Christengemeinschaft*, die *Christliche Wissenschaft*, die *Evangelische Brüdergemeinde*, die *Evangelisch-Methodistische Kirche*, die *Russisch-Orthodoxe Auslandskirche*, die *Russisch-Orthodoxe Kirche Moskauer Patriarchat*, die *Selbständige Evangelisch-Lutherische Kirche*, der *Verband Evangelischer Freikirchlicher Gemeinden* und (seit Dezember 1995 und noch nicht endgültig gerichtlich ausgefochten) die *Zeugen Jehovas*. Von den vier freidenkerischen Organisationen in der Stadt beansprucht bisher allein und erst seit Mitte 1996 der *Humanistische Verband Deutschlands, Landesverband Berlin* die hervorgehobene Stellung einer Körperschaft des öffentlichen Rechts. Weder der *Deutsche Freidenkerverband (Sitz Dortmund)*, Ortsgruppe Berlin, die *Humanistische Union, Landesverband Berlin*, noch die *Freigeistige Gemeinschaft /Freireligiöse Gemeinde Berlin* beanspruchte bisher diesen Status, den von den Freidenkern in Deutschland der *Bund für Geistesfreiheit Bayern* (der kürzlich dem HVD beitrat) und der nordrhein-westfälische Landesverband des HVD besitzen.

Heutige Freidenker, eingeschlossen diejenigen organisierten Freigeister, die sich humanistisch, freireligiös oder atheistisch nennen (etwa ein Dutzend Verbände), zuzüglich derjenigen Vereine, die sich auf Jugendweihe oder Trauerkultur konzentrieren (noch einmal vier) kommen in nahezu fünfzig Orten zusammen auf 15-20tausend Mitglieder, mit einem eindeutigen Schwergewicht auf Berlin. Das ist nicht einmal ein Zehntel der Klientel der zwanziger Jahre und nur etwa so viel wie 1914. Atheisten, Freidenker, Freireligiöse und weltliche Humanisten sind zwar heute keine „Dissidenten" mehr – Staatskirche und Staatsreligionen sind abgeschafft. Doch wirken kirchliche Traditionen und religiöse Wertmuster im gesellschaftlichen Leben und in der staatlichen Organisation fort, so daß sie im öffentlichen Bild, trotz einer Mehrheit der Konfessionslosen und passiven Gläubigen – von den islamischen Mitbürgern einmal ganz abgesehen – als eine kleine Minderheit dastehen. Mag sich ihr rechtlicher Status grundsätzlich gebessert haben, in den kulturellen Mustern schleppt sich Vergangenes ebenso fort wie im staatlichen Verwaltungshandeln.

Die Privilegien der christlichen Großkirchen sind wie in der Weimarer Republik in Gesetzen und im Alltag präsent. Artikel 7 des Grundgesetzes gibt den Eltern das Recht, vom Staat Religionsunterricht als ordentliches Schulfach zu verlangen, was die Gehälter der entsprechenden Lehrer einschließt. In der Praxis folgt daraus ein pflichtiges Angebot mit Ethik als Alternative, ein Unterricht, der meist von Religionspädagogen erteilt wird. „Lebenskunde" findet man selten, in größerem Stil eigentlich nur in Berlin (1995/96: 12 000 zu 18 000 katholischen und 90 000 evangelischen Nutzern des Religionsunterrichts). Eine soziale Bewegung wie vor 1914, die den Religionsunterricht gänzlich aus den staatlichen Schulen verbannen oder zumindest als kirchliche Angelegenheit betrachten möchte, für die Schulräume, aber nicht Lehrer kostenfrei zur Verfügung gestellt werden, gibt es nicht. Der Vorsitzende der SPD Oskar Lafontaine erklärte am 24. September 1996 vor der *Evangelischen Kirche Deutschlands* ausdrücklich den Religionsunterricht als ordentliches Lehrfach.

Ein weiteres Relikt aus kulturstaatlicher Zeit ist der Umstand, daß es nur den Kirchen erlaubt ist, Steuern zu nehmen. Doch vollzog die Bundesrepublik hier sogar noch einen Schritt rückwärts. Vorangetrieben durch süddeutsche Katholiken übernahm nach dem zweiten Weltkrieg der Staat auf Bitten der beiden großen Kirchen dieses Geschäft als bislang unbezahlte Dienstleistung, was die Übermittlung entsprechender Personaldaten einschließt. Zudem besteht die auf das Jahr 1803 zurückreichende Mithilfe des Staates an der Bezahlung der Pfarrer entsprechend der Beamtenbesoldung. Für erzwungene Abtretungen westlicher Rheingebiete an Napoleon erhielten deutsche Landesherren in der „Fürstenrevolution" kirchliche Güter, wofür die Kirchen bis heute von diesen bzw. ihren Rechtsnachfolgern weiterhin „entschädigt" werden – auch wenn der historische Anlaß in Vergessenheit geriet. Das freidenkerisch geschulte Auge sieht zudem Verwunderliches: Man stößt auf Kreuze in städtischen Feierhallen, als gäbe es keine Juden, Moslems und Konfessionslose im Land.

Theologische Fakultäten gehören zum Pflichtprogramm des Staates an Universitäten. Zwar ist Lehrfreiheit an Katholisch-Theologischen Fakultäten auch heute noch ein aktuelles Thema, wie zu Zeiten von Wahrmund und Döllinger. Doch ruft der Streit kein größeres Echo auf kirchlicher oder freidenkerischer Seite mehr hervor. Es schließt sich daran kein neuer „Werturteilstreit" oder gar „Kulturkampf", obwohl ein Urteil des Bundesverwaltungsgerichts 1996 dem Bischof von Limburg weitgehend Recht gab, der gegen eine nur staatlich bestätigte Studienordnung für „Diplomtheologen" geklagt hatte – eine „klassische" Frage des „Kulturkampfes".[189] Der evangelische Theologieprofessor Victor Selge konnte ohne anschließende Artikel und Gegenreden von Sozialwissenschaftlern oder Freidenkern in der Tagespresse die Einrichtung einer Katholischen Fakultät an der Berliner Humboldt-Universität an die Bedingung knüpfen, die „Wissenschaftlichkeit" des Faches müsse garantiert sein. Theologie sei wegen ihres Platzes an einer Universität verpflichtet, Religion als anthropologische Erscheinung zu behandeln.[190] Über die Frage, ob allein damit Theologie zur Wissenschaft wird – Schweigen im Lande. Doch bald wird es auch in Deutschland, wie sonst fast überall in der westlichen Welt, Studiengebühren und mit der Zeit freie, private Universitäten geben, also auch eine Katholische Universität

---

189 Vgl. Aktenzeichen: BVerwG 6 C 10.94.
190 Vgl. Victor Selge: Keine katholische Fakultät vor 1997. In: Tsp 4.8.1994, S.20.

und Evangelische Hochschule. Das wird vielleicht die Idee einer „Freidenker-Hochschule" beleben.

Durch die angedeuteten Umstände ist den Freidenkern dann doch manches von ihrem alten Status als „Dissidenten" geblieben. Gegenüber den Kirchen sind ihre Organisationen immer im Nachteil. Sie besitzen heute sogar weniger Eigentum an Grund und Boden, Archiven und Bibliotheken, Büros und Feierhallen, Zeitschriften und wahrscheinlich auch bezahltes Personal (jetzt um die 500) als ihre dissidentischen Vorgänger. In den Reden von Politikern und Kirchenführern kommen sie entweder gar nicht vor, gelten als abtrünnige Minorität oder, in Ostdeutschland, als bedauernswerte Opfer einer atheistischen Diktatur. Ihre Jugendweihe wird verteufelt wie zu Kaisers Zeiten. Die kirchlichen Kräfte führen gegen die freidenkerischen Vereine zwar nicht mehr den alten theologischen Krieg, aber sie rücken zusammen gegen die Ungläubigen und Kulturschänder, wie die Reaktionen auf das Kruzifix-Urteil von 1995 zeigen.[191] Das wirkt zurück auf freidenkerisches Denken und Tun.

So ist allerorten ein zunehmendes Bedürfnis nach neuer weltanschaulicher (kultureller) Verortung zu beobachten, sei es in der Form einer zeitweiligen Heimat in Gemeinschaften, Gruppen, Vereinen, Regionen, Nationen, Lebenskreisen, Sekten, Religionen, Ersatzreligionen oder erhebenden kollektiven Ereignissen. Das waren schon immer Zeiten, wo man den „deutlicher sichtbar werdenden totalen Mangel einer Legitimationsgrundlage" wahrnimmt und, wie Ulrich Beck dramatisierend ausdrückt, „die politischen Systeme in ihren Festen (wackeln)".[192] Wer aufmerksam Politikern und Politikwissenschaftlern zuhört, vernimmt immer häufiger kulturelle Argumente, um neue Politikansätze zu begründen, siehe den hilflosen Umgang mit den wertbesetzten Formeln wie „Überfremdung", „Vergreisung", „Saturiertheit", „sozial unangepaßte Menschen" „Überlastung der sozialen Netze" usw. Dabei ist auffällig, daß zwar bekennende freidenkerische Zugänge und Erklärungen wenig zu hören sind, aber betont religiöse auch nur an bestimmten Höhepunkten und Kirchentagen.

Es scheint, daß in einer Zeit zunehmender neuer Ratlosigkeit und des Endes der alten Gewißheiten eine zaghafte Regeneration freidenkerischer Kulturelemente stattfindet. Ob die heutigen Freidenker, zahlenmäßig gering, und weltlichen Humanisten, organisatorisch am stärksten, dabei künftig eine Rolle spielen können, hängt auch davon ab, ob die heutigen Mitglieder einer Kulturbewegung mit langer Tradition stärker „nicht wie alle Welt" denken und Gleichgesinnte zum Diskurs zu bitten. Doch fragt sich, ob dafür nicht

---

191 Rolf Linkendehl: Christlicher Kreuzzug gegen weltliche Richter. Vor der Münchner Feldherrnhalle beschwört Kardinal Friedrich Wetter das Chaos einer gottlosen Welt. Jubel der Demonstranten. In: Tsp 25.9.1995, S.2.
192 Ulrich Beck: Zurück in die Zukunft. In: SPIEGEL, 1995, Nr. 47, S.59.

andere Menschen, Gremien, Einrichtungen und Medien geeigneter sind. Auch wäre die Frage aufzuwerfen, ob gerade die gegenwärtigen Freidenker und weltlichen Humanisten im Denken frei genug sind, im Sinne Nietzsches, unorthodox die Gedanken „schlechter Menschen", wenn schon nicht selbst fessellos zu denken, so doch zu erdulden.

Trotz dieser Bedenken gibt es einige Hinweise auf ein gemäßigtes Wachstum der organisierten Freidenkerei:

Die freidenkerischen und weltlich-humanistischen Organisationen sind relativ stabile Vereine. Auch wenn sie im Spektrum der „Soziokultur" eine Minderheit darstellen, so sammelt sich in ihnen eine Klientel mit klarem Profil. Diese Vereine sind in einer Gegenwart des Ressortdenkens und der Wertebeliebigkeit aufgrund ihrer Geschichte, ihrer Sicht auf die ungeteilte Lebenswelt und ihrer weltanschaulichen Fundierung (wie die Kirchen) die letzten Refugien ganzheitlichen Kulturdenkens. Sie äußern sich zu existentiellen Lebensproblemen der Menschen und versuchen, ihre „Sinn"antworten als „Freithäter" praktisch umzusetzen und sich dabei von kirchlich-religiösen wie „gedankenlosen" und zynischen Varianten zu unterscheiden. Hier ist das Angebot, in Gänze gesehen, heute viel umfangreicher als jemals in der vergangenen Geschichte der organisierten Freidenkerei, die dafür (notgedrungen) stärker programmatisch, experimenteller und konzeptioneller agierte. Was in der Gegenwart fehlt, sind Debatten im freidenkerischen „Lager" über die kulturellen und politischen Konsequenzen, die sich aus den vielfältigen Angeboten der „weltlichen Seelsorge", des säkularisierten Alltags wie der Massenkultur ergeben.

Doch deutet sich auch hier ein Wandel an: Es mehren sich die Themen, in denen es Einzelpersonen lohnend finden, wie ein „schlechter Mensch" zu leben, von Punks bis zu kommunistischen oder rechtsextremen Zirkeln. Noch nie war die Boheme so groß. Zugleich mehren sich die Sparzwänge und bilden sich Gordische Knoten, etwa bei der Finanzierung des Religionsunterrichts, der Theologischen Fakultäten usw. Das ist immer so in Umbruch- und Reformstauzeiten: Die Gesellschaft beginnt, Gesinnungen zu verhandeln. Vor allem in den kulturellen Ost-West-Kontroversen zeigt sich dies. Angesichts der gravierenden Unterschiede zwischen beiden Landesteilen überwiegt der Versuch, die ostdeutsche Besonderheit der größeren Säkularität als kulturellen Nachteil oder gar historischen Betriebsunfall zu behandeln. Aber vielleicht ist es ein Vorsprung? Womöglich sind die mentalen Ost-West-Unterschiede ein „kulturelles Kapital" und ein produktiver Faktor unserer „Menschenökonomie". Dann wäre es angeraten, den Aufruf des *Weimarer Kartells* wörtlich zu nehmen.

Abriß der Organisationsgeschichte bis 1914

Aus der Gemeinschaft der *Protestantischen Freunde* („Lichtfreunde") von 1840/41 und den ab 1844 entstehenden *Deutschkatholischen Gemeinden* („Deutschkatholiken") gehen im späten Vormärz verschiedene freireligiöse und freie religiöse Gemeinden hervor, die nach 1848/49 teils verboten, teils geduldet, teils zugelassen werden.

Sie versuchen in der Folge verschiedene nationale bzw. regionale Zusammenschlüsse, so die *Religionsgemeinschaft freier Gemeinden* von 1850 und später die *Deutschkatholischen Gemeinden in Sachsen*°, die *Freiprotestantische Religionsgemeinschaft*° in Rheinhessen, den *Verband deutschkatholischer und freireligiöser Gemeinden Süddeutschlands*°, den *Ostdeutschen Verband freier religiöser Gemeinden*, den *Provinzialverband freireligiöser Gemeinden Schlesiens* und andere. Von diesen ist der 1859 gegründete *Bund freier religiöser Gemeinden Deutschlands*[+°] der erfolgreichste und für die dissidentische Bewegung von gravierender Bedeutung. Daneben existiert eine Vielzahl kleinerer Gruppen, so der *Verein Freier Gedanke* von 1876, der *Verein zur Pflege des religiösen Lebens* von 1876, der *Bund für persönliche Religion Kassel*[+*] von 1901 und die gegen Ende des Jahrhunderts stark freidenkerisch werdende *Berliner Freireligiöse Gemeinde*, bereits im Vormärz geboren.

Die radikaler religionskritischen Freireligiösen rufen 1881 den *Deutschen Freidenkerbund*[+*] ins Leben, eine nationale Seitenlinie des *Internationalen Freidenkerbundes* (1880), auch *Brüsseler Internationale* genannt. Einige Sozialdemokraten errichten 1905 eine Sterbekasse mit Namen *Verein der Freidenker für Feuerbestattung*, aus der nach 1920 eine Massenorganisation wird. Vor 1914 haben aber die freidenkerischen Sozialisten seit 1908 vor allem im *Zentralverband der proletarischen Freidenker Deutschlands*° eine eigene Organisation.

1887 ist ein kleiner bürgerlicher Kreis in der *Berliner Freireligiösen Gemeinde* unzufrieden und gibt sich in der *Humanistischen Gemeinde Berlin* (auch: *Berliner Humanistengemeinde*) ein neues Dach. Sie wird zu einer

Vororganisation der *Deutschen Gesellschaft für Ethische Kultur*⁺* von 1892, 1893 Mitglied im *Internationalen Bund ethischer Gesellschaften* (auch: *Internationaler Ethischer Bund*). Den angestrebten Weg zu einem Ersatz der Religion durch Ethik geht eine Anzahl religiös motivierter Erneuerer nicht mit und gründet 1893 den *Verein zur Verbreitung Egidy'scher Gedanken*. Gruppen der Kulturgemeinschaft wiederum bilden eigene örtliche Vereine, so die *Freie ethische Gesellschaft Jena*⁺.

In zwei Problemen ist nach der Jahrhundertwende die ethische Kulturgesellschaft nicht mehr konsensfähig, in der Frage der weltlichen Schule und der nach der Perspektive von Ehe und Familie, Kinder- und Frauenrechten. Deshalb gründen Mitglieder zwei Ableger, zuerst 1901 die *Liga für Moralunterricht*, die 1906 Verein wird. Dieser heißt *Deutscher Bund für weltliche Schule und Moralunterricht*⁺* und errichtet im gleichen Jahr einen *Ausschuß für internationale Förderung der ethischen Erziehung und des Moralunterrichts*. Die anderen Unzufriedenen schaffen 1905 den *Deutschen Bund für Mutterschutz** und 1911 die *Internationale Vereinigung für Mutterschutz und Sexualreform*. Die, denen die Mutterschutzpolitik des Bundes „rassehygienisch" nicht weit genug geht, finden sich 1910 im *Internationalen Orden für Ethik und Kultur (Deutscher Zweig)** zusammen.

In der Krise der Freireligiösen sondern sich parallel zu ethischen und freidenkerischen Richtungen verschiedene deutsch- oder germanengläubige Dissidenten. Teils aus dem *Deutschbund* von 1893 hervorgehend, teils die Publikationen des *Volkserzieher-Kreises* (1897) nutzend, teils sich unabhängig davon findend, formen sich durch neue Verbindungen und Abgrenzungen der *Deutschreligiöse Bund* (1903), die *Deutschreligiöse Gemeinschaft* (1911), der *Deutsche Orden* (1911), der *Bund für Persönlichkeitskultur* (1911) und schließlich die *Germanische Glaubensgemeinschaft* (1913). Sie reagieren auch auf multikulturelle Einflüsse, die über die USA nach Deutschland gelangen, sei es die *Mahābodhi-Society* (1894) in ihrer nationalen Form, der *Mahābodhi-Gesellschaft (Deutscher Zweig)°*, oder sei es die *Theosophische Gesellschaft in Deutschland* von 1896, die den „deutschen Buddhismus" und Steiners „Anthroposophie" beeinflußt.

Nach der Jahrhundertwende nehmen allerlei Versuche einer Koordination der dissidentischen Strömungen zu und 1900 im Berliner *Giordano Bruno-Bund*⁺ ihren Ausgang. Es folgen 1905 der *Freimaurerbund Zur Aufgehenden Sonne°*, 1907 der *Allgemeine Deutsche Kulturbund* und der *Jungdeutsche Kulturbund München*⁺. Sie sind in diesem Vereinigungsbestreben ebenso erfolglos wie 1906 der *Deutsche Monistenbund*⁺* (und das *Internationale Komitee für Monismus*, 1911) sowie 1911 der *Humboldt-Bund für naturwissenschaftliche Weltanschauung**. Die *Ortsgruppe Hamburg des Deutschen Monistenbundes** (1906) ist eine regionale Strömung des nationalen Vereins.

Erst das *Weimarer Kartell* (1907, 1909) vermag durch Wahrung der Selbständigkeit jeder Spezialität die gemeinsamen Interessen halbwegs zu bündeln und örtliche Allianzen anzuregen: *Kartell der freiheitlichen Vereine in München*[+*] (1907), *Kultur-Kartell Groß-Berlin*[*] (1909) und *Kartell der freigeistigen Vereine Frankfurt a.M.*[*] (1909). Während der Versuch von 1908 scheitert, einer *Deutschen Kulturpartei* Einfluß zu verschaffen, gelingt es 1910 erstmals dem *Komitee Konfessionslos*[*], und mit dessen Hilfe dem *Weimarer Kartell*, Dissidenten auch in der breiten Öffentlichkeit einige Popularität zu verschaffen. Der nun anwachsenden Bewegung wünscht der 1911 gegründete *Euphoristen-Orden*[*] mit seiner „Kulturwissenschaft" ein theoretisches Gerüst und ein Ideal zu geben. Ähnliches beabsichtigt der stark sozialdemokratische *Bund der Konfessionslosen*[°] (1913). Er wendet sich gegen alles Kirchliche und möchte eine „modern-freiheitliche Weltanschauung" an die Stelle von Religion treten lassen.

[*]   1914 Mitglied im *Weimarer Kartell*
[+]   1907 Gründungsmitglied des *Weimarer Kartells* und Erstunterzeichner der Forderungen
[°]   vom *Weimarer Kartell* als „verwandte Organisation" betrachtet

Personenregister

* in der freidenkerischen Kulturbewegung der Dissidenten tätig
** in drei oder mehr Organisationen aktiv
+ offizieller Redner des Weimarer Kartells
° offizieller Redner des Mutterschutzbundes

In den Anmerkungen erwähnte Personen wurden nur dann ins Verzeichnis aufgenommen, wenn die Angaben über bibliographische Hinweise hinaus reichen. Personen ohne Seitenangaben wurden einbezogen, wenn sie in den offiziellen Rednerlisten des Weimarer Kartells und des Mutterschutzbundes verzeichnet sind.

Abbe, Ernst* 28, 131, 181, 294, 336, 339
Abraham, Hermann* 141
Adelung, Johann Christoph 52
Adler, Felix* 128-130, 156, 210, 334, 387
Adler, Georg 340, 362
Adorno, Theodor W. 45, 58
Aigner, Eduard*+ 72, 258, 260, 265, 304
Albrecht* 74
Alexander II. 183
Alheit, Peter 314
Allen, Grant 279
Altmann, Ida*+ 215f
Ammon, Otto* 163, 271, 278
Apel, Max+ 143, 277
Arco, Georg Graf von* 402, 407
Arnoldi (Bischof) 86f
Arons, Leo 247
Arons (Frau)* 247
Arrhenius, Svante August* 33, 259
Asch, Robert* 230
Aschrott, Paul Felix 365
Askenasy* 229
Asmus, Martha* 163, 356
Aub, Ludwig+

Aveling, Edward Bibbins* 250
Avenarius, Ferdinand 37, 179, 317

Baars, Ernst* 240
Baege, Max Hermann**+ 243, 260
Bäthig* 88
Bäumer, Gertrud 319
Balabanoff, Angelika* 416
Balitzki, Vincenz* 88
Baltzer, Eduard* 74, 86, 90, 92f, 96-98
Barnett, Samuel Augustus 332
Bartels, Adolf* 280
Barth, Paul 138
Bauer, Bruno 147, 196
Baumgarten, Otto 343
Bayrhoffer* 90
Beaumont 334
Bebel, August* 116, 159f, 205f, 230, 331, 345
Becher, Erich 267
Beck, Paul* 261
Beck, Ulrich 231, 431
Begas, Reinhold 178
Behm, Hans* 260
Beißwanger, Konrad* 206, 399, 416

437

Belmonte, Cranito di 173
Below, Georg von 248
Bensen, Heinrich Wilhelm 329
Berg, Leo 356
Berger, Julius M.* 35
Bergstraesser, Arnold 416
Berlepsch, Hans Hermann Freiherr von 127
Bernstein, Eduard 160
Bertholet, Alfred 304
Besant, Annie 308
Besant, Walter 333f
Bethmann-Hollweg, Theobald von 214, 324
Bieber, Richard* 131
Bieber-Böhm, Hanna* 131
Binding, Karl 409f
Bischoff, Dietrich* 302, 310
Bismarck, Otto Fürst von 117, 177, 247, 337
Blaustein, Elisabeth* 229
Blavatsky, Helene 165, 306, 308
Bleichröder, Julius 247
Bloch[+]
Bloch, Iwan* 229, 231, 241f
Bloßfeld, Wilhelm* 259
Blücher, Gebhardt Leberecht von 300
Bluhm, Karl* 133
Blum, Hans 37
Blum, Robert* 88, 92
Blum, M.* 141
Blumhardt, Christoph Friedrich 204
Bode, Wilhelm von 31
Böckenförde, Wolfgang 386
Böhme, Gernot 56
Böhme, Hartmut 54, 56
Böhmert, Victor 127, 338f
Böhmert, Wilhelm* 229
Bölitz 406
Bölsche, Wilhelm**[+] 23, 32, 37, 113, 139, 163f, 183, 243, 260, 263, 277, 282, 308, 355f
Börner, Wilhelm**[+] 141f, 162, 221f, 224, 226, 350, 369
Bohlen, Heinrich** 230, 283, 295f, 395
Boettger, Hugo* 230
Bohm-Schuch, Clara* 160
Bois-Reymond, Emil Du 254
Bollenbeck, Georg 55f, 66, 376
Bonaparte, Jérôme 130
Bonnet, P. F. 115

Bonus, Arthur 412
Borgius, Walther* 231
Bornstein, Karl*
Bosch, Hieronymus 78
Bosse, Friedrich* 356
Bosse, Robert 214
Bourdieu, Pierre 378
Braun, Heinrich 345
Braun, Lily; geb. Kretzschmann; verw. von Gizycki* 23, 130f, 160, 230, 345
Braune, Arthur* 260
Brauner, Robert* 88, 94f
Bré, Ruth* 231
Breitenbach, Wilhelm (Willy)** 184f, 243, 259f, 265
Brentano, Lujo 340, 362, 393
Breysig, Kurt 170
Briand, Aristide 174
Brunner, Arnold* 294
Bruno, Giordano 10, 163f, 250
Brons* 133
Buchenau, Arthur*[+]
Büchner, Ludwig* 71f, 93, 110-114, 182, 262, 264, 268
Bührer, Hans 294
Bührer, K. W. 261
Bülow, Bernhard Fürst von 169
Bülow, Franz Josef von 234
Büttner, Johanna* 229
Buisson, F.* 162
Burckhardt, Jacob 174
Burggraf, Julius 150
Bursche, Emil*[+]
Burtes, Hermann 152

Calwer, Richard* 119, 195, 204
Caprivi, Leo 177
Carnap, Rudolf 36
Carstens, Christian* 260f, 265
Cassirer, Paul 240
Chalmers, Thomas 83
Chamberlain, Housten Stewart 154, 298, 418
Chubb, Parcifal* 162
Cilian* 27
Classen, Walther Friedrich 346, 350, 366
Claudius, Matthias 300
Clemens, Carl 335
Cohaut, H.* 295
Cohen, Hermann* 131, 133, 135

438

Coit, Stanton * 130-132, 162, 174, 220, 333-335
Collins, Anthony 77
Combes, Emile 174
Comte, Auguste 53, 259
Conrad, Johannes 271
Conrad-Martius, Hedwig 109
Conze, Werner 81, 328
Corvin, Otto von * 112, 206, 356
Craemer, Curt * 260
Cramer, Freiherr von 352
Cramer, Justus ** 192
Cunow, Heinrich 208
Cyliax, August * 416
Czerski, Johannes * 87f, 92

Dahn, Felix 152, 154
Damaschke, Adolf * 231, 260, 262
Däumig, Ernst * 356
Daniel, Ute 56
Dante, Alighieri 53
Darwin, Charles 17, 81, 109-111, 200, 241, 255, 257, 266-268, 285, 292, 418
David, Eduard *° 160, 208, 230, 241, 276f, 286
David, Paul * 207
Deinhard, Marie 261
Demmler, Carl * 120
Dennert, Eberhard 252
Dernburg, Friedrich 178
Desjardins, Paul * 162
Dethier, A. * 88
Detroit * 90
Deubler, Konrad * 114
Diederichs, Eugen * 36-39, 42, 240, 310, 412f
Dieterich, Alfred * 390f, 401-403
Dietze, Else * 306
Dietze, Gustav Albert * 306, 308
Dietze, M. 35
Dietzgen, Joseph 116f, 149
Dodel, Arnold * 31, 114, 243, 245f
Döllinger, Ignaz von 104f
Döring, August * 131, 133f, 141, 157, 217f, 396
Döring, Ernst * 272
Dosenheimer, Emil *+ 40, 260, 287, 369
Douai, Karl Daniel Adolph * 93
Dowiat, Rudolf * 88
Drewermann, Eugen 10

Drews, Arthur ***+ 37, 149-151, 188, 336, 402, 411, 414
Drews, Paul 98, 120
Dreyfus, Alfred 174
Driesmans, Heinrich 154, 279f
Duboc, Julius * 73, 134f, 284
Düberg, I. * 90
Dühring, Eugen 247
Dülmen, Richard van 74
Dümmler, Ferdinand * 138
Dulk, Albert Friedrich Benno * 113
Duller, Eduard * 88
Duncker, Franz Gustav * 34

Ebel, Paula * 133
Eberle, C. * 357
Eckert, Erwin 420
Eckhart, Meister 36, 78
Eckold, Konrad * 188
Eger, P. * 181, 356
Egidy, Moritz von * 122-126, 132, 153, 159, 163, 174, 182, 310, 411
Ehrenberg * 113
Ehrenfels, Christian von * 231, 233
Eich, Josef * 356
Eichhorn, Johann Albrecht Friedrich 88
Einstein, Albert 252
Eisenschmidt, Karl * 133
Eisler, Rudolf * 47, 182
Elgers, Albert 419
Eliade, Mircea 42
Elias, Norbert 59
Elkan, Eugen * 141
Elliot, John Lovejoy * 162
Ellis, Havelock * 230, 487
Emerson, Ralph Waldo 35
Engels, Friedrich 49, 92, 195f, 198, 286, 416
Ender * 90, 94
Erdmann, Carl * 95
Ernst, Otto 178
Ernst, Paul 31, 204
Esenbeck, Gottfried Daniel Nees von * 88
Eucken, Rudolf 180f
Eulenberg, Hanna 263
Eulenberg, Herbert * 263, 393
Eulenburg, Albert * 230
Eysoldt, Gertrud * 357

Fahrenkrog, Ludwig 154, 280

439

Falk, Adalbert 103
Falk, Norbert* 356
Fallati, Andreas 329
Faust, Kuno 35
Fechner, Gustav Theodor* 182
Felden, Emil⁺ 226, 387
Ferber, Christian von 283
Ferri, Enrico 278, 418
Feuerbach, Ludwig 81, 100, 114, 182
Fichte, Johann Gottlieb 36, 44, 172, 300, 322f
Fidus 139, 164
Fischer, Emil 35
Flaskämper, Paul* 261
Fleischinger 88
Flesch, Max* 230
Flitner, Wilhelm 36
Floericke, Curt*⁺
Förstemann 34
Foerster, Erich 123
Foerster, Wilhelm August* 23, 75, 132-135, 138, 159, 183, 217f, 228, 387, 393
Foerster, Friedrich Wilhelm* 23, 31, 131, 134, 139, 158, 161, 182, 218-220, 236f, 304, 345, 384-386, 390, 393, 397, 408
Foller, (General) von* 88
Forel, Auguste**⁺ 230, 241f, 282, 293f, 385
Forsthoff, Ernst 359
Fox, John 304
Fraas, Eberhard 271
Fraenkel, Ludwig⁺
Francé, Friedrich* 243
Francke, August Hermann 326
Frank, Ludwig* 34, 240
Freudenberg, Wilhelm 51
Frick, Wilhelm 317
Fricke, Theodor* 204, 207
Fried, Alfred Hermann* 75
Fries, J. F. 336
Friedländer-Huber, Emmy* 247
Friedrich II. 300
Friedrich III. 300
Friedrich Wilhelm IV. 89, 105, 196
Fritsch, Theodor 154
Fritzsche, Friedrich Wilhelm* 120
Frobenius, Leo 197
Fröbel, Friedrich Wilhelm August 95
Fuchs 342

Fürth, Henriette* 230
Fulda, Ludwig 178, 240, 393

Galewsky, Helene* 229
Galton, Franz 279
Gawlik, G. 77
Gehrke, Albert* 120
Geisel* 113
Gellert, Oskar 238
Georgi, A.* 188
Georgy, Ernst August*⁺ 23
Gerhard, Stephan* 133, 209
Gerkan, Roland* 273f
Gerling, Friedrich Wilhelm* 115, 356
Giese, August 209
Giese, Bernhard Martin* 90
Gizycki, Georg von* 128-131, 138, 156, 182, 217, 284, 334
Gizycki, Hugo von* 131, 133
Gizycki, Paul von* 131
Glede, E.* 188
Glede, Wilhelm 188
Gneisenau, August Graf Neidhardt von 300
Gobineau, Joseph Arthur 154, 418
Göhre, Paul 107, 191, 204, 206, 364, 399, 412
Göppert* 88
Goethe, Johann Wolfgang von 36, 51, 80, 146, 148, 164, 180, 196, 250, 300
Goldscheid, Rudolf*⁺ 260f, 288, 290-292, 356
Gordon* 131
Gräbenteich, E. 195
Gramsci, Antonio 49
Graue, Dietrich 226
Gregorovius, Ludwig 31
Greulich, Hermann 160
Griebenow* 89
Grimm, Dieter 61
Groß* 133
Grotjahn, Alfred 275f
Grün, Karl 330
Grünberg, Carl 132
Günther 132
Guenther, Konrad* 110, 251
Gueth, Anton 307
Guhrauer, Gottschalk Eduard 330
Gurlitt, Ludwig** 23, 188, 240, 345

Hadlich, Hermann* 189

Haeckel, Ernst** 22, 27, 29, 33, 79, 110f, 114, 135, 170, 180-182, 185, 188, 230, 243-261, 264-268, 271, 275-277, 282, 285f, 309, 385, 387, 391, 393f, 408f
Haenisch, Konrad* 208, 377, 399, 403, 406
Haese* 397
Halbe, Max 178
Halbfass, Wilhelm* 27
Hamburger, C.°
Hammerschlag, Ludwig* 293f
Hanstein, Adalbert von 356
Harden, Maximilian 138, 279
Hardenberg, Karl August Fürst von 300
Harder, Freiherr von* 294
Harkort, Friedrich 329, 338
Harmening, Ernst* 133, 181
Harnack, Karl Gustav Adolf von 79, 123, 147
Harnack, Otto* 79, 123, 147
Harndt, Adolf* 122
Harpf* 229
Hart, Heinrich 139, 356
Hart, Julius 139, 356
Hartmann, Eduard von 302
Hartmann, Franz 306
Hartmann-Kempf, Robert* 395
Hase, A.+
Hasenclever, Wilhelm* 119f
Hauptmann, Carl* 164, 244, 261, 356
Hauptmann, Gerhard 282
Haydn, Franz Joseph 300
Haycraft, John Berry 417
Hecker, Isaak Thomas 347
Hecker, Margarete 347
Hegar, Alfred* 231, 278
Hegel, Georg Wilhelm Friedrich 44, 81
Heidegger, Martin 59
Heigl, Ferdinand 35
Heimerich, Hermann* 369
Heims, Ewald* 260
Heine, Heinrich 45
Heinze 177
Helphand, Alexander 208, 403
Hempelmann, Friedrich* 124
Hené, Elias* 141
Henning, Max* 22, 39-41, 141, 194, 303, 354, 369, 391, 394-396
Hentzschel, H.* 260
Hepner, Adolf 116

Herbig, Adolf* 261
Herder, Johann Gottfried 300
Herold, Gustav* 357
Herrendörfer* 90
Heß, Moses 196
Hesse, Karl*+ 23, 143, 194, 302
Hetzer* 95
Heuss, Theodor 412
Heyse, Paul 178
Hille, Peter 139
Hirsch, Max 34, 183
Hirschfeld, Magnus*+ 23, 27, 234, 241, 260
Hirsekorn* 74
Hirth, Georg* 34
Hitler, Adolf 53, 414f
Hitze, Franz 127, 338
Hobbes, Thomas 53, 115
Hoch, J.* 115
Hoche, Alfred 409f
Hochstaedter, Ernst** 22, 183, 194, 369, 391, 395
Hoensbroech, Graf Paul von**+ 107, 165f, 233
Höffding, Harald 131, 159
Höft, Gustav** 40, 349
Hößlin, George von* 357
Hoetzsch, Otto 248
Hofferichter, Theodor* 88, 92, 94, 118
Hoffmann, Adolf**+ 113, 115, 118f, 122, 188, 191, 194, 207f, 227, 377, 398-403, 416, 420
Hoffmann, G.* 260
Hoffmann, G. Wilhelm** 188
Hoffmann, Hilmar 313
Hoffmannsthal, Hugo von 302
Hohoff, Wilhelm 204f
Homberger, Ernst* 194
Hompesch 178
Honigsheim, Paul 374
Horarik* 90
Horneffer, August* 23, 309-312, 319
Horneffer, Ernst*+ 23, 192f, 263, 309-312, 381, 389
Hornung, Ferdinand* 306
Hossenfelder, J. 411
Huber, Ernst Rudolf 323
Huber, Wolfgang 204
Hubmaier, Balthasar 82
Hübner, Marie* 230

441

Hügel, August Freiherr von* 258, 260
Humboldt, Alexander von 44
Humboldt, Wilhelm von 42, 363
Hunkel, Ernst 154, 282
Husemann* 113
Huxley, Thomas Henry* 111

Ihrer, Emma* 120
Isemeyer, Manfred 216

Jacobson, Ernst Hermann* 51
Jacoby, Johann 331
Jacoby, Laura* 131
Jaffé, Paul* 131
James, William 62-64
Jannasch, Lilli **+ 23, 220, 226
Jaschke, Heinrich** 188, 356
Jastrow, Ignaz* 23, 220, 226
Jatho, Karl* 172, 388, 411
Jefferson, Thomas 17
Jensen, P.+
Jodl, Friedrich* 33, 131, 134, 141, 157f, 162, 217, 221f, 226, 353
Joel, Ernst 333
Juliusburger, Otto **+ 23, 230, 260
Jung, Otmar 323

Kahl, August+
Kahl, Wilhelm 404
Kaiser, Jochen-Christoph 423
Kalthoff, Albert* 33, 45, 60, 147-151, 164, 243f, 351, 387
Kammerer, Paul* 269, 272f, 276-278, 286
Kampe, Ferdinand Friedrich* 92
Kampffmeyer, Bernhard 139
Kampffmeyer, Paul* 139, 230
Kamptz 91
Kant, Immanuel 44, 80, 100, 132, 359
Kantorowicz* 229
Kapp, Friedrich 412
Katscher, Leopold* 31
Katzenstein, Simon 404
Kaufmann, Friedrich* 261
Kautsky, Karl 198, 201
Kehr, Käte* 229
Keibel, Martin* 131, 133f, 215
Keller, Ludwig 142, 300
Keller, Walter* 34

Kerschensteiner, Georg 216, 220, 320, 346, 396
Ketteler, Wilhelm Freiherr von 108, 395
Keudell, Walter von 406
Key, Ellen 197, 233, 344f
Kiehne, Bruno* 260
Kießling, Wilhelm *° 229, 240
Kippenberger *+
Kirchbach, Wolfgang* 51, 163
Kirsch, Johanna* 357
Klauke, Wilhelm *+ 22, 170, 391, 395
Kleinpaul* 90
Klemens XII. 299
Klemperer, Victor 48
Klopstock, Friedrich Wilhelm 45, 300
Kluge, Walther 406
Knapp, Alfred* 294
Knapp, Georg Friedrich 393
Knopf, Otto* 927, 336
Kocka, Jürgen 56
Koehler, Oswald 110, 355
König, Karl 123
König, René 59
Koerber, H.* 260
Körner, Theodor 300
Koestler, Arthur 273
Köstlin+
Kolbe, Jürgen 314
Kollwitz, Käthe 86, 240
Koltan, Jakob* 246
Koppelow* 124
Kramer, Georg **+ 35, 72, 245, 405, 410
Krämer, Max* 192
Kranold, Hermann* 370
Krapp, Gotthold 216
Kratzsch, Gerhard 14, 382
Kreitmayer *+
Krieck, Ernst 150
Krische, Maria* 398
Kristeller, S.* 131, 133, 140
Kroll, Adolf 280
Kromayer, Ernst* 231
Kronenberg, Moritz **+ 31, 131, 139
Krummacher, Friedrich Wilhelm 196
Krupp, Friedrich Alfred 153, 271, 339
Kübel, Johannes 171, 298
Kühn, Victor 150
Kühnert, Herbert* 370, 395
Küster, Richard* 34
Kuhlenbeck, Ludwig* 165f, 355

Kuhnert, W.* 306
Kunze, Jürgen 270
Kurella, Alfred 36, 416-419
Kurella, Hans* 23, 417f
Kurella, Maria* 417
Kutter, Hermann 388

Laas, Ernst* 131, 230, 284
Lafargue, Laura 350
Lafargue, Paul* 350
Lafontaine, Oskar 430
Lagarde, Paul de 38, 153f
Lamarck, Jean Baptist 250, 272
Lamprecht, Karl 38, 56, 170, 179, 248
Landauer, Gustav 139, 381
Langbehn, Julius 154
Lange, Friedrich 153, 280
Lange, Friedrich Albert 136
Langer, A. 35
Langerhans, Paul* 131
Lasker-Schüler, Else 139
Lassalle, Ferdinand 28
Lasson, Adolf* 163
Lebenhard, Rudolf* 355
Lehmann, Julius Friedrich 285
Lehmann, Otto* 163
Lehmann-Hohenberg 125, 171
Lehmann-Rußbüldt, Otto* 23, 188, 190, 407
Leibnitz, Gottfried Wilhelm 77
Leist, B.* 88
Lenbach, Franz von 178
Lener, P. 35
Lenin, Wladimir Iljitsch 49, 253, 419
Lensch, Paul 208
Leo XIII. 174
Lessing, Gotthold Ephraim 77, 146, 300
Leute, Joseph* 236
Levy* 357
Levy, Albert* 131, 133
Levy, Elsbeth* 131
Lewy, Immanuel* 220
Licht* 188
Lichtwark, Alfred 342
Liebermann, Felix* 131
Liebermann, Max 178
Liebknecht, Karl* 23, 188, 191, 392, 416, 418
Liebknecht, Wilhelm* 28, 116, 120, 331
Lilienthal, Otto* 341

Lincke, Felix*+ 246
Linzen-Ernst, Clara 229
Lipsius, Friedrich*+
Lischnewska, Maria** 229, 231, 236f, 240
List, Guido von 152, 280
Liszt, Franz von** 121, 230, 233, 359, 393
Lob, Johanna* 229
Locke, John 77
Loeb, Jacques* 33, 261
Löns, Hermann 152
Lombroso, Cesare 31, 112, 287, 417
Löwenthal* 113
Loose, H.* 88
Losinsky, Eugen 147
Losse, Hermann* 260
Lotz, Heinrich* 260, 356
Lublinski, Samuel 150
Lübbe, Hermann 66, 264
Luhmann, Niclas 67
Lunatscharski, Anatoli 273
Luserke, Matthias 53
Luther, Martin 43, 76, 356, 386
Luxemburg, Rosa 208, 416

Maase, Friedrich** 246, 405
Maaß, M.* 133
Mach, Ernst 259
Mahler, Gustav 272
Maier, Gustav* 29, 131, 134, 140, 217, 294
Maier, Hans 426
Malthus, Thomas Robert 266
Manasse, Waldeck* 120, 131
Mangelsdorf, Hermann* 188
Manitz, Friedrich 259
Mannheim, Karl 59, 281
Mao Zedong 415
Marburg, Otto* 260
Marcuse, Julian*° 230, 236f, 387
Marcuse, Max* 229, 231
Marcuse, Oswald 392
Marcuse, William+
Markgraf, Walther* 34, 307
Martersteig, Max* 163
Marx, Karl 28, 34, 53, 59, 73, 81, 92, 116, 195-197, 200f, 250, 283, 318, 350, 363, 383, 416, 418
Matterne, Ernst* 131

443

Maurenbrecher, Max *+   192, 204, 221, 224, 226, 260, 263, 377, 401, 411-414
Mauritz, Oskar *   229, 244
Mausbach, Joseph   404
Mauthner, Fritz   48, 111
May, Max   31
McClelland, Charles E.   373
McGregor, Alan Bennett   307
Mehring, Franz   198, 208, 255
Meier, Helmut Günter   43-46
Meindl, Hugo *   260
Meinicke, Friedrich   409, 412
Meisel-Heß, Grete *°   23, 235, 238f, 260, 356
Memminger, Anton *   120
Menke, Bernhard *   207, 416
Menzel, Adolph   135
Merz, Frieda *   133
Metzner, Theodor *   120
Meyer, Bruno **+°   131, 134, 141, 217f, 220, 226, 341
Meyer, Carl W. *   260
Meyer-Benfey, Heinrich *   236f
Michel, Hugo *   260
Michel, Oskar   280
Michelet, Carl Ludwig   81
Michelis, Heinrich *+   30
Michels, Robert °
Minor, Jacob   141
Mohler, Armin   46
Molenar, H. *   34
Moleschott, Jakob   182
Moll, Albert   242
Mommsen, Theodor   178
Molyneux, William   77
Morgenstern, Lina *   75
Mosse, George L.   281
Mosse (Frau) *   247
Most, Johann *   120
Moulet, Alfred *   162
Mozart, Wolfgang Amadeus   300
Mühsam, Erich   139
Müller, August   41, 92
Müller, F. A. *   95
Müller, Hermann *   302
Müller, Mauritius *   88
Müller, Max   165, 305
Müller, Reinhold *   122
Müller-Lyer, Franz C. **   197, 230, 260, 283-286, 290, 295f, 369

Munch, Edvard   176
Murner, Thomas   172
Mussolini, Benito   416

Natorp, Paul   136, 297f, 319, 341
Naumann, Friedrich *   32, 146, 148-151, 206, 231, 233, 277, 316, 336, 354, 389, 393, 404
Naunyn, Bernhard *   120
Nebel, Gerhard   46
Neidhardt, Friedhelm   57
Nerlich, Rudolf *   133
Neubert, Ehrhart   426
Neumann, Karl   305
Niedlich, Kurd   410
Niemeyer, E. *   326, 330
Niemeyer, Hermann   326, 330
Nietzsche, Friedrich   15, 62, 138, 148, 153, 235, 302, 310, 312, 383f, 390, 424, 432
Noack, Victor *   208
Nordau, Max *   112, 356

Oberg, Eduard   234
O'Connell   174
Oehme, Walter *   191
Oertel, Julius *   411
Oettinger, Luise *   356
Ohr, Hermann *   193
Ohr, Julie *   193
Ohr, Marie *   193
Ohr, Wilhelm *+   192f
Olcott, Henry S.   305, 308
Olivier *   124
Oppenheim *   113
Ostwald, Hans *   150, 259, 290
Ostwald, Walter *   259
Ostwald, Wilhelm **+   22, 32f, 75, 79, 119, 139, 155, 188, 191, 221, 255, 258-264, 273, 275, 290f, 302, 309, 355, 383, 391-394, 398
Ostwald, Wolfgang *   259

Paulsen, Friedrich   70, 134, 151, 345
Pecht, Friedrich   316
Peiser, Bona *   131
Penzig, Rudolph **+   22, 113, 121f, 131, 133f, 139, 141, 153, 159, 161, 163, 169, 169, 183-185, 187, 194, 213, 217f, 220f, 224, 226, 277, 302, 312, 320,

350, 353, 381, 390f, 395f, 397, 406, 415
Peter, Carl   183, 411
Peters, Rudolf *   200
Petersdorf   132
Petersen *   357
Peus, Heinrich *   160, 191, 204, 260, 265, 339, 353f, 377, 394-396, 398
Pfannkuche, August   123
Pfleiderer, O.   41, 164
Pfungst, Arthur **   22, 28-33, 39, 131, 134, 141, 161, 165, 169f, 185, 218, 220, 302-304, 348, 354, 365, 368-370, 387, 391
Pfungst, Julius   28
Pfungst, Maria   28, 370
Pfungst, Rosette   370
Philippi, Ernst   77
Picht, Werner   333
Pick, Georg   411
Pieck, Wilhelm   416
Pius X.   212
Plahn   34
Planck, Max   252, 393
Plarre, Otto *   260
Plate, Ludwig *+   282
Plenge, Johann   403
Plessner, Helmuth   144, 179
Ploetz, Alfred *   230, 232, 276, 278f, 281f, 286, 294
Porten, Maximilian von der *   246
Porten, Paul von der *+   246
Potthoff, Heinz *   230, 260, 288-290
Püschel, Wilhelm *   260
Pufendorf, Samuel   52

Quidde, Ludwig   393

Rade, Martin   126, 192
Radek, Karl   208
Radel, Frieda °
Ragaz, Leonhard   204, 388
Rahner, Richard *+
Ramsey, Frank Plumpton   259
Ranke, Leopold von   174
Rathenau, Walter   408
Ratzel, Friedrich   197, 248
Rauch, Franz *   88
Rauhut, Franz   52
Reich, Emil *   159, 352

Reichard, C. *   192
Reinhardt, Ernst *   285
Reinhardt, G. *   356
Reitzenstein, Ferdinand Freiherr von °
Rembrandt   154
Remmele, Hermann   416
Renan, Ernst (Ernest)   145
Rese, Adolf *   211
Reusing, Fritz *   357
Retzlaff, Carl *   133, 357
Rheindorf, Josef *   260
Rheinhold, Hugo *   131, 133f, 357
Richter   274
Richter, O. S.   154
Rickert, Heinrich   251
Rieber, Eduard *+
Ries, Julien   43
Rieß, C. *   260f, 265
Rieß, Max *   22, 171f, 185-187, 192f, 390
Ritschl, Albrecht   79, 123, 146
Röber, Richard **   188
Rösler, Emil *   260
Rösler, Gustav   171
Rössler, Friedrich   32
Rössler, Heinrich *   22, 28, 32f, 101, 369f, 387, 391f, 394-396
Roller, Heinrich *   121
Ronge, Hans *   370
Ronge, Johannes *   74, 87f, 92f
Rosenow, Emil *   356
Rosenthal, Max *°   230, 240, 241
Roßmäßler, Emil Adolf *   88, 93
Roth, Gerhard   250
Rothe *   131
Rottenburg, Paul von *   88
Roy, Eva von *   229
Rubenow, W. *   34
Rubner, Anna *   357
Rudat, Max *   188
Rückert, Friedrich   41
Rüdt, P. A.   35
Rüegg, Walter   343
Rühle, Karl *   34
Rühle, Otto *   140, 197, 392, 399, 416
Ruge, Arnold   116
Runge, Hermann *   261
Rupp, Julius *   85f, 90, 100
Ruprecht *   88

Saager, A.   261

445

Sachse, H.* 94, 98, 113, 118
Saenger, Carl* 30f, 39, 88, 131
Saenger, Samuel 141, 348
Sallet, Friedrich von 41, 112
Salomon, Alice 318
Salter, William Mackintire 129
Sandberg, M.* 306
Sassenbach, Johannes 195
Satow, Louis*
Schäfer, Dietrich 248, 271
Schäfer, Georg Siegfried* 121, 215
Schäfer, Wilhelm* 34, 134
Schallmayer, Wilhelm *** + 269-272, 276-279, 281, 286
Schaxel, Julius* 27
Scheler, Max 42
Schemann, Ludwig 154
Schell* 88
Scherr, Johannes* 88
Schiele, Michael 226
Schiller, Friedrich von 36, 51, 80, 146, 325f, 359, 422
Schiller, Joseph *+ 22, 391
Schilling, Karl* 90
Schimmel, Annemarie 41
Schippel, Max 146
Schirmacher, Käthe 175, 240
Schläger* 113
Schleiermacher, Friedrich D. E. 47, 63, 79-81, 116, 148
Schlosser, Johann Georg 53
Schmal, Peter J. *+ 22, 27, 47, 182, 184f, 243, 259, 261
Schmidt, Franz* 88
Schmidt, Heinrich *+° 22, 27, 47, 182, 184f, 243, 259, 261
Schmidt, Paul von 346
Schmitt, Carl 62
Schmitt, Eugen Heinrich* 153, 165f
Schmitz, Oscar* 231
Schmoller, Gustav 144, 283
Schneeberger* 113
Schnell, Hermann* 225, 262
Schnippel, Hans* 265
Scholl, Carl* 112-114
Schopenhauer, Arthur 183, 305
Schreiber, Adele* 231, 333
Schrickel, Leonhard* 357
Schröter, Klara* 229
Schubert-Soldern, Richard von* 134

Schücking, L.** 393
Schücking, Walter 393
Schüler-Gurlitt (Frau)* 247
Schünemann-Pott, Friedrich* 95
Schütz, Fritz* 34, 114
Schulte, G. August *+
Schultz, Clemens 346f
Schultze, Ernst *+ 357
Schultze, Theodor 29
Schultze-Naumburg, Paul 317
Schulz, Arthur 23
Schulz, David* 86
Schulz, Friedrich Ernst* 190
Schulz, Gustav* 260
Schulze, Winfried 56
Schulze-Gävernitz, Gerhart von 337
Schuhstehrus 121
Schwaner, Wilhelm* 34, 153f
Schwerin, Heinrich* 133
Schwerin, Jeanette* 131-134, 217
Seidel, Johannes* 275
Seidel, Robert* 160
Seidenstücker, Karl 307
Selenka* 88
Selge, Victor 430
Selle, Käthe* 229
Seller* 229
Semon, Richard* 184
Sheldon, Walter L.* 164
Sidgewick, Henry 129
Siebert, Friedrich* 243
Siedentopf, Henry *+
Siegmund-Schultze, Friedrich 226, 332
Siemering, Carl Ludwig* 75
Sievers, Max* 416
Simmel, Georg 31, 42, 137
Simon, Hans* 132
Simon, Theodor 218, 304
Singer, Peter 14
Sintenis, Wilhelm Franz 84
Sloterdeijk, Peter 13
Smith, Adam 363
Sohnrey, Heinrich* 230
Sombart, Werner* 159, 231, 233, 412
Sommer, Bruno* 357
Sonnenschein, Carl 336
Sorge, Gustav H. L.* 302
Specht, Carl August* 112-115
Spencer, Herbert 278f, 418
Spener, Philipp Jacob 326

Spengler, Oswald 312
Spiller, Gustav * 126
Spindler, Carl 339
Spohr, Max 234
Sprenger, Gustav * 411
Springer, Bruno * 231
Spurhen, M. 35
Stammler, Rudolf 136
Stanley, Hiram M. 279
Stapel, Wilhelm 411
Staudinger, Franz **+ 23, 27, 132, 139, 159, 384
Stein, Hedwig M. * 230
Stein, Heinrich Friedrich Karl Reichsfreiherr vom und zum 300
Stein, Ludwig * 246
Steiner, Rudolf * 138, 163f, 183, 308f
Stern, Adolf *+
Stern, Albert * 132
Stern, Herrmann * 132
Stern, Jakob * 115
Steudel, Friedrich **+ 150, 244
Stiebel, Emil * 113
Stoecker, Adolph 127
Stöcker, Helene *** 22, 229, 231, 234f, 237f, 242, 388f, 391, 395f, 402
Stollberg 34
Strassen, O. zur +
Strauss, C. T. * 306
Strauß, David Friedrich 145-147
Stritt, Marie * 242
Sudermann, Hermann * 178, 240, 244, 356, 393
Sühl, Klaus 216
Sulzer, Johann Georg 325
Sundermann, Friedrich * 356
Suschinsky (Gebr.) * 34
Suttner, Bertha von * 75, 131
Sywottek, Arnold 424

Taesler, Clemens ** 411
Taesler, Karl +
Tepper-Laski, Kurt von * 124, 407
Tews, Johannes * 23, 132, 134, 141, 217, 342f, 365
Theiner, Anton 89
Thiele, Carl Heinrich * 180, 243
Thümmel 327
Tiedje, Joh. +
Tille, Alexander 278f

Tirpitz, Alfred von 412
Todt, Rudolf 204
Tönnies, Ferdinand * 23, 31, 132-134, 157, 159, 163, 217, 271, 282, 291, 319, 369, 374, 383f, 412
Toland, John 77
Toller, Ernst 412
Tolstoi, Lew N. Graf 164
Toynbee, Arnold 332
Trau, Hermann * 260
Traub, Gottfried 226, 388, 402, 404, 411
Traub, Theodor * 356
Treitschke, Heinrich von 316, 323f
Triesch, Irene * 357
Trine, Ralph Waldo 35f
Trinius, Johann Anton 76
Troeltsch, Ernst 32, 38, 343, 412
Trojan, E. W. +
Trotzki, Leo 208
Tschirn, Gustav **+ 22, 35, 100, 118, 146, 182-185, 226, 230, 391, 395f
Tschulok, Sinai * 246
Türk, Julius * 341

Uhlich, Leberecht * 74, 84, 86, 90, 93, 98
Ulbricht, Walter 119, 253, 417
Ulrich * 113
Umrath, Wilhelm * 243
Unna, Paul Gerson * 246, 261
Unold, Johannes **+ 32, 119, 155, 192, 221, 223f, 243, 258-260, 268f, 277, 281, 295-297, 354, 356, 382, 396, 408-410

Vahlteich, Julius * 120
Verworn, Max * 27, 336
Vielhaber, Walther *+ 22, 170f, 185, 353, 389
Vierhaus, Rudolf 23
Violet, Bruno 190f
Virchow, Rudolf 103, 248
Voegelin, Eric (Erich) 53, 55, 62, 68, 78
Voelkel, Titus * 121
Vogt, Karl * 182
Vogtherr, Ewald **+ 88, 94, 115, 118f, 188, 191
Voigt, Carl * 113
Voltaire 53
Vorwerk * 88

447

Waasberghe, Johann Anton Janson von 77
Wabnitz, Agnes* 120
Wachler, Ernst 154, 280
Wächter, Theodor Georg von 204
Wagner, Adolph 127, 144
Wagner, Richard 154, 302
Wahrmund, Ludwig *+ 40, 172f, 369f, 392
Waldeck-Rousseau, Pierre Marie René 174
Waldeyer, Wilhelm* 393
Wallace, Alfred Russel 279
Walter, Franz 420
Walter, Otto* 260
Wander* 88
Webb, Beatrice 232
Webb, Sidney 232
Weber, Alfred 170, 393
Weber, Max 45, 50, 62, 64f, 70, 231, 248, 263, 278, 283, 368, 373, 393, 408, 412f, 418, 428
Weber-Robine, Friedrich* 376
Wedekind, Frank 240
Weigt, Karl *+ 302
Weinel, Ada 224
Weinel, Heinrich 149f, 224f
Weiß, Karl* 99
Weisse, Karl* 121
Weizsäcker, Beatrice von 10
Welker, Georg *+ 113, 204
Wendel, Hermann 202f
Wenig, F. W.* 90
Werner, Anton von 176
Wichern, Johann Hinrich 327
Wieland, Christoph Martin 53, 300
Wiese* 229
Wiese, Leopold von 393
Wiesenthal, Joseph* 118
Wigand, Otto* 34
Wigard, Franz Jakob* 88

Wilamowitz-Moellendorff, Ulrich von 393
Wild, Reiner 76
Wildenbruch, Ernst von 154, 178
Wille, Bruno **+ 23, 32, 50f, 115-117, 130, 139, 163-166, 183, 199, 205, 215, 230, 233, 243, 260, 277, 308, 351, 355f, 373, 377
Wimpff* 229
Wislicenus, Adolf Thimotheus* 86, 90, 92f, 95, 121
Wislicenus, Gustav Adolf* 74, 85f, 92, 94-96
Wislicenus, Walter Friedrich* 132, 139, 210
Wobbermin, Georg 63
Wolf, Christian 78
Wolff* 261
Wolfgang, Emilie* 95
Wolfsdorf, Eugen** 35, 114, 270
Woltmann, Ludwig 154, 199f, 231, 271, 277, 279
Wunderer, Hartmann 420
Wutschel, L.* 188
Wyneken, Gustav 403, 418

Zedlitz-Trützschler, Robert Graf von 214
Zepler, Georg* 188, 190
Zetkin, Clara 118, 234, 345
Ziegler, Heinrich Ernst* 27, 271, 282, 336
Ziegler, Theobald* 23, 133, 160, 163, 382
Zimmer, Hugo Otto* 229
Zimmermann* 133
Zimmermann, Adolf sen.* 307
Zimmermann, Friedrich* 307
Zinzendorf, Nikolaus Ludwig Graf von 88
Zoubek, Karl Konrad 280
Zschock, Otto von* 259
Zwingli, Ulrich 43, 82

Victor Klemperer 4834
Das Wort „Freidenker" 77
 "   "   Monismus 78
 "   "   „Säkularisation" (Siegel) 81

aW

Lambert Nov. '04
€ 9,95